U0907250

南亚研究丛书

印度古代文化及其经典传译

ANCIENT INDIAN CULTURE AND ITS SCRIPTURAL TRANSLATION

葛维钧 著

中国大百科全书出版社

图书在版编目（CIP）数据

印度古代文化及其经典传译 / 葛维钧著. -- 北京：中国大百科全书出版社，2019.1

ISBN 978-7-5202-0396-8

Ⅰ.①印… Ⅱ.①葛… Ⅲ.①文化史－研究－印度－古代 Ⅳ.①K351.2

中国版本图书馆CIP数据核字（2018）第285607号

责任编辑：曹　来
封面设计：春天书装工作室
责任印制：魏　婷

中国大百科全书出版社 出版发行
（北京阜成门北大街17号　邮政编码：100037　电话：010-68315606）
网址：http://www.ecph.com.cn
新华书店经销
北京杰瑞腾达科技发展有限公司排版
北京君升印刷有限公司印刷
开本：710毫米×1000毫米　1/16　印张：30.25　字数：496千字
2019年1月第1版　2019年1月第1次印刷
ISBN 978-7-5202-0396-8
定价：79.00元

丛书前言

自古以来，南亚地区就是丝绸之路的要冲，是东西方物质文化和精神文化交流的中间站。中国和南亚又是山水相连的近邻，其直接交流的历史异常悠久，而且内容丰富。当前，中国与南亚各国领导人之间的互访频繁，国家关系紧密、合作空前良好。中国与南亚各国的民间交往也空前活跃，经贸往来、旅游开发，前景广阔。我们需要彼此了解、加深友谊。因此，不论从历史的角度看，还是从现实的角度看，深入开展对南亚各国的研究都显得格外重要。

恰在此时，中国大百科全书出版社决定出版一套《南亚研究丛书》，这是具有远见卓识之举。受出版社委托，由吾人出面组织这套丛书，不胜荣幸。吾人者，五人也，按印度的传统，可以叫作“般遮耶多”（Pancayata，今译潘查雅特），即五人会议或五人小组。由五人小组负责组织稿件、审查质量、决定取舍。

经与出版社协商，这套丛书拟出版两个系列：一是研究系列，二是翻译系列。吾人欢迎学风严谨、有独创性的研究专著和文集，也欢迎文笔流畅、具有出版价值的翻译作品。专著和译著的内容可以包括南亚学的方方面面，如历史、地理、宗教、哲学、语言、文字、文学、艺术、社会，以及政治、经济，等等。

长河浩荡，不弃一涓一滴；高山嵬嵬，不遗一草一石；广厦千寻，有赖一砖一瓦。愿吾人的工作有助于我国南亚学研究的深入，增进国人对南亚文化的了解和认识，促进中国与南亚各国人民间的友谊。

有不足之处，还望读者指教。

《南亚研究丛书》编审五人小组

2014年10月28日

自序

因缘时会，出了本文集。这在当初，真没想过，因为我多少有点自知，明白那是学问广，底子厚的人才去捉摸的事，往前凑合，轻易不敢。这些年里，在我谋生的单位，工作本身，一般称作研究的，就是时不时写出些当行文章。工作如此，加上偶尔纵容自己舞文弄墨的陋习，日子一久，那文字就堆积起来。文字不少，至于分量几何，却没把握。我那堆里，真有价值，值得拣出来把玩的，恐怕不多。这有个现成说法，叫作卑之无甚高论。无甚高论还出什么书？这话挺对，很难回答，就说也想刷一回存在感吧。

存在感很好，拿什么刷呢？这就同我的行当有关了。我的行当，往宽里说，属于印度古代文化。因此所谓研究和写作，就是围绕着这文化里我弄不明白的问题，想办法多搜集些材料来仔细寻找，看能不能找到些说得通的缘由，讲得明的道理，说服自己，说服别人；而拿笔写出，当然，也还得下点筛选比较推论打磨的功夫。至于最后得到的是否正是问题的真答案，就不敢说了。讨论古代印度为什么缺乏历史的文章，就是这样。还有些问题是印度人特别重视，特别讲究的，如轮回业报，如施舍观念，我也想问问是怎么回事。古代印度人最富宗教情结。他们有广大的神明世界，就中湿婆和毗湿奴两尊大神，地位显赫，法力无穷，中国人跟着佛教传说早就知道了他们。他们受到如此崇拜，到底是施了什么法，显过那些灵，弄明白了，也许能够添上一两把了解印度文明的钥匙，我想。到后来，似乎摸出点名堂，得到些结果。但是不是经得起细究呢？好像未必。因为所得不过是逻辑推论，个人想法罢了。说到结论，连我自己都觉得平淡无奇，什么钩沉、探微、一家之言，全够不上。所以，把那些东西称作论文，实在有点委屈这俩字。

另外有些文章倒是论了一下，就是谈翻译的那些。讨论梵汉翻译，是从20世纪80年代初期，我跟晋代竺法护的《正法华经》译文打交道开始的。随后这条道好像有点熟，不自觉就走了下去，以至于不知深浅，论起了鸠摩罗什、玄奘，乃至远如智顗，近如严复。我知道，光路熟不行，还得腿好，那样才能走得稳当。我也知道，我的母语和外语没有一样是精通的，换句话说，就是腿脚不好。既然短处在那儿，能靠的，就只有仔细和小心了。其实，细心从事，只是补救手段。语言到了妙处，那意趣，脑汁绞尽，也是会不出的。因此，我的讨论程度怎样，就可想而知了。不过，结论倒都是从具体实例的分析比较摸索得来，也算是各有所本吧。它们虽然对传统观点偶有不从，但毕竟没有胆量清扫陈议，别立新说。所以还是前边那话，没有什么高论。

说到翻译，我确实有些兴趣，也乐于摸索练习。这里收了一篇译稿，译的是印度12世纪文人胜天写的抒情长诗《牧童歌》。必定是语言——梵语、汉语水平不济，十年前动手时感觉十分吃力，但老实说，也还是正经花了功夫，为的是心存敬意，怕糟蹋了人家作者的名声。以诗译诗，约束太严，受不了，故只能译成散文，也就是给自己择条宽道儿，好走，少摔跟头。前几年，我敬为师友的黄宝生先生出版了数节译文，使我有了对照学习的机会。这回要印了，先取出真正好手的诗体翻译，仔细检看。一看，便找到了自己的短处。内容上差异无多，而形式上却是一简一繁，区别明显。我的译文引申过度，诠释太多，比起原作，胖了不少。那好，改吧。对比的几节改过以后，便从头开始，逐句检讨，决心吸脂塑身，逢肥必减。哪想如此一来，几同重译，二万多字，一月有余。回头看看，还嫌臃肿。没辙，再改。修改的同时，也会发现错译。怎么会错？还不是因为难懂。翻译这事，说来可恨，不许你拐弯绕道，躲着走。一旦冤家路窄，便难免三五十字，困顿竟日。这样反复再四，削不动了，没有骨感，也得告罢，算是给了无尽之事一个尽头。至于再行批改，就只有借重高明的读者了。

除了讨论，除了翻译，还有一类文字，是同他人有关的，就是书评序跋之类。写这类文字，对我来说，是增光的事，文话儿叫与有荣焉，因为此时我借笔墨而得亲近的，不是教我做人做事的师长，就是叫我心怀敬意，乐于追随的朋友。有机会附骥一程，温暖的愉悦之感总会适时而至。倒是自己这儿视野狭窄，学识疏浅，所谓见仁见智，都谈不上，结果常常是彰善不力，心里老怀着愧歉。另外呢，也没有做到专心致志，心无旁骛，就是说，有时会心血来潮，或觉骨鲠，忍不住逮个拐角，扬长而去，借题发挥，一逞为快。这种发挥，纯出胸臆，倘想窥某脾性，那儿倒是有些消息。还有一事放心不下，也得提提，就是目录里有两篇文章题目相似，撞脸了。撞了就有一稿两用的嫌疑。题目相近，当然不是没有缘由。那缘由就是都跟季羡林先生所著的《蔗糖史》有关，只不过一为介绍，一为书评。当初哪知会归拢出书，不然我一定另想题目，让它俩儿离得远远的。现在换，晚了；撤掉一篇吧，又舍不得。结果就成了现在这个样子。

把以前的习作翻出来，清夜检点，顺便反省一下，也是机会难得。古人视文章为经国大业，不朽盛事，期以取贵当时，或望待沽名山。写文章的事是不是那么要紧，我说不出，但想想自己半辈子有机会和文字打交道，所习跟所好相近，应该说很知足了。只是看看自己写过的东西，义理玄妙，无力探讨，考据又是广博深入两缺，要说是处，实在难找。这也是才具不备，没有办法。幸亏给不太能干的人准备的，还有勤能补拙这话。这话很鼓励人。现在我已入老境，不过论地步呢，也还不至因衰朽而惜残年。既然还容我加劲努力，那就盼着时不我弃吧。

2015年12月

目录

一

印度古代文化

古代印度原应是有历史的

印度是世界上最古老、最奇妙的文明国家之一，人们对她久远而神秘的过去怀有兴趣是很自然的。但是，当你走近她，希望通过时间的长河留在岸边的真实故事，对她做一番仔细的观察时，你会发现难以如愿。古代印度记载史实的文献实在缺乏，堪称史籍的著作少到几乎没有。结果是，不借助近现代的考古成就、碑铭石刻，以及爬罗剔抉后的古代传说、史诗故事，宗教经籍和哲学著述，就不可能重建古代印度的历史。外国旅行者的闻见也成为重要史料，其中希腊人麦伽斯提尼（约前350 －约前280）、阿拉伯学者阿尔比鲁尼（973 － 1048）、中国到西天取经的僧人法显（约337 －约422）和玄奘（600 － 664）等人的述闻尤见重视，地位几同信史。其中，“玄奘的大名，在印度几乎是妇孺皆知，家喻户晓。……至于《大唐西域记》这一部书，早已经成了研究印度历史、哲学史、宗教史、文学史等等的瑰宝。我们几乎找不到一本讲印度古代问题而不引用玄奘《大唐西域记》的书。”[①]这是为什么呢？为什么与印度毗邻的中国，与印度人在种族上有深刻渊源关系的古代欧洲人，他们的文明都产生了发达的历史，唯独印度的情形却偏偏相反？原因无疑是有的，如果有兴趣的话，也可以追寻一下。但是，在追究原因之前，如下工作似乎应该先做一下，那就是至少简单地将历史这个概念做一界定，并且把古代印度和中国、欧洲的情形加以比较，看看到底有什么异同。本文打算只做这一工作。至于原因的探讨，限于篇幅，只好别俟时机。[②]

---

① 季羡林:《玄奘与〈大唐西域记〉》，载《大唐西域记校注》，135页，中华书局，1985年。

② 参见本文集《古代印度的宗教哲学妨碍了历史学的建立》一文。

一、历史是什么

这里所说的历史仅指记载过往史实的典籍——自然，广义上也包括早期口耳相传的故实，而不指历史活动。对于它，学者们提出过种种界说。梁启超《中国历史研究法》开宗明义即称："史者何？记述人类社会赓续活动之体相，校其总成绩，求得因果关系，以为现代一般人活动之资鉴者也。"对于"体相"，他定义说："凡活动，以能活动者为体，以所活动者为相。"①换言之，就是指生活在社会中的人及其种种活动——"能影响及于全社会——最少亦及于社会之一部"的活动。至于强调"赓续"，则因为"社会常为螺旋形的向上发展，隐然若悬一目的以为指归。……前代人恒以其未完成之业遗诸后代，后代袭其遗产而继行增高焉……"②显然，在他看来，历史学是有功利目的的。司马迁写《史记》，"网罗天下放失旧闻，略考其事，综其终始，稽其成败兴坏之纪……亦欲以究天人之际，通古今之变，成一家之言"（《报任安书》），不仅要辨明史料的真假，考察事件的原委，有条理地把它们叙述出来，还要从中分析出导致成功失败的原因，为后来者提供有益的经验教训。他认识到社会是发展变化的。这种发展变化有规律可循，找出规律就能使后来的统治者志古自镜，顺应形势，灵活运用现成的经验，达到长久自存，不断发展的目的。在他看来，正确的历史知识竟是如此重要，"故有国者，不可以不知春秋，前有谗而弗见，后有贼而不知。为人臣者，不可以不知春秋，守经事而不知其宜，遭变事而不知其权。为人君父而不通于春秋之义者，必蒙首恶之名。为人臣子而不通于春秋之义者，必陷篡弑之诛，死罪之名"。（《太史公自序》）

我们不妨说，历史是人类社会发展到一定阶段的产物，这时人们认识到有必要从既往的史实中总结出社会斗争的经验和社会发展的规律，以便为个人、集团，或社会全体成员求得更为有利的生存条件。

二、中国的历史学

史的概念在中国出现很早，相传造字的仓颉就是黄帝的史官。虽然有人对那时是否有历史记载表示怀疑，但如果说至迟到殷代已经有了这种记载则大致

① 《梁启超史学论著四种》，107页，长沙：岳麓书社，1985年。

② 同上书，108页。

是不错的。[①]当然，那时史的意义以及史官的职能与以后两三千年的可能不尽相同，但在根本方面还是一脉相承的。

史，“记事者也”（《说文》），“掌书之官也”（《玉篇》），最初只是一种官职，“动则左史书之，言则右史书之”（《礼记·玉藻》），分工合作，以起草文书政令，记录事实本末为王者服务。史官的职务原来也很繁杂，从事宗教活动，便是他们的主要工作之一。巫、史、祝本是不分家的。这种状况持续了很久，直到司马迁时代，还是“文史星历，近乎卜祝之间”（《报任安书》）。在科学和生产力水平还很低下的时候，人们相信鬼神和灾祥。史作为当时的知识分子，自然负有沟通神人，卜问休咎，解释灾异，祈福禳灾的责任。他们要司祭礼，告鬼神，为王家求福祉，要把天地间的自然现象，如日食月食、彗星出现、山崩地震、江河改道等等的警诫意味告诉统治者，使他们能够相应地调整政策，以“上顺天心，下安百姓”。每有重要举措，如征伐，祀典、行旅、饮宴、田猎、生产等，史也要为他们预测前程凶吉，以便决定行止，知所趋避。由于有这些职业特点，史又称作巫史、祝史等。他们不但要提出解说和卜筮的结果，还要把它们记录下来，这也是前所谓“记事”的一部分。除巫史、祝史外，还有一种瞽史。瞽史实际上包括两种人，或说两种史官，太史和瞽矇。《国语·楚语》说：“临事有瞽史之导，宴居有师工之诵，史不失书，矇不失诵。”瞽矇是在宗教性场合、节日或喜庆的宴席上，诵唱历史故事和传说的人。他们在歌咏史诗的时候很可能还有乐器伴奏。太史的记录则起帮助记诵的作用。所有这些都是远古知识分子的典型行当。以后，随着社会的发展和需要的变化，他们走上了不同的道路。巫、祝日益专业化，专以神人中介为统治者乃至百姓服务。数千年间，他们一直占据着神圣的地位，在社会生活中起着举足轻重的作用。记言记事的职能则逐渐与史这种官员结成固定的关系，“君举必书”成为他们的根本业务。所以《汉书·艺文志》说：“古之王者，世有史官，君举必书，所以慎言行，昭法式也。左史记言，右史记事，事为《春秋》，言为《尚书》，帝王靡不同之。”发展下去，史的概念又从单纯的官职称谓派生出史书即历史记载的意义，最后后者完全取代了前者。此是后话，这里不说。瞽矇由于记载和传授历史的职能为史官所专擅而日渐失职，其末路可见于陆游的诗中：“斜阳古柳赵家庄，负鼓盲翁正作场。死后是非谁管得，满村听说蔡中郎。”（《小舟游近村，舍

① 参见杨翼骧：《我国史学的起源与奴隶社会的史学》，载《中国史学史论集》（一），10页，上海：上海人民出版社，1980年。

舟步归》其四）

史官作为正式专职的历史记录者保留下来。但是到春秋末期以后，政府不再能独揽历史的著作权，私人开始修史，并很快形成传统。除了这些官修私修的所谓正史以外，作为补充，以后千百年间又出现了大量的杂史和野史。总之，中国历代史乘丰富，在世界上是稳稳地数第一的。

中国史学异常发达，主要原因，在于我们的祖先特别重视人生和社会经验的总结和传递。对于统治阶级来说，史乘所可提供的首先就是争夺政权，治国安邦的手段和有助于保证社会安定的道德教训。由于数千年来历史著作主要为统治者服务，所以梁启超把它戏称为“皇帝教科书”。史学家自己对于惩恶劝善倒是格外重视，悬为修撰史书的重要目的，这就是《尚书·毕命》所谓“彰善瘅恶，树之风声”。刘知几发挥这种思想说：“况史之为务，申以劝诫，树之风声，其有贼臣逆子，淫君乱主，苟直书其事，不掩其瑕，则秽迹彰于一朝，恶名被于千载”，[①]背着永世不得洗脱的耻辱，只能做个游魂荡魄，再也无颜去见上天老子。他对于历史这种善善恶恶，贤贤贱不肖的作用极为重视，认为只要为贤者立起丰碑，把逆竖钉在耻辱柱上，就能昭示后人，惩劝来者，对社会的稳定和发展起不可忽视的作用。因此，“史之为用，其利甚博，乃生人之急务，为国家之要道，有国有家者其可缺之哉”！[②]

史学发达的更为深层的原因，在于中国人的人生哲学从根本上说是入世的。孔夫子最为重视，因而总是多方譬解的“仁”，是他最高的处世哲学。他提倡的孝弟、忠恕、爱人，以及“恭、宽，信，敏、惠”（《阳货》）等，都是旨在调整人际关系，以形成和谐的生活和稳定的社会。他从不讲摆脱世俗生活，即使环境恶劣，也不过是争取“免于刑戮”，或者“邦无道则愚”（《公冶长》），索性装傻。主张在现实社会中取消极无为态度的老子，也只是劝人“见素抱朴，少私寡欲”（《老子》十九章），并不要人弃世绝尘，彻底逃遁。中国历代知识分子，不管环境顺逆，多求功心切，以能显扬于乡里，闻达于社会为追求目标。司马迁“身残处秽”，仍“隐忍苟活，幽粪土之中而不辞者，恨私心有所不尽，鄙陋没世，而文采不表于后世也”（《报任安书》）。李白向是公认的倜傥非常之人。他自称与流俗异趣殊调，却深以管葛自许，以致困扰他一生的始终是那无法满足的功名欲，尽管仕途蹇滞，还是时时不忘“仍留一支箭，未报鲁连书”（《奔

① 《史通》，内篇，“直书”。

② 《史通》，外篇，“史官建置”。

亡道中》之三）。清高闲适的出世生活自然也是他十分企慕的，但必须在功成名遂之后。[①]对于中国古代知识分子来说，“功成身退天之道”（《老子》第九章）是他们在世间难以再退的最后一道底线。这与古代印度知识分子的观念有着天壤之别。

三、西方的历史学

历史学在西方也有久远的传统。然而，最初的史家也只不过是说故事的人，他们将有关往事的传说编成可以演讲或演唱的诗文，在集会、庆典或者其他公共场合吟诵歌咏，以为说教，兼作娱乐。荷马（公元前9－前8世纪）就是这样的一位诗人兼史家。传统认为所谓“史前”，系指摩西（公元前13世纪）和荷马的作品没有出现以前。因此可以说，荷马乃是西方的第一位历史家。也有人认为历史学在其发展的初期并没有什么严肃的目的。史家讲故事，不过是叙述一件事情的来龙去脉，并不想提供什么系统而科学的知识，引出什么有益的教训。可以说，当时的历史，不过是文学的一部分，“它的目的，在于用艺术手法来描述过去的事实，以满足人们对于古代伟大人物的功绩遭遇，王朝的兴衰，历代的天灾人祸等事的好奇心”。[②]可是不久，希腊人开始注意历史的真实性了。尽管写历史还要依靠传闻，但求真的意识加强了。米利都人赫卡泰厄斯（约公元前550－约前478）写的《谱系志》就是这种思想指导下的尝试，也是第一本严肃的散文体史书。这部书对于古代希腊的神话和传说，在认真批判的基础上，做了系统的叙述。他也因此被称为“记事家”。

西方真正意义的历史学诞生在希罗多德（约公元前484－约前425）手里。他的《希腊波斯战争史》视野广阔，取材宏富，文辞华美，立论公正。更重要的是他在这部著作里贯彻了自己的历史哲学，即历史应该注意推求既往事件的因果关系，指出它们的道德教训，从而具备垂鉴训世的作用。他写作历史的目的，“是为了保存人类的功业，使之不致由于年深日久而被人们遗忘，为了使希

① 这种情绪在他的诗中随处可见，比如，“……一朝君王垂拂拭，剖心输丹雪胸臆。忽蒙白日回景光，直上青云生羽翼。……待吾尽节报明主，然后相携卧白云。”（《驾去温泉宫后赠杨山人》）“晨趋紫禁中，夕待金门诏。观书散遗帙，探古穷至妙。……严光桐庐溪，谢客临海峤。功成谢人间，从此一投钓。”（《翰林读书言怀，呈集贤诸学士》）

② 詹姆斯·哈威·鲁滨孙：《新史学》，齐思和等译，22页，北京：商务印书馆，1984年。

腊人和异邦人的那些值得赞叹的丰功伟绩不致失去它们的光彩，特别是为了把他们发生纷争的原因给记载下来”。[①]《希腊波斯战争史》分为九卷，分别冠以希腊神话九位文艺女神的名字。这虽是后人所为，但也反映出当时历史与文学的密切关系。

古希腊的另一位伟大史家是修昔底德（约公元前460–约前401）。他的著作《伯罗奔尼撒战争史》较《希腊波斯战争史》更为严谨翔实，且重视因果关系的分析，第一次把神话和无稽的传说摈于历史记载之外。他无意用精彩的故事取悦读者。他的目的是忠实地记录史实。“我这部历史著作很可能读起来不引人入胜，因为书中缺乏虚构的故事。但是如果那些想要清楚地了解过去所发生的事件和将来也会发生的类似的事件（因为人性总是人性）的人，认为我的著作还有一点益处的话，那么我就心满意足了。我的著作不是只想迎合群众一时的嗜好，而是想垂诸永远的。”[②]其抱负与司马迁的“究天人之际，通古今之变”，“藏之名山，传之其人”倒有些相似。他的求真实、重分析的治史态度，使他成为西方“以清晰的批判精神回顾过去的第一位思想家”。[③]他甚至希望通过写史，建立一种历史哲学，用以探求影响战争的经济、政治、军事和心理因素。修昔底德同样十分注意历史的垂训作用。他希望通过考究严格的信史，使后人得以从前人的成败中吸取教训。

在希腊文化的影响下，古罗马的史家继承了希腊史学的某些传统，尤其是在政治和道德两方面对于史乘垂鉴作用的重视。李维（公元前59–公元17，或公元前64–公元12）在他的《罗马史》中说：“从研究过去，可以获得好处非常的教益，而且富有实际成果。因为在历史真理的光芒之下，任何一件发生过的事例你都可以清楚地看到。你不妨从中为你自己和你的国家选择一些加以效法，同时把那些恶始恶终的挑出来作为戒鉴，避免重蹈覆辙。”[④]他对于古代罗马的

① 《历史》（即《希腊波斯战争史》），王嘉隽译，167页，北京：商务印书馆，1959年。

② 《伯罗奔尼撒战争史》，谢德风译，18页，商务印书馆，1985年。

③ 恩斯特·卡西尔《人论》：“修昔底德是观察并描述他自己的时代的历史并以清晰的批判精神回顾过去的第一位思想家，而且他意识到了这是一个新的决定性的步骤。他深信，明确地区分神话思想和历史思想，区分传说与真实，乃是使他的著作成为‘不朽财富’的典型特点。”见该书220页，甘阳译，上海：上海译文出版社，1985年。

④ 《罗马史》（*The History of Rome* by Titus Livius）Canon Roberts的英译本，第一卷，2页，纽约，1921年。

英雄人物常常赞颂备至，意在通过对于罗马昔日光荣的追述，激发青年人的民族自尊心和爱国热忱，鼓励他们去为祖国建立功业。

塔西佗（约公元56–约120）也是一位爱国主义者。他生活在古罗马帝制时代，但还保持着强烈的共和倾向。他维护古老的道德准则，宣称他写作历史的用意就在于惩恶劝善。正由于他坚持反对专制制度，用他无情的史笔生动地描绘了专制帝王昏庸阴险的嘴脸，揭露了他们的罪恶，所以被后世法国的启蒙思想家和资产阶级革命家称作“暴君的鞭子”。这又使人想起“孔子成春秋而乱臣贼子惧”。（《孟子·滕文公下》）

罗马统治时期著名的希腊历史学家波利比奥斯（约公元前200–前120）和普鲁塔克（约公元46–约120）也极为重视历史对于人的教育作用。他们认为历史应该是经世致用之学，当代人可以通过对于历史载籍的研究，从前人的经验教训中获得敏锐的判断力，有助于他在个人和社会政治生活中采取正确的态度和立场，避免重犯前人的错误。

西方史学的发展，走的是一条私人修史的路。西方史学的发达，同样是重视历史资鉴作用的结果。“古代的历史学家……的目的是用历史上的伟大人物和非常事件来激起读者的兴趣，或是通过描述和分析过去政治家和军事家的政策，给读者进行政治教育，作为他们担任政治职务的准备；或是通过讲述古人所遭遇的灾祸，来教育读者忍受逆境，维护尊严。”①“古代许多历史学家著书的理由就在于希望以过去道德上的成败来扬善抑恶。”②这些看法与中国古代史家的看法是完全一致的。

总之，无论把历史当作老师，还是当作镜子，或者钥匙，人们显然都承认这一点，即“历史的前提是，人是能够（当然不能说一定会）受到他的前辈的经验的好处的……”③这就是历史的功利目的，是梁启超一再指出过的。这里，在我们转而注意印度以前，把如下一点专门提出，加以强调，恐怕并非多余，那就是——让我们再次借鲁滨孙的话说：“在修昔底德、波利比奥斯和塔西佗看来，历史纯粹是人类的，世俗的事情。历史的意义只以这个世界为限。”④

---

① 詹姆斯·哈威·鲁滨孙:《新史学》，齐思和等译，23–24页。

② 同上书，29页。

③ 爱德华·霍列特·卡尔:《历史是什么》，吴柱存译，128页，商务印书馆，1981年。

④ 前引《新史学》，24页。

四、印度的情况

印度最初的情况，从下面的实例看，与中国和西方是相似的。

古代印度有一种知识分子叫苏多（sūta）。他的基本身份之一是御者，给王者驾车。但是他还做很多别的重要工作。什么工作呢？不妨先看一下大史诗《罗摩衍那》对于苏曼多罗这个人物的描写，他是给罗摩的父亲十年王驾车的：

……

国王敬重的苏曼多罗，
对所有统治大地的国王
把下面这些话来说：

“我要代表众位陛下，
进去向国王去问安；
还要问那醒来的国王，
他为什么今天来晚。”

这位精通礼俗的人，
说完话就来到宫门前，
他用内容优美的赞歌，
把十车王来歌颂赞叹：

“神圣的暗夜已经逝去，
吉祥的一天已经来到，
虎般的国王！起来吧！
请立刻就做你的晨祷。

婆罗门们，还有将军们，
商人们，国王呀！已来到门外，
他们都渴望能看到陛下，
罗怙后裔呀！请立刻起来。”

精通曼陀罗的伶工
苏曼多罗这样颂歌。
……[①]

知道父亲的亲信伶工
来到这里想看自己，
罗摩立刻就让他进来，
心里真是又爱又喜。

……

这位斋戒的人（按指罗摩）像太阳，
从自己身上发出辉光。
精通仪节庄严的伶工，
把这位施恩者歌颂赞扬。[②]

从这些描述我们知道，苏曼多罗还是一个伶工，或说宫廷诗人。但他又比一般伶工高明，因为他不仅善唱赞美诗歌，而且学问渊博，精通曼陀罗（圣诗和密咒）和各种礼仪。国王敬重他，把他当作亲信。说唱长篇故事诗也是他的拿手戏。在《罗摩衍那·童年篇》中，苏曼多罗曾为十车王说了鹿角仙人的故事（见该篇第八、九章）。

在其他古代经典，尤其是叙事性的作品中，苏多作为传述者的地位也是很明显的。有些重要往世书的核心内容就是以苏多的名义口述的。《那罗陀往世书》、《林伽往世书》等就是这样，其中还充满了对于他们学识的称颂。

《那罗陀往世书》一开篇，在礼敬诸神之后，就说到苏多："在悉达湿罗摩神圣的静修林里，隐居着苏多这所有薄罗尼伽（意为'精通古代传说和故事者'）中的最优秀者，他用种种祭礼奉祀具有宇宙形式的人类激励者（指毗湿奴或黑天）。……在这个世界上，他是唯一了解诸往世书深刻含义的人。他有大

① 蚁垤：《罗摩衍那·阿逾陀篇》，季羡林译，89–90页，北京：人民文学出版社，1981年。

② 同上书，93、94页。

智，无所不晓，沉静寡言。他熟悉达到最后解脱的正道，熟悉全部有关业解脱道和信仰解脱道的理论。……苏多真正是知识的海洋。他精通一切事物的真实本性。”[①]《林伽往世书》对于苏多也不吝赞词。当苏多来到乃密娑静修林时，住在这里的贤者们唱起圣歌对他表示致敬，并一致要求他讲述有关林伽的往世故事。他们说：“哦，苏多，伟大的智者。你为了求得往世书的知识而拜过广博仙人，从他那里学得了往昔的故事。因此，哦，苏多，所有薄罗尼伽中的最上者！我们也急欲从你那里了解那描述伟大林伽的古代故事。梵天光荣的儿子那罗陀在巡礼大神楼陀罗的各处圣地，并在那些地方崇拜过林伽以后，也来到了这里。你是一个楼陀罗的信徒。我们和那罗陀也是。请你在这位圣者面前讲述有关光荣伟大的林伽的往世故事。既然关于法的一切你都通晓无遗，这些故事你一定也全部知道。”[②]

这里，在往世书中，苏多的形象明显是一个博闻强记，广知往事的大知识分子。苏多还有一个广为人知的名字，叫“楼摩诃罗湿那（Lomaharṣaṇa）”，意思是“使人毛发倒竖者”。他说故事的本领由此可想而知。

在实际生活中，由于苏多通晓往世的英雄传说，尤其熟悉他所臣侍的国王及其先人的英雄事迹，所以常常在王者驱车奔赴战场的途中为他和战士们宣说这些故事以解除烦闷，鼓舞斗志，或者在节庆的场合为广大听众演唱以为娱乐，兼作教诲。苏多的上述专长和职能很容易使我们想起古代中国的瞽矇和希腊的荷马。

苏多的地位，我们还可以从另一部经典《毗湿奴往世书》中获得更加明确的认识：“当广博仙人受大梵天的嘱托把吠陀划分成不同的本集的时候，他选了四个精于吠陀著作的人做自己的弟子。他指派百罗做《梨俱吠陀》的讲经师，韦商波耶那做《夜柔吠陀》的讲经师，界密尼做《娑摩吠陀》的讲经师。苏曼都熟谙《阿闼婆吠陀》，也做了博学的广博仙人的弟子。广博仙人还把名叫楼摩诃罗湿那的苏多擢为弟子，让他专学历史和传说。”[③]《风神往世书》（1. 60–61）则说大梵天在口授吠陀之前就编纂了往世书，而保存往世书的责任就交给了苏多。无论如何，苏多在这两种往世书中已经以专职史志家的面目出现了。

《罗摩衍那·童年篇》中还有这样的叙述：

---

① *Nārada-purāṇa*，Ⅰ. 15、20、22.

② *Liṅga- purāṇa*，Ⅰ.1.

③ *Viṣṇu- purāṇa*，Ⅲ. 4. 7–10.

这英雄（按指十车王）有八大臣，
大臣超群又出众，
他们都纯洁清白，
经常以国事为重。

提湿底、阇衍陀、毗阇耶、
阿哩陀萨陀迦、悉达多、
阿输迦、曼多罗波罗、
苏曼多罗就是第八个。[①]
……

苏曼多罗是大臣的魁首，
国王于是就对他把话说：
“赶快把所有的师尊请来，
还有那帝师补卢醯陀！”[②]

这里的叙述又告诉我们，御者苏曼多罗不只是精通传统的歌者，还是大臣，而且是重臣。我们在大史诗《摩诃婆罗多》中也可以发现一个同样重要的角色——御者全胜（Sañjaya）。他是国王持国的大臣，也是大战前俱卢族派往般度族的和平使者。他还是婆罗多大战的见证人，负责向临阵“观”战的失目老王持国叙述战斗进行的情况。印度教徒世代奉为圣典的《薄伽梵歌》就是从他的口中传出的。《百道梵书》中的苏多也在宫廷中占有很高的地位。书中讲到，在盛大的王祭之前，一位国王正在做准备工作。他在王后的寝宫为众神之母阿底提做好供品之后，“第二天，他来到苏多家中，为伐楼那神做一份大麦粥。苏多是（人们的）激励者，伐楼那也是众神的激励者，所以供品都是给伐楼那的。毫无疑问，苏多是国王的珍宝之一。正是因为他，他（国王）才上升到神圣的地位，而他（国王）又使他成为自己忠实的（大臣）”。[③]

在苏多的诸种身份中（他还常有别的兼差，这些差事与我们的主题无关，

① 《罗摩衍那·童年篇》，48–49页。

② 同上书，53页。

③ *Śatapatha-brāhmaṇa*，5.3.1.5。《百道梵书》在另一个地方说苏多的地位仅次于国王的兄弟（5.4.4.17）。

这里不提），最主要的是伶工和大臣。但他们为什么还当驭者，甚至要到战场上去呢？我以为除了他是参谋，是亲信以外，更重要的则如温特尼兹所说："苏多们也到战场上去，以便能根据自己的亲眼目睹讴歌武士们的英雄事迹。……这些宫廷歌手形成了一个特殊的种姓，史诗在这个种姓里世代相传。歌人和刹帝利阶级无疑是十分接近的。史诗大概就是产生在他们当中。"[①]看来，他们不光是说唱的伶工，还是"记事者也"。在他们身上，不仅可以看到荷马的，甚至可以看到公前6世纪以后爱奥尼亚出现的"记事家"的影子。他们在根本职能，即"史不失书（真正"书"否不知，但至少要记，不管是用笔，还是用脑），矇不失诵"上，与中国古代史官不但并无二致，而且一身二任。[②]

苏多的地位显赫，而且往往是王族的好友。[③]他们了解政情，参与密勿，无疑是古代印度政治舞台上的活跃人物。这同中国及欧洲的情形又差不多。事实上，中国古代的史家同样地位隆崇。"两周的大史、小史，内史、外史、御史，由于职权的广泛和地位的重要，已成为国家的高级行政官……"[④]梁启超也说："古代史官，实为一社会之最高学府，其职不徒在作史而已，乃兼为王侯公卿之高等顾问，每遇疑难，咨以决焉。"[⑤]希腊罗马古代史家亦往往兼为高官，或与王者莫逆，如希罗多德与雅典首席将军伯里克利交谊甚笃，修昔底德本人曾任雅典十将军之一，老加图做过罗马执政官和监察官，李维深受屋大维的赏识和供养，塔西佗历仕三朝，曾任罗马大法官、总督各职，如此等等，不一而足。由此可见，印度的苏多与古代中国和欧洲的史家不仅职能相类，地位亦复相当。

苏多自然不是严格意义上的史家。但中国古代的"史"和西方以荷马为典型的史诗家，谁又是严格意义上的史家呢？看来应该承认，古代的印度原也和

---

① 莫·温特尼兹：《印度文学史》，胡海燕节译，载《印度两大史诗评论汇编》，311页，北京：中国社会科学出版社，1984年。

② 事实上，有的研究者索性就称他们为史官，如路·勒诺："古代有根据种姓组织起来的职业说书家，一种叫作苏多，或称宫廷诗人，他们是歌词作者和史官，在作战时驾驭国王的战车（苏多原意是'车夫'）；另一种叫摩揭陀，他们是记载谱系的人。"见前引《印度两大史诗评论汇编》，469页。

③ 在《罗摩衍那·阿逾陀篇》中，罗摩对苏曼多罗说："在甘蔗族（按罗摩属该族）里我看不到可以同你相比的亲人。"见该书285页。

④ 前引《中国史学史论集》（一），14页。

⑤ 前引《梁启超史学论著四种》，116页。

中国、欧洲一样，有过史家和史乘的萌芽。问题是，何以从类似的雏形中，在中国和欧洲能够发展出真正意义的史家和史乘，而在印度却相反？历史都经历了附属于文学或与文学密切相关的阶段，为什么在中国和欧洲，它能最终独立出来，而这种事在印度却没有发生？原应有历史的古代印度却终于没有，个中缘由，如本文开始所说，我将另觅时机，试作探讨。

原载于《南亚研究》1990年第3期

古代印度的宗教哲学妨碍了历史学的建立

在拙文《古代印度原应是有历史的》里，我曾经试图说明，古代印度本来是可能像中国和西方一样，出现史家和历史著作的，然而事实证明并未出现。其中原因无疑值得探讨。原因可能会有多种，但最根本的，我以为，是在印度独特的宗教哲学指导下形成的印度人，尤其是印度知识分子的世界观和人生观，以及他们的思想方法和生活方式所发生的影响。这些影响起了多重的阻碍作用。

印度宗教氛围浓厚，宗教传统久远，是多种世界性宗教的发源地。宗教发达并不一定使历史萎缩，宗教意识本身也并不必然与历史意识相抵触。发源于中东而又远播于西方的基督教自身就产生过不少教士兼史学家，只是照他们看来，“历史是神意在这个世界的狭小舞台上所进行的熟练和从不中断的表演，神意通过这种片断的景象而显现出来，但是它在各方面都超过我们人类的想象力和理解力所能达到的范围”，①如此而已。问题不在于宗教本身，而在于它所抱持的世界观和崇尚的人生哲学。

印度教及其他主要印度宗教的几种根本理论和实践，明显地不利于历史学的建立和发展。下面我们以印度教为主，撮其要点，略作分析。

一、世界幻象说

“幻”（māyā）是印度宗教中最常见的重要概念之一。这个概念早在《梨俱吠陀》中已经出现，主要指某些超自然的存在所具有的采取物质形态，任意改变外观，和在自然界创造种种现象并对它们施加影响的能力。比如，太阳的出

① 汤恩比:《我的历史观》，张文杰译，载《现代西方历史哲学译文集》，181页，上海：上海译文出版社，1984年。又，爱德华·霍列特·卡尔《历史是什么》：“督教教徒相信，为了自己常常是自私的目的而有意识地在行动着的个人，却是上帝的意旨的不自觉的执行者。”见该书52页，吴柱存译，北京：商务印书馆，1981年。

现来自密多罗和伐楼拿的幻力，天不会塌陷是由于因陀罗的幻力，等等。后来，在《阿闼婆吠陀》和《百道梵书》中，幻力又为恶神阿修罗所具有。这样，它就变得在某些情况下有利于，在另外的情况下又会不利于人类生存。狭义上，它常常被视为一种邪恶的力量，因而也就有了一些特别的意义，如"诡计"、"幻术"、"欺骗"等。

"幻"真正和创世理论联系起来是在《白骡奥义书》(公元前6–5世纪)中。这部奥义书说，大自在天(即湿婆)运用幻力使一个现象世界从不具有任何属性的最高本体(即"梵")的基质中显现出来，这个万物生存的俗世随之也成为幻。由此幻又一身二任，兼为因果——既是使可见的现实世界得以存在的原因，又是这个现实世界本身。不仅如此，它在创造出经验世界以后，进而又把人的灵魂束缚在那里。[①]到公元八世纪，大哲学家商羯罗(约788–820)创立了不二论吠檀多哲学。为了把梵和世界统一在一元论的理论框架之中，他也用幻来解释两者之间的关系。在他看来，唯一真实的乃是非人格的绝对存在梵，其他任何二元或多元的观点都是错误的。正是幻迷惑了人，使人产生错误认识，认为千差万别的经验世界是真实的，看不到它的虚幻本质。从本体论上说，看似纷繁多彩的世界原是以最高存在梵为基础的。它之所以能够存在，是梵以幻力进行了神秘而不可喻解的作用的结果。非人格的梵造作种种幻象，正如魔术师捧出金鱼鲜花一般，都是骗局。所以，从认识论上说，幻象被人当真，又是以人自身的无明无知为条件的。"真正说来，梵并没有创造什么世界。我们可以感觉到的世界，仅仅是梵的称作幻的魔力的产物。幻作为梵的能力又是与梵本身不可区分的，就像火焰的燃烧与火不可区分一样。正是凭借幻(力)，梵这位伟大的魔术师才导演了这场世俗戏。世界的幻象被无明者认作实有，而智者却能透过它看出除了梵这隐蔽在幻戏背后的唯一实在以外，别无它物。"[②]

自从《白骡奥义书》宣称经验世界仅为"幻象"以后，印度教哲学便不断在理论上对这个世界的性质做否定性的描述，其主要看法是：它是神秘莫测的，人类为把握它曾竭尽全力，但他们的理解力实在有限，不可能达到目的；它只是一种派生物，也就是说，物质现象并不是它们自己的创造者，它们的成因只

---

① 参见《白骡奥义书》，Ⅳ.9–10。

② S.C.恰托尔吉：《印度教的宗教思想》(S. C. Chatterjee. Hindu Religious Thought)，载于K. W. 摩尔根编《印度教徒的信仰》(Edited by K. W. Morgan. *The Religion of the Hindus*)，239页，Motilal Banarsidass，德里，1987年。

能去外部寻找，而这又必然超出物质世界，达于人的领悟范围以外；它是转瞬即逝而又没有实体的，这就意味着它缺乏根本性和终极意义，作为人的奋斗场所和奋斗目标，都不具有本质价值。总之，有形世界不过是一种幻象，而终极真理却在这个虚妄不实的世界之外。人从这个世界得到的经验和知识，所谓常理，本不足以帮助他认识宇宙最后的真谛，因此在这方面的任何追求和积累，都注定徒劳无益。

把人类世代生息的物质世界看作是虚幻的存在，把人类对这个世界的感受和认识当作本无对象的幻觉，必然使人轻视现世的物质乃至精神生活。历史作为对于现实世界以及生存在这个世界上的人类活动的描述和经验的积累，也因此而失去依托，成为荒谬的空中楼阁。史家的工作，作为肯定虚妄世界的努力，只能使无明变为痼疾，妨碍人们对于世界空幻本质的清明认识。这种和印度教宇宙观完全背离的学问显然没有存在的理由。不是宗教抑制了它，而是人们，首先是知识分子，不需要它。

二、业报轮回说

与业报和轮回相类似的观念，在某些古代民族中也曾有过，但就深入人心和影响广泛来说，都不能和印度相比。

“业”这个概念在印度出现很早，《梨俱吠陀》就曾多次使用这个字，只不过那时它的意义还比较单纯，一般仅指行为和事情，尤其是神祇的伟绩丰功。它还常常在狭义上用来指宗教行为，如祭祀和供奉。轮回的观念出现得相对晚些。在梵书时代（约公元前10世纪–前7世纪），似乎开始有了一种较为普遍的信念，认为人会一次又一次反复地来到世上生活。《牛道梵书》中有“再死”的说法，这恐怕是轮回说的滥觞。这里不说“再生”而说“再死”，大概意在强调它否定、消极的一面，因为人们对一死再死感到畏惧。为死去者的灵魂进行纪念性祭祀活动，也就有了使其不再重生，因而也就不必再死的意义。很可能也就从此产生了功德可以传递，以及生人的行为可以影响人的生死过程的信念。至此，行为和轮回便发生了关联。

到奥义书时代（公前7世纪以后），与业报理论相结合的轮回观念开始形成。《广林奥义书》有一段比喻说，正如一只毛虫爬到一片叶子的末端，为了爬上另一片叶子而把身体蜷缩起来一样，人的灵魂为了走下一步，也要毁掉身体，驱除无明，把自己收缩起来。……他按照自己的行为和处身方式进行转变，行为好的变好，行为劣的变劣。[①]《歌者奥义书》说人死后有两条道路可走。那种生前在森林中操苦行，善禅思的人可以走“天道”。他们能超越时间和轮回，不再返回到世界上来。那种从事生产活动，遵行正法，在家中举行祭祀的人将走“祖道”。他们不能超越时间，必须回来。在依次变成天、空气、烟、雾、云以后，他们作为雨回到地上，然后又变成种子和植物，被人吃掉，进入精液。接下去又是受精，怀孕以及重新生成为人。[②]

奥义书时代以后，经过法经、法论、史诗、往世书等众多经典的讨论和发挥，业报轮回理论渐趋完备圆通，并最终固定下来，成为最重要的伦理信条，在两千多年的时间里，主宰了几乎所有印度人的道德生活。业报理论认为人生行为的后果将由他自己在来生承受，而今生的经历则取决于他前生的行为。如此这般的行为—果报连锁，无可避免地实现于一系列人生，或更正确地说，一系列包括其他生命形式在内的生命过程之中。就人来说，他今生的生活状态，包括他的身体状况、家庭境遇、社会地位以及他的行为方式等，都是他前生行为的道德结果，或者说，是他过往功过的创造物。“世界上没有一件东西，一件事情，不论是物质的还是道德的，是无缘无故或纯凭盲目的偶然而存在的。它们所以出现，乃是那不变的法则作用的结果。”[③]这样，业报轮回理论不仅一举解释了世上的一切兴衰荣枯，寿夭穷达，而且说明了人类社会的不平等。印度的伦理学家特别强调，业报说不是宿命论，因为它认为人生的道路并不取决于身外的力量如命运或定数；决定人的生活状况的是他自己，对其负责的也只有他自己。它既排除偶然，也排除天意。人的今生应该由过去的无数生来解释，而过去和未来诸生又前后相衔，互为因果。为了给人预备若干发挥主观能动性的余地，从而使他对来世抱有希望和信心，印度教的道德理论提出了两种业报的实现方式。一种是直接的，它决定人的身体、社会地位等与生俱来的因素，对这些他只能被动地接受而没有选择余地。另一种是间接的，它影响人的内在倾向，这种倾向只是鼓励而不强迫人按某些方式行事，人也便因此有了主动的自我决定权。正是在这里，人可以抓住机会选择自己的好恶，控制自己的行为，

① 《广林奥义书》，Ⅳ. 4. 3–6。

② 《歌者奥义书》，Ⅴ. 10. 4–6。

③ R. N. 但德卡尔：《印度教探本》（R. N. Dandekar. *Insights into Hinduism*, Delhi: Ajanta Publications, 1979），62页。

把自己塑造成一个优良的人。在这里，印度教为人们提供了道德进步的可能性。

然而，尽管业报说为人指出了改善前景的可能性和手段，由于世界在本质上虚幻不实，由于人不可避免总是要经受由欲望带来的种种烦恼和痛苦，世上的生存终究是不值得留恋的。"奥义书承认社会生活中善的概念，但只给它以从属的地位。"①人生的最高目的是切断业报的连锁，从轮回中摆脱出来。世世转生的主体是灵魂或称本我。因此，从轮回这一樊笼中解放出灵魂或本我，才是人的根本任务。

印度教的业报轮回理论为人类苦难和世道不公提出了一般解释。在印度，除了少数的唯物主义信仰者外，这种理论广泛地被所有正统和非正统宗教和哲学派别所信奉。佛教和耆那教对它更有深入的解说，其精细的程度似又为印度教所不及。

佛教认为，根据人生时行为的好坏，他在死后的轮回转生可以有六个去处，称六趣或六道。②这六趣是地狱、饿鬼、畜生、阿修罗、人、天。一切众生，只要没有出离生死，都只能在这六趣中迁徙流转，无始无终；至于趋向如何，则要看他前生所做的业。在这里，因果报应要起作用。业因其高下不等又分四种：黑业、白业、黑白业、不黑不白业。③前三种是人在无明状态下不断造作而又不断受其影响的业。最后一种是无漏业，它可以毁绝一切未来的业及其果报，使人脱出生死轮回。无漏业的完成是佛教徒的目标。佛教十二因缘理论认定，众生陷身于业报轮回不得脱离，全在于受种种虚妄欲望的牵缠，其根本原因依然

---

① S. 达斯古普塔：《印度道德哲学的发展》(Surama Dasgupta. *Development of Moral Philosophy in India*, New York: Frederick Ungar Publishing Co., 1965)，12页。

② 《妙法莲华经·序品》："尔时佛放眉间白毫相光，照东方万八千世界，靡不周遍，下至阿鼻地狱，上至阿迦尼吒天，于此世界尽见彼土六趣众生。……"见《大正藏》第九卷，二页。除六趣外，还有五趣等说。

③ 慧远：《大乘义章》卷七："……一黑黑业，二白白业，三黑白业，四不黑不白业。云黑黑者，是不善业。不善鄙秽，名之为黑。因果俱黑，名黑黑业。云白白者，是其善业。善法鲜净，名之为白。因果俱白，名白白业。言黑白者，是其杂业。善恶交参，名黑白业。所言不黑不白业者，是无漏业，如《涅槃》云：无漏寂静，离黑白相，是故名为不黑不白。……"见《大正藏》第四十四卷，六〇六页。实际上，"四业"之说，只是佛教诸说中的一种。其他尚多，如"三业"："是故智者当观于业，是业三种，谓身、口、意。善男子，身、口二业，亦名为业，亦名为果；意唯名为业，不名为果，以业因故，则名为业。善男子，身、口二业名为外业，意业名内，是三种业共烦恼行故。"见《大般涅槃经》卷第三十七，载《大正藏》第十二卷，五八五页。

是愚蠢无明。

在耆那教的理论中，业是由无数细小而不可分的“极微”（paramāṇu）或称原子构成的“补特加罗”（pudgala），也即物质。在该教看来，众生的灵魂原本是纯洁圆满的，只是因为受到各种业这种物质的障蔽，才失去了固有的特性。“业是阻止灵魂的意识得以显示的力量。‘像热与铁，水与乳能够互相结合一样，业可以与灵魂结合，而结合以后的灵魂就成了被束缚的灵魂。’……灵魂是它自己业的行为者和果报的承受者。它的状况取决于自己的行为，又被自己的无知带来的不幸弄得昏惑无措，只好在轮回中游来荡去。是无明无知遮蔽了灵魂对自己的认识，使业力乘虚而入。这种业的微粒流入灵魂的过程称作漏。”[①]漏入人体的业可以分成八类，它们的作用是：模糊正确的认识，妨碍正确的感觉，滋生谬见，造成苦乐，产生具有一定性质和机能的身体，决定寿命，决定人的家庭、种姓和社会地位，阻止灵魂行善的能力和动机出现。为业的漏入敞开方便之门的是人的欲念。欲念使人采取行动。随着人在心理、语言和身体方面不断有所行动，业这种细微的物质颗粒便越来越多地漏入人体。它们同情欲相结合，附着在灵魂上，使它变得冥顽愚钝，同时愤怒、傲慢、迷恋、贪婪等情绪也随之滋生。在世俗的享乐中陷得越深，沉积的业便越厚，灵魂也将在生死轮回中游荡得越久。恶行所造的业格外粗大，因此也更难清除。人死去时，灵魂和它的“业身”会一同按照过去的业的性质，找到一个肉体，再在这个躯壳中喜怒哀乐度过一生。只有在旧业已经消除，新业也被阻止不再漏入时，人的灵魂才可望脱离轮回，进入灭欲寂静的佳境。为此，人要坚持苦行以烧除旧业，放弃行动以停造新业。

业报轮回理论一方面把人类社会的物质和精神生活看作是对于人的本我的束缚，是烦恼和痛苦的根源，需要摒弃，另一方面又把每个人当作封闭的道德个体从社会生活中孤立出来，轻视其作为社会存在的意义。这又和历史学的精神背道而驰。历史学的成立，在于人们对于现实的物质和精神生活的积极肯定和浓厚兴趣，他们希望从同胞以往的共同经验中吸取有益的营养，其中既有策励，也有教训。对他们来说，社会生活不是诱人陷身的泥潭，不是应该摆脱的束缚，而是既有奋斗的乐趣，又有成功的喜悦的集体活动。它以提供展示才智，获得满足的机会，吸引人踊跃投身。历史在帮助他们接近自己的社会目的上能

① 巴比尔·辛格：《印度哲学的概念体系》（Balbir Singh. *The Conceptual Framework of Indian Philosophy*, Delhi: The Macmillan Company of India Limited, 1976），294页。

起有效的促进作用。不仅如此，由于历史要“描绘在世界舞台上出现的人类的热情、天才和活力”，[①]它对于人还有莫大的鼓舞作用，鼓舞人在尘世孜孜求成，建立功业，以至流芳后世，达于不朽。然而，这一切对于印度宗教所指示的人生终极目标来说，显然是南辕北辙。

业报既不是命运，也并非由社会强加于人；轮回也只涉及个人，总是同一个固定不变的本我在宇宙间踯躅独行。在这里，没有任何身外的因素和力量在起作用。因此，当人为他的现今探索原因，或为他的未来寻找前途时，历史便不可能提供任何启示。他只有返求诸己，搜索内心。他可以通过沉思和反省获得某些答案，从而严格律己，以实现更高的自我。然而无论如何这些答案都与社会的甚至家族的历史无关。业报轮回理论足以就人本身求得对于他自己的解释。任何较大群体的活动总结，“校其总成绩，求得其因果关系”，[②]都变得没有意义，没有必要。

三、解脱之道

幻力幻境、众生轮回和善恶业报的理论，反映了印度宗教哲学的世界观和人生观。它们殊途同归，归于另一个重要观念——解脱。

我们生存的地方原是茫茫宇宙间的一个幻境。眼前的物质世界也不像它向我们所展示的那样，有声有色，无可怀疑。世界之不真实，之纯为幻象，乔荼波陀（公元5世纪哲学家，一说一世纪人）说，正如石女的儿子。唯一真实的是最高本体梵。照商羯罗的说法，它是不具特征的，无条件的和绝对的。它既不是存在，又不是非存在，甚至也不是存在—非存在。一切用这类概念来说明它的企图，都不过是把它拉到人类的理解水平上来认识，注定不能得到正确的结论。反之，任何这样的理解一旦成功，它也同时又复降低而成幻象。[③]商羯罗从他的不二论（即一元论）观点出发，提出如果世界是真实的，梵就不是绝对的，如果梵是绝对的，世界就不会是真实的，以此论证除梵以外，一切皆幻。[④]

---

① 黑格尔的话，见其《历史哲学》，51页，王造时译，北京：三联书店，1956年。

② 梁启超语，见其《中国历史研究法》，载《梁启超史学论著四种》，107页，长沙：岳麓书社，1985年。

③ 参见前引《印度哲学的概念体系》，152页。

④ 同上书，158页。

人不能把这一认识当作真理，正是有无明在他心中作祟。无明以人为依托，正如幻象以梵为依托。人除去了无明，梵便不复表现为幻象，而他自己也就同时从虚假的幻界中解脱出来。

人认识世界虚妄本质的过程，同时也是本我实现的过程。本我的性质是什么？《歌者奥义书》通过一则寓言借生主神的口说，本我是这样的：它摆脱了罪孳，摆脱了老、死、悲，摆脱了饥与渴，不具形体，没有名称，不生不死，它的意愿是真理，它的决定是现实，它应该被寻求，它应该被理解。人认识了它就获得了全部世界，满足了一切要求。[①]《薄伽梵歌》说："它不是诞生而来的，也不会归于死亡，没有开始，也没有终结。这无生、无穷、永恒，从古就有的（自我），当肉体毁灭时，它也不会毁灭。"[②]总之，它是无形的、永恒的、纯粹的存在，不可能用我们这个物理世界的概念来确切描绘。本我在本性上与最高实在梵完全相同，只有在以极乐为唯一经验的，神秘而又销魂的纯意识状态下，才能被体认到。而本我的实现也就意味着它与梵的合一。

从终极的观点看，经验的自我像可以感觉到的现象世界一样，是不真实的。奥义书一再强调的是，绝不能认为有两个自我，一个本质的，一个经验的。真正存在的唯有前者。只是在某种情况下，它会采取有肉身、有心灵、有智力的经验自我的形式，参与现象世界的各种活动。其实，真实的、本质的自我从来不作行为者，从来不参与变革现实世界的活动，所以也不受时间、空间和因果律的约束。只是由于无明的作用，本我忘记了自己与最高存在是同一的，以致脱离了宁静的超然状态，成为现象世界的一部分。而现象世界，如前所述，乃是幻力的产物，同样以人的无明为存在前提。因此，人的最高任务是清除无明，使自我复归于本我，这也同时意味着无常的幻象世界的消失，以及他与梵的合一。

梵我同一的境地通常不是在一生一世间就能达到的，陷入轮回是每一个无知无明的生物的必然命运。但永恒的本我既来自梵，终究还是要复归于梵的，条件是：要承认本身的无明，并对业报的规律以及如何从业报连锁中摆脱出来有所了解，即要明白解脱之道。

印度各教和教派关于怎样获得解脱，都有各自的方式推荐给信徒。印度教的方式大致有三：业之道、智慧之道和信仰之道。

---

① 《歌者奥义书》Ⅷ.7–14。

② 《薄伽梵歌》Ⅱ.20。

业解脱道强调人的现世行为，认为只要能虔诚崇拜天神，严格按照吠陀的要求实行祭祀，并且，最重要的是，能够无条件地依照各种法经的规定，履行自己的种姓职责，一个人就可以获得解脱。这里需要强调的，是一定社会职责的履行，也即所谓做业，必须是心甘情愿，不怀私心，不图果报——一句话，必须是无动机的。《薄伽梵歌》用六章即三分之一的篇幅讨论业解脱道，其反复申说的要点之一，就是勤恳做业而无所期求。[①]这样做还有一个附带的好处，即即使规定给你的工作使你在肉体上或精神上难以承受，你也不会感觉是负担，因为你不是为自己或他人，而是为神去做的。以智慧求解脱的典型代表之一是商羯罗。他认为在老师的指导下学习吠檀多哲学是最好的办法。人在学习的同时，还在心智上进行四个方面的修养：区分永恒的东西和无常的东西，放弃对于世间诸物的执着，控制诸根（感觉器官），热心向往解脱。一个人在通过冥想对于梵我同一的真理获得了坚定的信仰之后，老师就会告诉他："你就是它（梵）。"商羯罗甚至认为人在生时也能获得解脱。这时人的肉体由于要承担以往的业报，还须继续存在，但他再也不会把自我和肉体相混同，也不会被眼前的幻象世界所迷惑。他在这个世界上已经没有什么欲求，既不为俗常的感觉和冲动所左右，也不会因一时的得失而烦恼，故能淡泊宁静，与世无争，一心致力于引导那些尚在束缚之中的人走向解脱。在摩陀婆（约1199－约1278，一说约1238－约1317）的二元论中，梵是一个人格神。他的信仰解脱理论认为取得有关自我和梵的真知固然重要，但神的恩惠同样不可缺少。人必须充分认识到自我不能等同于梵而只能依附于它，通过对于它的虔诚的爱和崇拜邀得神宠，从而摆脱世俗的羁绊，常住于神前，享受永久的极乐。罗摩奴阇（？－约1137）的一元论则主张冥思、祈祷和热诚的信仰皆属必要。最高本体梵也是喜人诚敬的，在受到人的无限崇拜之后，它会帮助人消灭业力的影响，排除阻止人达于真知的障碍。

至于解脱后的情境，《伽塔奥义书》有一则那质吉陀的故事做过一番说明。

---

① 例如："一个人应该总是保持超然态度不断地做业，而对做了什么或没做什么又全然不感兴趣，更不靠做什么来达到私人目的。由于做到了做业而无所执着，一个人就达到了最高（境界）。"——《薄伽梵歌》Ⅲ.18-19。"一个人既无所喜，又无所厌，他就应当被看作是一个具有脱弃（尘俗）精神的人。既然能不走两个极端，他就可以轻易地从束缚下解脱出来。"——Ⅴ.3。"你唯一的权利是做业，而从不期望相应的果报。不要把业报当作动机，也不要希图回避做业。"——Ⅱ.47。其他可见：Ⅱ.51、52、56-59、71；Ⅲ.7、9、15、35；Ⅳ.19-21、36；Ⅴ.2、10，等等。

故事说阎王因为对那质吉陀失礼而答应满足他三个愿望。后者的最后一个愿望是想知道一个死后获得解脱的人是什么样子。阎王推诿再三后只好告诉他：这时的自我是“没有声、触、形式、味道和气味的，它无始无终，永垂不朽，超越于伟大和稳固（的理智）之上。死亡再也不能把他吞噬”。然而，“通向解脱的道路则是艰险而难行的，有如剃刀的利刃”。[①]这个故事说明了解脱的一般特征，而后来的各派哲学体系对它也还有过不同的发挥和描述。比如，正理论—胜论认为它本质上是一种否定状态，“随着与身体一切联系的结束，获得解脱的自我就不再有痛苦和快乐的经验，或者说索性不再有任何经验和知觉。它就如此作为一个对什么东西都没有经验和知觉的纯粹实体存在着。解脱就是这样一种摆脱了痛苦的否定境界，而不是具有极乐或幸福经验的肯定境界。它是和平而不受干扰的状态……”[②]后弥曼差派和数论派也抱有类似观点。它们认为，解脱之后，自我作为纯粹的实体深居于固有的本性之中，快乐和痛苦皆不能及。[③]商羯罗的不二论则认为，“解脱并不单纯是那种以为自我与梵有区别的幻觉造成的痛苦的消除。它还是一种肯定的极乐境界，因为梵就是极乐，而解脱乃是亲证与梵的同一。获得解脱的自我进入神圣的生活，为人类的福利而工作。”[④]这里的极乐是一种特殊的幸福，不同于一般的快乐。它“不是一种特定的感受。毋宁说它是一种满足状态。在生命摆脱了纠纷、动荡、扭曲和枯乏以后，这种状态自然就会出现。它也是某种心境，《薄伽梵歌》称之为‘宁和’”。快乐却只是一时的惬意，它不仅受外物的影响，也会暗淡下去，乃至走向反面。因为它“企图达到无法达到的目的，即绝对地占有某些欲求之物。……况且，它还会把一种不安全感遗留在人的潜意识里，这种不安全感告诉他，他的快乐情绪迟早将归于空无”。[⑤]

“涅槃”是佛教提出的最高境界，汉译“灭”、“寂灭”等，都是符合原意的。这是一个出离生死，灭除烦恼、清净无为的福乐境界，是摒弃了欲望和感

---

① 《伽塔奥义书》，I. 3、14–15。

② S.C.恰托尔吉：《印度教的宗教思想》（S.C.Chatterjee.Hindu Religious Thought）载于K.W.摩尔根编：《印度教徒的信仰》（Edited by K.W.Morgan. *The Religion of the Hindus*），220页，Motilal Banarsidass，德里，1987年。

③ 同上，214页。

④ 同上，243页。

⑤ M. M. 阿格拉瓦：《非执着的哲学》（M. M. Agrawal：*The philosophy of Non-attachment*，Motilal Banarsidass，Delhi，1982），51–52页。

情，摆脱无明，息妄归真的结果。大、小乘及不同的佛教宗派对于涅槃的解释尽管存在差异，乃至将它作有余和无余的区分，但它在本质上与印度教的解脱并无二致。佛教达到涅槃的道路，如“三学”戒、定、慧等，也很容易看出与印度教的解脱之道的相似之处。

出世解脱也是耆那教的基本信仰。耆那教认为需要解脱的是“命”（这里指灵魂）。由于业这种细微的物质颗粒漏入人的身体，附着在命上，命便不得不一再迁换肉体，活于尘世，在生死轮回中长久游荡，不得解脱。而“解脱就是从肉体、五根、物质生活、善恶、再生和其他源于无明的一切彻底摆脱出来”。[①] 耆那教的解脱从业入手，首先把人的内在和外在的活动减到最少，以至完全停止，这样新的业便不再漏入。至于已有的旧业，则必须衰减至无。为了加速这一过程，可以求诸苦行。最后的一步是摧毁肉体，这里绝食是一个好办法。苦行是耆那教最重视的解脱手段，在其经典著作中往往给以系统而详尽的讨论。

印度绝大多数宗教否认经验世界的真实性，否认人参与变革物质生活和社会生活的必要性，把出世解脱悬为人生的最高目标，必然使以入世为特征的历史学成为多余。

历史学以记载世俗社会的人类活动，总结经验，传之后世为务，其作用或为彰善瘅恶，垂训后人，或为张扬功业，激励来者，通过对于人物事件的记述，往往是带有褒贬的记述，促成人的向善意识，推动社会不断进步。历史学存在的前提是，世界是人类活动的坚实舞台，人类行为值得肯定却又有待改进。历史也需要思考，但与印度教的沉思不同。古代印度思想家轻视来自经验世界的知识，要求人们收视返听，沉入冥想，最终达到对于尘世和俗我的彻底否定。历史的思考根本不同。它所关心的不是有无，而是得失，通过得失的比较达到某种肯定。在印度宗教哲学构想的宇宙中，尘世是幻，俗我是虚。如此则历史研究主客两失，自然难于存身。对于东西方那些顽强取入世态度的民族来说，让他们承认自己无知无明，让他们抛弃现象世界和经验自我是困难的。相反，建立和重视历史学，正表明他们对于物、我的肯定，表明他们自认为对于过去的经验有省察辨析之智，对未来的世事有预卜先识之明；也说明他们对于社会和人本身的不断前进和完善抱有信心，相信在世俗舞台上演出的一场场活剧是真实的，并且不断向着新的高潮发展，不会后退，也不会烟消云散。这与印度

① 参见前引《印度道德哲学的发展》，204页。

教哲学希望人类复归于寂静无为的梵的主张，无疑是背道而驰的。可以说，在印度哲学看来必须无情打碎的锁链，把人束缚在现实世界上的锁链，历史学却在通过它的影响，有意无意地加以锻造。历史在客观上总是以责任迫人，以功利诱人，让人把忘情社会视为脱逃，从而热烈地投入现实生活。

历史是通过对于人类既往行为的记录和解释来服务于人的。它在总结经验、引出教训的同时，事实上已经向人提出了改造现实的任务和方法。然而这对于印度传统宗教思想制约下的社会有什么用呢？本我既然从未参与变革现实世界的活动，那些实质上与它无关的事实自然也就没有加以记载和整理分析的必要。一个印度教徒的最高目标是超越把他束缚在这个世界的个人局限，实现与梵这个永恒的绝对存在的结合。佛教、耆那教等的目标也是一样。纯属经验世界，始终在地上行走的历史，无论如何是无助于这种目标的实现的。在那些宗教信仰者看来，“这个世界的生活只不过是一座桥梁，唯有通过它，人才能达到他的目的地，而在桥上为自己建屋则是不明智的”。[①]然而，从相反的角度看，对于桥上发生的一切，历史恰为见证。它给自己安排的任务，用前面比喻的话说，正是把那里的旧屋辟为博物馆，为肯建新屋者提供经验。对于行色匆匆、急欲离去者，它只能是多余的，没有存在的必要。

四、人生四要和四期

然而现实的情况是，所有人都生活在丰富多彩的物质世界里，大多受着七情六欲的支配，而现象世界虚幻，经验自我无明的理论，却又尚待证明。面对这样的现实，印度教也本着现实的态度，为其信徒设计了人生四要和四期的生活规范，以迂回贯彻其根本的宗教思想。

所谓人生四要，指按照古代印度教传统，婆罗门、刹帝利和吠舍这些“再生者”的四个生活目标：法、利、欲、解脱。前三者在吠陀时代已见提出，最后者是在奥义书时代加进去的，但很快取得了重要地位。“这四个目标构成了自奥义书时代以来印度人价值观念的基础。……实际上，所有关于道德生活和社

① R. N. 但德卡尔：《人在印度教中的地位》(R. N. Danderkar. The Role of Man in Hinduism)，载于K.W.摩尔根编：《印度教徒的信仰》(Edited by K.W.Morgan. *The Religion of the Hindus*)，133页，Motilal Banarsidass，德里，1987年。

会生活的文献，都把这四个目标当作根本的生活规范接受下来。”[①]法指正确的行为，包括履行社会所要求的种种责任、义务、规矩和宗教仪节。当然，阶级不同，人的生活阶段不同，有关法的规定也不相同。利指人的物质所得。实际上，它不仅指商业和经济所得，还广泛包括权力、名声，以及行政、外交、司法、作战等经世治国之术。追逐财利和肆行权谋被认为理所当然。欲的内容也很多，但首重情爱欲乐，旁及种种耳目之娱和权力、名望带来的享受。性爱在印度是公开承认的正常合理且有价值的人类需要，并无启齿之难。在前述三要中，法起统摄作用，就是说，只有那些合乎法的要求的利和欲才是允许的，值得追求的。解脱作为第四种人生目的在奥义书时代提出以后，便取正法的地位而代之，而法则降格为正在形成的解脱。[②]与解脱相比，法，利，欲是较低层次的目的。它们的设定，是为了满足人的生物、经济和社会等方面的不同需要。尽管它们是合理的，但人在本性深处还应有更高层次的追求，即与梵合一。法、利、欲的追求和实现，只能是协助自我最终打破轮回枷锁，达到解脱境地的中间手段和准备过程。它们未被否定，因为它们的确为稳定社会和繁衍人类所必需，同时又为大多数人的本能所向往。人生四要的提出，也可以视作是吠陀时代入世的价值观念，与后来表现在奥义书及其他非正统宗教如佛教和耆那教中越来越强的禁欲主义出世倾向互相妥协的产物。

与人生四要相适应的是人生四期。它规定一个再生者一辈子应该分成四个时期来度过：梵行期、家居期、林栖期和遁世期。对于各期所应履行的责任、义务和拥有的权利，各种印度教法论书常有详细的解释。它的基本内容是，男孩在5~8岁行过入教礼后，就进入了梵行期。这主要是学习期，到25岁结束。在这个时期内，学生同老师住在一起，由老师对他的身体、心理和精神发育负责，其关系有如父子。学生生活简朴，没有任何享乐，一心从师学习吠陀经典和法对他的种种要求。他同时还学习日后于生计有用的知识和技艺，如科学、医药、箭术、音乐及其他生产技能。这是一个体力和精神的养成期。家居期从

---

① J. M. 库勒尔：《印度之道》（John. M. Koller. *The Indian Way*, New York: Macmillan Publishing Co. Inc., 1982）61页。

② “把解脱当作首要目的接受下来的结果是，其他的目的仍旧承认是合理的，然而与精神解脱的要求相比，却已处于从属地位。”——《印度之道》，60页。“通过正确处理好四要的关系，可以获得一个真正完整的人格和实质上充实的人生，这就要用法的公正原则调整人的自然欲求和物质福利，使之服从于最高的解脱目的。”——《印度教徒的信仰》，135页。

25岁开始，到50岁左右。在这一时期内，他结婚、生育并负责养活家人。作为一家之主，他要保持好祭火，在妻子的协助下，照规定按时举行祭祀。这是一个典型的世俗生活期。以后，“当家居者看到自己有了皱纹和白发而后代有了后代的时候，他就应该到森林里去”。[①]此时他作为家长已经完成了家庭和社会的职责，可以过林栖期的生活了。在森林中，他放弃肉食及其他美味，仅仅靠蔬菜和野果为生，衣服也只是兽皮或别人委弃的褴褛。四处流浪，行无定踪，旁观世事，荣辱不惊，他在断绝一切世俗欲念之后，专心致力于吠陀、奥义书和其他经典的钻研和思考。他还可以去行苦行，通过它获得控制自我的能力。这实际是谋求最后解脱的预备期。大约在75岁以后，他就进入了遁世期。这以后，他就要过无家、无名，连火也没有的独自漂泊的生活，不关心自己的生死，更无喜怒哀乐之情。“他应该潜心于最高我，无兴趣，无欲望，只以自我为伙伴，在这个世界上漫游求安乐（按指解脱）。……依此规则逐渐抛弃一切执着以后，他就解脱一切对立体（按指喜忧、爱恨、饥饱、冷热等），而只潜心于梵。……挣脱罪恶，获得最高的梵。”[②]这应该是对人世绝对冷漠，专心追求对于梵的亲证，以实现梵我合一为目标的彻底的出世生活。“印度教传统认为遁世期是人生的极致。因此，在这样的遁世者面前，任何人都会躬身施礼，把为他服务视为莫大荣幸。”[③]人生四期是重要的印度教制度，不过它在很大程度上只是一种理想，实际上没有多少人能够真正践行。理论上也承认可以越过某些中间阶段，直接去行苦行。虽然如此，它对于古代印度人的社会和精神生活依然有深刻的潜在影响。最值得注意的是第四阶段遁世期。它未必是人人都能实践的，但它的确是人们所普遍尊重和向往的，特别在知识分子眼中。有了四期的规定，人们在实现四要中的解脱这一目标上，就有了制度上的保证。

人生四要和四期的设计，强调的是个人渐归并在最后直接证认最高存在的人生之路。各代人之间，人与社会之间的关系则居于次要地位。对于一个成熟的人来说，丰富的经历也只是他自己借以企望最高本体的阶梯。人的神性优先于人的社会性。人的社会责任的完成，也以其自身解脱的实现为目的。总之，印度教哲学重点考虑的是独立的个体的人生。人在理论上（轮回业报）和实践

① 《摩奴法论》，6.2，106页，蒋忠新汉译，北京：中国社会科学出版社，1986年。

② 前引书，6.49、81、85，110、113页。

③ D. S. 沙尔玛:《印度教的性质和历史》(D. S. Sarma. The Nature and History of Hinduism)，载于前引《印度教徒的信仰》，20页。

上（四要四期）最终只对自己负责，与他人的关系甚浅。注重人自身的归宿，胜于注重他社会目的的实现。历史对于这样的人生旅程，很难有什么帮助。历史所讲的，从来都是社会的人的故事。缺少人与人的关系，缺少人们共同参与的活动，便没有历史。任何个人，即使是孤家寡人的帝王，历史也是把他放在与群体中其他个人的关系，放在前人后人互相继承的关系中去考察的。群体的经验解决不了个体的问题。当人们习惯于独自思索，分别追求一己的前途，难得相与为谋时，历史便失去了产生的土壤。

五、直觉的认识与方法

古代印度知识分子所要参透的真理远在冥冥之中，而他们要认识的对象也难为常理所喻解。试想，对于这样描述的梵，怎样去把握呢："不粗、不细、不长、不宽、不（似火）红、不（似水）湿，没有阴影、没有黑暗、不是空气、不是以太、不（似紫胶般）黏附、无味、无臭、无眼、无耳、无声、无想、无热、无呼吸、不可入、不可量、无内、无外、不食也不被食"①？显然，这样的最高本体，是无法凭比较，无法用归纳和推理的方法去认识的，因为"所有这些否定形式的描述，都是为了使人确信梵没有任何确定的属性"②。于是所余只有直觉一途。

瑜伽是人们非常熟悉的印度宗教修习功夫。实际上，它正是最常见的形成直觉认识的辅助手段。为了亲证最高本体的存在，"一切具体化的意识的影响都要粉碎，它的活动也必须停止，以便使自我辉煌的本性得以在灿烂的光芒中显示出来"。③瑜伽修行八个阶段（八支）中最高阶段"等持"提供的就是这样一种犹如昏迷的纯意识状态。此时，以往的生活经验和感情积累一概被排除在认识过程之外，被认为最可靠，最能取得真实结果的直觉就会在这种精神状态下产生。印度几乎所有的宗教派别，无论正统与非正统，都把瑜伽当作重要的修习功夫，显然是因为它有助于见神目的的实现。

---

① 《广林奥义书》，Ⅲ.8. 8。类似的描述还可见《迦塔奥义书》，I. 3.15；《秃顶奥义书》，I. 1. 6等。

② 《十二基本奥义书》（*The Twelve Principal Upaniṣads*, by Dr. E. Röer, Delhi: Nag Publishers, 1978）第二卷，292页，注7。

③ 前引《印度之道》，300页。

另一种重要的功夫是苦行。苦行主义作为克制欲望，实现精神理想的手段，在世界上差不多每种宗教中都能见到。然而像印度宗教那样把它放在特殊的地位上加以强调乃至推向极端的并不多。苦行的办法很多，饥饿、不眠、屏息、火烤、拔须发、睡刺床，长久保持困难姿势等自我折磨方法都是。苦行在印度的历史也很长，早在《梨俱吠陀》中，它已是一种具有创造性的力量。据说生主神就曾通过苦行创造了世界。后来的《泰帝利耶奥义书》也说，梵是在做过苦行以后创造了纷繁世界并进入其中的。在这部奥义书的另一个地方，苦行也被当作认知梵是极乐的必要功夫。[①]《秃顶奥义书》还认为自我可以通过苦行来实现[②]。事实上，所有这一切都是因为长时间的苦行可以使人进入一种出神状态，使他感觉自己已经超越善恶、生死和时空，把握住最高本体，领悟到自我的本质，完成了梵我合一。[③]和瑜伽一样，苦行也是一种实现直觉认识的准备手段。

直觉作为领悟方式，在某些非宗教领域中或许同样有其效能，但它无论如何不适用于历史学。历史学的精髓是真实。[④]真实不能凭直觉去获得。历史的对象是活的现实世界，它需要的首先是切实的观察和记载，以及理性的判断和研究，而不是向壁冥思。为了认识历史现象的发生和发展规律，总结经验教训，归纳、演绎、比较的方法是必不可少的，而直觉则难有用武之地。史学家的工作具有明确的客观性，他所注意的一切都在自身之外。瑜伽和苦行则皆为典型

① 分别见《泰帝利耶奥义书》，Ⅱ.6和Ⅲ.1–6。

② 《秃顶奥义书》，Ⅲ.1.5。

③ “通过苦行和冥想技巧的结合，使自己的心理和精神力量显示出来，一个苦行者可以超越天国和地狱，月神和女神，直接达到最深奥的实体的神秘存在。在与最高实在合一的亲身体验中，苦行的英雄可以发现充分而圆满的真理和极乐。生与死、悲与喜、善与恶，所有这一切都被抛弃脑后，视作不过是存在于浮浅水平上的不完满存在的有限形式。通过亲证最深刻水平的实在，苦行者发现了完全的自由，宇宙中再也没有束缚和限制他的力量。”——《印度之道》，10页。

④ “人们可以用不胜枚举的引文来证明，在我们继承的希伯来—希腊—罗马文明这一历时几达二千五百年的漫长时期内，真实性一直是历史学的精髓。”——莫里逊：《一个历史学家的信仰》，载《美国历史协会主席演说集 1949–1960》，21页，何新等译，商务印书馆，1964年。中国史学家更以直书为传统。刘知几说：“烈士徇名，壮夫重气，宁为兰折玉摧，不作瓦砾长存。若南、董之仗气直书，不避强御，韦、崔之肆情奋笔，无所阿容，虽周身之防有所不足，而遗芳余烈，人到于今称之。”——《史通·直书》。这些史家视同名节，冒死维护的无非是历史的真实。

内向的修炼和认识方法。它们通过排除人的实际经验、感情积累和日常的逻辑性思维方式为直觉开路。历史学所需要的思考认识方法和古代印度知识分子最推崇和喜爱的认识方法，显然是完全不同的。

六、小 结

具有悠久文明的古国印度缺乏史籍帮助我们了解她几千年的伟大历程，主要原因，在于生长在这块土地上独特的宗教哲学思想妨碍了历史学的产生和成长。

前面讨论过的幻、轮回、业报和解脱，是古代印度几乎所有正统与非正统的宗教哲学一概尊奉的信条，其中又以解脱为根本。Tat tvam asi，“你就是它”，是古代印度教哲学的永恒主题之一。这里，“你”指本我或个人灵魂，“它”指梵或宇宙灵魂。这句话意味着本我与梵是同一的，此一同一，乃是人能解脱，复归于梵的根本依据。[①]

解脱哲学所关心的，是人的本质和本原，而不是他的变化和发展。“印度宗教真理的追求者从来不会变成某种存在——至少他认为如此。他一心想实现的，是恢复为他真正应是的那种存在。他要解决的不是‘将变成’，而是‘原来是’。……（人生的）过程有如擦亮发乌的镜子或抛光一块水晶。这种人生观的基础，在于不是本能地要求获取、成长、发展和进步，而是相反，即本能地争取退回到生命、思想、欲求、行动和苦难尚未出现以前的原初状态。”[②]持有这样的哲学思想和人生观的人不可能关心历史，因为他们的问题无法在历史中求得解答。相反，他们不感兴趣的问题，却正是历史想要回答的，即鉴往知来，以推求现实“将变成”什么样子。古代印度知识分子最关切的问题不在历史学

---

① Tat tvam asi最早见于《歌者奥义书》。这部奥义书的第六章用父子对话的形式，讨论世间万物背后统一的最高本体的存在。父亲告诉儿子，最初只有同质的存在，它凭自己的意愿先后化现出热、水和食物，又使自己进入其中，成为它们的生命，并使它们具有名称和形式，万物也随之派生出来。因此，食物的根源是水，水的根源是火，火的根源，也即万物的根源，是最高存在。当人去世的时候，他的语言被心智所吸收，心智被呼吸所吸收，呼吸被热所吸收，热被最高存在所吸收。“这真实的存在，这世界的精微的源泉，是一切东西的灵魂，一切东西的本我。因此，你就是它。”

② A. de雷因考特：《印度的灵魂》（Amaury de Riencourt. *The Soul of India*，Honeyglen Publishing Limited，1986），129页。

的视界之内。与现世紧密相关的历史学既然不可能与哲学无休止地讨论后者所酷爱的永恒问题，它的命运也就只能是被忽视。

对于永恒的不倦追求，必然带来对于俗世的厌弃。古代印度的思想家们经过世代思考，做出了否定俗世的结论。他们藐视世间乐趣（尽管并未完全否定它），鼓励人们对世俗的荣辱升沉漠然处之，把人的最宝贵的东西——精力、智慧和虔诚用于永恒的思考和追求。[①]在他们看来，真正的自我是不介入现象世界的事务的，所以对世事应取旁观态度。“世界除了食物、衣服、屋瓦和掺和着无限痛苦的快乐以外，很少能给人什么。冥想使人从这个世界游离。他必须完完全全是个局外人。如此，世界才有意义，天和地的美才会持续不断。”[②]然而历史却正是对世俗生活抱有热情的局内人关心的事。人生的、阶级的、民族的成功与失败、光荣与耻辱、得计与失策、前进与后退，都是意义重大，值得记载和反思的。局内人相信真善美就在俗世之中。他自身的价值也要在这个现实世界上求得实现，相信时间会给他机会，历史将给他指引。出世入世，各行其道，因其南辕北辙，注定不相为谋。

那么退而求之，仅仅作为知识，历史是否也有存在的价值呢？从古代印度哲人对于知识的界定看，这样的价值也是不存在的。按照商羯罗的看法，任何学问积累和思考所得，只要不是以梵我合一为指归的，都不是知识，都缘于无知无明，因此都属荒谬。无明是印度教对于现世俗人心智能力的基本评价。“依照印度教的观点，由于‘原初无明’或称无知的作用，本我从它宁静超然而又自身放光的高位上跌落下来，结果忘记了自己原来与最高存在或终极实体是同一的，以致陷身于现象世界，不能自拔，焉知现象世界本身在某种意义上也不过是无明的画境虚设。”[③]无明既是一切世人所以降生在世上的原因，又是阻止他们复归于最高本体的障碍。无明作为本性是和一个人的世俗存在相联系的。只有未曾堕落到世上或已经获得解脱的人才不受无明的蛊惑和困扰。从商羯罗的观点看，历史应是典型的非知识和纯粹的无明。因为历史不考虑最高本体，至少无意理会它的存在，但对尘世的实有却抱持绝对肯定的态度。它对尘世的生活满腔热情，执意要区别世事的善恶，追究成败的原委，坚信人类不仅有明，

① “印度人认为名望、幸运、权力和享乐都是肤浅的，转瞬即逝。它们无法满足人类对于完善和不朽的渴望……”——《印度之道》，68页。

② 前引《非执着的哲学》，19页。

③ 前引《印度教探本》，54页。

而且能够通过自身的智慧改进生活环境。冷眼旁观从来不是历史学的品性。它鼓励人参与世争，追求功业，踣而复起，衰而重兴，目的就是影响生活。可以说，不热烈地执着于世间的生活且往往是起伏激荡的生活，不深切地执着于世间的感情——爱憎、苦乐、恩怨等等，便没有历史。总之，凡印度宗教世界观以冷淡的态度轻蔑否定的东西，历史都给它以价值，对它颂扬，批评，谴责，同情，辩解，赞叹，唯独不加否定。这样，在权威的、强大的印度宗教思潮面前，历史本身的命运也只能是被否定。

世界是幻，人生如寄，印度教和多数其他印度宗教的信仰者都把出离轮回，获得解脱当作最高的个人目标。在他们看来，并没有什么真正的人生价值和群体利益需要在世界上实现。真实自我的实现，只是在时间和空间范围之外才有可能。往古来今，四方上下，只要局限在物质世界之内，就没有真善可以追求。若论善，则最根本的善就是永恒的存在。“对于印度教徒来说，人的生命乃是灵魂以解脱为终点的朝圣旅行，结果是摆脱关于自我本质的原初无明，完成与梵的神秘结合。”[①]而对于世事的兴趣，则皆由无明而来，与幻象世界同属虚妄。历史作为人类生活经验的记录和总结，把浓厚的兴趣倾注在物质、文化和社会生活的演化和改善上，遂成为束缚人不使超离俗世的力量。世世代代在俗务中忙碌的历史学，凡胎结定，是不可能升入绝对存在的至高境界的。它只能留在世上，同这个世界一道被否定。

古代的印度原也和中国、欧洲一样，有过史家和史学的萌芽。但是就在中国产生孔子，欧洲产生希罗多德之前不久，印度出现了奥义书哲学，并对以后几乎所有正统与非正统的宗教哲学思想发生了持久而深远的影响。它的以弃世解脱为核心的世界观和人生观彻底否定了现实世界的存在意义，致使以俗世为根据的历史学从成因、对象到目的都变得虚妄无谓，失去了价值。萌芽被窒息，没有人再想到去认真地记录历史。等到人们终于意识到过去对于今天毕竟意义重大时，过去已经消失在时间的重雾之中。拨开迷雾，重构历史的手段并非没有，但准确地还原谈何容易。只要时间不能倒流，遗憾就会永远存在。

原载于《南亚研究》1991年第1、2期

① 前引《人在印度教中的地位》，载于《印度教徒的信仰》，126页。

古代印度缺乏历史的原因之一：时间观念的影响

印度古代缺乏历史，它的根本原因，是以解脱为核心观念的伦理哲学思想受到印度人，尤其是印度知识分子的广泛崇奉，从而使史学的产生失去了土壤。这里我要谈的，是与这一原因或多或少相关的古代印度人的另一个思想特征，即他们对于时间的认识：它的大尺度计算方式和它在进程上的悲观意味。

什么是历史？《说文》："历，过也。"如《尚书·毕命》："既历三纪，世变风移，四方无虞，予一人以宁。"又《说文》："史，记事者也。"如《礼记·玉藻》："天子……玄端而居，动则左史书之，言则右史书之。""史"后来引申为事实记载本身。而历史，顾名思义，就是发生在以往人类社会中的种种事实的记录。关于历史及其功能，史学家们做过多种界说。多尽管多，但无论如何没有人否认它作为过往实事记载的这一性质。这就是梁启超所说的："史也者，则所以叙累代人相续作业之情状者也。"[①]可见，历史是和时间这一概念相关联的。它们的关系如此紧密，以致在一些人看来，不仅时间的延续使历史的发展成为可能，索性历史的展开就是时间的自我实现。缺乏客观的，正常的时间观念，或者过于强调夸张虚缈的时间观念，忽视时间进程与人类命运的关系，必然会影响历史观念的建立，妨碍历史科学的产生和发展。

古代印度思想家在时间体系的设计和时间进程的描述两方面都破坏了历史产生的条件。

先谈时间体系设计方面的问题。这主要表现在，时间的大尺度计算方式使历史变得渺不足道，乃至失去意义。从最古老的圣典《梨俱吠陀》到后来的神话传说作品集"往世书"和大史诗，几乎所有的印度著作都会提到这种时间体

---

① 《梁启超史学论著四种》，108页，长沙：岳麓书社，1985年。

系，它的主要内容是：

目前，我们人类正生活在一个叫作“争斗时”的时代，这个时代长1 200天年。由于每1天年相当于世上的360年，因此“争斗时”的总长是432 000年。当今，我们正处在这个时代的第6个千年纪，因为据说它是从婆罗多大战结束的那天，即公元前3102年2月18日星期五开始的。①“争斗时”前面有个“二分时”，比它长两倍；还有个“三分时”，长三倍；“圆满时”，长四倍。这四个“时”构成一个“大时”。对常人来说，算下来，这一“大时”无疑长得已经够想象了。但是，它在印度的时间体系中却短得几乎不占地位。那么这显然十分巨大的体系本身是个什么样子呢？要弄清楚，恐怕还得从印度神话的梵天创世说说起。

据说最高本体梵打算创造世界，就凭着意愿首先创造了水，并把自己的种子投入其中。种子变成如太阳一般灿烂的金卵，创造神梵天便诞生在这个金卵里。他先在卵里住了1年——当然是梵天的1年，然后通过禅思把它分成两半，一半是天，一半是地，并把空界、海洋等置于其间。接着他又创造了世界万物，如日月星辰、河湖山峰、神与半神、人类动植以及思想语言、喜怒哀乐等等。这样一个世界存一“劫”之久，然后在梵天睡去时被劫火烧尽，归于毁灭。待熟睡一劫醒来之后，他又把世上的一切重新创造一过，并使它们再生存一劫之久。这样的创造—毁灭过程要在梵天的一生中反复搬演，直至宇宙末日，他又回归于他所由生的梵。梵天的寿命长100个“梵天年”。这“梵天年”是个什么单位？它又相当于多少个“劫”、“大时”、“时”以及……？下面我们根据《毗湿奴往世书》的叙述，列出一个表来，看看古代印度人的时间系统是怎样设计的：

梵天的寿命＝100梵天年

1梵天年＝360梵天日

1梵天日＝2劫

1劫＝1000大时，或约14摩奴期

1摩奴期＝约71大时

① 这原是一位叫作约翰·本特立的学者计算出来的，1825年发表在他的著作《印度教天文学的历史观》中。20世纪60和70年代又有印度学者拉科万和印加尔等人提出新说，认为应该是公元前3101年12月28日。

1大时包括：

圆满时＝4 800天年（包括晨、夕各400天年）

三分时＝3 600天年（包括晨、夕各300天年）

二分时＝2 400天年（包括晨、夕各200天年）

争斗时＝1 200天年（包括晨、夕各100天年）

1天年＝360天日

1天日＝尘世1年[①]

推算下来，梵天的一生竟有3 110 400亿年，不仅比地球的年龄（46亿年为其一说）长得多，甚至比现今知道的整个宇宙的年龄（约130亿年为其一说）也长得多。至于当前，按照《毗湿奴往世书》的说法，我们当前正处在梵天51岁的第1天野猪劫，[②]第7个（也称“日神之子”）摩奴期，第28大时中争斗时的第51世纪。[③]就是说，在我们之前，梵天已经存在155万亿年。他还将继续存在这么久。使我们已经精疲力竭的想象力陷于绝望的是，梵天的寿命仍旧不是时间的极限。《梵转往世书》告诉我们：梵天的来去，不过发生在最高神毗湿奴的眨眼之间！

在如此巨大，巨大到难以想象的时间尺度面前，人的寿命乃至人类社会都渺小得失去了意义。[④]相应地，人类历史自然也会因此而丧失价值。值得注意的是，在印度人看来，这个用比天文数字还要长得多的数字描述的时间结构，首先并不是用来说明宇宙发展进程的，而是用来说明人类社会变化的。[⑤]那么，要想描述这类变化，即使可能，通常意义的历史也已无能为力，只好借助神话。于是人变成了神，如罗摩、黑天；历史变成了神话，如阿育王的

① 见《毗湿奴往世书》第一部，第三章。

② 在这一劫，毗湿奴大神化身为野猪，降世拯救沉入海洋的大地。

③ 《毗湿奴往世书》第一部，第三章。

④ “那种无数宇宙层出不穷的景象，那种有不知多少梵天和因陀罗（按：因陀罗的统治期限是71大时）要来而复去的说教，足以把人类个体存在的价值扫荡净尽”——H. 齐默尔：《印度艺术和文化中的神话及其象征意义》（Heinrich Zimmer. *Myths and symbols in Indian Art and Civilization*），22页，普林斯顿：普林斯顿大学出版社，1974年。

⑤ “‘时’之类的概念并无直接的宇宙学上的重要性。它们指的是社会的周期性变化。”——S. 帕托恰尔吉：《印度教的宇宙理论》（S. Bhattacharjee. *The Hindu Theory of Cosmology*），117页，加尔各答：普拉加沙尼出版社，1978年。

故事。真人真事反而难以索寻了。同样值得注意的还有，尽管印度宗教哲学家设想的时间尺度已经异常巨大，它仍然不过是整个宇宙进程的一个微小部分。印度学者D. S. 沙尔玛说："宇宙进程的首尾是超出时间之外的，时间不过是两个永恒之间一座狭窄的桥梁。我们这些被安置在时间和空间之中的人类所能知道的，仅仅是在宇宙中有一个大规模的精神发展过程在演进，而这正应该是我们一切计划和设计的出发点。"① 这里的计划和设计无疑只能是宗教的或以宗教的名义进行的，旨在修炼人的精神，使之顺应那想象中的宇宙进程，与人的世俗的和物质的目的并无关系。植根于人类社会，以人的世俗生活为关注对象的历史，由于视野所限，显然无助于对于宇宙精神的认识，因此它也只能被忽略。

一方面是时间观念的极度夸张，另一方面是当时间与人类命运相联系时其意义的丧失殆尽，对于这看似矛盾的现象只能有一个解释，就是对具体的，有着实际内容的时间，在本质上是忽视的。不免累及的，自然也有作为时间发展的见证的历史学。法国学者A.de.雷因考特谈到这一点时说："拒绝给时间进程以精神上的重要性导致了集体的健忘症，结果是背转身去不看历史，不重祖先崇拜，不重传统继承的原则。"② 此说固嫌激烈，但并非没有道理。如果改换一说，说古代印度人的思考常常遨游在宇宙层次，不肯下及凡界，至多仅及人在宇宙中的地位，而无意深入其自身的发展变化，以致失去了对于历史的兴趣，

---

① D. S. 沙尔玛：《印度教的性质和历史》（D. S. Sarma. The Nature and History of Hinduism），载于W. 摩尔根编《印度教徒的信仰》（Edited by Kenneth W. Morgan, *The Religion of the Hindus*），15页，德里，1987年。

② 《印度的灵魂》：（Amaury de Riencourt. *The Soul of India*），102页，英国巴斯：霍尼格兰出版社，1986年。这位学者不止一次把印度的缺乏历史和缺乏正常的时间观念联系起来谈。比如："理解印度文化的关键正在于对她的彻底漠视历史，漠视时间进程有所认识。雅利安印度不尚回忆，因为她把注意力完全集中在永恒上，而不在时间上。"（15页）关于不重祖先崇拜，他提出印度惯行火葬作为证据，而这又和轻视历史密切相关："这种死后即消灭肉体的做法，意味着他们有一种抹除记忆的无意识的强烈愿望，也是一种对于时间和历史极端漠视的表现。"（16页）雷因考特的这个看法有一定道理。这也可从注重历史的民族往往举行土葬得到反证。中国在早至公前5000–前3000年的仰韶文化遗址中就发现过整齐的墓地和随葬品。到西周更有关于墓葬和服丧的详细规定，这可在《礼记》中见到。欧洲古代爱琴海文明的代表克里特文化（公前2–3千纪）和迈锡尼文化（约公元前1600–前1100）皆营墓葬。

大概基本上是符合事实的。[①]

前面我们谈过了古代印度人的时间体系设计如何影响了他们，使他们忽视历史的重要性。那么他们结合社会的演变而对时间进程所做的描述又是怎样产生了同样的作用呢？

观察那些具有发达的史学传统的民族，可以发现，他们总是相信，随着时间的推移，社会是会发展变化的。对于发展的前景，他们也往往怀着乐观的期待，即认为社会一定会朝着善的方向不断进步。美籍神学家保罗·蒂利希说："时间神就是历史神，这首先意味着它是在历史中朝着一个终极目标而行动的神。历史有一个方向，在历史中并通过历史，某种新的东西将被创造出来。人们用许多不同的言词来表述那个终极目标，如：普遍的福利，战胜以富有攻击性的民族为代表的邪恶势力，历史之中或历史之外的上帝王国的到来，对这个世界的形式的变革，等等。"[②]西方如此，中国亦然。梁启超说："社会常为螺旋形的向上发展，隐然若悬一目的以为指归。……前代人恒以其未完成之业遗诸后代，后代袭其遗产而继长增高焉……"[③]应该说，在有历史感的民族看来，时间的前进无论如何意味着善的步步实现。

然而，古代印度人对于时间进程的看法，则是另一个样子。在他们看来，时间的推移如果能够带来改变的话，那也只是世界状况的不断恶化。前面说过，四时是圆满时、三分时、二分时和争斗时。古代印度人喜欢掷骰子这种博戏，四时的名称即由不同的骰点而来。Kṛta，圆满，是四点，大赢；Tretā是三点；Dvāpara是二点；Kali是一点，全输，这个字也有"争斗"之意。即使不做解释，这四个时的不同特点也已经十分明白：每况愈下，一时不如一时。圆满时的人生而有德，老实忠厚，时时刻刻躬行他们的社会义务和职责，大家融洽和乐。财物公有，取予自便，无须买卖。总之一切完美无缺。三分时的人道德

① 齐默尔在对比印度人和欧洲人的思想特点时说："印度在考虑时间问题时所用的时代概念足以和我们（按指西方人）用在天文学、地质学和古生物学上的时代概念相比。也就是说，印度是从生物学方面，从物种方面，而不是从一个个短暂的自我方面去思考时间和她自身的。后者是会变老的；前者一直是老的，故也是常新的。西方人则不同。我们把世界的历史看作是人类的传记。……我们思考自我、个体和生活，而不思考生命。……我们没有能力，也从未想到过往那巨大无比的'时'里，填充生命的意义。"——《印度艺术和文化中的神话及其象征意义》，21页。这种对比在印度人和中国人之间多半也能成立。

② 保罗·蒂利希：《文化神学》，45页，陈新权、王平译，北京：工人出版社，1988年。

③ 《梁启超史学论著四种》，108页，长沙：岳麓书社，1985年。

开始沦落，规定义务和责任的法失去了四分之一地盘。人不是生而知法了，必须学习才行，但他们知道禁欲，也懂得虔敬。二分时情形更糟。人变得无知，法只剩一半。精神完美在生活中已经无人追求，财利成了大家竟逐的目标。祭祀盛行，仪节繁复，目的只在升入天国。争斗时的人彻底堕落。法只余四分之一。吠陀失去权威。人为贪欲所蒙蔽，自私而无情，以致金钱至上，寡廉鲜耻，欺诈公行。从圆满时到争斗时，人的寿命也会从400岁到100岁不断折损。世界恶浊到争斗时的地步，除去毁灭也就别无前途了。当然，继之而来的又是一个完全相同，由梵天创于一旦的圆满时。

总结古代印度人对于时间进程的描述，可以知道，他们的看法是：一方面，在较大的尺度上，如在大时以上，所有处在创生—毁灭之间的世界都是相同的。相同的状况在时间的轨道上一次又一次地重复着。另一方面，在较小的尺度上，如在“大时”以下，情形又是不断的退步。

前一种观念显然是不利于历史学产生的。因为，只有相信时间的前进意味着发展变化，意味着“某种新的东西被创造出来”，意味着向某一终极目标的不断接近，才会承认历史的必要。缺乏发展和最后目的的意识，也就必然缺乏历史意识。古代印度就是这样。①

后一种观念也会导致相同的结果。前面说过，历史学的产生，在一定意义上是人类信心和乐观的表现。没有一位史家不是自觉不自觉地把社会的存在看作一个发展的过程，一个一般说来常常是不断改善的过程。很难想象谁会对一个注定堕落、衰败、解体，终至灭亡的人类命运发生兴趣，记述它无可挽回的跌入深渊的过程。纯洁的、高尚的、完美的，处于至善境地的世界虽然存在，却是在一个早上自然出现的，尽管令人向往，但无须人的努力，因而也就无须历史来提供教训、借鉴和指导。

① “印度思想虽然是活跃而富于推理性，但是从不关心世界的结构和目的，或者是世界的结局，这是值得注意的事。目的观念在它的宇宙进化论或伦理学中，没有起什么作用。宇宙往往被认为是游戏，是神的偶然兴致，而且几乎是一个错误。……关于世界的结局，和关于建立一个更佳秩序的传说，并不多见。”——查尔斯·埃利奥特:《印度教与佛教史纲》，147页，李荣熙译，商务印书馆，1982年。又“印度人对于过去也是漠不关心，因为他们不承认世界的历史，即整个宇宙过程有任何意义或价值。印度思想的多数派系，不论大小，都是没有目的的概念……对于印度人说来，世界是无止境的重复，而不是一个有目标的进展。”——61页。

巨大尺度时间体系的设想，以及关于人类社会随着时间推移不断恶化的观点，意味着对于无限宇宙的神往和对于人间世界的藐视。这就在一个方面说明了为什么古代印度哲学宗教异常深密繁复，源远流长，而历史作为古人之事和今人之镜却暧昧模糊，长久不得诞生。

原载于《东方哲学研究》1990-1991年合刊

业报理论源流

印度学者基里特·焦希发表过多种人文学科著作。他在《吠陀和印度文化》一书中说过这样的话："印度曾经是一个特殊的探求人生意义的地方。在这种探求中，它也曾毫不含糊地坚持并尝试过那些甚至极具否定性的假说或主张。"①我以为此话不虚。殚智竭虑，对于人乃至人以外的一切生物的生存意义进行不倦的思考，是印度固有的传统，其源既远，其流亦长；而其思考后的结论或时带有强烈的否定性，也是事实。这里准备谈的业报思想，就是印度古代圣贤长久探求的结果。这种结果，经过千百年的传播，对印度以至印度以外的世界发生了广泛而深刻的影响。业，也即行动或者行为，是生物生存的基本表现。古代印度人提出业，围绕它形成观点，展开理论，正好抓住了生存，特别是人类生存的关键，由此建立的学说自然也同样容易抓住人心。

古代印度人曾经把他们的故土称作"业之地"，②可见业这个观念在他们的心目中意义重大。只是这里的业由宗教典籍提出，已经被宗教化。不过，与生存问题相联系的业涉及人生意义，进入了宗教文化的讨论范围，所以它的宗教化实在也属必然。因此，很明白，业和业报是裹着宗教外衣的伦理哲学观念。③翻开任何一本印度伦理学史都不难看到，出现频率最高而又往往贯穿全书的，总是业和业报。它们制约着印度社会的道德伦理生活，至少已经有两千数百年以上。业报理论的基本点是：世界上的人及别的一切有情识者的行为，即业，

---

① Kireet Joshi：*The Veda and Indian Culture*，Delhi，1994，p22.

② Karmabhūmi 或 Karmakṣetra。这种说法可见耆那教圣典《谛义证得经》（*Tattvārthādhigama-sūtra*）3.16;《薄伽梵往世书》和《野猪往世书》等也有此说，皆指"婆罗多地区"（Bhāratavarṣa），也即印度。这里的业（karman）常被解释为合乎宗教伦理的行为。

③ R. N. 但德卡尔在《印度教探本》（R. N. Dandekar. *Insights into Hinduism*，Delhi：Ajanta Publications，1979）中说，业报的观念是轮回学说的四个要素之一。其他三个是自我的永存、无明的作用和解脱的可能。四者之中，其他三个多为抽象理论，只有业报观念与道德实践密切相关。见该书58、61页。

是一种可以带来后果的潜在力；它有善、恶之分，并且依其善恶不同，可以在主体的今世或未来转生后的某世产生相应的结果，也即果报；果报决定着生物的生存状态，如人的身体状况、社会地位，以及性格、资质、健康、苦乐，乃至命途蹇滞通达、寿纪短促长久等；行动即做业的原因是欲望；作为人，其生存的终极目的，应该是摆脱不断做业和累受果报这种无休止的连锁过程，达于解脱境界。印度的主要宗教，如印度教、耆那教和佛教等，都以业和业报为根本信条，并在此基础上建立起自己的伦理体系。这些体系的某些内容虽然会有区别甚至对立，但如上的基本教义却是它们共同接受的。

中国人对于轮回业报观念并不陌生，甚至可以说，它在某种意义上和某一范围内，也已成为中华文化的一部分。它是很久以前随着佛教从印度传到中国来的，这对很多人来说，也是常识。但是在印度，在自己的故乡，它是何时出现，为什么会出现，怎样出现，又怎样发展成如今这个样子的，这些问题就不太容易说清了；而且由于年代久远，久远到两千年以上，今天也的确很难说清。

难以说清的问题往往引起人想去弄清的兴趣。对于这样一个遥远的问题试做解答就是这篇文章想做的事。方法很简单：先按照时代顺序对古代印度主要思想派别的观点做一检讨，然后根据所得，求一总结。所论不期深邃透底，能穷究竟；但若可备为一说，也算一番爬剔不枉。

一、吠陀时代的观点

约自公元前两千纪中叶开始，印度–雅利安人分几批进入印度。从这时起直到公元前7–6世纪前后，一般称“吠陀时代”，因为对于上古印度这一时期的了解，主要是通过印度–雅利安人最古老的文献吠陀圣书来了解的。编定于公元前1500年左右或那以后数百年间的《梨俱吠陀》中已经有“业”（karman）这个字，出现过40余次。它的意义十分单纯，一般指行为或者事情，尤其是神祇们的业绩。[①]在狭义上，它也常指人的宗教行为，如祭祀或者供奉祭品等。[②]到梵书时代（公元前10–前7世纪），出现了“再死”（punarmṛyu）的概念（见《牛道梵书》）。“转生”（punarjanman）的概念乃至轮回的观念或即受此启发而

① 如歌颂毗湿奴的1. 22. 19；歌颂因陀罗的1. 61. 13和10. 54. 4等。

② 如《梨俱吠陀》1. 148. 2和10. 81. 1等。

来，[①]但是与伦理道德相结合的轮回业报思想确实还未见到。就印度教[②]来说，只是到了后来，到公元前6世纪左右，这类观念才开始在奥义书中出现。

业和轮回的观念在不同的奥义书中常有不同的表达。这反映了理论上不同的成熟程度，或者当时存在着的不同观点。但是，转生的思想无论如何在奥义书时代已经得到普遍的承认，只是对于具体的问题，如转生的方式，有着不同的说法。

《广林奥义书》说："当一个父亲感到自己行将去世时，他要对他的儿子说：'你就是梵，你就是祭祀，你就是世界。'儿子亦重复说：'我就是梵，我就是祭祀，我就是世界。'"如此这般将自己未竟的学习吠陀、举行祭祀的义务和其他一切世上的事务付与儿子以后，"他就通过儿子而在这个世界继续存在下去。那神圣不朽的生命力即进入了他"。[③]这种由父及子的生物性延续的观点也可见于《爱达罗氏》和《憍尸多基》等奥义书。前者说："他（父亲）在儿子的生前和生后保证了他的生存，也便为了世界的延续而保证了自我的生存。世界由此得以延续。他自己又一次诞生。"[④]后者有一段父亲临死时与儿子的对话：

> 就要去世的父亲招来自己的儿子。他先在屋内铺上新鲜的草，照规矩做好燃火的准备，并且（在边上）放置装着水的容器和盛米的罐子。他穿上以前难得一穿的新衣，躺在那里。儿子来到父亲跟前，用自己的各个根（感觉器官）去接触父亲的根。……父亲说："让我把我的语言给你。"儿子说："我得到了你的语言。"父亲说："让我把我的呼吸给你。"儿子说："我得到了你的呼吸。"父亲说："让我把我的视力给你。"儿子说："我得到了你的视力。"……

此后，儿子又从父亲那里得到了他的听觉、食物的香味、行为、快乐、痛苦、福祉、逸乐、子息、行走、心智、知识等。然后父子互换祝福，儿子离

---

① "可能正是吠陀早期的再死概念为转生的信念铺垫了道路，除非前者倒是受后者的启发而来。"见G. C. 潘德：《印度文化基础》（G. C. Pande. *Foundations of Indian Culture*, Delhi: Motilal Banarsidass Publishers, 1990）第一卷，63页。

② 为便于比较讨论，除少数例外，这里一般不区分通常所谓吠陀教、婆罗门教、古典印度教等，而统称之为印度教，即广义的印度教。

③ 《广林奥义书》1. 5. 17。

④ 《爱达罗氏奥义书》2. 4. 3。

去。[①]显然，通过这样的对话或者说交代，父亲使自己的生命在儿子的身上得到了继续。这里的“行为”一词即是我们所说的业。值得注意的是它不包括什么为善为恶的道德评价，简简单单就是父亲做过的事情而已。另外还有一点值得注意，即在这里业可以转移，可以从一人传递到另一人，特别是由父及子，像遗产一般。

同业的转移意义相当的是功德转移。《广林奥义书》认为，人的功德可以在男女之间传递。通过性关系，一个人可以把对方的功德转移到自己身来。[②]同样，如果一个女人有情夫，她的丈夫也可以通过巫术夺取那个情夫的功德。[③]这里的功德（sukṛta）还不是业，但无疑是业的一部分。业能够转移的观念之所以有意义，就在于它包含了业报轮回理论中重要的宿业不灭、世世承袭的思想。

与上述父子之间生物性延续的转生观念不同的，是人死后自身转生的思想。比较起来，它似乎更加重要，因为没有自身转生，行为好坏，报应不同的思想便无以成立。它与业的转移思想共同为业报轮回观念提供了理论前提。《歌者奥义书》说，一个人在按照规定进行过祭祀，完成了他的宗教义务之后去世，他就会变成烟，并相继进入夜、黑半月、六个月、祖界、天和月亮，然后又返回天，变成风、烟、云、雨云；云降雨后成水稻、大麦、草本植物、树木、芝麻、小扁豆等。哪一种（生物）吃了它们，它们就变成那种（生物）的后代。（生时）行为可意者迅速进入可意的子宫，如婆罗门的、刹帝利的或者吠舍的子宫；行为恶浊的，则迅速进入恶浊的子宫，如狗的、公猪的或者旃荼罗的子宫。[④]不过，这里表示“行为”所用的是字caraṇa，而不是karman（业）。尽管如此，尽管还没有用业这个字眼，但是报应的思想已经透露出来。

《憍尸多基奥义书》也有一段类似的内容。此处它用以表示行为的词已经是karman：

① 《憍尸多基奥义书》2. 15。

② “……那知道这个（咒语）的人的世界像举行力饮祭者的世界（一样伟大）。他行房事可以从女人那里取得她的功德。如果他不知道这个（咒语），女人就会通过房事取去他的功德。”（《广林奥义书》6. 4. 3）

③ “如果他的妻子有一个情人，而他又恨这情人，他可以把火放入一个未经烧制的容器内……说：‘你在我的火里投了祭品，我要取走你的呼吸……你的儿子和牛群……你的祭祀和功德……你的期待和希望。’”（《广林奥义书》6. 4. 12）

④ 《歌者奥义书》5. 10. 3–7。

> 所有从这个世界离去的人都到月亮上去。在白半月，他们的生命充满月亮；在黑半月，他们（再一次）出生。月亮是天界之门。……他们作为雨降至世间，或为蠕虫，或为蚱蜢，或为鱼，或为鸟，或为狮子，或为公猪，或为蛇蟒，或为老虎，或为人类，或为其他生物，全依其行为和知识而定。……①

在奥义书中，同时清楚地表达了轮回和业报思想的，这是一例。只是它的内容仍较简单，不似以后的那么明确、繁复、体系完备。

《歌者奥义书》认为人死后有两条路可走。那些生前在森林中操苦行、善禅思的人可以走“天道”（devayāna）。他们能够超越时间和轮回，不再返回尘世。那些从事生产活动，遵行正法，在家中举行祭祀的人将走“祖道”（pitṛyāna）。他们还要回到尘世上来。上面所说的例子，显然是指祖道。然而奥义书的根本宗旨，却是希望人走天道，得解脱。欲走天道，最根本的一点是应能通过冥思，认识到人的内在自我与最高本体梵在本性上同一，证悟“我即是梵”（《广林奥义书》1. 4. 10）这个真理。各主要奥义书一再强调人的自我的超验本性，目的在于否定参与轮回的现象自我也即肉体，指出人终能获得解脱的原则基础。不过它们为人推荐的解脱方法却不那么一致。比如，《歌者奥义书》提出：“法有三部分：第一是祭祀、学习（吠陀）、施舍，第二是苦行，第三是在导师的家里过梵行者的生活。所有做到了这些的人皆可达到善境；信梵者可以臻于不朽。”②《秃顶奥义书》说：“那些理解了吠檀多知识的真谛的人，那些通过修炼瑜伽而弃绝（世间一切）的人，那些精进努力的人，那些本质纯净的人——所有这样的人在死去时皆可在梵界得最上不朽，获完全解脱。”③

那么，知梵和业是什么关系呢？《秃顶奥义书》的看法是，梵不可能通过业来加以认识。相反，人一旦理解梵，他的业也就不存在了。④但是，也有的

---

① 《憍尸多基奥义书》1. 2。

② 《歌者奥义书》2. 23. 1。

③ 《秃顶奥义书》3. 2. 6。

④ “它（梵）不可能通过眼、语以及其他（感觉），也不可能通过敬神、苦行和做业来领悟。唯有其本质已为纯粹的知识所净化的人才能通过冥思见到那浑然一体的它（梵）。”“这无上而又非无上者被看到的时候，（人的）心结便被解开，一切疑虑便被打消。他的业也便停止存在。”——分别见《秃顶奥义书》3. 1. 8和2. 2. 8。按，“无上而又非无上者”指梵。商羯罗解释“无上”为因，“非无上”为果。

奥义书将梵人格化成唯一真神，视之为业的指导者。[①]在以后印度教毗湿奴派的著作中，这种梵是业的指导者的思想得到了继承和发挥。

奥义书中还有一种观念值得注意，即："人是有意愿者。他在此世有何意愿，便可在未来成为何物。因此人应该发愿（成为梵）。"[②]《广林奥义书》（4. 4. 5）和《秃顶奥义书》（3. 2. 2）也有相同的观念。这一观念所以特别值得注意，是因为后来的《薄伽梵歌》抓住它，加以发挥，提出了无欲做业的重要理论：做业而不期望果报，业报便不再产生，解脱遂得以实现。对于《薄伽梵歌》来说，唯一合理的业，就是各人自己的种姓职责。这样，利用这一观念，《薄伽梵歌》在保持当时社会的既定秩序和印度教哲学解脱理论之间，成功地实现了妥协。

重要的还有一部《白骡奥义书》。此书一开始即讨论人的出生和生活问题。在这里，影响人生的各种因素中，有时间、自性（即固有本性）、必然性、偶然性、元素[③]、身份和灵魂等[④]，却没有业。应该一提的是，这部奥义书相对晚出。

总之，就印度教来说，到吠陀时代的末期，即奥义书时期，业报轮回理论的一些基本概念开始提出，报应的观念也已出现；而在认识上，既然在出现初期，说法混乱当然不免。不过，有的奥义书晚出而不提业的作用，则只能解释为业报理论此时在印度教里还没有得到普遍的重视。足够完全的理论在奥义书中还没有建立起来。

虽然如此，奥义书时期却的确是需要理论的时期。这时印度教内部婆罗门祭司阶级的腐化已经十分明显。他们为了谋求自身的利益，把早期较为简朴的吠陀信仰，变成了一套复杂的，使人从生到死都无法摆脱的宗教仪式，其中有些耗费巨大，一般人很难负担。这不能不引起普遍的不满。于是祭司阶级的地位下落，祭祀万能的神话开始打破，摆脱繁缛祭祀活动的束缚已经成为社会的广泛要求。摆脱祭祀（当然不可能完全摆脱）固然可以减轻负担，但人对于神

---

① "那唯一真神，他藏匿于所有众生之中，充满一切，为一切众生的内在灵魂，住于一切众生之内，为业的指导者（karmādhyakṣa），见证者，纯为思索，不具性质。"——《白骡奥义书》6. 11。这里是对梵即内在自我的描述，其中"纯为思索"意指并无特殊思想内容的思维活动，"性质"指喜、忧、暗三德。

② 《歌者奥义书》3. 14. 1。

③ 即古代印度哲学中经常提到的地、水、火、风、空五大元素之一，或地、水、火、风四大元素之一。

④ 《白骡奥义书》1. 1–2。

的依赖由此减少却同时可能使他求福的希望落空。因为祭祀曾经使他对神负责，进而通过神恩实现对自己负责。停止行祭，失去神恩，也就失去了个人自身的福祉，以及通过平息神怒而卸脱所犯罪责的可能。无论有无祭祀，祭祀的心理功能却是人所需要的。缺少了祭祀，就应该有一定的替代物来满足人们对福祉的渴望。对于一直居于支配地位的印度教来说，只要提出一种把道德与福惠相联系的伦理理论，或者换句话说，只要使自己的宗教理论进一步伦理化就可以了。然而它未能做到这一点。它仍为正统所囿，注重冥思和苦行，保持着自吠陀时代以来该教本质上的非伦理特点，没有做出积极的变革。奥义书虽然提到业报思想，触及了问题，也还是没有把它当作道德信仰来认真对待。奥义书原词Upaniṣad再明确不过地表明了它是一种仅对个人，秘诀私授的学问，不关大众，只关一己。这种单纯追求个人解脱的哲学从根本上说是与伦理无关的。[①]

于是，建立理论的任务便让给了沙门思潮。这一思潮与奥义书产生于大约同一时期，但不属于印度教，而其中影响最为深远的佛教和耆那教则是我们最感兴趣的。沙门思潮面对俗众而不是只关个人，是它可能建立理论的根本原因。

二、沙门思想

沙门，佛教经典从宗教概念出发，说是出家人的总称，实际是公元前6世纪左右开始出现，包括一切与当时占统治地位的婆罗门思想相对立的自由思想家。他们代表的思潮名目繁多，佛教说有“四种沙门”、“十沙门僧团”、“六十二见”、“九十六外道”，耆那教说有“三百六十三见”。事实上影响较大的只有佛教、耆那教、顺世派、生活派和不可知论派等。它们的共同特点是不承认婆罗门教所谓吠陀天启、祭祀万能和婆罗门至上的基本理论，反对种姓制度。在业报轮回方面，它们各有明确的提法，并且构成了一定的理论体系。不过顺世派等少数持唯物主义观点的除外。它们的思想路线决定了它们不相信业报轮回之事。

① 《古印度传统中的业报与转生》（*KARMA AND REBIRTH in Classical Indian Traditions*, edited by Wendy Doniger O'Flaherty，Berkeley，1980）一书有这样的话：“一个人不可能是他自己的道德对象。道德的基础是建立在一定的社会联系之上的。自我主义和道德伦理从根本上就是对立的。只有在我们同他人的关系之中，道德才能实现。”（161页）“唯有与世俗的人群发生关系，一种信仰的系统伦理化才有可能。”（160页）这些话是十分正确的。

1. 佛教的理论

佛教作为沙门思想的突出代表，在其创始之初，就带有明显的伦理特征。这一点，早期佛教经典的代表著作之一《经集》[①]给了我们很好的例证。在这部经文中，佛陀提出与印度教完全对立的观点，认为种姓不由出身决定，而由业，即人的行为决定。[②]他把具有忍耐力、不愤怒、有善行、不狂妄、有德行、不沉溺于爱欲、不对众生施暴、能明辨正路和邪路、说话真实、不随意取用他人东西的人称作婆罗门，而把心怀怨怒、邪恶狡诈、弄虚作假、伤害生物、压迫他人、偷盗财物、敢作伪证、不事父母、行动鬼祟、出言不实、贪图小利、不肯施舍的人称作无种姓者。[③]这里所谓婆罗门和无种姓者，佛陀从印度教那里拿来，并不照习惯指僧侣阶层和那些被逐出种姓的人，而是指倘以品性衡量，在社会上应当处于不同地位的道德人。贵贱高低依然存在，但是区分的标准与过去完全不同了。这无疑是一种革命，不妨称之为伦理革命。作为宗教性的道德规范，释迦牟尼为他的信徒规定了八条戒律，即：不杀生、不偷盗、不说谎、不饮酒、不淫欲、不非时夜食、不戴花环不敷香膏、席地而睡。[④]此外还有专经讲述善恶行为，如《大吉祥经》、《仁慈经》、《羞耻经》、《毁灭经》等。

然而，道德的区分毕竟只限于形而上，社会的实际区分并无改变：钟鸣鼎食故我，残杯冷炙依旧。道德区别应该有相应的现实表现，表现为地位和处境的不同。业报理论的为用即在这里。它许人以来日支取的现实。

在《经集》中，释迦牟尼明确地提出了轮回和业报理论。比如：

> "智者洞悉因缘，懂得行为的果报……"
>
> "那些人一再进入生死轮回，从这种存在到那种存在，这便是无知的状况。"
>
> "与贪爱做伴的人一再转生，从这种存在到那种存在，不能超越轮回。"
>
> "……任何人的行为不会消失，它会回来与主人相会。作恶的蠢人将在另一个世界看到自己受苦。"

---

① "《经集》是巴利文三藏中一部重要的经典。……它汇集了部分早期佛教经文，其中多数经文的产生年代相当古老，有的甚至是最古老的。"——郭良鋆:《〈经集〉浅析》，载《南亚研究》，1987年第1期，52页。

② 见郭良鋆译《经集》第136颂，北京：中国社会科学出版社，1990年。

③ 见《经集》第623-625、627、629、632、633、116-119、122、124、127、130、131等颂。

④ 见前引书第400和401颂。

"出生之人嘴中都长有一把斧，愚者口出恶言，用这把斧劈砍自己。"

"侵害无辜者、纯洁者、无罪者，这恶行回报愚者，犹如逆风抛撒灰末。"

"（经常作恶的人）在这世，他们受人鄙视；在下世，他们坠入地狱。……"[①]

对于地狱苦况的描述也出现了。恶人在那里"受铁棒捶打，受铁针穿刺，并得到相应的食物，它像烧红的铁球"。他们还会"进入像火葬堆熊熊燃烧的地方，躺在遍地烧红的木炭上"。"他们被罩在网中，受铁锤敲打；他们陷入浓密的黑暗，这黑暗无边无沿，像大地的身躯。他们……在铁锅中长时间受煎熬，像在火葬堆上蹦跳。……他们带着血肉模糊的肢体进入锋利的刀叶林地狱，被钩子钩住舌头，遭到锤打。"[②]《经集》的结论是，陷入无止境的业报轮回本身就是苦，痛苦的原因在于诸行，而人的行动则源于内心的欲望。因此，佛陀在第一章《蛇经》中开宗明义提出的劝告就是，摒除欲念，"犹如蛇蜕去衰老的皮"，从而弃此岸而就彼岸，也即摆脱轮回，求得解脱。

对于善恶业报说的叙述更加系统，更带有理论性的是早期佛教的另一部经典《增壹阿含经》。该经第四十三卷说："若有众生奉行十法，便生天上；又行十法，便生恶趣；又行十法，入涅槃界。"[③]致人生于恶趣的十法，它举出：杀生、盗劫、淫佚、妄言、绮语、恶口、两舌、斗乱、嫉妒、有邪见。使人得生天上的十法，有：不杀、不盗、不淫、不妄语、不绮语、不恶口、不两舌、不彼此斗乱、不嫉妒、不起邪见。如欲入涅槃境界，则须奉行另外十法，或称十念，即：念佛、念法、念比丘僧、念天、念戒、念施、念休息、念安般、念身、念死。这里我们很容易看出业报理论是怎样脱离伦理上的规诫，进入了宗教范畴的。对于何种业得何种报，佛陀也做了明确的说明，如："嫉妒恚害，心怀邪见，由杀生报故。众生寿命极短，由不与取故。众生生便贫贱，由淫佚报故。众生门不贞良，由妄语故。众生口气丑弊，致不鲜洁，由绮语故。致土地不平

① 前引书第653、729、740、666、657、662和141颂。

② 前引书第667–670和673颂。

③《大正藏》第二卷，七八〇页。

整，由两舌报故。……”[①]

从《经集》和阿含经等佛教早期经典汇集的材料看，释迦牟尼在他得道之初，已经完全地形成了自己的伦理性的业报理论。其内容也已十分充实，具体，详细。此后的工作只是使它更为完备与圆通。

成熟的佛教业报理论是很具有典型性的。它的基本观点可以概述如下：

众生是从一种存在形式到另一种存在形式循环往复，不断转生的，而究竟是何种形式，则取决于其以前的行为也即业的性质。以人为例，按他生时行为的好坏，死后可以有“善趣”（sugati）和“恶趣”（duggati）两类去处。前者包括人、天（即神），后者包括地狱、饿鬼、畜生，合称“五趣”。[②]不过依传承的不同，又有“六趣”之说，即多出一阿修罗。小乘上座部说阿修罗应属“恶趣”。大乘则把它归入“善趣”，算作其中最低的一种。一切众生，只要没有因得道觉悟而出离生死，都注定要在这些生存形式中迁徙流转，无始无终。至于一次次的不同归趣，便要视其前生做业如何了。这里起作用的是因果报应规律。这种报应至为严格，无可逃脱，势在必验，迟速而已。

为使人便于理解，进而在行为上有所遵循，业又被划分为身（kāya）、口

① 《大正藏》第二卷，七八一页。不过，《增壹阿含经》其他地方的说法与此不尽相同，比如“若生人中，为人所轻，言不信受，为人所贱，所以然者，皆由前世妄语所致”。（同书第七八六页）这显然是记载佛说的时间和地点不同的缘故。从佛说具有一定程度的随意性看，佛陀在建立学说时，似乎无意追求理论细节上的自洽。

② 五趣就其等次高下来说，地狱应居最低，次为兽道，再次为鬼、人、天。各趣之内，常有更细的区分。例如，人道自低至高可为除粪屠脍、工巧兵斯之家，长者之家，婆罗门家，刹帝利家等，与印度“古已有之”的种姓等级大略相当。天又有四天王天、忉利天、夜摩天、兜驶多天（即兜率天）、化乐天、他化自在天、梵先行天、梵众天、少光天、少净天、无量净天、遍净天、无云天、广果天、空无边入天、识无边入天、无所有入天等，不一而足。生于这种种天中可享何等福乐，佛经里常有具体叙述。地狱作为惩恶罚罪之地，在业报理论中十分重要，因此不仅对其阴森可怖之状多有绘形绘声的描写，其种类名目也随着佛教的发展而越设越多。《阿含经》有“八大地狱”之说，即等活地狱（又作更生地狱）、黑绳地狱、众合地狱（又译聚磕地狱）、叫唤地狱、大叫地狱、炎热地狱、大热地狱、阿鼻地狱（又作阿毗止地狱，或意译无间地狱）。后又出“八寒地狱”，而称“八大地狱”为“八热地狱”。此外还有“十八地狱”、“十六小地狱”等说。

（vacī）、意（mano）三种，分别指动作、语言、意念三方面的表现。[①]三者皆能带来果报，无论其如何微小。一条肌肉的牵动，一个意念的闪现，都会有无可逃避的结果等在未来。杀人固为大恶，动杀念而无行动相随也是过失。两者轻重虽有不同，但作为邪慝则同一无二。据《阿毗达磨俱舍论》，小乘说一切有部又将三业归并为"思业"（cetanā）和"思已业"（cetayitvā）两类。前者着眼于心理和精神方面，强调动机和意志，仅指意业。后者着眼于意志的体现，也即有形的行动方面，包括身业、口业两种行为。

为了把人的行为分出等次，佛教又按另外的方式把业分成四种：黑黑业、白白业、黑白业、不黑不白业。《俱舍论》、《唯实论》、《涅槃经》等于此都有论述。慧远《大乘义章》所做的解释是："云黑黑者，是不善业。不善鄙秽，名之为黑；因果俱黑，名黑黑业。云白白者，是其善业。善法鲜净，名之为白；因果俱白，名白白业。言黑白者，是其杂业；善恶交参，名黑白业。所言不黑不白业者，是无漏业，如《涅槃》云：无漏寂静，离黑白相，是故名为不黑不白……"[②]实际上，黑黑业一般指违犯五戒的行为；白白业正好相反；黑白业善恶互见，归趣亦苦乐兼具。三者的共同之处，在于同为不肯放弃世间享乐的人不断造作而又不断尝受所做后果的业，所以做业者到头来也只能是在各归趣间轮回不已。第四种业又称无漏业，具有无我的性质。它可以毁绝一切过去和未来的业及其果报，使人脱出生死轮回。这种业的完成，乃是佛教徒应该追求的目标。

业又有新、旧之分。过往的旧业决定当前的状况，而当前所造的新业又将决定未来的前景。特别应该注意的是后者，因为它给人提供了实现自由意志的可能。只要能一心向善，总可以指望在未来获得好的果报。进一步，佛陀又提出断灭业（kammanirodha）的观念，说人应该灭除过去的恶业，同时避免造作新的有害之业。能够使人达到这种境界的，是所谓"八正道"。一切新旧业悉归断灭，生死轮回便失去了维持下去的理由，佛教的终极目的——涅槃解脱也就达到了。

---

① 佛经谈到此说的很多，《四十二章经》可算一例："佛言众生以十事为善，亦以十事为恶。何等为十？身三，口四，意三。身三者杀、盗、淫；口四者两舌、恶口、妄言、绮语；意三者嫉、恚、痴。如是十事，不顺圣道，名十恶行。是恶若止，名十善行耳。"《四十二章经》作为辑录阿含经要义的经抄，所说与前面谈过的《增壹阿含经》内容大同。

② 见《大正藏》第四十四卷，六〇六页。

业如此，报又如何？报应的内容已由宿业确定，无法改变；但是获报的时机却可有不同。《成实论》卷八说到三报业，即报应实现的时间可以是今世，也可以是来世，甚至第三世："若此身造业，即此身受，是名现报。此世造业，次来世受，是名生报。此世造业，过此世受，是名后报。"还报固有迟速，那么时间如何决定？它提出两种原则。一种偏于客观："利疾业受现报，如于佛诸圣人及父母等起善恶业，是则现报。若业不利而重，是则生报，如五逆等。亦利亦重，则受后报，如转轮王业，若菩萨业。"另一种多赖主观："是三种业，随愿得报。若业愿今世受，是即现受，如末利夫人以自食分施佛，愿现世为王夫人。余二业亦如是。"①

原始佛教主张无我说（anātmavāda）。这种学说给它的业报轮回理论带来了一个难点。无我说认为，众生和其他万物一样，仅只是色、受、想、行、识五蕴的因缘和合，刹那生灭，并无自在的本体，也即没有永恒的灵魂或者所谓"人我"存在。没有了灵魂或者任何其他名目的载体，迁流不断的业便无所附着。抽去载体，造业、受报、轮回便一概架空，无从实现。为了解决由此出现的困难，部派时期的佛教如犊子部一派便提出了"补特伽罗"（pudgala）这一概念，由它充作轮回的主体。补特伽罗与五蕴不一不异，既非同一物，又不相区别。它从一生到另一生轮转不停，似乎始终就是本身，而并未显示出不停的瞬息流变。但是，倘若认为此一瞬与彼一瞬的补特伽罗保持同一，则从佛教观点看又是错误的。因此，为避免矛盾，这种实际上的轮回主体被确定为"不可说"（avaktavya）者。后来巴利文佛教学者佛音在他的《清净道论》中再创一种概念"波地散替"（patisandhi），意为"再合"、"重入"，汉译"结生"（梵语pratisaṃdhi），特别指人死后重新进入另一生母的子宫，实为转生契机，也即连接今生与来生的过渡状态。据说人在死前的弥留之际，尚有"渐失识"（cutiviññāṇa）存在。这种意识最终消失时，由于无明的作用，加上宿业的影响，必有新的意识，即"转生识"（patisandhiviññāṇa）诞生于某一母亲的子宫。佛音特别强调，这里没有发生意识的迁转；前一意识与后一意识之间只存在类似声与回声的关系。为了坚持佛说，后世的宗教家的确颇费苦心。这方面还可

① 诃梨跋摩造，鸠摩罗什译《成实论》卷八三报业品，见《大正藏》第三十二卷，二九七页。末利夫人事见《四分律》。末利原为舍卫城一婆罗门的婢女。某日如来入城乞食，她见乞者容止不凡，遂生信心，将自己的饭食施与如来，并发愿脱离贱役，为王夫人。后波斯匿王出宫游猎，偶至婆罗门处小憩。末利善为接待，巧称王心，终被纳为夫人。

以补充一个有意思的例子："数取趣"。"数取趣"即补特伽罗的汉文意译，[①]意为一次次择求"五趣"中的某趣前往投生。稍加注意，不难发现，补特伽罗所代表的投生主体在这里不见了；语法上主语讳去，代以谓宾。如此翻译，倘佛在世，必能深获其心。

对于轮回主体问题的回答，《那先比丘经》较为直率。它承认了精神的存在，认为它就是承受业报，辗转轮回的主体。那先比丘曾同大夏希腊王弥兰（约公元前160–前140年统治过旁遮普乃至亚穆纳河流域）讨论过各种佛教的基本教义，自然也包括业报轮回问题。他长于设譬，所以总是用比喻说明观点："（弥兰）王复问那先：'人死已后，身不随后世生也？'那先言：'人死已后，更受新身，故身不随。'那先言：'譬若灯中炷更相然，故炷续在，新炷更然。人身如是，故身不行，更受新身。'"[②]"那先问王：'如人然灯火，至天晓时不？'王言：'人然灯火，油至晓时。'那先言：'灯中炷一夜时续，故炷火光不？至夜半，至明时，故火光不？'王言：'非故火光。'那先言：'然灯火从一夜至半夜，复更然灯火耶？向晨时复更然灯火耶？'王言：'不。中夜更然火续，故一炷火至明。'那先言：'人精神辗转相续如是。一者去，二者来，从精神至老死。后精神趣所生，辗转相续，是非故精神，亦不离故精神。人死以后，精神乃有所趣向生。……人如是，从精神至生，至中年；从中年至老，至死；死后精神更受身生。人身死，当复更生受一身，譬若两炷更相然。'……"[③]值得注意的是，那先虽承认精神为恒常的轮回主体，但又认为它时时在变，"是非故精神，亦不离故精神"，不一不异。《法句经》也承认精神是轮回的主体，而与《那先比丘经》不同的是，在它看来，精神始终是同一不变的，仅身体可以生成和坏灭。它说："受形命如电，昼夜流难止。是身为死物，精神无形法。假令死复生，罪福不败亡。终始非一世，从痴爱久长。自此受苦乐，身死神不丧。……识神走五道，无一处不更，舍身复受身，如轮转著地。如人一身居，去其故室中，神以形为庐，形坏神不亡。精神居形躯，犹雀藏器中，器破雀飞去，身坏神逝生。"[④]我们将会看到，在这方面，《法句经》的观点与后面就要谈到的耆那教和

① 玄应《一切经音义》卷一解释《大方广佛华严经》第十二卷"福伽罗"一语时说："经论中或作富伽罗，或作富特伽，即旧译云人，应为补特伽罗，此云数取趣也。"

② 见《大正藏》第三十二卷，七〇〇页。

③ 同上书，六九八页。

④ 法救撰，维祇难等译《法句经·生死品》，见《大正藏》第四卷，五七四页。

印度教的观点十分接近。这也是一种哲学意味较淡，因而也易于为常人所接受的理论。

业报理论中还有一个常会提出的问题，即功德可以做，也可以积累，但是否可以转移。佛教典籍对于这一问题的看法似乎并不统一。巴利语佛典在很多地方都强调业的个人性质，坚持认为每人的业只属于他自己，既不能推卸，也不能转移。他不能通过献祭、禁欲、苦行或者圣地沐浴、赎罪仪式来改变自己应有的业报，也无法通过为死者祈祷等，改变他该受的报应，更不能把他送往天堂。然而，随着佛教的发展，这种看法有所松动。佛本生故事中有一个《鱼本生》，内容略为：一条大鱼正在同自己的妻子嬉戏玩耍，由于耽于爱欲，不意撞入渔网。渔夫把它扔在岸上，准备烤食。绝望的大鱼此时担心的不是自己的死亡，而是妻子会以为它去另求新欢了，于是泣道："不怕冷和热，不怕渔网缠，唯恐妻误会，君去求新欢。"[①]这话被到河边来沐浴的王师听到。王师是菩萨转生的，通晓兽语。他思忖道："这条鱼色迷心窍，若在这种心思不正的状态下死去，必将堕入地狱。我要救他。"于是他向渔夫讨来大鱼，告诫一番后，将它放还水中。有人认为，这则故事实际意味着菩萨把他自己的功德转移到了鱼的身上。这种说法似乎有些牵强。不过在实际上，特别是在民间，承认功德转移却又常常是信仰的一部分。转移功德，改善业报的努力也始终不断。[②]中国佛教中常见的"回向"观念，可以看作是这种努力的理论基础，尽管它所强调的主要是功德分享，且接受功德回施的往往是"法界一切众生"，而非某一个体。

2. 耆那教的理论

耆那教的业报理论颇为特殊，与居于主流地位的印度教相去更远。有的学

① 译文见郭良鋆、黄宝生汉译:《佛本生故事选》，24页，北京：人民文学出版社，1985年。

② 这样的例子在中国佛教中尤其多，言之凿凿，郑重记载的数不胜数。《三宝感应要略录》卷中有故事说：会稽山阴某书生身罹重疾，因写《维摩经》而得彻底痊愈。后又发愿为亡亲书写，写到问疾品，便梦见其父乘云而来，告诉他自己生前恶业满盈，死后堕入黑暗地狱；现在有他为己造经，遂得光明照身，痛苦全消，不久还将升入天堂。他的母亲生时贪财，死后与饿鬼为伍，也在他写到佛国品时脱离苦海，往生于无动国。《冥报记》卷下也有故事，说北齐梁某，为富不仁，亡故之后，在冥府受罚，每天从肚皮中压出八斗油脂。不久家人设斋请僧，为他追福，阴间便再也压不出油脂。原来只要阳世念经，梵音飘来，压人的铁杠就会应声折断，他亦因之不再受苦。《续高僧传》更有阳间人受阴间鬼之托，为之修转功德的记载，如说唐高宗龙朔年间有僧人明解弃佛就仕，毁谤佛道，结果病死，堕入恶趣。他遂托梦普光寺僧人和画工，为他祭食写经，最后终得解脱。（卷第二十五）

者认为，如果说佛教教义还带有印度教影响的话，那么耆那教学说则代表着更加纯粹的沙门思想。[①]比起其他教派和哲学派别，耆那教的业报理论更为精细，也更为完善。

耆那教的业报理论提出九个概念，或称九谛，即命（jīva）、非命（ajīva）、善（puṇya）、恶（pāpa）、漏（āsrava）、制御（saṃvara，实际意为排除外界干扰）、束缚（bandha）、灭业（vinirjarā或 nirjarā）和解脱（mokṣa）。它的业报理论就建立在这些概念之上。[②]命即灵魂、自我，有意识；非命相反，即非灵魂，无意识。命又可大分为受到束缚的和获得解脱的两类，前者更有可动（trasa）与固定（sthāvara）之分。非命亦可进一步分为法（dharma）、非法（adharma）、空间（ākāśa）、时间（kāla）和补特伽罗（pudgala）。在耆那教看来，世上的一切皆可以归在命与非命这两个范畴之下。

命有意识，数量无限而又彼此独立。它在本性上是全知全能的，具有全面的认识力和无可指摘的德行，掌握真理，超然于苦乐，不具形式，永恒存在。[③]至于非命，就我们讨论的问题来说，最值得注意的是其中的补特伽罗，也即物质。它由无数细小而不可分的“极微”（paramāṇu）或称原子所构成。每一极微都有触、味、香、色诸特性，并可以依一定的规则相互结合，形成种种“聚合”（skandha），并进而展现出经验世界的纷繁事象。[④]然而，就命来说，完全而充分地具有前述属性的仅仅是极少数。众生中的绝大部分只具备有限的知识和能力。他们执守错误的理论，忽视道德修养，深陷于苦乐之中，不过是有限的暂时存在罢了。而他们的命，便会因此而受外界异己因素的干扰，无法保持清净圆满。相应地，其自然本性也因为遭到这些因素的障蔽而无由表现。这里所说的异己因素就是业。业在此处既不指行为或事情，也不是不可测知的神秘力量，而是细微物质的复合体，或者称作业补特伽罗。正是这种感官无法感知的物质

---

① 见前引《印度文化基础》第一卷，78页。类似观点也可见杰尼（Padmanabh S. Jaini）的论文，载前引《古印度传统中的业报与转生》，218页。

② 见S. 达斯古普塔：《印度道德哲学的发展》（Surama Dasgupta. *Development of Moral Philosophy in India*, New York: Frederick Ungar Publishing Co., 1965）189–190页。前引《谛义证得经》将善和恶归入“漏”的范畴，仅举七谛。见该经1. 4。

③ 见H. V. 格拉森纳普：《耆那教哲学中的业报学说》（H. V. Glasenapp. *Doctrine of Karman in Jain Philosophy*, Varanasi: P. V. Research Institute, 1991），第3页。

④ 见《谛义证得经》，5. 14、23–28。

进入了命（即灵魂），使它发生了变化，就像药物进入人体，便会促成身体的变化一样。构成补特伽罗的细微物质遍布于整个宇宙。命在它驱动行为的同时，也吸引补特伽罗；此时后者变为业并与之相结合，结合的密切有如水乳。物质进入命后，便分散成大量的细小微粒。不同的微粒可以带来不同的结果，而其数量和性质则取决于命的行为：行为善，命所吸收的业亦善；行为恶，命所吸收的业亦恶。业在命中，通常要潜伏相当时期。潜伏结束，即行表现；表现形式，便是业报。至于潜伏期的长短，表现时的强度，则要看业与命结合时的心智状态。业报实现后，物质性的业即因耗尽而消失。

命是业即行为的驱动者，同时也是其果报的收获者，感受果报带来的喜怒哀乐。在轮回中，它一次次转生，始终存在。命与业的结合和分离，也是一个持续不断的过程，既无始，也无终。每时每刻，命都在通过行为吸收新业，同时宿业也不断发为业报，从命内消失。本性上清净圆满，可以享受无上福乐的命，终至陷于轮回，难以自拔，全在于业的侵入使它受到束缚。为了解释业何以能接近并进入命，耆那教引入了"漏"的概念。"漏"这个概念颇难领会，学者们也曾对它做过多种解说。总之，它是一种不洁因素，会污染命，并通过这种污染为业的进入打开方便之门。业的漏入以命的自身发生变化为前提。人身上涂了油，才会有灰尘沾染上来。同样，命受到感情和欲望的支配，就会使业这种物质乘虚而入。

物质性的业本身并无善恶之分。它的性质只有到与命结合时才能确定。同样的食物被牛吃下去会变成牛奶，被蛇吃下去会变成蛇毒。业的性质及其将要带来的果报也是一样，也取决于吸收者的不同。好坏美丑，全决定在漏入的一刻——在人，便是他行动的时刻。此外，行为的好坏，固然要看它是给别人带来快乐，还是造成痛苦，但是耆那教伦理学更加重视的，是行为背后的动机。总的伦理评价则要综合地看其动机、手段和结果；报应如何也由此而定。

业在耆那教理论中同样依行为方式的不同而分作身、口、意三种；[①] 此外依照所起作用的不同，又可别分二类：害业（ghātiyā-karma）和无害业（aghātiyā-karma）。害业包括：痴（mohanīya）业，可以导致谬见，使人不辨善恶；愚（jñānāvaraṇīya）业，可以妨碍人获得正确的知识；不见（darśanāvaraṇīya）业，使人思想观念不清；遮（antarāya）业，可以限制人精力的发挥，难行善事。无

① 《谛义证得经》，6.1。

害业包括：名（nāma）业，可以决定人（但不仅是人）的多少带有名分意义的个人属性，凡98种，如命运、品类（是人，还是动物、植物等等）、性别、肤色、所具根（感觉器官）的个数、肢体的多少等等；种（gotra）业，决定人的社会属性，如其所属的种族、家庭及其他生活环境等；受（vedanīya）业，引起人的苦乐反应并决定其反应的强烈程度；寿（āyus）业，可以决定人和其他众生的寿命（人寿用呼吸的次数来量度）。前述这八种业实际仍为基本分类。它们的下面还可分出更为具体的细小类目，其中重要的有148种。[①]但是这148种中尚有重复；除去重复，则剩122种。然而，倘仔细考究，这剩下的里面，还有两种不可能同命实现结合，所以，真正能起作用的只有120种。[②]尽管如此，不难看出，耆那教对于业的分析还是要比其他宗教精细得多。

耆那教提出的人类目的，同佛教一样，也是摆脱轮回，实现解脱。求解脱，即是使遭到业侵入的命从束缚下解放出来，还其以全知全能，超越苦乐，德行圆满，永恒存在的固有本性。业的漏入，既然全靠感情和欲望为它打开大门，因此求解脱者所应做的，就是制御自身的欲念和冲动，或换个说法，排除外界的引诱和干扰，使业无孔可入。与此同时，还要消除宿业，即前述九谛中的灭业。宿业可以通过两种途径加以消灭。一是自然途径，称作“无愿灭业”（akāma nirjarā）或“已熟灭业”（savipāka nirjarā），即业在其果报成熟实现后自行退除。另一是人为途径，称作“有愿灭业”（sakāma nirjarā）或“未熟灭业”（avipāka nirjarā），即在随业而来的果报尚未成熟以前将它毁除。除灭宿业最主要的办法是修炼苦行。通过灭业，命便获得了对于自身清净本性的直觉认识。这种认识又可反过来解放它，使它恢复固有的不朽状态。这也是一种摆脱了一切外界牵缠后完满的隔绝状态，称作“独存”（kaivalya）。耆那教特别强调，对于独存不应做消极理解。它实际上是一种具备了圆满知识，实现了圆满愿望，享受着圆满福乐的无上圆满之境。臻于此境，便是最终解脱的实现。

由于做业的不同，耆那教为陷于轮回，不断转生的众生设计了四个去处，即天、人、地狱、伏行四趣。所谓伏行（tiryañc，或称旁生）即水平行走，指爬行的动物，相当于佛教的畜生。四趣做竖向排列。人居中界，在中间；天神居天界，在最上；下面是地狱。伏行中高等的，居于中界；最低等的由于数量

① 见前引《耆那教哲学中的业报学说》，第6页。

② 详见前引书第19页。

庞大，反倒是宇宙各处，无所不在。超出轮回，已得解脱的命，即所谓“成就者”（siddha），可以永居四趣之上，宇宙之巅。这种高下有序的等级排列，据说是以命所能获取知识的多少来安排的。成就者全知全能。天神次之，但比人多。伏行之内，门类繁多，又依根的多少做高下排列：最多的能有五根，最少的仅有一根（司触觉）；等而次之更有自身不具个体者，它们只能营共居生活，或寄居于别的高等个体。伏行中最高级的可举狮子。它不但有五根，甚至会思考。最低级的便是水藻之类了。宇宙间的每一个命都处在前面所说的意识等级系列中的某一位置之上。这一位置可以因它自身所做业的好坏而有所改变，或升或降。

命的位置的改变，是通过它一次次迁换不同的栖息所来完成的。这种迁换就是转生，而其栖息所或是人类，或是虫豸，或是其他，统称粗身（sthūla-śarīra）。轮回的主体，也即这里的命，究竟转生何处，无疑取决于业报。至于转生的方式，耆那教有一种独特的，迥异于印度教和佛教的理论。耆那教认为，转生无需印度教那样的漫长过程；它事实上是在一瞬间完成的。所有的命都自来具有疾速运动的本领。一个“成就者”的命，在其所居粗身死去时便离开它，如火焰般向上运动，只是速度极快，刹那间便达宇宙之巅。那些由于业的侵入而仍受束缚者，则在粗身亡故后如箭镞般直趋下一个粗身，也是瞬间即到。命在两粗身之间的极短状态，耆那教称之为“离趣”（vigrahagati）。但是，命在此时绝不是自由自在，无所约束的，因为不然它们便会像“成就者”的命一般，统统上赴天顶。对于未解脱者来说，业所带来的束缚作用始终没有放松。为了说明这里的转生机制，耆那教创造了两个概念：“业身”（kārmāṇa-śarīra）和“明身”（taijasa-śarīra）。[①]它们是不可见的，但始终与命伴如形影，无须臾离。前一身由所有已经积累起来的业构成，随时精确地反映着漏入和消耗的情况，时有加减；后一身则居于其下，承托着这些业。它们寓居于粗身之中，并在它解体时随命而去。转生时，命即居于两身之中。它们不仅担当着“护送”的任务，更重要的是作为不同生存状态之间的桥梁，起着传递物质性业的作用。代复一代业报作用的实现，靠的正是二身的接力功能。

对于功德转移理论，耆那教采取坚决否定的态度。在它看来，只有命是自己未来的设计者，任何外来的力量都无力改变它的前程。它认为，如果一个人

① 《谛义证得经》，2. 37。

能够从他人的行为上获得果报，那么从业报理论的角度看，他自己的行为便失去了意义。在这一点上，耆那教与印度教、佛教有着明显的区别。它的理论更为纯粹，也更彻底。此外，视业为物质，强调苦行的作用，也是耆那教业报理论的重要特点。

三、印度教的理论发展

在印度教内部，业报思想的出现始于奥义书时代。但是奥义书并未把它当作道德信仰来对待，没有去有意识地精心构建系统理论。然而到吠陀时代结束，特别是到沙门思潮普遍流行以后，情况就不同了。印度教不仅广泛接受了业报理论，而且结合固有的传统信条如种姓职责、解脱观念、神祇崇拜等，迅速地建立起自己的体系，使之成为该教最基本的伦理信仰。在任何一个门类的印度教经典中，可以说，都不难发现丰富的有关论述。下面我们以法论、史诗和往世书这几类最重要的印度教典籍为例，看一看业报理论在这里是怎样建立起来的，又得到了怎样的发挥。

1. 法论

法论是古代印度教专门论述行为规范和政治法律的著作。它们最初是以法经为基础发展起来的，基本上是法经的注释，除对原经做一定的阐发和澄清外，有时还要在不同的传统要求或习惯轨则之间加以调和。后来法论独立出来，成为古代印度按照印度教思想论列行为规范、民法和刑法的基本著作。它们形成的时间早晚不一，早的约在公元前6–前4世纪，如《乔达摩法论》，晚的可至公元四五世纪，如《那罗陀法论》。

法论著作最具权威的是《摩奴法论》，约成书于公元前2世纪至公元2世纪之间。该书对于业报的论述集中在第12章。与佛教和耆那教相同，业在这里也被分为身、口、意三种，人死后的归趣则大分三类："由思想、言语和身体产生的行为，其果报有善有恶：由行为产生的人的归趣包括上中下三等。……觊觎他人财产、心里谋划损害他人利益和执着于谬见邪说，是三种思想行为。谩骂、说谎、诽谤一切人和闲扯，是四种语言行为。非施而取、非法杀生和与他人之妻通奸，相传为三种身体行为。任何人只通过思想尝受思想行为的善报或恶报，通过语言尝受语言行为的，通过身体尝受身体行为的。一个人由身体的行为过失而成为不动物；由语言的，成为禽兽；由思想的，成为出身最低贱的人。"[①] 法论要求人乃至万物都在言语、思想和身体三方面制约自己，使自己成为"三制者"，并在灭除爱欲和愤怒的基础上达致"圆满"（siddhi）。这里的圆满一般认为即指解脱。所谓上中下三归趣是天神、人类和畜类。这三归趣又各自分为上中下三等。值得注意的是天、人、畜与我们俗常的概念不同。比如，植物归入畜类，属下等；首陀罗和狮子、马、象等同归畜类中等；歌舞伎、龟鸨等亦属畜类，但属上等；苦行者、婆罗门、遁世者等则又可跻身天神之列。

每个人死后，都将依其生时行为的善恶再生于某一归趣。至于善恶的标准，法论提出了"三德"的理论。所谓三德，指人的精神实体"神我"的三种性质：喜、忧、暗，它们适与三趣相对应。"当其中有一德在一个身体内占完全的优势的时候，此德就使此身体之所有者成为富于此德者。喜德相传为知识，暗德为无知，忧德为爱与恨……"[②] 具体地说，喜德的特征是"学习吠陀、苦行、知识、清净、调伏诸根、奉行法和静虑神我"；忧德的特征是"好动、浮躁、胡作非为和执着于欲境"；暗德的特征是"贪婪、困倦、优柔寡断、残忍、皈依异端、人格恶劣、乞讨成性和漫不经心"。[③]"具喜德者转世为天神，具忧德者转世为人类，具暗德者转世为畜类。"[④]

生生世世轮回不休的是称作"命"的内在我。命在来世往何处投生，概由当世所做的业来决定。对于生时行为和死后投生形态之间的关系，《摩奴法论》不厌其烦，做了十分详细的说明，只是有些可以看出一定的内在联系，有些却不然。前一类如施灯者得无上眼力，施芝麻者得如意子孙，嗜杀者投生为食肉动物，食不净之食者成蛆，偷盗谷物者成鼠等。后一类如施金子者得长寿，施银子者得无上美貌，偷麻布者成青蛙，偷牛者成大蜥蜴，偷家具者成胡蜂等。如此安排多半意在规诫，对于下等归趣恶劣状况的描写似乎可以证明这一点。"命"的转生过程较为简单。行为恶的，先得到一个由（地、水、火、风、空）五种粗大元素构成的身体，去地狱受阎摩王施加的酷刑以使自身变得清净，然后再依前生所做的业生为某一形体，喜怒哀乐度过一生。多行善而少作恶的，

① 蒋忠新译:《摩奴法论》，240页，北京：中国社会科学出版社，1986年。

② 前引书，242页。

③ 同前页。

④ 前引书，243页。

可以“在粗大元素的覆蔽之下”（即获得一个身体），去天堂享受安乐。如果恶多善少，则还是同样要去地狱先受涤罪之苦。法论提出的人生终极目的也是解脱。它把人的行为分成两种，流转的和退转的。“有意识地做的和在今生或者来世使人如愿的那一种叫作流转行为；有意识做而无所求的那一种则叫作退转行为。一心致力于流转行为者必将与天神一样；一心致力于退转行为者必将脱离五大。于万物见神我而且同样地于神我见万物的祭神我者，必将得以自主自照。”[①]这里所谓“脱离五大”是指脱离由五种粗大元素构成的身体，跳出轮回，获得解脱。“自主自照”，意谓人的精神性本我与最高本体或称宇宙精神梵的合一。

对于功德转移理论，《摩奴法论》明白宣称是不赞成的。它认为人只能是自做业，自受报，因此要求他为结识一个下世的“伙伴”而积累功德，“因为到下世依然为伙伴的，既非父亲，也非母亲，也非妻儿，也非亲族，而唯有功德。凡生灵皆独自生，独自亡，独自享善业，独自受恶业”。[②]不过，这一观点实际上并未得到完全的坚持。比如，一个窃贼可以到国王那里去自首，如果国王释放了他，他便从偷盗行为中解脱出来，而国王就获得了窃贼的罪过。又如，第八章在论偷盗法时称，杀婆罗门者把罪垢清除在吃了他所施食物的人身上，行为失检的妻子把罪垢清除在丈夫身上，门徒和祭主把罪垢清除在师父和祭官的身上。[③]这种理论上的不一致比佛教的同类表现明显得多。

在利用苦行消除旧业这一点上，《摩奴法论》与耆那教看法一致。该法论11. 24说：“人们无论以思想、言语和行动犯了什么罪恶……用苦行就可以立即把它们烧尽。”但是在实践上，它所谓“赎罪苦行”的意义却更为宽泛。耆那教要求的是真正的，原始意义上的苦行，如拔发、屏息、不眠、裸行、饥饿、火烤等。《摩奴法论》则不，虽然也强调自制和行难行之事，但同时把某些日常行为也归作了苦行，典型如“归婆罗门的苦行是知识，归刹帝利的苦行是保护，归吠舍的苦行是生计，归首陀罗的苦行是侍候”。（11. 235）这里所指实际是四种姓的本业，也即印度教为他们规定的社会义务，其实还是法论的核心内容

① 前引书，247页。

② 前引书，87、88页。

③ 前引书，165页。

“法”（dharma）。[①]遵行义务而能影响业报，这种观点也反映在许多其他印度教经典里，如大史诗《摩诃婆罗多》等。

2. 史诗

两大史诗《摩诃婆罗多》和《罗摩衍那》都是印度古代所谓“善书”，其重要性不仅表现在文学上，也表现在历史、宗教、哲学、语言等许多方面。就内容的广泛来说，《摩诃婆罗多》更胜一筹，天文、地理、社会、人文，无所不包，真正是古代印度的百科全书。它又是一部劝谕性极强的书，有关伦理规范及其理论的讨论，数量之多，地位之重要，几乎可与叙事相比。这部史诗的成书时代迄无定论，总之不成于一时一地，一人之手。学者们普遍接受的年代是公元前4世纪到公元后4世纪之间。漫长的时间跨度，加上另一种情况，即古代史诗追求兼容并包，而历代的作者们又无不乐于附骥攀鸿，以图自己的言论相随行世，结果不仅是篇幅越来越长，内容亦难免繁冗杂芜，互不协调。这种情况在道德伦理的讨论中同样存在。它使得我们无法指望在这部史诗中总结出前后观点完全一致的理论体系。

在《摩诃婆罗多》的伦理思想中，业报轮回观念占据着核心的地位。它甚至认为宇宙本身就是业的结果。对于人既做业，必受果报这一基本信念，史诗在不同地方做了反复强调：

> “在这个世界上，紧随着人的所有报应，无论好坏，都是其行为的结果。”（《和平篇》222. 24）[②]

---

① 类似的论述也可见于其他法论。如《乔达摩法论》第19章讨论一个人犯了过失是否要实行赎罪苦行，“有人说不要实行，因为（已做的）业不会消失。（但是）最高明的（意见）认为他应实行。……大罪要实行困难的苦行，小过可实行容易的（苦行）”。（19. 4–6、19）与《摩奴法论》相同，在某些地方它也把苦行和其他赎罪方式放在一起，如诵读吠陀、献祭、斋戒、施舍等。（19. 9–11、16）英译见《东方圣书》（*Sacred Books of the East*, Edited by F. Max Muller）第2卷，275、277页。《乔达摩法论》产生较早（公元前6–前4世纪）。它对于以苦行消除罪业的做法是否行得通表示没有把握，这可能与它的年代较早有关。《婆私吒法论》（公元前300–前100年）提倡赎罪苦行，并且提出了许多具体的规定和要求，如杀刹帝利要操8年苦行，杀吠舍6年，杀首陀罗3年等。详见该法论20. 1、31–33等。载《东方圣书》第14卷，102页、107页等。《宝陀耶那法经》（3. 10. 3–5、8、9；4. 2. 9等）的内容与《乔达摩法论》大致相同。

② 《摩诃婆罗多》（translated by M. N. Dutt. *Mahabharata*, Delhi: Parimal Publications, 1994），第6卷，331页。本文以下凡称引该史诗而未特别注明的，皆出此Dutt译本。

"正如鱼群溯流而上一样，宿业也能溯求到做业者。具有形体的众生由其善业而享幸福，由其恶业而受痛苦。"（《和平篇》201. 25）[①]

"一只牛犊能够在一千头母牛里找到它的妈妈，一个人的宿业也同样能找到他。树上的花和果无论受什么影响都不会错过（开花和结果的）季节。同样，昔日所做的业也必会在一定的时机显示其果报。"（《训诫篇》7. 22、23）[②]

"月亮即使在黑半月的第15天[③]消失了，众星也没有丢下它。灵魂即使离开了肉体，它在这肉体内所做业的果报也不会离它而去。"（《和平篇》203. 23）[④]

但是，究竟应该由谁对果报负责，在这个看似不成问题的问题上出现了不同的说法。按照印度教的一般观点，报应缘自本业，自然应该由得报者自己负责，比如："人绝不会去享受别人的善业或忍受别人的恶业。他所享受和忍受的只有他自己的业所带来的结果。"（《和平篇》291. 21）[⑤]《训诫篇》有一个情节表达的也是这样的意思：老妪乔达蜜与世无争，但不幸还是降临到她的头上——她的儿子被蟒蛇咬死了。猎手阿周那迦把蛇带到她的跟前，要杀死它。蛇争辩说是死神派它来的。死神说是时间在起作用。争论无果，最后时间来了。他说："这个孩子死了，不为任何别的原因。杀死他的是他自己过去的业。……人可以把一团泥任意捏成什么样子。人自己成为什么样子也是由业的种种结果来决定的。正像光和影连在一起一样，人也通过自己的作为和业连在一起。因此，你（猎手）我、死神、蛇以及这位婆罗门老妇人，都不是这个孩子的死因。死因就是这个孩子他自己。"（1. 71、74–77）[⑥]在这里，人被杀死了，但应该对此负责的不是杀人者，而是被杀者自己。无论是执行者，还是指使者，统统是实现业报原则的不自觉的工具。个人的业乃是决定他本人命途的唯一意志。但是，在另外的地方，史诗又提出了另外一种不同观点，认为不同个人的业又可以互相影响。《初篇》75. 2说："行为不法的人未必立刻得到果报，如同大地未必立刻

① 前引书，301页。

② 《摩诃婆罗多》第7卷，14页。

③ 即朔日。

④ 《摩诃婆罗多》第6卷，304页。

⑤ 前引书，450页。

⑥ 《摩诃婆罗多》第7卷，4页。

结出果实。但是，倘使自己不遭报应，在他的儿子或孙子身上也要遭到报应。作恶肯定有恶果，如同吃得过多一定伤胃。”[①]这种影响不仅及于后代，甚至可以返回去，及于前人：“……智者应该努力……控制自我，成为一名林居者。前十辈的亲属，后十辈的亲属，连同自己共有二十一代。一个林居者在森林里释放出自己身体里的（五大）元素（死亡）之后，把这二十一代都引入善行。”[②]在这里，做业者和得报者被分离开来。果报可以由做业者施与他人。这说明，史诗和法论一样，对于功德转移说都有采取肯定态度的一面。

不过，无论得报者是本人，还是他人，前面的理论在强调如下原则上是一致的，即宿业对于果报具有不可动摇的决定作用。然而，宿业决定果报是唯一的不受影响的铁则吗，特别是在面对神力的时候？显然，作为宗教经典的史诗是要考虑神的影响力的。这方面，《森林篇》中坚战的说教可为一例。在该篇30和31章的对话中，黑公主对世界创造者和安排者（Dhātṛ和Vidhātṛ）表示敬意后发表议论，认为众生犹如被系住的鸟儿一般依附于神。他们服从于神的旨意，接受他对于命运的安排，没有一刻可以自主。坚战反对她的看法，认为人能够控制自己的行为，掌握自己的未来。但他并未将自己的观点坚持到底，加以彻底的发挥。一方面，他坚决主张业报的法则，说：“希望渡海的商人要有船具。同样，希望渡往天国的人，要有德业作为他唯一的舟楫，而不能依靠其他。如果有德者的善行不能带来结果，那么这个世界就要被可憎的黑暗所笼罩。”而另一方面，他又接受神恩，说：“绝不要无视最高神的存在，正是由于他的恩典，凡俗之人才能通过虔诚的行为达到不朽。”（31. 24、25、42）[③]《薄伽梵歌》走得更远。这里黑天大神甚至要求人们为了他而做业。（12. 10）尽管如此，《摩诃婆罗多》所表达的总的伦理思想，还是自做业，自得报。

业的分类在《摩诃婆罗多》中较为杂乱，除沿袭通常的身、口、意[④]外，还在不同的地方提出了更多说法。一种为眼、心、舌、肌。[⑤]它实际上是在身、口、意之外加入了眼业。另一种为诵念经文、举行祭祀、支付祭费、施舍食物

① 《摩诃婆罗多·初篇》汉译本，241页，北京：中国社会科学出版社，1993年。

② 前引书，267页。

③ 《摩诃婆罗多》第2卷，45、46页。

④ 《和平篇》215. 14，《摩诃婆罗多》第6卷，319页。另见《森林篇》209. 9，《摩诃婆罗多》第2卷，318页。

⑤ “实际上，一个人可以从四种业中获得果报，它们分别用眼、心、舌和肌肉来做。”（《和平篇》291. 15）见前注所引书，450页。

和凝神静思。[①]这里说的只是五种善业，即可以带来福惠的行为，不但范围相对狭小，代表的显然也仅仅是婆罗门祭司的利益。

人在死后的归趣可以大分为“天道”和“祖道”：“有两条大家都知道的道路，即属于祖先的道路和属于天神的道路。那些举行祭祀的人走祖道，那些追求解脱的人走天道。”（《和平篇》17. 15）[②]这是《歌者奥义书》中已经指出的道路。至于具体的去处，有的与《摩奴法论》相类，[③]有的则复杂些。复杂的例子如，一个再生者（这里指婆罗门）在研读了四吠陀以后又去接受可鄙者的布施，就会从驴子开始进行一系列转生：先做驴子15年，再做公牛7年，罗刹3个月，最后返回婆罗门身。一个婆罗门如果为一个低种姓的人主持祭典，他就会生为一只使人厌恶的蠕虫，过15年后，再依次转生为驴子5年、公猪5年、公鸡5年、豺狗5年、家狗1年，后此始得复返人身。[④]在大史诗里，轮回的主体也是命（jīva）即灵魂。命为细身所包裹，生活在粗身即肉体之中，“有如莲花上的一滴露珠”。它是无始无终的，由于业的存在而一生再生；而粗身则随着时间的延续一次次出生、成长、衰老、死亡。临死之时，先是风驱散肉体内部的热，呼吸停止。粗身解体，复归为它的五大组成成分火、风、地、空、水。命亦同时弃之而去，并移往下一个个体。与耆那教的理论相同，这迁移也即再生的过程无须时间。处于转生状态的命四周包围着前生的宿业。它未来将要采取的存在形式，完全取决于这些过去积攒的业的性质。在新的一生或数生中，它还将收获这些宿业的果报。“命在前身所做的业，无论好坏，它都会在此身加以享受或忍受。如此经历之后，旧业被消耗掉，新业再次积累起来，直到命通过导致解脱的冥思获得法的知识为止。”（《马祭篇》18. 12、13）[⑤]关于命的投生方式，史诗说得十分简单，只说它在脱离了死去的躯体后，立即带着所有的旧业进入一个生命种子，并与女性之血相结合，进入子宫，完成诞生。（《训诫篇》111.

① “按照规定诵念经文、举行祭祀、支付祭费、施舍食物和凝神静思，是可以带来果报的五种业，除此之外并无其他。”（《和平篇》201. 19）见前注所引书，301页。

② 前引书，21页。

③ 《摩奴法论》讲三归趣，《摩诃婆罗多》有时将三增加到四，如：“命带着积累的业一起诞生，善者生于善处，恶者生于恶处。只行善事者生于天界，兼行善恶者生于人界，耽于声色及有类似恶癖的生于低等畜界，有罪行的则下地狱。”（《森林篇》208. 31、32）《摩诃婆罗多》第2卷，316页。

④ 《训诫篇》111. 45–50。见《摩诃婆罗多》第7卷，245页。

⑤ 前引书，377页。

34;《马祭篇》18. 5）有意思的是《摩诃婆罗多》提出了一种与死亡时的状况相联系的归趣理论。这种理论认为，人死后的去处，要依人死时命逸出身体的部位来决定：从足部出的去毗湿奴界，从小腿出的去婆薮（神）界，从膝盖出的可得诸萨陀耶（神）相伴，从下体出的去密陀罗界，从臀部出的返回大地，从大腿出的去祖界，从胁部出的去摩录多界，从鼻孔出的去月界，从胳膊出的去因陀罗界，从胸部出的去楼陀罗界，如此等等。(《和平篇》318）这种归趣理论出自大仙人祭言之口，意义何在，不很清楚。

凡业必报应该是业报理论的基本观念。但是史诗对于这一观念似乎并未坚决固守。已有的业是否可以改变，特别是已有的恶业能否消除，以避免灾难性的后果，对于这样的问题，史诗前后的回答并不统一。一种看法认为："任何业，无论是善的，还是恶的，都绝无毁除的可能。"(《和平篇》291. 16）[①]倘若做了恶业，然后又做善业以求补赎，结果是善、恶果各自分受，恶果并不能被灭除，其情况正如一匹白布一旦染上墨渍便再也不可能被清除一样。[②]然而，就在同一篇里，我们还可以发现相反的看法，即认为人有赎罪的可能。在《和平篇》第35章中，史诗作者罗列了许多需要补赎的罪过，如杀婆罗门、玷污师父床第、编造谎言、不按要求行祭，以及种种破坏印度教教规的行为。在第36章中，他又提供了许多涤罪方式，包括苦行、祭祀、斋戒、施舍等。有的仅为泛说，如人死前向贫穷而又值得接受者布施一千头牛和牛犊，可以洗清生时之罪。有的则为具体规定，如杀婆罗门要布施十万头牛；发誓禁欲但又破戒，要半年身被牛皮生活，并操其他苦行；玷污师父床第者要仰卧热铁板，切除生殖器，并深居林莽，永远双眼望天，以此赎罪，等等。史诗表现在业报可否改变问题上的双重观点，以及实际上倾向于可变的明显态度，与《摩奴法论》一脉相承。这种理论上的松动，是业报观念退化的结果，适足以削弱宗教的伦理教化功能。《和平篇》第152章提供的赎罪方法更为易行：如果罪行只犯一次，可以通过忏悔来洗除；犯两次，可以发誓永不再犯；三次，可以决心此后只为善，不为过；屡犯，去圣地朝拜后可得干净之身。到了这个地步，作为印度教伦理核心的业报观念已经很难说还有什么规戒意义。而这在印度教经典中却不是唯一的例子。

除恶业外，《摩诃婆罗多》也列出了主要的善业，如祭祀、施舍、忠诚、朝

① 《摩诃婆罗多》第6卷，450页。

② 《和平篇》192. 11–15，见前引书，451页。

圣、苦行、居心仁慈、习诵吠陀等等，其中以苦行最能使人纯洁。[①]但是它又同时强调，人应追求的最高目的不是世上幸福，甚至不是上天神境，而是出离轮回，获得解脱。它曾十分明确地将两种人截然分开：一种以行为求天堂，一种以弃世（包括放弃天堂）求解脱。前一种是我们一直在讨论的。但是，既然人可以在世间通过善业获得善报，为什么却要抛弃它们，转而追求解脱呢？史诗的解释是，人就其本性来说，不可能以世间之善为满足。“德善之人已经臻于君临一切的境界，色、香、声、触之乐，随手可得。然而，觉悟的人仍不以此善果为满足。于是，这不满足的人归心精神哲学，遂对痛苦和快乐无所感动，世间的罪恶也不能侵扰他。他有了自由的意志，虽未放弃行善，但已无意于俗世的追求。他把世间一切视为无常之事，力求弃绝，不复考虑机缘如何。他想方设法获得解脱。如此，他放弃了世间的追求，也便避免了一切罪行。……达到解脱主要的手段是冥想；弃世和自制是其基础。”（《森林篇》208. 48–53）[②]这里有一点值得注意，即印度教将弃世解脱的教义归源于已臻世上善境后的进一步追求，与佛教所称世间皆苦，因而须求解脱（涅槃）的理论不同。[③]至于解脱的途径，大史诗在不同的地方提出了不同的方法。冥思、苦行、祭祀等都是重要的手段。但是最典型的是《薄伽梵歌》所提出的三种方式，即智瑜伽（jñānayoga）[④]、信（即虔信）瑜伽（bhaktiyoga）和业瑜伽（karmayoga）。其中最为它所提倡的是业瑜伽，也即业解脱道。《薄伽梵歌》用了差不多三分之一的章节讨论业解脱道。它的主要观点是：“一个人应该不因做业而希求利得，也不因无为而获取什么。他没有任何利益要从所有的世间之物中索取。始终做应做的业而无所执着，他就能因做业不执着而达到最高（境界）。”（3. 18、19）“你唯一需要的就是做业，而且不期望相应的果报。不要以追求业报为动机，也不要

---

① 见《和平篇》152. 7，前引书227页。又《训诫篇》122. 6–7：“凭借苦行和知识的帮助，一个人可以取得最高的功果。正是通过苦行，人洗刷了罪愆和一切其他邪恶之事。据说任何目的都可以藉苦行来达到。人由于身操苦行而得到果报。……”（《摩诃婆罗多》第7卷，261页）

② 《摩诃婆罗多》第2卷，317页。

③ 史诗中有些地方也提到了轮回是苦：“虽然他们（众生）陷在痛苦之中，但是他们自以为快乐心舒，结果是束缚不得放松，新业又复造出。他们受众苦煎熬，在世界上周转如轮。如果他们摆脱束缚，并以好的行为使自己纯洁……他们就能达到最高福乐的境界。”（《森林篇》208. 37–39）可是它并没有将此苦与解脱作为基本教义明确地联系起来。

④ 此处瑜伽意为方式、手段。

一心只想回避做业。”（2. 47）这样，“既无所喜，又无所厌，他就应被看作是一个具有内在脱弃（尘俗）精神的人。能够不走两个极端，他就可以轻易地从束缚下解脱出来”。（5. 3）总之，人必须依照印度教经典的规定履行自己的职责，但这种履行一定要是无动机的，即不怀私心，不图果报，一句话，勤恳做业而无所期求。这里至为关键的一点是做业的态度。不计较结果，做业只求然而无须问其所以然，自然会超越于圣典规定的职责，处于解脱状态。《薄伽梵歌》认为，从终极的观点看，实际上并无业善业恶之分，只是人因无明而为幻象所迷，才妄自加以区分。（5. 15）无明一旦驱除，宇宙的最高本体梵就会显现。人的心智为它所开启，他在轮回中长久流转跌宕的命运即告结束。三种方式中的智瑜伽指通过冥思求得对于精神世界的真确认识，对于最高本体的彻底领悟。由此取得的知识和智慧足以将宿业烧毁。[①]信瑜伽主张虔诚敬神，通过沐浴神恩，达到无上宁和的永恒之境。（18. 62）在业报轮回理论中引入神的干预，无疑有助于业解脱道的实践。当人相信自己所做的一切不是为己，不是为人，而是为神的时候，他就比较容易忍受难免会有的烦恼和痛苦，也不致因为内在的疑虑或反感而心存怨怼。

3. **往世书**

往世书是又一类印度教重要经典，为一批古代印度神话和传说作品的总称。它的内容广泛，宇宙论，诸天神、女神、精灵、祖先及其谱系等的传说，圣地和朝圣活动，宗教仪节，有关种姓、法和虔敬等伦理和宗教品格的论述等，尽在其中。在印度教漫长的发展过程中，这些往世书经历了不断的增补、修正和编定，一般都无法确定作者和准确的成书时间。通常认为，它们被系统写成文献并广泛流行大约始于公元前不久，而其最后作品的完成则可能晚至7–12世纪。

往世书的业报说与印度教的一般理论是一致的。在《那罗陀往世书》中我们可以找到有关业报的典型论述：“一切众生都受着自己的业的束缚和控制，在天堂和其他好的地方享受善业带来的欢乐，在地狱里饱尝自己罪恶所导致的痛苦的煎熬。他们带着自己已经减少的宿业来到这个世界上，生为不动物及其他存在物，受着种种可怕事物的侵扰和死亡的折磨。”[②]《未来往世书》、《莲花往世

① 《薄伽梵歌》4. 37：“正如燃烧的火焰可以把木柴烧成灰烬一样，知识之火也可以把所有的业烧为灰烬。”

② 《那罗陀往世书》32. 1。

书》、《林迦往世书》、《湿婆往世书》等都有类似的说法。

命（即灵魂）在肉体死亡后的归趣，往世书一般认为有三处：行为恶者入地狱，行为善者升天堂，善恶交参者生于尘世。往世书最具特色的地方是对于地狱苦况的描写。按照它的说法，人死后须过冥河（Vaitaraṇī），去阴界。冥河湍急，其水滚烫，漂浮着污血、尸骨、毛发、屎溺，恶臭无比。在通往地府的路上[①]，昔日行善和昔日为恶者所受的待遇大不相同。行善者（虔诚、正直、与人为善、常行布施）一路上乘天车，衣美服，啖玉食，饮琼浆，饰金银，伴妍妇，神祇拜迎，仙人颂德。阎罗王呈四面之像，持螺贝、宝剑等，接待他一如爱友。为恶者赤身裸体，口敝舌焦，或为绳钩所拽，或遭刺棒驱赶，鼻系铁球，脚踏热沙，上刀山剑树，穿无底黑洞，过火林，行陡岸，路铺荆棘，坡生滑苔，热病煎骨，虎啸怖心，上有骄阳，下有滚石，索牵于前，鞭鸣于后，哀号啼泣，踉跄而行。阎罗王也变得凶恶无比。他长着三十二臂，腰围达三由旬，犬齿勾曲，目如深井，手持击人黑棒（kāladaṇḍa），声似雨前雷霆，左右立录事（Citragupta）、死神（Mṛtyu）、瘟神（Jvara）等。四周鬼役则扬声咆哮。阎王殿上，录事照簿历数死者的罪愆。死者则涕流满面，觳觫不止。阎罗王铁面无私，无论贫富贤愚勇怯，一视同仁。这些死者论罪当入地狱。他们将在那里经受百般折磨，尝其恶业罪果，然后带着未尽的旧业，返回尘世。[②]这里有一个问题似乎被《那罗陀往世书》忽略了，即理论上死者应把粗身（肉体）留在世上，而由其命或称灵魂继续轮回。如果这样，则前述惩罚无法落实。有学者据此认为该往世书的作者可能不明这一理论。[③]不过《薄伽梵往世书》注意到了这一点。它使前来拘魂的鬼役先把死者的命装入一个肉体，用绳索套上脖颈，然后上路，[④]上述问题遂告解决。地狱名目繁多。罪名不同，入不同的地狱，有血水狱、黑色狱、剑树狱、火焰狱、夹人狱、食狗狱，“以及成百上千的其他地狱，

---

① 此路长八万六千由旬（《那罗陀往世书》1. 31 .3），又说九万九千由旬（《薄伽梵往世书》3. 30. 24），总之十分遥远。由旬（yojana），古代印度计程单位。梵字原意为“驾”，引申为牛车从早上挽驾到晚上税驾所行的路程，约当15千米。

② 《那罗陀往世书》1. 31. 5–16、18–23、27–30、40–44、51–55。其他往世书也不乏类似的描写，如说恶人将受饥渴之苦，被逼自食自肉，遭大象践踏，鹰、狗剥食其五脏等。

③ 见《那罗陀往世书》，G. V. Tagare英译，载*Ancient Indian Tradition and Mythology*, Delhi：Motilal Banarsidass，第15卷，411页，注2。

④ 《薄伽梵往世书》3. 30. 20。

在那里有罪的人为他们所做的恶业而受惩罚”。①

罪孽深重者返回尘世后，先成为不动物（sthāvara），如树木、灌木、匍匐植物、草、山等。它们将一再被动物啃食，被人砍斫，被林火烧灼，夏为炎日所炙，冬为寒风所袭，终于凋萎死去。接着，它们生为蠕虫，辗转于溲溺之间，既无法躲避寒热之苦，也无力抵挡其他动物的啄食。后来再入牲畜子宫（paśuyoni），生为野生动物，将受暴晒，忍饥渴，弱肉强食，求偶不得，不停地游荡在林莽之中。生为家畜，则难免束缚劳役和鞭打宰割之苦。如此在众牲畜间流转之后，便会有些积累了功德的开始升入人类，只不过仅能居于底层，成为旃荼罗、皮匠、铁匠、织工、裁缝、猎户、陶工、洗衣人、染工、漆匠、听差、奴仆、跑腿的、抄写人等，且不免残疾在身，百般不便。他们陷于贫困、饥饿和屈辱，往往形貌丑陋，恶病迁延。此后倘能累有善业，则可望在地位上有所提升。世间轮回的层次，按照《毗湿奴往世书》（2. 6. 30、31）的说法是：不动物、鱼、鸟、动物、人、圣贤、神和解脱者。相邻各层之间的等次据称差一千级，而级级攀升的一切努力，无疑都是以出离轮回，获得解脱为最后指归的。

业报理论的建立，其初衷是为了抑恶扬善，本不待言。它所依靠的，乃是业和果之间的必然联系，有业必报，略无爽失。然而，印度教典籍却又不止一次告诉我们，联系并非不可打破，受报的厄运也能设法逃避。在这方面，往世书同样可称典型。对于不同的罪愆，往世书设计了不同的赎罪方法，使犯过者得以避免被动地遭受报应。比如，背叛师父或神祇者，可以轻念②一万遍“波罗那婆”（praṇava 意为“音声”，即“om”）使自己重新变得纯洁；违约、食不得食之物、说不当说之话的，可以靠念一千遍有关咒语自赎；杀了鸽子、乌鸦、猫头鹰等禽类的，念一百〇八遍即可。③因过失而杀了婆罗门的，可以盘起头发，穿树皮衣，手擎被杀婆罗门的头骨在林中游荡，以野生果实为生，每日沐浴三次并在晨昏行祭，放弃学习和教授吠陀经典，定期到圣地朝拜……。如此

① 见《毗湿奴往世书》2 .6. 21–26。

② 这种轻念（japa）也是一种修炼瑜伽的方式，称作“自习”（svādhyāya）。它可以“出声”（vācika），也可以“轻声”（upāṃśu）或者“默念”（mānasa）。据称方式不同，效果也不相同。“出声”是清晰地念出声音来，可以获得与举行祭祀一样的好处。“轻声”是只发出隐约可辨的声音，功效为前者的两倍。“默念”是心中不停地祷念，可取得所有瑜伽的效果。详见《那罗陀往世书》1. 33. 89–95。

③ 《林迦往世书》1. 89. 41、45、46 等。

操赎罪苦行满12年，他便纯洁如初，能够重新为他人主祭了。一个刹帝利偷了婆罗门的财富，可以忏悔并退还原物，外加修热苦行，禁食12天，如此这般，罪行即告消除。[①]对于饮酒、偷窃、通奸等罪，往世书常就情节轻重，仔细地罗列出相应的赎罪方式。通过赎罪，原有的恶报或被免除，或遭推翻，总之不再应验。一方面极言地狱之苦，以明业报追惩之厉，另一方面又多设解救之门，使罪者得逃顶上之灾，二者皆言之凿凿，那么孰是孰非呢？有人说："业报的教义在往世书中无异于一个稻草人，把它竖起来就是为了再打倒。"[②]这话有一定道理。实际上，把业报说当作稻草人的并不止往世书；印度教经典凡涉及伦理的可以说莫不如此。这从前面关于法论和史诗等的讨论中已经看得很清楚。

按照印度教的一般理论，好的果报并不是人的目的。人生目的，应是解脱。往世书也不例外。在如何求得解脱上，它也采取印度教的一般说法，即放弃对于俗世一切的执着。不过，往世书对于智瑜伽、业瑜伽和信瑜伽三解脱道的解释却与史诗、法论等的观点不尽相同。《那罗陀往世书》说："那些克服了欲念、愤怒、贪心、愚妄、傲慢和怨怼这六敌，具备瑜伽力但并不以此自矜，达到了寂静境界，并且敬拜大智之神的人，是通过智瑜伽（达到解脱的）。那些用圣水沐浴使自己洁净，遵守神圣誓言，乐善好施，实行禁欲，举行祭祀，敬拜创造一切的阿久陀神[③]的人，是通过业瑜伽（达到解脱的）。……那些同时以身、口、意（三方面）虔心敬拜大神诃利[④]的人，将达到宇宙中顶上之境中的最顶上者。"[⑤]往世书解脱理论的最大特点，是强调虔诚敬神的重要性。不仅《那罗陀往世书》如此[⑥]，其他往世书也是如此，区别仅在于崇拜的主神不同。例如，《毗湿奴往世书》、《薄伽梵往世书》等崇拜毗湿奴，《林迦往世书》、《湿婆往世书》等则崇拜湿婆。毗湿奴被称作解脱的施予者。对他的形象加以注视、抚摸、敬拜、赞叹、鞠躬等皆是有效的崇拜方式。[⑦]《湿婆往世书》说，命（即灵魂）为业的绳索所束缚，在世界上如轮子一般回转不休。这轮子的制造者就是人主

① 《那罗陀往世书》1. 30. 7–12、41–43。

② 《古印度传统中的业报与转生》，14页。

③ 阿久陀（Acyuta），即毗湿奴神。

④ 诃利（Hari），因陀罗和毗湿奴等神的名号。这里指后者。

⑤ 这里的境界指解脱之境。见《那罗陀往世书》1. 35. 2、3、7。

⑥ 如1. 24. 34；1. 32. 44、48；1. 33. 9、10、14、14、16、19、20、24等。在这里，毗湿奴被称为"从轮回得解脱的施予者"。对他加以冥思，人可获得解脱。

⑦ 《薄伽梵往世书》3. 29. 16。

湿婆。崇拜他的象征物林迦，人可获得解脱。[①]三解脱道中，信仰之道被提高到了首要的地位，而其他两解脱道（智瑜伽和业瑜伽）里也加入了敬神的内容。业瑜伽也从《薄伽梵歌》的重世俗行为转为重宗教行为，特别是祭祀。[②]更有甚者，有时业索性被置于神的控制之下。[③]所有这些变化，无疑说明印度教正在向虔诚派运动方向发展，或者也可以说，它们是印度教不断虔诚化的结果。

神力的引入，必然导致业力作用的下降。业曾经是决定众生未来的唯一因素，现在它的这一作用不得不与命运来分享了。命运原字daiva，源自deva即“神”，实际上还是指人不可知的神的作用。诸往世书在业与命运问题上的观点事实上并不统一。《鱼往世书》认为业与命运可同时起作用，它们甚至可以说是同一物。《女神薄伽梵往世书》则认为业与命运是不同的两回事，甚至神也在业力的支配之下。《薄伽梵往世书》又认为神指导和控制业。在《那罗陀往世书》中，善恶之业记录在冥府的账册上，而奖惩之事，则概听命于阎摩法王。这里业报通过神祇而起作用，实质仍是观点上的某种调和。所有这些也自然是印度教虔诚化的结果。

四、业报理论的产生和发展

业和业报理论是印度伦理学说的核心观念，它是印度文化在长期的演进中逐渐产生和发展出来的。

远古吠陀时代的印度人并无业报意识。人死后升入天堂，理所固然，并不是报应的结果。那里原是阎摩为尘世上一切逝去者找到的永久安息之地，人们在这块光明的地方同自己的祖先团聚，享受宁静和快乐。[④]通篇《梨俱吠陀》，没有一处提到阎摩或其他神祇审判或惩罚有恶行的死者的事情。地狱观念在该吠陀本集中还仅处在萌芽状态，它在大地之下，是因陀罗神惩罚敌人和恶魔的

① 见该往世书明主篇18. 8、10、23。

② 《薄伽梵歌》要求人不求果报而无条件地做业，做世俗之业。《那罗陀往世书》则说：“知业者（karmajña，即了解业解脱道者）理解吠陀经句的意义，通过各种祭祀仪式对他（毗湿奴神）加以崇拜。唯他能就他们的祭仪施以果报，并使那些行祭而不求果报的人获得解脱。”（1. 33. 17）这里的区别很值得注意。

③ 《薄伽梵往世书》：“命由业力所推动，而业则在神的指导和控制之下。……”（3. 31. 1）

④ 见《梨俱吠陀》10. 14. 2、7–9等。

地方。《阿闼婆吠陀》开始有“恶界”或称“地狱界”（nārakaloka）的概念[1]。那里是一个黑暗的去处，收纳杀人者和女妖等。总地看来，吠陀时代的天堂地狱并未与善恶行为相联系，自然也就不会有业报思想的出现。梵书时代吠陀祭祀盛行。梵书的作用即在于注释吠陀本集的圣诗，说明它们在祭仪中的应用，指出仪典的神秘意义，并且讲述与其起源有关的各种传说以及吠陀人物的故事等。婆罗门教所谓吠陀天启、祭祀万能和婆罗门至上的思想在这里得到了充分的体现。理论上，祭祀可以使组成宇宙的所有因素达于均衡。同时，一切力量又都来源于祭祀，连天神也不例外。实践上，祭祀成了人生的最高目的。因此，懂得因而能够控制祭祀的婆罗门祭司也就被抬高到人间神的地位。他们为了巩固自己的特权，将祭仪神秘化和烦琐化，以加强人们对他们的依赖。相应地，是否正确地进行了祭祀，有否违犯这样或者那样禁忌，也便成为人死时盖棺论定的重要标准。因此，入地狱受惩罚的，比如说，是伐木而没有先行火神祭，或者吃了动物甚至植物而没有例行相关仪节的人，而不是犯了伦理罪的人。连动物也能在来世对曾经吃他的人进行报复，假如他在当时未能正确行祭的话。在这里，道德，哪怕是宗教道德，都还是不重要的。

奥义书中，如前所述，已经开始用karman一词表示行为，即“业”。但是，用来表达这一概念的，它并不是唯一的词。除去它，我们还见过caraṇa（《歌者奥义书》5. 10. 7）。此外，业报理论的许多重要特征也还未见出现，如：将业的观念与伦理观念紧密地联系起来，也即赋予它以明确的道德意义；关于善恶业报的精细描述；引入哲学概念（如“三德说”）加以理论解释；转生过程的周密设计；赎罪理论的应用；业的积累从无始便已开始的思想，等等。特别是，对于这一理论，奥义书远无后世强调之甚。所有这些都说明，表达在奥义书中的轮回业报理论基本上还是处于萌芽状态。

真正给轮回业报理论以革命性推动的是沙门思潮，尤其是其中影响最为深远的佛教和耆那教。佛教和耆那教等诞生于公元前6世纪前后。这正是人们对腐化的婆罗门和他们推行的烦琐祭仪深致不满的时代。此时的印度社会迫切需要一套形而上的教理，使人们既可摆脱祭祀，又不致失去祭祀为他们带来的伦理寄托和可以期待的福祉。沙门思潮以其基于伦理说教的业报理论满足了那一时代的社会需求。

---

① 见《阿闼婆吠陀》12. 4. 36。

沙门思潮提出的业报理论中，业不仅具有它原始的行动、行为的意义，而且被明确赋予了业力的意义，即它是一种能够作为原因而在未来给行为者带来后果的力。为了给轮回转生以主体，一般也肯定灵魂的存在，虽然名目可能不同。这里的因—果报应严格地遵循善行获福、恶行启祸的原则。业力可以超越死亡而在生命的下一个形式（来生）中继续发生作用。旧业在实现了它的果报以后，即被消耗；而新业又会随着新的行为表现而产生和积累起来，待机再起作用。至于业是如何产生，怎样传递等具体问题，不同教派，各有解说。此外，束缚论和解脱论也是它们所共同坚持的。两论的大意为：凡业皆来源于感情和欲望，虽然善恶有别，果报相异，但其作用，却同样是将灵魂束缚在迁转不止的轮回之中；人作为最高级的有情识的生物，其生存目的应该是摆脱轮回，实现解脱，尽管解脱之途，诸说不一，要义则不外毁除业力，断绝根源。

新提出的理论显然深获人心，佛教和耆那教在公元前最后几个世纪的兴盛可作证明。印度教似乎并不费力也便吸收了它的基本原则。在以后的史诗、法论、往世书、诸派正统哲学以及其他最根本，最重要的典籍中，都不难看到这种理论的存在，不但内容有所发展，形式亦大为丰富。从演进的角度看，这个吸收过程，也可以视作是印度教伦理化的过程。恐怕正是经过了伦理化，适应了社会发展的需要，印度教才得以复兴，并在公元后笈多王朝时代取得了丰富的文化成就。

在建立以业报观念为核心的伦理理论上，沙门是不是也受到过本身以外的影响或启发，是我们感兴趣的下一个问题。如果追寻的话，可能起作用的因素只有两种。一个是沙门思潮诞生和活动地区的当地信仰，另一个依然是我们熟悉的，已经长久流行的印度教。由于缺乏资料，我们很难知道公元前6世纪前后沙门活跃的恒河流域及其他北印地区原住民信仰的情况。不过，调查表明，印度的原住民部落信仰直到近代往往还是十分原始和落后的。比如，贡德人语言中表达违法行为的词，即是借自通行于印度的印欧语系诸语言中的“罪”这个词。显然，在他们原始的意识中，并无这一概念。有的研究者就此认为，当时的部落民中不会有伦理性的信仰。自然，相应地，在我们讨论的问题中，也就谈不到它们对于沙门思想的影响了。既然如此，还是应该回过头来考虑印度教。

奥义书和沙门思潮出现以前，印度教对于祭祀的重视已经到了前所未有的程度。业这个词，尽管它的基本义不过是行动或者行为，它的引申意义中却包含了祭祀。这就表明，行祭已经是人们行为中最普通的内容之一。在名目繁多的吠陀祭祀仪式中，有一种相当重要并且值得我们特别注意的，就是湿罗陀祭（śrāddha）或称祖祭。这种祭祀通常在家人故去时于丧葬仪式完成后举行，同时作为对于祖上亡灵的祭奠，也在日常定期举行。[①]它也是印度教徒每日所行的五祭之一[②]，只是形式简单一些。葬礼上的湿罗陀祭定在整个仪式的第十二天[③]，由去世者的亲属参加，长子主持。主要供品是一种称作“禀吒”（piṇḍa）的裹有芝麻和蜂蜜的熟米团，以及水和时令果品等。按照印度教的说法，在举行葬仪和第一次湿罗陀祭以前，死者只是一个漂泊无依的游魂。行祭以后，他才有可能上达自己祖先所在的“祖界”（pitṛloka），与他们团聚。每月一次的仪式要选择僻静之处举行，常要敦请数位学德兼备的婆罗门代表祖先，接受食品、衣物、香花等的供奉。主持仪式的婆罗门先将酥油洒入祭火以敬事阿耆尼、苏摩和阎摩三位吠陀神祇，继而以“禀吒”奉献给父、祖和曾祖三代先人。对于更远的三代，可以拿拘舍草擦一擦沾有祭品的手代替供奉。事毕张宴，主人以米饭、菜蔬、牛奶、乳酪、酥油、香草、肉食、浓汤、水果等款待婆罗门，同时诵念经文。每日的祭祀要简单得多。所供食品可以是“禀吒”，也可以是牛奶、块根食物、水果等；贫穷人家仅仅用水也行。除了前述三种场合外，湿罗陀祭也常在去世亲属的忌日举行。其他日子，如婚礼庆典等，亦可行此祭仪。每年九、十月间，更有成千上万的人长途跋涉，到波罗奈（今瓦拉纳西）、伽耶（今加雅）、钵逻耶伽（恒河和朱木拿河交汇处，今阿拉哈巴德）、俱卢之野（约当今塔内萨）等圣地去，在那里的圣河边上举行仪式，以求更大的功德。《摩奴法论》第三章“家居期的法”共286颂，其中有165颂讲湿罗陀祭，可见它在古代印度受到重视的程度。

有学者认为，既然去世者不能自行进入祖界，而必须靠后代的帮助，湿罗陀祭便有了功德转移的性质，即活着的后代将自己宗教功德的一部分传递给了

① 《摩奴法论》规定每月朔日举行，见其第三章，第122、123、127颂。

② 见《摩奴法论》第三章，第82、83颂；第四章，第21颂。

③ 《罗摩衍那》中十车王死后举行的湿罗陀祭即是在第十二天举行的（汉译本阿逾陀篇437页）。《宝陀耶那法经》的规定相同。见该经1. 5. 11. 25（《东方圣书》第十四卷，181页）。有理论认为，最初十日象征十月怀胎，亡者将会再生。第十一日准备湿罗陀祭。第十二日为该祭高潮，届时将代表去世者的“禀吒”切成三份，与代表前三代先人的三个“禀吒”合在一起。这可能意味着他同先人的团聚。

死去的先人。[①]其功德的载体即是供品“稟吒”。家庭内希望怀孕的妇女取“稟吒”而食之，亦可了愿。[②]由此可见，功德也可以传给尚未出生的后代。这里妇女所怀的胚胎，据说乃是过世先人转生的结果。实际上，随着“稟吒”一词不断被赋予新的象征功能，它的词义也始终在演变和扩大。从它的本义“圆团”和“祭祀米团”，发展出了象征性的“种子团”以至“胚胎”的意义。古代印度医书（如《妙闻本集》）即具体地用它指男性胚种。后来，在《室建陀往世书》的故事里，它更进一步具有了子宫（yoni）的意义。只是由于形状关系，它更容易与男子性器联系使用，如“球卵”（piṇḍau，双数）等。此外，它还有身体的意思。一个词，原义只是供奉给祖先的食物米团，以后逐渐生发出种子、胚胎、性器以至人体等义，显然是与人的生殖繁衍联系得越来越紧密了。它的象征性意义中所包含的功德传递和其后祖先再生的思想也越来越明显。

体现在湿罗陀祭中的功德转移观念，已经有了业报理论某些要素的萌芽，如灵魂存在，宿业不灭并可超越死亡，加以传递等。这些要素除湿罗陀祭以外，在其他吠陀信仰形式中是没有的。因此我们设想，给予业报理论的建立以影响和启发的，有可能是体现在湿罗陀祭里的功德转移观念。到奥义书中，不仅功德转移观念继续存在，业的传递的观念也出现了。同时，某些奥义书又将业进行善恶划分，使之与轮回理论相结合，成为个人来世苦乐的决定因素。但是由于某些自身的原因，奥义书把进一步发展理论的机会让给了与它产生于同一时代的沙门思潮，特别是其中的佛教和耆那教。业报理论在后者那里建立起来。在以后的年代里，不可避免，佛教和耆那教等又分别对它进行了一再的改造和发展，使它变得精细而复杂。印度教也很快接受了它，并且开始了同样的改造发展过程。这些过程持续了千百年，其间各个宗教和教派之间既互相影响，又各自按照本身的教义和理论需要对它进行更新发挥，终于形成了丰富多彩的业报理论。我想，这或者就是这种理论在印度形成和发展的基本脉络。

原载于《南亚研究》1996年第3、4期合刊、1997年第1期，第2期，1998年第1期

① 见前引《古印度传统中的业报与转生》第10页。

② 见《摩奴法论》第三章，第262、263颂。

《西游记》孙悟空故事的印度渊源

在中国，《西游记》孙悟空是一个妇孺皆知的形象。这一形象的文学来源，自上世纪初即已有许多学者进行探讨，最著名的有胡适、鲁迅和陈寅恪等。

胡适考证的前提是:《西游记》以《大唐三藏取经诗话》为渊源。他在《中国章回小说考证》“西游记考证”一章中认定“这部书确是《西游记》的祖宗”。相应地,《西游记》中的孙悟空无疑也就来自于《大唐三藏取经诗话》中的猴行者。那么，“何以南宋时代的玄奘神话里忽然插入了一个神通广大的猴行者?这个猴子是国货呢？还是进口货呢?”他自己回答道:“……但我总疑心这个神通广大的猴子不是国货，乃是一件从印度进口的。也许连无支祁的神话也是受了印度的影响而仿造的。因为《太平广记》和《太平寰宇记》都根据《古岳渎经》，而《古岳渎经》本身便不是一部可信的古书。宋元的僧伽神话，更不消说了。因此，我依着钢和泰博士（Baron A. von Stael-Hoistein）的指引，在印度最古的纪事诗《拉麻传》(Rāmāyaṇa）里寻得一个哈奴曼（Hanumān)，大概可以算是齐天大圣的背影了。”因此，“我假定哈奴曼是猴行者的根本。”[①]胡适在他的文章里没有明确强调哈奴曼、猴行者和孙悟空的演进关系，但是他的意思是非常清楚的。

此说出来以后，即遭鲁迅反对。此前，鲁迅在其《中国小说史略》第九篇中已经谈到过他的观点，认为孙悟空的形象源自淮涡水神无支祁。[②]无支祁故事见载于多书。《太平广记》卷四六七《李汤》称，唐代宗永泰（765年）年间李汤任楚州刺史时曾有人“见一兽，状有如猿，白首长鬐，雪牙金爪，闯然上岸，高五丈许，蹲踞之状若猿猴，但两目不能开，兀若昏昧。目鼻水流如泉，涎沫

① 分别见胡适:《中国章回小说考证》,243页、249页、251页，安徽教育出版社,1999年。

② “明吴承恩演《西游记》，又移其（按即无支祁）神变奋迅之状于孙悟空，于是禹伏无支祁故事遂以湮昧也。”《鲁迅全集》第八卷，67页，人民文学出版社，1959年。

腥秽，人不可近。久乃引颈伸欠，双目忽开，光彩若电，顾视人焉，欲发狂怒。观者奔走……”后至唐宪宗元和九年（814年）李公佐自“石穴间得《古岳渎经》第八卷”，才知道“禹理水，三至桐柏山，惊风走雷，石号木鸣，五百拥川，天老肃兵，不能兴。……乃获淮涡水神，名无支祁，善应对言语，辨江淮之浅深，原隰之远近，形若猿猴，缩鼻高额，青躯白首，金目雪牙，颈伸百尺，力逾九象，搏击腾踔，疾奔轻利倏忽，闻视不可久”。后来，禹把它交给庚辰，庚辰降伏了它，将它“颈锁大索，鼻穿金铃”，锁在了淮阴的龟山下。[①]针对胡适的说法，鲁迅在他《中国小说的历史的变迁》第三讲中做了评论，提出无支祁的故事“影响也很大，我以为《西游记》中的孙悟空正类无支祁，但北大教授胡适之先生则以为是由印度传来的；俄国人钢和泰教授也曾说印度也有这样的故事。可是由我看去：1、作《西游记》的人，并未看过佛经；2、中国所译的印度经论中，没有和这相类的话；3、作者——吴承恩——熟于唐人小说，《西游记》中受唐人小说影响的地方很不少。所以我还以为孙悟空是袭取无支祁的。但胡适之先生仿佛并以为李公佐就受了印度传说的影响，这是我现在还不能说然否的话”。[②]

对于胡适和鲁迅的观点，后来多有评论。虽然二人都不乏赞同者，但比较起来，还是以倾向胡适之说的居多。客观地说，鲁迅的说法中，确有不妥之处。说吴承恩没有看过佛经，显然失之武断。说“中国所译的印度经论中，没有和这相类的话”，也是同样。这里所谓“印度经论”，自然是指佛经。而佛经里讲到猕猴，讲到猕猴的机敏和善业的，却不是没有。（吴）康僧会（？–280）编译《六度集经》中故事四七即为猕猴本生，讲它慈悲济人的故事；第四六讲猴人相助的故事；第五六讲猴王爱护猴众的故事。康僧会生活于三国时代，到《西游记》诞生，其所译故事在中国流传已达千年以上。说吴承恩知道猴子故事比说他不知道，恐怕更符合实际情况。

注意《西游记》的印度渊源而又言之有据的学者中，陈寅恪先生也是十分著名的一位。1930年，陈先生发表《西游记玄奘弟子故事之演变》一文，讨论了唐僧三个徒弟的形象和名号来源等问题，其中尤以猪八戒和孙悟空的考订最为精彩巧妙。猪八戒的形象，简言之，就是来自义净译《根本说一切有部毗奈

① 李昉等编《太平广记》第四册，439–440页，上海古籍出版社，1990年。（影印钦定四库全书本）

② 《鲁迅全集》第八卷，330页。

耶杂事》第三《佛制苾刍发不应长缘》中的牛卧苾刍。这位比丘住在出光王一处园林的猪窟里，由于衣衫褴褛而惊吓了王妃宫女，只好逃回窟内。国王执剑前来究问。原来住在边上的一位天神怜悯比丘，便化作一头大猪奔窜而出，引得国王急忙追赶，牛卧比丘因此得救。陈先生认为，在后来的流传中，牛卧比丘与天神所化大猪合而为一，加上惊犯王妃宫女的情节，即成《西游记》高老庄招亲故事；而高老庄之“高”，即来自原故事的发生地憍闪毗国。憍闪毗原文Kauśāmbī，今人常译作“高善必”。至于孙悟空，陈先生举出两个故事，一个是《贤愚经》第十三《顶生王缘品》第六十四所述故事：顶生王欲生忉利天，一路上先扰得五百仙人不宁，后又在天门前吹贝张弓扣弹，与阿修罗大战，最后因为想加害天帝释，堕落而回原来自己的宫殿，委顿而死。另一个是史诗《罗摩延传》（即今译《罗摩衍那》）中猿猴那罗造桥渡海，入楞伽国的故事。两者原来并不相干，但是在《大庄严经论》中，它们适相连接。讲说者有意无意间将它们并合为一，即成孙悟空闹天宫的故事。此事可见于鸠摩罗什译《大庄严论经》卷三故事十五：“昔者顶生王，将从诸军众，并象马七宝，悉到于天上。罗摩造草桥，得至楞伽城。吾今欲升天，无有诸梯磴。欲诣楞伽城，又复无津梁。我今无方计，持宝至后世。”[①]不难看到，经过陈寅恪先生的考证，事情已经愈益接近真相。他还有另一句话涉及猿猴，也很值得注意，那就是，他说：“支那亦有猿猴故事，然以吾国昔时社会心理，君臣之伦，神兽之界，分别至严，若绝无依籍，恐未必能联想及之。”[②]这实际上是对鲁迅先生孙悟空形象“袭取无支祁”说法的否定。相反，在陈寅恪看来，《西游记》小说与印度故事的启发承袭关系却是肯定无疑的。

1986年，赵国华先生在《南亚研究》杂志第一、二期上发表一长篇文章《论孙悟空神猴形象的来历》。该文认为，多年来经学界对《西游记》成书过程的考察，胡适提出的《大唐三藏取经诗话》是其祖宗的说法，已为大家普遍接受；[③]然后，通过对于《六度集经》和《大唐三藏取经诗话》故事若干同异的对

① 见《大正藏》第四卷，二七三页上。

② 见《金明馆丛稿二编》，192–197页，上海：上海古籍出版社，1980年。

③ 总结性的看法可见程毅中先生《宋元小说研究》：“《大唐三藏取经诗话》情节比较简单，文字比较质朴，它是宋代取经故事的梗概，但却是由以玄奘为主角转变到以猴行者为主角的一个里程碑，也是后来《西游记评话》、《西游记》小说的前身，无论对西游故事或宋代话本的流传发展都是十分重要的史料。”见该书380页，江苏古籍出版社，1998年。

比，间接肯定了孙悟空形象的印度来源。事实上，选自《大唐三藏取经诗话》中的实例，在《西游记》中往往也能找到。将《六》、《大》、《西》三书同时进行比较研究，也未必不可尝试。[①]我们循作者的途径尝试一下，没有经过多少困难就得到了如下的结果。概括起来就是：

1. 猴王的身份 《六》是猕猴和猕猴王；《大》是猴行者，是“花果山紫云洞八万四千铜头铁额猕猴王”（见“行程遇猴行者处第二”）；《西》是石猴、美猴王、孙悟空、孙行者等，其中“孙”来自“猢狲”（见第一回，由须菩提祖师所取）。

2. 助人的品格 《六》是猕猴解救穷困者，帮助国王寻找王妃等（见故事四七、四六）；《大》是帮助玄奘法师取经，自称：“我今来助和尚取经。此去百万程途，经过三十六国，多有祸难之处。”（见“行程遇猴行者处第二”）；《西》是保护唐僧，自称要“皈依佛法，尽殷勤保护取经人往西方拜佛，功成后自有好处。”（见第十四回）

3. 降妖伏魔的事迹 《六》为战胜贪鳖、诛杀恶龙等（见故事三六、四六）；《大》为驯服馗龙（见“入九龙池处第七”）；《西》为使四海龙王折服、识破白骨夫人、降伏下界奎星等（见第三回、二十七回、三十一回等）。

4. 偷食禁果 《六》为偷采御果（见故事五六）；《大》为偷食王母蟠桃，自言：“我八百岁时到此中偷桃吃了，至今二万七千岁，不曾来也。”（见“入王母池之处第十一”）；《西》亦为偷食王母娘娘仙桃（见第五回）。

5. 广知世事，机智而通权变 《六》有猴王设计偷桃，巧斗贪鳖保全性命（见故事五六、三六）；《大》中常有法师不知而猴行者却知道的事，如行至某国，法师问行者：“此是何处？”行者答：“是优钵罗国，满国瑞气，尽是优钵罗树、菩提花。……”（见“入优钵罗国处第十四”）；《西》中猴王的机智随处可见，此外还自称：“我这左耳往上一扯，晓得三十三天人说话；我这右耳往下一扯，晓得十代阎王与判官算账。”（见第三十一回）

6. 广有神通 例如两猴王故事都有潜入对方腹中作祟的情节，如《大》中猴行者化作石头在白虎精肚内长大，使他皮破肉绽（见“过长坑大蛇岭处第六”）；《西》中有猴王变小虫进入罗刹女以借芭蕉扇的故事（见第五十九回）。

---

① 《六度集经》故事第三六、四六、四七、五六等，载《大正藏》第三卷，一九页中、下；二六页下、二七页上、中；三二页中、下，等。《大唐三藏取经诗话》用中国古典文学出版社本，1954年。下引《西游记》内容可见任何通行版本。

《六度集经》中虽无相类故事，但同是康僧会译的《旧杂譬喻经》中却有相似的情节。其故事十八说一婆罗门口中吐壶，壶中有女，收作家室，后女子复吐一壶，壶中又有男子，与之共卧……。[①]类此情节为古印度文学所习见，如史诗《摩诃婆罗多·教诫篇》第四十和四十一章有故事说，仙人提婆沙尔摩外出行祭，将自己美貌的妻子卢吉托与他的学生毗补罗保护。毗补罗在同卢吉对视的一刹那钻入她的身体，控制了她的行为，并通过瑜伽力束缚了她的感官，从而在大神因陀罗的引诱面前保全了她的贞操。[②]

经过上面的比较，可以得出结论:《大唐三藏取经诗话》和《西游记》中的猴王形象有可能直接或间接溯源于以《六度集经》为典型的佛教故事。

那么,《六度集经》中的猕猴同前面所说的史诗角色哈奴曼是否有关系呢?答案是肯定的，即，有关系，而且关系密切。如果我们仔细比较一下《六度集经》中故事四六的情节和《罗摩衍那》有关猴国的描述，这个答案是很自然地就能得出的。1984年，季羡林先生所译《罗摩衍那》出齐，为我们的比较研究提供了很大方便。

故事四六的梗概为：往世菩萨为大国王，善施仁政。其舅亦是国王，但是贪婪无耻。后其舅并吞了国王的土地，国王与王妃被迫流亡。在山林里，他见到一个婆罗门正在禅定，遂逐日采果供养。这婆罗门原是一个觊觎王妃美色的海上邪龙。他趁国王不在，劫走王妃，逃往海岛。一个巨鸟曾拼力阻截，但被他打败。国王在寻妃途中见到一个猕猴，帮助它恢复了王位。猕猴报恩，遂遍撒猴众搜索王妃。受伤的巨鸟告诉它们是海岛上的邪龙盗走了王妃。众猴来到海边，无法渡过。天帝释下凡来助。他化作猿猴，带领大家负石填海。邪龙大兴风雨雷电抵抗，被国王用箭射死。国王救出王妃，与猴王各还本国。此时王舅已死，国王复位。但王国百姓对王妃的贞操发生了怀疑，国王劝她返回本宗。王妃为表白自身，发誓说:“我在邪龙之前，犹如莲花居于污泥。愿大地开裂，以证明我的诚信！”言毕大地开裂，王妃的贞操得以证实。

《六度集经》这个故事的许多情节，在《罗摩衍那》里都能找到对应部分。比如:

1. 罗摩失去王位并携妻子悉多到林中流放。(见《阿逾陀篇》第十六章

① 见《大正藏》第四卷，五一四页上。

② 故事载*Mahābhārata*, Vol.17, *Anuśāsanaparvan*, edited by R. N. Dandekar, Poona: Bhandarkar Oriental Research Institute, 1966, pp. 255-264。

以下）[①]

2. 罗刹头子罗波那贪图悉多的美色，乘保护者不在，将悉多劫走。（见《森林篇》第三十四章、四十七章）

3. 金翅鸟王阻止罗波那带走悉多，失败。后者将悉多拐至海岛楞伽城。（见《森林篇》第四十八－五十二章）

4. 罗摩遇猕猴哈奴曼，随它去见猴王须羯哩婆，并帮助它杀死篡位的兄长波林，恢复了王位。（见《猴国篇》第三章、十七－二十五章）

5. 猴王派十万猴众到山岳、树林、丛莽中搜寻悉多。（见《猴国篇》第三十九章）

6. 金翅鸟王之兄商婆底告诉哈奴曼是罗刹头子罗波那将悉多劫往楞伽城。（见《猴国篇》第五十七章）

7. 为帮助罗摩渡海，海神派工巧大神的儿子、猴子那罗修造大桥。那罗带领群猴把石头、大树和高山投入海中。（见《战斗篇》第十五章）

8. 罗摩回国，复位。（见《战斗篇》第一一六章）

9. 为证明自己的贞节，悉多吁求大地女神使大地开裂，将她收容。大地女神拥抱悉多。悉多没入地中。（见《后篇》第八十八章）

通过以上的比较，应该说，史诗《罗摩衍那》与佛典本生故事的密切关系已经是极其明显，毋庸置疑的了。至于是谁影响了谁，则看一下成书的年代，便可以推断一个大概。《六度集经》编译于公元3世纪中、后叶，其所本印度原经当应成于此前。《罗摩衍那》的情况较为复杂，说法不下一二十种，早至公元前数千年者有之，迟至公元三、四世纪者亦有之。较为可靠的说法是公元前300年故事原型已经形成，而后出的“后篇”最晚到公元1世纪也已存在。[②]两相比较，佛教故事受《罗摩衍那》影响的可能性显然更大。金克木先生也认为《六度集经》中的故事乃是罗摩故事的提要。[③]

现在，我们可以看看季羡林先生是如何看待《西游记》孙悟空与《罗摩衍那》中猴子的关系了。

在1978年发表的《〈西游记〉里面的印度成分》一文中，他说：“我的意见是，不能否认孙悟空与《罗摩衍那》的那罗与哈奴曼等猴子的关系。那样做是

---

① 内容均见蚁垤：《罗摩衍那》，季羡林译，北京：人民文学出版社，1980–1984年。

② 季羡林主编：《印度古代文学史》，86页，北京：北京大学出版社，1991年。

③ 金克木：《梵语文学史》，132页，北京：人民文学出版社，1964年。

徒劳的。但同时也不能否认中国作者在孙悟空身上有所发展，有所创新，把印度神猴与中国的无支祁结合了起来，再加以幻想润饰，塑造成了孙悟空这样一个勇敢大胆、敢于斗争、生动活泼的、为广大人民所喜爱的艺术形象。”①后来，在《罗摩衍那初探》一书中，他又重申了自己的观点，说：“过去有两种看法：一种认为二者（按即哈奴曼和孙悟空）各不相涉，是独立地在中国和印度产生的；一种认为哈奴曼就是孙悟空的原型，这个人物形象最初产生于印度，传至中国，经过改造与发展，就成了孙悟空。我过去是，现在仍然是主张第二种说法的。……连猪八戒这个人物形象都可以在佛典里找到它的副本。为什么单单这个孙悟空就不能是从印度借来的呢？有人说，孙悟空的前身是无支祁。这真使我有点大惑不解。除了无支祁的样子像猿猴之外，二者毫无共同之处。孙悟空能腾云驾雾，变化多端，好像没有听说无支祁有这种本领。……我看，孙悟空这个人物形象基本上是从印度《罗摩衍那》中借来的，又与无支祁传说混合，沾染上一些无支祁的色彩。这样看恐怕比较接近于事实。”②

季羡林先生的论断我以为是客观而符合事实的，因此是正确的。我的这篇短文，目的也在为他的论断增加一些具体的例证。

此外，季羡林先生还有另外一段话容易被人忽视，那就是：“也许有人会说，《罗摩衍那》没有汉文译本，无从借起。这是一种误会。比较文学史已经用无数的事例证明了，一个国家的人民口头创作，不必等到写成定本，有了翻译，才能向外国传播。人民口头创作，也口头传播，国界在这里是难以起到阻拦作用的。故事的流传是不管什么海关的。”③这段话同样值得我们从事比较文学研究的人认真思考。比较文学研究中，文字的证据固然极其重要，但一切必待文字证据出现而后方予采信，似乎是不必要的。

原载于《明清小说研究》2002年第4期

① 载《中印文化关系史论文集》，177页，北京：三联书店，1982年。

② 《罗摩衍那初探》，138页，北京：外国文学出版社，1979年。

③ 同上书，139页。

古代印度教和佛教的施舍观念及其异同

在一本叫作《印度教和佛教比较伦理学》的书里，作者欣德利说到古代印度人推崇的四种善德，即不伤生、施舍、诚信、做事无求。[①]这里除诚信是古今任何正常社会都会重视的基本道德准则以外，其他几种都带有比较突出的印度特征。不伤生原则是我们所熟悉的。作为古代印度伦理思想的独特观念，它是印度各主要宗教普遍接受的一般信条。做事无求，即以种姓制度为基础，要求人无条件地履行个人职责而对报偿无所期求的原则，曾为印度教圣典《薄伽梵歌》所极力提倡，不过其影响基本还是在印度教的内部。影响广泛而一直谈论较少的，看来只剩下施舍观念了。

施舍作为善德，在古代印度的社会伦理生活中，不仅地位重要，而且源远流长。苏拉玛·达斯古普塔在她的《印度道德哲学的发展》一书中论及吠陀文献时说："在（文献）提到的各种美德里，施舍似乎占据着最重要的地位。除了行祭这种对于吠陀时代的人来说至关重要的活动以外，没有任何德行受到过比它更高的颂扬。诚信和自制（梵行）在不同的条件下常有不同的含义，其重要性也会随之变化。然而施舍，由于作为馈赠有着更确定，更具体的意义，故而始终如一备受推重。不伤生的原则在后世印度教、耆那教和佛教思想体系中曾被视为一切美德的根本，但是施舍早在吠陀时代却似乎已经享有了同等重要的地位。此时前者除了以某种特殊的形式出现外，还完全说不上已经存在。"[②]其实，在印度以外，在众多的古代文明社会中，施舍观念都曾普遍流行。中国人对它也不陌生。《墨子·非攻》："施舍群萌"，《左传·昭公十三年》："施舍不倦，求善不厌"——仅就形诸文字，载于典籍来说，施舍观念在中国至少已经存在

① 见 Roderick Hindery. *Comparative Ethics in Hindu and Buddhist Traditions*, Delhi: Motilal Banarsidass Publishers, 1996, p.27.

② Surama Dasgupta. *Development of Moral Philosophy in India*, New York: Frederick Ungar Publishing Co., 1965, p.58.

两千四五百年了。作为传统德行，它也一直流行于民间。然而，若论倡导之力，影响之广，行化之深，流风之劲，以至变为信仰，形成制度，中国仍不足与印度比。不仅中国，历史上的任何民族，任何国家，恐怕都不能与印度比。

本文打算就施舍这个题目，以古代印度教和佛教为对象，做一点探讨，看看它在这两种宗教里的表现，并将其表现的异同，做一比较。之所以选择印度教和佛教来考察，不仅因为这两种宗教影响深远，而且因为它们典籍丰富，文献材料几乎取之不尽，实在为我们窥究这一印度伦理体系中的重要现象，提供了极好的条件。方法也是最常见的：将有关的记载寻找出来，稍做分类，略事比较，然后，如果可能，争取得出若干结论。为了分析对比的方便，我打算将各类经典提供的材料组织在四个项目之下，即施舍物、施舍对象、施舍的果报和规则仪节禁忌。四项之下，材料多寡一定不等。材料多多谈，材料少少谈，无则不谈。至于结论，最好能一目了然，俯拾即得，至少能顺理成章，不嫌牵强，总之是但求明白，不求深刻。

一、印度教的施舍观念

谈到印度教，人们总会自然地将其渊源引向吠陀，特别是《梨俱吠陀》。我们也不例外。《梨俱吠陀》约成书于公元前1500–前1000年。这部最古老的印度教圣典经常提到一位仙人迦奇婆 。仙人迦奇婆曾经这样赞美一位叫作娑那耶的王公：“这位国王贡献出一百个项圈，一百匹骏马。在他的恳求下，我立刻接受了它们；此外还有一千头母牛。他不灭的英名已经上达天庭。毛色黝黑的马匹站立在我的身旁，娑那耶的施物还包括十辆大车和拉车的牝马。接着来到的是另外六万头牛，迦奇婆接受它们的时候已近薄暮。排在长长的队伍前面的是四十匹栗色马。迦奇婆的儿子们和其他波阇罗人满心欢喜，将那装饰着珍珠的马匹停了下来。”①这里的记载虽然难免夸张——这样的夸张我们下面还会不断遇到，但是在公元前1千纪以前，即历史学家常称的前吠陀时期，王者也即部落首领以及别的富裕者向他人，尤其是有学问的祭司阶层施与财物的事，应

① 《梨俱吠陀》Ⅰ. 126. 2–4。自英译 *Hymns of the Ṛgveda*, translated by Ralph T. H. Griffith, Munshiram Manoharlal Publishers Pvt. Ltd., 1987, Vol. 1, pp. 184–5。迦奇婆属波阇罗族。另一处，在Ⅵ. 47. 22–25，也有一个叫波罗私陀迦的人慷慨施舍衣物、金银和马匹等财物的记述。

该说，已在印度流行起来。与此同时，救济贫弱的行为也受到了提倡，而悭吝自私的表现则受到批评。《梨俱吠陀》第十卷有诗句说：“神明从不把饥饿当作人们死亡的原因；倒是美食终日的人，难免以这样或那样的方式死于非命。慷慨的人，他的财富不会白白拿出；而守财不放的人，却绝不会从别人那里获得安慰。……谁对于饥肠辘辘，羸弱不堪，上门求乞的人慨然施食，他就会在战场上赢得胜利，并为自己在未来陷入困境时赢得了（可以依靠的）朋友。遇到朋友伙伴前来求食却不肯提供餐饭的人，将再也不会获得友情。……让有钱的人使贫苦无依的乞求者满足而归吧。让他的眼光放得更远。财富其实就像滚转不停的车轮，今天来到这家，明天去到那家。”①文献材料告诉我们，前面苏拉玛·达斯古普塔的话是对的。施舍观念的滥觞不会晚于吠陀时代。

从公元前1，000年到公元前600年，历史学家通常称之为后吠陀时期。这一时期以及往后，直到公元6世纪，印度文化史上发生了很多有意义的大事：后三《吠陀》、梵书、森林书、奥义书写定，吠陀文献体系最终形成；列国时代思想活跃，争鸣激烈局面的出现，以及佛教、耆那教等宗教和思想派别建立并发展起来；亚历山大东征带来了影响深刻的西方文化；统一帝国初次建立，以及印度教文化在一度衰靡后重新复兴，等等。反映这一历史时期社会生活的文献很多。在这里，我想选取文献量大而又具有代表意义的法经法论、往世书和大史诗，作为钩求材料的对象。方式则如前所述，大分四项。

（一）法经和法论

法经是格言体“劫经”或称“仪轨经”中的一种，而“劫经”则为吠陀六支之一。法经讨论人在社会中依身份而定的宗教权利、职责和义务，兼及民法和刑法。法论是以法经为基础发展起来的，基本是前者的注释。它们有时仅限于对原经作一定的阐发和澄清，有时还要在不同的传统要求或习惯规范之间加以调和。后法论日形独立，逐渐成为古代印度按印度教思想论列行为规范的基本著作，其影响至深至广，直到如今。不同的法经和法论著作写作年代有时相差很远，有的早在公元前6世纪，有的则迟至公元五六世纪或更晚。以下我们看看，施舍观念在影响最深，最具权威的《摩奴法论》和其他法经、法论中，是怎样谈的。

---

① 《梨俱吠陀》X . 117. 1、3–5。

1. 施舍物

《摩奴法论》没有直接罗列应该施舍的物品，但是指出了什么东西是可以作为布施接受的，如“一切人自动赠送的柴、水、根、果或食物，他都可以接受；还有蜜和保安礼。他不得谢绝卧具、房屋、吉祥草、香料、水、花、宝石、酸牛奶、谷物、鱼、牛奶、肉或者蔬菜”。[①]此外，从《摩奴法论》其他章节和别的法论中，我们知道，可施之物还包括：土地、树木、金、银、芝麻、女佣、灯盏、衣服、马匹、公牛、母牛、驮兽、车乘、酥油、鞋子、伞具、花环、面团、吠陀知识、抚慰的言辞等。[②]《乔达摩法论》和《宝陀耶那法经》提到的施舍物较少；间或提到，也完全包括在上面列出的那些物品之中。《婆私吒法论》在专论布施的一章中着重说到的不是单纯某物，而是由多物组成的一份礼物，比如：一张没有割去四蹄的黑色羚羊皮，皮张的脐部放着黄金，并用芝麻敷在上面；或者一块四面环海，布满高山、树林和灌丛，山洞内贮满黄金的土地；或者一张黑色的羚羊皮，上面放着芝麻、黄金、蜂蜜和酥油，等等。[③]此外，它还提到了床席、座位、伞、鞋、城镇，并认为“母牛、土地和知识是三种最好的布施；而由于知识高于一切，所以知识的施舍更是无出其右”。[④]《宝陀耶那法经》的观点有些不同。它更看重食物的施舍：“众生靠食物而生存。食物就是生命。因此，人们应当施舍食物。”[⑤]但《毗湿奴法论》则说：“给人以保护是无上之施。”[⑥]有些具有社会公益性质的善德，也被归作慷慨的施舍。掘井、凿池、植树、修桥，铺路、建寺等，都在其列。[⑦]

---

① 《摩奴法论》4. 247、250，蒋忠新译，中国社会科学出版社，1986年。原译注说，保安礼是指别人自愿为之提供的保护，如保护他穿过丛莽等。引文中的“他”指婆罗门。

② 参见《摩奴法论》4. 229–233。另参见《祭言法论》1. 210–214，载*The Dharma Shastra*，English Translated and Text by M. N. Dutta，Vol. Ⅰ，New Delhi：Cosmo Publications，1978.

③ *Vāsiṣtha Dharmaśāstra*. 28. 20–22。英译收在 *The Sacred Books of the East* 第14卷，Delhi：Motilal Banarsidass Publishers，1975.

④ 同上书，29. 19。

⑤ *Baudhāyana Dharmaśāstra*. 2. 6. 41。英译收在 *The Sacred Books of the East* 第14卷，Delhi：Motilal Banarsidass Publishers，1975.

⑥ *Vishṇu Samhitā*. 92. 1，载*The Dharma Shastra*，English Translated and Text by M. N. Dutta，Vol. Ⅳ，New Delhi：Cosmo Publications，1979.

⑦ 见*Likhita Samhitā*. 1–4，载*The Dharma Shastra*，English Translated and Text by M. N. Dutta，Vol. Ⅱ，New Delhi：Cosmo Publications，1979. 另见Vishnu Samhit ὰ . 91. 1–12. 等。

有些法经和法论在提出可以施舍之物的同时，还指出了若干物品不能施舍。这方面各家的看法虽有不一致处，却大略相同。比较典型的是《毗诃波提法论》，它提出："有八种东西不可让渡，即共有的财产、全部的财产、儿子、妻子、抵押物、寄存物、借来的东西和许给他人的东西。"[①]《那罗陀法论》的说法前后不甚统一。一方面，它似乎认为没有什么东西是不可施舍、不可接受的。比如它说："任何人将任何属于自己的东西施与婆罗门，国王都应该承认是合法的。这是亘古不变的规矩。"[②]但在另外的地方，它也同样做出了八种东西不可施舍的规定，只是其中"全部的财产"改成了"有子女者的全部财产"；"许给他人的东西"没有了，而代之以"安伐希陀寄存物"[③]。不过，后来它还是提到了"许给他人的东西"。（4. 4–5）《陀刹法论》所列各物与前述两法论略有差别。它提出了九种东西：共有的财产、乞得物、寄存物、抵押物、妻子、妻子的个人财物、继承的财产、全部财产和他人的财产，"这九样东西，即使身陷困境，也不能随意给人"。[④]此外，《那罗陀法论》还指出了十六种无效的布施：在惧怕之下施舍的、在盛怒之下施舍的、受憎恨、悲哀或痛苦等的影响而施舍的、为了贿赂而施舍的、出于开玩笑而施舍的、受了欺骗或听了虚假的托词而施舍的、孩子或傻子施舍的、并非财物本主施舍的、由于忧伤而施舍的、醉汉或精神错乱者施舍的、希图报酬而施舍的。"无论是觊觎不合法的布施而确实得到了它的人，还是施舍了不该给人的财物的人，都要受到惩罚。"（4. 9、10、12）[⑤]

2. 施舍的对象

与通常意义上扶弱济贫的施舍之道不尽相同，古代印度教所提倡的施舍原则从动机到理论都要复杂一些。施舍的对象主要集中在僧侣阶层，即婆罗门身上。《摩奴法论》关于种姓职责的分配说得十分清楚："为了保护这整个世界，那具有伟大光辉者（即梵天）为由口、臂、腿和脚出生的[⑥]派定了各自的业。

① *Bṛhaspati Dharmaśāstra*. 15. 2，载于*The Sacred Books of the East* 第33卷。

② *Nārada Dharmaśāstra*. 18. 47。英译收在 *The Sacred Books of the East* 第33卷，Delhi：Motilal Banarsidass Publishers，1977.

③ 即一种甲放在乙处，最后应该归还给本主丙的寄存物。

④ *Daksha Samhitā*. 3. 17–18，载*The Dharma Shastra*，English Translated and Text by M. N. Dutta，Vol. Ⅱ，New Delhi：Cosmo Publications，1979.

⑤ 《毗诃波提法论》15. 9–11也提到过若干种无效的布施，与《那罗陀法论》所载基本相同。至于将财物给了不该给的人，这里规定可以讨回。

⑥ 即四种姓。

他把教授吠陀、学习吠陀、祭祀、替他人祭祀、布施和接受布施派给了婆罗门。他把保护众生、布施、学习吠陀和不执着于欲境派给刹帝利。他把畜牧、布施、祭祀、学习吠陀、经商、放债和务农派给吠舍。那位主给首陀罗只派一种业：心甘情愿地侍候上述诸种姓。”（1. 88–91）这里接受施舍的只有婆罗门一个种姓。这一点《摩奴法论》在另一个地方强调得更加明确：“教授吠陀、学习吠陀、祭祀、为他人祭祀、布施和接受布施是婆罗门的六业。六业之中有三业为其生计：为他人祭祀、教授吠陀和接受清净人的布施。有三项婆罗门的职责对于刹帝利是禁止的：教授吠陀、为他人祭祀，第三是接受布施。它们对于吠舍同样是禁止的。以上是常情。因为生主摩奴未曾为这两者说过这些职责。从军是刹帝利的生计，经商、牧畜和务农是吠舍的生计，而布施、学习吠陀和祭祀则是他们的法。”（10. 75–79）种姓职责的如此安排，特别是婆罗门六业的说法，是典型的印度教理论，几乎可见于所有的传承经典。①

然而，向婆罗门施舍并不是无条件的。大多数的法经和法论认为，婆罗门接受布施，应该有资格上的限制，它们主张“对请求布施者加以考查，然后量力而施。如果有人为了满足色欲而求布施，可以不予理会，因为他们的要求不正当”。（《阿波私坛巴法经》2. 10. 2–3）“一个真正的婆罗门应当具有的品质

① 例如，《婆私吒法论》：“婆罗门的职事有六，即学习吠陀、讲授吠陀、自己行祭，为人行祭、施舍和接受施舍。刹帝利的职事有三，即学习吠陀、举行祭祀和进行施舍。他要用武器保护人民，并以此作为生计。……”（2. 13–17）《那罗陀法论》：“施舍、学习吠陀、行祭，是婆罗门的三项职责。为人行祭、教人吠陀以及第三，接受施舍，是他的三种生计。”（18. 50）《乔达摩法论》：“一切再生者的职业都是学习吠陀、举行祭祀和进行施舍。婆罗门的职业还要加上教授吠陀、为他人举祭和接受施舍。”（*Gautama Dharmaśāstra*. 10. 1–2，见 *The Sacred Books of the East* 第2卷）《宝陀耶那法经》：“大梵将自己的尊贵之性赋予了婆罗门，使他们为了保护吠陀而学习这一经典，教授这一经典，举行祭祀，为人行祭，慷慨施舍并接受施舍。他把武力赋予刹帝利，让他们为了治理好国家而学习吠陀，举行祭祀，慷慨施舍，使用武器，保护众生的利益。他安排吠舍为了增加社会财富而学习吠陀，举行祭祀，慷慨施舍，勤于稼穑，经营商贸，豢养牲畜。他安排首陀罗为前面三个种姓忠实服务。”（1. 18. 2–5）《阿波私坛巴法经》：“婆罗门合乎正法的职事是学习吠陀、教授吠陀、自己行祭、为他人行祭、施舍、接受施舍、继承财产、捡拾遗穗、取得不属于任何人的其他东西。刹帝利相同，只是除去教授吠陀、为人行祭和接受施舍，而加上治国和作战。”（*Āpastamba Dharmasūtra*. 2. 10. 4–6. 见 *The Sacred Books of the East* 第2卷）《毗湿奴法论》略有不同。它为每一种姓只安排了一种职责：“婆罗门教授（吠陀），刹帝利永远手持武器，吠舍牧守牲畜，首陀罗为再生者服务。”只是在言及生计时，它才说婆罗门的生计来源于“为人行祭和收受财物”。（*Vishṇu Samhitā*. 2. 4–5）

是精神集中、善操苦行、调伏诸根、待人慷慨、出言信实、纯洁不染、有同情心、信仰贞固、知识广博，而其学问，则形上形下无不通晓。……那些掌握了神圣的知识或者能够严格修习苦行的婆罗门，都是值得给予布施的。那种腹中毫无首陀罗的食物的人，尤其应该布施。有资格接受布施的是那些家庭出身良好，每日诵读吠陀，摆脱了感情制约，知识丰富，为人正直，畏惧犯罪，精心保护母牛，勤向祭火中投献祭品，受到妇女爱戴的婆罗门。未经烧制的瓦盆里倒进牛奶、酸奶、酥油或蜂蜜，会由于瓦盆破裂而盆、物两失。同样，一个缺乏神圣知识的人接受了无论是母牛、黄金、衣物，还是马匹、土地、芝麻的施舍，也会使人、物两者像干柴般化为灰烬。”（《婆私吒法论》6. 23、26、30–32）《陀刹法论》则称：“邪恶的人、愚昧的人、吹捧者、庸医、骗子、偷儿、说谎者、逢迎者、流浪艺人——任何施与这类人的东西，都不会带来果报。”（3. 16）在受施者的各种品质中，法论特别强调吠陀知识的重要。《摩奴法论》说：“把祭品施舍给不识吠陀者以后，施主一无所得，正如把种子播在不毛之地上以后，播者颗粒无收。”（3. 142）[①] 在这方面，《祭言法论》说得更为极端：“那些缺乏知识或者不操苦行的人不应得到布施；如果得到了，他会在自己沉沦的时候把施主也一起拖下去。”[②] 不过，《乔达摩法论》却比较温和，提出“对于一个并不通晓吠陀，而品行还好的婆罗门，应该施之以中等质量的食物”。（5. 34）

除婆罗门外，对其他人的施舍，传承经典所谈不多。《摩奴法论》3. 94曾说：“如此完成空供以后，他应该先请客人吃，然后依规则向乞食者和梵行者施食。”这里的梵行者无疑是婆罗门，而乞食者，至少其中的大多数，也会是婆罗门。《阿波私坛巴法经》也有类似的说法。它说，一个家主在奉献过祭品后，第一件该做的事就是进行施舍。他应该将食物送给上门的来客，送给孩童、老人、病人、妇女和怀孕者。任何家主和他的妻子，都不应拒绝前来讨求食物的人。[③] 此处的施舍对象虽然没有说明是何种姓，但仍以婆罗门的可能性最大。《阿多利法论》使用了比丘也即乞求者这个概念。它说，一个比丘可以挨门乞讨食物，

---

① 《毗耶娑法论》也说：“将财物施与愚笨无知的婆罗门，就如将种子播于沙地，将酥油贮于灰作的罐子，将祭品投入灰烬，不会带来功德。”（*Vyāsa Samhitā*. 4. 62，载*The Dharma Shastra*，English Translated and Text by M. N. Dutta，Vol. Ⅲ and Ⅳ，New Delhi：Cosmo Publications，1979.）

② 《祭言法论》1. 202。

③ 见《阿波私坛巴法经》2. 4. 10–13。同样的说法还可见《乔达摩法论》5. 25。

就像蜜蜂一朵花一朵花地采集花蜜一样。他甚至可以到弥戾车蛮人的家中去求食。[①]它把六类人归为比丘：梵行者、苦行者、学生、养活老师者、游方者和生活无着者。（1. 162）说得最清楚的是《祭言法论》，它主张："人应该就自己的能力所及，为任何上门的客人提供食物，无论其种姓如何。……应该以善言迎接上门的求乞者，然后将布施给他。……"（1. 107–108）《摩奴法论》提到其他种姓的地方不多；偶或提到，也难免带有歧视性。比如"以客人身份来到家中的吠舍和首陀罗，他也应该让他们跟他的仆从一起吃，以示慈悲"。（3. 112）《阿波私坛巴法经》的态度略有不同："如果一个首陀罗以客人的身份到来，他（婆罗门）应该给他一些工作去做。做完以后，可以给他食物。"（2. 4. 19）更有甚者，《摩奴法论》还在另外一个地方提出，如果将祖祭上的供品分食以后，把剩余的部分给了首陀罗，那么，"这个蠢货必将脑袋冲下地到迦罗苏多拉地狱去"。（3. 249）显然，作为施舍的对象，其他种姓所处的地位是不能同婆罗门相比的。首陀罗的地位则更差。有时他们还会被排除在施舍接受者的范围之外。

3. 施舍的果报

人通过施舍所得的果报，可以大分两类，一是积累功德而获得善报，一是涤除罪愆以恢复纯洁。它们都是古代印度教徒最为关心的事。

（1）积累功德。来世存在和轮回业报都是印度教教义的基本内容，因此积累功德，惠及后世，就成为典型的对于施舍善行的回报方式。传承经典讨论善报，常见的方式有两种。一种是笼统地谈，如《祭言法论》："通过施舍土地、灯盏、马匹、食物、衣服、水、芝麻、酥油、栖息所、女佣、黄金、驮兽，一个人可以在天界获得伟大的荣光。通过施舍房屋、谷物、抚慰的言辞、鞋子、伞具、面团、车乘、树木、床具或任何受施者喜爱之物，一个人可以获得幸福。"（1. 210、211）另一种是把施舍某物可得某种善报具体地罗列出来。这种方式很是常见。有的功德与所施物品似乎有着某种意义上的关联，有的则全然看不出任何内在或者外在联系。这方面我们仍然可举《摩奴法论》的例子来看："发现受器（即受施者）以后，一个人必须总是怀着满意的情感尽力地奉行与祭祀和与功德有关的布施法。受到求告之后，他应该毫无不满地布施哪怕一点儿东西，因为说不定正好遇到一个会使他超度一切的受器。施水者得满足，施食者得永久安乐，施芝麻者得如意子孙，施灯者得无上眼力。施土地者得土地，

① 见*Atri Samhitā*. 1. 159，载*The Dharma Shastra*，English Translated and Text by M. N. Dutta，Vol. Ⅱ，New Delhi：Cosmo Publications，1979.

施金子者得长寿，施房屋者得头等的府邸，施银子者得无上美貌。施衣服者得月亮相，施马者得双马童相，施公牛者得洪福，施母牛者得太阳的世界。施车乘和卧具者得妻子，施保护者得王位，施谷物者得永恒的安乐，施吠陀者得与梵合一。……”（4. 227–232）《婆私吒法论》所列内容与《摩奴法论》不尽相同，而相同的布施其善报也是有同有异。它这样说：“通过慷慨的施舍，人可以使他的所有意愿得到实现。……施水者可保一切愿望得到满足，施食者得美目和好记性，施人以保护的诺言可变得聪慧，让人使用母牛所得功德与到圣地沐浴相同，施舍床具和座位者可做女眷首领，施伞者得房屋，施房屋者得城镇，施鞋者得车乘。……”（29. 1、8–15）为了就果报的异同做一具体比较，我们再拿一部法论来看看。这里我们取《毗湿奴法论》，它谈到的施舍之物比前两部都多。在该法论第92章提到的各种布施中，福报与《摩奴法论》相同的有：施银子者得美貌，施谷物者得安乐，施芝麻者得如意子孙，施卧具者得妻子；（92. 14、20、23、27）与《婆私吒法论》相同的有：施鞋者得车乘、施房屋者得城镇。（92. 28、31）施舍同一物而与前二法论的福报皆不相同的有：施保护者死后得往任何渴望的去处，施土地者亦同，施母牛者得入天堂，施马者得入太阳世界，施衣者得入月亮世界，施金子者得入火神世界，施食者得任何渴望之物，施伞者得入天堂。（92. 2、3、5、11–13、21、29）如果我们就果报的异同再做一性质上的考查，则不难发现，相同者其施物与果报之间往往多少有些合理的逻辑上的踪迹可寻，而相异者就常常带有随意性，读者不易把握。一般地说，何种施舍得何果报，其随意性，在我们现代人看来，还是很大的。

善报的厚薄不仅同所施物品有关，也与施舍的对象有关。除在众多场合明确要求将布施给予婆罗门外，诸法论还从功德理论方面，对婆罗门作为受施主体这一点，做了积极的强调。它们一方面鼓励人为求功德而多做施舍，另一方面又宣称唯有施与婆罗门才能最大限度地实现目的。在《乔达摩法论》中，我们可以看到这样的典型说法：“将一物施与非婆罗门，其果报与所施物等值。将它施与婆罗门，其果报是原物的两倍。将它施与了解吠陀的婆罗门，其果报是原物的千倍。将它施与精通全部吠陀的婆罗门，所得果报不可以数计。”①

① 《乔达摩法论》5. 20。《摩奴法论》：“对非婆罗门的布施产生相等的果报。对徒有其名的婆罗门的布施产生两倍的果报。对轨范师的布施产生十万倍的果报。对精通吠陀的人的布施产生无限的果报。”（7. 85）

（2）涤除罪愆。布施赎罪，也是法经法论常要重点论述的题目之一。这里所谓罪，不仅指通常意义上对于道德准则和法律规定的破坏，而且包括对于宗教戒条的违背。相应地，惩戒方式也就不光是违犯者的被动受罚，不可避免还会加入他们自己的主动自赎。由于一般意义和宗教意义上的罪愆常常不加区分，所以自赎的方式往往应用很广。各部较大的传承经典所列涤除罪愆的方法大同小异，而施舍则常居其一。《乔达摩法论》、《宝陀耶那法经》和《婆私吒法论》都提出了五种赎罪方法，即诵读吠陀、修习苦行、举行祭祀、禁食和施舍。[①]《摩奴法论》的说法略有不同，不过施舍仍在其列："犯罪过的人解脱罪过靠坦白，靠忏悔，靠苦行，靠念诵吠陀；有难时（即不能修苦行时），还靠布施。"（11.227）

对于不同的罪责，自然定有不同的赎罪方法。与施舍财物有关的方法可见于《摩奴法论》如下的例子："杀了一头野猪，应该布施一罐酥油；杀了一只鹧鸪，应该布施一德罗那芝麻；杀了一只鹦鹉，应该布施一头两岁的牛犊；杀了一只鹤，应该布施一头三岁的牛犊；杀了一只天鹅、巴拉格鸟、苍鹭、孔雀、猴子、老鹰或者跋娑鸟，应该向一个婆罗门布施一头母牛；杀了一匹马，应该布施一件衣服；杀了一头象，应该布施五头黑公牛；杀了一只山羊和一只绵羊，应该布施一头拉车的牛；杀了一头驴，应该布施一头一岁半的牛犊；……杀了四种姓的淫妇，应该分别布施一只皮袋、一张弓、一只山羊和一只绵羊，以求得清净。"（11. 135–138）其他的例子还可见于《乔达摩法论》和《婆私吒法论》等。前者如："黄金、母牛、衣物、马匹、土地、芝麻、酥油、食物，这些都是可以消罪的布施。"（19. 16）后者如："一个人在黑色的羚羊皮上摆好芝麻、金子、蜂蜜和酥油，将它施舍给婆罗门，他就能从曾犯的一切罪愆中解脱出来。"（28. 22）在所有的赎罪方法中，施舍并不是最常用的。比起其他方法，如赎罪苦行，它也并不那么重要。[②]

4. 规则、仪节和禁忌

（1）规则和仪节

关于施舍的仪节，法经法论所述不多。但是常有一些关于习惯的规定散见

---

① 《乔达摩法论》19. 11;《宝陀耶那法经》3. 10. 9;《婆私吒法论》22. 8。《婆私吒法论》在另一处提到过不同的说法，但其中仍有施舍："一个有罪的人可以通过折磨自己的身体，通过苦行、诵读吠陀和施舍使自己从罪愆中摆脱出来。这是吠陀经典所宣布的。"（10. 47）

② 但是，也有十分推重施舍赎罪的。《阿多利法论》说："在所有的布施中，以在祖祭上进行的为最上。连大如须弥山的罪恶，也能够通过祖祭上的布施来洗除。"（1. 360）

于各处。比如，《摩奴法论》说，一个梵行者“应该取一根称心的手杖，在礼拜太阳和向火行右旋礼以后，依规则去行乞。……乞足所需要的食物以后，他应该如实地向师父禀明，然后啜饮，面向东方，保持清净而食之。……见到食物以后，他应该高兴，应该感恩，应该总是恭敬地接受它”。（2. 48、51、54）一位遁世者，“绝不可利用详异占征求得施舍，也不可利用占星术和相术，也不可利用劝善和论辩。……他的钵应该是非金属的和无空隙的。净钵相传用水，正像祭祀时的杯子一样。葫芦钵、木钵、土钵或竹钵，遁世者之钵如上，自在之子摩奴说。他应该只乞食一次而不得多求。……乞食应该始终在烟消，杵停，火熄，人已食和盘已撤以后”。（6. 50、53–56）[①]《阿多利法论》中也能见到类似的规定，但它针对的不仅是接受者，也有施主。同时，它还谈到了某些仪节。它说：“用金钵、铁钵、铜钵、青铜钵或者银钵盛食物施舍给人，施主是得不到功德的；接受者也同施主一样，有自己的罪过。任何比丘都不能用青铜钵乞食，即使是在不得已的情况下。一个苦行者应该用波罗娑树叶做成的钵来乞食。……苦行者从金、铁、铜、青铜和银的器皿里接受布施并不犯过，但将它们拿走，就是犯了过失。一个人倘若在施食前后两次将清水倒在乞食比丘的手上，那么他就等于施舍了像须弥山一样大的食物和大海一样多的水。……一个过家居生活的人如果并未陷入困境而向他人乞食，他就应该喝十天伐阇罗，三天水。伐阇罗是用大麦和牛溺混在一起，加酥油煮成的一种汤料。”（1. 155–161）

（2）禁忌

最常见的宗教禁忌表现在食物的施舍上。某些祭祀，如天神祭、祖祭等，在举行之后照例要将供品施人。而供品的接受者是什么人，却很有讲究。如果家主“依规则把施物给博学者，必使施主和受者共享果报，无论今生还是来世”。[②]这里的“博学者”无疑是精通吠陀的婆罗门。但是，切不可将供品施与“做贼的、丧失种姓的、不能人道的和有异端行为的婆罗门”。[③]如此不能施舍的人还有多种。《摩奴法论》将他们罗列出来，有：蓄辫人、不诵经的人、无毛发的人、赌徒、医生、庙祝、卖肉的人、坏指甲者、黑牙者、顶撞师父者、弃火者、高利贷者、拧婚者[④]、恨吠陀者、伎人、破戒者、纵火者、投毒者、卖苏摩

① 《乔达摩法论》亦有类似论述，见该法论3. 14–15。

② 《摩奴法论》3. 143.

③ 同上书3. 150.

④ 先于兄长而结婚者。

者、航海者、患恶病者、疯子、养鸟人、玩狗人等等，算计下来，可近百种。[①] 将供品施与这样的人，会得恶报。比如，“不遵守戒行的再生人和拧婚者等等其他不可交往者所吃掉的东西，实际上是被罗刹吃掉的。……瞎子一看（按指在附近出现），毁掉施主请九十个人的果报；独眼人毁六十个人的；麻风病人毁一百个人的；出现一个患恶病的人毁一千个人的。首陀罗的祭官用肢体碰了多少婆罗门，施主就得不到布施多少人的功果。如果因贪而接受了这种人的布施，那么即使是知吠陀的婆罗门也会立即毁灭，一如水中的钵坯。给卖苏摩者的（施物）变成粪，给医生的变成脓和血，给庙祝的毫无用处，给高利贷者的是不存在的东西。……”[②] 施舍的禁忌不仅限于受施者，也涉及施主。事实上，施主的洁与不洁常常受到更多的注意。“不能从犯罪的人那里接受施舍，也不能从丧失种姓者、敌人、不敬神者等那里接受施舍。……谁从一个贪婪的，违犯圣典教规的国王那里接受了施舍，他就会连续不断地经受二十一座地狱的折磨。”[③] 不可从之受食的人则有：首陀罗、工匠、（除刹帝利外）凭膂力吃饭的人、靠出租房屋或土地吃饭的人、职业医生、高利贷者、阉人、职业信使、行祭时乱投供品者、间谍、不守规矩的苦行者、荒弃祭火者、荒疏吠陀者、妻首陀罗女者等。[④] 此外，还有事先宣布的不能食，非情愿拿出的不能食，众多人一齐施舍的不能食，普遍施与众人的不能食，如此等等，清戒颇多。特别应该注意的是首陀罗的食物不得吃。“如果一个婆罗门死时腹中还残留着首陀罗的食物，他就会投生于首陀罗之家，或生为一只圈猪。即使这个为首陀罗的食物所滋养的人

① 见《摩奴法论》3. 151–166.

② 见上书3. 170、177–180.

③ 《那罗陀法论》18. 40、44。《摩奴法论》罗列了这二十一座地狱的名称（4. 88–90）。此前它说：“他（婆罗门）不得接受非刹帝利出身的国王的布施，还有屠场、油坊或者酒铺老板的，还有妓院老板的。一个油坊等于十个屠场，一个酒铺等于十个油坊，一个妓院等于十个酒铺，一个（非刹帝利出身的）国王等于十个妓院。一个国王相传等于开一万个屠场的屠户，接受他的布施令人恐惧。”（4. 84–86）

④ 《阿波私坛巴法经》1. 18. 13、18–33。《祭言法论》所说略同，只是又增加了偷盗者、戴枷锁者、卖艺的、声名狼藉者、妓女、放纵的女人、酒醉者、狡猾的人、金匠、铁匠、织工、洗衣匠、卖武器的、卖酒的、屠夫、说谎者、榨油匠等。见该法论1. 161–165。又见《婆私吒法论》14. 2–11，内容大同小异。它还提到，假如有人当众呼叫：“想吃的过来！”这种嗟来之食也不能吃。《摩奴法论》也开了一个颇长的名单，除上述人外，还提到木匠、发怒的人、病人、行经妇女、伪善者、猎人、以残食为生的人、丧失种姓者、告密者、做伪证者、忘恩负义者、不怀敬意者、受制于妻子者等。（4. 207–217）

日日诵念吠陀，向火中投献供品，不断地默念圣诗，他还是不可能逃此恶道。如果他在吃过首陀罗的食物后行房，那么生出的孩子就应该属于给他食物的人，而他自己也无由上升天堂。”[①]《摩奴法论》的解释更为具体而肯定：“国王的食物夺精力，首陀罗的食物夺吠陀的光辉，金匠的食物夺寿命，皮革匠的食物夺名声。工匠的食物毁后代，洗衣匠的食物毁气力，一伙人的食物或者妓女的食物妨碍达到诸界。外科医生的食物是脓，不贞妇女的食物是精液，高利贷者的食物是粪，武器贩子的食物是污垢。”（4. 218–220）不过，戒条虽多，也有可以打破或者变通的时候。比如，《阿波私坛巴法经》规定，婆罗门在陷入困境时也可以从首陀罗那里乞食，但在食物入口之前需要用黄金触一下，或者用火焰烧一下，使它变纯洁，这样就可以食之而无过尤。[②]不过，法经倒是嘱咐过，说不可耽于此类生活之道，不思改变，一旦有了合法的取食途径，就应把它抛弃。（1. 18. 14–15）

（二）往世书

往世书是古代印度神话传说作品。这类作品的内容虽然常被归纳为五相，即世界的创造、世界反复毁灭后的反复再创造、诸神和仙人的谱系、各摩奴期的情况、各王朝世系等，而其实际所述，则往往超出五相的范围。有关王朝世系的传说，为了解古代印度政治历史以及当时的社会文化状况，诸如宗教、习俗、文学、艺术、医学、天文等，提供了重要的资料。反映在往世书中的施舍观念与前述法论的内容大略相同，但在书中所占比例却低得多，重要性也小得多。材料虽显贫乏，我们还是可以就中取出一些，按照前面的分类，看看具体

① 《婆私吒法论》6. 27–29。

② 《摩奴法论》也说，婆罗门“在无法生活时”，可以接受首陀罗给他的生食。（4. 223）事实上《阿波私坛巴法经》说的很难做到。很难想象陷入困境的人能有黄金去做那样净化的事。《本生经》里有则故事说，一个年轻而又血统高贵的北方婆罗门同一个首陀罗一起赶路。到了吃早饭的时间，首陀罗从篮子里拿出食物，问婆罗门是不是也吃一点。婆罗门轻蔑地说：“我不吃，低种姓者！”于是首陀罗独自吃过，然后两人又一起上路。跋涉了整整一天，到晚间，首陀罗打开篮子，取出食物，又吃起来。饥饿不堪的婆罗门等着首陀罗开口，但他就是一言不发。婆罗门想：“我还是向他要一块吧。我可以把他弄脏的外皮剥掉再吃。”他真地要了一块。但是刚刚咬第一口，他就想道：“怎么能吃这低等人剩下的食物呢？我玷污了自己的出身，也玷污了我的族人和家庭。”他懊悔异常，赶快丢掉了食物。但是悔恨并没有离开他。后来他遁入丛林，不再见人，最后孤独地死在那里。故事见英译*Jatakas* Edited by E. B. Cowell，Delhi：Cosmo Publications，1978，Vol. Ⅱ，p.57–8。

的情况。

1. 施舍物

各往世书提到的施舍物与前面法经法论所说的多数重合，如：水、食物、芝麻、果汁、燃料、油膏、铁器、棉花、衣服、食盐、谷物、皮鞋、木鞋、座位、卧具、轿子、车乘、灯具、公牛、母牛、水牛、大象、土地、房屋、树木、园林、寺庙、拘舍草、静修林、金、银、宝石、钻石、珍珠、乐器、处女、知识、林迦等。[①]此外，掘井、凿池、建路、修桥、保护他人等也同样是能够博取功德的善举。至于什么是最值得称道的施舍，说法不尽相同。《湿婆往世书·乌玛本集》称食物施舍为最高之施："在所有的布施之中，食物之施是最伟大的。它能最快地使人获得满足，能够提高人的力量和智慧。没有任何施舍可以同食物的施舍相比。一切众生来源于食物；没有食物就会死亡。食物产生血液、肌肉、脂肪和精种，而精种又产生新的生命。因此食物就等于宇宙。……饥饿是最折磨人的病苦，而解除这一病苦最有效的药物乃是食物。……施舍食物就是给予生命。给予生命就是给予一切。因此，谁施舍了食物，谁就有给予一切的恩德。"（11. 17–19、22、25）[②]《大鹏往世书》则提出土地，认为施舍土地最了不起。它的《正法篇》称："太阳、伐楼拿、毗湿奴、梵天、月亮、火神和湿婆大神都对施舍土地的人表示称赞。没有任何施舍能同土地之施相比。没有比土地更宝贵的财产。……犯下弥天大罪的人，只有施舍了母牛或者土地，才能洗清自己的罪恶。"（42. 2–3、6）此外，往世书在某些地方还将黄金、土地和母牛并提，认为它们是最有价值的施舍。《湿婆往世书·乌玛本集》说："黄金、母牛和土地的施舍是十分神圣的。谁施舍了它们，他就使自己获得了解脱。通过施舍黄金、母牛和土地，一个人可以涤除自己的一切罪恶。"（14. 2–3）《大鹏往世书·正法篇》说："黄金生自火焰，土地生自毗湿奴，母牛生自太阳。那

① 见《湿婆往世书·乌玛本集》（*The Śiva Purāṇa*, Translated and Annotated by a Board of Scholars，载*Ancient Indian Tradition and Mythology*, Edited by J. L. Shastri, Vol. 3, Delhi: Motilal Banarsidass, 1980），11. 4–17；《大鹏往世书·正法篇》（*The Garuḍa Purāṇa*，载前丛书Vol. 14），30. 12–16；《那罗陀往世书》（*The Nārada Purāṇa*，载前丛书Vol. 15），1. 13. 96–113；《毗湿奴往世书》（*Viṣṇu Purāṇa*, Delhi: Nag Pubishers, 1980），3. 14. 23。

② 《那罗陀往世书》也说："没有任何施舍物可以同食物相比，以后也不会有。谁施舍了食物，他就施舍了生命。施舍生命，就是施舍了一切。因此，施舍食物的人可以获得施舍一切的功德。……凡是诞生在食物布施者家庭中的人，千代之内不会沦入地狱。食物之施乃是最上之施。"（1. 13. 70–71、77）

施舍了黄金、土地和母牛的人就是施舍了三界。”（42.4）《那罗陀往世书》用知识置换了黄金，认为：“知识、土地、母牛的施舍是最高之施。这种布施通过诵经、车乘和牛乳将施主救出地狱。”（1.13.100）

2. 施舍的对象

与法经和法论完全一样，往世书也以婆罗门为主要的施舍对象。同样地，这一点也体现在四种姓的职责分配上。《毗湿奴往世书》说：“婆罗门应该做到慷慨施舍，举祭敬神，勤学吠陀，沐浴献祭，保持祭火，为人行祭，教授经典，接受布施。他还应力促他人行善，而不做有害他们的事。……刹帝利应该心甘情愿地将财物施与婆罗门。他要谨行祭祀，学习经典。他靠使用武器来生活，并且负有保护大地的责任。……梵天这位世界之主赐给吠舍的生活手段是豢养牲畜，往来贸易和耕田种地。他还应该经常不断地学习经典，举行祭祀，进行施舍。首陀罗应该保持谦卑，纯洁自身，忠诚老实地为再生者主人服务。他不得诵经行祭，但是可以举行简单的家祭，注意同善人交往，慷慨地施舍他人。”（3.8.22–23、26–27、30–31、33–34）稍加对比，可以看出，除了没有使用六业之类较为古板的说法外，这里的规定同诸传承经典并无区别。《那罗陀往世书》所谈与《毗湿奴往世书》大体一致。除祭祀敬神、教授吠陀等外，它还认为婆罗门可以为了生计而外出行乞，而婆罗门自己的施舍，则仅能以另外的婆罗门为对象。（1.24.19）《大鹏往世书·正法篇》有这样一条规定：“芝麻和母牛是主要的施舍物。它们有洗清罪责的功效。这两样东西只能给婆罗门，而不能给其他种姓的人。”（30.6）在往世书中婆罗门作为受施者的地位，比在法经和法论中显得更为突出。

3. 施舍的果报

《那罗陀往世书》说：“据称，施舍有两种目的，一种是为了今生的利益，一种是为了来世的福德。”（2.43.100）因此，对于施舍的鼓励，经常是联系相关的果报来谈的。这一点在法经和法论中我们已经看到。不同的往世书，如果说到施舍的话，总会将某种布施必得某种善果一一地罗列出来。《大鹏往世书》的《正法篇》采取与法论完全相同的方式列出了如下果报：一个施舍土地的人，能在死后升入天堂，那片土地长多少步，他就能在那里居住多少年；施舍鞋子的人，以后行必乘马；施伞的人，走路不受烈日曝晒；施灯的人，能轻易穿行黑暗之地；施舍座位、器皿或粮食的人，走路畅行无阻；施舍水瓶的人，不受干渴之苦；施舍马匹、船只或大象的人，定会获得幸福；施舍槟榔叶和花朵的人，来日在阎王殿上不受折磨；能够量力施舍母牛、土地、芝麻、黄金或盛满水的陶罐的人，可得千只水瓶；施舍衣物的人，死时不会受阎王阴差的虐待。（31. 2–4、12、16、18–21）《那罗陀往世书》从另一个角度，即来世的角度谈果报。同样的施舍，在这里的果报有时不同："一个施舍衣物的人，死后将去往楼陀罗世界。施舍女孩以为人妻的，死后将去往梵天世界。施舍黄金的，死后将去往毗湿奴天国，还可以带上自家人。谁用贵重的首饰将女孩装扮停当，然后送与通晓经典的婆罗门做妻子，他死后不但可以去往梵天世界，还能够带上一百个本族的人。……施舍牛奶、酥油、蜂蜜或者奶酪的人，将会在天国享受崇仰达一万天年。[①]施舍甘蔗的人，死后将去往梵天世界。施香的人也会去往梵天世界。施舍甘蔗汁的人，将会去往牛奶海。向军人施水的人，将去往太阳神世界。"（1. 13. 90–93、96–99）

施舍赎罪的观念在往世书中也有体现，但往往止于一般说明，而且多半只适用于轻罪，[②]并无法论那种不厌其烦的细述。显然，这与两类著作的功能不同有关。

4. 规则、仪节和禁忌

关于施舍与接受施舍的规矩，往世书也有一些类似法经法论的规定。《那罗陀往世书》的如下要求与前面《摩奴法论》的说法，在基本精神上显然是一致的："任何苦行者只能在一个村庄里宿一夜，在一个城镇里宿三夜。他们应该靠施舍的食物过活，但不能只向一个人行乞。他们只能向口碑良好的婆罗门求施，并且要待人家炊烟散尽，饮食完毕，不闻嘈杂之声的时候方才前去。"（1. 27. 95–96）在施主方面，《湿婆往世书·乌玛本集》说："他应该力所能及地将吉祥的食物施与留在自己村里的饥饿者。施食的饭钵，应该就是他自己使用的。"（10. 47）该往世书还有一个规定："无论将饮料和食物施与婆罗门，还是施与首陀罗，都同样是功德卓著的事。对于乞食者，施主是不应问他来自何方，家族世系或学问上的传承门派的。"（11. 38）它所代表的观点很值得注意。因为印度教典籍大多主张婆罗门与首陀罗严格有别，其中亦颇有一些是主张考查受施

① 一天年等于360天日。一天日相当于尘世一年。

② 一般的说明如《大鹏往世书·正法篇》30. 5："那些向博学的婆罗门施舍了芝麻、母牛、小块土地或者金子的人，能够即刻使自己从累世积攒的罪责中解放出来。"适用于轻罪的如《那罗陀往世书》1. 13. 102："谁向人施舍了柴薪，他就可以使自己从不大的罪过中解脱出来。"

者资格的。

与法论不同，往世书中关于施舍的仪节倒谈得比较多，也比较仔细。《大鹏往世书》里有一个舍牛的例子。它谈到一种称作“冥河母牛”的施舍应该如何进行：“施舍冥河母牛的人应当遵行如下规则：牛要选择黑色的或者深褐色的。它的双角要裹以金箔，四蹄裹以银箔，身上披着黑色的布料。搭配施舍的还有一只铜罐，以为接奶之用。其他容器里装着七种谷物。陪伴它的是一尊阎摩金像。阎摩的手里攥着一根铜棒。此外还要有一只用甘蔗作的小舟，渡河的时候要用到它。在想象中，这头母牛应是太阳所生。同时施舍给婆罗门的还有一把伞、一双鞋、一套衣服。一切准备好后，施主一手执拘舍草，一手拿水瓶，口念：‘我曾听说在阎摩之地有一条冥河。我希望渡过它。所以，我赠给你这头象征性的冥河母牛。婆罗门啊，你具有毗湿奴的形象，你是地上之神。请你将神性给予这牛吧！这头冥河母牛已经奉献给你，连同其他的施舍物。愿母牛立于我的前面。愿母牛立于我的后面。愿母牛住在我的心里。我愿生活在母牛中间。’念毕，施主要绕阎摩和母牛右行，然后将它们付与受赠的婆罗门。此时婆罗门应当站立在施主的面前，而施主则手执牛尾，对牛唱道：‘母牛啊，你就在阎摩之地的入口处等我，好接我过去。礼敬你，冥河，我礼敬你！’然后，施主就可以跟在婆罗门的后面，带着那些施舍物，去往他家。做了如上的施舍以后，他日施主就可以轻易地渡过冥河了。他的种种愿望也会很容易得到满足。”（2.47.25–36）

总之，往世书像其他印度古代经典一样，十分推崇施舍行为。它认为，“财富固由勤苦操劳而来，它却天生不很稳定。最好的办法就是将它施舍出去，否则难免招灾惹祸。恰如荡妇笑视丈夫爱抚自己的儿子，死神笑视人们百般算计保住自己的性命，大地笑视凡夫聚敛财富从不厌足。一个心地善良而又慷慨豪爽的人，即使腰缠万贯，也会将它视如草芥，没有价值”。[①]它鼓励人们把食物不仅施舍给出身纯正，品学兼优的婆罗门，而且施舍给所有众生，包括不幸的人，失去种姓的人、狗、鸟等等。“薄暮时分，一个家主，应该在自己的院子里等上一段时间，像挤一次牛奶那么长，或者更久，看看有没有人上门求施。……即使是来自异方，不住本村的人，姓名出身一概不知，他也应当悉心照应。对于那些穷苦无依，举目无亲，不知其家世和过去情况的来客，见其求食，却不

① 《大鹏往世书·正法篇》36. 33–35。

肯施与的人，是一定要入地狱的。”“那从一个家主门前失望而去的人，会把自己的败德留下，而把他的功德带走。”[①]《林迦往世书》规定，王者在行祭过后，要向婆罗门施舍钱财和贵重衣物。对于穷人、盲人、不幸的人、老人、孩子、面有饥色者和疾病缠身者，也要施以食品，接济财物。（2. 28. 95–96）

（三）史诗

两部大史诗《摩诃婆罗多》和《罗摩衍那》讨论施舍的内容很多，特别是前者。《摩诃婆罗多》约成书于公元前4–公元4世纪，至五六世纪已被奉为圣典，占据了仅次于《吠陀》的权威地位。它所叙述的，按照印度史学家罗米拉·塔帕的说法，是发生在公元前1000年到公元前700年那一段时间的事件。[②]毫无疑问，它同时也会反映成书时代和那以前的印度社会状况。这部史诗以俱卢和般度两族互争王权的曲折故事为主线，展开了古代印度社会生活的广阔画卷，为我们研究当时的诸多问题，无论是政治、历史、宗教、哲学，还是文化、习俗、语言、传说，都提供了异常丰富的资料。有关施舍的讨论散见于史诗十八篇的各处，而多次集中讨论这一问题的则是《教诫篇》。

《教诫篇》，顾名思义，是讲人生哲理，道德教训的篇章。篇中对各个方面的善举都有论列。然而，就篇幅之长，缕述之细，劝喻之殷，叮咛之切来说，没有哪一方面可以同施舍相比。在全篇154章中，谈到施舍的就有88章，而其中全部用来讨论施舍问题的即有38章。由此可见，至少从文献的角度看，施舍作为德行，在印度伦理体系中，的确占据着极其重要的地位。《教诫篇》中不仅出现了有关施舍的众多典故和说教，烦琐的理论也建立起来了。显然是由于反映时代久远，而成书时代较晚，上下千年给了婆罗门理论家以反复充实其内容的足够时间。理论的建立无疑是要将这种一般的德行上升为普遍的信仰。既然材料丰富，论述全面，我们不妨将《教诫篇》当作讨论施舍问题的集大成者，详加征引，细为剔抉，以求题义的更深了解。

1. 施舍物

与前述传承和往世书两类经典相同，《教诫篇》提到的可施之物也很广泛，

① 《毗湿奴往世书》3. 11. 56、59–60；3 .9. 15。另《湿婆往世书·乌玛本集》：“一个管自独餐美食的人，将在地狱里长期受苦，枷锁系身，尖刺穿舌。”（10. 49）“因失望而离开的客人，会带走主人的全部善德，而将自己的罪愆留下。”（10. 48）

② Romila Thapar. *A History of India*, London: Penguin Books, 1987, p.31.

包括了生活中大多数的有用东西，如食物、水、水果、块根、芝麻、酥油、乳酪、木柴、衣物、马匹、香料、伞、鞋、黄金、珍宝、土地、母牛、牛舍、车辆、房屋、水井、池塘、知识等等。不同的是，对于那些它重视的物品，它都会不厌其烦地反复陈说其施舍之善——其物既重要，其报亦丰厚。以下是几种这样的典型：

（1）食物和水。提到施食和施水的地方非常多。它们通常被视为基本之施。例如，关于施食："食物之施是最重要的施舍。古代的兰迪提婆就是由于施舍食物而进入了天堂。谁向饥肠辘辘的或者疲惫不堪的人施舍了食物，他就会进至福祉无边的自在之境。无论是施舍黄金，施舍衣物，还是施舍马匹，其功德都不能和施舍食物相比。食物是世上第一紧要之物。食物是最为重要的财富。食物是生命、精力、勇气和力量的来源。谁能够一心一意，坚持不断地向真诚善良的人施舍食物，他就不会陷于艰难困苦之境。"（65.54–58）[①]第62章和第113章都曾用整章的篇幅来赞美施舍食物的美德。后一章还谈到了各种姓施食的好处。值得注意的是，它把首陀罗种姓也包括进去了："一个精通吠陀圣典的婆罗门如果能将自己通过乞讨得来的食物送给别的勤于学习的婆罗门，那么他不待离世就会获得幸福的生活。一个刹帝利如果善于集中心力，约制自身，将正法精神融入自己的血液之中，从来不做伤害众生的事，并能依法保护臣民，把自己凭借勇力得来的食物施与那些由于饱读吠陀而知名远近的婆罗门，他就能够清除曾经做过的恶业。一个吠舍如果能将自己田中收获谷物的六分之一赠予婆罗门，他就能够从过去的诸多罪恶中解脱出来。一个首陀罗如果能将自己靠艰苦劳作，乃至冒生命之险得来的食物赠予婆罗门，他就能从罪恶中解脱出来。"（113.13–17）施舍食物的重要虽经强调如上，但是，在另外的地方，当谈到施水的时候，水就占据了比食物更加重要，更加根本的地位："世界上没有一件东西不是从水中产生出来的。……一切生命的气息也都来源于水。……再也没有比施水更高的功德了。一个希望获得财富的人，应该经常不断地施水。施水能给施主带来财富、声望和长寿。施水还能使施主永远凌驾于他的敌手之上。"（66.11、13、16、17）掘井汲水或凿池蓄水也都能获得相应的功德。第99章说：

① 《教诫篇》的所有引文皆出自《摩诃婆罗多·教诫篇》梵文精校本（*The Anuśāsanapurvan*, Being the Thirteenth Book of the *Mahābhārata*, The Great Epic of India, for the First Time Critically Edited by Ramachandra Narayan Danderkar, Poona: Bhandarkar Oriental Research Institute, 1966）。括号内系章、节数。引文中不重要的呼语等略去，以省篇幅。下同。

"一个开凿了池塘的人，他在多大的数量上为人提供了饮水，在多大的程度上为人提供了沐浴和休憩的方便，那么就会有多大数量和多大程度的功德积攒下来，供他在死后长久享用。水源是十分难得的。因此，施水能给人带来永久的福祉。施水大有别于其他一切的施舍，也高于其他一切的施舍。"（99.18、20、21）食和水同为人的生活所不能缺。将它们相提并论，加以强调，自然不违常理。只是此时称施食第一，彼时称施水第一，似乎前后冲突。不过，这样的行文方式在印度古代文献中并不希见，见得多些，就可能不再介意。

（2）伞和鞋。印度炎热的气候条件，使得伞和鞋也成为重要的施舍物。史诗引用了一则神话来说明这种施舍习惯的由来：食火仙人在酷热的天气里习箭，妻子莱奴迦帮助他拣拾箭支。看到莱奴迦不堪骄阳的炙烤，他决定将太阳射下天空。正当食火引弓待发的时候，太阳神化作婆罗门前来相劝。在说了一番天下万物没有太阳就不能生存的道理以后，太阳神送给他一把阳伞，一双革鞋："这伞可以保护人的头部，使它不为我的光线所伤害。这一双皮革作的鞋子，可以用来保护人的双脚。……从今往后，世界上任何吉祥的场合，都要准备伞和鞋。这个规矩将会成为世世代代存在下去的惯例。"（97.6–27，98.13–15）接下去，史诗作者借毗湿摩的口对坚战（二者皆为史诗重要人物）说道："婆罗多啊，这一赠鞋赠伞的习俗，是由太阳神率先实行并流传下来的。所赠的鞋、伞据说也是吉祥之物。因此，你要向婆罗门广施鞋、伞二物。我坚信，通过这样的施舍行为，你一定会获得很大的功德。谁向婆罗门施舍了有百条伞骨的白色雨伞，他在死后必能去往因陀罗的世界，生活在再生者、众天女和众天神的崇拜之中，享受永恒的幸福。谁向双足正在滚烫的地面上受苦的婆罗门，向私那陀迦婆罗门①，或向严守誓约的婆罗门施舍了鞋子，他就能在死后去往受到天神普遍敬仰的世界。他们住在那母牛世界②里，享受着无限的快乐。"（98.16–21）伞和鞋尽管不像食物和水那样为人的生活所不能缺，但在印度特殊的气候环境中，施伞施鞋仍然具有重要的意义。

（3）灯具。施舍灯具又称"光施"。大史诗提到光施的地方很多，这里只举两个例子。第101章说："光有向上的性质，是驱除黑暗的手段。因此，一个人应当成为施光者。这是古已有之的传统教导。诸神就是因为施光而精力充沛，光彩照人，声名远扬的。罗刹由于相反的原因而陷于黑暗。所以，人总应该以

① 完成了梵行期的学习生活，经过一定的宗教仪式后进入家居期生活的婆罗门。

② 天国的一部分。

灯施人。通过施舍光，一个人可以变得眼光锐利，神采奕奕。谁施舍了灯盏，他就不会再去做伤害众生的事。他也不应该再把灯盏拿走，或者使它们熄灭。一个希望自己能兴旺发达的人，应该经常在山坡上、密林小路上、寺庙中和十字路口上施舍灯光。一个施舍了灯光的人必能光宗耀祖，纯洁自身，遐迩闻名，并在死后同日月星辰居于同一世界。”（101. 47–49、52、53）第67章又以阎摩王的口吻说：“经常施舍灯炬，能够拯救过世的祖先于危难之中。施舍灯炬会使神明和祖先眼睛明亮。施主也会得到同样的好处。”（67. 26、27）施舍灯盏就意味着施舍光明。从上面的引文看，光施常无一定的个体对象，因此带有相当的公益性质。光施的提倡，在时代上应该后于食、水之类的施舍。

（4）土地。土地比食物、水、灯、伞具有更高的价值，因此，土地的施舍便受到更高的重视，谈论土地施舍的内容也就明显增多。例如：“谁施舍了可供耕种的田地，他就能有兴旺发达的日子。谁施舍了能产宝石的土地，他的家族就会一代胜似一代。”（65. 30）《训诫篇》第61章整章共93颂都是论述土地施舍的，极尽推重之能事。比如：“在所有可以施舍的东西中，人们说，土地是首屈一指的施舍物。土地是不可挪动，不会毁坏的。它能够给人带来他渴望得到的最好东西。它能给人衣物、珍宝、牲畜、稻米和大麦。在众生之中施舍土地的人将会永生永世家境富裕。土地的生命有多长，施舍土地者富裕的日子就会有多长。没有比施舍土地更高的施舍了。”（61. 2–4）“就像母亲用乳汁养育自己的孩子一样，大地也用种种美味来养育它的施舍者。”（61. 23）“一个国王如果施舍了肥沃的，可以满足人种种需要的土地，他就能成为众王之王。因此可以说，土地之施是无上之施。”（61. 58）“土地是吉祥之物，是诸味[①]的来源。一个人施舍了土地，他就获得了由此而来的功德。这功德会在这世界上永远陪伴他。”（61. 64）“一个人施舍了土地，也就等于施舍了大海、河流、山岳和森林等所有一切。一个人施舍了土地，也就等于施舍了湖泊、水井、池塘和溪流。潮湿的土壤可以产生所有的味。一个人施舍了土地，也就等于施舍了含有乳汁的香草、布满鲜花果实的树木，以及森林和高山。”（61. 67–69）土地的施赠是历史学家和经济学家感兴趣的大问题。他们希望通过对它考察分析，弄清古代印度一定时期的土地制度，进而确定当时的社会性质。事实上，能够施舍土地

① 味指味道。古代印度认为味道有六种，即甜、咸、苦、酸、辣、涩。这里的意思是，各种味道不同的植物，如甜味的甘蔗、酸味的罗望子等都是从土地里长出来的，或者换一个说法，是它们从土地里吸收了不同的味道。

的，首先是掌握着大批土地的人，尤其是王者，无论其领土大小。《训诫篇》第61章提到国王、大地之主、刹帝利或暗指他们的地方多达25处。显然，他们正是该章的劝谕对象，而赐赠的对象则无疑是婆罗门。至于受赐者所得的究竟是土地的所有权，还是收益权，历来学者看法不一。[①]不过有一点是明确的，那就是，从婆罗门的立场看，施舍土地是所有王者的天职。“每有新国王灌顶即位，都要对他讲明这个（舍地的）道理。明白了这个道理，他就会慷慨舍地，而不会从善者那里掠取土地。”（6. 36）“一个国王一旦得到了土地，就应该施予婆罗门。”（6.12）“一个刹帝利如果不施舍土地，就应该去沙场捐躯。”（6.8）“一个国王只要肯于施舍土地，就是一个出身高贵的人，一个道德高尚的人，一个好朋友，一个慷慨的施主，一个豪勇之士。”（61.42）这样的言语，听来就几近诱迫了。

（5）牛。牛在古代雅利安人的游牧社会中是财富的象征，也曾作为货币在物资交换中使用。[②]进入定居的农业社会之后，牛在社会经济生活中仍然占有重要地位，并且受到广泛的崇拜。从印度的古代语言里，也不难找到这样的消息。梵文“牛”（go）本身在很早就引申出了承载一切的“大地”的意思。国王称gopāla，即“牧牛人”；女儿称duhitṛ，即挤奶女；一拃称gokarṇa，即“牛耳”；用来表示家、家庭、家族的名词是gotra，即“牛栏”；战斗是 gaviṣṭi，即“求牛”；能满足人一切愿望的东西称“如意神牛”（kāmadhenu或kāmadughā）。因此，就广度和深度来说，施牛才是《训诫篇》津津乐道的无上之施。除散在各章的片段论述之外，该篇还用了13章（68章到80章）的篇幅，集中讨论了牛的施舍问题。在单一问题的讨论上下此工夫的，在全部《训诫篇》中还没有第二个。舍牛的重要，可见于如下论述：“三十三天之主[③]曾经说过，牛乳就是甘露。因此，谁施舍了母牛，他就是施舍了甘露。那些精通吠陀的学者认为，投入祭火的供品是不朽的。谁施舍了母牛，他就施舍了不朽的供品。牛是一切

① 典型如对于一种称作“梵分”的封赐土地的看法。崔连仲的《从佛陀到阿育王》认为它实质上只是国家税收的转让（该书98页）；季羡林的《罗摩衍那初探》认为两种情况都有（该书51–52页）；黄思骏的《印度土地制度研究》分析较细，认为有一个从收益权到所有权的发展过程，而笈多王朝则是一个分界线（该书88页）。

② 说见 B. V. V. S. R. Sharma：*The Study of Cow in Sanskrit Literature*，Delhi：GDK Publications，1980，p.2。

③ “三十三天神”是古代印度神话中常用的套语，一般指十二阿提迭，十一楼陀罗，八婆娑和双马童。这里“三十三天之主”当指因陀罗。

生灵的生命气息。因此，谁施舍了牛，他就是施舍了生命气息。精通吠陀的学者说，牛是一切众生的庇护所。因此，谁施舍了牛，他就施舍了庇护所。”（65.44、45、47、48）“施舍牛群是受到赞美的事。没有比舍牛更高的施舍了。舍牛的果报旋踵即到，施主的愿望可以迅速实现。牛是众生之母，是种种快乐幸福的给予者。谁渴望自己的日子富裕兴旺，日益发达，他就应该施舍牛群。牛是女神，是福利的来源，所以应当永远受到崇拜。”（68.6、7）“世上没有比舍牛更神圣的施舍。世上没有任何施舍能带来比舍牛更丰厚的果报。世上众生，没有任何一种能够居于母牛之上。母牛用它的皮、毛、角、尾毛、乳汁和脂肪来保证祭祀的实施。世上还有什么超过母牛的东西吗？母牛是过去和未来之母。母牛存在于宇宙中一切动物和不动物的身体之内。因此，我向母牛俯首致敬。”（79.13–15）在雅利安人社会中，牛作为主要的财富比土地还早，对于牛的崇拜也有着十分久远的历史。牛被赋予了土地所没有的神圣品格。因此，将牛视作比土地更有价值的施舍物，是可以理解的。

（6）黄金。尽管从上面的引文中，我们看到牛的施舍曾经备受推重，甚至达到了神圣的地步，但是当论到黄金的施舍时，牛的地位却又不得不让黄金来分享。史诗的作者告诉我们，黄金可以是牛的替代物：“黄金可以代替牛，作为酬资付给为自己主持祭祀的婆罗门。”（73.7）黄金也可以是牛的等值物：“一个人举行了王祭，或者施舍了大量的黄金，他就能获得与舍牛者相当的最好果报。凡德行圆满，臻于善境的仙人都是这个说法。”（72.28）现在，施舍黄金也受到了最高的赞誉：“黄金是最宝贵的施舍物。黄金也是最贵重的酬资。黄金是使人净化之物。黄金是各种净化之物中最高级的一种。这是传承经典中的话。据称，施舍黄金可以使施主全家得以净化。”（73.9、10）由于黄金是“一切珍宝中的至宝，是人们身上佩戴的最好饰物，是所有纯净物品中的至纯之物，是众生得享的至上之福”，（84.81）所以，“深明正法的人施舍了黄金，就等于施舍了神性。谁施舍了黄金，他就获得了摆脱黑暗的光明世界，他就能去往无上之境。他还能在自己居住的世界中灌顶而为王中之王”。（85.58、59）对于黄金的情不自禁的崇拜，终于使得它的价值超过了牛。第83章说：“谁施舍了黄金，他就是施舍了所有神圣之物。所以说，世上没有比黄金更贵重的施舍物。”（83.37）“通过舍牛，一个人可以救度他的前七代祖先和后七代子孙。以黄金作为行祭的酬资给婆罗门，据说其功德还要加倍。”（73.8）黄金的施舍之所以受到重视，受到鼓励，无疑是它的实际价值获得承认的结果。价值就是圣洁，价值就是神性。

2、施舍的对象

与传承和往世书经典一样，史诗也强调对于婆罗门的施舍。《教诫篇》曾用各种方式突出婆罗门作为受施者的地位。62章第22颂说："婆罗门是一切众生之客。他们经常到各家去求取施舍，应当受到最好的待遇。"第28颂又说："婆罗门是人间非凡之物。他也是能够行走的两足田地。谁在这块田地上撒播种子，他就能收获巨大的福惠之果。"至于受施者的资格，该篇也提出了严格的限定。这样应予施舍的婆罗门大分两类，即：

（1）确系家境贫寒，或曾遭遇不幸的一类。比如："应该把布施给予这样的婆罗门，他们的妻子等待他们拿回吃剩的食物，犹如农民盼望天降甘霖；那些能够约束自己行为的人；那些甘守贫寒，连基本生活之资也不足，专为得到必需品才前来求施的人；那些终日为盗贼或者其他滋扰所苦，前来求施只是为了饭食的人；那些能够保持自身纯洁，向自己也是靠求乞而生的同一种姓的人乞食的人；那些在巨大的灾难之中失去了一切，也失去了妻子，前来求施只是希望能有所得的人；那些难以脱离充满异端邪说的周围环境，缺乏力量，缺乏资财的人；那些被强权剥夺了一切个人所有的无辜者，他们所求不过是糊口而已；那些为了别的苦行者和致力于苦行的人而进行乞讨的人；其开口求施，但望能有，无论好坏，在所不计的人。"（24.49、50、52–54、56–58）

（2）品德高尚，值得敬奉的一类。史诗劝告人们，要选择品行优良的婆罗门给予施舍。所谓品行优良，自然是按照印度教标准来衡量的。这些标准究竟是什么，第68章的说法可作参考。这一章说，有资格接受施舍的是"那些精心研究吠檀多哲学的人，那些满腹经典的人，那些充满智慧的人，那些驾驭了自己感官的人，那些受过教育的人，那些温文尔雅的人，那些严格控制了自我的人，那些总能对众生好言相待的人，那些面对饥饿的威胁而仍然不肯背弃正法的人，那些性情温和而有教养的人，那些一向殷勤待客的人——对于这样的婆罗门，应该施与生活之资，而施主本身，也理当有同样的道德教养，并且妻、子俱全"。（68.19、20）此外，戒除傲慢，抑制贪欲，目标明确，仁爱为怀，饱有学识，有羞耻心，出语诚信，努力尽职，保持身心的纯洁，为所有众生谋利益，（23.34、35）不发怒，不伤生灵，正直可靠，不奸不诈，不骄不躁，谦虚谨慎，容人善忍，严操苦行，安静自处等，（37.8、9）都被视作为人诚善端方的表现，是接受施舍者应有的品质。

（3）禁止施舍的对象。《训诫篇》也指出了若干不宜给予施舍的人。他们一般是品格有问题的人，犯有罪过的人，或从印度教的观点看污秽不洁的人。该篇第90章为我们举出了若干实际的例子，比如："赌博者、杀胎者、害痨病的、看牲口的、不履行正法责任的、高利贷者、以唱歌为生的、卖杂货的、纵火者、投毒者、私生子、卖苏摩的、航海的、榨油的、作伪证的，同父亲吵架的人、听任妻子的奸夫进门的人、受诅咒的人、偷东西的人、卖手艺的人、穿奇装异服的人、好行骗的人、出卖朋友的人、与有夫之妇通奸的人、给不守誓约者当老师的人、弓箭在背的人①、带着狗四出活动的人②、被狗咬过的人、弟弟已婚而自己还没有结婚的人、有皮肤病的人、玷污师父床第的人、演戏的人、取食供神祭品的人，以及看星象，卜休咎，借以谋生的人，他们统统被视为再生者中最低贱的人，应该排除在前述行列③之外"。（90. 6–11）除一般地指出不宜施舍的对象外，《训诫篇》有时还会具体地说明某类人不可施与某物，如："那些行为不端、犯有罪过、贪婪成性、喜好撒谎的人，以及不能按照规定向神明和祖先敬献供品的人，都不能成为舍牛的对象。"（68. 14）不过，在施舍之前究竟是否确有必要究问婆罗门受施资格的问题上，史诗的态度表现出了一定的游移，或更可能是，切实记录了互相对立的不同观点。在某一地方，它认为"凡遇婆罗门求食，不可盘问他有关家族、籍贯、所作所为以及学习吠陀的情况。任何人来乞食，都不应问他的出身如何"。（62. 18）在另一地方，它又承认，一定的查考在所难免，甚至主张"敦请一位智者，专事检验婆罗门的资格。内容包括家族出身、个人行为、年龄、外貌，以及学识、名声，如此等等"。（90. 4）其实，事情很可能是，在贵重物品的施舍上，事先确需资格认定；至于习惯性的日常饮食供给，则盘问过严便成了小题大作。

至于对于其他种姓的施舍，史诗的看法比较像前述《祭言法论》的主张，即应该就能力所及向一切种姓施舍。《教诫篇》同意给首陀罗以施舍，不过也照例不掩饰它的歧视态度："向婆罗门施舍食物具有永恒的功效。向首陀罗施舍食物可以获大福报。这就是舍食给婆罗门和舍食给首陀罗所得结果的不同之处。"（62.17）

① 即当兵打仗的人。

② 即打猎的人。

③ 即接受施舍的人。

3. 施舍的果报

施、报相系的思想在《教诫篇》中表达得非常充分，既有理论总结，又有实例说明。第61章有一首借土地的口吻唱出的诗歌，可以看作对于同一道理反复申说的典型:"'接受我吧！施舍我吧！施舍了我，你们还会重新得到我！在今生施舍的定会在来世获得还报！'……明白这一吠陀诗歌的人肯定能为他的先人和后代洗清罪愆。"（66.32、35）施舍的获福和涤罪两个功能在这里都提到了。

（1）积累功德。与法经法论和往世书相似，在史诗里，几乎所有财物的施舍，都有自己特殊的福报。比如:"一个施舍伞具的人，可以获得华丽的住宅。一个施舍鞋子的人，可以获得车辆。一个施舍衣服的人，可以获得美丽的容貌。一个施舍香膏的人，可以获得美好的名声。那些把香花、果实、树木施舍给婆罗门的人，可以轻易获得美宅，其中财宝无数，美女如云。那些施舍各色食物和可口饮料的人，可以得到数量远过于此的同样东西。……如果一个人能向婆罗门施舍床具，床上散发着香气，铺着色彩斑斓的毛毯，那么他不用费力就能得到美丽的妻子。这妻子不但端庄可爱，身边还跟着一群仆从。"（57.35-37、40）对于施主可以于死后往生的美妙世界，《训诫篇》往往不厌其烦，极尽夸赞的能事。这样的描述很多。第62章说到施舍食物的人将要往生之地:"这些具有伟大灵魂的人居住在天国光芒闪耀的宫室里。宫室的风格和颜色各不相同，梁柱的形状也不一样，装饰在四周的还有成串的银铃。它们有的放射出月轮一般清澈的光辉，有的又如掩映在太阳初升时艳丽的霞色之中；有的固定不动，有的又可以到处转移。宫室里培养着数百种动物植物，有的生活在陆地，有的生活在水中，很多都闪着吠琉璃[①]的光泽。还有一些动物和植物索性用金、银制成。这里长着一种独特的树，可以满足任何人的任何愿望。此外还有大小不同的湖泊和池塘，以及水井和厅堂。上千辆马车和牛车往来奔驰，隆隆作响。各色食品和其他享乐之物堆积成山。衣物和装饰品也多得不计其数。大河小溪，牛奶流淌，食物之山，随处可见。宫殿般的建筑像白云一般。宫内的床具闪着金子的光芒。这就是舍食者未来的去处。"（62.45-50）

（2）涤除罪愆。这里所谓罪的意义在前面有关法经和法论的部分已经讨论过。对于印度教徒来说，赎罪的方式可有多种，施舍仅是常用的手段之一。为

① 吠琉璃，慧琳《一切经音义》说"其宝青色，莹彻有光"，即天青石。

了解脱罪责而行施舍，所施一般应是贵重之物，比如说母牛："一个人如果由于此世所做不净业的牵累而在死后堕入黑暗无边的地狱，那么施舍母牛的功德便能够在来世拯救他，就像一条鼓足风帆的船只能够救援浩瀚大海上的遇难者一样。"（57.31）舍地除罪的例子则更为常见，很多章节都有论述。比如，一个犯罪的人，倘能向婆罗门施舍土地，就能像蛇蜕去老皮一样，摆脱他的罪过。一个人如果犯有杀婆罗门或者出言不实的罪过，他可以通过施舍土地将它们汰除。任何人由于生活贫困无着而犯了过失，只要他肯施舍一张牛皮大小的土地，他的过失就算是洗净了。施舍土地可以保护施主，使他在遭受他人的恶意诅咒时免受巫术之害。施舍土地巨大的赎罪功效，还表现为可以为施主的母系和父系各十代人洗脱他们以往的罪愆。（61.66、10、16、34）

4. 规则、仪节和禁忌

关于施舍的仪节和禁忌，《摩诃婆罗多·教诫篇》谈的比法经法论和往世书都要多些。在这里，如果所施不是零星细物，而是价值昂贵的东西，那么遵守一定的规矩就成为必要。目的自然是以仪节的庄严隆重来显示施舍行为的神圣。

施舍的仪节仍可以施牛为代表。第75章有这方面一个叙述颇详的例子：舍牛的前一天，施主要制驭身心，接受誓约对自己的约束，并到受施婆罗门的住所，对他恭敬行礼，选定次日施舍的时间。至于施舍的牛只，应该是称作楼昔尼[①]的那一种。选好后，应该对它念出这样的赞语："萨蒙吉跋呼栗！"[②]然后进入牛栏，同牛群待在一起，并且念诵如下经文："母牛是我的母亲。公牛是我的父亲。让我在大地和天国都能获得幸福！"在牛栏里，他要和牛群一起度过整个夜晚。次日舍牛的时候，也要有贤者唱诵某些经句。就这样，施主在牛栏中同牛群共同过夜，通过使自己和牛处在同一状态而涤除了他过去的罪愆。翌日，当太阳升起的时候，他就可以将母牛连同一头公牛和一头牛犊放出栏去，舍给受施的婆罗门。交接时，牛应该受到赞美："愿牛群为我洗除罪过！愿具有太阳和苏摩之性的牛群将我带上去往天国之路！愿牛群赐我食物和居所！愿我能获得所有我未曾提到的福祉！我施舍之后，一无所余。我通过自己的行动使我的肉体获得了解脱。让牛群降福于舍牛者，就像娑罗私婆蒂河赐福给所有人一样。不断地为我带来功德吧。请给我指点一个令人满意的归宿！今天，我变得和你们一样了。施舍了你们，我也就同时施舍了我自己。"然后，受施者致答词。他

① 楼昔尼为一种红色的牛。

② 意为"完美的跋呼罗！"跋呼罗为一神牛名。

说:“你们脱离了主人，现在已属于我。你们犹如天空中的月亮，放射着耀眼的光芒。”施舍的仪式结束后，受施者在回家的路上走到第八步时，舍牛者的功德就可以到手了。(75. 5–17)

史诗所提倡的施舍，是印度教的宗教行为，除有若干仪节相伴外，不可避免地也会有一定的禁忌提出，作为约束，以保障施舍目的的实现。这样的禁忌可能表现为对所施财物本身的规定，也可能表现为有关仪节中的某些避讳。《训诫篇》101章中有关于施舍灯具的规定，说:“在各种发光物中，最高的是烧供品的火焰[①]；用草本植物的汁液[②]点燃的火焰次之。一个想获得福报的人，绝不能用动物的油脂、骨髓或从它们身体流出的液体点燃来用。”(101. 51)这里体现的无疑是印度教泛爱众生，不害不杀的思想。第65章谈到了有关施舍土地和施牛的忌讳:“人无论如何也不应把不毛的盐碱地和燃烧过的土地送给别人，也不要把邻近墓地的或有罪之人占用过的土地送给别人。”(65. 31)“不要把牛施舍给会杀掉它的人。不要把牛施舍给农民[③]或不信神者。不要把牛施舍给养牛为生的人。智者们说，任何人，如果他把牛施舍给了这些罪业深重的人，那么他就会落入万世不复的地狱。还得注意不要把瘦弱的、易怀死胎的、不能生育的、有病的、瘸腿的或者疲惫不堪的牛施舍给婆罗门。”(65. 49–51)

关于避讳，我们还可以看看食物施舍的例子。按照古代印度的传统观点，施舍物品如果时间选择不当，便不会带来福惠。它或者无效，或者反而招致祸害。据说违时的施舍，所施的东西会被罗刹劫夺而去。即使是一日三餐，倘不适时取食，也不能营养自身，而会养肥罗刹或者别的恶鬼。犯了其他禁忌，结果也是一样。第24章罗列了施食前后必须注意的诸多事项，但有违犯，享用者就是罗刹，比如:所施食物有人从上面迈过，或者被人舔过，或者施舍的时候发生了争吵，或者被行经的妇女看见过；或者有一部分被邪恶的人吃掉了，或者被狗接触过；或者不小心掉进了毛发、蠕虫，或者被唾液弄脏，或者被狗看到了，或者掉进了眼泪，或者落上了尘土；或者人在取食前没有说“唵”，或者取食者身携武器；在施舍之前的祖祭上敬献食品时未诵圣诗，或未按规定举行仪节；或者在送给客人之前未能在将纯净酥油投入祭火的祭典上先行祭神祭祖，

① 祭祀的主要仪节之一是将供品投入祭火之中奉献给神明或祖先。投入的食物一般是谷物、牛奶、酥油、苏摩等。

② 指芝麻油、芥籽油和蓖麻油等。

③ 因为农民会让牛在田中干活。

或者被行为不端者尝用过……（24. 4–11）所有这些都会使施舍者事与愿违。

印度教提倡施舍，其基本理论是施舍可以给人带来功德，为今生，特别是为来世预为地步，以求日后的美好生活。虽然它表面上，或在大多数情况下，并没有直接诉诸朴实的普遍的道德感和同情心，但是却不能说它没有这方面的依据。对此，下面的引文可作说明：

“不要瞧不起来到自己门前的人，更不能把他们撵走。即使是对于烹狗者，对于狗的施舍，也不是白做而没有还报的。谁把干净的食物施舍给旅途劳顿的陌生人，他就获得了伟大的功德。”（62. 13、14）“对于那些贫穷无助者的吁求无动于衷，不加救助的人，是邪恶的人。但是，也有对陷于不幸的人，境遇悲惨的人，乃至前来寻求保护的敌人同样给予善待的人。这样的人是无与伦比的人中翘楚。”（58. 9、10）“由众位施主指出的道路，就是世上贤人一直遵循的道路。施主应被视为生命的施予者，他们也是正法赖以建立的基础。”（121. 16）

毕竟，对于印度教徒来说，慈善始终是最高的正法。

二、佛教的施舍观念

作为普遍的善行和宗教德行，施舍在佛教中同样极受推崇。佛教典籍中凡论及善德和规诫的地方，施舍观念总会出现，很少例外，且小乘大乘，无不如此。下面是一些例子：

《长阿含经 · 游行经》借善见王之口称，人得福报，有三因缘，“何谓三？一曰布施，二曰持戒，三曰禅思”。[①]

《长阿含经 · 善生经》：“夫为人者，当以五事亲敬亲族。云何为五？一者给施，二者善言，三者利益，四者同利，五者不欺。……檀越当以五事供奉沙门、婆罗门。云何为五？一者身行慈，二者口行慈，三者意行慈，四者以时施，五者门不制止。”[②]

《大楼炭经 · 忉利天品》说人生天上而为天子，自知宿命，“我用何等因缘

① 《大正藏》第一卷，第二三页下。《中阿含经》所载略有不同。该经卷十一、卷三十三：“是三业果，为三业报，令我今日有大如意足，有大威德，有大福祐，有大威神：一者布施，二者调御，三者守护。”见《大正藏》第一卷，四九六页下及六四六页中。

② 《长阿含经》卷十一，载《大正藏》第一卷，七二页上。

得来生此？即自说：我用三事实得生此。何等为三？一者布施，二者持戒，三者弃恶”。[①]

《中阿含经·七法品·水喻经》："……谓人既出，得信善法，持戒，布施，多闻，智慧，修习善法。"[②]

《中阿含经·长寿王品·说处经》佛称世有七财："信财、戒、惭、愧、闻、施、慧财。……此七财汝当为诸年少比丘说以教彼。"[③]

《妙法莲华经·分别功德品》："况复有人能持是经，兼行布施、持戒、忍辱、精进、一心智慧，其德最胜，无量无边。"[④]

《大宝积经·密迹金刚力士会》："若有悭贪、犯戒、瞋恚、懈怠、乱心、愚痴，使布施、持戒、忍辱、精进、一心智慧。取要言之，若有离于清白之法，见如来身，弃不善想，皆修德本，以不妄想观于如来，乃曰真道。"[⑤]

《悲华经·陀罗尼品》："如来本行菩萨道时，以布施、持戒、忍辱、精进、禅定、智慧，摄是章句，供养恭敬无量无边百千万亿诸佛世尊。"[⑥]

从上面的引文看，佛徒需要精勤修习的规诫在各经典中多有变化，而典型的则是见于《妙法莲华经》以下大乘诸经的所谓六度。不过，无论变化如何，布施占有重要地位这一点总是很清楚的。六度之中，布施为首，地位突出，更不待言。

布施的重要性还表现在它常会单独提出，予以强调。比如：

"一切众生，皆应精懃布施为业。"[⑦]

"菩萨摩诃萨欲证无上正等菩提，一切行中最初应学无染布施波罗蜜多。……若学布施波罗蜜多，无始世来所习悭垢即便远离，身心相续，渐能亲近一切智智。"[⑧]

---

① 《大正藏》第一卷，二九七页中。

② 《大正藏》第一卷，四二四页中。

③ 《大正藏》第一卷，五六五页中。《大庄严论经》卷二亦有四财之说："以有信故，能得戒财、施财、定财、慧财。若无信者，云何得有如是等财。"其中亦有施财。见《大正藏》第四卷，二六八页中。

④ 《大正藏》第九卷，四五页下。

⑤ 《大正藏》第十一卷，五五页中。

⑥ 《大正藏》第三卷，一七四页上。

⑦ 《贤愚经·金财因缘品》，见《大正藏》第四卷，三五八页下。

⑧ 《大般若波罗蜜多经·布施波罗蜜多分》，见《大正藏》第七卷，九九七页上。

“一切苦种子，无过于贪嫉，应当勤方便，除去如是患。施为善种子，能生诸利乐。”①

“生死轮转利益之业无过布施，今世后世随意。便身之事，悉从施得。施为善导，能开三乐：天上、人中、涅槃之乐。……六波罗蜜，是佛道檀为初门，余行皆悉随从。”②

《菩萨本生鬘论》对于施舍行为推崇备至，极尽称道的能事，且多有警语：

“凡夫之行，布施为先。”

“迁变根本，布施为首。”

“十善行中，布施为本。”

“清净胜义，行施最上。”

“有情福报，净施为因。”③

与印度教相比，佛教关于施舍的观点，更带有扶困济贫的性质，因此也就表现出更为明显的道德特征。《六度集经》开篇即称：“六度无极难逮高行，疾得为佛。何谓为六？一曰布施……布施度无极者，厥则云何？慈育人物，悲愍群邪，喜贤成度，护济众生，跨天踰地，润弘河海。布施众生，饥者食之，渴者饮之，寒衣热凉，疾济以药……索即惠之。”④悲悯众生，救助贫弱的特点，在这里看得十分清楚。

1. 施舍物

（1）物质性施舍

见载于几部重要的小乘和大乘经典的施舍物，情况大致如下：

饮食、衣服、卧具、床敷、汤药、精舍、园果、桥船、堂阁、乘舆、花鬘、涂香、塔庙、灯烛、象、马、璎珞、财物、牛羊等。（《长阿含经》卷二、十八、二十二等）

衣被、饮食、床褥、汤药、车乘、花鬘、散华、涂香、屋舍、氍氀、婉綖、给使、明灯、床榻。（《中阿含经》卷一、十三、十四、四十四等）

衣服、饮食、卧具、医药、象、马、车乘、香华、璎珞、末香、涂香、舍

① 《大庄严论经》卷四，见《大正藏》第四卷，二七六页上。

② 《大智度论》卷三十，见《大正藏》第二十五卷，二八〇页中。

③ 分别见该经第十五、十六、十四、十二等卷，载《大正藏》第三卷，三八〇页中、三八三页下、三七六页中、三六六页中、三七六页中。

④ 见该经《布施度无极章》，载《大正藏》第三卷，一页上。

宅、灯明、己身、妻子、奴婢、仆使、珍宝、金银、琉璃、颇梨、真珠、车磲、玛瑙、珊瑚、璧玉、敷具、田地、谷米、牛羊以及别的种种器物。(《菩萨本缘经》卷一)

金银、珊瑚、真珠、摩尼、车磲、玛瑙、金刚、宝饰、辇舆、栏楯、华盖、肴膳饮食、百种汤药、名衣上服、栴檀宝舍、众妙卧具、清净园林、流泉浴池、象、马、七珍、国城、妻子、奴婢、仆从、头目髓脑、身肉手足。(《妙法莲华经》卷一、四)

饮食、医药、衣服、卧具、舍宅、聚落、华香、璎珞、涂身之香、侍使、幢幡、宝盖、钱财、谷、帛、象、马、车乘、金银钱货、真珠、琉璃、颇梨、珂贝、璧玉、珊瑚、真宝、伪宝、天冠、拂饰、奴婢、城邑、妻子、男女、手、脚、鼻、舌、头、目、皮、血、骨、肉、身命。(《悲华经》卷六)

这些施舍物可以大分五类，即生活必需品，如食物、汤饮、衣服、床榻、被褥、谷米、住房、牲畜、田地、医药、灯烛等；非必需品，如真珠、玛瑙、金银、琉璃、奴婢、乘舆、象、马等；公益事业，如建桥、修路、造船、提供沐浴场所和路间照明等；宗教奉献，如精舍、塔庙、园林、幢幡、宝盖、金银及各种珍宝饰物；非常之施，或如《悲华经》从乞求者角度讲的“乞求过量”，像聚落、城邑、国土、王位、妻子、儿女、头、目、髓脑、五官、身肉、手足乃至性命等。

日常生活必需和非必需品的施舍在古代印度并不罕见。公益性的捐赠是任何社会都会有的事。对于僧侣或僧团的布施，无论规模大小，也是所有宗教都积极鼓励的。唯独那些不合常例的非常之施，特别是其中的肉体之施，可以说仅见于佛教典籍。这方面故事之多，情节之生动，都能给人以极深的印象。须大拏施子施妻、一切持王子施人双目、尸毗王舍身肉救鸽、栴檀摩提太子投身饲虎等则是其中广为人知的著例。[①]此类施舍，《菩萨本行经》卷下开篇即多有

① 须大拏故事大意为：王子须大拏自幼好施，成年后纳妃曼坻，育一儿一女。他在出宫漫游时见市井多贫苦残疾之人（实为天帝释所化），遂请求父王尽出帑藏珍宝，施于四方。敌国遣八道士往求护国白象，王子亦将此国宝慨然相赠。国王大怒，便将他流放至檀特山，曼坻和儿女亦随同前往，一路上车马钱衣，施舍殆尽。到檀特山后，又见极丑婆罗门来乞其儿女为奴婢，王子无奈，又将儿女缚付来者。后天帝释欲考验王子，化作婆罗门来求其妻，他亦欣然施与。天帝释见他信心坚定，遂还本身，接着满足了他和曼坻的种种愿望。这里的须大拏王子实为佛陀前身。故事见《太子须大拏经》等。尸毗王舍身肉救鸽（转下页注）

列举。[②]

总地说来，财物种类并不重要，贵贱多少亦无所谓。佛教重视的是施舍本身。布施粗食敝衣和布施珍宝塔庙，同样受到鼓励。《中阿含经·梵志品·须达哆经》载，佛曾在舍卫国见居士须达哆，“世尊问曰：‘居士家颇行施耶？’须达哆居士答曰：‘唯然，世尊。家行布施，但为至麤，不能好也。糠饭麻羹，姜菜一片。’世尊告曰：‘居士，若施麤食及施妙食，俱得报耳。’”[③]《杂宝藏经·迦栴延为恶生王解八梦缘》载，恶生王将粗涩饮食施迦栴延，迦栴延不以为忤。恶生王以食物粗细问题就教，迦栴延说：“夫身口者，譬如于灶，栴檀亦烧，粪秽亦烧。身口亦尔。食无麤细，饱足为限。”[④]意思相同。

（2）非物质性施舍

除物质性的施舍之外，佛教还提出一种非物质性的施舍。所谓法施，便是后者之一。《大宝积经·优波离会》称：“在家菩萨，住于慈愍，不恼害心，应修二施。何者为二？一者法施，二者财施，”[⑤]说的就是这种区分。财施当然就是常见的财物之施。至于法施，《华严经·贤首菩萨品》“以无量法施众生，因是得成自在光”[⑥]所指即是。法、财二施，亦有优劣之分。《优婆塞戒经·杂

（接上页注）故事大意为：天帝释和毘首羯磨想试验拘尸国王尸毘的慈悯心，便分别化作鹰和鸽子，来到该国。鸽子投入尸毘怀中，求他保护，免被鹰食。鹰来索鸽，尸毘以人应慈悲为由拒绝交出。鹰说自己倘不食鸽也会饿死。尸毘无奈，只得以身肉相许。鹰要求得到与鸽子等重的身肉。尸毘王慨然自割股肉置于秤上。不料鸽肉转重，只好再割胸背等处。然而添肉后仍不如鸽。如此再三，虽心生疑惑，但了无悔意，继续剐剔，直至身肉几尽，只余一副骨架，站立秤上。此时大地震动，天空叹息，诸神奏乐，天女散花，帝释和毘首羯磨现出原形，国王身肉亦得恢复。故事见《众经撰杂譬喻》卷上、《大庄严论经》卷十二等。一切持王子故事与须大拏相类，只是加上了天帝释索求王子双目的情节，见《菩萨本缘经》卷中等。太子投身饲虎故事大意为：太子栴檀摩提幼即好施，曾乞父王出库藏财物，周给天下，未能获准，遂微服出宫，投裴提舍国，在那里卖身为奴，以身价施诸孤贫。后于入山采樵时偶得牛头栴檀一段，献与国王，疗治痼疾。国王以半国财物相赠。他将此财于五十日内悉数舍尽。不久太子还国，依然耽于道术，入山不归。某冬大雪，山涧内有一母虎及新产七子冻饿待毙。太子于是发大誓愿普度众生，然后投身崖下，以肉饴虎。后国人收其舍利，筑七宝塔。实际上，太子栴檀摩提乃是佛的前身。故事见《菩萨投身饴饿虎起塔因缘经》等。

② 见《大正藏》第三卷，一一九页上。

③《大正藏》第一卷，六七七页上。

④ 见《大正藏》第四卷，四八九页下。

⑤《大正藏》第十一卷，五一五页下。

⑥《大正藏》第九卷，四三六页下。

品》称："施有二种，一者财施，二者法施。财施名下，法施名上。"[①]《增一阿含经·惭愧品》所说"施中之上，无过财施；然复法施，于中最尊"，[②]也是同样的意思。二施既分高下，结果就有区别：财施只能得财报，法施则兼得财报和法报。[③]除二施外，还有三施之说。说见《生经·譬喻经》："菩萨勤苦，具足三施。何谓三施？外施、内施、大施，是为三施。衣食珍宝、国土妻子，是为外施。支体骨肉、头目髓脑，是为内施。四等六度、四谛非常、十二部经，为众生说，是为大施。求道之法，三施具足，乃疾得佛。"[④]这里又将"财施"再分两类，一为身外之物，一为自身肉体，名之内、外，也属合理。《生经》所说大施，实即《大宝积经》所说法施。两者内容，应无区别。

法施的具体形式，自然主要表现在积极宣扬佛法上。《优婆塞戒经·杂品》说："教他受戒、出家、修道、白四羯磨，为坏邪见说于正法，能分别说实、非实等，宣说四倒及不放逸，是名法施。"[⑤]又说："若有比丘、比丘尼、优婆塞、优婆夷能教他人具信戒、施、多闻、智慧，若以纸墨令人书写，若自书写如来正典，然后施人，令得读诵，是名法施。"[⑥]在这里，施主是出家的或者在家的佛教信徒，对象则是已经相信或者可能相信佛教的人。法施的形式，表现为或用语言，或用行动，促成他人的信仰，或者加深自己的信仰。但是，当遇到"施佛及僧"的时候，如上的方法便不适用了，因而形式需要变通。这样的形式，在《妙法莲华经·药王菩萨本事品》一切众生喜见菩萨以自身供养佛的故

---

① 《大正藏》第二十四卷，一〇五九页中。

② 《大正藏》第二卷，五八八页上。

③ 《优婆塞戒经·杂品》："施有二种，一者法施，二者财施。法施则得财法二报，财施唯还得财宝报。"见《大正藏》第二十四卷，一〇五四页中。

④ 《大正藏》第三卷，一〇七页中。《大智度论》卷三十亦有外施内施之说："菩萨……生死肉身有大慈悲心，能为众生故，内外所有所贵惜者，悉能施与。外谓所著妻、子、上妙五欲、如意珠、最上宝、安乐国土等。内谓身体、肌肉、皮肤、骨、血、头、目、髓脑、耳、鼻、手、足。如是等施甚为难有，是故诸佛赞叹其德。"见《大正藏》第二十五卷，二八三页中。

⑤ 自己出家为僧也可称作法施。说见《阿育王传》："……商那和修白阿难言：'大德，我欲作般遮于瑟。'尊者答言：'可随意作。'乃作般遮于瑟讫。阿难语言：'汝已作财施，今可作法施。'问言：'尊者，欲使我作何等法施？'尊者答言：'于佛法中出家，是名法施。'商那和修答言：'尔。'阿难即度，令使出家，为受具足。"见《大正藏》第五十卷，一一五页中。

⑥ 两引文分别见《大正藏》第二十四卷，一〇五四页下、一〇五九页中。

事中可以见到。故事说，为感谢日月净明德佛为自己讲说《法华》，一切众生喜见菩萨决定以神力供养该佛，使天雨曼陀罗华、摩诃曼陀罗华及香栴檀末。后他又觉得以身供养方为至诚，遂开始服用栴檀、熏陆、兜楼婆、毕力迦、沈水、胶香等，并饮诸华之油。若干年后，他以宝衣缠身，灌诸香油，运神通力，使身体自燃于日月净明德佛前，一时“光明遍照八十亿恒河沙世界”。诸佛同赞此举为以“真法供养如来”，盛称“是名第一之施，于诸施中最尊最上”。[①]这样的施舍固为神话，但现实中效行的并非没有。它与前述饲虎代鸽之类布施身肉的故事性质不同。它的作用在于弘扬佛法，或称以佛法施予众生，所以归为法施。

非物质的施舍，在佛教看来，亦不局限于佛法。内怀道德之心，形诸恭让之举，用以待人，也是善施。《杂宝藏经·七种施因缘》称“佛说有七种施，不损财物，获大果报”。这七种施多与敬事尊长有关：“一名眼施，常以好眼视父母、师长、沙门、婆罗门，不以恶眼，名为眼施。……二和颜悦色施，于父母、师长、沙门、婆罗门不颦蹙恶色。……三名言辞施，于父母、师长、沙门、婆罗门出柔软语，非麤恶言。……四名身施，于父母、师长、沙门、婆罗门起迎礼拜，是名身施。……五名心施，虽以上事供养，心不和善，不名为施。善心和善，深生供养，是名心施。……六名床座施，若见父母、师长、沙门、婆罗门，为敷床座令坐，乃至自以已所自坐请使令坐。……七名房舍施，前父母、师长、沙门、婆罗门，使屋舍之中得行来坐卧，即名房舍施。……是名七施，虽不损财物，获大果报。”[②]这种以善意待人的行为，虽无物质上的授受，却有满足或取悦他人之效，实际与财物之施无二。施舍概念的泛用还不止此，《大庄严论经》卷八更有所谓五大施之说：“佛告长者：不杀名为大施，不盗、不邪淫、不妄语、不饮酒，如是等名为五大施。”[③]此处五施，实即五戒，[④]原是佛陀用以开导首罗居士的。首罗为人小气吝啬，迦叶、舍利弗等前去求施，无不空手而归。于是世尊亲往，告知戒除杀盗等五事亦称大施，劝他勤修，终于使他衷心信从而有了布施之举。从以上多方面的施舍内容看，佛典之中施舍概念的

① 见《大正藏》第九卷，五三页中。

② 《大正藏》第四卷，四七九页上。

③ 《大正藏》第四卷，三〇一页中。

④ 《优婆塞戒经·五戒品》：“一切施中，施无怖畏最为第一。是故我说五大施者即是五戒。如是五戒，能令众生离五怖畏。是五种施易可修行，自在无碍，不失财物，然得无量无边福德。”见《大正藏》第二十四卷，一〇六四页上。

应用实在是非常宽泛的。

2. 施舍的对象

在大多数的佛教经典里，施舍的对象常是僧人和贫苦人，有时单独提出，有时两者并提。单独提出的如《长阿含·游行经》："若以饮食、衣服、卧具施持戒人，则获大果。此为真伴，终始相随，所至到处，如影随形。"①这里只说到持戒人，即佛徒。也有单独提出贫苦人的，如《中阿含·王相应品·蜱肆经》："开意放舍，给诸孤穷，常乐施与，不着财物。"②但更多的是同时并提，典型如"有一种人，能行布施。彼布施时，施于沙门、婆罗门及贫穷、孤独、远来求者"。③关于施舍对象，也有所谓"五施"之说。说见《贤愚经·摩诃斯那优婆夷品》："佛赞五施，得福无量。所谓施远来者，施远去者，施病瘦者，于饥饿时施于饮食，施知法人。如是五施，现世获福。"④对比前说，其实大同小异。《杂宝藏经·迦尸国王白香象养盲父母并和二国缘》称："昔佛在舍卫国，告诸比丘言：'有八种人，应决定施，不复生疑：父、母以佛及弟子、远来之人、远去之人、病人、看病者。'"⑤此处除增加父母等外，也同前说无大区别。有的经典并不做这样那样的分类，而仅以良好的品德作为获得施舍的条件。《经集·摩伽经》曾用十四个偈颂来说明这样的条件都是什么。青年摩伽生性慷慨，他向世尊乔达摩请教，一个渴望功德，常行祭祀，乐于施舍的家主，应该把食物饮料等施给怎样的人。世尊列举了数十种品德，告诉他，只要是具有这些品德的人，都应当给予施舍，那就是：自制、超脱、不执着、不贪婪、不自私、不骄傲、无烦恼、无束缚、调伏感官、恪守梵行、喜好修禅、摆脱生死，如此等等。⑥

---

① 《大正藏》第一卷，十四页下。

② 同上经，五二六页中。

③ 《起世经》卷十，见《大正藏》第一卷，三五九页上。其他经典也常取同样说法，如《中阿含经》卷十四："……修行布施。施诸穷乏沙门、梵志、贫穷、孤独、远来乞者。"（《大正藏》第一卷，五一四页中）

④ 《大正藏》第四卷，三七四页上。

⑤ 《大正藏》第四卷，四五六页上。可比较《大宝积经》卷一二〇的说法："有五种施名为大施。何者为五？一者时施，二者道行之者，三者病人及看病者，四者说正法人，五者诣他国者。……复有五种无上之施。何者为五？一者施于如来，其施无上；二者施于众僧，其施无上；三者施说法者，其施无上；四者施父，其施无上；五者施母，其施无上。"（《大正藏》第十一卷，六八〇页上）

⑥ 见郭良鋆译《经集》，68–71页，北京：中国社会科学出版社，1990年。

实际上，佛教主张给予施舍的，并不局限于出家人和因贫穷患病而需要救助的人。那些有过失甚至有罪过的人，只要陷于困境，也在应当布施之列。《悲华经·诸菩萨本授记品》认为应该“供养诸佛及比丘僧，给施贫穷，下至饿鬼”。[①]《长阿含·究罗檀头经》开出一系列败坏者的名单，指出即使是这样的人，也需要布施：“王祭祀时，诸有杀生、不杀生来集会者，平等施与。若有杀生而来者，亦施与。彼自当知。不杀而来者，亦施与。……若复有偷盗、邪淫、两舌、恶口、妄言、绮语、贪取、嫉妒、邪见来在会者，亦施与。彼自当知。”[②]

然而，尽管是“平等施与”，却并不意味着就不再有优劣高下的区别。承认区别，并在理论上给予相应的对待，于是就有了施舍纯洁程度的认定和比较。《中阿含·心品·瞿昙弥经》和《大智度论·十方菩萨来释论》都提出了净施与不净施的概念。它们认为，布施可以分作四种。凡施主净而受者不净的，施主不净而受者净的，施主和受者皆净的，统称净施；施主和受者都不净的，称作不净施。四种布施，福报不同。施受皆净的，福报最大；施受都不净的，福报最小。

施者受者的净与不净，是依偷盗邪淫与否等一般的道德观念，和依杀生与否等特殊的宗教道德观念为标准，加以衡量和认定的。倘仅以宗教标准来衡量，则又另有等级。这方面，《中阿含经》十四私施说可作一例。十四私施是指对象不同的十四种施舍。这些对象是如来、缘一觉、阿罗诃、向阿罗诃、阿那含、向阿那含、斯陀含、向斯陀含、须陀洹、向须陀洹、离欲外仙人、精进人、不精进人和畜牲。按照该经的说法，如果施畜牲能得福百倍的话，那么施不精进人就能得福千倍，施精进人得福百千倍，施离欲外仙人得福亿百千倍，施向须陀洹以上者则会得福无量，更不用说布施如来了。“此十四私施得大福，得大果，得大功德，得大广报”。[③]《菩萨本行经》（卷中）中亦可见类似说法，只是所列等级不是十四，而仅有阎浮提人、须陀洹人、斯陀含人、阿那含人、阿罗汉、辟支佛、佛陀等七种。功德福报大有差距则一如《中阿含经》，甚或犹有过之。[④]施佛而得巨大果报，其著例莫过于阿育王前生施沙的故事。故事说，世

---

① 《大正藏》第三卷，一八七页中。

② 《大正藏》第一卷，九九页下、一〇〇页上。

③ 见《大正藏》第一卷，七二二页中。

④ 见《大正藏》第三卷，一一四页下。

尊与阿难等入王舍城乞食，遇路边有两个小儿以土为戏。他们用泥土做成城镇，城中有宅舍仓廪等。两小儿见来者身相不凡，金光闪射，其中叫作德胜的一个便手掬仓中的泥土，权作食粮，口唱赞词，奉与世尊。另一个名叫无胜的，则在一旁合掌随喜。世尊微笑受之。阿难问佛何以微笑，佛即预言：这个以沙相施的小儿在我涅槃百年之后将生于华氏城孔雀王族，做四分转轮圣王，名为阿育。①

总结起来，佛教的施舍对象基本上还是“施佛及僧”和“施诸穷乏”。非佛教信仰者的婆罗门也经常包括在前者之中，这一点特别值得注意。对于后者的施舍，并不排除在道德上有缺陷的人，或者在宗教上不纯洁的人，尽管在理论上要有等次的区分。这又是值得注意的一点。将这两点加在一起，可以看出，比起印度教来，佛教的施舍观念更为宽容，也更带有慈悯的色彩。《六度集经》所谓“饥者食之，渴者饮之，寒衣热凉，疾济以药”，表现出来的正是这样的特点。当然，我们也不能忽略佛教赋予施舍行为的另一重要意义，即度化的意义。《大般若波罗蜜多经·布施波罗蜜多分》说：“诸菩萨摩诃萨修行布施应起是心：我今惠舍如是财物，诸所引发殊胜善根，普施十方诸有情类，在地狱者速出地狱，住傍生者速脱傍生，居鬼界者速离鬼界，人天趣中有忧苦者，愿彼一切忧苦永息，厌生死者速出三界，十方无量无边有情未发无上菩提心者令速发心，已发无上菩提心者令永不退，若于无上正等菩提已不退者令速圆满一切智智。”②这里所表达的正是这样的意义——宗教角度的悲悯意义。

3. 施舍的果报

同任何印度宗教一样，佛教坚信行为善恶，必有受报好丑。施舍当然也不例外。《增一阿含·三宝品》说：“施为福业。”③《优婆塞戒经·杂品》说：“是福追人，如影随形。”④《大庄严论经》卷五说：“施为行宝藏，世世恒随人；施

---

① 故事见《阿育王传》卷一，载《大正藏》第五十卷，九九页中、下；另《阿育王经》卷一，载《大正藏》同卷，一三一页下、一三二页上、中。《贤愚经·阿输迦施土品》的故事大同小异。为了显示德胜等的幼小，故事增加了一人需登另一人肩膀，方才够到佛钵的情节。详见《大正藏》第四卷，三六八页下。

② 《大正藏》第七卷，九九四页上。

③ “施为福业。……若有一人，开心布施沙门、婆罗门、极贫穷者、孤独者、无所趣向者……随身所便，无所爱惜，此名曰施福之业。”见《大正藏》第二卷，六〇二页中。

④ 《大正藏》第二十四卷，一〇六〇页上。

为极亲友，无有能坏者。”[①]它们强调的，都是施舍积善，必有善报。《大庄严论经》卷四更具体地说明了“一切苦种子，无过于贪嫉……施为善种子，能生诸利乐”。[②]因此，《中阿含·王相应品·蜱肆经》劝人“行施修福”。[③]此处的福，可以是今生享受的，可以是来世享受的，更可以是宗教性的巨大福报。所谓“人布施作善，奉行经戒，今世安隐，后世便生天上，下生人中即当明慧富贵，后不复入地狱、饿鬼、畜生中”；[④]以及“施为善导，能开三乐：天上、人中、涅槃之乐”，讲的都是这个意思。

今生的果报，主要表现无非还在名、利两个方面。“好施之人声誉流布，八方信乐，无不爱敬”，[⑤]在任何时代都是理所当然的事。至于财利上的现身受报，虽然看来难于理解，即使有也难免出于偶然，却为佛典所津津乐道。《杂宝藏经·求昆摩天望得大富缘》称：“修行布施。然后可富。……不修布施。故使贫穷。”[⑥]施舍致富而悭吝故贫似乎与常识有悖，但在相信业报的人看来却是理所当然。这部经典收集了许多故事，用以说明现世善报的速疾。第四十二则故事说，昔日干陀卫国有一名叫罽那的画师。他在外作画三年，苦苦攒得三十两金，准备返家。走到弗迦罗城，见有人设无遮会，便向寺院知事打问，作会一日，需钱多少。知事答三十两金。他于是求知事帮助，鸣椎宣示，设会一天，广施众僧。三十两金旋即散尽。回到家中，妻子问他，做活三年，挣的钱在哪里。他回答说，藏在了一个最稳妥的地方。妻子又问，那是个什么地方。他说就在僧人中间。妻子大怒，责备他不养家中贫苦母子，却把辛苦得来的钱随意散施，愤懑之下，将他告官。守宰问他前后因缘，他说自己一生遭苦，必是不作福业的缘故，因此见到设会的机会，便决定倾其三年所积，施舍修福。听此守宰十分欢喜，遂脱下自己的华服和缨络，连同车马诸物，一齐授予罽那，此外还封赏他村落一座。[⑦]接着画师故事的，是一对贫穷夫妇自卖设会的故事。大意为

① 《大正藏》第四卷，二八二页上。

② 同上书，二七六页上。

③ 《大正藏》第一卷，五三一页中。

④ 《那先比丘经》卷上，载《大正藏》第三十二卷，七〇四页下。

⑤ 《大智度论》卷三十，载《大正藏》第二十五卷，二八〇页下。

⑥ 《大正藏》第四卷，四九二页上。另《大庄严论经》卷四：“愚痴悭不施，以种贫穷本，贪心而积聚，即堕于恶道，如此悭贪者，众苦恼根本。”见《大正藏》第四卷，二七六页中。

⑦ 见《大正藏》第四卷，四六八页上、中。

一个名叫罽夷罗的佣工，与其妻商议召集施会，以求福报，无奈身无分文，只好将自身向富豪抵押十枚金钱，七日为期；逾期不还，即为奴婢。二夫妇得钱后到寺院昼夜备办，不料到第六日忽有国君也来作会，欲以权势强将日期排在前面。二夫妇抵死不让。双方争执不下，国君亲自前来。罽夷罗说明缘由，国君甚为感动，立即将自己和后妃的衣服首饰脱下相赠，并以十个聚落作为福封，赐给他们。[①]这两则故事有一个共同的特点，即主角都是贫弱者。贫弱者虽无长物，却千方百计，勉力施舍。所以施舍，已经不在帮助来到门前的乞求者，而在信从宗教的说教为自身祈福。果报在这里也已不是理论预期的结果，而是一心追求的目的。然而，表现在故事中的福报之大，实现之速，常能给人深刻的印象，用以说明施舍果报的不虚，确实会有好的效果。

佛教以及古代印度的其他宗教，凡讨论果报，谈来世往往多于谈今生。施舍的果报亦然。《中阿含·根本分别品·鹦鹉经》说："若有男子、女人不作施主，不行布施，……身坏命终，必至恶处，生地狱中；来生人间，无有财物。……若有男子、女人作施主，行布施。……身坏命终，必升善处，生于天中；来生人间，多有财物。"[②]来世的果报，概括起来，就是如此。命终之际的表现、再生人间后的状况以及地狱天堂景象，这三者，典籍中都有描述。乐善好施的人在亡故前后已见不凡。《大宝积经·广博仙人会》称："其人将终，形不羸瘦，容色无变，身无垢汗，声不嘶破，亦不遗沥大小便利，六尘充足，诸根无损，能见自身在天众中。命既终已，色如红莲，口出妙香，复有清风吹妙花香，拂其尸上。"[③]如此这般的瑞征，自然预示着死者将要往生善处。这善处倘为人世，则意味着"必使将来生，种姓好眷属，端正有威德，财富多侍从，众事不可嫌，为世所尊敬"，[④]意味着阔绰而又体面的上好人家的优裕生活。如果施主特别慷慨，且又是"施佛及僧"，那么福报也会更加不同寻常。《阿育王传》和《贤愚经》等都有施僧施佛的故事。前者说阿恕伽（即阿育）王宫中有一贱婢，某日于粪扫时拣得一枚铜钱，为求福报，当即将它施与僧众。不久婢女病亡。时正

① 同上页。《阿育王传》将此故事置于孔雀王朝阿育王统治时期，仅内容略有区别，如不是国君来争会期，而是阿育王普劝国人参与作会，贫苦夫妇以自身为质，得钱后参加施舍。故事见《大正藏》第五十卷，一三〇页下、一三一页上。

② 《大正藏》第一卷，七〇五页下。

③ 《大正藏》第十一卷，六八一页下。

④ 《大庄严论经》卷六，载《大正藏》第四卷，二八九页中。

值王后临盆，产得一女。此女端正姝妙，只是长到五岁，右手始终紧拳不放。一次阿恕伽把她叫到跟前，轻抚她的右手，结果右手松开，只见掌心有一金钱。金钱随取随生，不会穷尽。阿恕伽十分骇异，便向国师耶奢请教。耶奢说该女前身是宫中婢女，唯因得一钱币施与僧众，因而生作王女。[①]后者说到一个贫穷的樵夫，每天在野林砍柴为生。一次见王家请佛及僧，自己也生出敬爱之心，便把辛苦得来的两枚钱币慨然相施。佛出于悲愍，亦欣然接受，并预言他会在九十一劫之内始终享有无尽的财富。[②]

地狱的苦况如何，《菩萨本行经》卷上有一段描述："堕于卢獦地狱之中，数千万岁受众苦痛。从地狱中出，当堕饿鬼，昼夜饥渴，身常火燃，百千万岁初不曾闻水谷之名。"[③]此处在地狱遭受煎熬的显然是一个生时不肯以水米施与乞食者的悭吝人，也即《菩萨本缘经·月光王品》所指的守财奴："家有钱财不能施者，当知是人则为守奴，犹如毒树，虽生华实，无人受用；井深绳短，水无由得。有财不施亦复如是。若见乞者面目颦蹙，当知是人开饿鬼门。"[④]百千万年不知水谷为何物，确是严厉的惩罚。至于天堂，则是另一番完全不同的景象，《大宝积经·广博仙人会》曾有描述："其人命终，以天识故，见三十三天百千楼阁，金摩竭鱼，庄饰门柱，蛇胜栴檀，香水涂洒，其地柔洁，白逾霜雪，净如颈珠，黄檀香树，天宝灯烛，杂错行列，天诸男女，游戏园林，耽染狂醉。"[⑤]天堂不仅环境优美，设施豪华，日常生活也舒适惬意，到了可以无所事事、慵懒度日的程度。天堂的居民，只要腹中饥饿，就会有美食盛在金器中自动现于面前，供他取用；食物入口，不劳咀嚼，即能自行化解，就像酥油遇到了火焰一样。那里到处是绿林清池，生长着奇异的香树、衣树、璎珞树、果树和音乐树。各种树木见人来到，都会自动低垂，贡献所有。香树供给人沐浴后需要的种种涂身香料。其他树木上的衣物、饰品、果汁、乐器等，也都听任来往的路人随手取用。亭台楼阁中玉女如云。她们歌喉婉转，舞姿曼妙，日日欢会，娱人身心。[⑥]

---

① 故事见《大正藏》第五十卷，一三〇页上、中。

② 见《大正藏》第四卷，三五八页下。

③ 《大正藏》第三卷，一〇九页下。

④ 《大正藏》第三卷，六三页下。

⑤ 《大正藏》第十一卷，六八二页中。

⑥ 见《大楼炭经》卷四，载《大正藏》第一卷，二九七页下。

然而，施舍所求，除了今生来世的善果乃至天堂乐土之外，还有更高的宗教性福报，即得佛智慧，达到解脱，获得《大智度论》所谓三乐中的涅槃之乐。《大般若波罗蜜多经·布施波罗蜜多分》所说“若学布施波罗蜜多，无始世来所习悭垢即便远离，身心相续，渐能亲近一切智智”和“修行布施波罗蜜多……则能摄受一切智智，疾证无上正等菩提”，[①]以及前引《生经》所说“三施具足，乃疾得佛”，指的就是由布施而得菩提，最后得佛得解脱。解脱作为佛徒修行布施的重要目的，有时也被宣说为唯一目的，而其他目的，特别是对于更多财利的追求，则被排除在外。这方面《大庄严论经》可为典型。该经卷六称：“施为解脱，不为财物；若为财物，不名为施。若为解脱，则得无生及涅槃乐。是故智者应为解脱而行布施。”[②]

至于施舍果报的大小，前面有关施舍对象的一节中已经谈到。那里谈的是同样的施舍，对象不同，所获善报有可能大不相同。其实，同样的施舍，施主自身状况不同，带来的果报也会不同，甚至施少而得多。《众经撰杂譬喻》卷上曾用一则故事来说明为什么如此。故事说某国王召开无遮大会，施佛及僧，有一位贫穷老妇也来参与。这老妇素以乞食为生，本无所有，只是看到国王行善，亦起善心，所以拿着几粒豆子，也来行施。看门的看不起这几粒豆子，拒绝她入场。佛看出了她的善心，便运神力使豆子遍满所有人的食钵。国王见状，怪问厨师怎么回事。佛陀告诉国王，厨师无过，豆子都是老妇拿来的。她见你设会施众，有心劝助，无奈贫无所有，只好拿来几粒豆子。不过，这位老妇所施虽微，得福却多于大王。国王不解：何以我以丰富的美食佳肴施众，结果反不及只舍几颗豆粒的穷妇。佛陀答道，大王所做的种种供养，尽管极其丰盈，却都是来自百姓，你自己并无损失。这位贫苦老妇虽然只拿出几粒豆子，却已经罄其所有。两相比较，自然是她得福多，王得福少。道理在于“修福种德，惟在至心”。[③]对于施主、受者和施舍多少与福报的关系，《菩萨本行经》有一段总结，全面地说明了佛教的认识：“夫于布施，所施虽多，而获报小；布施虽小，而获报多。何谓施多而获报小？虽多布施，而无至心，无恭敬心，不大欢喜，贡高自大；所施之人，信邪倒见，非是正见，不得快士，所施虽多，而获报小，犹如耕田，薄地之中，下种虽多，收实甚小。何谓施小而获大福？所施

① 《大正藏》第七卷，九九七页上，九九二页上。

② 《大正藏》第四卷，二九一页上。

③ 见《大正藏》第四卷，五三二页下。

虽小，欢喜与，净洁心与，恭敬与，不望报与；所施之人，复得快士、佛及辟支佛、沙门、四道、应正见者，所施虽小，获报弘大，犹如良田，所种虽小，收实甚多。”[①] 在施主方面，该经强调的是真诚与恭敬，在受者方面，则最好是具有正确信仰的人，即佛教徒。至于施舍之物的贵贱与多少，则无关紧要。

4. 规则、仪节和禁忌

外部规则性的话题，在佛教经典中出现较少。就施主来说，更多的要求还是针对他们的内心态度。此点上节已有叙述。《大宝积经·广博仙人会》提出的三十二种不净之施大多值得注意。为报恩的、并无哀愍之心的、为满足色欲的、施于火中的、掷于水中的、因为恐怖而施的、施刀杖的、为了称誉的、受占相者指点的、为求饰好的、为结交朋友的、因病施医的、先打骂而后施财物的、施舍以后后悔懊恼的、希望受施者后世为自己做牛马的、公开声言要福报自受的、少无净心而临死之时方始想到施舍的、指望闻名遐迩的、心怀嫉妒的、为求男女及其他杂缘的、念念不忘在来世受报的、不同情贫弱反倒持财施与富人的等等，凡此种种动机不纯或布施不当的，都属不净之施，或称爱染之施。做此施舍，“犹如有人携持种子，于荒秽田随所种殖。然彼种子依大地界，遇天雨润，决定生芽，至于花实，少得收获”。[②]《起世经·最胜品》要求人“于布施时，速疾而施，不谄曲施”。[③]《中阿含·大品·善生经》说施主应以五事供养沙门梵志。“云何为五？一者不禁制门，二者见来赞善，三者敷设床侍，四者施设净美丰饶饮食，五者拥护如法。”[④] 这些说教有些看来是施舍时应守的规矩，实际上更多的是对于施舍态度的要求。《阿育王传》谈到他向僧众施食时说：“（王）欲与僧食。上座夜舍言：‘王遇胜福田，莫生优劣心。’王自行食，乃至于沙弥。”[⑤] 身为帝王，也要放下架子，手施沙弥，施、受之间的关系，应该说是平等了。义净也曾谈到王者施舍时的态度，说：“国王乃舍尊贵位，自称奴仆，与僧授食，虔恭彻到，随著皆受，更无遮法。”[⑥] 这里的表现就更加恭敬了。

对于受者的要求虽然少于施者，但也并非没有。比如，《经集》第十一章

① 《菩萨本行经》卷中，见《大正藏》第三卷，一一四页上。

② 见《大正藏》第十一卷，六七九页中、下。

③ 《大正藏》第一卷，三五九页上。

④ 《大正藏》第一卷，六四一页下。

⑤ 《大正藏》第五十卷，一〇五页下。

⑥ 义净著，王邦维校注：《南海寄归内法传校注》，64页，北京：中华书局，1995年。

《那罗迦经》就提出了对于游方牟尼的要求："他应该在夜晚逝去后前往村边。他不应该喜欢受到邀请，也不应该喜欢从村里送来食物。牟尼来到村庄后，从容地挨家游行乞食。乞食时，沉默不语，不说不得体的话。'我得到，说声好。我得不到，也说声好。'他对两者一视同仁，回到树根旁。他手持钵盂游行。他不是哑巴，但像哑巴。他不应该嫌弃微薄的施舍，不应该轻视施舍者。"①《本生经》强调的是僧人应该在早上外出乞食。在《大孔雀本生》中，世尊对猎人说："凡在大地之上穿着黄色衣袍，遵守苦行戒条的人，都应该住无居室。他们要早早出去乞食，不能等到下午。做到了这些，就是善者。"②至于对于施者的态度，《优婆塞戒经·业品》说得更为彻底。它说："有人以食欲施于我，未与我间，转施饿狗。我亦称赞如是人者是大施主。"③

施舍的仪节在佛典中同样颇少记载；即使有，往往也十分简单。《太子须大拏经》对于施白象的叙述仅是"太子……即敕左右，被象金鞍，疾牵来出。太子左手持水澡道士手，右手牵象，以授与之"。施儿施妻也只是"太子即以水澡婆罗门手，牵两儿授与之"及"太子以水澡婆罗门手，牵妃与之"。④如果召开施舍大会，按照《菩萨本缘经·昆罗摩品》所讲的故事，要做的也只是"……于城外安旷之处庄严施场……供办饮食所须，寻于诸方，击鼓宣令：若诸众生，凡有所须，衣服、饮食、卧具、医药、象马、车乘、香华、璎珞、末香、涂香、舍宅、灯明，悉来集此，当相奉给"。所施之物，则要做一定的装饰，如施牛，即"纯以白叠缠覆其身，金角银蹄，庄严映饰"。⑤这一点很像印度教。《贤愚经·月光王头施品》所记亦大同小异："设大檀施……即竖金幢，击于金鼓，广布宣令，腾王慈诏，远近内外，咸令闻知。"⑥阿育王大施僧众，所记不过是；"……于是便造般遮于瑟，以四十万两金、国土、宫人、辅相、己身、子驹那罗等尽施众僧，而还归家"。⑦玄奘《大唐西域记》记戒日王施舍财宝也仅为："戒日王以真珠杂宝及金银诸花随步四散，供养三宝。"⑧比起印度教的繁缛仪节来，

① 《经集》，104页。

② 偈颂见 *Jatakas*，Vol. Ⅳ，p.214。

③ 《大正藏》第二十四卷，一〇七〇页中。

④ 分别见《大正藏》第三卷，四一九页下、四二二页上、四二三页上。

⑤ 《大正藏》第三卷，五三页下、五四页上。

⑥ 《大正藏》第四卷，三八八页下。

⑦ 《大正藏》第五十卷，一〇六页上。

⑧ 季羡林等：《大唐西域记校注》，441页，北京：中华书局，1985年。

佛教显得简单多了。

义净《南海寄归内法传》对于礼节性施食佛僧的情形有较详的记载。斋日之前，施主往往先去礼拜请僧，行斋时所用座位器皿应合规定。铜器要用灰揩净，瓦器则只用一次。座席应互不相连。设食之处的地面须以牛粪擦净，并预备好清水。僧徒到来以后，便解开衣纽，安置净瓶，看看水中无虫，即可用以濯足。食前按一定法式将衣服系好，洗或擦净双手，并念咒语，以防食物有毒。授食的人要并足而立，恭敬曲身，两手执器。饼果米饭等应依次奉上，搅和饭中调料要用右手。食毕以片水漱口，咽而不弃，还要用施主拿来的齿木净口。辞别僧徒时口念善语，然后散去。[①]义净所述，虽然烦琐，但是就内容看，仍属一般的用食规矩，其中净器净手，察看水中有无小虫，右手撮饭，饭后漱口等，也并不是仅见于施食场合。

总地说来，佛教对于施舍的规则仪节不太重视，也很少提到禁忌。它显然更注意施舍的内容和对象。从施舍中，乞者和施主各得其所。因此，行施本身才是最重要的。《太子须大拏经》称“在所求索，不逆人意”；“恣人所欲，不逆人意”。《长阿含·世记经·世本缘品》称“济诸穷乏，施以饮食。……随其所须，不逆人意”。这“不逆人意”强调的就是乞、施关系的和谐建立。而这种关系的基础则无疑是慈悲向善的佛教教义。

不过，当事涉帝王的时候，却有一种现象值得注意。《法显传》说，当他旅行到竭叉国时，“值其国王作班遮越师。班遮越师，汉言五年大会也。会时请四方沙门，皆来云集。……供养都毕，王以所乘马，鞍勒自副，使国中贵重臣骑之，并诸白氎、种种珍宝、沙门所须之物，共诸群臣，发愿布施。布施已，还从僧赎”。[②]值得注意的，就是这种其他地方见不到的舍而复赎的现象。如何赎法？我们可以从其他经典中找到消息。《阿育王经》中有一则故事说，阿育王想以十万金施僧，但其子鸠那罗表示愿意加倍。几经角争，最后决定由阿育王布施四十万金，并以“一切大地、宫人、大臣，并以我身及鸠那罗悉施众僧”。结果，他不得不“以四十万金布施众僧，复以无数金银赎此大地、宫人、大臣，并以我身及拘那罗”。[③]另有传说，阿育王几十年广施佛僧，前后已达九十六千万金。后他偶然得知，释迦牟尼在世时，舍卫城富商须达多曾有

① 义净著，王邦维校注:《南海寄归内法传校注》，64页，北京：中华书局，1995年。

② 章巽:《法显传校注》，20页，上海：上海古籍出版社，1985年。

③《大正藏》第五十卷，一四一页中。

百千万金之施，于是大为惭愧，急欲补足四千万金之数，并为此忧思成疾。弥留之际，阿育王以天下之主的身份，宣布除他已无法掌握的府库之外，愿将一切高山、河流、大地、海洋尽施佛僧。后储君三波地在他死后继位，发现连灌顶需要的水都无权使用，只好以四千万金向僧院赎回海陆，阿育王夙愿终获实现。[①]除直接赎回施舍物外，还有一种变相的赎买方式。《大唐西域记》说戒日王“……笃述惠施，五年积财，一旦倾舍。……府库既倾，服玩都尽，髻中明珠，身诸璎珞，次第施与。……从此之后，诸国君王各献珍服，尝不踰旬，府库充仞”。[②]这是一种用属国朝贡来实现的补偿方式。无论是自赎，还是他赎，帝王的某些施舍看来也不过只有表面的意义。[③]另有学者认为，施而复赎的事情，也只有王中的霸主能够做到。因此，他们的大规模施会，同时也具有重申霸权的意义。[④]验之印度古代割据多于统一的事实，这一说法，却也不无道理。

三、印度教和佛教施舍观念比较

施舍的观念在印度由来已久。最初它是（广义）印度教的重要教义之一。佛教产生以后，继承了很多印度教的思想，施舍也在其中。后来两个宗教各自发展，施舍观念一直保留着，但是越来越显出各自的特征。这些特征自然有同有异。分析起来，印度教和佛教施舍观念上的同异，主要表现在如下方面。

---

① 故事见《阿育王经》卷六，载《大正藏》第五十卷，一四八下、一四九上。

② 前引季羡林等:《大唐西域记校注》，464页。

③ 阿育王自舍的榜样在中国有十分出名的仿效者，即梁武帝。梁武帝四次舍身同泰寺（《南史》卷七《梁武帝纪》和《资治通鉴》卷一五一至卷一六○均记四次，《梁书》记三次，即中大同元年［546年］仅有“法驾出同泰寺……讲金字三慧经……”而未及舍身事），比阿育王犹有过之。大通元年（527年）的一次，《南史》记载颇详，可与佛典有关阿育王的传说相比较:“癸巳幸同泰寺，设四部无遮大会。上释御服，披法衣，行清净大舍，以便省为房，素床瓦器，乘小车，私人执役。甲午升讲堂法坐，为四部大众开涅槃经题。癸卯，群臣以钱一亿万奉赎皇帝菩萨，大舍，僧众默许。”此外，《通鉴》记中大同元年的那次舍身有注称“《考异》曰:《典略》云：癸卯，诏‘以今月八日于同泰寺设无遮大会，舍朕身及以宫人并所王境土供养三宝。’四月丙戌，公卿以钱二亿万奉赎。”在这里，梁武帝连用语与阿育王都无二致。武帝舍身赎身后，往往继以大赦，改元。兹事体大，由此可见。

④ 见 John S. Strong. *The Legend of King Aśoka*, *A Study and Translation of the Aśokāvadāna*, Delhi: Motilal Banarsidass, 1989, p. 95.

（一）相同的特征

1. 认为世间的财物是无常的，它们会消耗，损坏，丢失，甚至招来灾祸。保有财富的最好办法，就是将它们散施出去。人只有和财物分离，才能通过福报的方式真正永久地拥有它们。《大鹏往世书》说："财富虽经千辛万苦才能挣到，但它天生却不稳定。唯一的解决办法是施与他人。否则等待他的就是灾难。……一个善良、慷慨而又宽厚的人，即使挣得了万贯家财，也会视之如草叶，并无大用。他不怕痛苦，不怕欺骗，也不怕阎王的差役——当死亡来临的时候。"[①]佛教经典也有类似的论述，而且更多，也更深刻。《众经撰杂譬喻》卷上将财之不保喻为火宅中物，说聪明人能够看到失火之势，因此把房舍中物急忙出空，后宅虽烧毁，但财宝仍在。愚惑的人无不顾惜，但知匆匆扑火，最后宅、物俱焚。结论是："智人植福，勤修布施，亦复如是。知身危脆，财物无常，遇值福田，及时布施，亦如彼人火中出物，后世受乐，亦如彼人更修宅业，福利自慰。"[②]因此，《优婆塞戒经·杂品》说，好施之人"见来求者，心生欢喜，如失火家得出财物，欢喜赞叹，说财多过，施已生喜，如寄善人；复语乞者：'汝今真是我功德因。'"[③]应该注意的是，这里只是从财物无常的角度去说明施舍的必要的，目的是所谓"以不坚财易于坚财，以不坚命易于坚命"，而未及慈善的动机。

2. 所施物大略相同，首先是食物、饮水、酥油、衣服、灯烛、医药、卧具、床褥等生活必需品，其次是车乘、马匹、牛羊、树木、土地、大象、宅舍、奴婢等高价值物品，以及花环、涂香、璎珞、金银、琉璃、珍珠、玛瑙、珊瑚等装饰品或奢侈品。此外还有水井、街灯、泉池、桥梁等用于公益之物，以及寺庙、静修林、塔、林迦等宗教性的奉献。印度教和佛教都强调食物、水和衣服施舍的重要。作为必不可少的生活用品，这些东西的重要性不言而喻。两种宗教都提倡一种非物质性的施舍，在印度教叫知识的施舍，在佛教叫作法施。前者所谓知识，无疑指的是吠陀经典和其他印度教宗教学问；所谓施舍，也无非诵读印度教圣典和传授有关知识。我们从前面的引文可以知道，知识的施舍在许多印度教经典看来是无出其右的"最高之施"；至少是最高之施之一。后

① 《大鹏往世书·正法篇》36. 33、35–36。

② 《大正藏》第四卷，五三一页中。

③ 《大正藏》第二十四卷，一〇五五页中。

者所谓法当然就是佛法，所谓施无疑就是宣扬佛法。众多的佛教典籍都对法施大加颂扬，或说“财施名下，法施名上”，或称“……然复法施，于中最尊”。印度教知识和佛法的施舍都是以弘扬宗教为目的的，这是它们的施舍高于其他诸施的简单原因。

3. 无论印度教还是佛教，都对受施者的品质提出了一定的要求，并且常将施主善报的大小同受者品质的好坏联系起来。衡量品质所用的标准，以《摩诃婆罗多·教诫篇》为例，常常就是一般的道德修养，如不奸不诈，不骄不躁，不伤生灵，正直可靠，容人善忍，谦虚谨慎，出语诚信，抑制贪欲，身心纯洁，仁爱为怀，饱有学识，安静自处，努力尽职，能为众生谋利，等等。此外，就是那些从宗教角度看的良好表现，如严修苦行，驾驭感官，精心研究吠檀多哲学，面对饥饿的威胁而仍然不肯背弃正法，等等。（23. 34、35；37. 8、9；68. 19、20）佛典《经集》提出的标准也是兼有普遍道德和宗教道德两个方面，比如：不自私，不骄傲，不渴求，不贪婪，恪守梵行，喜好修禅，饱学各种知识，善于约制自身，摆脱了贪欲、爱欲、愤怒和痴迷，灭除了人生的烦恼，不执着于生死，如此等等。（5. 490–503）世尊告诉向他请教的青年摩伽，具有这样品德的人获得了施舍，其施主必能得到他所渴望的功德。

4. 注重施主诚恳的心理态度，注重施舍的自觉性，即施舍行动应该出自本人的内在需要，而并非受迫于外界因素。在《那罗陀法论》指出的十六种无效布施中，就有在惧怕之下施舍的，受了欺骗或听了虚假的托词而施舍的，受悲哀、憎恨或痛苦等情绪所左右而施舍的等。《阿波私坛巴法经》特别提出了人家不情愿拿出的食物不能吃。[①]佛典也有类似观点。《大宝积经》提出的三十二种不净之施便包括了为报恩而施的，因为恐怖而施的，并无哀愍之心而施的，为结交朋友而施的，希望受施者后世为自己做牛马而施的，心怀嫉妒而施的，等等。《菩萨本缘经·兔品》分施舍为四等，并将“以畏怖故行于布施”归作“下中下者”，也即末等。[②]所有这些受外界影响而非自觉自愿的施舍，都不在印度教和佛教的鼓励之列。

5. 着重提倡对于僧侣阶层的施舍。这种倾向在印度教中表现得非常明显。诸法论在说明各种姓的职责分配时，即明确规定仅仅婆罗门在其六业之中有接受施舍一项，其他种姓则只有施舍和服务的义务，而无接受布施的权利。《摩奴

① 《阿波私坛巴法经》1. 19. 10。

② 《大正藏》第三卷，六六页上。

法论》为这一理论编制了相应的神话，说这样的分配乃是梵天大神的决定，其理当历千古而不易。至于婆罗门本人的施舍，按照往世书的说法，则只能以另外的婆罗门为对象。往世书不常使用六业之类的古板说教，但是婆罗门作为受施者的地位在这里比在传承经典中还要突出。史诗虽然在受施者的资格上做了许多规定，但是受规定制约的毕竟还是婆罗门阶层。《乔达摩法论》的典型说法则是，施舍非婆罗门，其果报与所施物等值；而将它施与婆罗门、了解吠陀的婆罗门或精通全部吠陀的婆罗门，则所得福报会是原物的两倍、千倍乃至不可以数计。佛教在谈到施舍对象时，也总是特别注重僧侣群体。所谓“施佛及僧”是很多佛典都积极鼓励的。倘若论及布施的善果，则从俗人到佛陀，往往级级递增，差别巨大。《中阿含·心品·瞿昙弥经》用佛祖的口吻说：“布施畜生得福百倍，施不精进人得福千倍，施精进人得福百千倍，施离欲外仙人得福亿百千倍，施向须陀洹无量，得须陀洹无量，向斯陀含无量，得斯陀含无量，向阿那含无量，得阿那含无量，向阿罗诃无量，得阿罗诃无量，缘一觉无量，况复如来。”①这种福报递增的理论自然意在提倡施僧施佛。阿育是印度古代最有名的圣王。前面所举他以沙土施佛而果报竟是转轮圣王的例子，对于信仰者来说，想来是非常有吸引力的。

6. 注意对于穷困者的施舍。虽然施舍在成为宗教行为以后，它的主要对象便成了僧侣和寺院，但是它并没有放弃对于贫穷者的关注。前引《摩诃婆罗多·教诫篇》曾说，应该把布施给予那些妻子在家等待他拿回吃剩的食物，犹如农民盼望天降甘霖的婆罗门，给予那些缺乏基本的生活之资的人、在巨大灾难中失去一切的人、被强权夺去了所有个人资产而只求糊口的人。尽管印度教由于其宗教偏见而将首陀罗和其他它认为低贱污秽的不幸者排除在了受施范围之外，但是它又在很多地方明确表示“对于贫穷无助者的吁求无动于衷，不加救助的人，是邪恶的人”。佛教的教义中并无种姓区分，表现在施舍上自然也就没有歧视现象。佛典中常见将施舍给予沙门、婆罗门和给予贫穷、孤独、困苦者同时并提，如《长阿含·世记经·郁单曰品》：“施沙门、婆罗门及施贫穷乞儿、疮病、困苦者。给其衣服、饭食、乘舆、花鬘、涂香、床榻、房舍。”②专

① 《大正藏》第一卷，七二二页中。

② 《大正藏》第一卷，一一九页中。

门针对生活无着者所谓“开意放舍，给诸孤贫”的说法亦所在多有。[①]对于不肯济苦救贫的富人，印度教和佛教常会表现出明显的愤懑之情。道理是明显的，施舍而不及贫孤，施舍就失去了根本的道德基础。

7. 对于印度教和佛教来说，施舍得报是天经地义的事。福报可以在现世，也可以在来世实现，但它们更多强调的往往是来世。《祭言法论》说人在施舍了土地、灯盏、食物、衣服、酥油、黄金等以后可以在天界获得伟大的荣光。《那罗陀往世书》说施舍了衣物的人，死后得去楼陀罗世界；施舍女孩以为人妻者，死后得去梵天世界；施舍黄金者，死后得去毗湿奴天国；施舍牛奶、酥油、蜂蜜、奶酪的人，死后得在天国享受崇敬达一万天年。史诗对于人死后往生的美妙世界更是极尽夸赞。那些地方有美丽的湖光山色和富丽堂皇的宫室，养着各种珍奇的动物和植物。小溪中淌着牛奶，可口的食物和其他供人享乐之物堆积如山，到处生长的如意树会随时献上人们想要的任何东西，珠宝装饰的车辆来往奔驰，空中飘荡着美妙的仙乐，艳丽动人的天女竟日歌舞……。总之，当时人想象得到的任何享乐在那里无一不备。佛教同样以美好的来世许与施主。倘若再到人间，他会降生在一个高等种姓的家庭，美貌堂堂，威德兼备，财宝无数，侍从如云，行为合于正法，恒为世人所敬重。粪扫女拾钱施僧，后生为阿育王女的故事就是这样的例子。如果生于天堂，则可以过无忧无虑，慵懒度日的生活。觉得腹中饥饿，便会有金器美食自动现于眼前。食物入口，无须咀嚼，便会自然化解。但有所需，衣树、璎珞树等就会主动俯首，供给一切。居处有绿林清池，奇花异草，金银楼阁，檀香廊柱。环侍四周的是娇艳妩媚，能歌善舞的天女。不过，如此美妙的天堂生活，尚不是施主所应求的最高境界。《优婆塞戒经·杂品》：“智人行施……不为生天人中受乐，不为善名流布于外……为入涅槃，断于有故，”[②]指的就是这种涅槃也即解脱境界。佛陀前生欲行布施，

① 《中阿含·王相应品·大天㮈林经》：“……修行布施，施诸穷乏沙门、梵志、贫穷、孤独、远来乞者。”（《大正藏》第一卷，五一四页中）《大宝积经·广博仙人会》：“见贫穷者，施于衣食，及诸病人，随与医药。”（《大正藏》第十一卷，六八一页下）《增一阿含经·三宝品》：“开心布施沙门、婆罗门、极贫穷者、孤独者、无所趣向者，须食与食，须浆给浆。”（《大正藏》第二卷，六〇二页中）《六度集经·布施度无极章》：“布施众生，饥者食之，渴者饮之，寒衣热凉，疾济以药。”（《大正藏》第三卷，一页上）《贤愚经·月光王头施品》：“……于时国中，沙门、婆罗门、贫穷孤老、有乏短者，强弱相扶，云趋雨集，须衣与衣，须食与食。”（《大正藏》第四卷，三八八页下）

② 《大正藏》第二十四卷，一〇五八页上。

而贫穷如洗，了无所有，遂周身涂蜜，不惜以头目髓脑施与鸟兽。天帝释化作飞鸟走兽，前来啄食，而他毫无退转之意。后果然“超诸菩萨所作功德，而先成佛”。为说明如何能得最高的福报，佛典为信徒提供了世尊自己的榜样。

8. 在提倡施舍的同时，对于吝啬的人给予批评，乃至诅咒。在这一点上，印度教和佛教的态度完全相同。如前所述，《毗湿奴往世书》即曾对那些冷酷无情，不肯向穷苦无依，举目无亲者施舍食物的人发出诅咒，说他们“一定要入地狱”，并说“那从一个家主的门前失望而去的人，会把自己的败德留下，而把他的功德带走”。《湿婆往世书》也有类似的论述。《摩诃婆罗多·教诫篇》说：“那些手头宽裕，却又不肯施舍的人都要入地狱。”（24.78）“答应了施舍之后又不肯拿出来的人，无论东西多少，他们自己的愿望都不会再实现，就像性无能的人不会再有后代一样。”（9.3）更有甚者，如果有谁请了贫穷的婆罗门，可是待他来到，又食言不想再做施舍，那么，“其罪等于杀婆罗门”。（25.5）佛教对于悭吝人的批评亦极严厉，同样诅咒而不吝笔墨。《撰集百缘经》曾引故事说：“佛在王舍城迦兰陀竹林。时彼城中有一长者，名曰贤面，财宝无量，不可称计，多诸谄曲，悭贪嫉妒，终无施心，乃至飞鸟驱不近舍。有诸沙门及婆罗门、贫穷乞丐从其乞者，恶口骂之。懃求资产，积聚为业，不修惠施，其后命终，受毒蛇身。”[①]贪吝而无施舍之心的人，生于世间，则“贫穷困悴……身体羸瘦，衣裳不障……虽受人形，形相具足，以无福故，常从他乞”；[②]亡故之后，离开人世，即如前引，“堕于卢獦地狱之中，数千万岁受众苦痛。从地狱中出，当堕饿鬼，昼夜饥渴，身常火燃，百千万岁初不曾闻水谷之名”。两种宗教在倡导施舍的时候，都在极力赞美慷慨施主的同时，对悭吝者给予了严厉的批评、抨击乃至威吓。从中不难看到，到施舍观念完全成熟的时候，其动机中的自愿因素明显地减少了，而强制性则大为增强。试想，前有天国福报相招，后有地狱苦果相迫，如果我们今天的读者都能明显地从中感到强制性，那么当时的信徒会如何领会就可想而知了。

① 《撰集百缘经·诸天来下供养品·贤面悭贪受毒蛇身缘》，载《大正藏》第四卷，二二八页上。

② 《菩萨本缘经·善吉王品》，载《大正藏》第三卷，六一页下。

（二）不同的特征

1. 就提倡施舍的范围来说，印度教较窄，而佛教较广。无论是在法经、法论，还是在史诗、往世书里，印度教反复强调的施舍对象都是婆罗门，兼及确实需要救助的穷困者。所有当施或不当施的资格标准，也只是在婆罗门种姓内部起作用。所说的穷困者，也大多是婆罗门。我们从来未见任何印度教经典明确讲到过也应对其他宗教的信徒给予施舍。佛教则完全不同。它在提到施舍对象的时候，总是沙门和婆罗门（梵志）并举。早期的佛教经典，如《阿含经》等，尤其如此。例如:《长阿含·世记经·世本缘品》:“……供养沙门、婆罗门，济诸穷乏，施以饮食、衣服、汤药……”[①]《中阿含·根本分别品·鹦鹉经》:“……作施主，行布施。彼施与沙门、梵志、贫穷、孤独、远来乞者饮食、衣被、花鬘、涂香、屋舍、床榻……”[②]阿育王在他的诏书中曾经要求人们“慷慨地对待朋友、熟人、亲族以及婆罗门和沙门”。他自己也常在巡游途次“拜访婆罗门和沙门，并向他们施赠”。[③]《中阿含经》甚至有向耆那教徒施食的记载:耆那教徒优婆离居士皈依佛陀后，“敕守门者:‘汝等当知，我今则为世尊弟子。从今日始，诸尼揵来，莫听入门。……若须食者，便可住此，当出食与。’”[④]佛教施舍范围较广还表现在，它虽然间或列举出若干善德，希望将布施给予那些具有如此善德的人，但却很少列举恶德，要求拒绝给德恶的人以施舍。它也曾提出过净施与不净施的概念，意味着确有不净的受施者存在，然而实际上却难得真正举出哪些是不净者，劝人对他们免予布施。印度教则完全不同。印度教经典常会举出一系列名单，指出这些人不宜给予施舍。《陀刹法论》举出了吹捧者、庸医、骗子、偷儿、说谎者、逢迎者、流浪艺人;《摩奴法论》举出了不识吠陀者;《祭言法论》举出了缺乏知识的人和不操苦行的人;《摩诃婆罗多》举出了赌博者、杀胎者、痨病者、高利贷者、纵火者、投毒者、私生子、看牲口的、卖苏摩的、卖杂货的、演戏的、算命的、航海的，如此等等。向这些人施舍，“施主一无所得，正如把种子播在不毛之地上以后，播者颗粒无收”，严重时反会给自己带来厄运。佛典中则全无这样的限制。它甚至认为，即使是有缺

---

① 《大正藏》第一卷，一四五页下。

② 《大正藏》第一卷，七〇五页下。

③ 分别见阿育王第十一号和第八号石刻诏书，译文载中国社会科学院南亚与东南亚研究所编《南亚与东南亚资料》一九八七年第三辑，247、244页。

④ 《中阿含·大品·优婆离经》，载《大正藏》第一卷，六三〇页下。

陷，有过错乃至有罪过的人，只要陷于困境，也应予以施舍。《长阿含经》开列出若干败德，如杀生、偷盗、邪淫、两舌、恶口、妄言、绮语、贪取、嫉妒、邪见等，并说人虽有此败德，一旦来到施舍大会，也要和其他人一样，“平等施与”。因此，可以说，佛教的确贯彻了它的“一切行中，应先行施……施十方界一切有情”的主张。

2. 就施舍物的种类来说，印度教经典提出的较少，而佛教较多。这主要表现在，前者所提，大多与日常衣食住行有关，或增加某些装饰品或贵重的珍宝；后者则除了生活常用物品以外，又提出了国土、王位、妻子、儿女、头、目、髓脑、身肉、手足乃至性命等。国土、王位、身肉等的索求虽称“乞求过量”，它们的施舍为不合常例的非常之施，但佛典还是讲述了大量的故事，支持这样的施舍观念。须大拏施妻、子，尸毗王救鸽舍身肉，栴檀摩提和摩诃萨埵太子投身饲虎等都是著名的例子。它们往往叙述生动，由于能够给人深刻的印象而广为流传。故事人物施舍之慷慨，之无保留，所欲表达的已不仅是慈悲为怀，更多的是戒绝私欲。非常的施舍成了判别信心是否贞固的考验。此外，印度教施舍范围较窄，还在于它规定了若干无效的施舍。《毗诃波提法论》和《那罗陀法论》都提出了八种不可让渡之物，如共有的财产、有子女者的全部财产、儿子、妻子、抵押物、寄存物、借来的东西和已经许给他人的东西等。《陀刹法论》也提出了九种非施舍物，“这九样东西，即使身陷困境，也不能随意给人”。《那罗陀法论》还指出十六种状况，在这些状况下的施舍，应被视作无效，如在惧怕之下施舍的、在盛怒之下施舍的、受憎恨、悲哀或痛苦等情绪的影响而施舍的、为了贿赂而施舍的、出于开玩笑而施舍的、孩子或傻子施舍的、并非财物本主施舍的、由于忧伤而施舍的等等。但有此类施舍行为发生，无论施者，还是受者，都要受到惩罚。情况似乎是，佛教谈的施舍偏于宣传教化，而印度教谈的较注重实际应用。

3. 印度教施舍观念中有一个特点罕见于佛教，即在说明福报时详述某施得某果，在说明来世时细陈某施得生某处。这方面的例子，在法经法论、往世书和史诗中俯拾皆是，前面已经多有引据。有意思的是，同样的施舍物在不同经典中所获果报可能不同。比如，施舍食物，《摩奴法论》说可得永久安乐，《婆私吒法论》说可得美目和好记性，《摩诃婆罗多·教诫篇》说能够到达福祉无边的自在之境；施舍土地，《摩奴法论》说可以得到土地，《大鹏往世书》说能在死后升入天堂，《毗湿奴法论》说得于死后去往任何渴望之处，《教诫篇》

说可得永生永世的富裕家境；施舍伞具，《婆私吒法论》说可得房屋，《大鹏往世书》说可以行路不受烈日曝晒，《教诫篇》说能在死后往生因陀罗世界；施舍黄金，《摩奴法论》说可得长寿，《毗湿奴法论》说得于死后入火神世界，《那罗陀往世书》说得于死后去往毗湿奴天国，《教诫篇》说可以使施主全家得以净化。与印度教不同，佛教经典中很难见到如此详细，如此具体，如此确定而又时有矛盾的施、报关系。佛教更多的是普遍性的劝导，是如下这类一般性的宣传："布施之处，业报不虚"，[①]"施报如形影，处处与安乐，生死崄难中，唯施相随逐，于雨风寒雪，唯施能安乐，如行崄恶路，资严悉具足……"。[②]即使在说到具体的施舍物时，其果报往往也是泛谈的，如《中阿含·七法品·世间福经》说："有信族姓男、族姓女施比丘众房舍、堂阁。……是谓第一世间之福，得大福佑，得大果报，得大名誉，得大功德。"[③]虽然如此，佛典中指明某施某报的却也并非没有。《法句经》卷下有"施灯必得眼"句。前引《杂宝藏经·七种施因缘》所称"七种施"，也是果报因施而异，如眼施，"舍身、受身得清净眼；未来成佛，得天眼佛眼"；言辞施，"舍身、受身得言语辩了，所可言说，为人信受；未来成佛，得四辩才"；心施，"舍身、受身得明了心，不痴狂心；未来成佛，得一切种智心"，等。只是这里的施、报关系合于常识，至少有逻辑可循。总地说来，在讲求一一对应的施、报关系上，印度教的特征远较佛教明显。这是一个例子，说明了施舍在印度教中有一种制度化的倾向。

4. 印度教提倡的施舍兼有积累功德和涤除罪愆的功用，佛教提倡的施舍却往往以单纯的积累功德为目的。印度教为它的信徒提供的赎罪方法不一而足，忏悔、读经、斋戒、祭祀、苦行等等都在其列，而施舍又总是不可少的手段之一。布施除罪，有的经典只做一般的说明，如《摩诃婆罗多》告诉人们，一个犯了罪的人，如能向婆罗门施舍土地，他就能像蛇蜕老皮一样，从自己的罪过中解脱出来；有的则拿出具体的指导，指出欲赎某罪，应施某物，如《摩奴法论》告诉人们，杀了一头野猪应该布施一罐酥油，杀了一匹马应该布施一件衣服，等等。佛教典籍中尽管有着大量关于施舍得福的理论和实例，却很难见到通过施舍来洗脱罪愆的记述。印度教发展到后吠陀时期（公元前1000年左右到公元前600年），种姓制度开始定型，并日渐走向僵化。此后，由种种禁律编织

---

① 《菩萨本生鬘论》卷十六，载《大正藏》第三卷，三八五页上。

② 《大庄严论经》卷十，载《大正藏》第四卷，三一一页中。

③ 《大正藏》第一卷，四二八页上。

的种姓藩篱无处不在，极易陷人于罪孽。与此同时，祭祀仪式也变得繁复而充满不得违反的陋规。触犯律法，尤其是违犯宗教禁条的机会大大增加。印度学者维伽·纳特在一本专门研究施舍的书中说："仪式性的施舍成了最有效的赎罪手段，这种现象不仅表明当时普遍存在着罪的观念及相应的赎罪要求，而且揭示出违犯僵化的社会和伦理规范的事情正同样普遍地存在着。这乃是一个运行在严格律条基础之上的父权社会所带有的特征。"[①]她所说的，就是那时的状况。对于违犯者的惩戒方式无非两种，一为处罚，一为自赎。以自赎的方式洗除罪愆，并不为印度教所独有，然而若论发挥的精细深广，条规俨然，却又没有哪一种宗教能同印度教比。这似乎又是一个证据，从一个方面说明了施舍在印度教中制度化的倾向。

5. 虽然施舍得报在印度教和佛教的理论中都是常识性的教条，但是在佛教的典籍里还有另外一种声音。这种声音主张一心布施而不求福报。《中阿含·王相应品·鞞婆陵耆经》有"常好布施，欢喜无吝，不望其报"[②]的话，是世尊表彰已经归佛，勤修梵行的难提波罗陶师的，明确表达了对于不求报偿的施舍行为的赞赏。前引《菩萨本行经》"不愿求三界之乐"所表达的，也近于这个意思。总之是不以布施求今生来世，三界之内的福报。《优婆塞戒经》的态度最为鲜明。它提出"施有四累：一悭贪心、二不修施、三轻小物、四求世报"。将求报列为败坏施舍的因素之一，这种观点，确不多见。不过，它有令人信服的道理："施时不求世间果报……若求果施，市易无异"。在它看来，为求报偿而行施舍，实质就是买卖行为。如此批判，确实一针见血。《优婆塞戒经》认为只有保持无求心态的无条件施舍才是合理的，高尚的，才是真正的通向涅槃之路："施时不求内外果报，不观福田及非福田，施一切财，心不吝惜，不择时节，是故名为施波罗蜜。"[③]实际上，这样的施舍，是返回了朴实的救苦济贫，慈悯弱者的原始意义的施舍，表现出了佛教施舍观念的道德特征。与佛教相比，印度教施舍观念中不求福报的声音较低。《薄伽梵歌》也曾提出过三种布施说："在合适的地点时间，布施合适的人，不求回报，只为布施，这是善性布施。一心期望回报，或者企盼功果，勉强进行布施，这是忧性布施。在不合适的时间

① Vijay Nath. *Dāna*: *Gift System in Ancient India* (*c. 600 BC.- c. AD. 300*), New Delhi: Munshiram Manoharlal Publishers Pvt. Ltd., p. 31.

② 《大正藏》第一卷，四九九页中。

③ 分别见《大正藏》第二十四卷，一〇五四页下、一〇五八页中、一〇五三页下。

地点，布施不合适的人，不按礼节，态度轻慢，这是暗性布施。”[①]这种不求回报的教导，在其他印度教经典中很难见到。更常见的还是对于为求果报而行施舍的鼓励，典型如《毗湿奴法论》的说法，它建议进行有目的的施舍：“一个人倘若特别喜爱某物，希望自己的家中永远不乏此物，他就应该将该物施与有资格接受它的婆罗门。”[②]

6. 印度教重视施舍的规则和仪节，而佛教的做法却相对简单。印度教典籍里常见有关施舍的规定。前面在法论中，我们见到了对于器皿的要求；在往世书和史诗中，以施舍母牛为例，我们见到了复杂仪式的设立。福报的获得，端赖于规则的严格遵守，以及仪节顺利无误的执行。施舍饭食而用了金钵铜钵，施主将得不到应有的功德。将一条“冥河母牛”施与婆罗门，如果不伴以严格执行的仪式，母牛就不可能在他死后将他顺利地带过冥河。与看重仪节出于同一原因，印度教也十分在意禁忌。祭典后散施供品，本是印度教徒例行的事。然而，倘若所施对象不当，则施主不仅不积功德，反会招致恶报，而这类不可施者，仅就《摩奴法论》所举，其数已近百种。同样，布施食物而时间不正或对象不当，不是果报全无，就是灾祸上身。施食而犯了某些禁忌，食物的享用者就是罗刹，只要所施食物被人舔过，被人迈过，被经期的妇女看到过，或落上过尘土，掉进过毛发……都会如此。《摩奴法论》说：“不懂得接受布施的合法规则，聪明人不得接受任何布施，即使他正在挨饿。”（4. 187）《毗湿奴法论》说：“一个人接受了一件物品的施舍，却对接受的方式茫然无知，那么他就会和施主一起沉入地狱。”[③]施舍过程的规则化和仪式化，以及诸多忌讳带来的种种限制，使得印度教的施舍远离为善的心境，而接近纯粹的宗教行为。仪节之于佛教，从经典的记述看，远不像印度教那么重要。规则和禁忌也少得多。太子须大拏施妻，真是何等紧要的大事，然而其仅有的仪式，如果也算仪式的话，不过是“太子以水澡婆罗门手，牵手与之”。倘若召开施会，所做的也只是把会场装饰一下，同时击鼓四方，欢迎希望受施者前来与会。所施之物，如牛，有时要做些披挂。金角银蹄，身被织物，确有点像印度教的做法。玄奘记戒日王布施财宝，也只是“随步四散，供养三宝”，更是不拘细仪，甚为洒脱。遇到礼节性的施舍活动，如施斋，一定的规矩便自然必不可免。这方面的例子，

① 黄宝生译：《摩诃婆罗多·毗湿摩篇》，186页，江苏：译林出版社，1999年。

② 前引 *Vishnu Saṃhitā*，92. 32。

③ 前引 *Vishnu Saṃhitā*，57. 8。

可见前引义净《南海寄归内法传》的记述。但是，总地说来，佛教是不很重视仪节的，对于一般的施舍也少有严格的规则。比较而言，印度教的施舍已经发展为宗教性的制度，而佛教的施舍则还带有较重的，更为古老的慈善和救济的性质。

7. 除为了求取今生和来世的善果外，佛教还推崇另外一种布施，即布施以求解脱。为此某些经典还会排斥施主所做的其他追求。《菩萨本缘经・毘罗摩品》中毘罗摩菩萨说，有的人一再行恶，结果常下地狱；有的人不断行善，所以久住天国；有的人贪恋世上的福惠，于是就经常施舍。这些人尽管所行不同，但总是逃不脱在生死之间反复流转的命运，"轮转无穷已，犹如轮转地"。在他看来，行恶、行善、施舍求福，在并未出离生死轮回的意义上，并无区别。而人的真正追求，应该是摆脱轮回，获得解脱。施舍以求解脱，才是施舍的正途。因此，毘罗摩说："我今所施，不为梵王、摩醯首罗、释提桓因。假使更有胜是三者，亦不悕求；唯求佛道，欲利众生，断诸烦恼……唯求解脱，不求生死。"[①]前面引述过的《大庄严论经》有称："施为解脱，不为财物；若为财物，不名为施。若为解脱，则得无生及涅槃乐。是故智者应为解脱而行布施。"《菩萨本行经》卷上也讲到贫人以蜜涂身，施肉鸟兽故事里贫人的愿望："今我以身施与一切……不求天帝、转轮圣王、魔王、梵王，亦不愿求三界之乐。今我至意欲求佛道。"[②]两者所表达的，也不外这个意思。与佛教不同，布施以求解脱的观念在印度教中并不流行。印度教经典里大量存在的，是对于各种施舍物的赞美，对于施舍行为的颂扬和对于施必得报的肯定。诚然，因施舍而得解脱的观念并非全无，《摩奴法论》也曾有"施吠陀者得与梵合一"（4. 232）之说，但这类例子的确很少。把解脱同施舍联系起来，专门加以宣传的更是罕见。因此，应该说，印度教对于通过施舍达于解脱这一点，远不及佛教重视。

8. 印度教论施舍，讲求所谓"六支"。"施舍六支"（dānānāmaṅgāni）也就是构成施舍的六个因素：施主、受者、所施物、时间、地点和预期的功德。诸因素中，有些是必备的，缺少了便不成其为施舍，如施主、受者、所施物和功德；有些则未必，如时间和地点。印度教和佛教对于后者，即非必要的因素，表现出不同的注意程度。印度教重视它们。以《摩诃婆罗多・教诫篇》为例，它的第72章38颂说，在将牛施与他人的时候，"施主要注意选择合适的时间和

① 《大正藏》第三卷，五四页中。

② 《大正藏》第三卷，一〇九页中。

地点”。此前的第36颂也说，施舍的时机和仪节都是决定最后功德的重要条件。《毗湿奴法论》第90章用了整章的篇幅谈在何月何日，进行何种施舍，会得何种果报。比如，它说：“在抱舍月[①]望日后的第十二天戒食并用芝麻水沐浴，用芝麻奉拜婆薮提婆之子，施舍芝麻，取食芝麻并将它作为供品投入祭火，一个人就能汰除自己所有的罪愆。……在阿湿毗那月[②]的整个月内，都应该将纯净的酥油施舍给婆罗门。在这个月里谁敬拜了双马童神，他就能在来世获得美貌；谁整月将牛奶施与婆罗门，他就能在来世成为国王。”[③]《教诫篇》第63章全部讲的都是施舍同星象的关系。例如：“当角宿在中天照耀的时候，一个施舍公牛和上等香料的人，必能生活在天女群集的世界，一如诸神生活在因陀罗的乐土。当亢宿在中天照耀的时候，谁肯施舍人家心中最为向往的财物，他就能在来世去往极其美妙的境界，并且获得伟大的名声。当氐宿在中天照耀的时候，谁能施舍公牛和正在产奶的乳牛，施舍衣物及大车，车上满载盛着谷物的竹篮，谁能使过世的祖辈和神明高兴，他就能在来世进入天国，享受无限欢乐，而不会陷入困境。”（63. 17~20）这一章把所有二十八宿都讲到了。佛教对于施舍的地点和时间注意较少。《中阿含·王相应品·大天奈林经》确曾提到过“月八日、十四日、十五日修行布施，施诸穷乏沙门、梵志、贫穷、孤独、远来乞者”。[④]与印度教主张行施的日子相同，但是这类例子所见不多。实际上，摆脱时、地限制的要求倒是常能见诸经典，如“若能不惜一切财物，常于他人作利益事，念于布施，乐行布施，随有随施，不问多少……当知是人则能供养施波罗蜜”；“若人于财不生悭惜，亦不分别怨亲之相，时与非时……是故得离悭吝之恶”；“智人行施，为自他利……不轻财物，不轻自身，不观时节，不观求者”，[⑤]如此等等。可以说，有相当数量的佛教经典对于非必要因素是不在意的；或退一步讲，即使注意到了，其重视程度，也远逊于印度教。

总结起来，可以看到，印度教和佛教的施舍观念在许多根本方面是相同的。首先，它们都认为世财无常，应该施舍出去。而可施之物，它们所提到的也大

① 跨公历12月和1月。

② 雨季的一个月，在这个月里月球接近娄宿。

③ *Vishnu Saṃhitā*, 90. 19、24、25.

④《大正藏》第一卷，五一四页中。

⑤《优婆塞戒经·六波罗蜜品》，见《大正藏》第二十四卷，一〇五二中、一〇五三上、一〇五五中。

致一样。对于施主和受施者，它们都提出了自己的要求，在施主主要是主动、诚恳、无虚伪，在受施者则主要是品德良好。十分突出的一点是，两种宗教都极力提倡对于本教僧侣阶层的施舍，各自的经典均于此落墨浓重，充分体现出它们所倡导的施舍观念的宗教性质。对贫穷困苦者的关注，表明施舍原始的慈善性质仍然保留着。通过施舍而得福报的思想是以印度固有的业报轮回观念为基础的，同为印度教和佛教所承认是理所当然的事。而施舍得福的理论，又成为整个施舍观念赖以存在的重要基础，这种观念的宗教性质也由此而更加深刻地体现出来。

两种宗教在施舍观念上表现出的差异也很明显。佛教无论就施舍物，还是就施舍对象来说，所涉范围都较印度教为宽。这里体现了人们熟悉的佛教的慈悲性质和印度教注重实际的特点。佛教的施舍观念带有一定的不求福报的精神。印度教则不然。更常见于该教的，是以福报鼓励施舍。这种区别，应该说，也是前述特点的反映。有三种特点主要表现于印度教，即所施物及其果报之间对应关系的建立，施舍赎罪理论的引入并朝着精致方向的发展，以及规则和仪式在施舍过程中占据着重要地位。这样的特点，说明了施舍观念在印度教中存在着明显的制度化的倾向。印度教对于施舍时间和地点的重视，意味着它对于六支说的坚持，同样说明了该教中施舍观念规则化和制度化倾向的存在。

原载于中华书局《华林》第三卷，2004年

湿婆和“赞辞之王”

湿婆（Śiva）是印度教地位最高的神祇之一。湿婆信仰广泛流行于印度各地，尤其是南印度，那里敬奉这位大神的寺庙比任何别的寺庙都多。随着印度文化的传播，湿婆信仰亦远迈境外，盛行于柬埔寨和印度尼西亚的若干地区，特别是爪哇和巴厘岛。兽主派则在尼泊尔流传至今，其兽主（即湿婆）庙，连远在南印的信徒也来朝圣。所有这些信仰都有千年以上的历史。像任何广受崇拜的神祇一样，围绕着湿婆是不乏赞辞的。这类赞辞遍载于印度教各类典籍之中。宗教信徒对于自己仰目归心的神明由衷赞美，高歌颂扬，是惯见的事，而其表达方式，则会因习俗的差异而有不同。印度宗教的颂神方式中，有一种为其他地域所鲜见，即称诵名号。古代印度各神，尤其是主神，往往上有各种名号，其数量之多，实为世上任何宗教神明所不能比。中国人熟悉的释迦牟尼佛就是一例。至于印度教，我们可以在大史诗《摩诃婆罗多》中看到更为典型的实例。这部史诗罗列了湿婆的一千零八个名号，并把由这些名号组成的赞辞奉为“赞辞之王”。据称，“这些名号真实有效，能实现一切目的，许多出类拔萃的人物都使用过。用这些名号呼唤那无与伦比，天下第一，恩被众生，纯洁无瑕，代表天国的大神的，都是些把握真理，举世闻名的圣者。这些名号自梵天神界流传开去，遍播宇宙，无处不闻。它们自梵天宣布后，便是至高无上的。它们神秘莫测，永恒不灭。”①

本文拟将印度教徒一向视为崇高礼赞的湿婆一千零八个名号由梵转汉，加上必要的注释，罗列于后，以为他日印度宗教的深入研究，做一点基础工作。在此之前，先就大神湿婆本身求一基本认识，似有必要。不过我们很快就会看到，认识虽称基本，却远非三言两语就能尽道。

① *Anuśāsanaparvan of the Mahābhārata* 17. 3–5, Critically edited by R. N. Danderkar, Poona: Bhandarkar Oriental Research Institute, 1966.

一、湿婆的形象和湿婆故事

梵天、湿婆和毗湿奴并称印度教三大神。其中的湿婆常称毁灭之神和宇宙解体之神，又是善修瑜伽的瑜伽之王和苦行之神、愤怒之神，以及娴于宇宙之舞的舞王。他的形象常常为身涂白灰，三眼四面（或五面），第三只眼长在额心。长长的头发在顶上盘结成角的样子，一弯新月像发饰般挂在这角样的头发上。盘绕在黑色脖子上的是一条蛇。他常常趺坐在虎皮之上，眼睛半闭，作入定状。他的衣服用虎皮、鹿皮或象皮做成，一只髑髅做成的花环挂在颈间。他的坐骑是公牛难底，武器是一柄三叉戟。其四臂四手，常持弓、箭、剑（或投枪）、盾、鼓（中有细腰，形如沙漏）、战斧、法螺、一端饰有髑髅的仙杖或捕捉敌手用的绳索等。有时他又会抓住后腿，手举一鹿（或羚羊）。典型的安排常是右手持斧，左手擎鹿；另一右手前伸，作施无畏印（abhaya），左手略垂，作与愿印（varada）。佛教文献多称他大自在天，所绘形象与传统印度教的说法大同小异。[①]作为舞王，湿婆腰围虎皮，一脚踩卧地无知魔怪，一脚抬起，准备踏出另一舞步。四手中一持鼓，一持火（或三叉戟），第三手在右，作施无畏印，第四手下垂，似在指抬起的一脚。 舞王湿婆很少作为崇拜对象。真正受到广泛崇拜的，是他的象征物林伽。

居印三十余年的法国天主教传教士迪布瓦（Abbe J.A.Dubois，1765–1848）曾说："湿婆的传说，像其他印度教神明的传说一样，实由极尽铺张的寓言故事编织而成。"[②]他的传教工作虽然不算成功，但是他对印度本土宗教文化的观察

---

① 《十二天供仪轨》："伊舍那天旧云魔醯首罗天，亦云大自在天，乘黄丰牛，左手持劫波杯盛血，右手持三戟创（疑为剑），浅青肉色，三目忿怒，二牙上出，髑髅为璎珞，头冠中有二仰月，二天女持花。印相者，右手作拳，安腰右；左手五指直竖相著，地水二指屈中节，火风空三指各少相去即成。"（《大正藏》卷二十一，页三八六上）按，伊舍那即 Īśāna。据印度教神话传说，梵天欲求一子，入定冥思后，一青色皮肤的男童现于其膝。男童哭乞名字，梵天给他一名楼陀罗，嘱他不要再哭。男童又哭七次，梵天只好又给他七个名字，Īśāna 即为其一。（见 *Viṣṇu Purāṇa* 1. 8. 1–6）魔醯首罗即 maheśvara，为湿婆的主要名号之一。劫波杯原文 kapāla，意为杯、盘，常用来称游方者的乞食钵，亦有髑髅之意。地水火风空分别为从小指到拇指的名称，所成手印似是施无畏印。唯所述可能左右颠倒，因为现存的湿婆像中确有左手叉腰，右手作施无畏印的（见艾恩斯著，孙士海、王镛译《印度神话》图版第36）。丰牛下文还会提到。

② Abbe J.A. Dubois，*Hindu Manners*，*Customs and Ceremonies*，p.710，Rupa & Co，New Delhi：1994.

和了解，却称得上细致而深入。印度人自古善说故事，且常于曲尽情节之后，予人以事理教训。围绕湿婆的大量故事亦不例外，只不过其宗教和哲学意味更加浓厚。

湿婆第三只眼的诞生故事就是如此，这只眼睛能够放出足以焚毁世上一切的神火。故事说，湿婆在大雪山修炼苦行，周围花香鸟语，人神共聚，歌舞游戏，一派繁荣。这时他的妻子雪山神女款款来到。她想开个玩笑，便从后面蒙住了他的眼睛。霎时间，世界陷入了黑暗，众生个个恐怖。然而，只一刹那，到处又大放光明，原来有一道强烈的光芒从湿婆的额头放射出来。在他的前额上，出现了第三只眼。这只眼燃烧着烛天大火，烈焰飞腾，上摩云霄，光芒四射，亮过闪电，其情其景，宛若十二个太阳同时并出，又如劫末之火，吞噬一切。整座山岭似乎就要葬送在熊熊烈火之中了。雪山神女大为惶恐，忙向湿婆求情。湿婆对雪山投去同情的一瞥，顷刻间，一切又都恢复了原状。他向妻子解释，为拯救落入黑暗的世上众生，他生出了第三只眼。[①]然而故事显然也暗示了，它同样能够在必要时摧毁世界。毕竟，在三大神中，湿婆主司毁灭。湿婆的毁灭之力来自他的瑜伽功和苦行力。作为苦行者趺坐入定于大雪山间，正是常见的湿婆形象。

即使是湿婆的毁灭行为，在印度教看来，也不是使固有的一切简单消失。它不是消极的纯粹否定。湿婆毁灭的目的，在于使已经紊乱的宇宙秩序得以恢复和重建。他要破坏的，是已经变得充满无知、贪欲和邪恶的世界，那里到处是对于虚假幻象的执着。他要消除的，是不和谐和不完满。他甚至要把与之相关的一切，包括对于旧有存在的记忆，全都连根铲除。因为它们已经构成神人交往的障碍，阻碍了人神性的发展，使之趋于堕落。为此必须重整宇宙秩序，以保证人能够随着时间的推移而获得不断的精神进步。所以，湿婆带来的宇宙解体，实际上意味着重振和新生。当一劫之末来到的时候，宇宙必须毁灭。此时湿婆放出犹如一千个太阳同时升起的无边劫火，将存在的一切吞噬而去。

正是基于这一认识，印度教称，湿婆固为破坏之神，但又不仅为破坏之神；他同时也是创生之神。最能说明这一点的，是他以林伽为象征物。梵语林伽意为特征、标志，往往特指生殖力的象征，并具体化为男根形象。《摩诃婆罗多》和往世书皆有神根显灵的故事：梵天和毗湿奴正在无边的宇宙间为谁应享有统

① *Anuśāsanaparvan* 127.26–45.

治权而争吵，忽然出现一个火柱。梵天立刻化作神鹅，以思想的速度向上飞去，寻其末尾；毗湿奴变作身躯巨大如弥卢山的公猪潜向下方，究其始端。一千年后，二者精疲力竭，无功而返。此时湿婆从火林伽中显现，两神折服。[①]林伽出现，并与女阴形象合体，同受崇拜的故事，再清楚不过地指明了湿婆的创造功能。林伽崇拜盛行之后，其流行之广，影响之力，除了吉祥语“唵”[②]，再无其他能比。

但是，湿婆的信仰者仍不以湿婆兼擅毁灭和创造双重功事为满足。他们认为，他不仅是一切众生的起源，并且作为灵魂，也存在于众生之中。此外，舞王湿婆所跳的，是在宇宙存在全过程中始终不停的宇宙之舞。这意味着，在宇宙重建完成，到下一次复归毁灭以前的整个时期之内，湿婆并不是袖手一旁，无所事事的。他以他舞蹈的节奏与和谐，赋予整个宇宙以秩序和条理，保证了上至天体，下至众生在内的所有存在物的合理运动，而正是在这样的运动之上，建立着宇宙整体的微妙平衡。湿婆参与世事，无疑会以慈愍为怀。下面的救世故事，显然意在强调湿婆存在，干预世事的必要。

拯救世界的故事当以湿婆唤作“青颈”的得名始末最为典型。当初众神和阿修罗为求甘露而搅乳海。他们用曼陀罗山做搅棍，蛇王婆苏吉做搅绳，从大海中搅出了月亮、宝石、神马、巨象、宝树、天女、如意神牛苏罗皮、医神檀文陀梨和甘露等十四种宝，但最初出现的却是剧毒药迦罗拘吒。迦罗拘吒足以使世界化为灰烬。众神胆破，阿修罗亦四散奔逃。梵天率众神向湿婆求救，湿

① 湿婆为化解梵天和毗湿奴之间的纷争而化现为火林伽的故事详见*Liṅga-purāṇa* 17. 6–55，或*Śiva-purāṇa*，Vidyeśvara-saṃhitā 7. 2–30，内容大同小异。林伽起源另说见*Śiva-purāṇ*a，Koṭirudra Saṃhitā 12. 8–52，略谓，在陀卢婆那净修林中住着湿婆的崇拜者。一天，趁众婆罗门外出拾柴不在，湿婆赤身裸体来到林中，手把阳具，举动轻佻。婆罗门的妻子们非常惊恐，另外的女人则上前拉扯湿婆。婆罗门回来，未能认出来者是谁，遂指责他违背吠陀教导，诅咒他男根落地。诅咒果然生效，但湿婆的男根落地后即成火柱，无论天堂、地狱、人间，到处奔跑，酿成火灾。婆罗门无法，只好请教梵天。梵天告诉他们，只要雪山神女肯化作女阴形象，湿婆男根就会静止下来。后神女接受陈请，在举行若干仪节后，湿婆之根便静植在女阴形象之上。此即至今遍见于印度湿婆神庙阴阳合体的林伽式样。

② “唵”即梵语OM。印度教认为它代表着人对于无上存在的庄严而又虔诚的吁求，乃是一切祷词和经咒的根本，意义十分神秘，能够与人福祉。它也因此成为很多印度教徒冥思参悟的对象。作为本质，它被说成是宇宙一切赖以起源和毁灭的音节；作为无限，过去、现在和未来统统包容在这一声音之中。据说，发出这一声音，可以把握所有的存在和非存在；冥想它，可以满足一切要求，以至达到解脱。

婆遂将毒药放入自己口中。雪山神女大为惊恐，一把掐住他的喉咙，企图阻止毒液下注。与此同时，毗湿奴也伸手堵住了他的嘴，以避免毒药外泄。结果，迦罗拘吒留在喉间，将湿婆的脖子烧成了青色。① 作为清凉之物，减轻灼烧之苦，他得到了月亮。此后，新月便装饰在他的头上。

另一个广为流传的救世故事，讲述湿婆接住了自天而降的恒河。恒河原是众山之王喜马拉雅的女儿，后被众神接上了天国。甘蔗族国王萨竭罗的六万个儿子无法无天，在惹怒仙人迦毗罗后，被他双眼放出的神光烧成了灰烬。萨竭罗的四世孙跋吉罗陀按照预言请求恒河下凡，洗净六万祖先的灵魂。恒河答应了他的要求，但是担心自己的滔滔洪流会淹没大地。于是跋吉罗陀坚持修炼苦行，谋得湿婆的欢心，使他许诺在恒河下凡时将她接住。届时，恒河下注，奔腾咆哮，举世惊骇，而湿婆则趺坐入定，用自己的头准确地接住了她。恒河在湿婆头顶盘结的长发间冲撞七年，始终找不到出口。②最后，湿婆分恒河为七派，将她摇落大地。它们三条向东，三条向西，一条随跋吉罗陀而去。恒河的七条支流由此形成。

湿婆故事，说明了湿婆神的多重神性。事实上，湿婆与其信众的神人关系，同样复杂。作为毁灭和宇宙解体之神，湿婆是可怕的，需要人们崇仰他，抚慰他。而在获得了人们的敬拜以后，他就会变成一位仁爱之神，以慈悲之心厚待他的崇拜者。那些全心全意热爱他，信仰他的人，总能得到他的垂顾，他的救助和恩典。其实，湿婆这个字本义就是仁慈、宽爱和吉祥。但湿婆也是难于接近的。为了得他欢心，崇信者们往往绞尽脑汁，想出各种各样的办法来取悦他。自然，他们多半都能成功。有人在一百年间不断用自己的身肉作供品投入祭火，从而获得了超自然的瑜伽功和永不衰竭的苦行力；有人入定三百年，得到了一千个伟力无穷的儿子；有人绝食三百年，始终睡在木棍上，结果生下了理想的子嗣；有人修炼六千年苦行，最终成了举世闻名的著作家。③湿婆的难

① 故事见 *Bhāgavata Purāṇa* 7，8，以及其他多种往世书和两大史诗，内容仅繁简有异。使湿婆脖颈变色的还有其他解释，如说湿婆在破坏了岳父陀刹的祭祀之后，他的三叉戟击中了仙人那罗延。后者掐住他的脖子，使它变黑，湿婆亦得名“黑颈”（Śitikaṇṭha）。另，湿婆还自称“福颈”（Śrīkaṇṭha，见《摩诃婆罗多·教诫篇》128.8），因为因陀罗神为夺取他的财富，投来金刚杵，烧坏了它。《摩诃婆罗多》精校本编者认为，根据上下文，所谓福颈也可理解为即是青颈（Nīlakaṇṭha）。

② 印度教理论家认为这表示了世界的巨大和世事的复杂。

③ 故事见 *Anuśāsanaparvan* 14. 59–61，66–67，70–71。

于接近还表现在，即使有意施恩，他也经常变幻形象，乔装出现，以检验信徒的专心和诚意。大史诗《摩诃婆罗多》有一个优波曼纽的故事，甚为典型。为求幸福，这位婆罗门决定把自己的忠心毫无保留地献给湿婆。于是，怀着诚愿，他狠修苦行，一千年间，坚持只用大脚趾着地。头一百年，他以果子为生。第二个百年，他吃落叶。第三个百年，他只喝凉水。此后七百年间，他更是仅靠空气维生。大神终于满意了。但是，他还想知道在优波曼纽的心目中，自己是不是所有神明里的唯一选择。他将自己扮成天帝释（即因陀罗）的样子，上张白色华盖，下乘四牙巨象，身生千眼，神光闪耀，在众天女的陪伴下，来到优波曼纽面前。他对优波曼纽的行为盛赞一番，接着提出给他一个实现自己愿望的机会。然而优波曼纽并无欣喜表现。他回答说："我不想从你这里得到恩惠，也不想从其他神明那里得到。敬爱的天神啊，我只想从大神湿婆那里获得恩惠。只要兽主[①]说一句话，我情愿变成任何东西，无论是一条蛆虫，还是一棵长满枝条的大树。而如果不是来自兽主的恩惠，即使是统治三界的大权，我也不稀罕。在商迦罗的命令下，我情愿变作虫豸，变作飞鸟。但是，天帝释啊，我无论如何都不愿从你手中得到施舍，哪怕给我的是整个三界。只要那众人崇仰的伊沙，那额头有新月，头发盘结在顶上的兽主对我仍不满意，我就情愿上百回地忍受那凡有肉体者必会遭受的痛苦，诸如老、死、生等。"得到这个回答，湿婆十分高兴。他在众神和众仙人的簇拥下，复现原身，"犹如秋日浓云中闪光的太阳"，赐给优波曼纽摆脱困苦，长生不老，精通一切，无愿不遂的恩惠。[②]

显然，湿婆和大多数别的神明一样，是需要人来依附，来抚慰和取悦的。我们后面要谈的赞辞，其为用就在这里。

二、湿婆的来源

印度古老的吠陀圣典没有提到过湿婆，或者说，吠陀神殿中并无湿婆这位尊神。在《梨俱吠陀》中，这个字曾经作为种族名出现过[③]，与我们这里讨论的湿婆神，显然无关。传统的说法认为他是从吠陀神祇楼陀罗（Rudra）发展而来的。湿婆曾经作为形容词，用来修饰楼陀罗，意思是吉祥的，友善的。

---

① 兽主和下面的商迦罗、伊沙都是湿婆的名号。

② 故事见*Anuśāsanaparvan* 14. 86–97，191–195。

③ *Ṛgveda* Ⅶ. 18. 7.

楼陀罗是最古老的印度教神祇之一，早在《梨俱吠陀》中就已出现，但地位较低。他四肢强壮，肤色黄褐，头盘发辫，面目凶残。其梵字有"狂吼"之意，为可怕的风暴之神。他性格暴烈，常以雷鸣闪电使人恐惧；后有时又与火神阿耆尼相提并论，似乎象征着野蛮粗暴的自然力。由于主杀，他又被认为是时间和死亡之神。他具有毁灭之力，喜怒无常，不仅折磨恶人，还能给神、人和动物带来疾病，被形容为火葬堆上的浓烟。他是一个神射手，以"年"为弓，其病苦之箭从不虚发，中者必罹疾患，或者死亡。楼陀罗在汉文佛典里也译鲁达罗。《俱舍论记》卷七说他"恒以苦具逼害有情，名恒逼害。或时乐食血肉髓，故名鲁达罗，此云瀑（疑为暴）恶，大自在天异名"。[①]所论与楼陀罗的前述特征无异。不过，与凶狠、易怒、不祥的一面相对，他也有仁爱吉祥的一面，既慷慨好施，经常为人带来财富，又善能祛疾，以擅长医道而受崇仰。据说有一千种疗法来源于他。他似乎不很合群，较少为其他神众所容纳，在某些祭祀上处身局外，在享受祭品时亦只能安于残剩。所有他的特征后来都像胚胎似地体现在了湿婆身上。值得注意的是，在《白夜柔吠陀》中，他被称作"大神"，而这正是后来湿婆的名号之一。

在《梨俱吠陀》一千零二十八首颂诗里，有三首是专门献给楼陀罗的：第一卷第一百一十四首、第二卷第三十三首、第七卷第四十六首。此外还有一首（第六章第七十四首）是同时献给苏摩神和他的。这些颂诗往往十分动人。对于他暴烈的一面，人们祈求他不要伤害自己；对于他仁慈的一面，人们希望他多多赐福。他们说："楼陀罗啊，请不要伤害我们，无论是个子大的还是个子小的；不要伤害正在成长的孩子和已经成年的大人！请不要杀死我们之中的父亲和母亲，楼陀罗啊，请不要伤害我们可爱的身体。请不要因为愤怒而加害于我们的种子、后代和生命，加害于我们的母牛和马匹，或者杀死我们的英雄。我们会永远带着供品，向你吁求。我们尽管是牧人，也要向你奉献丰富的赞辞。摩录多之父啊，请赐我们恩惠，给我们福祉，请看顾我们，帮助我们。"[②]

湿婆神的另一来源，很多研究者认为是印度河流域文明时代的某位神祇。曾与诗人泰戈尔一同创建国际大学的印度梵文学者契提·摩罕·森说："湿婆是另一位受到接纳而供奉在印度教神殿中的非雅利安神。比较原始的部落民，

① 《大正藏》第四十一卷，一三九－一四〇页。大自在天即湿婆。

② *Ṛgveda* Ⅰ. 114. 7–9.

像是沙钵罗人、吉罗陀人等①，似乎曾经是他的崇拜者。其实也有若干迹象表明，早在印度河流域城市文明中，他已经受到了崇奉。对于同化过程的研究告诉我们，看来是在经历了颇为顽强的敌视和反对之后，湿婆才为正统信仰所接受。”②证据是多方面的。比如湿婆信仰中的男根崇拜，湿婆头顶的角状发髻，以及他的“兽主”名号等，都可以溯源于印度河流域文明。“最普通，也最流行的湿婆代表形式是林伽，也即男根的象征物。哈拉帕遗存中男根形象的发现，使人们相信湿婆早已为印度河流域的原住民所知晓，而到了基督纪元前后，这一神明就被结合到了印度教中。在摩亨佐达罗发现的带角的男根形象神，周围有不少动物的，也被当作是湿婆的原型。这一形式的湿婆称作兽主。”③印度教固然有自己的林伽起源故事，如前所述。然而这样的故事在一些学者看来，不过是对于已被同化的林伽形象的追认。④出土的印度河流域文明印章中出现的三首神、他的莲花坐姿⑤等，也被视为湿婆形象的雏形或本源。艺术史家R. C. 克莱温在他的《印度艺术》一书中提到：“我们在哈拉帕发现过一尊残缺的偶像，是用灰石雕刻的男性躯干。不难辨认，这是一个舞人。他做出一种扭动的姿态，不禁使人想要将他同朱罗出土的舞王湿婆的铜像相比较。”作者提供的图片显示，舞者正是右腿站立，左腿抬起的。⑥这似乎又可以从另一个方面说明印度河流域文明同湿婆神的某种关系。

---

① 沙钵罗人是居住在德干地区的未开化山民，当属达罗毗荼种。通常认为印度河流域文明即为达罗毗荼人所创。沙钵罗一字后又用来专指野蛮人。吉罗陀人为一住在山野林莽中的低等部落民，营狩猎生活，后归入首陀罗种姓。

② K. M. Sen. *Hinduism*, England: Penguin Books, 1982, pp. 58–9.

③ S. C. Raychoudhary. *Social, cultural and Economic History of India*, Delhi: Surjeet Publictions, 1981, p.195, Part 1.

④ “敬奉湿婆最重要的形式是湿婆林伽崇拜，也即湿婆男根崇拜，这种做法可以追溯到吠陀社会以前的印度河流域文明（约公前2000年）。男根最初作为印度教的形象出现，是在公元前2世纪。解释林伽崇拜起源的神话故事见于大史诗中最为晚出的部分，当时这种崇拜已经广泛流行。这类故事的出现，很可能是为了追认该神的非吠陀方面，而这一方面同化到正统印度教中，则是很晚的事。” W. D. O’Flaherty: *Hindu Myths*, Penguin Books, 1986, p.137。

⑤ 即佛教所谓莲华坐，或称结跏趺坐。方式是先将左足置于右股之上，再将右足置于左股之上，两足足心全都朝上。

⑥ Roy C. Craven. *Indian Art*, London: Thames and Hudson Ltd., 1986, p.21.

佛典《十二天供仪轨》中“……大自在天，乘黄丰牛……”一语颇有意思。丰牛当即封牛，亦作犎牛，学称瘤牛。《汉书》九十六上《西域传》第六十六上称:“罽宾地平温和……出封牛……”颜师古注:“封牛，项上隆起者也。”又称:“大月氏国……出一封橐驼。”颜师古认为也是封牛，并解释其名:“脊上有一封也。封，言其隆高若封土也。”罽宾即今克什米尔。大月氏人时居大夏，即今阿富汗北部，兴都库什山与阿姆河之间。实际上，两地之南亦多产该牛。在摩亨佐达罗等地考古发掘所得的印章[①]和陶偶[②]均有封牛形象。[③]湿婆以封牛为坐骑，似乎也暗示着他来源于印度河流域文明。无独有偶，大史诗《摩诃婆罗多》对于湿婆的坐骑亦有类似描述:“它的眼睛很美，鼻子很大，肩部宽厚，耳朵、髋部、肋间和胁部也长得好看。它的形体十分漂亮，动人怜爱之心。隆起的峰肉既厚又宽，几乎占据了整个肩背，看上去像似积雪覆盖的山峰，又如天空白云的尖顶。”[④]这里所说的显然也是封牛无疑。

总之，湿婆是印度—雅利安人固有神祇和印度河流域文明土著神互相结合的产物，这一点，应该没有疑义。更进一步，我觉得如下说法也有道理，即:“湿婆固不是吠陀神，但他的精神原祖楼陀罗,《梨俱吠陀》却已提到。”[⑤]也就是说，他的形象在很大程度上来源于印度河流域文明的某位尊神，而其神格内涵，则更多地袭自吠陀神楼陀罗。事实上，他的印度河流域文明渊源，是今人以考古材料为基础，进行分析所得的推论。这种提供躯壳的渊源，由于印度教的同化作用，早已湮没在历史中。同化基本完成于公元前。到公元初，对于湿

① 见 R. C. Majumdar. *An Advanced History of India*, Part Ⅰ, MacMillan and Co. London: Limited, 1951, p.20。

② 见 G. L. Possehl. *Harappan Civilization*, New Delhi: Oxford & IBH Publishing Co. 1982, pl.7.8.& pl.10.21.。

③ 事实上，在印度河流域及其周围地区的考古发掘中，封牛存在的报告是很常见的。阿姆里文化（位于印度河下游右岸，年代约在公元前3000年—前2300年）出土陶器上的动物图案中，以封牛形象为装饰母题的颇多。库里文化（在今巴基斯坦俾路支省南部，存在于公元前2700年—前2400年）曾出土大批封牛陶偶。此外，在拉纳·昆代遗址（在俾路支省的洛拉莱河谷，年代约为公元前6000年—前2400年）发现的动物骨骼中也有封牛骨。（见 K. C. Jain. *Prehistory and protohistory of India*, New Delhi: Agam Kala Prakashan, 1979, p. 113）

④ *Anuśāsanaparvan* 14. 108–109.

⑤ A. G. Mitchell. *Hindu Gods and Goddesses*, New Delhi: UBS Publisher’ Distributors Ltd., 1995, p. 31.

婆和湿婆林伽的崇拜已经充分地发展起来，[①]而两大史诗等重要文献的编定，也在此时。有关湿婆的神话故事大量出现在史诗和往世书里。[②]至此，上距印度河流域文明的存在已经两千余年，而这些文学作品中，也的确再无这一文明的些许踪影可寻。湿婆与远古印度河神祇的因缘再续，则要再待另外一个两千年，直到进入20世纪。

三、理论上的湿婆神

在湿婆崇拜的发展过程中，我以为，至少有两种现象值得注意。一种是围绕着他产生了大量的神话寓言故事。前引迪布瓦所指的，就是这点，而随后提到的几个故事，则是最为著名，几乎人人皆知的寓言。这些故事一方面渲染了湿婆的无穷神力，一方面也展示了他的多重神性。另一种，是不避牵强之嫌，就他固有的形象，不断以种种看似相关的意义相附会，由此形成湿婆作为印度教主神之一的理论玄义。

这样的例子俯拾即是。

婆罗门理论家告诉我们，湿婆身体的白色，意味着纯洁；而面生三眼，则代表天、地、空三界；代表日、月、地；意味着三解脱道——业之道、智慧之道和信仰之道。后生的第三只眼，是通晓奥秘知识的智慧之眼。它一旦睁开，便能摧毁人的虚假自我，驱除惑人的千万种幻见。到了宇宙末日，它便放出劫火，毁灭当时存在的一切。

由于上有新月，他的头部便代表了夜空，他自己也因此而得名“以天空为头发者”（Vyomakeśin）。至于月亮本身，则代表时间的运行，或者代表新生。相应地，额头上的第三目，自然也就代表毁灭。

他手中的火代表他对智慧的启发，颈部的蛇代表他对于欲望和感官享受的制御。由于蛇能够蜕皮再生，所以它也意味着宇宙的毁灭和重建。鹿因为犄角能够落而复出，故也有与此相同意味。虎皮或象皮象征着他具有控制动物并改

① R. 塔帕：“对于湿婆的崇拜，混合着若干繁殖力崇拜，诸如男根、公牛……最重要的湿婆崇拜形式，林伽崇拜，则大约在基督纪元之初，就已流行起来。”Romila Thapar, *A History of India*, Penguin Books, 1987, p.133。

② 往世书系统写成文献并广泛流传，大约始于公元前不久，成书最晚的可能已至7–12世纪。

变它们的能力。三叉戟代表着三德：善、忧、暗[①]，又喻指宇宙的诞生、持续和毁灭。战斧的作用，是斩断同物质世界的联系，有助于希望解脱者出离轮回。手中的鼓暗示着他同原初之声“唵”的联系，同时意味着字母、语言、语法和音乐的创生。盘结的头发象征着他所聚集的巨大的苦行力。骷髅则无疑显示着他凶残的一面。

湿婆的四面，除有自己的创生故事以外，也被赋予了不同的意义和作用。向北的面孔，用来同人一起嬉戏游玩；向东的面孔，用以行使宇宙的统治权；向西的面孔常现喜庆之色，能给世上众生带来福祉；向南的面孔狰狞可怕，能使众生陷入不幸。[②]

林伽作为崇拜对象，不仅代表着湿婆的身体，而且被看作最高自我，宇宙之主。它以男根为形象，因而意味着创造力，已如前述。它与同受崇拜的幺尼（yoni，女阴形象）共同担负着创生的任务。但是，印度教进一步认为，在意识上，它们还同时意味着心智和肉体的结合；在精神上，更意味着神我和自性，即精神本原和最高实体的结合。

不难看出，通过对于湿婆形象种种观念上的附会，印度教实现了这位神祇的抽象化和玄学化。

在《印度艺术和文明中的神话故事和象征意义》这本书里，有一段对于舞王形象的解释。它内容丰富，思虑玄远，作为典型，足以使我们了解观念是如何附会到形象上去的：“可以看到，右上手里有一面小鼓，状如沙漏，是用来击

---

① 三德是古代印度教数论哲学中的概念。该哲学认为，物质世界的最高实体自性，是一种自己就是自己存在原因的终极客观存在，是一种物质尚未展开以前的状态。它由三种元素即所谓善、忧、暗“三德”组成。三德的具体含义，最早的数论著作语焉不详，以致其后世传人多有不同发挥。其基本思想似乎是，当三德处于平衡状态时，就是不变的自性；一旦平衡打破，即各德之间出现了从属、依存、产生等关系，就会有各种外在的形式显现出来，由此而成可见的纷繁世界。平衡的打破，乃是自性与另外一种精神实体神我互相结合的结果。神我可以看作是一种人格化的，使万物带有生机的本原。

② 《摩诃婆罗多·教诫篇》说，梵天采集世上各种珍宝，创造了一个绝色女子狄罗德玛。这尤物来到湿婆面前，使他心荡神移。为常睹芳颜，她走到哪个方向，他就借瑜伽力在那个方向变现出一个面孔来。创生故事连同各个面孔的作用，见*Anuśāsanaparvan* 128.1–6。另外还有五面孔说（当狄罗德玛飞向天空时，湿婆生出了第五个面孔）：向北的面孔称“喜天”（Vāmadeva），代表疗救者和保护者；向东的面孔称“其人”（Tatpuruṣa）代表自我；向西的面孔称“瞬生”（Sadyojāta），代表他的创造之力；向南的面孔称“无惧”（Aghora），代表他的毁灭和再生之力；向东南的面孔称“主上”（Īśāna），代表永恒的湿婆。

出节奏的。它意味着声音，即语言的载体，也是天启、传承、符咒、巫术和圣谛的传达者。此外，在印度，声音还和空相联系。空乃是五种元素里的头一位。它是神圣本体最为精微而又无所不在的原初显现。所有其他的元素——风、火、水、地，都是在宇宙的演进过程中，由它来展开形成的。……对面那只左上手的手指作半月印，掌中擎一火舌。火是导致世界毁灭的因素。在争斗时①结束的时候，火将摧毁所有的创造物，直到它自己为无边的虚空所熄灭。这里，通过似乎是天平两端的两手，说明了宇宙之舞所表达的创生和毁灭的平衡。那超自然的存在通过神秘莫测的世界之主的假面舞，把如下实事作为无情的对立显示给人：从无休止的创造，对必欲实现的灭绝；声音对火焰。……第二只右手的施无畏印给予众生以保护与和平。余下的左手横过前胸，下指抬起的左脚。左脚悬空意味着解脱，代表着信徒的救赎和归宿。向它膜拜，即能实现与最高本体的结合。指着它的手臂状似象鼻，形成所谓象鼻印，令人想起湿婆之子象头神。他乃是所有障碍的克服者。舞王湿婆的脚下，踩着一个侏儒魔怪。他是‘失忆人或失忆魔’，象征着人生的盲目和个人的无知。能获真正智慧，始得征服邪魔，而尘世束缚的解脱，也便随之实现。”②舞王“五行（pañca-kriya）”理论的创设，在印度教中也是非常著名的。传说湿婆手下有一个乐师，名叫当度。他发明了一种称作当陀婆（tāṇḍava）的狂烈舞蹈。这种舞蹈表达了湿婆的五种活动：创造（sṛṣṭi）、保持（sthiti）、毁灭（saṃhāra）、隐没（tirobhāva）、恩典（anugraha）。关于舞王五行，方才引用的这本书说：“作为宇宙舞者，湿婆在其‘五行’中成为永恒能量的化身和表现。这五行是：1. 创造，或称涌出，展开；2. 保持，或称持续；3. 毁灭，或称收回，再吸收；4. 隐没，即将真实的存在隐藏在假面和惑人的外装后边，或使之远离，或示以幻象；5. 恩典，即让信奉者得其所求，或对瑜伽行者的虔诚修炼表示认可，或通过现身施人以宁静。前三

① “时”，音译“由迦”，为印度教所描绘的宇宙图景中大尺度的计时单位，计有圆满时、三分时、二分时和争斗时四种，各合1 728 000年、1 296 000年、864 000年和432 000年。四个时连续出现。自圆满时到争斗时是一个人类社会递恶变化的过程。争斗时由于恶到极端而毁灭，后复有圆满时再次诞生。如此循环往复，至于无穷。

② Heinrich Zimmer. *Myths and Symbols in Indian Art and Civilization*, Princeton: Princeton University Press, 1974, pp.152-3. 另有解释称，他一只手击鼓的节拍，乃是所有创造物的原初脉搏；另一只手所擎的，则是吞噬一切的劫末之火。施无畏印用来解除一切众生的忧虑和恐惧。指着抬起一脚的手，明示着从脚下无知魔怪的解脱。湿婆就这样不停地欢舞着，直到宇宙再次毁灭解体一日的到来。

者和后二者各成内部协调的一组，彼此对立，互相抗衡。大神则展示它们全部。这种展示不仅是同时实现的，而且是依次进行的。它们象征性地表现在他手、足的不同姿势上。上面的三只手分别是‘创造’、‘保持’和‘毁灭’；踏在失忆魔身上的一脚是‘隐没’，抬起的一脚是‘恩典’；作象鼻印的一手表示前三者和后二者的联系，并将宁静许与那些体会到两者关系的灵魂。所有五行都明白地显示着。这种显示既是按照每一瞬间的节奏而同时进行，又是随着时间的变化而递相演进的。”①

理论填充乃是造神过程必不可少的环节，也往往是最后的，但绝非可有可无的环节。就湿婆来说，在两个远古神祇——一个提供外在形象，一个提供精神内质——互相结合之后，进一步的工作就是精心实以印度教的根本理论，尤其是关于自然和人生的根本理论。在这里，它们就是宇宙生灭相续的循环观念和以奥义书为源头的玄学思想，特别是具有伦理意味的轮回解脱思想。在如此实现了理论完善以后，湿婆就成了完美的，供人崇拜赞颂的顶级神。

四、对于湿婆的赞颂

湿婆崇拜远早于教派形成，约始于奥义书时代。楼陀罗作为吠陀神祇，在梨俱吠陀时代末期已经取得了重要地位。在属于《黑夜柔吠陀》系统的《白骡奥义书》（约公元前400年）中，他第一次被称作湿婆，并被形容为宇宙的创造者、保持者和毁灭者。《白骡奥义书》将湿婆奉为最高神，在推动湿婆信仰发展，使之最终成为印度教的重要教派上，发挥了重大作用。事实上，湿婆派教义中的根本观念，这部奥义书都提到了，比如三p：paśu（牲畜），即为幻象所迷，流转于生死轮回的个体；pāśa（套索）即将前者羁于尘世的束缚；pati（主上），即控制宇宙并将信徒从束缚中救拔出来的主神湿婆。

然而，《白骡奥义书》对于楼陀罗—湿婆的呼唤求告，则似乎同《梨俱吠陀》一脉相承：“‘他是非生的，’胆怯不安的人这样想，同时祈求道：‘楼陀罗啊，你面带吉祥。请用你的吉相永远保护我！请不要伤害我的孩子、我的后代、我的生命、我的牛和马。楼陀罗啊，请不要因为生气而杀死我们的英雄。我们

① 前引书，154–155页。

会不断拿丰富的祭品来供奉你。’”[①]

如果说对于楼陀罗—湿婆的吁求带有承上痕迹的话，那么对于他的赞美，就明显地具有启下作用了：

“楼陀罗啊，你的吉祥之体毫不可怕。它可以消除邪恶。山间的居住者啊[②]，显示你的仁爱，眷顾我们吧。……湿婆是一切众生的面、头、颈。他居住在一切众生的心窝里。他无远弗届，无所不在，举世崇仰。这位布鲁沙[③]是存在物的伟大之主，是世上一切的推动者。他达到了至纯之境，是伊沙那[④]，是永恒不灭之光。这位布鲁沙是内在的自我，无时不栖息在每个人的心田之中，大小有如拇指。他是与内心和头脑相协调的智慧之主。知他者必得永生。他有一千个头，一千只眼，一千只脚。他从四面八方包围着大地，距地面有十指之高。这布鲁沙是所有的一切，无论是已成过去的，还是未来出现的。对于靠食物养活的生命，对于永生不死者来说，他是伊沙那。他的手和足无处不在。他的眼、头、面无处不在。到处都有他的耳。他充满并栖息在世界上的一切地方。他没有任何感官，却闪射着感官特有的光彩。他是世间一切的无上之主伊沙那。他是世间一切的宽广的庇护所。杭娑[⑤]赋形为九门之都[⑥]，脱离外部而蜷缩着，但又同时统治着世上能动的和不动的所有一切。他无手无脚，但是能抓握，善疾跑。他无眼而能观察，无耳却能听闻。他知道一切能知之事，但无人能够知他。人们称他为无上而伟大的布鲁沙。他比精微的还精微。他比伟大的还伟大。他安住在各个生物的最隐秘处。谁由于创造者的恩惠而能看到那尊贵而又无欲的人主，他的忧愁就会一扫而光。我知道他是古老的，永不衰朽。他是所有众生的灵魂，无所不往，因而无处不在。知梵者[⑦]们宣称他是非生的，他是永存的。”[⑧]

这就是《白骡奥义书》对于湿婆的赞美。我们马上就将看到后世的作品在

① *Śvetāśvatara Upaniṣad*, 4. 21–2，载 *The Twelve Principal Upaniṣads*, Vol.1, Delhi: Nag Publishers, 1979。

② 湿婆居住在喜马拉雅山脉中的盖拉娑山上。

③ 布鲁沙原义为人，又指原初之人，或最高存在、宇宙灵魂。

④ 伊沙那源于动词伊沙（拥有），意为统治者、主。另参见前《十二天供仪轨》注。

⑤ 原义天鹅，也以其色白纯洁，性好迁徙而喻指个体灵魂或最高本体梵。

⑥ 指人的身体。这里以城喻人。九门当指身体所谓阳窍七，阴窍二的九窍。

⑦ 精通并教授吠陀经典的人。

⑧ *Śvetāśvatara Upaniṣad*, 3. 5, 11–21.

风格上与它多么相似。

公元前后，两类巨型作品的创作进入成熟期，一类是往世书，一类是大史诗。已经存在的往世书在公元前不久开始被系统地编为文献并广泛流行。大史诗中，《罗摩衍那》大约形成于公元前三四世纪到公元二世纪；《摩诃婆罗多》的成书年代虽然迄无定论，但普遍认为应在公元前四世纪到公元四世纪。这些作品中内容广博沉厚，对后世影响最大的，无疑属《摩诃婆罗多》。它在五六世纪时已被奉为圣典，甚至有了“第五吠陀”之称。

《摩诃婆罗多》中对于湿婆神的赞颂很多，就形式论，可以大别为两类，即侧面的称美和直接的颂扬。我们从这两类中各选一例，看看湿婆的信徒是怎样表达其虔诚信仰的。

侧面的称美多是对于湿婆伟大形象的赞叹和对于他非凡能力、不朽业绩的描绘。下面的一段选自《教诫篇》第14章，是前面提到过的那位婆罗门优波曼纽叙述湿婆神在他面前现身的情景：

“大神如望日的圆月，散射着光芒。由他充沛的精气燃起的火焰，有如云中不时激发的闪电，又似一千个太阳同时升起，高悬在晴空之上。这神主的能量如此巨大，大到可比无边的劫火，准备在由迦①之末，烧毁一切众生。他的能量一时尽塞苍穹，绚烂夺目，使人难以睁眼观看。我的内心一阵慌乱，暗想：这是怎么回事？不过，光芒万丈，充满十方的时间不长。转瞬之间，通过神中之神的幻力，一切又复归于原状。这时，我才真正看到世所景仰的大自在天斯塔奴②。他端坐在公牛之上，辉煌明亮，犹如无烟之火，使人眼目一清。陪伴这无上之主的，是四肢柔美，妍丽可爱的妻子雪山神女。这伟大的灵魂又名青颈。他是精气的化身，不依附于任何外物而存在。斯塔奴长着十八条手臂，浑身上下，遍着华美的装饰。他穿着白色的衣服，套着白色的花环，涂着白色的油膏，插着白色的旗帜，戴着白色的圣线。簇拥着他的，是一班天界随从，他们同他本人一样，个个勇武。随从们载歌载舞，欢喜雀跃。白色的钩镰形冠冕戴在他的头上，犹如秋夜天空明朗的新月。额间的三颗眼睛，犹如三个太阳同时腾空，金光逼人。大神的身体闪耀着纯白的光，所戴满镶宝石的花环，由纯金的莲花编织而成，光彩夺目，非常漂亮。大神身携的利箭，是它全部能量的体现。乔

① 参见前面有关“争斗时”的注释。

② 湿婆的称号之一。斯塔奴意为稳定不动，这里指他在修炼苦行时身体如树干般毫不动摇。

宾陀[1]啊，我看到了跋婆[2]的无限能量！这伟大神明的弓状如彩虹，放射着千道光芒。它以毕那迦这个名字著称于世，看上去像一条大力蟒蛇。蟒蛇强健有力，长着七个头和尖利无比、布满毒汁的牙齿。它的颈部宽厚雄壮，配上绳索扭绞而成的弦，透出强烈的阳刚之气。利箭闪烁着太阳般刺人的光芒，堪比无情的劫末之火。兽主的弓箭神力强大，可怕无比。这举世无双的利箭，箭身硕大无朋，威力无法形容，一旦离弦，即如火花迸射的烈焰，谁个见到，无不战栗觳觫。它有独足、巨齿、千头、千腹、千臂、千舌、千眼，火焰从它的体躯内不断喷出。无论是梵天、那罗延，还是因陀罗、阿耆尼、伐楼拿，巨臂英雄啊，与此相比，他们的武器一概相形见绌。天上地下的任何刀枪，无不触之即崩，碎成万段。当初，大神一刹那即将阿修罗的三座城池化作灰烬；而这，乔宾陀啊，不过是他谈笑之间的一箭之功。[3]毫无疑问，仅仅用眨眼时间的一半，大自在天便能把整个三界彻底摧毁，包括那里所有的动物和不动物。此外，亲爱的人啊，我还看到一件稀奇神妙，难见其匹的武器。在这个世界上，它所向披靡，连梵天、毗湿奴和众天神也抵挡不住。这件神秘的武器同前一种威力相当，或者更有过之。在整个三界之内，它以舒罗（三叉戟）这一名称为人所知。它的拥有者称作舒林。一支三叉戟在手，将它投掷出去，足以把大地统统烧毁，或使海洋全部干涸，甚至叫整个宇宙彻底毁灭。古代优婆那娑的儿子曼陀多精力旺盛，勇武非凡。作为一代转轮圣王，他征服过整个三界。但是他却在三叉戟的打击下，失败而亡。乔宾陀啊，这位大王膂力过人，勇敢无畏，其武运之盛，犹如大神天帝释，然而还是败在了罗刹王罗波那的手里。[4]三叉戟的锋刃尖利无比，任何人见到，无不汗毛倒竖，恐惧非常，僵立不动，眉皱三道。三叉戟就像无烟的火焰，劫末升起的太阳。它的柄部是一条巨蛇，其模样难以形容，或者不如说像末日之神[5]的拘人之索。乔宾陀啊，我看到了这件武器，它

① 听他叙述的黑天。

② 湿婆的名号之一，意为存在、生命、起源。

③ 阿修罗三兄弟羯磨罗刹、陀罗迦刹和毗陀由摩利凭借苦行之力求得大神梵天的恩惠，让天国工匠摩耶为他们分别在天、空、地三界建造了金、银、铁三座城市。他们各居一城。三城皆能游走，可以每隔千年汇聚一次。此外，为了长生，他们还要求梵天答应他们只能同时死于一支箭。频受阿修罗骚扰的众天神要求湿婆消灭三城。湿婆遂以曼陀罗山为弓身，蛇王婆苏吉为弓弦，做成强弓，搭上火神为簇，风神为羽，毗湿奴为杆的利箭，乘三城汇聚之时，先用三叉戟戳破城池，后将它们一箭焚毁。三阿修罗亦同时殒命。

④ 罗波那从湿婆神那里借来了三叉戟。

⑤ 指阎王。

就在大神楼陀罗的手中。我还看到了第三件武器。那是一柄利刃战斧。过去，大神因为对罗摩很满意，曾将战斧付与他，好让他去铲除刹帝利。在一场激烈的战争中，罗摩杀死了权倾当时的转轮王作武。王啊，乔宾陀，就是用这柄战斧，食火仙人之子，不知疲倦的罗摩三七次[①]铲除了刹帝利。楼陀罗将这柄装饰着一尾游蛇的战斧挎在肩上。它的利刃闪耀着逼人的光芒。舒林[②]佩戴着它，就像有团烈火在身一样。无瑕者啊，我见到过智慧过人的大神拥有的无数种神奇武器。不过，在这里我只能就最出名的为你描摹一二……”[③]

直接的颂扬总是充满来自信仰的无边热诚，往往感情激越，用语夸张，唯恐未臻其极。下面的一段选自《教诫篇》第15章，是黑天为求子嗣而修炼严厉的苦行，最后见到湿婆，激动之余，当面表达崇仰之情的：

“向你致敬，一切存在的永恒本原！仙人们称你为吠陀之主，圣贤们说你是苦行，是善、忧、暗，同时也是真理自身。你是大梵天、楼陀罗、伐楼拿、阿耆尼、摩奴、跋婆、陀多[④]、陀湿多[⑤]、毗陀多[⑥]。你是无处不在的一切之主。全体众生，无论是动物，还是不动物，都诞生于你。你是一切众生的起源，也是一切众生的毁灭者。仙人都说，你超越一切感觉对象，也超越全部心智、七风和火，以及住在天上的神明。可敬的大神啊，毫无疑问，你就是吠陀，你就是祭祀，你就是苏摩、陀乞那、祭火、投入火中的祭品和其他一切行祭的用品。祭祀的功德、慷慨的施舍、吠陀知识的学习、戒行、自制、知耻、声誉、光荣、满足、成功，所有这一切都是由于亲近了你才得以实现的。而欲望、嗔怒、恐惧、贪心、傲慢、糊涂、忌妒、苦恼、疾病，可敬的大神啊，也都产生于你。你是众生的各种行为，你是宇宙的解体之因，你是天下第一重要之物，你是万物永不枯竭之源，你是无上心智的诞生地，你是自然之性，你是永恒不灭之体，你是未显者，你是净化者，无所不在。你是发出千道金光的太阳。在所有品性中你第一重要。你是生命的维持者，你是伟大的灵魂，你是思想，你是梵，你是宇宙，你是慈悲，你是自在者。你是智力、智慧、认知、认识、理解、意志和记忆。通过这些词语表达的名号，你将自己伟大的灵魂示现给世人。学识丰

① 即21次。这里的罗摩是持斧罗摩（paraśurāma）

② 这里的楼陀罗和舒林都指湿婆。

③ *Anuśāsanaparvan* 14. 110–140.

④ 意为维持者。

⑤ 陀湿多是印度古代吠陀神祇，为上天精于营造之神。

⑥ 意为命运安排者。

富的婆罗门深知如上道理，所以能避免陷于无明而不得自拔。你是众生的中心。因此仙人们把你当作灵魂来崇拜。到处有你的手臂和腿脚，有你的眼、头和脸面。到处有你的耳朵。你遍布世界上的一切地方。人们在瞬间或者其他通过太阳运行来计算的时间单位中做业，你就是种种宿业的果报。你是永恒之光。你是驻于众生心中的神我。至轻至细的伊沙那无处不到。你是永不消逝的光辉。悟性、思想，乃至整个世界都依靠你，以你为指归。那些深入禅定的人，那些久习瑜伽的人，那些坚持真理的人，以及那些制驭了感官的人，也都依靠你，以你为指归。知道你坚定不移，知道你存于一切众生心中，知道你有无穷伟力，知道你是远古的神我，知道你能将身形作无穷变幻，知道你灿如黄金，知道你是智者的最后归宿——知道所有这一切的人，必定具有大智慧，乃至超智慧。人固有形体，但若能明白七种精妙实体[①]和你的六种特点[②]，并且严格按照基本的规则去做瑜伽，就是有智慧的人，就能进入你的伟大灵魂。”[③]

五、“赞辞之王”

称颂湿婆千种名号的所谓“赞辞之王”，曾经出现在多种印度教经典中，内容则互有出入。经典作者说，湿婆的千种名号是从他的上万个名号中挑选出来的，实为其精华，就像“金子是山石的精华，蜂蜜是花朵的精华，门陀[④]是酥油的精华”一样。不同的作者会有不同的选择，这大概可以作为它们彼此出入的解释。然而，所称万种名号从来不曾悉数见载于任何典籍，而流传至今的千种之中，互相重复的亦所在多有，因此，我们毋宁假定，那么多的名号实际上并未存在过，而目前所见，也就差不多是古代婆罗门创作的全部了。版本上差异，则是地域不同，时代不同，作者不同所带来的自然结果。下面举出的，是大史诗《摩诃婆罗多》中《教诫篇》第十七章收载的一种。

在该章中，这一千零八个名号是当着黑天的面，由大苦行者优波曼纽诵出的。优波曼纽声称，最初，是莲花生者，即梵天大神把这“赞辞之中最高的赞辞”创造出来，并将它置于一切天国赞辞的首位的。接着他教会了天帝释，也

① 七种精妙实体为：大（或觉）、五种细微元素和自我。

② 六种特点为：全知全能、充实自足、独立无待、具有无限的知识、无限的权力和无误的权力。

③ *Anuśāsanaparvan* 15. 30–45.

④ 一种精炼的奶油。

即因陀罗。此后，这赞辞在死神、当棣、乔答摩、那罗延等不下十位天、人之间口耳相传，最终由大仙人摩根德耶[①]传给了优波曼纽。优波曼纽先对黑天称颂了这“赞辞之王”的非凡之处，说它是精力中的精力，智慧中的智慧，光耀中的光耀，苦行中的苦行，吉祥中的吉祥，始因中的始因，然后双手合十，收敛精神，满怀热忱，从容道出了湿婆大神的千余名号：[②]

“不可动摇者、定如桩柱者[③]、力大无穷者[④]、灿如日光者、无与伦比者、恩惠施予者、高不可攀者、众生之魂[⑤]、名满宇宙者[⑥]、一切、创造一切者、跋婆[⑦]，（30）头发缠结在顶者、身穿兽皮者、发髻高耸者、[⑧]肢体完美无缺者[⑨]、一切存在物的创造者、诃利[⑩]、眼如羚羊者、宇宙一切的毁灭者、宇宙之主[⑪]，（31）始发者、止步者、[⑫]自我制御者[⑬]、无限长久者、不可变易者、游于墓地者[⑭]、游于

① 摩根德耶是印度古代著名仙人婆利古的曾孙。

② 原文见*Anuśāsanaparvan of the Mahābhārata* 17. 30–150, Critically edited by R. N. Danderkar, Poona: Bhandarkar Oriental Research Institute, 1966，第124–143页。译文括号中的数字为诗节（这里依传统称“颂”）在第十七章中原来的顺序号。

③ “不可动摇者”即前文“斯塔奴”（Sthāṇu）。“不可动摇”表明他永恒不易的特性，“定如桩柱”强调他不受外界左右的特性。

④ 兼有能力强，威势大之意，故也有王者的意思。这一名号可广泛用于太阳神、火神、生主、梵天、因陀罗、毗湿奴等。

⑤ 含有湿婆是无所不在的宇宙灵魂之意。宇宙灵魂，或称宇宙精神，即最高本体梵。印度教认为梵与世间个体（相对于经验自我）的精神自我在本性上是同一不异的，故终可合一。

⑥ 为一切众生所赞颂。

⑦ 跋婆（bhava）作为湿婆名号之一，包含着一切无不源出于他，而在宇宙解体时又复归于他的意思。又有学者认为，这里想要表明的是，湿婆是纯粹的存在，并无属性，因而也无法描述。

⑧ 前二者是游方僧或苦行者的典型装束，用以说明湿婆是苦行之神。发髻高耸如角则是他从印度河流域文化带来的特征。

⑨ 亦有人认为这里有他以宇宙为肢体的意思。

⑩ 诃利（hari）义为黄褐色，亦有狮子、骏马等义，在吠陀文献中用来称火神阿耆尼、雷电之神因陀罗等。后此名号广泛用于因陀罗、梵天、阎摩、湿婆，尤其是毗湿奴。汉译佛典译诃利为狮子。印度教将它用作名号时，可能也是取其狮子义。

⑪ 此处原文与前第30颂的“力大无穷者”相同。这里的翻译取其王者义。

⑫ “始发”和“止步”的意思是一切运动皆始于他，亦止于他。

⑬ 自我制御意味着勤行斋戒，谨守誓愿，控制感官。

⑭ 湿婆身上常有灰粉，有学者认为是他经常游荡于焚化场和墓地的结果。湿婆常流连于焚化场一说是因为他原是一个外来神，初时不为雅利安群神所接纳。

天空者、游于牧场者、周游不息者，（32）遍受礼赞者、业绩不凡者、酷修苦行者、利乐众生者、以癫狂外表为掩饰者[①]、一切世界众生之主，（33）形象无边者、身躯巨大者、形象多不胜数者、名声无远弗届者、灵魂伟大者[②]、无所不在者、形象多变者、侏儒[③]、摩奴[④]，（34）世界保护者者、内在灵魂[⑤]、慈善者、诃耶伽罗陀疋[⑥]、至纯之性、伟大无比者、制驭自身者、自我约制的支持者[⑦]，（35）无所不为者、自有[⑧]、始端[⑨]、始端的创造者、收纳者、[⑩]千眼之神[⑪]、眼睛异样者[⑫]、苏摩[⑬]、群星创生者[⑭]，（36）月亮太阳之道、计都[⑮]、行星[⑯]、行星之首[⑰]、木星、山石、山体、创造者、放出射鹿之箭者[⑱]、无瑕者，（37）苦行之力巨大者、

---

① 湿婆有时以疯人的装扮出现。

② “灵魂伟大”是常见的修饰语，也往往用在人的身上。

③ 实际上，这个名号更多用在毗湿奴身上。他化身侏儒，帮助天神打败钵利王的故事十分著名。

④ 摩奴是印度教神话传说中的人类始祖。

⑤ 意为湿婆是不可见的，隐蔽于众生内心的灵魂。

⑥ 原文hayagardabhi，意思为马驴，也即骡。神话传说中湿婆的车乘是由骡子牵拉的。

⑦ 所有约制自我的人都能从他那里得到保护，可以以他为归宿。

⑧ 自有即自己创造自己，无待外力。梵天也可以用这个称号。

⑨ 世上众生及其他一切以他为始端。

⑩ 世界开始时，一切创生于他。世界毁灭时，一切复归于他。

⑪ “千眼”名号原为因陀罗所有。他因引诱仙人乔达摩的妻子而被仙人诅咒，身生一千个印记，状如女子性器。后来它们变作眼睛，因陀罗亦随之得名“千眼”。这个名号用于湿婆（还有毗湿奴等神），可能意在说明他有遍见一切的观察力，或者他与宇宙同一，而以众星为眼。

⑫ 因为在额头长了第三只眼，故名。

⑬ 这里的苏摩指月亮，还是指献祭用的苏摩汁，不清楚。

⑭ 原文Nakṣatrasādhaka，意为群星创生者。这里的意思是，湿婆使得杰出的人物脱颖而出，像天上群星一样光芒灿烂。

⑮ 计都为古代印度天文学家设想的两颗隐星之一，另一颗为罗睺。古代经典多次提到日、月食，认为是计都和罗睺吞食日、月的结果。关于二星的真实含义，向有多说。一种认为计、罗分别是黄、白道相交的升交点和降交点。另说相反。最新研究结果认为，罗睺是白道的升交点，计都是白道的远地点。见钮卫星：《罗睺、计都天文含义考源》，载《天文学报》1994年第9期，326页。

⑯ 古代印度的行星常指五星，即火星、水星、木星、金星和土星；或七星，即加上罗睺和计都；或九星，即再加上日、月。

⑰ 指月亮，另说指火星。

⑱ 生主神陀刹举行大祭而没有邀请他的女婿湿婆，其女萨蒂愤而自杀。湿婆盛怒之下破坏大祭。大祭化作鹿形逃走。这里讲的是湿婆用箭追射它的事。

苦行之力可怕者[①]、品格高贵者、使人胆怯者、年的创造者[②]、圣诗、作为判别尺度者、无上苦行，（38）瑜伽行者、禅定大师、伟大的种子[③]、饱含男性精种者、苦行之力巨大者[④]、金精种[⑤]、全知全能者、善种子[⑥]、骑牛者[⑦]，（39）身有十臂者、从不眨眼者、青颈、乌玛夫君、具有种种形象者、身备无上品质者、大力英雄、雄强无敌者、伽那[⑧]，（40）伽那创立者、伽那之主、衣八方者[⑨]、欲望之神、至纯之性[⑩]、最高圣诗、世间一切创始者、毁灭者，（41）手持水罐者、手握强弓者，手中拿箭者，手托乞食钵者、霹雳、杀百[⑪]、宝剑、三刃枪、巨大武器，（42）手拿长柄勺者[⑫]、身材标致者、精力无限者、精力创造者、收纳者[⑬]、顶戴头巾者、容颜美丽者、高傲者、谦恭者，（43）身量高大者、发色古铜者、良师、黑天、化形母豺者[⑭]、体现一切事物者、髡首者、携钵者、[⑮]水罐，（44）非生[⑯]、化形大象者、身携香气者、扇贝发型者、精液向上者[⑰]、林伽朝上者、朝

① 大苦行力是凭借它创造宇宙的苦行力。可怕的苦行力是凭借它毁灭宇宙的苦行力。

② 他使时间之轮运转，故得名“年的创造者”。

③ 意为他是一切原因的原因，一切事象的最初始因。

④ 原文如此。前颂已有此名。

⑤ 印度古代的创世理论说，最高本体梵打算创造世界，于是凭着意愿首先创造出水，然后把自己的种子投入水中。种子变成太阳般灿烂的金卵。此金卵以后经过若干步骤逐渐演变为纷繁的世界。这里把创世之功归给了湿婆。

⑥ 意为他是世上一切的本原。

⑦ 指他以公牛难底为坐骑。

⑧ 意为群体，这里指追随湿婆的一班从众。管理他们的是湿婆的长子，象头神群主。

⑨ 以八方为衣也即以空旷的宇宙为衣，指湿婆充满宇宙，无远弗届。

⑩ 原文如此。前第35颂已有此名。

⑪ “杀百”是一种杀伤力强大的武器，但究竟是怎样的武器，还不清楚。有人认为是一种投枪；有人认为是火器，如火箭之类；有人认为是一种上有锋利长钉的圆木。

⑫ 一种小勺，一般在祭祀时用，用来把酥油从坛子或其他容器舀到大勺子里。

⑬ 原文如此。前第36颂已有此名。

⑭ 印度古代传说有一只母豺如何安慰一个婆罗门，使这个受到富有吠舍羞辱的婆罗门免于自杀的故事。

⑮ 髡首和携钵，都是乞食游方者的特征。

⑯ 他是自在的，并非由生而来。

⑰ 湿婆同女神乌玛结合后，诸天众结伴来到他们跟前，称他们的结合是两位精力充沛的大苦行者的结合，其后代难免将三界的一切耗尽无余，请求他们在生育时节制精力。湿婆答应了他们。为了断嗣绝后，他将自己喷出的精液射向了上方。故事见《摩诃婆罗多·教诫篇》83. 40–47。

上仰卧者、天穹，（45）顶有三髻者、身穿破布树皮衣者、楼陀罗、天军统帅、遍在之神、白昼行动者、黑夜行动者、震怒可畏者、精力充沛者，（46）诛杀母象者[①]、诛杀提迭者[②]、世界、世界建立者、德行之源、化形狮虎者、身被柔软兽皮者，（47）世间命运掌握者、吼声巨大者、无处不居者、居于交叉路口者、夜行者[③]、行走幽灵中间者、行走众生中间者、大自在天[④]，（48）化形各类众生者、财富无数者、宇宙一切支撑者、不可度量者、归宿[⑤]、善舞者，常舞不停者，令人跳舞者、无舞不跳者，（49）使人畏惧者、苦行之力巨大者[⑥]、众生束缚者[⑦]、山间行走者[⑧]、天空、生有千手者、胜利者、行动者、无可指摘者，（50）易怒者、内心宽容者、祭祀破坏者[⑨]、贪欲消除者、陀刹祭祀的破坏者、善于忍耐者、善守中道者、（51）众生精力夺取者、诛灭波罗者[⑩]、快乐者、以财富为形象者[⑪]、征服者、优异者、发音低沉者[⑫]、深不可测者[⑬]、勇力和坐骑公牛之力皆不可测者。（52）

“伟岸如榕树者、榕树、栖于榕树叶上者[⑭]、遍在之神[⑮]、修炼严厉苦行者、棕色马拥有者、深知应机而动者，（53）毗湿奴使之欢心者、祭祀、大海、牝马之口[⑯]、食祭品者[⑰]之友、精神镇定者、食祭品者，（54）精力巨大者、精力可

① 阿修罗曾变成一头凶狠的母象来毁坏圣城波罗奈（今瓦腊纳西），但为湿婆所杀。

② 提底是生主神陀刹的女儿。她同迦叶波所生的后代是提迭。诸提迭与神为敌，并且破坏祭祀。

③ 罗刹和僵尸鬼等在夜间出没。

④ 原文Maheśvara，意为“大天神”。“大自在天”是佛教传统译法。佛教文献称他“于一切世界有大势力”，“此天王于大千世界中得自在”，故称“大自在天”。

⑤ 解脱者的最终归宿。

⑥ 原文如此。前第38和39颂已有此名。

⑦ 指湿婆用幻象将人们束缚在世界上。

⑧ 湿婆居住在喜马拉雅群山中的盖拉娑山上。

⑨ 参见前第37颂有关注释。

⑩ “诛灭波罗者”应是因陀罗的名号。但这里原文是Balahan，而不是常见的指称因陀罗的Balabhid，因此或可译作“杀灭敌军者”。

⑪ 财富是众人仰慕追求的对象。

⑫ 指大海波涛的声音。

⑬ 意为如宇宙空间一般深邃而不可测。

⑭ 据说当世界毁灭，只剩下一片汪洋的时候，湿婆就坐在榕树的叶子上休息。

⑮ 原文如此。前第46颂已有此名。

⑯ 南极海下有一个地洞称牝马之口，是去往冥界的入口。

⑰ 祭品是要投入火中的，所以“食祭品者”即火神阿耆尼。

怕者、胜利者、胜利时机判断者、天体运行者[1]、成道、和平、战争，（55）顶上束发者、削去头发者、头发缠结在顶者[2]、火焰、存于众生肉体者、进入众生头脑者、强有力者、身携竹笛者、身携陀利小鼓者、时间、迦罗迦阵迦吒[3]，（56）群星运行规律掌握者、功德不断积攒者、导致解体者、难以动摇者、生主、手臂伸向各方者、现身部分者[4]、面向各方者，（57）众生解脱者、神众、身着金色铠甲者、生于男根者、步伐雄健者、步履宽阔者、广受赞美者，（58）乐器无不弹奏者、所有乐音喜爱者、化形蟒蛇[5]者、居于山洞者、金项链佩戴者、熟悉波浪者[6]，（59）三十三天[7]所有三世[8]一切之业的掌握者、众生羁绊解除者、阿修罗首领束缚者、战场敌人清除者，（60）数论哲学爱好者、衣裳不整者、贤德之辈所侍者、善于攻击敌人者、确定应得之份者[9]、无可比拟者、懂得祭祀份额者[10]，（61）无处不住者、无处不行者、衣裳不整者[11]、婆薮神之首、不死之神、黄金、黄金制造者、祭祀[12]、保持者[13]、最高支撑者[14]，（62）眼睛血红者、巨眼者[15]、目光所及必胜者、知识渊博者、聚集者、分离者、做业者、身穿蛇皮衣者，（63）最高之神、最低之神[16]、具有身体者、体躯增大者、一切欲

① 意为他就是时间。

② 这三句分别指人生三个阶段即家居期、遁世期和林栖期的发式，意思是湿婆存在于处在不同生活阶段的人的身体之内。这里的“头发缠结在顶者”前第31颂已经提到。

③ 这个词的意思是“最高之神”。

④ 意思是，世上的一切都是湿婆的存在形式，而每一个体都只不过是这一存在形式的微小部分。

⑤ 指千头蛇王湿舍（Śeṣa）。在世界毁灭，处于瓦解状态时，大神毗湿奴便酣睡在它的身上，漂浮于宇宙之海的汪洋之中。在印度教神话中，它还是冥间之王。它支撑着世界。当它打哈欠的时候，就会发生地震。

⑥ 以永恒之海上此起彼伏的波浪喻指生活中的乐趣。

⑦ 三十三位天神，即十二阿提迭、十位婆薮神、十一楼陀罗和双马童。这里的楼陀罗不是前面所述湿婆的前身。他们的出身有多说，最常见的是其父为生主迦叶波，其母为仙人陀刹之女怡悦。

⑧ 即过去、现在和未来三世。

⑨ 意为湿婆依照众生中不同个体所做的业，给他们一份相应的果报。

⑩ 指行祭后报酬份额的合理分配。

⑪ 原文如此。这一名号已出现于前颂。

⑫ 原文如此。前第54颂已有此名。

⑬ 他是一切世间当报之业的保持者。

⑭ 大地各方均靠不同的动物来支撑，如大象、蟒蛇等。

⑮ 意为目力强大，宇宙各处无所不见。

⑯ 意为湿婆代表着所有天神。

望赋予者、永恒恩惠体现者、妙力、身强力大者，（64）天穹形象体现者、宇宙毁灭者、取形蟒蛇者、取形飞鸟者、楼陀罗形象、日光、阿提迭、光芒四射者、壮丽辉煌者，（65）神速如光者、速度巨大者、快如思想者、夜行者[①]、住于一切众生者、与幸运同在者、有益教导提出者、毁灭者[②]，（66）圣者、世上灵魂之主、应与共食者[③]、施舍千牛者、众鸟之王[④]、有翼者、光辉灿烂者、所有家宅之主，（67）时而癫狂者、动人爱怜者、实现目的之力、瓦摩提婆[⑤]、慈祥者、东南神象[⑥]，（68）夺人瑜伽功法者、成道者、一切目的实现者、乞食游方者、形如乞食者、有长牙者、温文尔雅者、不朽者，（69）大军帅、毗沙佉[⑦]、六十门类[⑧]、众牛之主、手持金刚杵者、顶门杠[⑨]、善于迷惑敌军者，（70）秩序、秩序制定者、时间[⑩]、摩豆[⑪]、摩豆伽罗[⑫]、无法动摇者、苏摩、力军、四行期内常受崇拜者[⑬]。（71）

“谨守梵行者，遍游世界者[⑭]，无处不游者、知善行者、伊沙那、伊湿婆罗[⑮]、时间[⑯]、夜游者、携弓者，（72）喜主、欢喜、喜乐、喜增、毁薄伽目者[⑰]、

① 原文如此。前第48颂已有此名号。

② 原文如此。前第41颂已有此名号。

③ 有罪者无权与人共食，共读，共祭祀。湿婆是无瑕者，故人们应该与他共食。

④ 众鸟之王指金翅鸟。

⑤ 意思是如意之神。瓦摩提婆是一位古代印度仙人的名字。《梨俱吠陀》中有数十首圣诗是他作的。有些神怪和国王也用过这个名字。

⑥ 在东南方支撑大地的神象。

⑦ 战神室建陀的名号。他就是统领天军的大军帅。

⑧ 指探求宇宙奥秘的六十种学问。

⑨ 意为保护者。

⑩ 原文如此。前第56颂已有此名号。

⑪ 摩豆是黑天所在雅度族的祖先之一。

⑫ 意为蜂蜜制造者，或蜜蜂。

⑬ 即无论处在哪个人生阶段（行期）的人，都崇拜他。

⑭ 即做随处乞食的游方者。

⑮ 意为主、王、最高存在。

⑯ 原文如此。前第56和71颂已有此名号。

⑰ 薄伽为女神阿提底的12个儿子之一。印度古代神话说，包括薄伽在内的诸神聚会商讨如何分享祭祀。但是他们偏偏忘记了楼陀罗（湿婆）的一份。楼陀罗大怒，遂制强弓一把，向诸神开战。他将他们或者砍手，或者断齿，或者抉目。薄伽就是被楼陀罗挑去了眼睛。后诸神满足了楼陀罗的要求，他复将眼睛等还给了他们。

时间[①]、知梵者中第一，（73）四面之神、巨大林伽、可爱林伽、林伽监护者、神众之首、世界管理者、由迦[②]运转的推动者，（74）种子监管者[③]、种子制造者[④]、一心追随无上我[⑤]者、力大者、历史传说创作者、劫波[⑥]、慈悯、水之主[⑦]，（75）登跋[⑧]、阿登跋[⑨]、毗登跋[⑩]、顺从者[⑪]、使人顺从者、贤哲、时间创造者、兽主、伟大创造者、灵丹妙药，（76）不可摧毁者、无上之梵、具有伟力者、武力强大者、尼底、阿尼底[⑫]、纯洁、纯洁之魂、膜拜对象、心中所愿，（77）广施恩惠者、眠中美梦、宇宙之镜[⑬]、制敌者[⑭]、吠陀作者、经书作者、博学多识者、沙场破敌者，（78）身驾浓云者[⑮]、令人恐惧者[⑯]、令人屈从者、烈火之焰、巨焰、无边浓烟、祭仪、祭品[⑰]，（79）雄辜、商迦罗[⑱]、永恒者、精力充沛者、

① 原文如此。前第56、71和72颂已有此名号。

② yuga，又译“时”，古代印度宗教思想家所构想的大尺度时间单位，计分四种：圆满时、三分时、二分时、争斗时，分别长4 800天年、3 600天年、2 400天年、1 200天年。1天年合360天日，1天日合尘世1年。

③ 意为湿婆是各种业及其果报的监督和实现者。这里的种子指众生的善恶行为（业）。这些行为迟早会给行为者带来相应的果报。有了湿婆的监督，业必有报，略不爽失。

④ 意为湿婆是众生行为的推动者。

⑤ 即作为最高本体、宇宙精神的梵。

⑥ 劫波即通常所谓劫，印度教所描绘的宇宙图景中的时间单位之一，为1“梵天日”中的1个白昼，或等于1 000“大时”。计算结果，1劫相当于43.2亿年。印度教创世说认为，世界存在1劫之后，在创造神梵天睡去时被劫火烧尽，归于毁灭。待熟睡1劫醒来后，他又把世上的一切重新创造一过，并使之再存在1劫之久。按照《毗湿奴往世书》的说法，目前正处在梵天51岁的第一天野猪劫。劫波还有一个意思，是人的生活习惯和准则。

⑦ 水之主即水神伐楼拿。

⑧ 登跋为古代印度神话传说中的阿修罗名，以曾做十万年苦行而著名。

⑨ 阿登跋意为无虚假。

⑩ 毗登跋意与阿登跋略同。

⑪ 指顺从虔信者表达的意愿。

⑫ 尼底意为指导，即指导人的社会和政治生活的准则。阿尼底意思相反，这里指以惩罚为特征的暴政。

⑬ 整个宇宙都反映在这面镜子之中。意思是他即宇宙。

⑭ 这里的敌人既包括外在的敌对力量，也包括内在的欲念。

⑮ 据说宇宙毁灭时，作为毁灭之神，湿婆会乘这种巨大的浓云出现。

⑯ 他使宇宙解体，故令人恐惧。

⑰ 投入火中的祭品可以是酥油、牛奶、苏摩酒、谷物等。

⑱ 幸运发达之意。

藏于浓烟者[①]、身躯深蓝者、肢体可爱者、貌美无双者、不可阻遏者，(80)福惠赐予者、福惠在身者、祭品接受者、祭品分发者、迅行者、结合者、肢体巨大者、大胚种、无上者、年轻者，(81)黑身者、金身者、一切众生的感官、巨足者、巨手者、巨身者、大名者，(82)巨首者、高大者、巨眼者、朝向八方之屋、巨齿者、巨耳者、巨阳者、巨腮者，(83)大鼻者、大喉者、巨颈者、墓地保持者、阔胸者、广腹者、内在之魂[②]、置鹿于膝者，(84)垂吊者[③]、前伸之唇[④]、大幻、乳海、巨齿者[⑤]、獠牙巨大者、长舌者、巨口者，(85)巨爪者[⑥]、浓毛者[⑦]、长鬣者、巨辫者、无敌者、仁善者、可信者、以山为武器者，(86)仁爱为怀者、冷酷无情者、不可战胜者、伟大的圣者、以世界之树为形者、以世界之树为标志者、火之神、乘风而行者，(87)光环、居于弥卢山者、天神和檀那婆[⑧]傲慢的打击者、以阿达婆为头者[⑨]、以圣诗为口者、以上千的“梨俱”[⑩]为其无数眼睛者，(88)以“夜柔”[⑪]为脚臂者、秘密知识[⑫]、放射光芒者、能动之物、无愿不遂者、仁善者[⑬]、易于接近者、相貌英俊者，(89)可爱之物施予者、沙尔婆[⑭]、金子、金山、不可动摇者、宇宙之脐、快乐之源、未来之事、梵卵之主[⑮]、不可动摇者[⑯]。(90)

---

① 指火。

② 存在于众生体内的灵魂。

③ 意为众多世界都垂吊在他的身上，就像果实吊在树上一般。

④ 宇宙解体之时，他伸出唇吻，将它吞噬。

⑤ 原文如此。前第83颂已有此名。

⑥ 巨爪指那罗新哈（Narasiṃha，意为“人狮”）。阿修罗金垫（Hiraṇyakaṣipu）由于多年苦行而得梵天恩惠，做了三界转轮王。他与大神毗湿奴为敌。后大神化身那罗新哈，除掉了金垫。这里把那罗新哈的名号加在了湿婆的身上。

⑦ 指梵天大神的野猪化身。他化身野猪是为了扛起大地，以免它被大水淹没。

⑧ 一类妖魔，天神之敌。

⑨ 阿达婆是人间第一个实行火祭的人。《阿达婆吠陀》的名字也取自于他。

⑩ “梨俱”意为光辉、荣耀，更常见的意义是诗节。《梨俱吠陀》经典名即取自于后一义。

⑪ “夜柔”意为祭祀或祭祀用的经文。《夜柔吠陀》经典名即取自于它。

⑫ 秘密的知识指奥义书知识。

⑬ 原文如此，前第86颂已有此名。

⑭ 原为吠陀神祇，善射利箭，为毁灭之神。后来成为湿婆名号。

⑮ 梵卵之主即宇宙之主。参见前39颂注的印度古代创世理论。

⑯ 原文如此。本颂中有两个“不可动摇者”。前第30颂也已有此名号。

“十二[①]、恐惧之源、一切之始、祭祀[②]、祭祀毁坏者、暗夜、争斗时[③]、摩迦罗[④]、命运崇拜者，（91）信众环侍者、信众收纳者、利乐众生[⑤]为之驾车者、栖于灰烬者[⑥]、以灰烬保护信众者、身由灰烬构成者[⑦]、大树[⑧]、伽那[⑨]，（92）无伽那、超越者、灵魂伟大者[⑩]、一切众生崇拜者、商古[⑪]、陀里商古[⑫]、完满者、纯洁者、众生趋拜者，（93）行四行期之法者、行飞鸽之法者、无所不能者[⑬]、无上之主、沙珂、毗沙珂、[⑭]唇红者、广如汪洋者、坚定不变者，（94）身为棕色者、身非棕色者、雄健英武者、生命、过去、未来、健达缚、阿提底[⑮]、神秘之物[⑯]、易于领悟者、善驾长随者[⑰]，（95）以战斧为武器者、天神、动机引发者、善待亲友者、弹葫芦琴者、震怒可畏者、精液向上者[⑱]、浮于水面者[⑲]，（96）令人恐惧者、世系创建者、世系赓续者、竹管清音、无可指摘者[⑳]、肢体完美者、以幻

---

① 指人生的十二个阶段，包括从受胎到死亡的十个，以及天堂和解脱两个阶段。

② 原文如此，这一名号前第54、62两颂已有。

③ 原文Kaliśca kālaḥ，即kaliyuga。参见前第74颂有关“由迦”注。

④ 原文makara，为一种海中巨兽，有说是鲨鱼，有说是海豚，通常认为是爱神的象征。

⑤ 原文Bhūtabhāvana，为梵天名号。

⑥ 湿婆是宇宙的毁灭者。这里以及下面的“灰烬”似乎是指他毁灭宇宙后的劫灰。另说，灰烬具有驱邪祛病，乃至解除世间束缚的作用。弃世者常在身体上涂灰，以示自己已涤除罪愆，摆脱束缚，求得解脱。

⑦ 《摩诃婆罗多·沙利耶篇》的一则故事似可为此说作一注脚：仙人曼迦纳迦被拘舍草刺破手指，指尖流出蔬菜汁液。他于是大为兴奋，跳起舞来，致使世上一切也跟着跳动不止。为保证世界安定，湿婆现身仙人跟前，刺破自己的手指，使白色灰烬从伤口冒出。结果曼迦纳迦羞愧难当，不再跳舞。故事见第37章，第34颂至50颂。

⑧ “大树”指湿婆掌管业报之事，使众生的任何行为都能结果，即获得果报。

⑨ 原文如此，前第40颂已有此名。

⑩ 原文如此，前第34颂已有此名。

⑪ 商古为计数单位，为万亿。此处用此数在于极言其难以度量。

⑫ 陀里商古是著名的古代仙人。

⑬ 如天上的巧匠一样，无所不能。

⑭ 两个都是战神室建陀的名号。室建陀为湿婆之子。

⑮ 印度神话中最古老的女神之一，有“诸天之母”之称。

⑯ “神秘之物”是印度古代传说中的一种动物，起初往往指某种马，后又指某种神鸟，一般认为即金翅鸟。

⑰ 参见前第92颂。

⑱ 原文如此。前第45颂已有此名。

⑲ 参见前第59颂有关注释。这里说湿婆也能像毗湿奴一样，漂浮在那时的汪洋之中。

⑳ 原文如此。前第50颂已有此名号。

示人者、善心待人者、风之神，火之神[1]，（97）枷锁[2]、枷锁锻造者、枷锁解脱者、祭祀之敌[3]、欲望之敌、獠牙巨大者[4]、武器精良者，（98）膂力巨大者、无可指摘者[5]、沙尔婆[6]、商迦罗[7]、贫穷商迦罗、不死的主、大神、毗奢神、杀神敌者，（99）巨龙、知识渊薮、解体之神、智慧之神、诃利[8]、阿吉迦波[9]、以骷髅为饰物者、陀里商古[10]、不可战胜者[11]、仁慈者，（100）檀文陀梨[12]、以烟为标志者[13]、室建陀、韦湿罗瓦那[14]、造物者、天帝释、毗湿奴、密多罗[15]、陀湿多、北极星、一切事物支撑者，（101）超自然力、无处不到的风、阿尔耶摩[16]、萨毗多[17]、太阳、高于一切者、命运掌握者、曼陀多[18]、利乐众生者[19]，（102）令人欢欣的沐浴圣地、卓有辩才者、所有感官需求的满足者、生于莲花者[20]、子宫巨大者[21]、面如满月者、愉人身心者，（103）力大无匹者、沉静自若者、久历沧桑者、德闻遐迩者、俱卢之野开辟者、俱卢之野居住者、形如死神者、大自在天[22]，（104）收容一切者、栖于祭草丛者[23]、一切生灵之主、神中主神、无所执求者、存在、

---

① 原文如此。前第87颂已有此名号。

② 这里指的是将众生的灵魂束缚在物质世界，使之不得解脱的枷锁。

③ 参见前第37颂有关注释。

④ 原文如此。前第85颂已有此名号。

⑤ 原文如此。前第50和97颂已有此名号。

⑥ 原文如此。前第90颂已有此名号。

⑦ 原文如此。前第80颂已有此名号。

⑧ 原文如此。前第31颂已有此名号。

⑨ 阿吉迦波为十一位楼陀罗之一。参见前第60颂“三十三天”有关注释。

⑩ 原文如此。前第93颂已有此名号。

⑪ 原文如此。前第87颂已有此名号。

⑫ 檀文陀梨是古代印度的医神，生命吠陀的始祖。据说他曾化身为波罗奈的国王提婆达萨。他向门徒讲授的医学知识后来记载在《阿达婆吠陀》中。

⑬ “以烟为标志者”指火。

⑭ 即财神俱比罗。

⑮ 密多罗是诸天之母阿提底的十二个儿子，即十二阿提迭之一。

⑯ 阿尔耶摩亦为诸天之母阿提底的十二个儿子，即十二阿提迭之一。

⑰ 萨毗多是印度古代吠陀神祇，象征太阳的创造力。

⑱ 曼陀多为印度古代甘蔗王朝的一位国王。《梨俱吠陀》中有他作的诗句。

⑲ 原文如此。前第33颂已有此名号。

⑳ 原文Padmagarbha，梵天、毗湿奴和湿婆都有这个名号。

㉑ 众生皆诞生于其中。

㉒ 原文如此。前第48颂已有此名号。

㉓ 这里的祭草特别指拘舍草。

非存在、世上珍宝拥有者。（105）

“栖于盖拉娑山巅者、居于喜马拉雅山间者、挟山而行者、高山创造者、知识丰富者、无限福惠施与者，（106）商贾[①]、福利给予者、参天大树、猫鼬[②]、檀香、树叶、颈项粗壮者、锁骨巨大者、沉稳不躁者、贵重草药，（107）助人目的实现者、目的已经实现者、吠陀圣诗和语法的解说者、狮子吼、狮子齿、骑狮行者、驭狮车者，（108）灵魂高贵者、世界结束者、多罗树[③]、造福世界者、大树[④]、萨愣迦[⑤]、年轻天鹅、计都摩林[⑥]、庇荫行旅之树，（109）众生栖所、众生之主、白昼、黑夜、[⑦]无可指摘者[⑧]、众生指引者、众生居住地、遍在之神[⑨]、存在者，（110）果实丰盈者、自我制御者、神马[⑩]、供食者、生命气息保持者、坚定不移者、富有才智者、聪明伶俐者、普受崇仰者、由迦[⑪]之主，（111）牧牛人、牧人主、牧人庄、衣牛皮者、毁灭者[⑫]、金臂、入定之人隐修处的保护者，（112）坚韧不拔者、大快乐者、战胜欲念者、控制感官者、乾陀罗[⑬]、苏罗罗、乐修瑜伽者、身携弓箭者，（113）伟大的圣歌[⑭]、伟大的舞神、天女环侍者、标志伟大者[⑮]、身携弓箭者[⑯]、基本元素[⑰]、遍访群峰者、游踪不定者，（114）广被宣教者、应被认识者、馨香和欢愉的散施者、供人出入的门户、供人济渡的舟

---

① 为人类生活方便而用神力到处转运货物。

② 印度人多豢养，以防蛇、鼠。

③ 一种大叶棕榈树，其叶可制贝叶，用于书写。

④ 原文如此。前第92颂已有此名号。

⑤ 此字有布谷鸟、羚羊、孔雀等义。

⑥ 一个檀那婆的名字。檀那婆见前88颂有关注。

⑦ 白昼和黑夜的轮替构成永恒的时间。

⑧ 原文如此。前第50、97和99颂已有此名。

⑨ 原文如此。前第46和53颂已有此名。

⑩ 这里的神马指搅乳海时出现的乌颉湿罗婆。故事见《摩诃婆罗多·初篇》第十六章。

⑪ 参见前第74颂有关注释。

⑫ 原文如此。前第41和66颂已有此名。

⑬ 乾陀罗为印度古典音乐音阶七个基本音中的第三个，相当于西方音乐的e。据说它是山羊的叫声，可以引起人们对于橘红色的感觉。

⑭ 意思是大量的圣歌都是为了颂扬他而创作的。

⑮ “标志”可能指他绘有公牛图案的旗标。

⑯ 原文如此。前一颂已有此名号。

⑰ 一般指组成世界的基本元素，即地、水、火、风、空；或构成人体的基本元素，即营养液、血液、肉、脂、骨、髓、精。

楫、大风、壕堑环绕的城堡、集一切于一身者，（115）交合、成年、老年、耄年、伽那之首、永恒存在、灵魂之友、众神和阿修罗之王、世界之主，（116）身被锁子甲者、善使双臂者、备受赞美者、阿舍陀、苏舍陀、恒久不变者、诃利诃那、毁灭者①，（117）给轮回众生以形体者、至高之善、宽广大路、三思而行的头颅摧毁者②、具有一切吉祥相者，（118）车上之轴、善驭者、联于一切者③、膂力巨大者、吠陀、非吠陀④、圣地之神、巨大车乘⑤，（119）无生命者、有生命者、吠陀经文、目光清澈者、粗暴无情者⑥、珍宝无数者、身体红色者、以海当池者⑦，（120）世界树之根、宽阔无垠者、甘露琼浆、显现和未显⑧、苦行体现者、向上攀登者、稳定置身者⑨、力能移山者。苦行之力巨大者⑩，（121）军队之饰⑪、大劫、由迦和非由迦创造者、诃利⑫、形如由迦者、形象巨大者、家祭之火、深渊、高山，（122）乐守规诫者、诗节、博学者、群山之首、戴多花环者、戴大花环者、戴美花环者、多眼者，（123）无边大海、深井、盛开之花、丰收之果、力大公牛、身有公牛标志者、珍宝之树、顶盘发髻者⑬，（124）明

① 原文如此。前第41、66和112颂已有此名号。

② 在古代印度神话中，梵天原有五个头颅，但因对湿婆出言不逊而被他放出眼中的火焰烧去了其中的一个，后因此得名“四首”。这里说湿婆惩罚梵天并非出于一时的愤怒，而是经过考虑的。

③ 湿婆神无所不在，所以说他同宇宙间的一切联系在一起。

④ 传统上，吠陀称“天启”，非吠陀称“传承”，指法论、往世书等经典著作。

⑤ 湿婆以大地为车乘。

⑥ 这里指湿婆大神毁灭宇宙时的粗暴无情。

⑦ 这里的意思是，人类和牲畜从池塘获得饮水，而对于大神湿婆来说，只有大海才能供他饮用。

⑧ 这里所说的显现和未显是古代印度数论哲学中的概念。这种哲学认为，物质世界的最高实体自性，是一种自己就是自己存在原因的终极的客观实在，一种物质尚未展开以前的状态。它由三种成分即所谓“三德”（善、忧、暗）组成。当三德处于平衡状态时，就是自性；平衡打破，即各德之间出现了从属、依存、产生等关系时，就会有各种形式的显现。平衡的打破，乃是自性与另外一种精神实体神我互相结合的结果。参见本文前面第三部分“理论上的湿婆神”有关“三德”的注释。

⑨ “向上攀登”指欲赴存在的最高境界。“稳定置身”谓已达到这样的境界。

⑩ 原文如此。前第38、39和50颂已有此名号。

⑪ 指军队的勇气。

⑫ 原文如此。前第31和100颂已有此名号。

⑬ 印度古代的苦行者将头发盘在顶上。

月、毗萨罗伽[①]、面容妙好者、修罗[②]、一切兵器[③]、宽忍者、善于宣说者、生于琼浆者、美妙的乾陀罗[④]、身携大弓[⑤]者，（125）身戴芬芳花环者、世尊、种种善恶业源、搅动者[⑥]、臂膀粗壮者、包括一切者、无所不见者。（126）

“击掌之力、做事之掌、躯干挺拔者、创造者、护卫之伞、上妙护卫之伞、威名远播者、体躯巨大广被全部世界者，（127）头顶光秃者、形容丑陋者、破相者、髡首杖藜者[⑦]、形体善变者、眼睛褐色者、卓尔不群者、携带金刚杵者、以烈焰为舌者[⑧]、身生千足者，（128）身有千首者、天神之主、众神合成者[⑨]、伟大导师、身生千臂者、肢体完美者、保护提供者、诸界创造者，（129）净化众生者、美妙三圣诗、最年轻者[⑩]、身色黑棕者、梵杖制造者[⑪]、杀百[⑫]、身携百索者，（130）生于莲花者、子宫巨大者、[⑬]生于梵胎者、生于洪水[⑭]者、灿烂之光、吠陀创作者、吠陀研读者、精通吠陀者、婆罗门的归宿，（131）形象变幻无穷者、具有多个自我者、精力炽热者、自有者、灵魂飞腾向上者、兽主[⑮]、行疾如风者、快如思想者，（132）身敷檀香膏者、红莲的茎尖、香气浓郁者、原初之人、巨大的迦罗尼伽罗[⑯]花环佩戴者、戴蓝宝石冠冕者、身携毕那迦者[⑰]，（133）

---

① 毗萨罗伽古译“止声”，是一种梵语书写符号，在天城体字母体系中写作“：”。它一般放在元音后面，发送气音ḥ。

② 修罗即天神，与阿修罗相对立。

③ 湿婆可化形为战士使用的任何兵器。

④ 参见前第113颂及相关注释。此处说湿婆是美妙的乾陀罗之音。

⑤ 指湿婆的强弓毕那迦（pināka）。

⑥ 这里说湿婆是宇宙解体时出现的将它彻底搅动的毁灭之风，此处将它比作牧女用来搅动牛奶的棍棒。

⑦ 意为游方者。

⑧ “以烈焰为舌”指火。

⑨ 即湿婆的身体是由所有天神的身体合成的。

⑩ “最年轻者”指阿提底神十二个儿子中最小的一个，一般认为是指“因陀罗弟”，即取侏儒形象的毗湿奴。

⑪ 梵杖是梵天手中的武器，为一竹杖。据说它得自大神湿婆，比因陀罗的金刚杵更加厉害。金刚杵可以杀死它击中的任何生命，而梵杖连尚未出生的生命也能杀掉。

⑫ 原文如此。前第42颂已有此名号。

⑬ 原文如此。前第103颂已有此二名号。

⑭ 指宇宙毁灭后无边的滔滔洪水。

⑮ 原文如此。前第76颂已有此名号。

⑯ 迦罗尼伽罗为一种梧桐科，翅子树属乔木，产于东印度。

⑰ 参见前第125颂有关“大弓”注。

乌玛夫君[①]、乌玛恋慕者、头顶阇诃奴之女[②]者、乌玛之主、恩惠、恩惠发放者、恩惠施予者、无上伊沙神、吼声洪大者，（134）恩惠无边者、伟大驾驭者、勇敢杀敌者[③]、肤色有白有棕者、内心愉快者、约束自我者、驾驭自我者、自性依托者，（135）面朝所有方向者[④]、神秘之物[⑤]、最高正法法则、可动物及不动物之魂、精妙之魂[⑥]、上妙公牛、牛中魁首，（136）成道仙人、婆薮神、阿提迭、毗婆薮、萨毗多[⑦]、悲悯者、毗耶娑、他的作品[⑧]——节略的和广说的及反复说明的、领袖群伦者，（137）季、年、月、半月、期末圣日[⑨]、伽罗[⑩]、伽湿陀[⑪]、罗婆[⑫]、摩陀罗[⑬]、穆呼罗陀[⑭]、日、夜、刹那，（138）无垠沃壤[⑮]、众生种子、世间第一林伽、无可指摘者[⑯]、存在、非存在、[⑰]显现、未显、[⑱]众生之父、众生之母、众生祖先，（139）通往天国之门、众生诞生之门、解脱之门、陀利毗湿吒波[⑲]、涅槃、欢乐施予者、梵界[⑳]、最胜之道[㉑]，（140）众天神及阿修罗的创造者、众天

---

① 原文如此。前第40颂已有此名号。

② 阇诃奴之女即恒河。阇诃奴为远古印度补卢族的国王，曾将国事付与王子，自己到林中隐修。一次，恒河泛滥，淹没了他的净修地。盛怒之下，他把恒河一饮而尽。后应跋吉罗陀王的要求，他又将河水从耳朵放出，并收养她为女儿，恒河因此得名“阇诃奴之女”。湿婆用头接住恒河的故事前面已经叙述。

③ 这里的敌人指内心的情感和欲望。

④ 湿婆一说长有五面，四面分别朝前后左右，一面朝上。

⑤ 原文如此。前第95颂已经有此名号。

⑥ 灵魂之事难于参悟，所以说精妙。

⑦ 原文如此。前第102颂已经有此名号。

⑧ 指毗耶娑的作品，如大史诗、往世书等。

⑨ 指前几个时段结束那一天的圣日。

⑩ 伽罗为古代印度时间单位，其长短说法不一，约在8秒和2分30秒之间。

⑪ 伽湿陀为古代印度的计时单位，其长短有三十分之一伽罗、十二分之一伽罗等多说。

⑫ 印度古代计时单位，有后述穆呼罗陀的1/4 000或1/5 400等说。

⑬ 摩陀罗也是古代印度的计时单位，据说其长短等于发一个梵文短元音所需的时间。

⑭ 印度古代计时单位，为一天的1/30，即48分钟。

⑮ 生长世界之树的沃壤。

⑯ 原文如此。前第50、97、99和110颂已经有此名号。

⑰ 原文如此。存在、非存在两名号前第105颂已有。

⑱ 原文如此。显现和未显两名号前第121颂已有。

⑲ 陀利毗湿吒波为古代印度俱卢之野中的一个圣地，据说到这里的圣河沐浴并敬拜湿婆的人，可以升入天国。陀利毗湿吒波也有天国的意思。

⑳ 梵界是真理之界，只有信仰正确，掌握真理的人才能达到。

㉑ 这里的“道”指众生在轮回中的不同归趣。这些道或趣在印度教里有多种说法。典型的如说有天、人、畜这上、中、下三道，而这三道中又各分上、中、下三等。

神及阿修罗的最后归宿、众天神及阿修罗的导师、众天神及阿修罗所崇仰之神，（141）众天神及阿修罗的摩诃摩陀罗[①]、众天神及阿修罗的依靠者、众天神及阿修罗的监督者、众天神及阿修罗的领导者，（142）凌驾于诸神之上的神中之神、神中圣贤、众天神及阿修罗的施恩者、众天神及阿修罗之主、众天神及阿修罗的伟大之主，（143）众神合成者[②]、不可思议者、众神内在之魂、自身产生自身者、三步覆盖三界者、学识深厚无比者、无尘垢者、超越毁灭者，（144）应当赞颂者、不可抵御之象、神中之虎、神中之狮、人中雄牛、上上之智者、最高之神、神中上上者，（145）勤修瑜伽者、容光焕发者、雷电、伊沙那[③]、力大无穷者[④]、不朽者[⑤]、为人导师者、美貌动人者、恒久不变者、创造者、无比清净者、带来一切者，（146）高山峰巅、喜游峰巅者、肤色红棕者、王中之王、从无过尤者、令人愉快者、众神聚集者、结束一切者、完成一切者，（147）额头有眼者[⑥]、宇宙之躯、身色棕黄者、梵之光耀、不动物之主、彻底控制感官者，（148）一切事成者、一切众生福利的体现者、不可思议者[⑦]、以真理为规诫者、心地纯洁者、戒行之主、最胜之神、大梵、解脱者的最高归宿，（149）得解脱者、解脱能力、幸福、福增，以及天地世界。……（150）”

赞辞诵读完毕，优波曼纽告诉黑天，他所以能够从摩根德耶那里学得这众多的湿婆名号，是他虔诚信仰的结果，也是他长期坚持苦行所得的报偿。在优波曼纽这样的信仰者看来，称扬大神的名号，无异于行禅定，不亚于修瑜伽。“赞辞之王”作为湿婆无数名号的精华，不仅其诵者获益无穷，即使是听者，也能受其所化，积得如同聆听四吠陀一样的巨大功德。它能抚慰心田，予人福惠，涤除罪愆，祛除灾病，引导信众，去往天国，并能救拔求解脱者，使之出离轮回之苦。“赞辞之王”的创造，并不光为记诵和聆听；它也可供人冥想或默祷。据称，即使人之将亡，只要能在弥留之际想到它，仍可保证在死后往生最高的归趣。

---

① 摩诃摩陀罗意为赶象人。这里说湿婆是驱赶引导众天神和阿修罗的大神。

② 原文如此。前第129颂已有此名。

③ 原文如此。前第72颂已有此名。

④ 原文如此。前第30颂已有此名。

⑤ 原文如此。前第69颂已有此名。

⑥ 湿婆有第三只眼，生在他的前额上。

⑦ 原文如此。前第144颂已有此名。

“赞辞之王”中的名号内容庞杂，排列凌乱，令人感到茫无头绪。不过，倘若仔细观察，某些规律似还有迹可寻。最为明显的是内容相近的和形式（对于史诗唱诵者来说则是读音）相仿的尽量以类归。前者如第37颂集中了与天体有关的名号，第32颂集中了几处游徙经行之地，第42至44颂集中描绘湿婆的形象，第138颂多与时间单位有关。后者如第73颂用了四个有“喜”（nandi或nandana）字的词，第108颂用了四个有“狮子”（siṃha）的词，第141至143颂连续用了十一个带“众天神及阿修罗”（devāsura）的词，第82至84颂连续用了十六个带“大”（mahā）的词。这样的归类，恐怕主要还是为了记忆容易，诵读方便。有学者希望以意义为基础进行划分，将它们分成五类，称作五相，即慈悲相（anugrahamūrti）、毁灭相（saṃhāramūrti）、游方乞食相（bhikṣāṭanamūrti）、舞王相（nṛttamūrti）和大神相（maheśamūrti）。这样的分类虽然可以将许多名号包括进去，但显然不是全部。总的说来，千余名号的罗列，论特点，最明显的仍是其随机性；次序安排上看不出除了略作归类以外的更多用心。唱诵者在最后说“我按照重要性的不同，依次诵出了可敬大神的名号”。（第150颂）这一点很难看出。同一名号反复出现的例子不一而足，证明情况并非如此。

当然，众多名号所反映的，首先是信奉者对于心中神明的崇仰和赞美。那么信奉者何以要用上千的名号去称颂神呢？原因至少有三。第一，湿婆的特征中多有对立成分，诸如毁灭与创造、凶暴与慈善、丑陋与貌美、束缚与解脱、以林伽为象征的情欲与包括苦行在内的严格自制，等等，少数名号无疑不敷说明。第二，名号的念诵，是用来表达宗教感情的，内容必会广泛涉及对于神明特征的描绘、本性的说明、能力的夸赞、神迹的颂扬。为了显示虔诚，在信仰者看来，这样的名号自然是越多越好。第三，湿婆的身份和品格多而复杂，它们或为该大神所固有，或由固有者所引申，或借自其他神祇，或推演于抽象的宗教哲学理论。来源不同的名号愈积愈多，终而至于成百上千。需要看到的是，众多名号的背后，常会有各自的含义和故事，典故之多，几乎涵盖了湿婆所有的伟大业绩。因此，如果说《赞辞之王》对于湿婆的颂扬，在很大程度上正是通过名号所隐含的典故来实现的，并不为过。千余名号，递相铺叙，提纲挈领而敷扬大神非凡之观，这样的赞辞，的确无愧于王者之称。

原载于《南亚研究》2003年第2期，2004年第1期、第2期

毗湿奴及其一千名号

毗湿奴（Viṣṇu）和湿婆、梵天并称为印度教三大神，但在地位上可以同他相比的，只有湿婆。若论信徒之众和奉祀之隆，则毗湿奴似乎更在湿婆之上。① 在圣城提鲁帕提和普里有些著名的印度教毗湿奴派寺庙，那里仅靠本寺收入生活的婆罗门就有上千之数。南印度提鲁帕提的寺庙吸引着全印各地的朝圣信徒。他们携带供品，诸如食物、衣料、黄金、白银、母牛、马匹、上好纺织品等，纷至沓来，而寺内专管接待的上下人等，就有数千。12世纪建于奥里萨邦普里的扎格那特神庙更非前者可比，它的影响力甚至超出了毗湿奴派本身。每年频沙荼月（跨公历6–7月）白分第二日的“游车节”吸引着成千上万的各地教徒。载着神像的巨车高14米。它在沙地上巡行数日，往往要数百人戮力推挽。时有狂热的信徒投身直径两米的车轮之下，以此捐弃肉身，求得解脱。从南印到北印瓦腊纳西朝圣，或自北印去南印罗摩主庙（在科摩林角附近）参拜的印度教徒，大多沿海取道普里，以瞻礼寺中的毗湿奴—黑天大神。毗湿奴神所受的虔诚崇拜，由此可见。

信徒对于所奉神明虔诚崇拜的方式多种多样，但无论采用何种方式，合掌顶礼也好，咏歌赞美也好，都不免道及神名，或扬声称颂，或喃喃默语。吁求神佑而呼唤神名，本属宗教信徒的平常之举，然而印度宗教，特别是古代，特别是大的宗教，如印度教和佛教，却有一个明显的特点，即异常重视神名的意义，格外强调唱诵的功效。佛教经典曾以释迦牟尼自身的口吻谕告大众，说：“过去、未来、现在诸佛名字，若善男子、善女人受持读诵诸佛名者，是人现世安隐，远离诸难及消灭诸罪……”“一切诸恶病，不及其身。”② 而且，佛陀名

① “在当今印度最受崇敬的神明中，以多种形象出现的毗湿奴恐怕是拥有信徒最多的。对于他业绩的描述，以及奉献给他的赞颂，在后世印度教典籍中占有很大比例。”W. J. Wilkins. *Hindu Mythology*, New Delhi: Rupa & Co., 1994, p.125.

② 《佛说佛名经》卷一，载《大正藏》第十四卷，一一四上、一一七页上。

号，不仅一心读诵能积功德，就是听到想到，也能享受福惠。诸种佛名，“若复有人，于其辰朝，发志诚心，或读诵，或礼念，或忆持，或听闻，获得最上吉祥福德，所有一切烦恼及诸罪业，速得清净，不受轮回，当得解脱，乃至成佛。”[①]佛教如此，印度教更其夸张。有关说法我在拙文《湿婆和“赞辞之王”》中曾有引述。重视神名的另一表现，便是地位崇高的神明，尤其是各教派的主神，往往被冠以多重名号，而其数目之众，则为世上任何别的宗教神主所远不能及。佛典记载的佛陀名号，便有一百零八、一千、一千一百等说。在印度教典籍中，湿婆的名号，前述“赞辞之王”称有一千零八个；而我们将要谈到的毗湿奴，则号为一千。恭诵神名，固然是崇拜者诚心归命的表现，而名号所指，却不能同所礼神祇无干，否则便失去意义，更无所谓礼赞的效验。事实上，崇拜者为其尊神所上的名号都是同他有关联的。即以湿婆大神为例，他的千余名号广泛罗列了他的种种形象、特征、品格、才智、德行、功业、灵迹，乃至他的性情和习惯。每一名号后面，大都有着各自的含义和典故，涵盖之广，遍及大神的各个方面。可以不夸张地说，千余名号的展开，就是有关该神一切传说的百科全书，而“赞辞之王”乃是这样一部百科全书的便捷索引。在这个意义上，诵神名号实在是对于所敬神明做了全面的颂扬，其功其效，自不待言。

本文拟将毗湿奴的一千个名号转梵为汉，并加必要的注释，而其目的，则在于为他日印度教的深入研究，提供一个或许有用的基础。毗湿奴的一千个名号载于《摩诃婆罗多·教诫篇》。在译介这些名号之前，似有必要对大神毗湿奴本身求一全面了解，兼及我们感兴趣的其他赞颂方式，以期对他的一千名号能有更深的认识。

一、毗湿奴的形象

在印度教三大神中，梵天司创生，湿婆司毁灭，而毗湿奴则专司维持宇宙存续，保护一切存在，可以称作护持之神。他肤色深蓝，身着黄衣（或说金丝绸衣），四面（或一面）四臂（或八臂），足如莲花，眼若莲瓣，胸前长着代表吉祥的旋毛[②]。四面如盛开的莲花，中间的表情平和，其余三面则以神秘玄妙的样子表现他的特质：知识、力量、高贵气派、阳刚之美、才智和光彩。颈间佩

① 《佛一百八名赞》，载《大正藏》第三十二卷，七五八页中。

② Śrīvatsa，据称系由牛犊头部毛发的螺旋形象而来。

戴宝石[①]项链，挂着黄金花环[②]。四手执法螺[③]、轮宝[④]、仙杖[⑤]、莲花，亦携一弓一剑[⑥]，常坐于莲花之上。他的坐骑是人面鹰喙，高速飞行的金翅鸟。汉文佛典称他“毗瑟怒”、“韦纽天”等，意译“遍入天”、“遍净天”。《大智度论》卷二称“韦纽天（秦言遍闻）四臂捉贝，持轮，骑金翅鸟”[⑦]，所说正是毗湿奴。他的居所据说在北海或弥卢山的东峰之上，叫毗恭吒。毗恭吒周长25万里，悉由黄金筑成，构建房舍的则是各色宝石。五大莲池中长满红色、白色和蓝色的莲花。坐在宝座上的毗湿奴如中天之日，光芒四射。侍坐一侧的是他的妻子吉祥天女。她有时坐在毗湿奴的股间，有时立于莲座之上，手持待放的莲花，莲子从她的手中不断地流泻出来。毗湿奴的另一形象是睡态的，偃卧在千头蛇王湿舍的身上，漂浮于无边的原初之海，[⑧]一朵莲花自他的脐部生出，上坐四面梵天。此时旧宇宙已经毁灭，新宇宙尚待创生，在这个间歇时期，毗湿奴似乎无所事事。而吉祥天女，他的妻子，则侍坐身边，为他按摩脚掌。

---

① 即众神和阿修罗搅乳海所得宝石憍斯杜跋（Kaustubha）。

② 一说花环由鲜花或宝石做成，称吠阇衍蒂Vaijayantī，意味着胜利。

③ 称“五生螺号”（Pāñcajanya）。五生（Pañcaja）为一阿修罗名，他住在螺壳里。黑天和他的长兄大力罗摩在梵行期学习结束时，正巧五生劫走了他们师父的儿子。师父要求他们帮他找回儿子，成功可免束脩。他们来到河边，在伐楼拿的帮助下杀死五生，救出孩子，螺壳亦归黑天。此处黑天为毗湿奴的化身。

④ 轮宝名“妙见”（Sudarśana）或“妙见飞轮”（Sudarśanacakra），又称“金刚毂”（Vajranābha），是火神阿耆尼赠给他的。《摩诃婆罗多·初篇》第二一六章，第21颂说：“火神给了黑天一个以雷石为心的飞轮和一个火宝。有了这两件法宝，黑天也能很好地帮助火神了。”见《摩诃婆罗多·初篇》，559页，北京：中国社会科学出版社，1993年。这里黑天即毗湿奴。

⑤ 仙杖名“月光”（Kaumodakī），为水神伐楼拿所赠。前引《初篇》同章第25颂说：“水神伐楼拿给了诃利一个名叫月光的大杵。这杵是消灭提迭们的好武器，能发出雷鸣般惊人的声音。”见前引书同页。这里诃利即毗湿奴。另说 Kaumodakī 意为“爱大地者所有”，系由 Kumodaka 一字派生而来。Ku，“大地”；modaka，“喜爱”。Kumodaka 意为“爱大地者”，指毗湿奴。仙杖既为毗湿奴所有，故得名 Kaumodakī。

⑥ 分别名为“角制”（Śārṅga）和“欢喜”（Nandaka）。

⑦《大正藏》第二十五卷，七三页上。此处贝即法螺。毗湿奴原文Viṣṇu，通常认为来自动词词根√viṣ，意为“散布”、“充满”、“遍及”。古代汉译“遍入天”当即本此。“遍闻”亦同。此外，√viṣ 亦有“劳作”义，故另有理论将毗湿奴之名解释为“劳作者”，以表达他作为护持之神辛苦多劳的意思。

⑧ 蛇王湿舍（Śeṣa）故事很多。当他作为毗湿奴的卧榻时，又称阿难陀（Ananta）意为“无限”、“无际”，与原初之海的无边同一意味。

二、毗湿奴的来源和发展

1.《梨俱吠陀》中的毗湿奴

毗湿奴的身世可以上溯到吠陀时代。在《梨俱吠陀》中，毗湿奴已经受到歌颂，但是作为神祇，却地位平平。有关他的颂诗在数量上远不能和因陀罗、伐楼拿、阿耆尼、苏摩等神相比。对他的赞美和吁求，相形之下，也不如对前面数位来得热烈。他常常和其他神明一同提及，显然没有受到特别的重视。比如：

"阿耆尼啊，请同你所有的朋友一起来这里饮苏摩汁吧！还有诸神，请一同来取供品。（1）请光临我们的祭祀！你们信念真诚，尊奉纯正之法。来饮苏摩汁吧，用阿耆尼之舌[①]。（2）唱诗者[②]啊，请同其他的唱诗者[③]一起来饮苏摩汁吧！慷慨者啊，也同那些清晨出游者[④]，同众神一起来！（3）可爱者啊，在臼中轧好的苏摩汁已经倒进坛中，那是献给因陀罗，献给风神的。（4）风神啊，来吧！来参加这里的盛宴，高兴地享受供品。请畅饮苏摩汁，并取用可口的食物。（5）因陀罗啊，还有风神，你们都有资格享用苏摩汁。高兴地接受它们吧，两位清净之神，请来取用它们！（6）掺着凝乳的苏摩已经为因陀罗和风神准备好。就像众流齐奔低地一样，你们也朝它们奔去吧。（7）让一切神、双马童和乌莎也一起来，阿耆尼啊，来像阿多利一样享受那苏摩汁。[⑤]（8）让密多罗和伐楼拿两位也一起来，还有苏摩和毗湿奴。阿耆尼啊，让他们跟阿多利一样，同来享受那苏摩汁。（9）让阿提迭和婆薮神也一起来，还有风神和因陀罗。阿耆尼啊，让他们跟阿多利一样，同来享受那苏摩汁。（10）"[⑥]

毗湿奴和其他神明一同提及的例子还很多：

---

① 阿耆尼是火神。阿耆尼之舌（agneḥ jihvā）指腾起的火苗，这里特指祭火。供品总是投入祭火，然后由神明享用的。换言之，他们享用祭品，用的是阿耆尼之舌。

② 指火神阿耆尼。

③ 指唱诗颂神的婆罗门祭司。

④ 指那些光顾人间晨祭的神。

⑤ 阿多利（Atri）为印度古代最著名的吠陀圣诗作者之一，主要颂扬因陀罗、阿耆尼、双马童等神。在后来的印度教传说中，阿多利是梵天的七位（或说九位、十位）"心生子"即大仙人之一。

⑥ *Ṛg Veda Saṃhitā*，Ⅴ. 51. 1–10. published by Veda Pratishthana，New Delhi，1977，Vol. Ⅲ，pp.1714–1716。引文括号中数字为原文诗节的顺序号，下同。为省篇幅，以下所引《梨俱吠陀》仅提章节数。

"今天，我将萨毗多[①]请到你们的面前，还有那负责分配人间财宝的跋伽神[②]。双马童啊，那些拥有财富的英雄们天天想着同你们结交。我也愿意来到这里。（1）知道阿修罗[③]行将来到，我便以圣诗拜敬萨毗多神。望他听到这拜敬之后，能够向那分配人间无上财宝者[④]发出吁求。（2）普善[⑤]、跋伽或阿提底皆施恩而不求还报。他们的衣饰闪闪发光。因陀罗、毗湿奴、伐楼拿、密多罗、阿耆尼为我们带来吉祥的日子。他们是奇迹的创造者。（3）无敌的萨毗多为我们提供保护，众河流之神也将到来。作为祭祀仪式上的祭司[⑥]，我赞美了他们，那就让我们财宝无数，成为财富之主吧！（4）"[⑦]

在这些《梨俱吠陀》圣诗中，我们的确看不到后世毗湿奴所拥有的显赫地位。不过，有些迹象还是值得注意。那就是，据我看，他和吠陀时代主神因陀罗的关系非同一般。不一般的关系至少表现在两点上。其一，他们的名字多次并提；其二，他们不止一次协同行动。关于前者，可见如下诗节：

"众水中的印度河、诸摩录多、双马童，以及慷慨的因陀罗、慷慨的毗湿奴啊，愿你们同我们亲密无间！"[⑧]

"苏摩啊，让伐楼拿欢喜吧，让密多罗欢喜吧。纯净的苏摩汁啊，让因陀罗和毗湿奴欢喜吧。有力者啊，让诸摩录多欢喜吧，让众神欢喜吧。苏摩汁啊，

---

① 原文Savitṛ，作为吠陀神祇，象征着太阳的创生力，有时与太阳神苏利耶等同视之。有说法认为他是升起之前和落下以后的太阳，而苏利耶则是白昼可见的太阳。他有时也作为"众生之主"受到崇拜。人们相信他能把他的信奉者从罪愆中救拔出来。

② 跋伽（Bhaga）原义"分配"、"施与"，为吠陀时代的分施财富，主持恋爱婚姻之神，是神母阿提底的十二个儿子之一。跋伽有时又作为名号，用以称呼若干神明，特别是萨毗多。但从上下文看，原文这里提到的应是独立的跋伽神。

③ 在《梨俱吠陀》的早期部分中，阿修罗并非恶神，像后来在印度教和佛教里常见的那样。这时他们还是正面意义的神。重要的吠陀神祇如因陀罗、阿耆尼和伐楼拿等，都曾被称为阿修罗。这里的阿修罗指萨毗多。

④ 指跋伽。

⑤ 普善在吠陀文献中经常提到，但其特征并不十分明确。Pūṣan 之名源出于动词 puṣ（哺育），故有"养育者"的意思。有梵书说，在生主创造出众生以后，普善便来养育他们。作为吠陀神祇，他最早曾与太阳相联系，被视作世上万物的监管者，并在道路上指引行旅，乃至在逝者去往来世的路上肩负导引之责。他也是能为人带来富裕生活的神明。

⑥ 原文hotṛ，实际指祭祀仪式中四位主要祭官（ṛtvij）之一的劝请者，负责念诵《梨俱吠陀》圣诗，赞美众神，吁请他们光临祭仪。帮他工作的还有三个助手。

⑦ *Ṛg Veda* Ⅴ. 49. 1–4.

⑧ 前引书 Ⅷ.25.14。

让伟大的因陀罗欢喜，让他喜不自胜！”[①]

“你这无与伦比的得胜者啊，你这苏摩汁，请像河流一般注入罗筛，使自己变得更纯净。苏摩啊，你这甜中最甜之物，乃是为因陀罗、毗湿奴和其他众神准备的。”[②]

说明后者的诗节有：

“因陀罗啊，请施予我们财富，以便雅利安人能够有力量在战场上盖过敌人，就像上天覆盖大地一样。财富可以带来成千的利得、可耕的良田、强壮的儿子，还能助人击败敌手。（1）正如将光线给予太阳一般，因陀罗啊，众神也将全部天国的管理权永远地给了你。奋勇者啊，你同毗湿奴互相联合，杀灭了阿希[③]，那围住天水的弗栗多。（2）”[④]

“因陀罗啊，毗湿奴！你们摧毁了商波罗[⑤]九十九座坚固的城池。你们成百次地打败过阿修罗伐罗紧[⑥]手下上千个无敌英雄。”[⑦]

如果毗湿奴和因陀罗的关系确实密切，或至少比较密切，那么毗湿奴以

---

① 前引书 Ⅸ.90.5。

② 前引书 Ⅸ.100.6。

③ 阿希（Ahi），蛇神名，有时也用来指称阿耆尼或摩录多，但更多的是像本颂一样，用为干旱之神弗栗多（Vṛtra）的名号。他曾围住天水，致使世间大旱。因陀罗用金刚杵杀死他后，天水奔泻，旱灾解除，他也因而得名“诛弗栗多者”（Vṛtrahan 或 Vṛtrahantṛ）。此名号在《梨俱吠陀》已见使用，如Ⅷ. 27. 8；Ⅸ. 89. 7 等。同样地，弗栗多也被称作“阻断流水者弗栗多”（vṛtraṃ nadīvṛtam）。说见Ⅷ. 12. 26。因陀罗和弗栗多长期斗争的故事在后来的印度教典籍中经常提到，且有种种发挥。

④ *Ṛg Veda* Ⅵ. 20. 1–2.

⑤ 原文 Śambara，吠陀文献中的恶神，达斯由（Dasyu）人的首领，雅利安人名王提婆达萨之敌。达斯由人据称不事献祭，风俗怪异，蔑视神灵，形容丑陋，实即雅利安人入侵印度时，已经定居于西北地区的世住民，也即印度河流域文明的创造者。《梨俱吠陀》和《阿闼婆吠陀》等虽视之为蛮人，但也有若干地方承认了他们的财富和文化。实际上，当雅利安人只能数到千时，他们已经为一长串大数确定了单位名称。据说商波罗拥有百座城池，固若金汤，但最后还是被因陀罗一一击破。为抵御雅利安人的进攻，他曾决堤使河水改道，或筑坝使之断流。吠陀文献称他干旱之魔，甚至将他与弗栗多等同视之，不知是否与此有关。有吠陀研究者认为商波罗实有其人。因陀罗为追杀他曾经用了40年。（见 *Ṛg Veda* Ⅱ. 12. 11.）

⑥ 原文 Varcin，亦为吠陀文献中的恶神，常与商波罗同时出现，唯提及次数较后者为少。除了称他阿修罗外，还曾称他为达萨（意思与达斯由相近）。有人认为他同弗栗吉凡陀族（Vṛcīvant）有关系。该族在《梨俱吠陀》中提到过一次（Ⅵ. 27. 5），为因陀罗所败。伐罗紧和他所有的儿子及追随者都是被因陀罗杀死的（Ⅱ. 14. 6）。

⑦ *Ṛg Veda* Ⅶ.99.5.

后地位的迁升，也就有了更好的解释。然而，无论如何，毗湿奴的地位不及因陀罗却是明确的。表现在形式上，便常常是前者逢迎后者，称颂后者，而不是相反：

“面对你[①]的金刚杵，即使是天国也会退缩，因为它的愤怒实在可怕。因陀罗是众生的生命。他诛杀了窥伺于洞穴中的阿希。（9）威猛者啊，陀湿多[②]为你打造了千尖百刃的金刚杵。奋勇者啊，你愿望强烈，敏于行事。凭借这些，你消灭了骄傲的阿希。（10）因陀罗啊，为了你，他[③]烹制了上百头水牛。所有的摩录多一致想让你健壮。普善和毗湿奴为那诛弗栗多者倾倒了三池子足以醉人的苏摩汁。（11）”[④]“毗湿奴这高大的统治者赞美你。赞美你的还有密多罗和伐楼拿。众摩录多因为有你而兴高采烈。”[⑤]在第八卷第十二首圣诗中，有这样的诗节：“靠着你的能量，毗湿奴跨出三步。这时，你那两匹漂亮的棕红马也变得更加强而有力。”[⑥]颂扬者眼中孰轻孰重，这里表现得很清楚。

作为吠陀神祇之一，毗湿奴在《梨俱吠陀》中受到颂扬是正常的。这种颂扬除见于散处各处的诗节外，在全部一〇二八首圣诗中，还有一些是专门奉献给他的，如第一卷第一五四首、一五六首，第七卷第九九首、一〇〇首等。下面我们将前两首转为汉文，看看他是如何受到赞颂的：

“现在，我要宣说毗湿奴的英雄业绩，他曾经度量了大地和天空。他支持无上之界[⑦]，跨步三次，所达之处，遥不可及。（1）毗湿奴由于他的英雄业绩而受到赞美。他像猛兽一般，居于山间，四处周游，令人畏惧。一切众生，全都栖息在他三步量出的广阔之地。（2）让我们发自内心的赞颂去到毗湿奴的面前，那步履宽阔的公牛就住在众山之间。他迈出三步，独自量出了众生共居之地，其地广阔，伸向远方。（3）他三步所取之地长存不灭，充满甜香，使称心满意的众生欢乐陶陶。他独力支撑着三者——大地、上天和一切众生。（4）让我也

① 因陀罗。

② Tvaṣṭṛ，印度古代传说中的工巧神，众神所用器物的制造者。他不但制造了因陀罗的金刚杵，甚至塑造了人和动物的身体形状。他保护献祭者，施与他们食品和财物。由于能够赋予人生殖能力和后代，故亦常为希求子嗣者所求拜。

③ 指火神阿耆尼。

④ *Ṛg Veda* Ⅵ. 17. 9–11.

⑤ 前引书 Ⅷ.15.9。

⑥ 前引书 Ⅷ.12.27。

⑦ 即天界，天神聚居之处。前面所说的大地和天空即三界中的地界和空界。

到那可爱的地方去吧，那里敬神的人们快乐地生活着。在毗湿奴的无上足迹之中，属于跨大步者的甘泉有甜蜜[①]涌出。（5）我们愿意到你的居所去，那里的牛顽强敏捷，生有多角[②]。那步履宽阔的公牛无比庄严的足迹用强烈的光线照耀着我们这里。（6）”[③]

“毗湿奴啊，你威名远扬，烛照无际，无处不到。供你餐用的是掺奶油的食物。请对我们慈爱为怀，像密多罗一样。就是智者也要称颂你。奉献供品者则向你殷勤致祭。（1）谁向那仁慈的，古老而又常新，常有妻子陪伴在侧的毗湿奴表示崇拜，谁道出了那伟大者的高贵出身，必能在其侪辈间出人头地。（2）赞颂者啊，你们生来就知道那宇宙秩序的古老本源，从而使他感到满意。你们了解他的名字，并且加以宣说。毗湿奴啊，伟大者！那就让我们享受你的仁慈之爱吧。（3）具有王者风范的伐楼拿和双马童都按他的意志行事，而他又是众摩录多的首领。毗湿奴有无上能力，能够开启光明。他和他的朋友一起打开牛栏。[④]（4）毗湿奴是神圣的。他到因陀罗那里去寻求友情，是从善走向更高的善。那仁爱者据有三界。他帮助雅利安人，并与行祭者共同分享圣法[⑤]。（5）”[⑥]

还有一些圣诗，并不是专门献给毗湿奴的，但却充满对于毗湿奴的礼赞。下面这一首便十分典型。它虽称是同时奉献给因陀罗和毗湿奴的，但内容却几乎完全是对于毗湿奴的颂扬。

“向常思此道的大英雄[⑦]和毗湿奴赞美你们的苏摩汁！诸位大神是不可侵犯的。他们由宝马良骏负载着，立于高山之巅。（1）因陀罗啊，毗湿奴！你们是那样地强而有力，饮苏摩者要远远避开你们的锋锐。它令人畏惧。引弓待发的射手迦哩舍奴[⑧]将利箭对准了我们世人，请远远离开吧。（2）它[⑨]增加他的阳刚

---

① 指天神们饮用的苏摩汁。

② 可能指天空中众多闪烁的繁星。

③ *Ṛg Veda* Ⅰ.154.1–6.

④ “他的朋友”当指因陀罗。末句的意思可能是劈开乌云，使大雨降落。这里是否喻指战胜弗栗多，解除干旱一事，不得而知。

⑤ 指祭祀所得的神恩。

⑥ *Ṛg Veda* Ⅰ.156.1–5.

⑦ 指因陀罗。“常思此道”指他常想听到颂词。

⑧ Kṛśānu，意为“挽弓者”，为一神射手，负责守护天国的苏摩不被偷往人间。

⑨ 献祭所用的供品，这里指苏摩汁。

之力，而他则带领着父母[①]前来共享那流淌之物[②]。作为儿子，他使自己父亲的大名置于次等地位。[③]位居第三的是那高高现于天光者。（3）我们赞美那体魄壮伟者的勇力，他是保护者，仁爱为怀，从不伤人。他以三大步跨过大地，为的是广袤的自由空间，为的是生命。（4）常人看到那望光者[④]跨出两步，都会惊悚不安。而他那第三步则根本无人靠近，连那长着双翅的飞鸟也不敢。[⑤]（5）”[⑥]

上面的颂诗至少向我们提示了两点：一、尽管在梨俱吠陀时代毗湿奴还不是主要神祇，但已经受到了相当程度的崇拜。二、毗湿奴三步度量地、空、天的传说故事已经产生，并广为流传。

2. 其他吠陀本集的情况

除《梨俱吠陀》外，其他吠陀本集也都提到了毗湿奴，只是频度不同。《娑摩吠陀》提到约20次，远少于《梨俱吠陀》，且有的诗句与《梨俱吠陀》的完全相同。即使是内容略显独特的，仍往往带有前面《梨俱吠陀》颂诗的那些特点。这从下面的例子中不难看到：

“我们追随在苏摩王、伐楼拿和阿耆尼的后面，以及阿提迭、毗湿奴、苏利耶和婆罗门毗诃波提[⑦]的后面。”[⑧]

“请伟大而又强壮者[⑨]享受那盛在陀利伽陀卢迦[⑩]中的麦乳，请同毗湿奴一起尽其所愿地饮用那扎出的苏摩汁吧。那伟大者因而狂喜，那阔步者[⑪]做出非

① 原文为“两位母亲”（mātarā），有时可译父母，实际指代天空和大地，或黑夜和清晨。这里是前者。

② 指作为供品的苏摩汁。

③ 这里的意思不太清楚。有看法认为，毗湿奴应是神、人共有的父亲陀天斯（Dyaus）之子，但是在祭祀中却排位在陀天斯的前面，故云。下面“高高现于天光者”（adhi rocane divaḥ）指火神阿耆尼。

④ 原文 Svardṛś，亦可译“望日者”，指毗湿奴。此称呼也可用于除了毗湿奴以外的神或人。

⑤ 毗湿奴第三步跨的是天界。这里的意思似乎是，他前两步所跨的地界和空界，人们能够看到，而第三步所跨的天界却是他们看不到的。

⑥ *Rg Veda* Ⅰ.155.1–5.

⑦ 毗诃波提为众神的祭祀，故称他婆罗门。

⑧ 1. 1. 2. 5. 1.（总第91诗节），见Edited by S. V. Ganapati. *Sāma Veda*，Delhi：Motilal Banarsidass Pubilshers，1992，18页。

⑨ 指因陀罗。

⑩ 一种棕色的专门用来饮用苏摩汁的杯子，总是三只一起用。

⑪ 指毗湿奴。

凡的事功。神陪伴着神。真正的苏摩汁液陪伴着真正的神明。”①

“毗湿奴跨越这整个世界，踏足三次。一切都聚集在他的尘埃之中。”②

“毗湿奴啊，当你说‘我是尸必毗舍陀’时，你这名字是什么意思呢？请不要对我们隐藏你的形象，虽然你在战场上也会是另外的样子。（1）尸必毗舍陀啊，你是高贵者。今天我将这供品奉献给你，并且赞美你。我是知道诸般规矩的。作为弱者，我颂扬你这强大者。你的居所是远在这尘世之外的③。（2）毗湿奴啊，我用口对你呼出‘婆舍陀！’④尸必毗舍陀啊，愿你享用我的供品！愿我诗歌中美好的颂词使你高兴。请你们永远保护我们，给我们幸福。（3）”⑤

这些颂诗同样表现出毗湿奴和其他神明一同提及，将他和因陀罗并列，以及颂扬他三步跨越三界的功绩等特征。

《夜柔吠陀》和《阿闼婆吠陀》的情况大同小异，唯前者提到毗湿奴的次数极多，对他的吁求也多，而后者则较少。《夜柔吠陀》亦有多处称他为尸必毗舍陀。

3. **梵书中的毗湿奴**

梵书中以属于《白夜柔吠陀》的《百道梵书》为最长，也最重要。我们拿这部梵书作例子，看一看梵书时代婆罗门知识分子笔下的毗湿奴是个什么样子。

在《百道梵书》里，毗湿奴常被称作尸必毗舍陀。此外，他也常被等同于祭祀，与《夜柔吠陀》中的情形十分相似。这两点显然是上承吠陀本集的。承袭吠陀的当然不止这两点。下面将要提到的几个例子不仅吠陀影响明显，而且与我们的题目关系密切，所以更值得注意。

该书第十三部讲马祭，其中第一章，第三节讲如何用滴下的酥油敬献神祇。

---

① 1. 5. 2. 3. 1.（总第457诗节），前引书，91页。它是一组赞颂因陀罗的圣诗的第1个诗节。有学者认为“伟大而又强壮者”指灵魂，而“陀利伽陀卢迦”（trikadruka）指灵魂的三种状态：清醒、睡眠和无意识的深度睡眠。说见Devi Chand. *The Sāmaveda*, *Sanskrit Text with English Translation*, New Delhi：Munshiram Manoharlal Publishers Pvt. Ltd., 1981, p.70。这种说法似与前后文不一致。

② 1. 3. 1. 3. 9.（总第222诗节），前引书，43页。这里的“尘埃”指毗湿奴迈步腾踏而起的尘埃。

③ 指相对于地界和空界的天界。

④ 原文vaṣaṭ，为一呼语，在祭祀结束时由四祭官中的劝请者唱出，闻之行祭者便将敬神的供品投入祭火。

⑤ 4. 8. 1. 4. 1–3.（总第1625–27诗节），前引书第336–337页。这一组诗共3个诗节，是对毗湿奴讲的。

这是正式举行马祭前作为准备的仪节之一。每一滴酥油敬给一位神，敬上时行祭者要唱出这位神的名字。这部梵书指示应该这样办：

"'敬阿耆尼的，娑婆诃！'[①]说着他便把祭品献给阿耆尼。'敬苏摩的，娑婆诃！'说着他便把祭品献给苏摩。'敬水的愉悦的，娑婆诃！'说着他便把祭品献给水。'敬萨维德罗的，娑婆诃！'说着他便把祭品献给萨维德罗。'敬伐由的，娑婆诃！'说着他便把祭品献给伐由。'敬毗湿奴的，娑婆诃！'说着他便把祭品献给毗湿奴。'敬因陀罗的，娑婆诃！'说着他便把祭品献给因陀罗。'敬毗诃波提的，娑婆诃！'说着他便把祭品献毗诃波提。'敬密多罗的，娑婆诃！'说着他便把祭品献给密多罗。'敬伐楼拿的，娑婆诃！'说着他便把祭品献给伐楼拿。神明是这样多，他向他们一一敬献了祭品。他就这样一路敬献下去，为了胜利地到达天国世界。天国世界就是这样一路到达的。"[②]

类似的内容还可见于《百道梵书》的其他部分。[③]在这里，毗湿奴是与各路神明一同受到祭拜的，而文中提到的诸神，也都常见于吠陀文献，即所谓吠陀神祇。看起来，梵书时代毗湿奴的地位与吠陀时代相若，尚不突出。再看下面一段文字：

"他（行祭者）将祭祀用的桩柱竖立起来，并且唱道：'你那地方我很想去。那里尽是矫健的，长着多角的牛。那里一定是步子宽阔的毗湿奴落下他那巨大无比的足迹之处。'唱着这特哩湿图朴[④]，他将桩柱竖立起来。特哩湿图朴是金刚杵。桩柱也是金刚杵。所以他唱着特哩湿图朴将桩柱竖立起来。……因陀罗是祭祀之神，而祭祀桩柱又属于毗湿奴，所以他（行祭者）把它（桩柱）和因陀罗联系在了一起。因此他又说：'毗湿奴是因陀罗的盟友。'他注视着桩柱上的圆头，说道：'智者总是注视毗湿奴那无比的足迹，它就像眼睛一样镶嵌在天空。'……"[⑤]

---

① 娑婆诃（svāhā）为一吉祥语，带有祈愿的意思。由于往往在祭祀时向火中投献祭品时用，所以它又被人格化为火神之妻。她的身体被说成是四吠陀，她的肢体则为吠陀六支。

② *Śatapatha-Brāhmaṇa* 拉丁字本网络版，XⅢ. 1. 3. 3，网址为：http: //www.sub.uni-goettingen.de/ebene_1/fiindolo/gretil/1_sanskr/1_veda/2_bra/satapath/sb_14_u.htm。

③ 如XⅢ. 1. 8. 3–8；XⅢ. 2. 2. 1–10等。

④ 特哩湿图朴为一种诗体，诗律为每一诗节四个音步，每一音步十一个音节。

⑤ 前引 *Śatapatha-Brāhmaṇa*，Ⅲ. 7. 1. 15、17、18。

在这里，毗湿奴和因陀罗有着密切的关系，其情形也同《梨俱吠陀》一般无二。引文中提到的毗湿奴的足迹，同样是吠陀文献所熟悉的。总之，《百道梵书》这些内容为我们呈现的，是一个与吠陀时代面貌相近的毗湿奴。他厕身于众神中间，虽无特殊地位，但同因陀罗关系密切。而因陀罗则依然据有主要神祇的地位。①

然而这只是事情的一个方面。另一方面，在这部梵书的其他地方，情形又有不同，或说出现了一些新的情形。

祭祀是梵书重点讲述的内容。在讲到行祭的具体方法时，我们遇到了一个成词，“毗湿奴大步”（Viṣṇukrama）。比如：“他（行祭者）将它（水）捧在手中，唱道：‘我们同光芒结合在一起了，也同力量、身体和愉快的心灵结合在一起了。陀湿多啊，你这善施者，请施予我们财富吧，请疗治我们的创伤。’那撕裂了的地方，他也能让它恢复。然后，他（行祭者）用手触口。……接着，他便迈开毗湿奴大步。他行祭，必能以他的祭祀使神明满意。……他之所以迈开毗湿奴大步，因为他是祭祀。通过迈步，他为诸神赢得了遍在之力。这力已经属于他们。迈第一步，他赢得了这（大地）。迈第二步，他赢得了上空。迈最后一步，他赢得了天。”②“毗湿奴大步”这个词虽不见于《梨俱吠陀》，但是它与该吠陀中的“毗湿奴的无上足迹”、“三步跨过大地”等说具有承袭关系，当无疑义。在《百道梵书》的其他地方，这个词还同创生联系在一起：“他（行祭者）面向东北而立。生主面向东北而立，并靠迈开毗湿奴大步而创造众生。所以，（行祭者）祭祀时也要面向东北而立，以毗湿奴大步创造众生。”不仅如此，凭借“毗湿奴大步”，生主还能够创造地、空、天、日、月、季，以及过去和未来的所有一切。③ 在这里，可以说，毗湿奴的三步传说在承袭的基础上已经发

① 这一点可见如下典故：众神在举行迎客礼时分成四拨，发生了争吵，于是阿修罗和罗刹乘隙来袭。众神感到不妙，遂共推因陀罗为众神之主，抵御外患。又，诸神行祭，担心阿修罗和罗刹自南方来攻，便讨论由谁坐于南位。结果选出的又是因陀罗。“他们对因陀罗说：‘你无疑是我们之中最强有力的。请坐在南边，而让我们从没有危险，不用害怕的北面进入祭祀地点。’”见前引 *Śatapatha-Brāhmaṇa*，Ⅲ. 4. 2. 1–2、Ⅳ. 6. 6. 1–4、Ⅸ. 2. 3. 3等。

② *Śatapatha-Brāhmaṇa*，Ⅰ. 9. 3. 6–9。“毗湿奴大步”一语曾多处出现在《百道梵书》中，如Ⅴ. 4. 2. 6；Ⅵ. 6. 4. 1；Ⅵ. 7. 2. 10；Ⅺ. 7. 2. 1等。它指的是行祭者在挖得很浅的（一说微微隆起的）祭坛和东面的祭火之间所走的三步。理论上，他是以毗湿奴的身份迈步的。说见Ⅵ. 7. 2. 10。

③ *Śatapatha-Brāhmaṇa*，分别见 Ⅵ. 7. 2. 12 和 Ⅵ. 7. 4. 6。

展了。它的内容有所丰富，作用也更重要。相应地，毗湿奴的地位也自然有所提升。

此外，《百道梵书》第十四部，第一章，第一节有故事说，火神、因陀罗、苏摩、毗湿奴等神在俱卢之野举行祭祀，商定谁先完成，谁就是最优秀的。结果，“毗湿奴第一个完成。他成了诸神里最优秀的。于是人们也齐声说道：‘毗湿奴是神中最优秀的！’”①这可以看作是毗湿奴在梵书时代地位上升的又一迹象。

最值得注意的是在这部梵书里，毗湿奴具有了侏儒形象。第一部，第二章，第五节有故事说，众神败于阿修罗，变得一无所有，遂向阿修罗乞求分享土地。阿修罗吝啬地答应只给毗湿奴身体大小的一块。“此时毗湿奴是个侏儒。但诸神并未（因阿修罗的话而）生气。他们说：‘好极了！就给像祭祀②那么大小的一块吧。’”③结果毗湿奴变大，阿修罗被夺走了整个大地。这里毗湿奴身材如侏儒的说法，恐怕就是后世毗湿奴化身侏儒的故事的滥觞。④侏儒是毗湿奴最著名的化身之一，关于他的故事下面还要讲到。

总的说来，梵书时代毗湿奴的形象和地位仍与吠陀时代相仿佛。但是，新的说法出现了——有的以旧说为基础，有的则是新创造。无论如何，有一点是明确的，即毗湿奴身上所有的新因素都意味着他地位的提高，也预示着有一天他作为最高神的最终诞生。

4. 奥义书中的毗湿奴

毗湿奴的名字在奥义书中出现很少。十部主要的奥义书中，只有属于《夜柔吠陀》的三部，《泰底哩耶》、《广林》和《伽塔》，提到了他。即使提到了，次数也不多：《泰底哩耶》两次，《广林》一次，《伽塔》一次。那么，其他神明如何呢，特别是吠陀时代的重要神明，即四吠陀本集中最常见的那些？为了回答这个问题，我做了一个统计。结果见于下表。表的左面是十部主要的奥义书名，上面是吠陀本集中常见的神祇名。

---

① 前引书 XⅣ.1.1.5。

② 指毗湿奴。

③ *Śatapatha-Brāhmaṇa*，Ⅰ.2.5.5.

④ 前引书Ⅴ.2.5.4还有这样的说法：“那侏儒般的牛是付给行祭者的酬值，因为侏儒是属于毗湿奴的。”此说与正文的侏儒说异曲而不异趣。它们或明或暗，都在强调毗湿奴和侏儒的关系。

神祇 奥义书	因陀罗	苏利耶	伐楼拿	阿提底	双马童	伐由	阿耆尼	毗诃波提	密多罗	摩录多
爱达罗	2		1			2				
迦塔	1			1		1	1			
泰底哩耶	8		6			6	1	5	3	
伊莎						1				
广林	10		4	3	9	7		2		1
由谁	6					5	3			
歌者	21		4			9	3	3	2	3
疑问	2									
蛙氏	1									
秃顶										

显然，提到次数减少的并不仅仅是毗湿奴；其他神祇也一样。有意思的是，最重要的神祇之一太阳神苏利耶居然从未提到，而《秃顶奥义书》里又是哪一位神祇都不见。现象如此，回过头来想想，倒也无甚可怪之处。简单说来，无非是，奥义书重在对于宇宙、人生、人与自然的关系等问题的哲学思考，意在寻求终极真理以及使人获得解脱的知识，而祭祀和敬拜神明则退居次要地位。诸神在这里无所用其长技，自然也便悄然隐去。

那么，四次提到毗湿奴的情况是怎样的呢？

《泰底哩耶奥义书》是在它的第一篇，即“教示篇”的两段文字中提到毗湿奴的。研究吠檀多哲学是一个循序渐进，逐步深入的过程。故“教示篇”除具有序言性质，概述主体部分的内容外，还讲解了正式学习有关梵的理论之前应有的身心准备。该篇第一节的内容纯为例行的赞神祈福：

“唵！请赐福给我们吧，密多罗。请赐福，伐楼拿！请赐福给我们吧，阿利耶曼！请赐福给我们吧，因陀罗和毗诃波提！请赐福给我们吧，毗湿奴啊，你这步子宽阔者！归命梵天！归命你啊，伐由！梵天啊，你从来就在我的面前！我将要说你从来就是可见的，梵天！我将称你为圣则。我将称你为真实。请他[①]保护我吧！请他保护这解说者！请他保护我，保护这解说者！唵！安宁。

① 指梵天。

安宁。安宁。”①

“教示篇”第十二节是最后一节，内容为：

“请赐福给我们吧，密多罗。请赐福，伐楼拿！请赐福给我们吧，阿利耶曼！请赐福给我们吧，因陀罗和毗诃波提！请赐福给我们吧，毗湿奴啊，你这步子宽阔者！归命梵天！归命你啊，伐由！梵天啊，你从来就在我的面前！我曾经说你从来就是可见的，梵天！我曾经称你为圣则。我曾经称你为真实。他曾经保护过我。他曾经保护过这解说者。他保护过我，保护过这解说者！唵！安宁。安宁。安宁。”②

简单比较便可看到，两节的内容基本相同。它们一在篇首，一在篇末，叙述所用的时态变化了，但意旨并没有变。与前面吠陀和梵书等的大部分情况相同，这里的毗湿奴也是和其他神祇一起受到祈求的，只是尚无突出地位。相比之下，梵天似乎更受重视。而以后，我们知道，梵天的地位却大大降低。

《广林奥义书》第六篇，第四章，第二十一节也曾提到毗湿奴。第四章讲的是如何将行房生子和宗教仪节联系起来。这里把行房比作强力酒祭③，而把女子的大腿、头发、皮肤比作祭坛、祭草和轧取苏摩汁的器具，把女阴比作祭火。在完成一系列仪节，唱诵了若干咒语，并对女子示爱之后，他还要向神明发出祈求：

“请毗湿奴将子宫准备好！请陀湿多④使他具备外形！请生主负责注入！请陀多保护好胚胎！悉尼婆利啊，请放置好胚胎！宽发髻的女神啊，请放置好胚胎！⑤请双马童，两位头戴蓝莲花环的神明，为她固胎！”⑥

---

① *Taittirīya Upaniṣad*, New Delhi: D. K. Printworld (P) Ltd., 1998, p.17.

② 前引书，81页。另有版本在第二篇即梵喜篇的开始，嵌入了一部分作为第一节，内容与教示篇第一章大同小异。在这样的版本中，毗湿奴就是提到三次了。

③ Vājapeya，曾译“力饮祭”，为苏摩祭的一种。

④ 陀湿多为工巧神，善能塑造人的形体，并可赋予人生殖能力，故常为求子者所求拜。详见前 *Ṛg Veda* Ⅵ. 17. 9–11引文内容有关注释。

⑤ “注入”指注入精液。陀多（Dhātṛ）意为“创造者”、“维持者”，为一吠陀神祇，据称有创造生命，保障健康，增进夫妻关系，促成后代繁衍的能力。悉尼婆利（Sinīvālī）为一古老的吠陀女神，纤指肥臀，四肢曼妙，主丰饶和生殖。“宽发髻的女神”亦指她。

⑥ *Bṛhadāraṇyaka Upaniṣad*, Ⅵ.4.21，载 *The Twelve Principal Upaniṣads*, Delhi: Nag Publishers, 1978, Vol. 2, p.446。有学者认为，从措辞和风格看，第Ⅵ章，第4节的内容可能是后世窜入的。说见 *The Bṛhadāraṇyaka Upaniṣad*, Commentary by Nitya Chaitanya Yati, New Delhi: D. K. Printworld (P) Ltd., 1996, Vol. 3, p. 344。如果是这样，那么奥义书中提到毗湿奴的次数就更少了。

毗湿奴在这里也是作为诸多神明中的一位受到吁求的。而他的主要作用，如果推测一下的话，则似乎与创造有着某种联系。

《伽塔奥义书》分作两章，共有六节。其中第一章第三节讲到了精神和肉体的关系，特别是克服欲念，追求解脱的必要。这一节的第三至六颂通过譬喻说明前述关系，称：灵魂是乘客，肉体是车乘，智力是御者，意念是缰绳，感官是马匹，感官对象是行车范围。那愚钝之人以未曾制御的意念掌握不加调伏的感官，就像御者驾驭顽劣的驽马。而聪慧之人以常加制御的意念掌握已经调伏的感官，就像御者驾驭良马一般。因此，第九颂说："一个人，如果他有一位聪慧的御者，也能很好使用意念的缰绳，那么，他就能够达到所行道路的目的所在，也即毗湿奴的无上居所。"①这里以驾车行路喻指人生之旅，要义在说明人只有调伏身心，才能期望往生最高境界。此处以毗湿奴所在之地当作追求的最终目标，而类似的表达方式在后来的史诗文学作品中甚为习见，由此看来，比起吠陀时代，他在奥义书时代的地位显然已有提高。

前述四段译文给予我们的信息无疑是非常有限的。如果一定要从中看出点什么的话，那么我们只有推想，在奥义书中，或者对形成奥义书的那个时代的知识分子来说，毗湿奴仍旧是吠陀神殿中与其他神祇区别不大的一位。他的特征也依然是步子宽阔。似乎一提起他，人们立刻想到的就是这个特点。但是从《伽塔奥义书》的一段文字看，毗湿奴的地位分明已有提高。这一段的叙述方式也很像后来的大史诗。这里，和梵书一样，也多少预示着有一天他作为最高神的最终诞生。

三、往世书中的毗湿奴故事

毗湿奴作为最重要的印度教神明之一，其形象的完成约在史诗和往世书时代。这一形象的建立，在很大程度上靠的是围绕着他形成的众多神话和赞颂。

毗湿奴神话中最具有代表意义的，莫过于他的化身故事了。"化身"原文avatāra，意为"下来"，常常用来指天神下来世间，完成既定事功，故以中国人熟悉的"下凡"称之，倒很确切。然而其下来世间，又必得托形他物，或人类，或禽兽，或半人半兽，以为成就勋业的主角。如此说来，倘将avatāra用来指所

① *Kaṭha Upaniṣad*, New Delhi: D. K. Printworld (P) Ltd., 2004, p.70.

托之形，而不指所成之事，那么用化身这个概念来表达，仍然是合适的。①

在印度教里，托形行事的神祇远不止毗湿奴一位，然而提起化身，人们首先想到的却总是他。毗湿奴化形他物，来到世间，必是世间出现了某种危机，需要他的帮助。这方面，他有自道："尽管我的灵魂不生不灭，我是一切众生之主，我依然依据自己的本性，凭借自己的幻力出生。一旦正法衰落，非法滋生蔓延，婆罗多子孙啊！我就创造自己。为了保护善人，为了铲除恶人，为了维护正法，我一次次降生。"②他所降生的世间，比起我们常说的人间，意义似较广泛，因为活动在这里的，不止人类、动物，还有各路神明、半神、魔怪等。小而说它是星球，大而称它为宇宙，好像都无不可。毗湿奴化身故事的流传，无疑是和毗湿奴崇拜相并行的。所以故事的记载，多在史诗、往世书中，尤其是以敬大神毗湿奴为主的所谓喜往世书中，如《薄伽梵往世书》、《毗湿奴往世书》和《莲花往世书》等。

化身故事的数目向有多说。《薄伽梵往世书》曾经举出二十二种。然而就在列举之后，它又说："诃利来自善海的化身是无数的，就像来自千湖那从不干涸的溪流无数一样。强有力的仙人、神明、生主、摩奴及其子嗣，据称全是诃利的一小部分。他们只是世尊黑天这最高灵魂的小小部分。在这个为因陀罗的敌人所困扰的世界上，他会永远给他们带来幸福。"。③实际上，普遍承认而又为信徒所津津乐道的化身，只有十种，即鱼、龟、野猪、人狮、侏儒、持斧罗摩、十车王之子罗摩、黑天、佛陀和迦尔吉。十个化身的传说各属于不同时代。据说，从鱼到人狮的四个出现在"圆满时"。接着的三个出现在"三分时"。黑天传说已是"二分时"的事。佛陀和迦尔吉同属于我们正在其中生活的"争斗

① 事实上，也有用不同字取代 avatāra，而同样表达毗湿奴化身这一意思的情况。如下面《薄伽梵往世书》讲到化身无数时，用的是 avatāra，而在讲到二十二种化身时，用的却是 vapus。分别见 *Bhāgavata-Purāṇa* 天城体本网络版，Ⅰ. 3. 26 和Ⅰ. 3. 7。网址为：http://sanskrit.gde.to/all_pdf/bhagpurNew.pdf。此外，《火神往世书》中还用过 mūrti（第48章标题）。而在同书第49章第一颂，则又是avatāra。二例分别见 *Agnimahāpurāṇam*, Vol.1, Edited and Revised by Joshi K. L. Shastri, Delhi: Parimal Publications, 2001, p.118, p.120。

② 毗耶娑：《摩诃婆罗多——毗湿摩篇》，黄宝生译，125页，江苏：译林出版社，1999年。

③ 前引 *Bhāgavata-Purāṇa* 天城体本网络版，Ⅰ. 3. 26–28。诃利为毗湿奴的名号。

时"，唯后者尚未出现，要待此"时"的末尾。[①]

1. **巨鱼**

鱼化身（Matsyāvatāra）的故事是和世界上普遍存在的洪水传说相联系的。它在很多印度古代经典里都能找到，情节大同小异，并不复杂。其梗概为：一次，摩奴[②]到名叫吉陀摩罗（Kṛtamālā）的河中沐浴。他刚刚捧起水来，便发现手里有一条小鱼。小鱼对他说河里危险，大鱼太多，求他保护。出于恻隐之心，他把它放到瓦罐里，带回家去。几天小鱼长大，摩奴只好为它调换大盆。不料这鱼长得飞快，不久便只能养在池塘、湖泊、恒河里。最后，当摩奴将巨大无比的鱼放入大海时，它预言七天之后将有洪水来临，嘱咐他造船防患。后来果然大雨滂沱，陆地尽成泽国，万物灭顶。巨鱼前来，将摩奴的船用蛇神婆苏吉（Vāsuki）作缆绳缚在自己的大角上，带着他和同船的七大仙人以及各类草木种子，游到喜马拉雅山巅。舍舟登岸后，摩奴通过祭祀得到一位女子，人类遂得重新繁衍。据说，当初梵天熟睡时，阿修罗马颈（Hayagrīva）正在身边。马颈偷走了从他口中诵出的吠陀圣诗，然后潜入海底，藏了起来。毗湿奴化身为鱼，也是为了夺回吠陀。最后当洪水退去时，他杀死马颈，将吠陀交还给梵天。[③]关于鱼化身的故事，有一点值得注意，即说带角巨鱼乃由毗湿奴变现而来的，只是诸往世书。《百道梵书》虽有洪水故事[④]，但并未说明大鱼究系何方神圣。《摩

① 印度教在其描绘的大尺度时间单位"劫"下又分一千个"大时"；"大时"下更有四"时"之分：圆满时（又称真理时）、三分时、二分时和争斗时，其名称则来自古代博戏从赢到输的不同骰子点数。各"时"的长短依次递减，社会道德亦呈堕落趋势。圆满时的人生而有德，时刻躬行其社会义务，人们融洽和乐；财物公有，取予自便。三分时的人道德开始沦落，规定责任和义务的法失去四分之一地盘；人生而不知法为何物，必须习得，不过尚知禁欲，懂得虔敬。二分时人变得无知，法只剩一半；财利成为追逐目标；祭祀盛行，仪节繁缛，意在自升天国。争斗时的人彻底堕落，法只余四分之一；吠陀失去权威，人为贪欲所蔽，金钱至上，自私无情，寡廉鲜耻，欺诈公行。四时循环往复，争斗时毁灭后，新的圆满时会再一次创造出来。

② 摩奴具有多义，但最常用来指印度神话中前后相续的十四位众生之祖。这里的摩奴说的是其中的第七位，即目前世上众生的始祖毗瓦斯瓦多（Vaivasvata），或称太阳之子。在某些往世书里，这位摩奴又称真誓（Satyavrata）。

③ 事见 *Bhāgavata-Purāṇa*，8. 24. 7–10、57。

④ *Śatapatha-Brāhmaṇa*，Ⅰ. 8. 1. 1–6。

诃婆罗多·森林篇》则称是梵天采取了神鱼的形象。[①]这种典籍或时代不同，说法便会不同的现象，在印度教中并不少见。至于巨鱼得与毗湿奴相联系，成为他的化身，当然同毗湿奴信仰的发展有关，没有疑义。

2. 乌龟

龟化身（Kūrmāvatāra）故事的核心形象乌龟在《百道梵书》中已经出现，到往世书便发展为如下情节：很久以前，在天神和众提迭之间爆发了战争，天神失利。他们去向毗湿奴求助。毗湿奴让他们同提迭休战，并一起去搅乳海，搅出的甘露可以使他们健壮，最后战胜提迭。于是双方便用曼陀罗山做搅棍，蛇王婆苏吉做搅绳搅动大海。曼陀罗山过于沉重，于是毗湿奴就变作一只大龟，潜入海底，充当它的基座。大家奋力多时，终于从海里搅出了十四种宝：毒药、月亮、宝树、神马、宝石、美女兰葩、吉祥天女、美酒天女、如意神牛、巨象、法螺、神弓、医神檀文陀梨和他手持白钵中的甘露。不料贪婪的提迭将甘露全部劫走。见此情形，毗湿奴变作一位妖艳女子，取名“销魂身”（Mohinī-mūrti），来到正在为分食甘露而争吵的提迭中间。众提迭迷于美色，放松警惕。他答应帮他们公平分配，后将甘露诓到手中，转而给了众天神。只有一个聪明的提迭名叫罗睺（Rāhu）的装扮成天神模样，饮了甘露，但马上被日神和月神发现并报知了毗湿奴。毗湿奴旋即用他那利如剃刀的轮宝斫下了他的头颅。他的身体顿时委地，但头颅由于已经接触甘露而不死，便化成了一颗行星。[②]记仇的罗睺常会相机吞咬太阳或月亮，这时就会发生日食或月食。[③]

在《百道梵书》里，乌龟是由生主（即梵天）变现而来的：梵天为了创世，思忖必须再创自己，于是便投身自己所创的水。水中出现了一只卵。他将这卵挤碎并投入水中，卵里流出的汁液变成一只乌龟。天、地、空遂由它形成——

---

① 见《摩诃婆罗多·森林篇》第185章。故事与往世书等所述大同。该章第48颂称“鱼儿向众仙人说明了自己的真实身份：‘我本是生主大梵天，大神之中没有谁比我更崇高。是我变为鱼的形相，把你们从恐怖中拯救出来。……’”译文见《摩诃婆罗多》汉译本第二卷，中国社会科学出版社，2005年，364页。

② 提迭被骗走甘露的故事见*Bhāgavata-Purāṇa*，Ⅷ.9.1–7、11–26。

③ 天文学上，罗睺为古代印度天文学家设想的两颗隐星之一，另一颗为计都。关于二星的真实含义，向有多说。一种认为计、罗分别是黄、白道相交的升交点和降交点。另说相反。最新研究结果认为，罗睺是白道的升交点，计都是白道的远地点。见钮卫星：《罗睺、计都天文含义考源》，载《天文学报》1994年第9期，326页。

它的腹壳成为地，下弯的上壳成为天，中间的部分成为空。[①] 到了史诗手里，情况就发生了变化。《罗摩衍那》也有搅乳海的故事，但缘起是众神希望健康长寿，便生出搅海的想法，既没有毗湿奴的建议，也没有他的参与。[②]而《摩诃婆罗多》则和诸往世书一样，所述故事与前面的大同小异。[③]这又是一个故事内容随时代和典籍而异的例子。

3. 野猪

野猪化身（Varāhāvatāra）亦是一源远流长的故事。早在《夜柔吠陀》中便已有生主（梵天）变作野猪从大水中携出大地的说法，略谓：原初之时，只有一片汪洋，变作风的生主（即梵天）正在游荡。他看到了它（大地），于是就变成一头野猪，捞起了它。他因此得名“造一切者”。它不断扩大，成为大地。[④]《百道梵书》所述与此基本相同，说当初大地只有一拃大小，是一只野猪将它从水中举上来。他就是它的主人生主（梵天）。不过，在这本梵书里，野猪的名字叫爱穆舍（Emūṣa）。[⑤]

在往世书中，野猪化身的故事变得比较曲折。《薄伽梵往世书》的故事如下：梵天之子摩奴[⑥]娶了妻子百相以后，向他父亲要一块地方，好让自己和后代有个住处，而当时大地还沉在洪水底下。梵天也在琢磨：如何能使大地浮出水面呢？想着想着，忽然从他的鼻孔里掉出一只野猪来。这野猪不过指尖大小，然而，瞬间它就变得像大象一般，并在继续长大。梵天意识到这就是毗湿奴。野猪将大如山岳的身体潜入海底，很快就用它的巨牙把大地举出水面。正在这时，阿修罗金目冲了过来，欲夺大地。毗湿奴挥动轮宝，斩掉了他的头颅。这金目和他的兄弟金垫（Hiraṇyakaśipu）前生原是毗湿奴的天国毗恭吒的看门人，名叫伽耶和毗伽耶。兄弟俩由于不识梵天四个“心生子”[⑦]的真面目，将他们挡在毗恭吒的第七道门外，从而遭到这些大仙人的诅咒，下生为阿修罗。遭贬斥后，他们进入迦叶波之妻，女神提底的子宫，孪生而为金垫和金目。这二子降

---

① *Śatapatha-Brāhmaṇa*，Ⅵ. 1. 1. 10–12；Ⅶ. 5. 1. 1–6。

② 蚁垤著，季羡林译：《罗摩衍那・童年篇》，1. 44. 15~24，北京：人民文学出版社，1980年。

③ 见前引《摩诃婆罗多・初篇》第十五、十六章及第十七章前八颂。

④ 《夜柔吠陀》Ⅶ. 1. 5。

⑤ *Śatapatha-Brāhmaṇa*，XⅣ. 1. 2. 11。

⑥ 指第一个摩奴，即斯瓦衍菩瓦・摩奴（Svāyaṃbhuva Manu）。

⑦ 古昔（Sanaka）、常在（Sanātana）、有喜（Sanandana）和永童（Sanat-kumāra）。

生时天空晦暗，地震雷鸣，流星下坠，彗星出现，多有不吉之兆；长大后力大无穷，给世界带来无尽的烦恼。最后，如前所述，金目由于侮辱并向化身野猪的毗湿奴挑战，终被诛杀。①

同前两个故事一样，野猪化身的传说中也有类似的，值得注意的特点。据称，有学者曾经在一个较早的《罗摩衍那》写本里发现化作野猪的是梵天。果真如此，再考虑上面野猪出自梵天鼻孔的情节，就难免使人怀疑，野猪化身最初是否属于梵天，而不属于毗湿奴。

4. 人狮

毗湿奴以人狮化身（Narasiṃhāvatāra 或 Nṛsiṃhāvatāra）来到世上，是为了杀灭金目的兄弟金垫。

金目被毗湿奴杀死后，金垫痛不欲生，发誓复仇。他修炼起最严厉的苦行。世界被他的苦行力烤得火热，以致河海沸腾，山岳摇晃，群星坠落。众仙人到梵天那里诉苦。梵天随他们一起来到金垫修炼苦行的地方，发现他的身上堆起了巨大的蚁垤，皮肤血肉已被蚂蚁蛆虫咬啮殆尽，而他却面带微笑，看着被他烤焦的世界。为了让他住手，梵天许诺满足他的任何愿望。于是他提出了自己的要求：统治一切有形之物，包括诸神和众星；天下无敌，不会被杀——既不被人类，也不被动物；既不在白日，也不在黑夜：既不在地面，也不在空中。梵天无奈，只得答应。此后他征服三界，横行无阻，连水神、火神、因陀罗神也相继失势。但是他的儿子福乐（Prahlāda）却是一个有德行的毗湿奴信徒。他多次进言，规劝其父，反而遭到其父的憎恨和迫害。不过无论是蟒蛇大象，还是烈火毒药，都不能伤害他，反倒使他的信仰更加坚定。父子面对，形同寇仇。每次福乐称颂毗湿奴的伟大，金垫总是对他讥讽怒骂，威胁着要把他送到阎罗殿去。有一次，他质问儿子："既然你说毗湿奴无处不在，我怎么无法在面前的这根柱子里看到他？我正要砍掉你的脑袋哩，让他来保护你吧！"说着便抄起宝剑，猛击柱子。柱内突然发出震耳欲聋的巨响，一只人狮破柱而出。面对毗湿奴，金垫几如飞蛾临火。托形人狮的毗湿奴用他的仙杖一举杀死了他。②

---

① 详细的故事见 *Bhāgavata-Purāṇa*，Ⅲ. 13. 14–23、28–32；Ⅲ. 15. 11–14、27–31、34–35；Ⅲ. 17. 3–23；Ⅲ. 18. 2–7；Ⅲ. 19. 13–26。

② 故事详见 *Bhāgavata-Purāṇa*，Ⅶ. 2. 1；Ⅶ. 3. 2–6、14–21、35–38；Ⅶ. 4. 1–7、30；Ⅶ. 8. 3–5、11–18、23–27。

5. 侏儒

侏儒化身（Vāmanāvatāra）故事的主角除毗湿奴外，另一个便是福乐的孙子钵利（Bali）。

钵利王僭有三界，毗湿奴化身侏儒将它们夺回的故事，早在《梨俱吠陀》中已可见其端倪。“他曾经度量了大地和天空。……跨步三次，所达之处，遥不可及。”这样的赞辞——前文曾经引用过的——无疑已经预示了后世侏儒化身故事的诞生。而侏儒的出现，则是在《百道梵书》里。[①]但是这里没有三跨步的情节，也就是说，侏儒形象还没有同三跨步情节联系在一起。只是经过数百年后，到了往世书时代，故事才发展得委曲宛转，首尾呼应，完整起来。

钵利王和毗湿奴的故事情节大略如下：众神在饮用了搅乳海所得的甘露以后，精力大增。然而众提迭却被骗走了应得的一份，了无所得。他们于心不甘，便又对众神发起进攻。众提迭和众檀那婆[②]组成的军队和众神之间在乳海岸边展开了一场大战。钵利是前者的统帅。结果阿修罗大败，钵利亦被因陀罗的金刚杵击杀。后来，钵利的国师首羯罗使他复活，并为他举行了全胜祭（Viśvajit）。他从祭火中得到了金战车、狮子旗、神铠甲、神弓和箭囊，囊中装着百发百中的利箭。重新装备好后，他又率领着阿修罗大军前去攻打因陀罗天国的都城。因陀罗向国师毗诃波提问计。毗诃波提建议他弃城逃跑，因为除了“无上之主”毗湿奴，已经无人可以抵挡钵利。诸神只好乔装他投。钵利迅速征服宇宙，并举行了一百次马祭，成为三界之王。

众神之母阿提底见神众无家可归，十分悲伤。她的丈夫迦叶波告诉她，只有大神毗湿奴肯下凡，生为她的儿子，才能制服钵利。于是阿提底按照丈夫的嘱咐，实行牛奶戒[③]，以取悦毗湿奴。毗湿奴果然出现，并答应进入迦叶波，从而生为她的儿子。儿子在跋陀罗月[④]月亮住于牛宿的那一天降生，一时法螺震耳，天鼓齐鸣。这儿子是一个侏儒。后侏儒渐渐长大，成了一个生活在梵行期的童子。时值钵利王打算举行马祭，他便来到纳马达河北岸祭祀举行的地方。钵利热情地接待了他，为他送上濯足水，并且按照礼法，将濯毕的水倒在自己

---

① *Śatapatha-Brāhmaṇa*，Ⅰ. 2. 5. 5。

② 提迭和檀那婆都是阿修罗，即那些反对众神的恶魔。他们体躯巨大，都是迦叶波的儿子；母亲则分别是提底和檀奴。后二者又都是仙人陀刹的女儿。

③ 连续十二天向毗湿奴祭献牛奶，自己也除奶以外，不食其他。

④ 约当公历八月中旬到九月中旬。

头上。接着，钵利王又问他有何要求："是要母牛、黄金、宅第、美食，还是一位婆罗门女、村庄、马匹、大象？我将满足你的任何要求。"童子说："我只要一小块地方。我想照着我脚步的大小，要你三步之地。"钵利表示，作为所有世界唯一之主，不要说三步之地，就是送给他整个大洲，都无问题。然而他的国师首羯罗还是看穿了童子的把戏，力劝钵利不要答应。钵利不从，表示既已许诺，就要践言："我不怕地狱，不怕贫穷，不怕忧伤之海，不怕失去权位。我不怕死亡，而惧怕欺骗一个有神性的人[①]。"于是，他的妻子命人用金罐取水，再为童子濯足。他又拿濯足水灌于自己的头顶。但见天降花雨，神人共赞阿修罗王的高尚行为。这时化身侏儒的毗湿奴开始变大，直到大地、天空、星辰统统为其所囊括。他一步量去了整个大地，两步迈过了所有天上世界，再欲举步，已经无处可以容足。为了不负然诺，钵利说："让我拿我的头来供你的莲足踏第三步吧！"见此，梵天开始为他求情。于是，毗湿奴决定把苏陀罗[②]留给他，并使那里的居民免除所有的劳累和痛苦。一度被钵利占据的宇宙，从此又回到了因陀罗的手中。[③]

侏儒故事以天神胜利，阿修罗失败告终。但是，在这里，我们没有看到正义与邪恶的斗争。情形倒似乎相反：钵利深明礼义，慷慨守信，而毗湿奴却不通恩仇之辨，名为救世，实为伐异。外表上的侏儒，变成了精神上的侏儒。

6. 持斧罗摩

持斧罗摩（Paraśurāma）与刹帝利次次结怨，终至发誓杀尽天下刹帝利的故事，是一段著名的印度教传说。传说涉及他种姓身份的改变，所以还得从他的祖上说起，而因此涉及的，则又是另一桩流传更加广泛的往事。有关的记载，可见于多种印度教典籍，情节大略为：伽亭是月族世系名王补卢罗婆娑和优哩婆湿的后代。他的女儿贞信貌美无双。利吉迦是著名仙人行落的儿子，祖上是大仙人婆利古。洒脱俊美，苦行功夫深厚的利吉迦向贞信求婚，却为嫌贫的伽亭王所难，要他拿一千匹毛白如月，个个有一只黑耳朵的骏马来作聘礼。利吉

① 指婆罗门。

② Sutala，为七层地府的第二层。

③ 故事详见 *Bhāgavata-Purāṇa*，Ⅷ. 10. 1–6；Ⅷ. 11. 11–12；Ⅷ. 15. 3–7、10–11、28–29、32–35；Ⅷ 16. 22–25；Ⅷ. 17. 3–4、21–22；Ⅷ. 18. 5–8、21–22、27–28、31–32；Ⅷ. 19. 16–17、19–20、30–33； Ⅷ. 20. 2–5、16–19、21–29、33–34； Ⅷ. 21. 29–31； Ⅷ. 22. 2–3、21–22、31–35；Ⅷ. 23. 3–4。

迦在众水之主伐楼拿的帮助下，从恒河中求得马匹，伽亭王只得嫁女。利吉迦准备让贞信生一个优秀的婆罗门，遂为她准备了一份经过圣诗净化的祭品；后应伽亭王后的请求，也为她准备了一份。不料在王后的策动下，母女换食了祭品，结果由于注入祭品的能量不同，贞信生育的只能是刹帝利。贞信希望儿子还是婆罗门，而让孙子改变种姓，利吉迦同意。这样，他们就有了儿子食火和孙子持斧罗摩。[①]食火后来成为著名的仙人。一天，他的净修处来了海诃夜族国王作武。这位国王身生千臂，世无敌手。食火用如意神牛（Kāmadhenu）善行（Suśīlā）为来客提供了种种他们渴望之物。见如意神牛能使人无愿不遂，作武大为艳羡，垂涎之余，便将它偷回了自己的都城。持斧罗摩知道后，尾追来索。作武派出大军迎战，被持斧打得落花流水。最后持斧砍掉作武的千臂和头颅，带回了如意神牛。作武的一万个儿子决意复仇。他们利用持斧外出之机，闯入净修地，杀死了食火。持斧返回后悲不自胜，发誓要杀灭所有的刹帝利。他先攻破海诃夜人的都城，杀掉了所有王子，然后果真二十一次从大地上清除了刹帝利。就在普五这个发生过著名的婆罗多大战的地方，他开凿了九个大湖，湖中荡漾的尽是人血。

毗湿奴化身持斧罗摩下凡消灭刹帝利的事实际上早有预言。当初火神阿耆尼曾向作武乞食，作武允许他在自己广大国土内的任何地方任意取用，无论多少。火神没有客气，一下子烧去了他众多的高山和森林。碰巧大仙人阿波婆（即极裕）正在密林深处修炼苦行。受此骚扰，阿波婆大怒，认为作武这类刹帝利骄傲过甚，诅咒说日后必有毗湿奴大神托形持斧罗摩生于大地，杀灭狂傲的刹帝利。（《诃利世系》第40章）这位罗摩虽然生在婆罗门家庭，但是典籍中却找不到关于他学习吠陀圣书的记载，倒是说他自幼对箭术兴趣浓厚，并为此到大雪山修炼多年苦行以取悦湿婆。后湿婆派他出山帮助众神打击阿修罗，凯旋后赠给他若干精良兵器，其中就有他喜爱的战斧，而持斧这个名号也便由此冠在了他原来的名字罗摩之前。[②]

关于持斧罗摩与刹帝利结怨的原因，还有另外的说法，表明彼此构衅长久，原非一日之寒。婆利古家族世为海诃夜宫廷上的国师。慷慨的海诃夜王不断把大量财物赠予婆利古家族，使他们积累了无数家财，而国帑却严重流失，终至

① 见《摩诃婆罗多·教诫篇》第四章，第6–45颂。

② 《摩诃婆罗多·教诫篇》第十八章，第9–13颂也说到湿婆赠斧的事，唯情节稍异。

连日常行政也支应不起。国王提出向婆利古家人借钱，后者不应，反而将钱财埋藏起来，逃往喜马拉雅山。海诃夜王对他们残酷追杀。行落仙人的妻子由于害怕，怀胎十二年不敢生育，最后胎儿自她的大腿生出，取名股生。股生目光如炬，海诃夜王因而一时致盲，无奈退兵。股生因为在母腹中尽闻杀戮之声，故落地便发誓与刹帝利不共戴天。此后若干年相安无事。到海诃夜王位传到作武手中，而婆利古家族中持斧罗摩也已长大时，怨隙再生。此时不仅发生了阿波婆诅咒的事，而且由于作武向伐楼拿挑战，伐楼拿推说唯有持斧能与他一搏，也在实际上指出了他的毁灭之路。后作武来到食火的净修处，食火凭如意神牛善行为他的大军幻化出无尽美食，使他大为吃惊。他的谋臣月护识出食火的秘密，归国后又衔命来为作武求要神牛。食火不允，月护将它强行抢走（一说神牛腾空而去）。为保护神牛，食火被月护打死。持斧赶回，发现父亲已死，母亲正呼天抢地。她举手捶胸二十一下。持斧以此发誓：二十一次走遍大地，荡除所有刹帝利。后食火还阳，善行逃回，但牛犊未归，持斧来到海诃夜国都，诛杀作武，带回牛犊。作武之子趁持斧外出洗劫了食火的隐修处，将他杀死。持斧葬父后，便开始了他消灭刹帝利的活动。关于他战胜刹帝利的故事往世书所记有限，只说他曾杀死过南印注辇、鸡罗等国的国王。他开辟了普五这块地方，在这里凿出五湖，贮存所杀刹帝利的血液。他用这些血液祭祖，并要求祖先们宣布该地为圣地。后它真的成为圣地，而著名的婆罗多大战便发生在这里。

持斧罗摩化身（Paraśurāmāvatāra）的故事，明显地反映了婆罗门与刹帝利之间难以调和的矛盾。它应该产生在婆罗门和刹帝利激烈争权的时代。故事为婆罗门所编述，自然会反映婆罗门的立场。值得注意的是自从这一化身开始，斗争的舞台便移到了人间，神话色彩偏淡，而激烈程度不减。

7. 罗摩

为与其他两位罗摩——持斧罗摩和大力罗摩（Balarāma）相区别，这里的罗摩常称师利罗摩（Śrīrāma），或罗摩旃陀罗（Rāmacandra）。按照史诗和往世书的传说，罗摩可以将他的血统通过其父十车上溯到远古日族世系的甘蔗王（Ikṣvāku），而他作为毗湿奴的化身降临世间，则在三分时的末期，当时十首罗刹罗波那肆虐三界，率意攻伐，挑战诸神，荼毒生灵，使世上失去宁静。群神则屡战屡败，以至连神主因陀罗也自身不保。一向养尊处优的诸神面对强敌，备受凌辱，心怀恼怒而又苦无良策。当初，罗波那为取悦梵天，曾经修炼严酷的苦行。梵天一时高兴，答应了他的请求，使他永远不能被神明、龙蛇、夜叉等所杀。[①]他于是有恃无恐，横行无忌。后来，在鹿角仙人为十车王举行的求子祭（putrakāmeṣṭi）上，众神希望梵天设法把他除掉。由于罗波那在不能杀他的生灵中不曾提到凡人，梵天便求毗湿奴生身为人，扫除恶患。毗湿奴答应化身为四，托形为十车王的四个儿子，以膺重任。于是祭火中神灵出现，将盛着吉祥奶粥的真金宝瓶奉与十车。十车让三个妻子分食奶粥。大妻食其一半，遂生长子罗摩。罗摩降魔的故事史诗和往世书皆有讲述，其中自以《罗摩衍那》所叙最为详尽。此书已有季羡林先生的忠实译本，故有关故事不再细述。与持斧罗摩故事相同，它的舞台也在人间，只是情节更加委曲宛转，完全成了传奇。然而故事主线倒也简单，是说：十车王原拟传位罗摩，但为小妻所挟，不得不改立她的儿子婆罗多为储君，并使罗摩流放山林十四年。罗摩携妻、弟等浪迹林莽，多有见闻，而婆罗多则虚位摄政，以待兄归。后悉多在林中被罗波那设计劫走，罗摩遍寻无着，便同猴王结盟，得其帮助，寻得爱妻下落后，大战魔军，杀死魔王，将她救回。然而悉多虽得回归，但她的贞操却由于曾经身陷敌营而横遭谤议。好在她白璧无瑕，终于能蹈火自明。此时罗摩流放期满，荣返故国，复位秉政，一切圆满。罗摩故事在情节展开的同时，也为人们展示了一个德行完满的“第一家庭”。这个家庭忠孝仁义贤良节悌无一不备，几乎成了正法的标本。“作为国王，罗摩谨奉正法，给众生带来了幸福，所以尽管处在三分时代，景象却与圆满时代无二。森林、河流、丘陵、高山、土地、海岛、汪洋、大海，全都为众生奉献出他们生存的需要之物。由于无上之人罗摩为王，苦、病、老、失、伤、悲、惧、劳、死等便都不复存在。”[②]

传说故事中的罗摩，至少有两点，我以为与其他毗湿奴化身不同。其一，罗摩作为战士，并非威猛盖世，无敌天下；他战胜罗波那仍需猴王猴军的鼎力协助。其二，罗摩不但是伏魔祐神的英雄，而且由于他的处世准则和行为方式全面体现了印度教社会的正法精神，所以也成了千百年来备受推崇的道德楷模。这两个特点使他更像一个人间英雄，虽有异禀，而终究不似神明。事实上，罗

① 罗波那的母亲吉吉悉羡慕他的异母兄财神俱比罗声威显赫，遂撺掇罗波那努力追赶。于是罗波那修炼起严厉的苦行，以求大神梵天的恩典。他坐于五火之间，一万年入定不食，后又于每千年向火中掷一头颅。到只剩下一颗头颅时，梵天出现，许他提出要求。他要求长生不死，让神明、龙蛇、夜叉、罗刹等一概不能杀他。梵天应允。故事见蚁垤著，季羡林译:《罗摩衍那·后篇》第九、十章，载《季羡林文集》，第24卷，南昌：江西教育出版社，1995年。

② *Bhāgavata-Purāṇa*，Ⅸ. 10. 51–53.

摩原本也只是一个传说中的英雄人物，只不过到了毗湿奴信仰出现，化身理论建立，需要若干肉身用以附着神性的时候，他才被挑选出来，纳为毗湿奴派神殿中的重要成员。史诗《罗摩衍那》第二至第六篇的故事主体中最受崇拜的是因陀罗，唯有公认后世窜入的第一和第七篇才转为崇拜毗湿奴，①反映的就是这个事实。显然，一、七篇的窜入乃是毗湿奴派信仰发展的结果。

罗摩故事的另一有趣之处在他与持斧罗摩互相交锋的情节：持斧罗摩知道罗摩折断了遮那竭宫廷上的湿婆神弓，娶走悉多，很不服气，遂在罗摩兄弟返回都城阿逾陀的途中截住他们，提出让罗摩再试试自己祖传的毗湿奴神弓。结果罗摩成功将箭射出，世界大放光明，持斧罗摩服输。②毗湿奴的两个化身彼此遭遇，这还是第一次。③安排这样的遭遇当然不是没有意义的。季羡林先生在《罗摩衍那》的译注中已经指出，它要表明的是毗湿奴对于湿婆的胜利。④

8. 黑天

黑天（Kṛṣṇa）是毗湿奴最重要的化身之一。Kṛṣṇa这个字虽可见于吠陀经典和梵书中，但多用以指黑色的动物，如羚羊或猛禽等，与神祇无关。多少带有目前意义的黑天第一次出现在奥义书中。在那里他是一个婆罗门学者，并且和后来一样，称他为提婆吉之子。⑤按照以后史诗和往世书中的传说，他是远古月族世系迅行王（Yayāti）的后裔，属雅度族。黑天化身（Kṛṣṇāvatāra）下凡救世的缘由是：当初阿修罗与众神大战失败被杀后，在大地上生为邪恶的国王。这样的国王越生越多，大地女神（Bhūmidevī）不胜其负荷，只好求梵天解救。梵天把她带到湿婆那里。湿婆亦爱莫能助，遂一齐去见毗湿奴。毗湿奴答应将下生为婆薮提婆和提婆吉的儿子，扫除邪王。另有说法，称毗湿奴下生为人，也是大仙人婆利古诅咒的结果：阿修罗失败后，其国师首羯罗便去盖拉娑山寻求兵器，而众阿修罗则托庇于首羯罗的母亲。此时因陀罗来求毗湿奴帮助。毗湿奴遂用他的轮宝斫下了首母的头颅。婆利古因他杀害妇女而大怒，遂咒他生为凡人。黑天化身首要的清除对象便是他的堂舅，逐父篡位的刚舍王。然而，早在刚舍参加提婆吉的婚礼并为她驾车时，就有天上来音对他发出预言：“她的

---

① 说见季羡林：《罗摩衍那初探》，24页，北京：外国文学出版社，1979年。

② 故事见《罗摩衍那·童年篇》第73–75章，载《季羡林文集》第17卷。

③ 后来持斧罗摩也曾两次遇到黑天。

④《季羡林文集》第17卷，449页。

⑤ *Chāndogya Upaniṣad*，Ⅲ. 17. 6.

第八子将杀死你。”后刚舍王将提婆吉的孩子一一扼杀，但七八两子还是逃过了劫难。此二子都是毗湿奴的化身。《摩诃婆罗多》称，当毗湿奴被众神要求下凡救世时，他拔下两根头发，一白一黑，让它们分别进入两个雅度族妇女卢醯尼和提婆吉的身体，尔后生出白皮肤的七子大力罗摩和黑皮肤的八子黑天。[①]

随着黑天崇拜的流行，围绕着他的英雄传说和神迹故事也大量地产生出来。这些传说故事虽称神奇，但多不乏人间气息。史诗和往世书对它们都有记载，而尤以往世书叙述详细，不惜铺陈，典型如《薄伽梵往世书》。见载于该往世书的著名故事主要有：（1）生活故事，如黑天趁众牧女沐浴偷其衣服的故事；众牧女钟情于黑天和黑天与有夫之妇罗陀的浪漫故事；以所谓“罗刹式”的婚姻方式劫娶艳光的故事，等等；（2）早年故事，如诛杀刚舍派来的女妖卜陀那（她企图以乳娘身份用毒奶杀死婴儿黑天，不料黑天不仅吮尽毒汁，连卜陀那的生命也一并吸走）、苍鹭钵伽（劈开它的长喙如同劈开草叶一般）、巨蟒阿喀（进入巨蟒喉中，膨大身体，将它的生命气息排出诸窍）、巨马羯尸（将手臂伸入它的口中，胀破它的头颅）等的故事，拖动木臼的故事（养母将才能走路的黑天拴在沉重的木臼上，他却拖跑木臼，最后拉倒了两棵卡住木臼的大榄仁树），举起牛增山的故事（黑天鼓动人们放弃崇拜因陀罗，转而崇拜牛增山。因陀罗大怒，放暴雨淹没大地。黑天举起牛增山七天七夜，人畜得救，因陀罗拜服），等等。[②] 然而，黑天作为毗湿奴的化身下凡，是肩负着惩恶救世任务的。这方面的传说同样很多。其典型事功有：（1）诛杀刚舍，还政其父的故事：刚舍囚父篡位后，多次阴谋杀害黑天不果，遂邀请他和大力罗摩参观在他的都城摩头罗举行的弓祭（Dhanuryajña；又有地方称拜弓礼，Jāpapūjā，或拜兵礼，Āyudhapūjā）和角力比赛，以便伺机行刺。黑天赍重礼前往，在那里折毁祭弓，杀死企图加害于他的大象和大力士，最后诛杀刚舍，将王权还与其父厉军。（2）战胜迦罗耶婆那的故事：异族耶婆那人首领迦罗耶婆那来攻黑天。黑天佯

① 说见前引《摩诃婆罗多·初篇》第一八九章，第31颂。《毗湿奴往世书》第五部，第一章，第59–64颂亦有相同说法。至于逃脱劫难的方式，二子不同。大力罗摩临盆之前，其胎由神力移入婆薮提婆的另一个妻子卢醯尼的腹中，而提婆吉则谎称流产。黑天下生后迅速与牧人难陀同时所生的女儿相调换，得免杀戮。

② 见 *Bhāgavata-Purāṇa* 如下章节：偷衣故事，X. 22. 8–23；罗陀故事，X. 29. 1–12、30–48，X. 30. 35–45；艳光故事，X. 53. 27–38、51–57；卜陀那故事，X. 6. 2–14；钵伽故事，X. 11. 46–52；阿喀故事，X. 12. 28–33；羯尸故事，X. 37. 1–8；木臼故事，X. 9. 13–14、11. 1–6；牛增山的故事，X. 24. 8–16、31，X. 25. 8–12、19–26。

逃，遁入山洞。洞中有人，正在酣眠。黑暗中迦罗耶婆那误认此人为黑天，抬脚便踢。该人惊醒，看他一眼，他遂化作灰烬。原来洞中人是穆究衮陀，曾帮助众神打败阿修罗，后因陀罗应他要求，许他长眠，并宣布打扰者将化为灰烬。（3）诛杀那罗迦的故事：阿修罗那罗迦（又称保摩）势力强大，扰得三界不宁。他还抢走了因陀罗的白色华盖、其母阿提底的耳环等。黑天应因陀罗之请，携妻真光和坐骑金翅鸟前去攻打那罗迦，用轮宝将他诛杀，使两物各归原主。那罗迦所掳的后宫佳丽一万六千悉归黑天。[①]（4）参与摩诃婆罗多大战，帮助般度族战胜俱卢族的故事。故事详叙于史诗《摩诃婆罗多》中。

后期的雅度族社会内乱严重，行将灭亡。黑天的生命亦将结束。一天他游于林莽，趺坐入定，足底上露。正好路过的猎人（一说阿修罗）遮罗当他是一只鹿，搭箭射中他的足心。足底是黑天唯一的要害。[②]于是黑天死去，天车出现，将他接回天国。[③]

大概由于黑天的故事数量和篇幅皆大，而其中许多又有着浓厚的人间气息，所以我们很难摆脱一种强烈的印象，即他更像是人，而不像神，尽管他拥有神力。因此，我们应该相信温特尼茨的观点，即黑天最初不过是原始游牧民族的一位英雄，而他的神化则是后来的事。[④]不过，黑天崇拜的发展不仅广泛，而且深入，而其深广的程度，竟为所有前辈化身所远不能及。这主要表现在：（1）他的名字已经可以和毗湿奴本名彼此混同，互相取代。也就是说，黑天一名不单在化身的层次上使用，更常在本神的层次上用来直接指称毗湿奴。[⑤]（2）黑

① 见上书如下章节：诛杀刚舍，X. 38、42–44；战胜迦罗耶婆那，X. 51. 1–12；诛杀那罗迦，X. 59. 2–23、32–37。

② 有故事说黑天夫妇曾接受敝衣仙人近于侮辱的严酷考验而无怨言，使敝衣非常满意。考验之一是命他将剩粥涂满全身。黑天服从，但未涂足底。这一看似戏弄的要求，实际是敝衣施他的恩惠，即涂粥之处，不受伤害。故事详见《摩诃婆罗多·教诫篇》第144章。在该章第39颂中有敝衣对黑天未涂足底表示不满的内容，预示着他将因此丧命。

③ 故事见 *Bhāgavata-Purāṇa*, XI. 30. 30–45。《摩诃婆罗多·杵战篇》第五章，第16–25颂亦有详细叙述。

④《印度两大史诗评论汇编》，387页，北京：中国社会科学出版社，1984年。

⑤ 替换使用的例子可见《摩诃婆罗多·教诫篇》第143章第23、24颂的“伟大的毗湿奴曾经隐居在甘味林。这强有力者赋形为火，住在草丛中，十分高兴。他到处行走，制伏了许多罗刹和蛇蟒，将一切作为供品，投入熊熊的祭火。黑天曾以白马赠送阿周那。他是世上一切骏马的创造者。他的车辆乃是世界的象征。它有三个辕轭，三个轮子，驾有四马，可以向三个方向行驶。”该章第7、8颂所说的“……创造了整个古代宇宙的，就是黑天。（转下页注）

天带有的特征，已不限于化身自身具备的那些，如黑皮肤等，而是更常常与毗湿奴的特征相一致。比如黑天也使用武器仙杖和轮宝，他的胸脯上也长有象征吉祥的旋毛，也经常被称为“莲足”等。[②]显然，黑天虽为化身，但是却有着和毗湿奴界限模糊，难分彼此的地位。这就使得黑天形象变得十分独特，即他不但是一个由人间英雄逐渐上升为神的化身的罕见例子，而且是一个后来居上，上升到可与毗湿奴自身等同视之，同一不二的仅有例子。

9. **佛陀**

佛陀（Buddha）身为异教教祖而成为毗湿奴的化身，并非是印度教意图同化佛教神祇，更不意味着它想要吸收佛教教义。相反，佛陀成为化身，不过是印度教请他来客串一个反面角色而已。故事是这样说的：

昔日诸神与以喧声[③]为首的阿修罗大战，诸神失败。于是，他们逃到乳海北岸，修炼苦行，以求毗湿奴给予帮助。大神驾金翅鸟应请现身，他们便匍匐在地，诉说起来：阿修罗打败我们，占据三界，连属于我们的供品也被他们夺走了。这些阿修罗奉吠陀为圭臬，不仅恪守自己的种姓职责，从不违规，而且常修苦行。我们实在无法战胜他们。毗湿奴听后，便从自己的身体里放出一物，称作幻惑的，交给众神，让他们跟着他走，说这幻惑将会诱骗阿修罗，使他们背离吠陀，从而将自己置于毁灭之地。幻惑以秃头裸身之形来到纳马达河畔众阿修罗聚集的地方，开始在他们中间宣讲神秘解脱之道，用种种似是而非的说教将他们引往邪路。[④]不少阿修罗相信了他，纷纷放弃吠陀，背离正轨，而他则

（接上页注）一朵莲花从他的肚脐中生出，莲花中又生出精气无限的大梵天。……”以及第11、19颂说的“当正法衰微的时候，黑天就会诞生在众神或者人类之中。……他制伏了所有的阿修罗。他跨三步便将三界席卷而去。……”明显指的也是毗湿奴。此外，黑天和毗湿奴也常常使用共同的名号，如“遮那陀那（Janārdana）”，见该篇第126章第45颂、第135章第139颂；如“诛灭摩图者（Madhusūdana）”见同篇第69章第19颂，等。另外，如该篇第143章第36颂，则是直接指称的例子：“相续出现的季节，种类繁多的众生，雨云，雷电，彩虹，所有的动物和不动物，这一切统统来自大名鼎鼎的黑天。你要知道，这就是毗湿奴。”

② *Bhāgavata-Purāṇa* 很多地方都有关于这些特征的描述，例如：关于仙杖和轮宝的可见X.78.3、8、12，等；关于旋毛的可见X.16.9、X.51.1、X.90.20，等；而X.3.9则称黑天在出生时即有此旋毛。关于莲足的可见X.10.38、X.14.29、X.15.5、X.25.12，等。

③ Hrāda，前述金垫之子。

④ 佛陀的化身形象在印度教经典中并不总是如此。《火神往世书》的描述更接近佛教经典本身的说法。该书第49章专门讲毗湿奴十化身。其第8颂说：“佛陀内心沉静，长耳下垂，身体带有光泽，披衣坐在花瓣上翘的莲花之上，并摆出施人以所求恩惠，（转下页注）

俨然成为新的教主。那些归信者被称作阿罗汉。他们到处宣传他的新主张，使他的影响越来越大。他们自己也开始谩骂圣典，亵渎神明，诋毁祭祀，嘲笑仪节，说如果牺牲能够上达天庭，祭祀者何不将自己的父亲用于杀献；倘若受供者能够吃到供品，上路的人何必还要携带口粮。随着越来越多的阿修罗皈依幻惑，弃明投暗，他们也越来越快地衰落下去。最后，众神与阿修罗交战，阿修罗因为失去信仰铠甲的保护而彻底毁灭。[②]

佛陀化身（Buddhāvatāra）故事，一望而知，具有明显的教派斗争特点。除佛教外，这里耆那教[③]乃至其他当初流行过的所谓沙门观点，也有涉及。所以，佛陀化身的设计，实出于攻乎异端的需要。它已经超出颂扬毗湿奴功德的既往范式，直接成为击败对手的手段。这里它要击败的与其说是同神对立的阿修罗，不如说是同印度教对立的异己宗教。它还要告诉人们，异端宗教不过是毗湿奴借幻象制造出来的邪道，用于惑乱魔心，误导魔众，将他们引向毁灭的，因此不可相信。《薄伽梵往世书》在概括罗列十化身时说，“他（毗湿奴）将以佛主之身在争斗时出现于伽雅的安膳林，为的是将那些反对神明者引入歧途”，[④]强调的也是这个意思。作为毗湿奴的化身，佛陀并未因对于他的宗教和教义的排斥而被丑化。相反，他还受到了崇拜——当然仍是在化身意义上，被称为净化者。[⑤]毗湿奴的信徒甚至还对他发出吁求，希望他帮助自己远离惑人痴见。[⑥]这在我们看来，多少有些不可思议。佛陀化身故事的编撰不知出自何人之手。然而，对于将这样的故事收入重要印度教经典的做法，不是没有异议的。近代哲学家辨喜便是持有严厉批评态度的一位。到毗湿奴信仰出现的时候，佛陀和他所创立的佛教已经无法忽视。党同伐异在教派斗争中诚然惯见，不过，无论如何，这种以转弯抹角的方式向千年不一出的伟人身上泼污水的做法，是不可取的。

（接上页注）施人以无畏的姿态。”（*Agnimahāpurāṇam*, Vol.1, Edited and Revised by Joshi K. L. Shastri, Delhi: Parimal Publications, 2001, p.121）其所写外貌与佛经所谓的“相好”，佛像所示的手印等完全相合。

② 故事详见《毗湿奴往世书》Ⅲ. 17. 8–13、36–45；Ⅲ. 18. 1–33。

③ 前引书 Ⅲ. 18. 2说到幻惑的外形，除称他秃头裸身外，还用“手携孔雀羽毛”（barhipattradhara）这样的话来形容他，显然指耆那教游方者常携孔雀毛拂尘，用来驱赶小虫，以免无意间杀生的习惯。此外，用“以四方为衣”（digambara）来表明裸身，也是耆那教常用的说法。

④ *Bhāgavata-Purāṇa*，Ⅰ. 1. 24.

⑤ 前引书Ⅹ. 40. 22。

⑥ 前引书Ⅵ. 8. 19。

10. 迦尔吉

在毗湿奴的十个化身中，九个已成既往，唯迦尔吉（Kalki）一个尚待出现。他将出现在当今我们所处的这个“争斗时”结束之时。照《薄伽梵往世书》的说法，这个时代败象众多，主要表现为，即使在贤者中，也已无人谈及神明；再生者和人主都不再行祭——甚至也不再言及它。这时，无上的惩戒者就将出现。[①]迦尔吉的到来，不是为了实施教诲，不是为了前面数种化身意义上的拯救，而是为了处罚，为了摧毁，以达到另外一种意义上的拯救——净化。《毗湿奴往世书》说，当吠陀经典的教导不再起作用，正法也已无人遵从，而争斗时的结束就在眼前的时候，大神（毗湿奴）的一部分将会下临大地。他将作为迦尔吉出生在香跋罗（Śaṃbhala）地方一个名叫毗湿奴耶舍（Viṣṇuyaśas）的优秀的婆罗门家中。[②]迦尔吉将是一位身驾白驹“天授”，手舞宝剑的战士。他会扫除世上一切邪恶，为进入下一个“时”——“圆满时”做好准备。

作为正法的保护者，毗湿奴化身迦尔吉带着八种非凡的特征来到世上，将会把蔑戾车[③]、强盗和僭称国王的掠夺者统统消灭，并把少数优秀的婆罗门聚集起来，向他们宣讲至高无上的真理。他们将成为未来人类的种子，因为他们的后代一定会在行为上遵循圆满时的社会轨范。未来人的精神将会由于他们的启发变得自觉、虔诚、纯洁而宁和。此时，空气中充满着婆薮提婆之子（黑天，也即毗湿奴）身上的香气。带着香气的熏风吹拂人心，使之趋向清净。七大仙人[④]再现世上，把吠陀带回人间，在众生中重建精神生活，使他们奉行当行的祭典。此外，还有两个重要的人物在等待着新旧时代交替的到来，即天友和摩

---

① 前引书Ⅱ.7.38。

② 《毗湿奴往世书》，Ⅳ.24.98。《莲花往世书》说，这位婆罗门实际是斯瓦衍菩瓦·摩奴下世。他曾经在憍摩提河（Gomatī）岸边的飘忽林修炼苦行，以求毗湿奴三次生为其子。毗湿奴答应了他的请求，分别生为罗摩、黑天和迦尔吉，而他自己则分别是十车王（罗摩之父）、婆薮提婆（黑天之父）和毗湿奴耶舍。（6.242.8–12）

③ 蔑戾车（Mleccha），梵语意为“外国人”，引申而为“蛮人”、“恶人”，即风习与印度教制度不同的非雅利安部落民。印度古代神话称其祖先生自邪恶的国王吠那（Veṇa）的左胁。外国“蛮族”的入侵常被认为是导致社会堕落的原因。

④ 仙人（ṛṣi）指印度古代少数具有非凡灵感的圣者，地位有如历史英雄、宗教始祖。传统认为吠陀圣诗就是天神向他们之中的杰出者发出启示而后始为世人所知的。所谓七仙人系谁所指，梵书、史诗、往世书等常有不同说法，典型之一为：乔达摩、婆罗堕遮、众友、食火、极裕、迦叶波和阿多利。

卢。[①]他们将是新时代的伟大帝王。当前他们正隐居在一个名叫迦罗波[②]的小村庄里，只待毗湿奴大神发出召唤，便会重返社会，以掌权者的身份，为重建道义社会和永恒信仰而发挥作用。他们还将恢复遭到严重破坏的种姓和行期制度，从而在社会生活中实现和谐与秩序。就这样，在邪恶铲除，正义建立，而去往新一个圆满时的道路终于打通以后，迦尔吉就会带着他的军队，返回自己永恒的住地。新的圆满时的出现，同时也意味着新一轮"大时"的开始。此时的天象，当表现为月亮、太阳和木星同时住于鬼宿。[③]

然而，尽管种种堕落腐朽之象在当今之世已是司空见惯，迦尔吉的到来在我们寿纪短促的人类看来，好像还远。因为争斗时长达432 000年，始自公元前3102年。[④]如此算来，今天不过刚刚进入它的第六个千年纪。大概正因为败象彰著，处处皆然，所以相信争斗时已届尾声的印度教徒所在多有，而宣称迦尔吉降世，"非我莫属"的，亦不乏其人。在自称迦尔吉的人中，有一位十分著名，叫作萨特亚·萨依·巴巴。他宣称自己作为毗湿奴的化身，将会给一个混乱而陷于崩溃的世界带来和平与福乐。自1953年公开宣教以来，已有数百万人成为他的追随者。有一个名叫"世界觉醒基金会"的组织，宣称真正的迦尔吉已经在南印度诞生，只有他才能改变世界。他和他的身边弟子正在开办学校，普及他们的信仰。相反，针对如上现象，也有很多人提出了质疑和批判。有人建立网站，专为揭露自称第十化身的"迦尔吉·巴格万"，指责他道袍加身，隐居丛林，建立学校，宣扬神迹，鼓吹"迦尔吉崇拜"等，都是愚弄善良人们的

---

① 天友（Devāpi）是月族世系波罗底波王（Pratīpa）之子，福身王之兄。他因患皮肤病而失去继承王位的权利，后退入名叫广水的净修林，修习苦行，终于得道。有说法认为他始终还在。摩卢（Maru）为日族世系的国王，甘蔗王的后代。据说他因瑜伽功力强大而得长寿不死（cirañjīva），故能在争斗时结束，日族刹帝利悉数毁灭之时，前来使他们复活。说见 *Bhāgavata-Purāṇa*，Ⅷ. 12. 5–6。值得注意的是，这里在两个上古印度最著名的刹帝利种姓世系里各选一个长生者，在此毁灭重生之际，出来延宗继统。

② Kalāpa，据说该地在喜马拉雅山间的枣林净修地（Badarikāśrama），那里的枣树河是恒河的一条支流。

③ 见 *Bhāgavata-Purāṇa*，Ⅻ. 2. 21–25、37–38;《毗湿奴往世书》Ⅳ. 24. 102。

④ 精确地说，是在这一年的2月18日，星期五，即发生在俱卢族和般度族之间的婆罗多大战结束的那一天。这是一个名叫约翰·本特立的学者计算出来的，1825年发表在他的著作《印度教天文学的历史观》中。20世纪六十和七十年代又有印度学者拉科万和印加尔等人提出新说，认为应该是公元前3101年12月28日。就此另外还有多说，如公元前950年（Pargiter）、公元前1500年（Jayaswal和A.C. Das等）、公元前1400年（Pusalkar）等。

把戏。所有这些，都是处于一定发展阶段的社会对于古代预言必然会有的反应，特别是在印度这样宗教氛围浓厚的国度里。

四、玄义笼罩下的毗湿奴

印度古代知识分子长于哲学思考，往往能在常人不经意处发现玄义，从而构建理论，乃至形成体系。它们又常和宗教相联系，成为教义。体系大者，便可树立宗派，以至蔚成大教。相反，欲使一神统领一派，没有足够的玄学理论的支持，也难以立宗。因此，玄理之于神明，犹如精神之于肉体，是不能缺少的。

毗湿奴神和毗湿奴派也不例外。在毗湿奴周围形成哲学气氛的方式之一，便是以若干表面似乎相关的意义，附会在他固有的形象或者与他相关的一切有形物上。有人说，一个印度神祇的像就是一组象征，可谓的论。对于毗湿奴来说，这样的象征主要地表现在如下方面。

毗湿奴的肤色是深蓝的。古代印度的理论家告诉我们，这意味着他身量的无限和力量的无限，因为蓝是天空、大海的颜色，所以总是与深邃、广大、无边相联系的。基于同样的道理，也可以说，他在广度上也同宇宙一样，深不可测。

他的衣服是黄色的。黄色代表着他与土地的联系，象征着地上的生命，也就同时意味着他能在必要时化身为人，下凡尘世，匡复正义，铲除邪恶。

意义更为重大的是毗湿奴的四臂四手以及手中所持的四物。在印度教中，多臂通常表示具有多重能力，多手表示多种特质，能够同时处理多种事情，展开多种活动。据说，毗湿奴的四臂代表着空间上的四方，同时也代表着再生人一辈子的四个生活阶段即四行期、人生的四种追求即所谓四要，代表着四吠陀、四种姓。综合说来，四臂和四手代表着毗湿奴特性中的遍在和全能。他手中的四物法螺、轮宝、仙杖和莲花亦各有解释。法螺的象征意味最为重要。由于生于水中，它便使人联想到宇宙未现之前的原初之水。由于能够发声，它的声响便代表着原初的创世之声，也即意义神秘的神圣之声“唵”。而“唵”又被看作是毗湿奴的呼吸，其吐纳之气，尽塞苍冥。“唵”又一向被视为一切祷词和经咒的根本。因此，法螺长鸣，便意味着传播这一纯洁和吉祥之语。法螺上螺线的回旋，则象征着太阳的升沉，表明毗湿奴与太阳有着密切的关系。多重螺线从一点出发，在一个曲面上不断展开，说明了宇宙演进的无限。由于法螺发出的是创世之声，故构成物质世界的五种基本元素乃至后来出现的万千事象，也产生于它。轮宝从根本上说是一件武器，具有飞去来器的特点，掷出后能够收回。这是一件惩恶扶正的可怕武器，代表太阳，用它的万丈光芒驱除黑暗，摧毁邪恶，扫灭无知。与此同时，它也暗喻着从不止息的时间之轮，循环往复的生命之轮，以及一切存在变动不居的自然特性。宇宙之于毗湿奴，正如轮宝在他的指尖旋转。《毗湿奴往世书》还将轮宝比作人的心智，“其思维速度之快，任何强劲的风都比不上。”仙杖实为一根神杵，其名称除“月光”外，还有“伽陀”。[①]它代表神、人世界的无上威权和惩戒之力。由于它被认为与迦利女神（时母）同一无二，因此，理论上，它又意味着时间之力。没有谁能够战胜时间，所以神杵也能摧毁阻挡它的一切。轮宝和仙杖皆为武器，它们共同代表毗湿奴除恶扬善的绝对伟力。在毗湿奴像手持的四物中，莲花的象征意义比前述几种更多。莲花代表美、和谐、清净以及创造力和自我实现。它出淤泥而不染，乃是世上一切善的观念的象征，如纯洁、美丽、富饶、光荣、真理、永恒等。这种洁身自好的性质，还传达出了毗湿奴的某种启示，即人们尽可以享受生活的快乐，却不应沉迷于它，为它所羁绊。人的灵魂亦复如是，虽然生于并不完美的浊世，却可以把完美当作目标来追求。莲花的绽放，意味着潜藏在人类精神种子中的种种可能性的实现，甚至还意味着浩瀚的原初之水中生命的出现，以及其后的精神发展和宇宙和谐。坐在毗湿奴脐部莲花上的梵天为创造之神。这样，莲花便被视为创生的基质，灵魂的营养，成为创造力和繁殖力的象征，乃至宇宙演化的象征。毗湿奴手中的莲花还指他的妻子吉祥天女。他要从她那里不断地汲取力量。吉祥天女的手中亦持莲花。这莲花同样意味着美、善、幸福和幸运。总之，莲花的身上凝聚了古代印度教思想家所重视的众多积极美好的品性和潜质。毗湿奴手中四物，依印度教理论家的看法，又可依其作用而大分两类：消灭邪恶者，轮宝和仙杖；庇佑信徒者，法螺和莲花。

吉祥天女诞生于搅乳海时，后成毗湿奴之妻。她心地善良，永远年轻，不

---

① 前面谈到过伐楼拿赠杵。这里又有一个完全不同的杵的来源故事。伽陀是一个阿修罗，常自恃武力高强而给人间带来祸害。他又以慷慨好施著称，有求必应，不问其是否合理。毗湿奴担负起解救人间危难的重任，遂装扮成婆罗门，前去向他索要身骨。伽陀闻言，立即剖开皮肉，以骨相赠。后工巧天利普用它为毗湿奴制成一杆无往不利的神杵。此杵亦随之而名“伽陀”。

仅代表幸运和成功，还代表气质、胆力、果敢、纯洁、完美、繁荣、子嗣和永恒的神恩。她的红衣代表活力，为美丽、仁爱和女性魅力的象征。她所佩戴的金饰则代表财富，包括精神财富和物质财富。[①]此外，她的身份和作用又常会因时因地而有所变异。在国王的宫殿里，她是宫廷幸运女神；在普通人的家中，她是家宅幸运女神；在战场上，她是变化莫测的胜利女神；涉及人的名声时，她是名誉女神；慷慨施惠时，她是幸运女神；作为至高无上，予人福惠的神祇，她又是大吉祥女神。[②]她优雅贤淑，身上同时集中了种种不同的女性特质：女儿、母亲、处女、爱人、姊妹，等等。作为毗湿奴的妻子，吉祥天女又会在毗湿奴下凡救世的时候，依其化身的不同而变作不同的女性嫁与他们。毗湿奴化身野猪时，她是迦摩罗[③]。毗湿奴化身侏儒时，她是红莲。毗湿奴化身持斧罗摩、罗摩和黑天时，她便分别是陀罗尼、悉多和艳光公主。印度教理论家认为，吉祥天女同毗湿奴绵延不断的婚姻纽带，正好指明了人类婚姻关系的神圣。“在印度，夫妻之爱永恒不朽的性质，就这样得到了反复的强调。结果人们便以两个人的婚姻结合为理想，视之为完美而又神圣的生活状态。而且，一个男人和他的妻子一旦结婚，便应当厮守终身，因为命定的天意是不能违背的。”[④]

漂浮于原初之海的毗湿奴晏卧在千头蛇王身上。蛇王湿舍本身也被看作是休眠状态的宇宙。因为印度教相信，在旧宇宙已经毁灭，而新宇宙尚未创生的时候，原来的创造物并非彻底消失，归于虚无。此时仍应有某种存在，以为旧世毁灭后的绪余和新世赖以创生的胚种。此一存在的具体化就是蛇王湿舍。[⑤]而无边的原初之海正可比作具有催生能力的子宫中的羊水。在这个意义上，大海可以代表神恩和意识——无神恩则无未来创世之事，而新世乃是意识驱动的结果；蛇王则代表时间、欲望、多样性和幻象——创世在时间中完成，它是创造欲望的实现，新世无疑是多姿多彩的，然而它终为幻象。

---

① 有的传说称智慧女神娑罗私婆蒂也是毗湿奴的妻子，而吉祥天女只代表物质财富。正像任何两房都难免彼此不和一样，吉祥天女和娑罗私婆蒂也常常互相斗气。当一个施惠于人时，另一个总是远远躲开。所以世上的人很难同时拥有财富和智慧。说见 Heinrich Zimmer. *Myths and Symbols in Indian Art and Civilization*, Princeton University Press, 1974, 88页。

② 分别称 Rājyalakṣmī、Gṛhalakṣmī、Jayalakṣmī、Yaśolakṣmī、Bhāgyalakṣmī、Mahālakṣmī。

③ 迦摩罗是一种莲花。

④ Jan Knappert. *Indian Mythology*, New Delhi: An Imprint of HarperCollins Publishers India Pvt Ltd, 1993, p. 266.

⑤ 湿舍原文 Śeṣa。该字有“剩余”的意思。

至于与大神相关的其他诸物，也同样各有说法。他的角弓据称是所谓三大神弓之一，[①]象征着带有随机性质的幻象之力，而可见的宇宙正是从这类幻象中产生的。他手中名叫“欢喜”的剑是火神赠送的，象征着知识和智慧，可以斫除由无知或虚妄而导致的邪恶。毗湿奴佩戴的胜利花环由五种花卉或五种珍宝[②]做成，代表着五种物质元素或五根，即五种感官。它还意味着对于神明的崇拜。而颈间的宝石项链则意味着他能够使崇拜者心中的愿望得到满足。头上的冠冕是神力和无上权威的标志。两只耳环代表着两种知识：头脑中的知识和凭直觉领悟到的知识。古代印度吠陀经典号称“天启”，其字原意“所闻”，是直接从上天“听”来的启示。“天启”和另一类经典，所谓“传承”，都是需要师徒之间口耳相传的。将耳环与知识相联系，显然同这种知识的来源和学习手段有关。毗湿奴的坐骑金翅鸟雄健有力，善于疾速飞翔。他被看作是吠陀知识传播者，并能给人以勇气。坐在莲花上的四面梵天也在用其四口诵念四吠陀。梵天虽为创造之神，然而他身下的莲花却生在毗湿奴的脐中。由此，在毗湿奴的信仰者看来，他才是真正的宇宙本源。

三步跨越三界为毗湿奴非常之功，有关的传说三千年前即已出现。然而到了毗湿奴崇拜盛行之时，这三步又有了新的意义。据说，他三度举足，步履所及，并不止宇宙的有形空间：地、空、天，也达到了它的三种内在特性：物质、灵魂和因果。三步也同时代表着太阳的三个关键位置：初升、高悬中天和西落；代表着光的三种形态：日光、电光和火光。[③]

以上诸说在毗湿奴的四周营造了浓厚的玄学氛围，而其实际作用，则是通过间接的描述，建立起毗湿奴的神性理论。史诗和往世书时代的毗湿奴已经不再像吠陀神话一样，简单地是诸神中的普通一员，尽管他曾是因陀罗的朋友，协助他战胜敌人，并因三步跨越地空天的传说而受到礼赞。此时的毗湿奴不仅确立了他护持之神的地位，而且在他遍游三界的能力获得突出的推奉以后，更具备了遍知遍在，至善全能的品性，成为印度教中最受尊崇的大神。具体说来，

① 据称为工巧天毗首羯磨所造。另外两种为梵天制造，伐楼拿使用（后传给阿周那）的甘狄拔神弓，和因陀罗掌握的胜利神弓。三者神威相当，号称无敌。说见《摩诃婆罗多·斡旋篇》第154章，第3–9颂。

② 祖母绿、珍珠、蓝宝石、红宝石和钻石。

③ 也有理论将三界和三光两说并作一谈的。“对于三步还有另一种解释，即量出大地时，毗湿奴是火；量出空中时，他是闪电；第三步量出上天时，他是太阳的光芒。”见 S. S. Gupta：*The Gods and Goddesses of India*，New Delhi：Rupa & Co.，2001，p. 112。

通过附会在相关各物上众多的象征意义，婆罗门学者想要为我们展示的是如下这样一位毗湿奴。他看似有着与人一般的形象，而实际上无论身体或能力却都十分巨大，巨大到了无限的程度，为人的感官所不能测。在时间上，他恒久存在，永生不灭，即使在宇宙解体之后，他还会眠卧在原初之海，等待又一次的创生。在空间上，他既代表宇宙的潜存状态，又代表它的创造和演进。他促成生命的出现，并为其后灵魂的发展提供营养。创世之后的他，则代表着构成世界的基本元素和由它们生成的万千事象。然而，所有这触之有形、闻之有声的一切，却并非真实的存在，而是毗湿奴有意示现的幻象。幻的机制，浑不可解，无论众生，还是神明，都无法将它参透。[①]可以说，在由他代表的从无止息的时间进程中，一切都是被他创造，又复被他所毁灭的。因此，就个例来看，他是无往不利的惩戒之力；而在总体上，且就长远看，他又是不可抗拒的时间之力。总之，世间事物得以成立，完全以他为内在根据。所以，他堪称将宇宙维系在一起的永恒生命。追本溯源，唯有他才是宇宙存在的终极原因。在人世间，他是知识和智慧的化身，也是一切善的观念的象征。作为仁慈善良之神，他轻责难而重施恩。信徒可以通过虔信而得其救度。作为人类的保护者和正法的维护者，他以保持世界的秩序和稳定为己任。每当世间的正法受到威胁和破坏时，他便会以化身的形式下凡，驱除邪恶，恢复正义。事实上，印度教是主张宇宙创生—存在—毁灭—再创生，循环往复，永无止境的理论的，同时也认为在一生一灭之间，世界是循着道德日见沦落，正法趋于衰微的方向不断退步的。显然，维持稳定的理论与承认迁变的理论是彼此相悖的。两者之间需要协调。因此，印度教理论家告诉我们，其实，毗湿奴的真正作用，不在抑制世间出现的恶化倾向，而在防止世界在预定的毁灭期限之前由于邪恶势力的膨胀而过早崩

---

① 幻（māyā）一字源出于动词√mā，意为测量、安排，如建房前的地面设计、草样的绘制，引申而有创造、制作、构型、展示等意思。作为名词，māyā便自制作、展示而又派生出巧计、法术、幻影、幻象等义，后更用来指显示幻象的能力，即幻化之力或称幻力。诸神常可通过幻力以显示其微妙本质的不同方面。然而，他们本身又是更大的幻力的产物。后者不仅创造了诸神，而且创造了他们在其中活动的宇宙。一方面，幻是存在，即迁变不居，可以感知的一切，包括我们自身，是宇宙实体被动方面的表现，也即幻象。另一方面，幻又是无上创造之力，即使得前述一切显现出来并予以激活的能力，是宇宙实体能动方面的表现，也即幻力。总之，对于宇宙现象来说，幻既是原因，也是结果。毗湿奴号称“幻之主”。唯他能通过幻力，在宇宙规模上示现幻象，“而其深邃，则连生于莲花的梵天，以及因陀罗或湿婆，都不能测”。

溃。到世界堕落得无可救药，注定的解体就要来临的时候，收拾局面的仍旧是毗湿奴。“一个周期完成了。一个梵天日[①]过去了。毗湿奴，这无上存在，感到有一股强烈的愿望在心中升腾，要将已该废弃的宇宙收回他那神圣的实体，而那纯洁而又秩序井然的世界原本正是诞生于他的。现在，这位宇宙的创造者和护持者显露他毁灭一面的时候到了。他将会吞噬那已经没有再生能力的混乱世界，让一切众生解体——上至作为宇宙天体内在主宰和体现无限生命活力的梵天，下至最后一片草叶。山河大海、天神巨兽、精灵鬼怪、动物神明，以及人类，将一概被这无上存在所收摄。”[②]由此可见，尽管理论上毗湿奴为护持之神，如前所述，而实际上随着毗湿奴信仰的发展，他很快就同时兼有了创造和毁灭的功能。毗湿奴的呼吸被说成是世界创生和解体时的美妙乐音。他已经成为一身三任的全能之神。[③]

五、往世书中的赞颂和毗湿奴的一千名号

1. 往世书中对于毗湿奴的赞颂

作为印度教最具影响力的神祇，毗湿奴在该教的众多经典里受到了广泛赞颂。由于毗湿奴属“后起之秀”，所以，对他的赞辞更多地还是出现在诸往世书和史诗中。传统称有所谓大往世书十八部，其中主要敬大神毗湿奴的有六部，即《毗湿奴往世书》、《薄伽梵往世书》、《那罗陀往世书》、《金翅鸟往世书》、《莲花往世书》和《野猪往世书》，合称“喜往世书”。下面我们从《薄伽梵往世书》、《那罗陀往世书》和《毗湿奴往世书》中各取一例，看一看它们的颂扬方式。

前面在叙述黑天化身传说时，提到过牛增山。牛增山的故事说，当初黑天

① 1梵天日 = 2劫；1劫 = 1000大时；1大时 = 12000天年；1天年 = 360天日；1天日 = 尘世1年。1梵天日是一个创造—毁灭周期。其白昼尽，则宇宙灭；其黑夜尽，便再创生。

② 前引 Heinrich Zimmer 书，36页。

③《毗湿奴往世书》第一部第二章第二、四两颂诗在这一点上说得非常明确。这两颂是破灭仙人对毗湿奴的祷词：“归命，婆薮提婆之子，你这金胎、诃利、商迦罗，你这救度者、世界创造者、护持者、终结者！……归命，毗湿奴，你这无上灵魂，世界之根，世界的创造者、护持者、毁灭者以及构成者！”（见 *Viṣṇu Purāṇa*, Edited and Revised by K. L. Joshi, Delhi：Parimal Publications，2005，p.6）这里婆薮提婆之子指黑天，即毗湿奴；金胎指梵天；诃利指毗湿奴；商迦罗指湿婆。

住在弗栗阇时，发现当地的牧人崇拜因陀罗，常为他举行祭祀。他问养父原因。养父难陀告诉他，因陀罗是云雨之神，牧人们愿他能以时雨滋润大地。他还掌管着人类行为的果报，决定着每个人的命运，所以大家要拜祭他。黑天不以为然。他向牧人们宣布，带来果报的是个人自己的宿业。唯宿业能决定人的生死、苦乐、安适和忧惧，是命运的掌握者，因而也才是值得祭祀的神。至于求雨，崇拜牛增山便够了。在黑天的劝导下，难陀和众牧人转而敬拜牛增山，不再理会因陀罗。因陀罗见此大怒，遂降下夹带冰雹的大雨，以惩罚弗栗阇的民众。大地一时尽成泽国，人们纷纷找黑天求救。于是，黑天运瑜伽力，像手掐蘑菇一般地抓住牛增山，将它举起。大山成了遮天的伞盖，牧人带着他们的家眷、牛群、车马、家什等纷纷躲到山下。如此七天，黑天没有挪动一步。因陀罗斗输，只好息风卷云，表示拜服，并双手合十，对着黑天唱出如下颂歌：

“你是清净、仁慈而又崇高的。你的苦行之力摧毁了情欲和由于幻象而产生的无知。对你来说，由各大元素的性质①构成的持续之流纯属虚幻，并非实在。然而人们却紧紧抓住它们，执着不放。(4)主上啊，那些执着于贪欲以及其他情欲的人，看上去就带着愚昧的样子。这究竟是为什么？作为世尊，你执持刑杖，捍卫正法，惩戒邪恶之人。(5)你是父亲，你是师尊，你是宇宙之主。你将不可量度的时间当作刑杖来使用。你随愿变幻种种身形，并以这不同的身形将那些自封宇宙之主者的骄傲清除干净。②(6)看到你面对时间的无畏形象，③那些无知的，像我一样的自封宇宙之主者便很快放弃了自己的傲慢。你对于有恶行者所做的教训使他们丢掉自负，积极走上了高贵者的道路。(7)请你原谅我，强有力者！我曾经由于拥有巨大的统治权而沉浸在骄傲里，结果头脑愚钝，不知道你的伟大崇高，因而有所冒犯。主上啊，让我的思想不要再犯错误。(8)轴下生啊，你化身下凡此世，为的是使那些军队的首领不复存在，他们通过战乱给人们造成巨大的负担；神啊，也为的是使那些服膺你双足的人能够长存。(9)向你致敬，世尊、原人、灵魂伟大者！向你致敬，婆薮提婆之子、黑

① 指印度哲学中构成世界的所谓空、风、火、水、地五种基本物质元素的性质。各种性质皆有其相应的感受器官。如空以声为性质，耳为其感受器官。同样，风以触为性质，皮肤为其感受器官，以及火—色—眼；水—口味—舌；地—气味—鼻。本颂的意思是，对于毗湿奴来说，这些都属不实的幻象。

② 这里说的显然是毗湿奴的化身故事。

③ 此处的时间有命运、死亡的意思。

天、沙特婆多人之主[①]。（10）向你致敬。你表现为清净智慧。你按照自己的意愿采取了有形之体，既是一切，又是万物的种子，且是所有众生的内在之魂。（11）世尊啊，当为我举行的祭祀遭到反对的时候，我由于自视太高，怒气太盛，便设法利用狂风暴雨之力摧毁你族人的居住地。（12）主上啊，我的固执被打破，我的心机归于无用，正是蒙受了你恩惠的结果。你是一切灵魂的导师和主宰。现在，我到这里来寻求你的保护。（13）"[②]

这时的因陀罗傲气全无，与《梨俱吠陀》中的因陀罗已经判若两神。吠陀时代的因陀罗曾是毗湿奴（这里的黑天）能量的来源。现在他虽然呼风唤雨依旧，但是在上升的新神面前，已经显得软弱无力，除了表示敬服以外，别无选择。一旦位次派定，往世书和史诗便多了因陀罗一次次，怯生生求助于毗湿奴的情节。这里因陀罗对毗湿奴的赞美多有谦卑之词，与当初吠陀诗人对他明朗而又热情的单纯歌颂，有着明显的不同。这样的赞美自然是出自于信仰毗湿奴的婆罗门之手。这段赞辞的另一特点，是宗教理论的加入。颂扬、祈求、感恩，都是赞辞常见的内容；自责、忏悔、请求宽宥，作为求告的缘由，情绪的表达，也不算有乖赞辞之本。然而，宗教理论，作为哲理性的思考，在我们看来，加入赞辞，就很难成为协调的有机成分了。可是，更多地注意一下往世书时代的赞辞，便会发现，这种现象并不鲜见。下面摘引的一段《那罗陀往世书》中的赞辞。在这里，这样的特点也表现得非常明显。

《那罗陀往世书》是最重要的往世书之一。它在第一篇第一章中讲述了这部往世书的缘起：众仙人在净修地飘忽林聚会，讨论如何领会"人生四要"，即法、利、欲和解脱的问题。这些人精通圣典，灵魂清净，全都是毗湿奴的崇拜者。仙人寿那迦见众人有意向他提问，便主动提出：在神圣的成道净修林里，有一位善解往世书的仙人，名叫苏多。他是知识之海，明晓通往解脱的虔诚之路，对往世书的了解最为精到。大家应去向他请教。于是两万六千位仙人一齐前往成道净修林，拜见苏多。苏多答应了他们的要求，同意为他们讲说往世书，同时告诉他们，他要讲的往世书曾由梵天的四个"心生子"讲给仙人那罗陀，故称《那罗陀往世书》。当初，四人在去往弥卢山的路上遇到了那罗陀。那罗陀

① 沙特婆多人（Sātvat）即雅度族人。雅度为黑天的族属。

② 《薄伽梵往世书》10. 27. 4–13。原文见 *Bhagavata Purana* 拉丁体网络版（网址：http：//www.sub.uni-goettingen.de/ebene_1/fiindolo/gretil/1_sanskr/3_purana/bhagp/bhp1–12u.htm）BhP_10. 27. 004—BhP_10. 27. 013。

表示很想听听有关毗湿奴的种种事情，他们答应了。下面的诗句便是在正式讲述前，永童[①]对于大神的赞颂。

“向你致敬，无上之神。你比最高的还高，寓于高等存在和低等存在之内，具有特性，又不具特性。（21）向你致敬，非幻象者。你以宇宙灵魂为名。向你致敬，示人以种种形象的幻象之主。[②]向你致敬，瑜伽之王，瑜伽自身，通过瑜伽加以认识者。向你致敬，毗湿奴。（22）向你致敬，完备的知识。你能够通过完备的知识加以理解。你是一切知识的唯一之因。你是知识之主。你是知识的对象，知识主体，富有完美知识者。（23）向你致敬，禅定。你能够通过禅定加以理解，并为入定者祓除罪愆。向你致敬，禅定之主、妙智之神。你既表现为禅定对象，又表现为入定者。（24）我永远向你致敬。你是古老、非生而又真实的赞颂之主。你以自己的能力为太阳、月亮、火神、创造者[③]和众神，以及悉陀、药叉、阿修罗和龙众提供了居所。（25）我请求你的庇护。你是世界的创造者和保护者。你采取梵天的形象，也采取再生者和毗湿奴的形象。你还化作那叫作劫末楼陀罗的宇宙毁灭者，然后躺卧下来。（26）我寻求你原初之神毗湿奴的庇护。你在自己那称作钵罗的住所放射光芒。由于称颂了你的名字，象王才从鳄鱼那可怕的纠缠中解脱出来。[④]（27）我寻求你作为我唯一的保护。在湿婆虔信者的面前，你化作湿婆的形象。在信仰诃利的人们面前，你化作毗湿奴的形象。[⑤]你依据原本已有的意愿做成了世上的众多个体。（28）”[⑥]

---

① 永童是前述梵天的四个“心生子”之一，其他三个是古昔、常在和有喜。后面有大量内容是古昔讲的。

② 毗湿奴能够通过幻力，在宇宙规模上示现种种幻象，故称“幻象之主”。他自己则超然于幻象之上，故又称“非幻象者”。

③ 指梵天。

④ 这里的典故为：帝释光为南印度潘地亚国王，毗湿奴的信徒。他曾发誓不语，以为苦行。一次投山仙人来到，他由于正在入定而没有起迎。仙人发怒，遂诅咒他生作象王。一天，象王到三刃山附近的池塘饮水，被池中鳄鱼咬住大腿。他挣扎了一千年不得脱身，力尽绝望之际，只好吁求毗湿奴帮助。毗湿奴现身，用轮宝砍掉了鳄鱼嘴。象王得救了，诅咒亦告解除。于是他复返人身。鳄鱼也同时得到解脱。原来他的前身是曾遭仙人提婆罗诅咒的乾闼婆呼呼。故事见《薄伽梵往世书》Ⅷ. 2–4。

⑤ 诃利是因陀罗和毗湿奴的名号。这里指后者。

⑥《那罗陀往世书》1. 2. 21–28。原文见 *Narada Purana* 拉丁字体网络版（网址：http://www.sub.uni-goettingen.de/ebene_1/fiindolo/gretil/1_sanskr/3_purana/nardp1_u.htm）NarP_1. 2. 21—NarP_1. 2. 28。

我们看到，这首赞辞的大部分几乎就是附会在毗湿奴身上的各种哲学含义的罗列。与其说它是赞辞，不如说它是颂扬和教义的混合体。这个特点在下面讲到的《毗湿奴往世书》中表现得更加明显。书中出现的赞辞，有间接对他加以颂扬的，也有直接唱诵给大神听的。这里我们各举一例。

《毗湿奴往世书》的讲述者是破灭仙人。[①]书中说，破灭仙人的弟子慈氏要求他讲述创世以及创世以后的种种问题。他对世界如何创生，怎样毁灭，以及有关太阳、星辰、高山、海洋、神祇、圣贤、人间社会和经典内容等等问题，都有兴趣。破灭仙人答应为他讲解。在诵出这一部长达两万三千颂，一切答案均在其中的往世书之前，他先对着慈氏，称颂了大神毗湿奴：

“我先要向阿周多致敬。[②]他是众生的支持者，是无上神我。他居于一切众生之中，在所有存在的微小物中最为细微。（5）他真正以智慧为本性，无限而又无瑕。存在物唯有穿透自己的虚假外观而通过自己的本性认识他。[③]（6）我先要向毗湿奴致敬。他是世上一切的吞噬者。他是一切创生物所居之地的统治者。他是世界之主，是非生的，不灭的，不朽的。（7）然后，我再对你们讲陀刹和其他牟尼魁首们听到的事，那是当初以莲花为胎，世所崇仰的老祖宗[④]在他们的提问下，说给他们听的。（8）尔后他们又将它讲给补卢古陀萨，他在纳马达河畔享有统治权。接着，后者又把它传给娑罗湿婆多。我就是从娑罗湿婆多那里听到的。（9）”[⑤]

直接唱给大神的赞辞比这种间接第三人称的更为常见。前面讲过佛陀化身的故事。当众神被以喧声为首的阿修罗战败，希望求得毗湿奴的帮助时，他们先对他进行了一番颂扬，以博取他的欢心：

“为了求得世界之主毗湿奴的好感，愿我们将要说出的致辞能使众生第一的世尊毗湿奴高兴！（11）世上一切众生皆生自这伟大的灵魂，且复为其所吸收。谁能赞美他呢，这位主上？（12）我们的敌人彻底打败了我们，使我们垂

① 破灭仙人（Parāśara）为著名的极裕仙人的孙子。大史诗《摩诃婆罗多》的作者毗耶娑是他的儿子。

② 阿周多（Acyuta）为毗湿奴主要名号之一，意为不灭。

③ 这里的意思很难理解，似乎是：任何存在物只有摆脱自己并非具有真正意义的可见的肉体，而通过具有本性意义的自我，才能认识毗湿奴。在这里毗湿奴代表的乃是最高本体梵。

④ 即梵天。

⑤ *Viṣṇupurāṇa*，Ⅰ. 2. 5-9，Delhi：Nag Publishers，1980，pp.10-11.

头丧气。为了自己的福利，我们将赞美你，尽管你真实的力量远在语言所能达到的范围之外。（13）你是大地、水、火、风、空、心、原初物质和最高灵魂的结合，（14）而这便是你具形或者不具形的奇妙身体，又随地点和时间的不同而表现为从大梵到草束的种种一切。（15）向你致敬，大神！你是梵天之魂，最初为了创造一切而以莲花的形象从脐中生出。（16）向大神之魂致敬！你以天帝释、太阳神、楼陀罗、婆薮、双马童、风神、苏摩以及其他神明，乃至以我们为自己的形象。（17）向你致敬，乔宾陀，你是提迭之魂。这些提迭本性伪善、无知，既缺乏耐性，又不肯制御自身。（18）向你致敬。你是药叉之魂。这些药叉惯以声色迷人，而其慵懒的头脑也容不得高深的知识。（19）向你致敬，人中最上者。你身体黑色，夜间出行，可怕、残忍、虚假。（20）向你致敬，遮那陀那！你以正法为名，是那些住于天堂的奉行妙法者所获果报的给予者。（21）向你致敬，成道者之魂。你以成道者为名，弃绝愉悦之情，凡是可行之处你无所不到。（22）……向你致敬，灵魂之首。你是造就世界的手段，祭祀中的必备之物，科目繁多的种种植物。（29）向你致敬，宇宙一切之魂。你是伏行者[①]、人和神，是天空、声音及所有一切，是一切存在物的原始形象。（30）向你致敬。你是因中之因、最高灵魂。你优于物质和智力所造之物，乃至其他一切各物。你表现出无与伦比的原初特性。（31）世尊，我们向你躬身致敬。你的属性中没有颜色，没有长短，没有软硬，没有幅度。你是清净中的至净，唯无上仙人可以感知。（32）我们向你躬身致敬。你有大梵自身之性，非生而且不朽。你居于我们的身体以及所有生物的身体之内，乃至其他各物的体内。除你之外，更无任何他物存在。（33）我们向你躬身致敬，婆薮提婆。向你这无尽者、无瑕者、强力者和一切众生的种子致敬。向你这非生者、永恒者和灵魂境界最高者的完满形象致敬。（34）”[②]

这样的赞颂，如前所述，只能说是颂扬和教义的混合体，而出现在这里的教义，又有很多是印度教信仰中最为抽象，最富于哲学意味的。往世书赞辞这一特点的形成，我以为与它的文人化有关。往世书作为神话和传说的结集，虽然往往托毗耶娑之名以为作者，而实际上是数世纪间婆罗门知识分子集体劳动的成果，则无疑义。一般认为，往世书被系统写成文献并广泛流行大约始于公元前不久。此时上距自奥义书形成的公元前7–前3世纪已有数百年。数百年奥

① 指匍匐而行的动物。

② *Viṣṇupurāṇa*，Ⅲ. 17. 11–22，29–34，p.483–486.

义书的熏陶，给婆罗门学者带来了思考和表达习惯上的形而上倾向。结果就是我们所看到的，不仅往世书中多有抽象成分，即使是赞神的颂辞，也总是有这样那样抽象的宗教和哲学的理论观念夹在其间。这样的内容在我们看来似乎并不协调，而往世书时代的婆罗门却显然不这么看。他们一定认为，与毗湿奴相关的抽象的宗教理论观念，在象征毗湿奴的伟大上，和他的能力、勋业、非凡的特征等等，具有同等意义。将它们放在一起，加以歌颂，不仅是正常的，而且是应该的。

往世书赞辞的另一个特点，是众多大神名号的出现。前面所引各往世书中都有这样的例子，所谓宇宙之主、强有力者、原人、灵魂伟大者、沙特婆多人之主、非幻象者、瑜伽之王、知识之主、妙智之神、无上神我、无瑕者，以及成道者之魂等等就是。名号多了以后，“名多势众”，渐渐地，它们本身便有了独立的价值，成为单纯的称诵祈福的对象。

2. 毗湿奴的一千名号

念诵名号以赞颂神明，逐渐成为求取功德的常用方式。这种方式的发展，便导致了一类纯由名号组成的赞辞的出现。重要神明的名号往往数量众多，数个、数十的所在多有，多至千数的亦不乏其例。印度教中拥有千名的即有象头神迦内沙、太阳神苏利耶、娑罗私婆蒂、吉祥天女、恒河女神、难近母、雪山神女以及湿婆大神等。他们的名号大多载于诸往世书中，如《象头神往世书》、《未来往世书》、《乌龟往世书》，特别是《塞建陀往世书》，此外亦可见于大史诗。佛教中释迦牟尼也有千名，它们在汉译佛典中很容易找到。

作为虔诚崇拜的重要形式，唱念神名为信仰者带来的益处是巨大的。佛教经典有言：“若人闻此千佛名字，不畏谬错，必得涅槃。……若持诵此千佛名者，则灭无量阿僧祇劫所集众罪，必得诸佛三昧神通、无碍智慧，及诸法门、诸陀罗尼。”[①]

印度教经典类似的说法更多，我们可以举一个有关恒河千名的例子：“一个人如能全部地唱诵这一千名号，他就能获得同恒河沐浴相当的功果。它可以涤除一切罪孽，扫清所有障碍。它高于任何一种赞辞和默祷，能使神圣的更加神圣。对于有信仰的人来说，它会给予他所希望的果报，并使他在四要[②]上所得

① 《现在贤劫千佛名经》，载《大正藏》第十四卷，三八三页中。

② caturvarga，或称“四善”（caturbhadra），即印度教为“再生者”设定的四个人生目标：法、利、欲、解脱。它们构成了公元前七八世纪以来印度教徒价值观念的重要基础。

丰厚。只要默念一遍，他就能获得和举行一次祭祀相当的果报。默念三遍，他能得到的功果，同去往所有圣地沐浴，或举行了种种祭祀所应得的果报一般无二。一位婆罗门如能在一日三时[①]坚持念诵不辍，其所获果报，和一切誓愿无不践行的人所积的功德，完全相同。如果一个人在沐浴时[②]诵此千名，不论在什么地方，恒河的三派就会一齐出现于他的所在之处。向往幸福的可以得到幸福，向往财富的可以得到财富，向往爱的可以得到爱，向往解脱的可以得到解脱。”[③]

至于毗湿奴，《火神往世书》曾有五十五名号之说。这部往世书的第305章列举了这些名号，并在第1颂借火神阿耆尼之口称："任何人只要轻声念诵毗湿奴的五十五个名号，便能享受如念诵吠陀圣诗一样的果报；倘能在圣地唱诵这些名号，则更可达致永存不朽。”[④]

毗湿奴也有一千名号作为其最大的名号集成。这一千名号载于《摩诃婆罗多·教诫篇》第一三五章，是毗湿摩应坚战的请求诵出的。当时坚战问他，崇拜谁，或者赞颂谁，人就能够获得好运；吟唱什么圣诗，生灵就能从轮回中解脱出来。他建议坚战崇拜神中之神毗湿奴，称诵他的千种名号。随后，毗湿摩便将众多仙人曾经唱过的毗湿奴所有名号为他念诵出来。

下面就是毗湿摩口诵的全部名号。在把它们转梵为汉的同时，我们还将给出必要的注释，以明了它们的内在含义和所涉典故。至于进一步的评论，则放在所有名号诵毕之后。[⑤]

“遍在者、毗湿奴、婆舍吒伽罗[⑥]、过去将来现在之主、众生的创造者、众生的支持者、存在者、众生的灵魂、众生的起因，（14）纯洁的灵魂[⑦]、最高的

---

① 指晨、午、昏三个时刻。

② 指在圣地的水滨沐浴。

③ 恒河千名载于《塞建陀往世书》，引文见天城体梵文网络版 *Atha Gaṅgā Sahasranāma Stotram* 第168–174颂，网址为：http：//sanskrit.safire.com/pdf/GANGA.PDF

④ 前引 *Agnimahāpurāṇam*，p.269.

⑤ 原文见 *Anuśāsanaparvan of the Mahābhārata* 135. 14–120，Critically edited by R. N. Danderkar，Bhandarkar Oriental Research Institute，Poona，1966，705–712页。译文括号中的数字为诗节（这里依传统称“颂”）在第一三五章中原来的顺序号。

⑥ “婆舍吒伽罗”意为叹语“婆舍吒”（vaṣaṭ）。祭祀时，四祭官中的劝请者在所唱诵诗的末尾发出这一叹语。听此，行祭者便将奉献给神明的供品投入祭火。

⑦ 他既在众生之中，又脱离他们而独立存在，所以是纯洁的。

灵魂、解脱者的最高归宿、不变者、原人[①]、见证者[②]、知领域者[③]、不灭者，（15）瑜伽、知瑜伽者的导师、自性和原人共同之主[④]、赋形人狮者[⑤]、吉祥者、美发者、人中魁首，（16）等同一切者[⑥]、沙尔婆[⑦]、慈祥者、不可动摇者、第一存在、收纳者[⑧]、不变者[⑨]、自生者[⑩]、促成果报者、世界支撑者、万物的源泉、力大无穷者[⑪]、万物所有者，（17）自在者、行善者、太阳之精、蓝莲花眼、大声、无始无终者、支撑者[⑫]、安排者[⑬]、胜于宇宙创造者[⑭]，（18）不可测者、使人毛发倒

---

① 原人（Puruṣa）含有多义，这里当指《梨俱吠陀》第十卷第九十首中所说的原人。诗中他被形容为原初的，威力无穷的，具有创生功能的宇宙灵魂，长着无数的头、眼、足，由于巨大无比而使整个世界都在他的包容之下；同时他也是已有的一切和未来的一切。天神在祭祀时将他用作牺牲。当身体被分解后，他的口、臂、腿、足分别变成了婆罗门、刹帝利、吠舍和首陀罗。太阳、月亮、天空和风则分别生自他的眼睛、心神、头和呼吸。在往后的数论哲学中，Puruṣa 则为其基本概念之一，又译"神我"，即相对于物质实体"自性"的精神实体。

② 意为他能直接看到任何事象，无须其他媒介。

③ 这里的"领域"指身体。"知领域者"即灵魂。

④ 自性和原人（或称神我）为古代印度数论哲学的根本概念。数论提出自性（或称原初物质）作为世界的终极原因，同时提出独立的精神实体原人与之相对。前者是一种物质尚未展开的状态，后者是不变化的，在时空上无限。两者结合，即可发为万物。这里原文的意思是，尽管万物皆源于自性和原人的结合，但毗湿奴仍高于二者，为其主宰。原文中 pradhāna 意为首要之事或人，在数论哲学中与表示自性的词 prakṛti 同义。

⑤ "人狮"（Narasiṃha）是毗湿奴的化身之一。阿修罗金垫（Hiraṇyakaśipu）凭多年苦行而得梵天恩惠，做了三界转轮王，横行无阻。后毗湿奴化作人狮，除掉了他。详细情节见前化身故事部分。

⑥ 世上所有的动物和不动物皆源出于他，而在世界毁灭时又复归于他，故认为他与世上一切同一无二。

⑦ 湿婆和毗湿奴都有这一名号。

⑧ "第一存在"意谓他是万物之始，"收纳者"意谓他在宇宙毁灭时收纳万物。

⑨ 原文如此。此前第15颂已出现这一名号。毗湿奴的千名号中，重复者不一而足。重复者我将一一指出，因为这对于了解作为一类赞辞的一千名号是非常必要的。

⑩ 他凭自己的意志而生，而世上一切则由他而生。

⑪ 兼有能力强，威势大之意，故也有王者的意思。这一名号还可广泛用于太阳神、火神、生主、湿婆、梵天、因陀罗等。

⑫ 宇宙的支撑者。

⑬ 指安排众生的行为果报，与前颂"促成果报者"意思相近。

⑭ "宇宙创造者"指梵天。

竖者[①]、脐生莲花者[②]、诸神之首、宇宙建造者、人类制作者、巨大无边者、至古至老者、不可移易者，(19) 不可把握者[③]、永恒者、体黑者、眼红者、毁灭者、富有者[④]、居三处者[⑤]、洁净者、幸福者、至高者，(20) 伊沙那[⑥]、气息赋予者[⑦]、生命气息、最古老者、无上生主[⑧]、腹有金胎者[⑨]、腹有土胎者[⑩]、摩豆族人[⑪]、诛灭摩图者[⑫]，(21) 万物所有者[⑬]、雄强者、携弓者、博学者、跨步者[⑭]、跨步者之步、无上者、不败者、知行者[⑮]、行动者、有我者[⑯]，(22) 神首、庇护所、获福处、一切种子[⑰]、众生之源、日[⑱]、年、蟒蛇[⑲]、信念、遍见者，(23) 非生者[⑳]、众

---

① 人在极度欢喜，无比幸福时会毛发倒竖。

② 毗湿奴脐部长有莲花，世界创造者梵天就生在这原初的莲花之中。

③ 既无法用感觉，也无法用心去把握。

④ 富有力量、知识、精力和自制能力。

⑤ 居于每一个生物的上、中、下三处。

⑥ 此名号更多用于湿婆，有拥有、统治、人主等义。

⑦ 即毗湿奴是充满世界的灵魂，能给一切生物以生命气息。

⑧ 生主为印度古代神话中的众生之主，一切存在物的创造者。在吠陀经典中用以称原人、火神阿耆尼等，后又用来称梵天，更后还用来称梵天诸“心生子”，即若干大仙人。作为名号，它也可以用在湿婆或太阳神身上。“无上生主”意为毗湿奴是生主中最高的。

⑨ 印度古代的创世理论说，最高本体梵打算创造世界，于是凭意愿首先创造了水，然后把自己的种子投入水中。种子变成太阳般灿烂的金卵。此金卵以后经过若干步骤逐渐演变为纷繁的世界。这里把创世之功归给了毗湿奴。

⑩ 以土地为胎，意为大地上所有的一切都在他的腹中。

⑪ 毗湿奴的重要化身之一黑天属于摩豆族。

⑫ 摩图为两个阿修罗的名字，其一为毗湿奴所杀。

⑬ 原文如此，前第17颂已有此名号。

⑭ 来自毗湿奴三步可以跨过三界的神话传说。

⑮ 即知道众生曾经有过的行为，以安排业报。

⑯ 原文 Ātmavat，意为众生生有肉体，生有感官，而毗湿奴则仅有灵魂和自我，从不依赖任何外在之物。

⑰ 宇宙中的一切皆以他为原始种子。此名号也用于梵天。

⑱ 印度教三大神中，毗湿奴司护持，活动于宇宙存续之时。如果将宇宙解体时期比作暗夜，他存续的时候就是白日。

⑲ 喻其难以把握。

⑳ 他是自在的，并非由生而来。

生之主、成道者[①]、成道、万物之始、不灭者[②]、人猿[③]、灵魂不可测者、不与别物结合者，（24）婆薮[④]、婆薮之心、真实、灵魂公正者、共量[⑤]、平衡[⑥]、无误、莲花眼、阳刚之行，具阳刚之行者，（25）楼陀罗[⑦]、多首者、发色深棕者、宇宙子宫[⑧]、令名清净者、不死者、长存者、不可动摇者[⑨]、善骑者、大苦行者，（26）遍行者、遍知者、焰光、遍军[⑩]、折磨敌人者、吠陀、知吠陀者、知全支者[⑪]、吠陀支、吠陀诗人[⑫]，（27）世界监督者、众神监督者、正法监督者[⑬]、已作与未作、四我[⑭]、四现身[⑮]、四獠齿、四臂[⑯]，（28）放光、食物之施、所施之食、宽忍者[⑰]、

① 即通过修炼而达到完满的精神境界的瑜伽行者。他们地位神圣，具有飞升等超自然能力。

② 用字与前第15颂“不灭者”不同。这里指对于毗湿奴来说，不再有孕、生、长、熟、老、灭这样的过程。

③ 原文 Vṛṣākapi，在《梨俱吠陀》（10. 86）中是一个半神，身体棕黄，为因陀罗的朋友。有学者认为此名是指黑天的兄长大力罗摩。有传说认为他也是毗湿奴的化身之一。

④ 原文 Vasu 有善、益等义，吠陀和史诗等曾用来称呼若干神祇，如因陀罗、伐由、毗湿奴、湿婆、俱比罗等；也曾用来指一组神，通常是八位，其首领原来为因陀罗，后来又是阿耆尼和毗湿奴。在《摩诃婆罗多》中，湿婆和毗湿奴都曾被冠以婆薮这个名号。

⑤ 他要由他的所有信众来衡量。

⑥ 不倾向于哪一边，即从不变化。

⑦ 原文Rudra有狂吼之意，为最古老的印度教神祇之一，象征粗暴的自然力。楼陀罗一名曾应用于多位神明，但作为湿婆大神的原型，与该神联系最为紧密。用它来称毗湿奴的情形并不多见。

⑧ 意味着宇宙孕育于他。

⑨ 原文如此。前第17颂已有此名。

⑩ 意为他的军队到处都有。他的军队指他的信众。

⑪ 即了解全部吠陀支者。吠陀支（vedāṅga）又称“六支”，指六种典籍，讲述为正确诵读、理解吠陀经典和进行吠陀祭祀所必需的知识，包括：湿刹（śikṣā），讲语音学和发音法；阐陀（chandas），讲诗的韵律；毗耶迦罗那（vyākaraṇa），讲语法；尼录多（nirukta），讲语源和词义；鸠底舍（jyotiṣa），讲天文，为的是制订历法，确定举行吠陀祭祀和其他仪典的正确时日；劫波（kalpa），讲祭祀的仪节和人在一生各个时期的正当行为方式，为六支中最重要的一种。

⑫ 有资格讲解吠陀圣诗。

⑬ 按照众生所行是否合乎正法而予以不同的果报。

⑭ 或作四灵魂，指四位一体的毗湿奴。详见下注。

⑮ 毗湿奴作为四位一体的最高存在（Puruṣottama），能以四身（Caturvyūha）示现于人，即：婆薮提婆之子（Vāsudeva）即黑天、拉犁（Saṃkarṣaṇa）即黑天之兄大力罗摩、波罗底优那（Pradyumna，黑天之子）、阿尼卢陀（Aniruddha，波罗底优那之子）。

⑯ 四臂手中分别持法螺、仙杖、轮宝和莲花。

⑰ 宽恕他的信仰者中偶犯过失的人。

宇宙之先[①]、无瑕者、胜利、胜利者、宇宙子宫[②]、一再居于此地位者[③]，（29）因陀罗弟[④]、侏儒、巨人[⑤]、无误[⑥]、纯洁者、伟力、超因陀罗[⑦]、全聚[⑧]、始创[⑨]、持我[⑩]、制他、自制，（30）应知者[⑪]、通医道者[⑫]、常修瑜伽者、杀英雄者[⑬]、摩豆族人[⑭]、蜂蜜、超感官者、[⑮]大幻[⑯]、大能、大力，（31）大觉、大勇、大才干、大光辉、不可见者、吉祥者[⑰]、灵魂不可测者[⑱]、大山高举者[⑲]，（32）大弓[⑳]、大地托负者[㉑]、吉祥天女的居所[㉒]、善者的归宿、所向披靡者、神喜、得牛、知牛者之主，（33）光耀者、训育者、天鹅[㉓]、美翼[㉔]、蟒蛇魁首[㉕]、金脐、善苦行者、脐生莲花

---

① 宇宙未形成时已经存在。

② 原文如此。前第26颂已有此名。

③ 即一再成为宇宙子宫。

④ 因陀罗是迦叶波和阿提底的儿子。毗湿奴为帮助众神从钵利王手里夺回失去的三界，便投胎于阿提底，生为侏儒。他生为侏儒时，因陀罗已诞生于前，故因陀罗为兄，毗湿奴为弟。

⑤ 在毗湿奴收回三界的故事中，钵利王答应他请赐三步之地的要求后，他立刻由侏儒变成巨人，将天、地两界量去，留冥界给钵利去统治。所以这里又称他巨人。

⑥ 原文如此。前第25颂已有此名。

⑦ 在所有方面都优于因陀罗神。

⑧ 将崇拜者聚集在自己周围。

⑨ 指宇宙的元始创生。

⑩ 意为他能支持自己的存在，不受生、长和死亡的影响。

⑪ 意为凡是希望达到人生最高目的的人，都应该知道他。

⑫ 意思是，人最严重的疾患就是俗世的束缚，毗湿奴可使人获得解脱，故说他精通医道。

⑬ 这里的英雄指阿修罗。

⑭ 原文如此。前第21颂已有此名。

⑮ 对于信奉他，使他高兴的人，他如同蜂蜜。对于不信者，他是不可感知的。

⑯ 他有强大的幻力，足以迷惑人、神。

⑰ 原文如此。前第16颂已有此名。

⑱ 原文如此。前第24颂已有此名。

⑲ 传说牛增山的牧人放弃了对因陀罗的崇拜，因陀罗大怒，放出滂沱大雨，欲把该山淹没。黑天（毗湿奴）以单指将山托起七天，使它免遭灾难。因陀罗无功而返，遂对黑天表示敬服。

⑳ 据说他引弓射箭，能达到很远的地方，能穿透任何东西。

㉑ 名叫金目的恶魔将大地拖入海底。毗湿奴化身野猪，与之斗争一千年，终于把它杀死，将大地托出水面。约略相同的情节见前毗湿奴野猪化身故事。

㉒ 吉祥天女是毗湿奴的妻子，故名。

㉓ 毗湿奴曾化身天鹅，在梵天面前为大仙人讲授瑜伽。

㉔ 这里说的是他的坐骑金翅鸟。

㉕ 这里指千首神蛇湿舍。它在宇宙解体后是毗湿奴酣睡的眠床。

者[①]、生主，（34）不朽者、天眼通狮子、养育一切者、生活宁静者、坚忍者、非生者[②]、不可制驭者、立法者、令名远播者、杀神敌者；（35）

“众生之师、无上之师、众生栖息处、真实、真勇无敌者、闭眼者、睁眼者、[③]戴花环者[④]、辩才之主、非凡之智，（36）引导者[⑤]、众生引导者、吉祥者[⑥]、法理、领导者、赋形风神者、千首、宇宙之魂、千眼、千足，（37）转动者[⑦]、脱离者[⑧]、障目者[⑨]、粉碎者[⑩]、日[⑪]、毁灭一切者[⑫]、祭火[⑬]、风之神、身负大地者[⑭]，（38）施福者、慈悲心、宇宙支持者、宇宙哺育者、无所不在者、行善者、世所景仰者、圣者、阇诃奴[⑮]、那罗延、那罗，[⑯]（39）不可数者、灵魂不可量者[⑰]、非凡者、教化者、纯洁者[⑱]、实现目的者、成就所愿者、助人成道者、成道保证者[⑲]，（40）公蛇、雄牛、毗湿奴[⑳]、关节强壮者、牛腹、增财者、增加者、杰出者、天启之海[㉑]，（41）妙臂、难持、辩才、大王、施财者、婆薮[㉒]、多身、巨身、

---

① 原文如此。前第19颂已有此名。

② 原文如此。前第24颂已有此名。

③ 睁眼看合乎正法的行为，闭眼不看不合正法的行为。

④ 毗湿奴戴着一个称作吠阇衍蒂的常胜花环。

⑤ 意思是他能引导希望解脱者达到目的。

⑥ 原文如此。前第16和32颂已有此名。

⑦ 指转动宇宙运行之轮。

⑧ 即脱离了将人羁于俗世的欲望。

⑨ 意思是凡执着于俗世生活的人都无法看到他。

⑩ 意为粉碎背叛他的人。

⑪ 原文如此。前第23颂已有此名。

⑫ 意为他在宇宙末日时摧毁一切。

⑬ 这里的“火”原文vahni，源于有“转运”之义的动词vah，强调它能够将投入火中的祭品转送给神明，故译“祭火”。

⑭ 参见前第33颂“大地托负者”注。

⑮ 阇诃奴为喜马拉雅山一洞名，恒河发源于此。又有传说称阇诃奴为远古印度补卢族的国王。他在林中隐修时，恒河泛滥，淹没了他的隐修地。盛怒之下，他把恒河一饮而尽。后他又将河水从耳朵放出，并收养她为女儿，恒河因此得名“阇诃奴之女”。

⑯ 那罗意为原初之人，那罗延意为前者之子。

⑰ 与前第24和32颂“灵魂不可测者”用字相近，但不同。

⑱ 原文如此。前第30颂已有此名。

⑲ 意为受人吁求而使吁求者达到目的。

⑳ 原文如此。前第14颂已有此名。

㉑ 喻其吠陀知识渊博。

㉒ 原文如此。前第25颂已有此名。

遍光、照亮众生者，（42）巨力、巨能、持电光者、灿烂的灵魂、热之源、兴盛者、清纯之音、秘咒、明月之光、日曜之光，（43）甘露之光[①]、起源、光芒、兔影[②]、天神之主、药草[③]、贯通宇宙之路、真法之力，（44）过去将来现在之首、净化者、无垢者、风之神[④]、灭欲者[⑤]、启欲者、可爱者、爱之神、施爱者、力大无穷者[⑥]，（45）由迦[⑦]始动者、由迦运行者、诸幻制造者[⑧]、巨食者[⑨]、隐形者、多形者、败千敌者、败敌无数者，（46）众生所望、优秀者、优秀者所望、头饰孔雀翎者、那怙舍[⑩]、公牛、制怒者、致怒者、[⑪]宇宙创造者、宇宙之臂、大地支持者，（47）不灭者[⑫]、令名广布者、生命气息，气息赋予者、[⑬]婆薮王之弟[⑭]、贮水者[⑮]、在上者[⑯]、专注者、坚立者，（48）室建陀[⑰]、室建陀支持者、宇宙背负者、施恩者、挟风而行者、婆薮提婆之子[⑱]、雄强伟岸者、初始之神、城堡破坏者[⑲]，（49）无忧者、救度、救度者、勇敢者、勇力、人类之主、可意者、头有百束发者、手持莲花者、眼如莲花者，（50）脐生莲花者[⑳]、莲花眼[㉑]、莲胎[㉒]、有

---

① 即月亮。

② 即月亮。

③ 治疗执着于俗世一切而不能觉悟的疾病。

④ 原文如此。前第38颂已有此名。

⑤ 他能够灭除愿求解脱者的欲望。

⑥ 原文如此。前第17颂已有此名。

⑦ yuga，又译“时”，古代印度宗教思想家所构想的大尺度时间单位，计分四种：圆满时、三分时、二分时、争斗时，分别长4 800天年、3 600天年、2 400天年、1 200天年。1天年合360天日，1天日合尘世1年。

⑧ 四“时”更代以道德递降为重要特征。详见前毗湿奴化身故事一章有关注释。这里说，人在各“时”行为的不同，是毗湿奴所施幻象不同的结果。

⑨ 他能在劫末吞噬整个宇宙。

⑩ 一种蛇神。何以以此名称毗湿奴，不详。

⑪ 制怒意为抑制善者的怒气。致怒意为使恶者易生怒气。

⑫ 原文如此。前第24颂已有此名。

⑬ 原文如此。前第21颂已有“生命气息”和“气息赋予者”两名。

⑭ 这里的婆薮王指因陀罗。参见前第30颂注。

⑮ 贮存毁灭世界的大水。

⑯ 可以覆盖一切众生。

⑰ 室建陀为战神名。

⑱ 即黑天。

⑲ 此名号主要用于因陀罗，有时也用于湿婆或火神阿耆尼。

⑳ 原文如此。前第19和34颂已有此名。

㉑ 这里与以前几处的莲花眼用词不同。这里说的是一种睡莲。

㉒ 即生于莲花之中。湿婆和梵天也有此名号。

骨肉之躯者[①]、大智者、富有者、古老之魂、大眼者、以金翅鸟为旗幡者，（51）无与伦比者、舍罗婆[②]、可怖者、识机缘者、取供品[③]者、任何特征无不具备者、幸运者、战无不胜者，（52）超越毁灭者、身红者[④]、正道、一切之因、腰系带者[⑤]、容忍者、大地支持者[⑥]、大福、迅疾者、食无量者[⑦]，（53）诞生促成者、激励者、提婆、吉祥之胎、无上之主、构成宇宙者、宇宙之因、宇宙创造者[⑧]、宇宙促变者、不可深入者、秘不可见者，（54）决定者、众生居所、共同居所、居所提供者[⑨]、不可移易者[⑩]、无上福祉、最高者、可见者、满足者、丰富者、貌美者；（55）

"罗摩[⑪]、停止者、结束者[⑫]、正道[⑬]、被引导者、引导者、无引导者[⑭]、英雄、力过群雄者、正法、知法者之首，（56）毗恭吒[⑮]、原人[⑯]、生命气息、气息赋予者、[⑰]神圣音节[⑱]、宽阔者、腹有金胎者[⑲]、杀敌者、广布者、风之神、车轴下生[⑳]，（57）季节、日轮、时间、居高位者、仁慈者、有力者、年、聪敏者、栖息所[㉑]、全能

---

① 作为幻象，毗湿奴可以采取有肉体的形象。

② 舍罗婆是一种八足神鹿，住在雪山之上，其勇健可胜过大象和狮子。

③ 指投入祭火中的供品，主要由谷物、牛奶、酥油、苏摩等做成。

④ 由于对敌人的愤怒而变红。

⑤ 黑天幼小时，他的养母耶索达曾将他系在一块沉重的木臼上，而他却拖着木臼跑来跑去。后带子崩断，但还有一截留在腰上，他遂得名腰系带者。

⑥ 原文如此。前第47颂已有此名。

⑦ 食量巨大无比的意思。

⑧ 原文如此。前第47颂已有此名。

⑨ 他在宇宙解体时为众生提供居所。

⑩ 原文如此。前第19颂已有此名。

⑪ 印度古代传说中的著名英雄罗摩是毗湿奴的第七个化身。

⑫ 宇宙解体时，一切存在都要消失在他的体内。

⑬ 原文如此。前第53颂已有此名。

⑭ 即对他来说，没有任何外在的引导者。

⑮ 原文 Vaikuṇṭha，为毗湿奴天国的名称，一说在北海，另说在弥卢山东峰之上。

⑯ 原文如此。前第15颂已有此名。

⑰ 原文如此。前第21和48颂已有"生命气息"和"气息赋予者"两名。

⑱ 即"唵"。

⑲ 原文如此。前第21颂已有此名。

⑳ Adhokṣaja，译文是仅就字面所做的翻译。学者们对于该名号曾有不同的语源学解释，如解释为"超验者"等。

㉑ 他能使人获得解脱，故被视为解脱者的栖息所。

者，（58）展开者[①]、静止者、不可动摇者[②]、权威者、不朽种子、目的、非目的、大寐、大福乐、大财，（59）从不委顿者、已入解脱者、存在者[③]、正法柱石、大祭、众星拱卫者[④]、众星在握者[⑤]、胜任者、坚持者、欲求者[⑥]，（60）祭祀化身、享祭者、大享祭者[⑦]、大祭[⑧]的化身、大苏摩祭、善者的归宿[⑨]、见一切者、解脱之魂、知一切者、无上之知，（61）守善戒者、面容喜庆者、敏感者、善发妙音者、赐福者、善待众生者、令人销魂者、制怒者、英雄巨臂、撕碎者[⑩]，（62）催眠者[⑪]、独立不羁者、遍布宇宙者、非一相者[⑫]、非一业者[⑬]、年[⑭]、爱众生者、有犊者[⑮]、珍宝在腹者、财富之主，（63）正法保卫者、正法执行者、正法的本源、存在、非存在[⑯]、可消亡者、不消亡者、不可知者、千道光[⑰]、安排者[⑱]、以善而著名者，（64）光线之轮[⑲]、住于众生之间者、狮子[⑳]、众生大王、神中元老[㉑]、大神、

---

① 意思是宇宙在他的内部展开。

② 原文如此。前第17和26颂已有此名。

③ 这里的存在是从来就有，并非由诞生而来。

④ 指北极星。

⑤ 指月亮。

⑥ 这里的“欲”是创世之欲。

⑦ 意为在所有莅临祭祀场合的神明中，他最应受到崇拜。

⑧ 指那种要用牺牲的献祭，如马祭等。

⑨ 原文如此。前第33颂已有此名。

⑩ 指撕碎恶人。

⑪ 他使无知者沉沉入睡。

⑫ 他以多种形象出现。

⑬ 指他完成过多种使命。

⑭ 这里的“年”与前第58颂的不同。这里的是以5或6年为一个周期的最后一年，而出现在第58颂的是其第一年。

⑮ 意思是世间众生都是他的犊仔。

⑯ 意思是，世间存在的一切都是幻象，而真实的宇宙是非存在的。后面的“不消亡者”亦指此“非存在”。

⑰ 指太阳。

⑱ 原文如此。前第18颂已有此名。

⑲ 指太阳。

⑳ 称毗湿奴为狮子，是为了表示他的雄武有力。

㉑ 其他神祇还没有出现时，他已经存在了。

众神之主、诸神支持者[1]之师，（65）超越者[2]、牛主、护牛者、[3]凭知接近者[4]、古老者、有身体者之主[5]、猴王、酬值丰厚者[6]，（66）饮苏摩者、饮甘露者、月亮[7]、胜多[8]、众之首、戒律、征服者、践言者、陀沙诃人[9]后裔、沙特婆多族[10]之首，（67）生命掌握者、戒律制定者、观察者、穆昆陀[11]、步阔不可测者[12]、所有水的容纳者[13]、无限灵魂、偃卧于大洋者[14]、毁灭者，（68）非生者[15]、杰出者、自然者、制敌者[16]、施乐、欢喜、令喜、快乐、真正之法、三步[17]，（69）大仙人、迦比罗阿阇梨[18]、知恩者、大地之主、跨三步者、三十三天掌管者、大角[19]、果报实现者，（70）大野猪、得牛[20]、妙军、戴金臂钏者、隐秘者、深不可测者、难以领悟者、保护者、手持轮宝仙杖者，（71）虔诚者、自体、不可征服者、黑天、坚定者、耕种者、不灭者[21]、伐楼拿、伐楼拿之子、大树、蓝莲花眼[22]、大意

---

① 指因陀罗。

② 指超越生死。

③ “牛主”和“护牛者”皆指毗湿奴的化身黑天。在印度古代传说中，黑天生长在牧人部落，曾为牧童。

④ 即凭借知识和智慧可以接近者。

⑤ “有身体者”指众生。

⑥ 这里的酬值指祭祀完毕之后，家主付与主祭婆罗门的酬金。

⑦ 月亮也是草木之王。

⑧ 即无论敌人有多少，他都可以战胜。

⑨ 属雅度族。

⑩ 即雅度族。沙特婆多族之首就是黑天。

⑪ 穆昆陀为一种宝石名，也是毗湿奴的名号。

⑫ 指毗湿奴三步可以跨过三界。

⑬ 指大海。

⑭ 指在宇宙解体之后，毗湿奴睡在神蛇湿舍身上，漂游于大洋之上。

⑮ 原文如此。前第24和35颂已有此名。

⑯ 这里的敌指贪欲、愤怒和各种邪恶的情感等。

⑰ 同样指毗湿奴三步可跨三界的故事。

⑱ 迦比罗是一个神话中的人物，传说不仅是毗湿奴的化身，也是火神阿耆尼的化身。印度教数论哲学的创始人亦名迦比罗。

⑲ 这里指在大洪水时救援摩奴的神鱼头上的角。摩奴把自己的船缚在神鱼的角上，神鱼将他引至北山（喜马拉雅山）。

⑳ 原文如此。前第33颂已有此名。

㉑ 原文如此。前第24和48颂已有此名。

㉒ 原文如此。前第18颂已有此名。

念[①]，（72）世尊、毁跋伽者[②]、欢喜者、戴林中花环者、以犁为武器者[③]、阿提底之子[④]、发光者、阿提底之子[⑤]、忍耐者、最终归宿，（73）携良弓者、以斧斫敌者[⑥]、凶狠者、施财富者、高可触天者[⑦]、无所不见者、毗耶娑[⑧]、语言之主、非胎生者，（74）三娑摩[⑨]、吟娑摩者、娑摩、寂灭[⑩]、药剂、药师、遁世者、安静者、无躁者、心安者、终极归宿[⑪]；（75）

“妙肢者、安抚者、创始因、晚莲、卧于百合者、利牛者、牛主、护牛者、[⑫]牛眼、爱牛者，（76）不退缩者、收束灵魂者[⑬]、宇宙毁灭者、抚慰者、仁爱者、胸生旋毛者[⑭]、吉祥天女住所、吉祥天女之夫、众吉祥者之首，（77）吉祥施予者、吉祥之主、吉祥之居、吉祥所在之地、吉祥显示者、吉祥在握者、吉祥实现者、优秀者、吉祥具备者、三界安处之地，（78）美目者、美肢者、百喜、喜乐、光辉、信众之主、自我制约者、自我稳定者、美名远扬者、疑惑消除者，（79）超然在上者、眼顾八方者、至高无上者、永恒不变者、坚不动摇者、卧于大地者、装点大地者、具有能力者、脱离忧患者、驱除忧患者，（80）光耀夺目者、遍受赞颂者、水罐[⑮]、灵魂纯洁者、使人清洁者、不可阻遏者、所向披靡者、势强无比者、步阔不可测者[⑯]，（81）杀迦罗内弥[⑰]者、英雄[⑱]、

① 毗湿奴可以仅凭意念创造、保护或毁灭世界。
② 此名号原属湿婆，后亦用于毗湿奴。
③ 即大力罗摩。他是黑天的长兄，有时也算作毗湿奴的化身之一。
④ 参见前第30颂“因陀罗弟”注。
⑤ 原文如此。本颂已有此名。
⑥ 指持斧罗摩。持斧罗摩是毗湿奴的第六个化身。
⑦ 毗湿奴变成巨人，顶天立地的故事见前第30颂“巨人”注。
⑧ 有些典籍中毗湿奴的化身不止10个，毗耶娑往往算作其一。
⑨ 娑摩为《娑摩吠陀》中的圣歌。这里是说人们吟唱三段这样的圣歌来颂扬他。
⑩ 毗湿奴本身就是弃世解脱的体现。
⑪ 原文如此。前第9颂已有此名。
⑫ 原文如此。前第66颂已有“牛主”和“护牛者”二名。
⑬ 收束灵魂，使之不执着于外在俗世。
⑭ 毗湿奴胸前所生旋毛带有吉祥意味。
⑮ 意为如水贮于罐中一样，宇宙间的一切都包容在他之内。
⑯ 原文如此。前第68颂已有此名。
⑰ 迦罗内弥是一阿修罗，为黑天所杀。
⑱ 原文如此。前第56颂已有此名。

勇敢者[①]、梭利[②]、人类之主[③]、三界之魂、三界之主、美发者[④]、杀盖辛[⑤]者、诃利，（82）遂欲之神[⑥]、欲望满足者、欲神、可爱之神、知识丰富者、无法形容者、毗湿奴[⑦]、英雄[⑧]、无际涯者、战利品丰富者，（83）虔诚者、祈祷者、梵、梵天、梵增、知梵者、婆罗门、有梵者、明梵者、爱婆罗门者，（84）大步、大行、大能、大蛇、大祀典、大祭司、大祭仪、大祭品，（85）当颂者、喜颂者、颂赞诗、唱颂诗、唱颂者、喜斗者[⑨]、已获满足者、令人满足者、祥瑞、祥瑞之名、无病者，（86）迅疾如思想者、开辟人生道路者、金种子[⑩]、施金者[⑪]、施金者[⑫]、婆薮提婆之子[⑬]、婆薮[⑭]、婆薮之心[⑮]、祭品，（87）善者之道、善者之行、善者之性、善者之福、善者归宿、英雄军队、雅度之首[⑯]、善者之居、苏阎牟那，（88）众生居所、婆薮提婆之子[⑰]、一切生命之居所、火之神、抑制傲慢者、令人自豪者[⑱]、自豪者、难于把握者、不可征服者，（89）宇宙形象、巨大形象、灯炬形象、不具形象、不一形象、未作显现、百个形象、百面，（90）一、非一[⑲]、鼓舞者、谁、什么、哪个、那个、无比阔步、世界之友、世界之主、摩豆族后人、爱其崇拜者，（91）全身金色者、肢体金色者、肢体美丽者、

① 原文如此。前第50颂已有此名。
② 派生于前面“勇敢者”一词，意义大同。
③ 原文如此。前第50颂已有此名。
④ 原文如此。前第16颂已有此名。
⑤ 盖辛亦为一阿修罗。
⑥ 他可以随自己的欲望而创造、保护或毁灭世界。
⑦ 原文如此。前第14和41颂已有此名。
⑧ 原文如此。前第56和82颂已有此名。
⑨ 喜与一切邪恶斗争。
⑩ 指火。
⑪ 这里把他比作财神俱比罗。
⑫ 原文如此。此名重复。
⑬ 原文如此。前第49颂已有此名。
⑭ 原文如此。前第25和42颂已有此名。
⑮ 原文如此。前第25颂已有此名。
⑯ 即黑天。
⑰ 原文如此。前第49和87颂已有此名。
⑱ 使奉行正法的善者充满自豪。
⑲ 能显示种种幻象，所以称作非一。

戴檀香木臂钏者、击败英雄者、举世无双者、空[①]、嗜好酥油者[②]、不动者、动者，（92）谦虚者、敬重他人者、值得敬重者、世界主人、三界支持者、妙知、生于祭祀者、幸福、真知、大地支持者[③]，（93）精气充沛者、正义之牛、持电光者、携兵器者第一、受供者、制御自身者、心静不惊者、非一角者[④]、伽陀之兄[⑤]，（94）四相[⑥]、四臂、四现身、[⑦]四趋、四灵魂[⑧]、四要、知四吠陀者、单足；（95）

“驱动者[⑨]、灵魂摆脱执着者、不可战胜者、不可超越者、难于得到者、难于企及者、难近者、难住者[⑩]、杀难杀之敌者，（96）妙肢者[⑪]、世界之金、妙纱[⑫]、纱增、因陀罗业、大业、成业[⑬]、传统建立者，（97）出身高贵者、文雅者、孙陀、脐宝[⑭]、美目、日神、施食者、有角者[⑮]、必胜者、全知者、征服者，（98）身有金斑者、从不激动者、辩才中的辩才、大湖、深洞、粗大[⑯]、大收纳者[⑰]，（99）晚莲[⑱]、恭陀罗、素馨、雨之神、净化者[⑲]、风之神[⑳]、食甘露者、不

---

① 因为无任何属性，故称之为空。

② 酥油是主要的祭品之一。

③ 此处“大地支持者”与前第47和53颂所用原文不同。

④ 传说毗湿奴有四角。

⑤ 伽陀为婆数提婆之子，黑天之弟。

⑥ 或称四形象，即四面。

⑦ 原文如此。前第28颂已有此二名。

⑧ 此处“四灵魂”与前第28颂“四我”为同一字，也可解释为指心思、理解、意识和记忆。

⑨ 意为驱动世界之轮旋转者。

⑩ 即使是通过修炼瑜伽等手段，也难于使之住于人的内心。

⑪ 原文如此。前第76颂已有此名。

⑫ 这里将宇宙比作毗湿奴手中的织物。

⑬ 一切当做之业都已完成。

⑭ 毗湿奴的脐部饰有宝石。

⑮ 参见前第70颂“大角”注。

⑯ 区别于精微元素的粗大元素——空、风、火、水、地。

⑰ 参见前第17颂“收纳者”注。

⑱ 原文如此。前第76颂已有此名。

⑲ 原文如此。前第45颂已有此名。

⑳ 原文如此。前第38和45颂已有此名。

死之身、知一切者[①]、面朝所有方向者，（100）易得者、妙誓、成道者[②]、败敌者、炙敌者、大榕树、无花果树、圣无花果树、杀案达罗的遮奴罗者[③]，（101）千道光[④]、七舌[⑤]、七火焰、七骏马[⑥]、无形象、无瑕、不可思议者、令人畏惧者、畏惧驱除者，（102）精微者、粗大者、纤弱者、厚重者、有特性者、无特性者、巨大者、无法把握者、受到把握者[⑦]、面容妙好者、族系古老者、族系扩大者，（103）背负重担者、饱闻吠陀者、瑜伽行者、瑜伽师之首、一切愿望满足者、净修地[⑧]、游方乞食者、不辞疲倦者、美翼[⑨]、挟风而行者[⑩]，（104）带弓者[⑪]、娴于箭术者、惩戒之棒、训育者、训育术、不败者、容忍一切者、约束者、自制者、修身之道，（105）精力充沛者、心怀善德者、真理化身、献身真理正法者、众所向往者、当受敬爱者、值得崇拜者、善待众生者、广增福利者，（106）行迹在天者[⑫]、电光闪耀者、貌美难得者、取食供品者、无所不在者[⑬]、日[⑭]、照明之神[⑮]、太阳、萨维德罗[⑯]、以日为眼者，（107）无限者、取食供品

① 原文如此。前第61颂已有此名。

② 原文如此。前第24颂已有此名。

③ 遮奴罗是黑天舅父刚沙王的保镖。刚沙王邀请黑天来访，企图让遮奴罗等将他杀死，结果遮奴罗反为黑天所杀。

④ 这里亦指太阳，但所用字与前第64颂的“千道光”不同。

⑤ 原文Saptajihva，是对于火焰特征的说明。“七舌”为：深蓝（Kālī）、亮红（Sulohitā）、浓烟色（Sudhūmravarṇā）、迸火花（Sphuliṅginī）、燃烧（Pradīptā）、疾如思想（Manojavā）、可畏（Karālī）。

⑥ 据说毗湿奴乘坐由七匹骏马拉的车子。

⑦ “无法把握”和“受到把握”是分别针对不信他的人和信仰他的人说的。

⑧ 意思是他为所有希望静心修炼和沉思的人提供隐修地。

⑨ 原文如此。前第34颂已有此名。

⑩ 原文如此。前第49颂已有此名。

⑪ 这里的“带弓者”与前面的“携弓者”（第22颂）和“携良弓者”（第74颂）原文均不相同。毗湿奴化身罗摩时是携带弓箭的。

⑫ 显然指毗湿奴的侏儒化身可以跨步天际。

⑬ 原文如此。前第39颂已有此名。

⑭ 此处的“日”与前第23和38颂原文不同。

⑮ 太阳神。

⑯ 也是一种太阳之神，但更强调太阳的内在方面，即它的活跃、激发之力。又说，与每日经天，可以见到的太阳相对，它是日出之前的太阳。

者[①]、享用者[②]、赐福者、多施者、首生者[③]、无悲者、宽宏大度者、世界依托者、令人惊异者，（108）早已存在者、久远无比者、色棕如猴者、神猴、不变者[④]、幸运给予者、幸运实现者、幸运在身者、幸运享受者、幸运散施者，（109）无凶相者、戴耳环者、携轮宝者、勇敢非凡者、恪守古训者[⑤]、超越言说者[⑥]、言说能解者[⑦]、使人凉爽者、繁星之夜创造者[⑧]，（110）和蔼可亲者、机敏者、聪颖者、正直者、最能宽容者、知识最富者、无所畏惧者、善名远播者，（111）拯救者、惩恶者、吉祥者、噩梦驱除者、杀英雄者[⑨]、保护者、为善者、生命、充满宇宙者，（112）身形无量者、吉祥无限者、制驭怒气者、恐惧驱除者、四方、精神深邃者、居间方向[⑩]，次居间方向[⑪]、基本方向[⑫]，（113）无始者、菩罗、菩婆罗、[⑬]以吉祥天女为伴者、勇气长存者、臂钏精美者、创生者、众生诞生之源、可怖者、勇力骇人者，（114）容纳并供栖所者[⑭]、世界支撑者、笑容如花者、警觉者、在上者[⑮]、行正道者、生命气息施予者、神圣音节“唵”、财富充盈者，（115）权威标准、生命栖息处、生命维持者、生命激励者、本质、知本质者、唯一精神、超越生死老者，（116）菩罗、菩婆罗、私婆罗、[⑯]树木、救度

① 原文如此。前颂已有此名。

② 这里的享用，也指享用供品。

③ 在所有存在物出现以前即已出生。

④ 原文如此。前第15和17颂已有此名。

⑤ 意为熟悉并严格遵守载于所谓“天启”和“传承”经典中的古代教诫。

⑥ 语言不足以描绘毗湿奴的伟大。

⑦ 印度教理论家努力通过言说去解释他。

⑧ 借着他的力量，繁星才能在夜间驱除黑暗。

⑨ 原文如此。前第31颂已有此名。

⑩ 指东北、西北、东南、西南四个方向。

⑪ 指居于东北和北之间和居于东北和东之间的两个方向，以及其他类似的六个方向。

⑫ 即东、南、西、北。

⑬ 参见下面第117颂有关注释。

⑭ 容纳构成物质世界的五大元素，并为之提供居所。

⑮ 毗湿奴位在一切众生之上。

⑯ 原文 bhūr、bhuvar、svar，为三个含义神秘的字，合称“大语（mahāvyāhṛti）”。它们的意义是地、空、天，据称分别来自《梨俱吠陀》、《夜柔吠陀》和《娑摩吠陀》，诵之能够获福。古代印度所谓地、空、天三界，也用这几个字。

者[①]、萨维德罗[②]、老祖先[③]、祭祀、祭主、主祭[④]、祭具、行祭，（117）祭祀支持者、祭祀制定者、多祭者、享祭者、祭祀促成者、祭祀完成者、祭祀奥秘、食物、受食者，（118）自我孕育者、自生者、钻入者[⑤]、吟唱娑摩者、提婆吉之子[⑥]、一切创造者、大地主人、罪愆涤除者，（119）携法螺者、携难陀迦者[⑦]、携轮宝者[⑧]、携角弓者、持棒者、持车轮者[⑨]、不可撼动者、种种武器在身者。（120）"

以上所列，就是毗湿奴的千种名号。这些名号，据称皆源于他的"无限吉祥善德"（anantakalyāṇaguṇa）。此处所谓善德，无疑是指他的本性和能力，也包括他的灵迹和神功，而更多的，则是信徒们认为他作为无限存在所具备的，不仅涵盖宇宙万物，而且代表抽象概念的种种品性。实际上，在如此众多的名号中，比较重要而又常见于经典的，只有美发者、自在者、脐生莲花者、诛灭摩图者、无限者、跨步者、四臂、因陀罗弟、侏儒、巨人、摩豆族人、大地托负者、那罗延、婆薮提婆之子、眼如莲花者、腰系带者、带弓者、携法螺者等，为数有限。其他绝大多数平常是难得使用的，或索性说，根本无缘使用，而仅以这千号颂辞为其出现的唯一场合。

毗湿奴的千种名号，我想，应该看作是反映毗湿奴信仰的一类词语总汇，是在毗湿奴崇拜发展过程中逐渐积累而成的，历时既久，来源也很复杂。在整体上弄清它的形成历史是困难的，但是个别地指出具体名号的来源，从而对它们的性质和特点获得一定认识，还是有可能的。下面我们以举例的方式，分门别类，尝试一下。

（1）确实代表毗湿奴自身特征的，如美翼、脐生莲花者、携弓者、非一角者、戴花环者、偃卧于大洋者、以吉祥天女为伴者、以金翅鸟为旗幡者。这里面，有表明他体貌特征的，也有他通常以何种形象示人的。这些特征由于大多

① 原文如此。前第50颂已有此名。

② 原文如此。前第107颂已有此名。

③ 梵天也有此名号。

④ 通晓祭祀仪节，按规矩为祭主主持仪式者。

⑤ 指毗湿奴钻入大海，救出大地的故事。参见前第33颂"大地托负者"注释。

⑥ 提婆吉是黑天的母亲。

⑦ 难陀迦为黑天所佩剑名。

⑧ 原文如此。前第110颂已有此名。

⑨ 与前"携轮宝者"原文不同，而意义相同。

为毗湿奴所独有，所以这类名号系何所指，一般不会误解。

（2）说明其勋业的，如跨步者、杀盖辛者、诛灭摩图者、大山高举者、大地托负者、正法保卫者、杀神敌者、族系扩大者。这里的勋业非毗湿奴莫属。因此，这些名号代表着谁，同样是清楚的。

（3）显示其能力的，如不败者、难近者、所向披靡者、正法保卫者、遍布宇宙者、施财富者、养育一切者、一切愿望满足者。称扬神明的非凡能力，应该说是名号最基本的功用之一。这里所谓“显示其能力的”，意思是所列各名仅属于毗湿奴，而从未为其他神祇所用。

（4）具有赞美之意的，美目者、妙肢者、精气充沛者、令名清净者、善待众生者、行善者、灵魂公正者、心静不惊者。这里的名号也是只有在赞美毗湿奴时才用的。

（5）具有吉祥意味的，如喜乐、大财、令喜、大福乐、富有者、祥瑞之名、面容喜庆者、胸生旋毛者。与前一类相同，所列名号除在称颂毗湿奴的场合外，未见用于他处。

（6）通过化身形象得到的，如巨人、牛主、美发者、因陀罗弟、摩豆族人、婆薮提婆之子、腰系带者、杀迦罗内弥者。这是一类特殊的名号，熟悉毗湿奴化身故事的人一望而知是专属于他的。他的化身故事已经略述于前。

（7）原属于其他神明，或与别神共用的，如莲胎、楼陀罗、室建陀、城堡破坏者、毁跋伽者、宇宙毁灭者、施金者、沙尔婆。两位或多位神祇共用同一名号的事在印度教神谱中并不罕见。这一点在毗湿奴身上表现得更为明显。共用的名号里，有些是明显属于别神的，如室建陀本为战神之名，城堡破坏者是因陀罗，楼陀罗、毁跋伽者、宇宙毁灭者、沙尔婆等原属于湿婆。毗湿奴享有它们，本无充分理由。然而考虑到他势强无匹，宗奉者众，信徒拿来“借花献佛”，未必没有可能。它是否意味着当时存在过多神趋向一神的潜流，题目太大，不敢妄论。

（8）实际属于婆罗门种姓的，如洁净者、知梵者、成道者、饱闻吠陀者、自我制约者、献身真理正法者、恪守古训者、常修瑜伽者。这类名号的出现，当与其编制者皆为婆罗门知识分子有关。早在梵书时代，由于祭祀盛行，婆罗门种姓便已拥有了人间神的地位。大约与《摩诃婆罗多》形成于同一时期的《摩奴法论》亦称婆罗门为天下至尊。使自己代表神，并将自己的属性赋予神，对于史诗作者来说，恐怕不是不愿意做的事。

（9）无生命之物的，如吠陀、吠陀支、胜利、时间、密咒、日曜之光、甘露之光，真法之力。类似的名号其他神祇也有。史诗作者这里所要表达的，我以为，是吠陀、时间、密咒等也像其他有生命之物一样，同属于他的外在形式，而毗湿奴作为神，则为其代表，为其主宰，为其内在根据。

（10）有哲学意味的，如遍在者、非生者、空、非存在、创始因、不具形象、不可把握者、最高的灵魂。与神学相与表里，是印度教哲学的重要特征。将哲学观念赋予神祇，使其具有形而上的地位，可以说是一切宗教理论发展的必然。毗湿奴的另一名号“自性和原人共同之主”直接把他和数论的两个基本概念联系在一起，并使他居于二者之上。在编制名号上哲学观念的为用，这个例子应该很能说明问题了。

毗湿奴上千名号的来源，细加分析，自然不止上面十种。十不过是作为概数人们喜好使用罢了，我亦不免。提出它们，只是因为它们特点明显，显而易见。实际上，名号的来源颇为复杂，它们的性质也不是简单归并，标以类别，就能够轻易加以全面说明的。它们的成立，应当和史诗《摩诃婆罗多》故事的不断累积和丰富一样，是婆罗门知识分子数百年间不断纂集的结果。倾向不同，爱好不同，动机不同，知识结构不同，宗派传承不同，所处时代的宗教理论发展程度不同等，导致了名号特征的多样性。

名号的来源虽有多重途径，然而赞辞的结构从整体上看却是有序的。它显然经过了仔细的编定，因为不难发现有一定的规律在。比如，第31和32颂连续用了八个带有 mahā（大）的复合词，第85颂也用了八个这样的复合词。类似的现象还出现在第40颂，四个带 siddhi（成道、成就、目的达到）的；第84颂，八个带brahma（梵、婆罗门）的；第45颂，五个带 kāma（爱、欲）的；第77和78颂，十一个带 ślī（幸运、吉祥）的，如此等等，不一而足。这显然是为了易于上口，方便记诵，而将它们集中安排的。第55颂把 vyavasāya、vyavasthāna、saṃsthāna和 sthānada几个字连续排列。从字形上看，首末二字已无相似之处，而内在的联系却多少存在于相邻两字之间。这样的编排，应该说和前面的例子一样，也不是偶然的，都是为了信徒持诵的便利。

有关毗湿奴千名赞辞的研究早在它出现后数百年即已开始。为之做注的不下四十家，其中最早的是不二论大哲学家商羯罗，时间在8世纪。后来重要的注释者还有制限不二论哲学家罗摩奴阇的再传弟子波罗舍罗跋吒和二元论者萨陀耶散陀・耶提湿伐罗等。他们竭尽全力寻求这些名号的来源和含义，意在说明这一赞辞是如何全面地描述了毗湿奴的品质、特征、能力和功业。诸注本中，以波罗舍罗跋吒（Parāśarabhaṭṭa，1122–1174）所作的《薄伽梵善德镜》（Bhagvadguṇadarpaṇa）因其考证繁博而最具权威。他广泛参考了各奥义书、往世书以及两大史诗《摩诃婆罗多》和《罗摩衍那》的有关内容，综合考虑梵文语法规则和语源学的规律，对各个名号都做了尽可能合理的解释。

念诵毗湿奴千种名号能够求取功德前已略述。事实上，不仅宗教、哲学、文学典籍，就连称作“生命吠陀”的医学著作对其效能也是赞不绝口。按照这类著作的说法，千名赞辞能够治疗多种疾病，如多尿症、肺结核以及若干热病。在产房里诵唱它也能使生产顺利进行。除了治病、解毒以外，它还能帮助人赎罪、了愿、禳灾、祈福、驱除邪魔、摆脱困扰、化解烦忧、躲避凶象。

吟唱赞辞是一种最具开放性的宗教实践。任何人皆可参与，女人、孩子、聋哑人、呆傻人、不信神者都行。种姓上亦无限制。方式也很简单：不必挑选时间，无需特殊场合（如净修林），不要祭祀仪式（无论是家庭里的还是公开场合的），从而也免除了他人（如婆罗门祭司）的参与，更不用做金钱或财物上的准备，以及体力上的支出（如苦行），即使是讲究一下自身的洁净（如事先沐浴等）也不强求。唯一需要的仅仅是感情的单纯和意愿的真诚。

《毗湿奴往世书》称：“在‘圆满时’通过修禅，在‘三分时’通过祭祀，在‘二分时’通过敬拜可以获得的福惠，在‘争斗时’仅靠赞颂美发者就已能够获得。”[①]这里所反映的，无疑是一个宗教实践随着时代的发展而趋向简单的过程。这也使人想起了佛教类似的历史演变。由于称念神名以求福惠在做法上不拘形式，简单易行，所以出现以后便很快成为印度教徒重要的宗教生活方式之一。在种种赞辞之中，毗湿奴一千名号占有十分特殊的地位。即使是吠陀经典也从未受到过像它那样的欢迎，因为吠陀毕竟不是人人都可以接触的。

原载于《南亚研究》2005年第1期、第2期，2006年第1期、第2期，2009年第1期、第2期

① 见 *Viṣṇu-Purāṇa* 拉丁体梵文网络版 Vip_6.2.17。网址为：http: //www.sub.uni-goettingen.de/ebene_1/fiindolo/gretil/1_sanskr/3_purana/visnup_u.htm。正文前有说明：Based on the edition Bombay：Venkatesvara Steam Press 1910。

二

经典翻译讨论

从《正法华经》看竺法护的翻译特点

一、关于竺法护和《法华经》梵文原本

在中国译经史上，除了四大译家之外，还有一批颇为重要的译家，竺法护是其中最值得注意的人物之一。

竺法护一生译经很多，《正法华经》是他的主要译作之一。我最近将此经的一至三品与梵文原本做了对比，发现了它的某些翻译特点。这些特点从一个侧面反映了竺法护的译风和翻译水平。我想，如果把它们归纳一下，得出结论，对于日后全面评价这位译家，应该会有帮助。

这里，我先简单介绍一下竺法护和《法华经》梵文原文的情况。

1. 竺法护的生平、译业和有关评价

竺法护（231–308），梵名Dharmarakṣa，西晋时僧人，祖籍月氏，世居敦煌，人称“敦煌菩萨”。他八岁出家，事外国沙门竺高座为师，因姓竺。竺法护天资聪敏，过目成诵，笃志好学，博览群笈。晋武帝时，中国佛徒只重视寺庙图像的崇构，而忽视大乘经典的介绍，他便发愤随师西游，以传译西域所存的大乘经典为己任。据说他学会了西域三十六国语言和文字，达到了“贯综诂训，音义字体，无不备晓”[①]的地步。他从西域带回大量胡本，由敦煌至长安沿路写译，极为勤苦。从太始二年（266）到永嘉二年（308）四十余年间，他将全副精力投入译经工作，“孜孜所务，唯以弘通为业。终身译写，劳不告倦。”[②]他还广收门徒，宣扬佛教，“立寺于长安青门外，精勤行道，于是德化四布，声盖远

---

① 僧祐《出三藏记集》卷十三，见《大正新修大藏经》（以下简称《大正藏》），第五十五卷，九七页。

② 同上书，九八页。

近，僧徒千数，咸来宗奉”[①]，极一时之盛。

他所译经，数量空前，《开元释教录》说是175部，354卷[②]。现存数字，据吕澂先生在20世纪60年代考订，是85部，191卷[③]。而中国学者童玮先生的最新统计，则是97部，211卷。

关于他对佛教的贡献，历来评价甚高。东晋名僧释道安说：“护公菩萨人也，寻其余音遗迹，使人仰之弥远。夫诸方等无生诸三昧经类，多此公所出，真众生之冥梯。”[④]僧祐说：“经法所以广流中华者，护之力也。”[⑤]汤用彤先生认为：“护公于佛教入中华以来，译经最多。又其学大彰《方等》玄致，宜世人尊之，位在佛教玄学之首也。”[⑥]

关于他的译风，道安也曾有所评价。他在《合放光光赞略解序》中说，法护的翻译是“言准天竺，事不加饰。悉则悉矣。而辞质胜文也”。[⑦]他还说过：“护公所出，若审得此公手目，纲领必正，凡所译经，虽不辩妙婉显，而宏达欣畅。”[⑧]近现代学者一般都因循其说，未做更深的探讨。事实上，我们今天对于法护翻译的认识，并没有比一千五百年前道安的看法更进一步。但我们还是该有所进步的。现在距梵本《法华经》第一个刊本出版已有八十年。我们早已有条件在细致研究护译法华的基础上，对竺法护的翻译做进一步的客观评价了。这就是我想试做一下的事。

2. 关于梵本《法华经》

佛典梵文原本中，《法华经》是发现数量最大的一种，研究得也比较充分。《法华经》梵本的研究，始于1821年英国人霍奇森（B. H. Hodgson）在尼泊尔获得第一个抄本。其后一个半世纪，抄本迭有发现，至今已不下四十种。它们按照发现地域的不同，可以分为三个系统：

A. 尼泊尔系统[⑨]

① 同上页。
② 《大正藏》，第五十五卷，四九六页。
③ 《新编汉文大藏经目录》，7页，济南：齐鲁书社，1981年。
④ 见《渐备经十住胡名并书叙》，载《大正藏》第五十五卷，六二页。
⑤ 慧皎《高僧传》卷第一本传，载《大正藏》第五十卷，三二六页。
⑥ 《汉魏两晋南北朝佛教史》上册，162页，北京：中华书局，1955年。
⑦ 《大正藏》，第五十五卷，四八页。
⑧ 见《高僧传》卷第一本传，载《大正藏》，第五十卷，三二七页。
⑨ 发现地区包括尼泊尔和中国西藏地区。

B. 克什米尔（即吉尔吉特）系统

C. 中亚系统[①]

这期间出版过五个刊本，它们是:

（1）1921年荷兰学者克恩（H. kern）和日本学者南条文雄的*Saddharmapuṇḍarīka*。他们共用了八个抄本，其中一个来自疏勒（通称O本），其余的都来自尼泊尔（通称N本）。

（2）1935年日本学者荻原云来和土田胜弥的*Saddharmapuṇḍarīkasūtram*。这是一个拉丁字母转写本。它参考河口慧海在西藏霞鲁寺拿走的N本和藏、汉译本，对克恩本做了修订。

（3）1953年印度杜特（N. Dutt）博士的*Saddharmapuṇḍarīkasūtram*。它是前两个刊本的修订本。它还利用了米洛诺夫（N. D. Mironov）所解读的中亚本[②]。在它的脚注中，有克恩本，狄原云来本，米洛诺夫本和藏译本的异文。

（4）1960年印度维德耶（P. L. Vaidya）的*Saddharmapuṇḍarīkasūtram*。它是在上述三个刊本的基础上适当取舍而成的，书末附有章句索引、专有名词表和难字表。

（5）1972年日本学者渡辺照宏博士的*Saddharmapuṇḍarīka Manuscripts Found in Gilgit*。它分作两都分，前一部分是1972年出版的影印本，后一部分是1975年出版的拉丁字母转写本。

此外，日本“梵文法华经刊行会”自1977年开始出版《梵文法华经写本集成》（计划出15卷）。它规模巨大，汇集了31种写本和两种刊本（克恩本和荻原云来本），并附有三种汉译本的译文以及贝尔努夫（E. Burnouf）的法译本、克恩的英译本和五种日文译本的页码，为研究者提供了很大方便。

我这次使用的梵文原本是:

Kern, H. and Nanjio, B., ed., *Saddharmapuṇḍarīka*, Bibliotheca Buddhica X, St. - Pétersbourg, 1908–1912.

Dutt, Nalinaksha, rev., *Saddharmapuṇḍarīkasūtram*, with N. D. Mironov's Readings from Central Asian Mss., Bibliotheca Indica No.276, Calcutta, 1953.

Vaidya, P. L., ed., *Saddharmapuṇḍarīkasūtram*, Buddhist Sanskrit Text No.6,

① 所谓中亚本和西域本，都是在中国新疆发现的，因此中国学者认为应称为“新疆本”或“新疆系统”。本文作者在这里虽然沿用旧说，但同意中国学者的意见。

② 此本是所谓“大谷考察队”得自新疆的。

Darbhanga，1960.

其中以杜特博士的刊本（简称D.本）为主，必要时参用《梵文法华经写本集成》。

竺法护译《正法华经》时所依据的原本是何面目，我们现在已无法知道。我们也不知道它来自何处。日本学者渡辺照宏博士在比较了各种梵本和汉译本以后，认为诸汉译本与中亚梵本最为接近，[①]所以我在使用前述各原本时将特别注意中亚本的内容。

二、《正法华经》的翻译特点

我在下面提出《正法华经》翻译的12类特点，其中前7类用来说明法护的译风——直译还是意译，后面5类用来说明他的翻译水平。

水平问题是相对的，而译风问题看来是绝对的，其实往往也要相对地看，因为我们找不到绝对的直译或意译。对于一位译家，我们只能问他的主要倾向是什么，以及他相对于其他译家又是风格如何。至于法护的《正法华经》（以下简称护译）。我们正好有一个异译本——鸠摩罗什的《妙法莲华经》[②]可以用作比较。鸠摩罗什的风格公认是意译。[③]他的译业是中国古代译经史的高峰之一，而《妙法莲华经》（以下简称什译）又是他最好的译品。因此，作为对比和判断的标准——当然不是绝对的标准，它是有资格的。

① 见《详解·新訳法华经》，载《大法轮》杂志，1956年1月号，52页。

②《法华经》的汉译本很多，近代学者一般认为有八种。现存的只有《正法华经》、《妙法莲华经》、《添品妙法莲华经》、《萨昙分陀利经》。《添》经是在《妙》经译文的基础上添入个别缺失部分而成的。《萨》经只是一个很短的节译本。

③ 陈寅恪先生在《童受喻鬘论梵文残本跋》一文中曾指出鸠摩罗什所具有的意译风格：“鸠摩罗什翻译之功，数千年间，仅玄奘可以与之抗席。……若言普及，虽慈恩犹不能及。所以致此之故，其文不皆直译，较诸家雅洁，应为一主因。”（《金明馆丛稿二编》，二〇九页，上海古籍出版社，1980年）古代僧侣对此也间有所论，如慧观说：“（罗什的译文）曲从方言，而趋不乖本。”（《法华宗要序》）僧叡说：“胡文委曲……法师以秦人好简，故裁而略之。”（《大智释论序》）慧远也说：“童寿（即鸠摩罗什）以此论深广，难卒精究，因方言易省，故约本以为百卷，计所遗落，殆过参倍。”（《大智论抄序》）《翻译名义集》载陆玄畅说：“其人聪明，善解大乘……故其所译，以悟达为先。”显然，罗什的译风与道安“案本而传，不令有损言游字，时改倒句，余尽实录”的直译要求是完全不同的。

1. **佛名及其他译名的处理**

（1）《法华经》中用来称佛的名词很多，有世尊bhagavat、善逝（安住）sugata、耆那（最胜）jina、两足尊dvipadottama，世界导师lokavināyaka等二十余种。罗什在翻译佛名时十分自由。为求简洁，他常常选用较短的那些，如佛、世尊、如来等。法护则力求保守原文。除个别地方外，一律照译。其例如下：

例1：so co jino bhāṣiya agradharmaṃ praharṣayitvā janatāmanekām /（D. p.20, G.78）①

意为：这耆那（最胜）讲说无上之法，并使无数众生欢喜（以后）……

护译：最胜所演 讲说经典 无央数人 皆悉欢喜（大正九，六七页）②

什译：佛说是法华 令众欢喜已（大正九，五页）

例2：anāgatā pī bahubuddhakoṭyo acintiyā yeṣu pramāṇu nāsti /

te pī jinā uttamalokanāthāḥ prakāśayiṣyanti upāyametam //（D. p.40, G.98）

意为：未来的许多俱胝，（多得）不可思议的佛，其数是不可知的，这些耆那（最胜）和最高世界导师将要开示这方便。

护译：若复当来 无数亿佛 不可思议 无能限量 是等上胜 世雄导师 当为讲说 善权慧事（大正九，七一页）

什译：未来诸世尊 其数无有量 是诸如来等 亦方便说法（大正九，九页）

例3：dṛṣṭvā ca anyān bahu bodhisattvān saṃvarṇitāṃllokavināyakena /（D. p.48, G.9）

意为：看到许多其他菩萨为世界导师所称道（以后）。

护译：见余菩萨 而不可计 世雄尊师③ 之所开化（大正九，七三页）

什译：我常见世尊 称赞诸菩萨（大正九，一一页）

（2）与前述并无理论意义的佛名更换不同，罗什为了突出《法华经》的重要地位，强调大乘信仰，常常在翻译时将译名做有目的的更换。法护从来不做这种更动。试比较以下几例：

例4：prabhāṣate tajjina agradharmān paripūrṇa so antarakalpaṣaṣṭim /（D. p.20, G.76）

意为：这耆那说诸最上经法足足六十中劫。

---

① 括弧中，D.为前述Dutt博士的原文刊本，p.为页码，G.为偈数。

② “大正”指《大正藏》，其后数字为卷数。

③ 宋、元、明三本及旧宋本作“世雄导师”。

护译：于时世尊 说大经法 所演具足 六十中劫（大正九，六七页）

什译：（世尊）说是法华经 满六十小劫（大正九，五页）

例5：… ye …/ kṛtādhikārā bahubuddhakoṭiṣu vaipulyasūtrāṇi vadāmi teṣām //（D. p. 34. G.50）

意为：那些供养过许多俱胝佛的（佛子们），我给他们讲诸方等经。

护译：在诸佛所 所作已办 故为斯类 说方等经（大正九，七〇页）

什译：无量诸佛所 而行深妙道 为此诸佛子 说是大乘经（大正九，八页）

例6：dharmaṃ ca so bhāṣati lokanātho anantanirdeśavaraṃ ti sūtram /（D. p.18，G.60）

意为：世界导师说法，经名为“无量义最上”。

护译：导利世者 为讲说法 所演经典 名无量颂（大正九，六六页）

什译：时佛说大乘 经名无量义（大正九，四页）

我们看到，什译是过于灵活了。它不但改变了概念，在前两例中还改变了数。这种明显背离原文的做法，可以说是一种有意的误译。相反，护译是始终追随原文的。

（3）罗什有时虽不更换译名，却用变动译名在句中语法地位的方式，达到同样的强调目的。这方面可拿“方便”作个例子。“方便”是《法华经》中的重要概念。《法华经》宣扬“佛乘”即“大乘”，而所谓“二乘”、“三乘”都不过是临时应机的“方便说”，是为度脱“愚顽”众生而采取的灵活手段。① “方便”的这种权宜性质，罗什在他的译文中常用语法手段加以强调。如：

例7：名词宾语用作副词，成状语

te pī jinā uttamalokanāthāḥ prakāśayiṣyanti upāyametam /（D. p.40，G.98）

意为：这些耆那和世界最高导师将要开示这方便。

什译：是诸如来等 亦方便说法（大正九，九页）

法护照原文直接译作宾语：是等上胜 世雄导师 为当讲说 善权慧事（大正

① 中国僧人也很重视对于“方便”这一概念的解释。他们多方引譬，反复陈说，要在指明“方便”是引导众生的门径，不是目的。兹举二例。吉藏《法华义疏》卷三说：“众生所缘之域为方，如来适化之法称便，盖欲因病授药，藉方施便，机教两举，故名方便。”还说：“方便是善巧之名。善巧者，智用也。理实无三；以方便力，是故说三，故名善巧。”（《大正藏》，第三十四卷，四八二页）窥基《妙法莲华经玄赞》卷三说：“权巧方便，实无此事，应物权现，故言方便。谓以三业，方便化也，此对实智，名为方便。利物有则曰方，随时而济名便。”（《大正藏》，第三十四卷，第六九五页）

九,七一页）

例8：名词宾语用作工具状语

upāyakauśalya prakāśayanti vividhāni yānānyupadarśayanti /（D. p.41, G.105）

意为:（诸佛）说方便，开示种种乘。

什译:（知第一寂灭） 以方便力故 虽示种种道 （其实为佛乘）（大正九，九页）

法护照原文译作宾语：所可演说 善权方便 以若干教 开化令入（大正九，七二页）

例9：仅仅译“方便”为“方便力”，意在指出它是手段而不是目的，实际上还是使它处在工具状语的地位。

upāyakauśalyu vicintayanto anuśikṣase lokavināyakānām /（D. p.43, G.120）

意为：你正在思考世界导师们的方便，你也来讲（他们的方便）。

什译：随诸一切佛 而用方便力（大正九,九页）

法护直接译作：乃能思惟 善权方便 诸大圣典 亦学救世（大正九,七二页）

我们看到，法护一直在忠实地跟随着原文。

2. 准确完整地传达原文的努力

前面谈的是个别字、词、概念的准确翻译，这里我们再看看全句的情况。将原文和译文两相比较，不难看到，法护总是在力求准确完整地传达原文句中的全部内容。如和什译对比，则这一点更为明显。下面是几个例子：

例10：ime ca te śrāvaka nāyakasya yehi śrutaṃ śāsanametamagryam /
ekāpi gāthā śruta dhāritā vā sarveṣa bothāya na saṃśayo asti //（D. p.34, G.53）

意为：听了这最高经典的人，是导师的弟子们。即使只谛听或者护持一偈，也全能成道。这是肯定无疑的。

护译：其有逮闻 无极圣教 斯等乃为 佛之弟子 假使得听 佛一偈者 皆成正觉 终无有疑（大正九,七〇页）

什译：声闻若菩萨 闻我所说法 乃至于一偈 皆成佛无疑（大正九,八页）

这里，什译改易较多，而护译则极近原文。

例11：jugupsitā prāṇiṣu nitya bhonti loṣṭaprahārābhihatā rudantaḥ /
daṇḍena santrāsita tatra tatra kṣudhāpipāsāhata śuṣkagātrāḥ //（D. p.69,

G.117）

意为：在众生中。（那些诽谤佛法的人）总是受到嫌恶，为瓦石所击打，哭着，到处受着棍棒的惊吓，饥渴不止，身体枯瘦。

护译：为诸品类 所见贱秽 瓦石打掷 啼哭泪出 其人常被 挝捶榜笞 饥渴虚乏 躯形瘦燥（大正九，七八页）

什译：又复为人 之所恶贱 常困饥渴 骨肉枯竭 生受楚毒 死被瓦石（大正九，一五页）

这里，什译有所增减渲染，而护译则几同原文。

例12：本例连续三偈是一句话，比较难得。我们可以从译文中看出法护对于严谨的追求。

navayānasaṃprasthita bodhisattvāḥ kṛtādhikārā bahubuddhakoṭiṣu /

suviniścitārthā bahudharmabhāṇakāsteṣāṃ pi pūrṇā daśimā diśo bhavet //

naḍāna veṇūna va[①] nityakālamacchidrapūrno bhavi sarvalokaḥ /

ekībhavitvāna vicintayeyuryo dharma sākṣāt sugatena dṛṣṭaḥ //

anucintayitvā[②] bahukalpakoṭyo gaṅgā yathā vālika aprameyāḥ /

ananyacittāḥ sukhamāya[③] prajñayā teṣāṃ pi cāsmin viṣayo na vidyate //（D. p.25, G.14–16）

意为：那些新发意的，供养过很多俱胝佛的，了解各种义趣而又说了很多法的菩萨们充满十方，如同苇子和竹子密密麻麻地充满全部世界。如果他们不断地共同思考这被善逝所知见的法，即使一心用微妙的智慧思考许多俱胝劫——多到像无数的恒河沙一样，他们的境界还是及不上（善逝的法）。

护译：新学发意 诸菩萨等 假使供养 无数亿佛 讲说经法 分别其谊 复令是等 周满十方 其数譬如 稻麻丛林 在诸世界 滋茂不损 悉俱合会 而共思惟 世尊所明 睹诸法本 不可思议 无数亿劫 如江河沙 不可限量 心无变异 超越智慧 欲得知者 非其境界（大正九，六八页）

什译：新发意菩萨 供养无数佛 了达诸义趣 又能善说法 如稻麻竹苇 充满十方刹一心以妙智 于恒河沙劫 咸皆共思量 不能知佛智（大正九，六页）

本段译文中，什译有所省略，护译则基本上译出了全文。不过，我们从最

① 克恩本作 ca，据克恩本译。

② 疑法护所依梵本与此不同，或为 acintiyā？

③ 维德耶本作 sukhumāya，据维德耶本译。

后一偈看到。法护的拘谨已经十分明显，在追随原文语序上表现得亦步亦趋，从而使他的译文变得难懂。对此，后面“语序的安排”一节将会专门讨论。

3. 韵文的形式

法护和罗什译风的不同，在韵文部分表现得更为明显。护译严格地规定了每偈的字数——输洛迦体一偈二十字，每音步五字（我们暂称这五字为一单元）；特里湿图朴体一偈三十二字，每音步八字，分为两个四字单元。它自始至终恪守这一规定，从无例外。什译不同。它也用四字或五字作一单元，但究竟用四字还是五字，则与原文诗体无关。每偈的单元数也不固定，大体是每偈四单元或六单元。但多至八单元，少至二单元乃至一单元的，也不乏其例。总之，一切视内容多寡而定。相邻两偈交叉翻译的也偶然可见。从下面的例子中，我们可以看出两种译文在形式上的区别。

例13：buddhāśca dṛśyanti svayaṃ svayaṃbhuvaḥ suvarṇayūpā iva darśanīyāḥ /
vaiḍūryamadhye ca suvarṇabimba parṣāyamadhye pravadanti dharmam //
（D. p.19，G.67）

意为：诸佛自在者自己显现出来，如同金柱那么好看，又似琉璃中的金像，正在众会中说法。

护译：又见诸佛 各各自由 端正姝妙 紫磨金色 如琉璃中 而有众宝 在于会中 为雨法教[①]（大正九，六六页）

什译：又见诸如来 自然成佛道 身色如金山 端严甚微妙 如净琉璃中 内现真金像 世尊在大众 敷演深法义（大正九，四页）

例14：ekībhavitvāna ca te adya sarve vicintayeyuḥ sugatasya jñānam /
na śakta sarve sahitā pi jñātuṃ yathāprameyaṃ mama buddhajñānam //
（D. p.25， G.11）

意为：他们今天全都共同来思考善逝的智慧，还是全都不能理解我这样的无边佛智。

护译：一时普令 共思惟之 计安住慧 无能及知 佛之智慧 无量若斯 欲知其限 莫能逮者（大正九，六八页）

什译：尽思共度量 亦复不能知[②]（大正九，六页）

① 护译与原文略有出入，可能所据原本不同。

② 前此G.8和G.9两偈内容与本偈相类，所以罗什在这里有所省略。

例15：varṇena te kālaka tatra bhonti kalmāṣakā vrāṇika kaṇḍulāśca /

nirlomakā durbala bhonti bhūyo vidveṣamāṇā mama agrabodhim //（D. p.69，G.116）

意为：在那里（畜生道），这些憎恨我的无上菩提的人变成青色的、深黑的,（他们）长疮，长疥，毛发脱落，孱弱不堪。

护译：设有憎恶 佛经典者 其色变异 黯黕如墨 罪之所为 颜常若漆 身体羸瘦 而无润泽（大正九,七八页）

什译：黧黮疥癞[①]（大正九,一五页）

我们看到，同为一偈，什译可以长至四十字，短至四个字，而护译则谨守三十二字的原则不变。两者风格上的区别很清楚。

4. 增删

删去原文繁重，是罗什译经的重要原则之一。它在什译法华中也有明显体现。在韵文部分，不经节略的偈颂是很少的。相反。法护对原文做了相当多的增益。我们看看下面的例子，其中标有着重号的是护译自加的内容。

例16：bahubuddhakoṭīṣu karitva satkriyāṃ caryābalaṃ tatra upārjayitvā /

utpādayitvā ca daśo balāni spṛśiṣyase uttamamagrabodhim //（D. p.51，G.24）

意为：在供养了许多俱胝佛，获得了行力，产生了十力以后，你将证得最高无上菩提。

护译：奉事无数 诸佛亿载 于彼修力 多所兴立 所在劝化 得为十力 便当成就 上尊佛道（大正九,七四页）

例17：upāyu so cintayi tasmi kāle lubdhā ime krīḍanakeṣu bālāḥ /

na cātra krīḍā ca ratī ca kācid bālāna ho yādṛśu mūḍhabhāvaḥ //（D. p.65，G.70）

意为：这时，他想到了（使用）方便：这些孩子贪恋于玩乐，可是现在并不是孩子们玩耍享乐的时候。哎，多么愚钝!

① 这是什译中短偈的一个极端例子。我们看到：一“黧黮疥癞”四个字已经将本偈的前两音步基本译出；二 省略“这些憎恨我的无上菩提的人”一句不影响读者的理解，因为本偈前后一直在数说这类人的恶果；三 本偈原文的nirlomaka（秃而无毛）一字已在前前一偈译出。因此，译文丢掉的实际上只有durbala（瘦弱无力）一字。因此，可以说，什译还是基本忠实的。

护译：即自思议 立造权计 今我诸子 耽湎音伎 祸害乘至① 非戏乐时 痛哉愚愦 不睹酷苦（大正九，七七页）

例18：upasaṃkramī lokavināyakeṣu pṛcchanti dharmaṃ pravaraṃ śivāya / kāṣāyavastrāṇi ca prāvaranti keśāṃśca śmaśrūṇyavatārayanti //（D. p.6，G.21）

意为：（前偈所述的国王们）来到世界导现身边，为了清净而询问最胜经法，他们穿上袈裟，剃去须发。

护译：众庶朋党 悉诣导师 而于法王 启问经典 则除俗服 下其须发 而被袈裟 以为法式（大正九. 64页下）

护译韵文部分增益较多，重要原因之一是它必须满足每偈固定字数的要求，凡有不敷，只好自加。它所增加的内容一般有如下性质：

（1）引申，如：

例19：na cintayante pitaraṃ bhaṇantaṃ na cāpi teṣāṃ manasīkaronti /（D. p.64，G.68）

意为：（火宅中的孩子们）不想想他们父亲所说的话，甚至不（把话）放在心上。

护译：永不思惟 文所言教 心不自念 速图方计（大正九，七七页）

例20：darśinsu te mahya tadātmabhāvaṃ sādhuṃ ti ghoṣaṃ samudīrayanti /（D. p.43，G.119）

意为：这时，他们（十方诸佛）以自身出现在我面前，并且说道："善哉"。

护译：其大圣众 悉各自现 音赞善哉 我等欣豫②（大正九，七二页）

（2）修饰，如：

例21：dvātriṃśatīlakṣaṇarūpadhārī（D. p.49，G.13）

意为：具备三十二相

护译：三十二相 光色巍巍（大正九，七三页）

例22：kalyāṇamitrāṃśca niṣevamāṇāḥ pāpāṃśca mitrān parivarjayantāḥ /（D. p.71，G.141）

① 宋、元、明三本作"祸害垂至"。

② 渡边照宏博士在《详解・新译法华经》一文中做对比研究时也曾指出："相当于'我等欣豫'这句话的原文，在任何原典中也没有。"说见《大法轮》杂志连载该文第四十八回。

意为：亲近善友（善知识），抛弃恶友（恶知识）。

护译：结亲善友 常相恃怙 弃捐远离 诸恶知识（大正九，七九页）

（3）解释，如：

例23：evaṃ prajānāhi tvamadya tiṣya nāstīha yānaṃ dvitiyaṃ kāhacit /（D. p.67，G.96）

意为：提舍（即舍利弗），你今天要知道，这里任何地方都没有第二乘。

护译：告舍利弗 卿当知是 计有一乘 则无有二（大正九，七八页）

例24：traidhātukaṃ co yatha tanniveśanam（D. p.67，G.86）

意为：三界也如那宅屋一样。

护译：计惟三处 如彼火宅（大正九，七七页）

（4）同义语反复，仅作填充，如：

例25：abhistavantīha harṣaṃ janitvā gāthāsahasrehi jinendrarājam /（D. p.7，G.25）

意为：（他们）心里高兴，以数千偈称叹耆那王之王。

护译：心怀踊跃 歌咏佛德 以数千偈 叹人中王（大正九，六四页）

例26：ahaṃ ca tvaṃ caiva bhaveta dṛṣṭo ayaṃ ca sarvo mama bhikṣusaṃghaḥ / dṛṣṭāśca sarve imi bodhisattvā ye śraddadhe bhāṣitameta mahyam //（D. p.68，G.108）

意为：谁信奉我所说（的法），他们就是见了我和你，以及我这所有比丘众，见了一切菩萨。

护译：如得逮闻 如是典摸[①] 皆得曾见 吾之仪容 又亦观察 我比丘众 常观勤视 今现菩萨（大正九，七八页）

法护增益原文是一种比较普遍的现象。不过他还是尽可能保持原意，不做过分自由的阐发，因此基本上能够忠于原文。

5. 直接引语的处理

原文中的对话，法护一般以直接引语译出，可是也有一部分译成间接引语或其他句子成分。下面是几个例子：

例27：ko nu hetuḥ kiṃ kāraṇaṃ yad bhagavānadhimātramupāyakauśalyaṃ tathāgatānāṃ saṃvarṇayati / gambhīraścāyaṃ mayā dharmo abhisaṃbuddha iti saṃvarṇayati / durvijñeyaśca sarvaśrāvakapratyekabuddhairiti

① 宋、元、明三本及旧宋本作“如是典谟”。

saṃvarṇayati /（D. p.27）

意为：由于什么缘故，由于什么原因，世尊要竭力称道诸如来的方便呢？他称道："这被我所觉知的法是深奥的。"他称道："（这法）是一切声闻及缘觉所难解的。"

护译：世尊何故殷勤咨嗟善权方便，宣畅如来深妙经业，致最正觉慧不可及，声闻缘觉莫能知者。（大正九，六八页）

例28：neṣāmahaṃ[①] śārisutā upāyaṃ vadāmi duḥkhasya karotha antam /（D. p.35，G.67）

意为：舍利弗，我对他们讲方便："结束你们的苦恼吧。"

护译：佛了善权 卓然难及 为说勤苦 断其根源（大正九，七〇页）

例29：kaści sattvo anumodayāmīti vadeta vācam /（D. p.68，G.106）

意为：某个说"我随喜"这话的人。

护译：若有劝助 代欢喜者（大正九，七八页）

改直接引语为间接引语的现象在什译中更为普遍。有时什译改变了，护译并未改变：

例30：śrutvā ca prītisphuṭa bhonti sarve Buddhā bhaviṣyāma jagatpradhānāḥ /（D. p.34，G.52）

意为：听到（这话）以后，他们都充满喜悦："我们将成为佛和世界之主。"

什译：此等闻得佛 大喜充遍身（大正九，八页）

护译：一切闻之 欣然咨嗟 我等成佛 亦当如是（大正九，七〇页）

法护译直接引语为间接引语的主要原因，第一是某些梵语中用直接引语的地方，汉语更习惯使用间接引语或其他叙述方式。例27倘用直接引语译出，行文反不及此流畅。第二是短的直接引语在不致歪曲原意的情况下，以间接形式译出更为简便。韵文部分受字数的局限，这一点显得尤其重要。事实上，翻译不当的直接引语反倒容易招致误解。

6. 具体化的译法

法护有时将原文中的人（神）、物或现象等进一步具体化译出。比如：

例31：acintiye aparimitasmi kalpe prabhūtaratnastada kalpu bheṣyati /

virajā ca nāmnā tada lokadhātuḥ kṣetraṃ viśuddhaṃ dvipadottamasya //

① 克恩本同此，但维德耶本作Teṣāmahaṃ。《梵文法华经写本集成》中亦有多本作Teṣāmahaṃ，如C1、C2、C3、C4、R、P1、P2、T4等。（见第二卷，294页）

（D. p.51，G.25）

意为：在其数无限，不可思议劫后，将有一个多宝劫。那时的世界名叫离垢，是两足尊的清净土地。

护译：不可思议 无央数劫 劫当号名 大宝严庄[①] 世界名曰 为离诸垢 其莲华光 国土清净（大正九，七四页）

这里把佛的尊号“两足尊”具体化为“莲华光”。按前文，这里确是莲华光的国土。

例32：śatāpadīyo prapalāyamānāḥ kumbhāṇḍakāstāḥ paribhakṣayanti /（D. p.63，G.61）

意为：（在火宅里的）百足之虫出逃，鸠槃荼就来吃它们。

护译：蜈蚣蚰蜒 蚔蛆并出 鬽魅勇逸 多所龃齚（大正九，七七页）

例33：divyaṃ ca māndāravavarṣamāsīdaghaṭṭitā dundubhayaśca neduḥ /（D.P.19.G.62）

意为：天雨曼陀罗华，天鼓不敲自鸣。

护译：于时即雨 大意音华[②] 又现电爚 大雷音声[③]（大正九，六六页）

这种具体化实际上是对于原文的解释。译文生动明确，给人以深刻印象。此外，在某些地方，它也同时就是增益的手段之一。

7. 人称的变动

人称的改译在护译中发现较多。不少佛的第一人称“我”被改译成为第三人称的具体佛名。如：

例34：tataḥ pravṛttaṃ mama dharmacakraṃ …… /（D. p.44，G.126）

意为：于是，我的法轮转起来了……

护译：大圣应时 便转法轮 ……（大正九，七二页）

例35：viśāradaścāhu tadā prahṛṣṭaḥ saṃlīyanāṃ sarva vivarjayitvā /（D. p.44，G.132）

① 宋、元、明本及旧宋本作“大宝庄严”。

② 旧宋本作“大意香华”。

③ “天鼓”有二义，一指佛，一指忉利天中不敲自鸣的无形鼓。《大方广佛华严经》卷十五说：“忉利天中有天鼓 从天业报而生得 知诸天众放逸时 空中自然出此音 三十三天闻此音 悉共来升善法堂……彼音无形不可见 犹能利益诸天众……”（《大正藏》第十卷，七九页）这里的天鼓是否来自对于雷霆的理解，可以进一步研究。法护对于天鼓神话的解释可能是正确的。

意为：我这时丢开了一切怯弱，是无畏的，欢喜的。

护译：佛时悦豫 秉修勇猛 应时解断 一切诸结（大正九，七二页）

例36：sacedahaṃ śārisutādya tasya paripūrṇakalpaṃ pravadeya doṣān /（D. p.70，G.135）

意为：舍利弗，如果我今天把他（那诽谤我的经法的人）的罪说上一整劫（也说不完）。

护译：告舍利佛　今日世尊　具足一切[①]　说其人罪（大正九，七九页）

这种人称的改易在什译中更多，一般并无规律可循，不过较多的还是从第一人称代词改变为具体的人物称号，如佛陀。改易的原因难于推究，但像前面直接引语改成间接引语一样，便于诵读，似乎是可以肯定的。

事实上，在梵文原典里，经常可见在一段文字中人称混合使用的情况。在同一偈中两种人称同时出现的例子甚至也能见到，如：

例37：ekībhavitvāna ca te adya sarve vicintayeyuḥ sugatasya jñānam /
na śakta sarve sahitā pi jñātuṃ yathāprameyaṃ mama buddhajñānam //
（D. p.25，G.11）

这里既使用了"我（的）"（mama），又使用了"善逝（的）"（sugatasya）和"佛（的智慧）"（buddhajñānam）。

例38：śrutvā ca yānaṃ mama etadekaṃ prakāśitaṃ tena jinena āsīt /
anāgate adhvāni bhrayeyu[②] sattvāḥ sūtraṃ kṣipitvā narakaṃ vrajeyuḥ //
（D. p.46，G.142）

这里既使用了"我（的）"（mama），也使用了"（被）耆那"（jinena）。

看来，法护在翻译时变动人称也是渊源有自，不是独出心裁。

8. 定语从句的译法

定语从句是梵语中常见的，有时很长。但是梵语中有关系代词，所以无论从句长短，它与它所修饰的中心词的关系总是明确的。汉语不同。它不使用定语从句，定语一般也比较短。古代汉语更是这样。因此，在翻译时安置好较长的定语从句，使它既能充分地发挥修饰作用，又能在保持行文流畅的同时，避免混乱和误解，就比较困难。

法华经中的定语从句一般较为简单，没有第三个层次。但它们往往都是限

① 宋、元、明本及旧宋本皆作"具足一劫"，与原文相同。

② 克恩本和维德耶本皆作bhrameyu。疑此处D.本印刷有误。

定性的，因此要求在同一句中译出，无法另句处理。从《正法华经》的翻译中我们看到，法护已经掌握了若干处理定语从句的办法，后来罗什用的也是这些办法。

有两种办法是他们常用的：

（1）在从句前冠以“有”、“其有”（即“有某种性质的”）等作为引导，在后面用“如是”、“如斯”等重复提及，清楚地标示出从句的存在。

例39：bhavanti ye ceha sadā viśuddhā vyaktā śucī sūrata buddhaputrāḥ / kṛtādhikārā bahubuddhakoṭiṣu vaipulyasūtrāṇi vadāmi teṣām //（D. p.34, G.50）

意为：我给那样的佛子们讲方等经，他们总是寂静、明悟、清净、调伏，并且供养过很多俱胝佛。

什译：有佛子心净 柔软亦利根 无量诸佛所 而行深妙道 为此诸佛子 说是大乘经（大正九，八页）

护译：欲知佛道 常调清净 仁乐圣典 实为要妙 在诸佛所 所作已办 故为斯类 说方等经（大正九，七〇页）

例40：yo dharmu bhāṣe pariṣāya madhye asaṅgaprāpto vadi yuktamānasaḥ / dṛṣṭāntakoṭīnayutairanekaistasyeda sūtraṃ upadarśayesi //（D. p.71, G.144）

意为：你要对那样的人开示这一经法，他用很多俱胝那术的比喻没有障碍地，精神集中地在大众中间说法。

什译：复有佛子 于大众中 以清净心 种种因缘 譬喻言辞 说法无碍 如是之人 乃可为说（大正九，一六页）

护译：其在众会 诵斯经者 心常如应 得无合会 引无央数 亿载譬喻 故为是伦 而见斯典（大正九，七九页）

（2）运用假定方式，从句前改用“若”、“设”、“假使”、“假令”等词。

例41：ratnāmayā bimba tathaiva keciddvātriṃśatīlakṣaṇarūpadhāriṇaḥ / uddiśya kārāpita yehi cāpi te sarvi bodhāya abhūṣi lābhinaḥ //（D. p.38, G.83）

意为：那些为了献佛，制作了具有三十二相的宝像的人，他们全都成了佛道。

什译：若人为佛故 建立诸形象 刻雕成众相 皆已成佛道（大正九，八页）

护译：若为如来 做宝模像 三十二相 执持殊最 假使复有 诵经说谊 斯等皆当 成得佛道[①]（大正九，七一页）

例42：namo astu buddhāya kṛtaikavāraṃ yehi tadā dhātudhareṣu teṣu / vikṣiptacitairapi ekavāraṃ te sarvi prāptā imamagrabodhim //（D.p.39，G.96）

意为：那些在藏有佛陀遗骨的塔庙前说了一遍“向佛致敬！”——即使是心不在焉地（说了）一遍的人，他们全都达到了无上菩提。

什译：若人散乱心 入于塔庙中 一称南无佛 皆已成佛道（大正九，九页）

护译：假使有持 舍利供养 口宣音言 南摸佛尊 其乱心者 若说此言 斯等皆当 逮尊佛道（大正九，七一页）

在这几个例子中，可以看到，罗什将定语从句处理得相当自如。从句与主句谓语动词的关系十分清楚，译文也流畅好读。法护在罗什之前已经使用了相同的手法。但是他的译文有时表达不甚明白，如例39。可见他在手法的运用上尚欠成熟。

下面我们引一段连续十偈（除倒数第二偈）都有定语从句的护译。看看他的处理水平。作为对比，我们也把什译写在右边。由于护译与D.本原文不尽相同，这里便不再给出原文。

例43：第三品第137偈至第146偈，原文D. p.71。这里是佛向舍利弗列举什么样的人才配听《法华经》。

护 译	什 译
其有聪明	
广博多闻	若有利根
秉志坚强	智慧明了
常修忆辨	多闻强识
若有劝发	求佛道者
遵尚佛道	如是之人
尔乃听受	乃可为说

① 本偈和下偈护译与原文不尽相同，可能是法护所用原本不同。

未曾有法（G.137）	
则以睹见	
亿百千佛	若人曾见
殖无央数	亿百千佛
如意功德	殖诸善本
其人志性	深心坚固
猛如月光	如是之人
尔乃听受	乃可为说
如是典籍（G.138）	
若有精进	
志常怀慈	
常于夙夜	若人精进
照耀悲哀	常修慈心
朽弃躯体	不惜身命
不惜寿命	乃可为说
尔乃听受	
于斯经卷（G.139）	
常行恭敬	
无他想习	若人恭敬
具心专一	无有异心
不立愚愿	离诸凡愚
恒处旷野	独处山泽
若隐岩居	如是之人
彼等人仁	乃可为说
尔乃听受（G.140）	
结亲善友	
常相恃怙	又舍利佛
弃捐远离	若见有人
诸恶知识	舍恶知识
当得逮见	亲近善友
如是佛子	如是之人

乃能值遇	乃可为说
若斯言教（G.141）	
不犯禁戒	
如宝明珠	若见佛子
志习奉受	持戒清洁
方等诸经	如净明珠
当见如兹	求大乘经
佛圣子孙	如是之人
常专精此	乃可为说
一品经卷（卷142）	
设有骂詈	
毁辱经者	若人无瞋
恒以愍哀	质直柔软
向于众生	常愍一切
常志恭敬	恭敬诸佛
承安住教	如是之人
今故为之	乃可为说
说是经法（G143）	
其在众会	复有佛子
诵斯经者	于大众中
心常如应	以情净心
得无合会	种种因缘
引无央数	譬喻言辞
亿载譬喻	说法无碍
故为是伦	如是之人
而见斯典（G.144）	乃可为说
又佛今日	
讲解道品	
所至到处	若有比丘
踊跃而步	为一切智

假使比丘	四方求法
欲求善说	合掌顶受
若见此经	
当欣顶受（G145）	
其有奉持	
方等经者	但乐受持
心常专精	大乘经典
不乐余业	乃至不受
执持一颂	余经一偈
志不改易	如是之人
乃得听受	乃可为说
如是弘模（G.146）	（大正九，一六页）
（大正九，七九页）	

在这一段译文中，什译除G.139很短，缺“如是之人 乃可为说”之外，其余各偈都有这几个字，因此显得起伏有致，晓畅好读。护译中，G.138、G.140、G.141、G.142在定语从句的句首未做处理，G.142在句末未做处理，文字因而不如什译清楚明白。我们看到，护译在这里的表现的确不及什译那样成熟而工稳。

9. 格的转换译法

梵语和汉语，一为曲折语，一为孤立语，在语法形态上区别很大。即以梵语名词、形容词、数词和代词的八种格为例，汉语中就既没有这么多结构形态上的变化，也没有足够的现成的句内成分与之相应。这自然给翻译带来困难。但是古代译家们通过他们的译经实践，逐渐解决了它。在翻译中，除体、业、呼三格较易处理外，其他各格他们往往借助不同的汉语虚词加以区分，如用“以……”、“……所”、“……俱”译具格，用“有……”、“……之”译属格，用“于……”、“……中”译依格等。不过，利用虚词只是翻译家采取的表达方式之一，相对说来，还算直接。除此以外，他们还采取了放弃原文句中词语格的属性，在译文中另予定位，并在句内成分的地位经过变动的基础上重新组句的表达方式。经此变通，便为在遣词造句上更为灵活地选择符合汉语表达习惯的方式提供了余地。结果往往是行文更为自然，不睹原文便不知其格已有变动。

最常见的变动，是梵语中人或其他行为者的具格在汉语中译为主格。[①]在举例说明以前，我们先看看具格未经变动的直接译法是怎样的：

例44：dṛṣṭvā ca anyān bahu bodhisattvān saṃvarṇitāṃllokavināyakena / (D. p.48，G.9)

意为：看到许多其他菩萨被世界导师称赞。

护译：见余菩萨 而不可计 世雄尊师 之所开化（大正九，七三页）

例45：yathā hyahaṃ citritu lakṣaṇehi prabhāsayanto imu sarvalokam / puraskṛtaḥ prāṇiśatairanekairdeśemimāṃ dharmasvabhāvamudrām //(D. p.35，G.59)

意为：我被诸种相所严饰，照耀着一切世间。我被许多百众生所恭敬。我要说这实相印。

什译：我以相严身 光明照世间 无量众所尊 为说实相印（大正九，八页）

这里例45的什译还是好懂的，而例44的护译则难懂一些。其实，如果将后者的具格译作主语，就清楚了。什译就是这样：

我常见世尊 称赞诸菩萨（大正九，一一页）

现在我们看看经过变动的例子：

例46：atha khalu maitreyasya bodhisattvasya mahāsattvasyaitadabhūt / mahānimittaṃ prātihāryaṃ vatedaṃ tathāgatena kṛtam / (D. p.4)

直译是：于是弥勒菩萨摩诃萨想道：啊！这神奇伟大的征兆被如来表现出来。

护译：于是是弥勒菩萨心自念言：今者世尊如来至真等正觉三昧正受现大感变。（大正九，六三页）

什译：尔时弥勒菩萨作是念：今者世尊现神变相。（大正九，二页）

例47：pūrvaṃ bhagvatā vārāṇasyāmṛṣipatane mṛgadāve dharmacakraṃ pravartitamidaṃ punarbhagavatādyānuttaraṃ dvitīyaṃ dharmacakraṃ

① 这一类具格显然是和动词的被动式相联系的。王力先生说："拿汉语和西洋语言来比较，汉语的被动式的范围要小得多；拿上古汉语和现代汉语相比较，上古汉语的被动式的范围也小得多……"（《汉语史稿》中册，中华书局，1980年，419页）古代汉语的被动式同样也大大少于梵语。就《法华经》而论，动词的被动形式以被动语态出现的较少，而以过去分词形式出现的很多。这样，在把一个被动形式的句子译为主动形式时，最明显的变化便发生在具格的功能上——它在汉语中从工具状语变成了主语，而原文主语则变成了宾语。动词的被动语态在两汉译中大都译成了主动语态，但由于它们出现较少，本文不再专门讨论。

pravartitam /（D. p.52）

意为：过去，在波罗奈鹿野苑的仙人堕处，这法轮被世尊转起来。今天，这无上法轮又第二次被世尊转起来。

护译：前波罗奈鹿苑之中始转法轮盖不足言，今佛世尊则复讲说无上法轮。（大正九，七五页）

什译：佛昔于波罗奈初转法轮，今乃复转无上最大法轮。（大正九，一二页）

例48：tacca sahasaiva mahatāgniskandhena sarvapārśveṣu sarvāvantaṃ niveśanaṃ pradīptaṃ bhavet /（D. p.54）

意为：突然，这整座房屋被大火从四面焚烧起来。

护译：时失大火，从一面起，普烧屋宅。（大正九，七五页）

什译：周匝俱时欻然火起，焚烧舍宅。（大正九，一二页）

例49：traidhātukaṃ co yatha tanniveśanaṃ subhairavaṃ duḥkhaśatābhikīrṇam / aśeṣataḥ prajvalitaṃ samantājjātījarāvyādhiśatairanekaiḥ //（D. p.67，G.86）

意为：三界也如这宅屋一样，是可怕的，充满成百种苦患。它完全被很多百种生、老、病等（忧患）所普遍燃烧着。

护译：计惟三处 如彼火宅 勤苦患恼 具足百千 此则所谓 普然无余 生老病死 忧哭之痛（大正九，七七页）

什译：三界无安 犹如火宅 众苦充满 甚可怖畏 常有生老 病死忧患 如是等火 炽燃不息（大正九，一四页）

在这些例子里，我们在主语中已经看不到具格的痕迹。这里的宾语（如果有的话）正是原文的主格。为了顺应汉语的习惯，类似的变换方法正在今天的翻译中普遍地运用着。

这种变化我无以名之，姑且称为格的转换，并且将前面已经举例说明的称作具→主转换。我所以取这么一个不伦不类的名称，是我们还有下面一些虽不十分普遍，却也偶尔可见的转换要看看，至少要有个暂时的称谓。

（1）依→主转换

例50：daśasū diśāsū naradevapūjitāstiṣṭhanti buddhā yatha gaṅgavālikāḥ /（D. p.40，G.104）

意为：在十方，有多如恒沙的，受到人天供养的诸佛存在。

什译：天人所供养 现在十方佛 其数如恒沙（大正九，九页）

例51：apratyanīyāśca bhavanti loke pūtīmukhātteṣa[①] pravāti gandhaḥ / yakṣagraho ukrami teṣa kāye aśraddadhantānima buddhabodhim //（D. p.70，G.123）

意为：那些不信受这佛菩提的人，在世界上不受信任，从他们的嘴里喷出一股臭气。鬼魅也要钻入他们的身体。

护译：人坐不信 于佛大道 口中常臭 恶气外熏 鬼神馱魅 详触娆之 普世俗人 无用言者（大正九，七九页）

在这两个例子中，依格"十方"变成了主语"佛"的定语，依格"世界"成了分句中的主语"普世俗人"。

（2）依→具转换

例52：yadi hinayānasmi pratiṣṭhapeyamekaṃ pi sattvaṃ na mametu sādhu / (D.p.35，G.57)

意为：即使只度化一人入小乘，这对我来说也是不应该的。

什译：若以小乘化 乃至于一人 …… 此事为不可（大正九，八页）

例53：vilagna dṛṣṭīgahaneṣu nityamastīti nāstīti tathāsti nāsti /（D. p.35，G.65）

意为：（众生）执守在诸邪见的深渊之中，总在想："是"、"不是"；"是这样"、"不是这样"。

护译：为诸邪见 之所羁系 有此无异 不有不无（大正九，七十页）

这两例中的依格"小乘"和"诸邪见的深渊"经过翻译都处在了工具状语的地位。

（3）具→业转换

例54：yadā tu madhureṇa gabhīravalgunā saṃharṣito buddhasvareṇa cāham /（D. p.49，G.21）

意为：当我被甜蜜的、深沉的、美妙的佛音所激动的时候……

什译：闻佛柔软音 深远甚微妙 …… 我心大欢喜（大正九，一一页）

例55：upamayehaikatyā vijñapuruṣā bhāṣitasyārthamājānanti /（D. p.53）

意为：通过譬喻，那一类聪明人就会了解所说的是什么意思。

护译：有明慧者当了此譬喻。（大正九，七五页）

这里的具格"佛音"和"譬喻"经过翻译，变成了宾语。

---

① 克恩本和维德耶本皆作pūtī mūkhātteṣa。

此外还可以见到从→主转换，从→业转换等，兹不一一列举。

从上面的例子中我们看到，两位译家的译文常常是更加简洁，更加符合汉语习惯。此外，在保证译文契合原意的前提下，表现方法比以前丰富了，这也是词格转换译法的好处之一。

10. 语序的安排

有人说，翻译是改变语言外壳，保持思想内容。[①]翻译者要有打破原文表层结构的自由，或毋宁说，翻译在大多数情况下非打破原文的表层结构不可。梵语和汉语的语法差异很大，其间的翻译更是如此。前面关于从句和格的两部分谈的是句内成分的变通译法。这里准备谈谈整个句子的安排问题。

如果说护译在某些句内成分的安排上已经表现得比较成熟，那么它在全句的重组上却表现出明显的缺陷。它的某些译文的语序严重违背汉语习惯，其极端形式则是完全遵循梵文语序，字比句次，一一挪译，结果难免歪曲原文内容，妨碍了人们的理解。我们看看下面的例子。

例56：ye cāpyabhavan purimāstathāgatāḥ parinirvṛtā bahusahasraneke[②] / atītamadhvānamasaṃkhyakalpe teṣāṃ pramāṇaṃ na kadāci vidyate //（D. p.36，G.71）

意为：在多达以千数计的过去世无数劫内，已经灭度的过去如来，其数量是无论如何都无法弄清的。

护译：其有往古 世雄导师 亿百千佛 诸灭度者 或有过去 无央数劫 计其限量 不可称度（大正九，七一页）

例57：paśyāmi kāṃścit sugatasya śāsane saṃpūjitānnaramaruyakṣarākṣasaiḥ / avismayantān sugatasya putrānanunnatān śāntapraśāntacārīn //（D. p.7，G.29）

意为；我见到某些善逝（安住）的儿子们，他们受到善逝（安住）的教化，行为淡泊宁静，虽被人、天、夜叉和罗刹所恭敬，但态度谦虚而不倨傲。

护译：善逝典诰 我又览历 诸天人神 所共宗奉 安住诸子 不以奇雅 益用寂然 履行定稳（大正九，六四页）

例58：tṛṣṇānirodho atha sadā aniśritā nirodhasatyaṃ tṛtiyaṃ idaṃ me /

① 参见黄邦杰：《“信”与“顺”的统一》，载《翻译通讯》，1980年，第4期，第1页。

② 在维德耶本中，bahusahasraneke作buddhasahasra neke。护译与此异文接近。

ananyathā yena ca mucyate naro mārgaṃ hi bhāvitva vimukta bhoti //(D. p.68，G.102)

意为：灭除贪欲，永无所著，这就是我（要说）的第三点——灭谛。没有疑问，人可以通过它得到解脱。只要践行（八正）道，就可获得解脱。

护译：爱欲已断 常无所著 已得灭度 于斯三品 了无有异 则得解脱 若修八路 便得超度（大正九，七八页）

我们看到，在第一个例子中，我们从字面得到的意思已经不是原文的意思；后两个例子，我们连从字面上理解都感觉困难了。

在前面第3部分里，我们已经谈过护译韵文的形式。我们发现，护译中不少韵文都是按原文音步的前后顺序依次译出的。[①]各音步内部的词序或可做一定的调整，但四音步的顺序则依守原文。我们在这里的三例以及前面的很多例子中都不难发现这种特点。这样安排，是有弊病的：第一、原文各偈内部情况复杂，有的只有一句，有的包括数句，而句内成分也总是长短不一。这样机械地将一偈从四分之一处截断，无论如何是不合理的。第二，梵语句内各词间语法关系谨严。由于词语的语法地位固定，所以语序的自由度相对较大。汉语相反。它的词法简单，句内各词因为缺乏形态变化而关系松散。相应地，语序便成为重要的语法手段，[②]它在表意上至关重要，不可轻易更动。使语序要求严格的汉语译文追随语序相对自由的梵语原文，就难免破坏汉语的句法规则，从而导致译文语意不清，或者传意错误。更何况，梵汉两语的语序在根本上是不同的，道安“五失本”第一就提出“胡语尽倒而使从秦”。法护使秦从胡，难免带来混乱，从而影响他的译文质量。

11. 虚词的使用

虚词和语序一样，是汉语造句最重要的语法手段之一。虚词的合理使用，是正确表达的关键之一。在护译中，我们可以发现不少虚词使用欠当的地方，它们有时会使译文出现矛盾，更多的是使语义含混不明，且疑且似，造成了理解上的障碍。我们看看下面的例子：

---

① 并不是严格地按照音步，因为一个音步可能截止在一个词的中间，而译半个词是不可能的。

② 参见任学良编著：《汉英比较语法》，6页，北京：中国社会科学出版社，1981年。另见王力《汉语史稿》中册，357页。

例59：āścaryajñānañca idaṃ viśiṣṭaṃ sattvāśca mohāndha avidvasū ime /（D. p.42，G.114）

意为：（佛想到他自己所得到的智慧）这奇妙的智慧是无比的；众生由于痴愚而盲目，是很无知（无明）的。

护译：因奇特慧 得未曾有 众生轮转 于大无明（大正九，七二页）

这里的“因”如果理解为连词，作“因为”讲，那么就在本无因果关系的“奇特慧”和“无明”之间建立了因果关系，是不对的。如果把它当连词作“于是”、“就此”讲，或当介词作“借着”讲等，也不能从译文得到清楚正确的意思。所以，虚词“因”放在这里是不得当的。①

例60：upāyakauśalyamidaṃ jinasya yeno vinetī bahubodhisattvān /（D. p.68，G.99）

意为：这是耆那的善权方便，他用它来劝化众多菩萨。

护译：诸大导师 行权方便 所当劝助 如诸菩萨（大正九，七八页）

其实译文后半只有“用来（或取消这两个字）劝助诸菩萨”的意思，加上“所当”、“如”几个字，意思反而模糊了。

例61：yadā tu hetūhi ca kāraṇaiśca dṛṣṭāntakoṭīnayutaiśca darśitā / suparisthitā sā varabuddhabodhistato asmi niṣkāṅkṣu śruṇitva dharmam //（D. p.49，G.16）

意为：通过种种因缘以及成万亿的比喻，这最胜佛菩提被揭示并被很好地维护起来，这样我听过法以后，就再也没有疑惑了。

护译：如因缘行 而引说喻 无央数亿 显现妶限 善立彼岸 至道意海 得闻彼法 除诸狐疑②（大正九，七四页）

这里的“如……而……”在“因缘”和“喻”间建立了一种仿效或递进关系，这是原文所没有的。加上这种关系，译文的意思就难以捉摸了。

虚词运用失当，也比较严重地影响了护译的质量。它使译文在某些地方变得很难把握，甚至无法理解。

护译虚词运用失当的原因是什么，我们不能确知。这里我们试做如下推测：

---

① 渡边照宏博士在《详解・新译法华经》中做对比研究时，就略去了“因”字，而只取“奇特慧”三字。见《大法轮》杂志连载该文的第四十八回。

② 本偈第三音步护译与原文有部分不同，可能是所据原本不同。

与法护长期合作译经的聂承远、聂道真等，是当时很有学问的人，[①]由他们笔受的经典，应当不会出现语病。不过，我们发现，法护自266年到长安开始译经，其后十七八年一直靠传言者转梵为汉，可见他不娴汉语。后来，在《阿维越遮致经记》中，我们见到这样的记载："太康五年（284年）十月十四日，菩萨沙门法护于敦煌从龟兹副使美子侯得此梵书不退转法轮经，口敷晋言，授沙门法乘使流布。"[②]汤用彤先生认为"此年护已能自译梵书为晋言，不须另有传言者矣"。[③]而《正法华经》就是此后两年[④]译出的。从284年到308年法护去世，他废弃传言，自出晋言译经共24年。《正法华经》的翻译，当处在初期的尝试阶段。法护的汉语如何，我们不得而知，但从一代大师鸠摩罗什的"转能汉言，音译流便"[⑤]实际是"于秦语大格"[⑥]来看，法护的汉语可能也不太好。从另一方面看，取消了传言者，笔受者直接记录译主的"晋言"，法护的影响加大了，聂承远等"停笔争是"的商略余地则相应减小。因此，法护自己译梵为汉的初期尝试，难免使译文的语言受到影响。这种影响必然会突出地表现在虚词的使用上，因为虚词是汉语词汇中相对灵活，较难掌握的部分。我想，如前所述，经中语病的出现，或可归因于翻译制度的初变。这只是一种推测。如果我们能够得到原本并对这一时期前后译出经典的语言做一番对比研究，也许就可以得出可靠的结论了。

12. 关于"达"

语言的畅达与否，是衡量译文水平的重要标准之一。在严复的"译事三难"中，关于"达"，他说："顾信矣不达，虽译犹不译也，则达尚焉。"[⑦]又说：

---

① 《出三藏记集》卷十三载："承远明练有才理，笃志法务，护会出经、多参正焉。"（《大正藏》第五十五卷，九八页）又慧皎《高僧传》："承远有子道真，亦善梵学。此君父子比辞雅便，无累于古。"（《大正藏》第五十卷，三二七页）

② 《大正藏》第五十五卷，第五〇页。

③ 《汉魏两晋南北朝佛教史》上册，159页，北京：中华书局，1955年。

④ 《弘赞法华传》卷二载："西晋太康七年（286年）八月十日，护手执梵本，口宣出前经（即《正法华经》）二十七品，优婆塞聂承远、张仕明、张仲改（另作政）共笔受。"见《大正藏》第五十一卷，一四页。

⑤ 《高僧传》卷二本传，见《大正藏》第五十卷，三三二页。

⑥ 见僧叡《大智释论序》，载《大正藏》第五十五卷，七五页。此话出自罗什最亲近的弟子僧叡之口，应该是可信的。

⑦ 《天演论》，9页，北京：科学出版社版，1971年。

"……凡此经营，皆以为达。为达即所以为信也。"[①]在他看来，达与信是形质关系，无达则信便无所寄托。译文的畅达，不仅指言词的流利，还指语意的通畅，即译文所传达的意旨在语言行进的过程中明确，合逻辑，无矛盾，能够"顺理成章"。严复寄信于达，无疑是并重达的这两种要求的。

只有通过一段足够长的文字，才能比较客观地看出译文是否畅达。要想在护译中找到一段文字与原文始终相符而又足够长，比方说十偈，是很困难的。所以，我选了两段较短的文字，它们与我所用的原本基本相同。我同时给出罗什的译文，可做对比。原文不再抄出，只在前面先写出我的译文。

例62：译文第二品，第129偈至第134偈，原文D. pp.44–45。

今译：

那些通过大量的各种方便而听了诸耆那的法的人们，全都来到我的身边，双手合十，站在那里，非常恭敬。（G.129）

那时我想：这是时机，是我讲无上之法的时候了。我正是为了这个目的才出生到世界上来的。我要在这里开示这无上之慧。（G.130）

对于著相者、愚蠢的人、增上慢人和无智的人来说，这（无上之慧）将是难信的。（不过）这里的菩萨们将会听受（它）。（G.131）

我这时是无畏的，很高兴，抛开了一切怯懦。我在善逝之子们中间说法，教化他们向于佛道。（G.132）

看到这样的佛子们，（我说道）你的疑惑将会消失，这一千二百无漏之人将全部在这世界上成佛。（G.133）

我的法性像过去诸救世者（善护）和未来诸耆那的法性一样，是无可怀疑的。我今天如实地讲给你听。（G.134）

护 译	什 译
其闻最胜	
说彼经典	
一切皆来	咸以恭敬心
归于世尊	皆来至佛所
佥共叉手	曾从诸佛闻

① 见前书，10页。

恭肃而住	方便所说法
善权方便	
为若干种（G.129）	
尔时世尊	
复更思惟	
吾说尊法	我即作是念
今正是时	如来所以出
我所以故	为说佛慧故
于世最胜	今正是其时
应当讲说	
斯尊佛道（G.130）	
志怀愚痴	
起于妄想	
设吾说法	舍利弗当知
少有信者	钝根小智人
憍慢自大	著相憍慢者
不肯启受	不能信是法
如斯法者	
菩萨乃听（G.131)	
佛时悦豫	
秉修勇猛	
应时解断	今我喜无畏
一切诸结	于诸菩萨中
今日当说	正直舍方便
最胜自由	但说无上道
或以劝助	
使入佛道（G.132)	
诸佛之子	
得观睹此	
因从获信	菩萨闻是法
顺从法律	疑网皆已除

时千二百	千二百罗汉
诸漏尽者	悉亦当作佛
皆当于世	
成为佛道（G.133）	
亦如往古	
诸佛大圣	
亦如当来	如三世诸佛
最胜之法	说法之仪式
吾复如是	我今亦如是
蠲弃众想	说无分别法（大正九，一〇页）
然后尔乃	
讲天尊法（G.134）（大正九，七二页）	

例63：译文第三品，第85偈至第89偈，原文D. p.67。

今译：

同样，舍得佛，我是大仙，是众生的救护者和父亲。三界中那些愚昧的，执着于贪欲的一切众生都是我的儿子。（G.85）

这三界也如（着火的）宅屋一样，是可怕的，充满成百种困苦。它到处被生老病死等无数种（困苦）一齐烧灼着。（G.86）

我已从三界解脱出来，内心平静，安顿在寂静之处，住在森林里。我掌握着三界，那些在这里受着煎熬的是我的儿子。（G.87）

我是他们的救护者，我指出了那里（三界）的困苦，但是他们不听我（的话），（因为）一切（众生）是愚昧的，心智深陷在诸欲之中。（G.88）

（于是）我设了方便。对他们讲三乘。我知道三界中的种种苦难，为了使他们脱离，我说方便。（G.89）

护译	什译
告舍利弗	告舍利弗
大仙如是	我亦如是
为诸群生	众圣中尊
救护父母	世间之父

一切众庶	一切众生
皆是我子	皆是吾子
为三界欲	深著世乐
所见缠缚（G.85）	无有慧心
计惟三处	三界无安
如彼火宅	犹如火宅
勤苦患恼	众苦充满
具足百千	甚可怖畏
此则所谓	常有生老
普然无余	病死忧患
生老病死	如是等火
忧哭之痛（G.86）	炽然不息
佛为三界	如来已离
救度无余	三界火宅
遊在闲居	寂然闲居
若坐林树	安处林野
则常应时	今此三界
将护三处	皆是我有
彼见烧炙	其中众生
皆斯吾子（G.87）	悉是吾子
窮诸黎庶	而今此处
令得自归	多诸患难
由此意故	唯我一人
示现于彼	能为救护
一切黎元	虽复教诏
愚不受教	而不信受
坐著爱欲	于诸欲染
而自絷绁（G.88）	贪著深故
善权方便	
为大良药	以是方便
分别三乘	为说三乘

以示众生　　　　　令诸众生
适闻三界　　　　　知三界苦
无量瑕秽　　　　　开示演说
则以随时　　　　　出世间道（大正九，一四～一五页）
驱劝令出（G.89）（大正九，七七～七八页）

如果一个音步一个音步八个字孤立地看，我们发现，护译多数还是流利的，也有确定的含义，好懂。但是串读起来，却不够晓畅。与什译相比，它的语言较为滞涩，而最主要的是，它不能给人鲜明而合乎逻辑的印象，使人确切地理解译文内容。间或一偈之内也会首尾失顾（如G.129），那么清晰传达原文旨趣就做不到了。实际上，护译中这一类与我们所能见到的原文基本一致的内容，算得是最易懂的部分。那些与原文完全不同（这很少）或部分不同（这比较多）的译文，一般更为艰涩，常使人反复研读，不得要领。这部分译文何以致此，我们一时无法回答。是当初所本的原文不善，还是译者理解有误；是合作中出现了技术故障，还是笔受润文者表达不当，我们不能断定。如果以后发现了与护译更加接近的原本，这些问题当能获得较为确定的回答。这是向前看。如果向后看，千百年前，那些不了解原文的僧俗徒众在诵读经文时会感到何等困难，总是不难想象的。

三、结　论

前面我们已经分12类看过了法护的翻译特点，其中前7类主要用来说明他的译风，后5类主要反映他的翻译水平。下面我们看看可以从中得出什么结论。

1. 关于译风

我们已经知道，佛的异名很多，罗什在翻译时是自由采用的。其实，佛名的使用在原文中就很自由，除考虑音节以适应韵文的需要外，并不遵循什么原则。罗什仿之。他基本上不理会原文，而根据译文音节的需要自做安排。这可以在例1至例3中看得很清楚。法护是不同的。在这一本来可以比较自由的地方，他却不肯轻易改译。他的大部分译文都继续使用原文的称谓。我们由此看到，法护是抱有直译宗旨的。他要尽力使译文和原文相同。

法护的宗旨也体现在对于某些重要译名的处理上，这可以和罗什对比来看。

罗什为了说明《法华经》的重要地位，为了反映"会三归一"等重要思想，常常将译名做有目的的更换。为了指出"方便"的权宜性质，也常用改变它语法地位的方式加以强调。诸如此类有意识改易原文的现象，在护译中从未有过。一切罗什更动的地方，法护总是在忠实地迻译。在这里，我们可以明显地看出二者之间意译和直译的区别。

第2类的几个实例说明，法护几乎总是在谨慎地追摹原文，力求译出原文句中的每一部分。他从不任意加入自己的主观成分，以避免译文的偏离。我们看到，在例10中，罗什把原文的两句话合并译为一句，意思也就随之有了变化。显然，他是有意这样做的。①在例11中，什译的"生受楚毒，死被瓦石"固然生动，但已经引入了原文没有的内容。在这两个例子中，法护的译文既未做主观的改动，也未做过分的引申，一直比较平稳地跟定了原文。

在讨论直译和意译，忠实和不忠实时，人们常常把注意力集中在译文和原文内容的比较上，其实形式问题也是不应忽略的。②护译的韵文部分，输洛迦体一律译每偈二十字，特里湿图朴体一律译每偈三十二字，从无例外。这就是它在形式上的"直"——以固定的字数对应固定的音节数。如果我们注意一下什译的韵文部分，同是特里湿图朴体，有时一偈多达四十字（例13），有时少到只有四个字（例15）那么我们就能看出在这方面直译和意译的区别有多大了。

但是，形式上的直和忠实，却给内容上的直和忠实带来了困难。梵语和汉语是两种没有亲缘关系的语言，区别很大。在词汇方面，则会表现为彼此对应的词语在长短上互不一致，同时还有梵语一词在汉语中多义或梵语多词在汉语中只有一义的现象。这就使得原文韵文中表达于一定音节数的意义，在汉语中无法以永远固定的字数来传译。这种长长短短，并不对应的情况，几乎每偈都要发生。结果是，如果决心保持译文字数的固定，就不得不在内容上有所增删。由于法护为输洛迦体和特里湿图朴体规定的字数一般过宽，所以难免要对原文不时加以增饰。这样，法护就在内容方面离开了直译的原则。在不能两全的情况下，为了保持形式始终如一的"直"，他牺牲了部分内容的直。但是，我们从第4类所列举的几种增饰的情况看（例19至例26），加入的内容一般没有明显远离原文的意旨。可见，法护还是在尽力保证对于原

① 什译确实比原文更紧凑，也更合理，但这只能说明他在翻译时的灵活与自信。

② 有些文章提出了这一问题，如陈廷佑《谈谈翻译工作》一文就曾提出："我想补充一点，就是力求神似之外，也应当注意形似。"见《编译参考》，1982年，第3期，91页。

文内容的忠实。不过，历来对他的译文“言准天竺，事不加饰”①的评价，究竟还是显得并不那么准确了。

法护将某些直接引语译为间接引语，一般是为求译文的简单清晰，这从例27至例29中可以看到，其道理也在第5类中说明过了。但是，这种译法在形式上已与原文有所不同，因此应该说是一种意译的倾向。

具体化的译法出于两种考虑，首先它有利于读者的理解，这可以从例34至例36中看出来；同时它也可以作为增饰的手段，如例35。不过，究竟哪一种是译者的真正目的，往往很难分清。但是，不论目的何在，它终究是改变了原文，因此也应该视为意译。

人称的变动，初看似乎是意译的表现，但即使在原文中，同一偈内的同一人物，也有人称混用的例子，故对于这种译法的评论尚需谨慎。它也可能是一个文体问题，又可能与第三人称的庄重性质有关。总之，它似乎并不简单地是一个意译问题。

通过上面的分析，我们对于法护的译风，可以有个概括的看法了。我们认为，法护的基本倾向是直译。但是在他以前，已经有了二百余年的译经历史，其间也有过安世高，支娄迦谶的直译和支谦的意译的反复，因此，在传统的影响下，他的翻译便不再是绝对的直译。他不可避免会接受某些意译的方法。就《正法华经》的翻译这一个侧面来看，法护的译风是具有某些意译成分的直译。

近现代学者对于法护的翻译曾经有过评价。吕澂先生认为他具有忠实的特点，“忠实于原本而不厌详尽，一改从前译家随意删略的偏向”。②这话是中肯的。梁启超在《翻译文学与佛典》一文中认为法护“殆属于未熟的意译之一派”③并与支谦相提并论。若就《正法华经》的翻译来看，此说似乎并不得当。

---

① 这原是道安在《合放光光赞略解序》中对于护译部分的评价：“光赞护公执胡本，聂承远笔受，言准天竺，事不加饰，悉则悉矣，而辞质胜文也。”（《大正藏》第五十五卷，四八页）这一说法已被后世学者视为对于法护译风的定评。关于这点，可见吕澂先生的《中国佛教源流略讲》：“所谓‘言准天竺，事不加饰’。特别是把前人随意删略的地方，都被保存下来，所谓‘不厌其详，事事周密’。应该指出，竺法护的这种译风，很有好处。因为印度文字本身就是繁复而严密，一加删节，就把原来的结构打乱了。”见该书37页，中华书局版，1979年。

② 见前引《中国佛教源流略讲》，298页。

③ 此文为上海中华书局出版的《饮冰室专集》第五十九篇，语见第16页。

2. **关于翻译水平**

翻译水平有相对性，必要时我们将把异译本《妙法莲华经》拿来作为比较对象。鸠摩罗什的译业是古代译经史上公认的高峰之一，《妙法莲华经》又是罗什最好的译品之一，用作高水平的标准，应该是有资格的。本文限于篇幅，只在几个可以说明问题的方面做了比较。而在那些不经比较也可以说明问题的地方，则用直接论述的方式。

定语从句的处理，是翻译中的难题之一。今天还是这样。定语从句一般较长，而汉语（尤其是古代汉语）的定语一般较短，这一矛盾给翻译带来了困难。但是古代译家们已经开始逐步解决这个困难。我们看到，例40、41、42的译文都是流畅易懂的。我们还发现，它们的长定语又总是后置的。为什么这种与我们习惯的定语前置不同的语句，依然是易懂的呢？这是因为，定语后置的现象在古代汉语中已经存在，比如：

> 孔子过泰山侧，有妇人哭于墓者而哀（《礼记·檀弓下》）
> 宋人有闵其苗之不长而揠之者（《孟子·公孙丑上》）
> 求人可使报秦者，未得（《史记·廉颇蔺相如列传》）
> 淮阴屠中少年有侮信者（《史记·淮阴侯列传》）

因此，我们相信，古人对于法护和罗什的后置长定语是可以习惯的，也容易理解。或者不如说，正是译家们吸收了古代汉语的修辞方式，加以改造发展（如加上“斯等”，“如是之人”等），才比较合理地解决了定语从句的翻译问题。从法护的某些译例（如例40、41、42，例43中的G.137、G.146等）看，他是可以很好地处理定语从句的，但有时（例39、例43中的G.138、G.140、G.142等）还有表达不清的毛病。罗什在后来总结出了行之有效的固定程式，使长从句的首尾都有明显的标志，并能始终保持行文的流畅，才比较彻底地解决了问题。法护在这方面不及罗什成熟。但是，他对于罗什是有启发的。我们从例41、例42，以及例43中的G139、G143中不难看出这点。

格的转化译法是一种变通手段。它的出现说明了古代译家在对应的、规范的汉语表达方式以外，正在追求更加符合汉语习惯，更加简洁明快的表现方法；也反映了他们在力谋译文的变化，使它日益丰富多彩，使翻译从只求达旨进步到兼为艺术创造。格的转化译法在法护的译文中已经出现，罗什承袭了它，成功地运用在自己的翻译中。我们看到，他们的所有译例都能正确地传达原文意旨，读来也很流畅自然。这些例子还表明，法护已能灵活而合理地使用这种手法，以后的罗什并没有表现出明显的进步。

法护译文的缺点，首先表现为语序安排失当。护译中很多地方是完全按照原文的语序挪译的，这往往会妨碍读者的理解，降低译文质量。法护为什么要拘守语序，我们只能做两种推测。第一、他认为严守语序是翻译忠实的条件之一；第二，他无法充分地理解某些原文，因此，在没有把握正确传达原意的情况下，只好依守原序，不做更动。但是，这些推测很难得到有力的支持。比方说，我们可以见到这样的例子：

bahudharmaḥ śruto asmābhirlokanāthasya saṃmukham /

na cāyamīdṛśo dharmaḥ śrutapūrvaḥ kadācana //（D. p.53，G.35）

护译是：从世雄大圣 面闻无数法 往始至于兹 未聆如斯典（大正九，七五页）

这一偈译得十分精彩，而它正是重排原文语序，甚至拆开复合词后译出的。看来法护并不坚持拘泥语序。他还有另外不少重排语序的例子也说明了这点。这就否定了第一种推测。第二种推测似乎有较大的可能性，因为我们在护译中发现过一些译错的地方，说明他在理解原文上确实遇到过困难。当然，也可能是法护所用的梵文原本出了问题。不过这已超出了本文的讨论范围。

法护译文的另一缺点是虚词有时使用不当。这方面的问题我们已经在第11部分做过讨论。不能正确地使用虚词，自然也会给读者的领会带来困难。

古代的僧侣和现代的研究者们，都感到《正法华经》是一个难于掌握的译本。僧叡的《妙法莲华经后序》在谈到罗什重译法华的缘起时说："经流兹土虽复垂及百年，译者昧其虚津，灵关莫之或启，谈者乖其准格，幽踪罕得而履，徒复搜研皓首，并未有窥其门者。"[①]毫无疑问，这里他所指的，首先就是当时所有的唯一的全译本《正法华经》。日本学者中村瑞隆认为它是"难读的"，塚本启祥认为它是"很难理解的"。[②]加拿大学者赫维茨（L. Hurvitz）的说法是："鸠摩罗什的译本比竺法护的译本好读得多。"[③]我们从第12类的译例中，也同样

① 《大正藏》第九卷，六二页中。

② 分别见《梵文法华经写本集成》第一卷，第Ⅶ页和第XIX页。梵文法华经刊行会印，昭和52年发行。

③ Leon Hurvitz：*Scripture of the Lotus Blossom of the Fine Dharma*, New York：Columbia University Press，1976, p.IX.

得到了这种印象。我们现在可以说，从翻译技术上讲，语序安排不妥和虚词使用失当，是《正法华经》滞涩难懂的主要原因。语序和虚词是汉语造句最主要的两个语法手段。[①]护译恰恰在这两方面失误较多，便不能不严重地影响译文质量。正因为如此，它在什译出现以前的百余年间，始终未能为自己赢得稳固的地位；而什译出现以后，它便永远陷入了被埋没的地位。

综上所述，我们可以得到如下结论：从《正法华经》的翻译这个侧面来看，竺法护是以直译为主要倾向而兼取某些意译手法的译家，他的翻译水平在鸠摩罗什以前已经达到了一定高度，解决过困难的技术问题，并对规范译法有所突破。但他的译文在某些关键方面存在着明显的弱点，说明他对于翻译在理论认识和具体实践上还欠成熟。他是佛经翻译早期的重要代表。但是要在翻译水准上达到鸠摩罗什译业的高峰，还要走一段艰苦的路程。

四、余论——试析竺法护译风形成的原因

佛经翻译有着自己发展和变化的历史。一种译风的形成，有译家个人的原因，也有历史的影响。法护的翻译也是一样。如果注意一下他以前各个译家的译经特点，我们就会看到，他的风格的形成不是偶然的。下面我列出自安世高至法护时代的若干译家的有关评论，看看能够从中得到什么启发：[②]

1. 安世高（东汉桓、灵时人）

"安息世高，聪哲不群，所出众经，质文允正。"——《出三藏记集》卷一，载《大正藏》第五十五卷

"其先后所出经凡四十五部，义理明析，文字允正，辩而不华，质而不野。"——前引书卷十三安世高传

"音近雅质，敦兮若朴，或变质从文，或因质不饰。"——道安《道地经序》，载前引书卷十

"此经世高所出也，辞旨雅密，正而不艳，比诸禅经，最为精悉。……世高出经，贵本不饰。天竺古文，文通尚质，仓卒寻之，时有不达。"——道安《大十二门经序》，载前引书卷六

---

① 参见高名凯、石安石:《语言学概论》，184页，北京：中华书局，1963年。

② 这里的顺序，东汉和三国时代的依任继愈先生主编的《中国佛教史》第一卷附表安排，后来的则重点参考梁启超《佛典之翻译》并各僧传。

2. 支娄迦谶（东汉灵帝时人）[①]

"凡此诸经，皆审得本旨，了不加饰，可谓善宣法要，弘道之士也。"——前引书卷十三支谶传

"凡所出经，类多深玄，贵尚实中，不存文饰。"——支愍度《合首楞严经记》，载前引书卷七

3. 竺朔佛（东汉桓、灵时人）

"因本顺旨，转音如已，敬顺圣言，了不加饰。"——道安《道行经序》，载前引书卷七

"译人时滞，虽有失旨，然弃文存质，深得经意。"——前引书卷十三支谶传

4. 康巨（东汉灵、献时人）

"（康）巨译问地狱事经，并言直理旨，不加润饰。"——《高僧传》卷一支娄迦谶传，载《大正藏》第五十卷

5. 安玄、严佛调（东汉灵帝时人）

"玄口译梵文，佛调笔受，理得音正，尽经微旨，郢匠之义，见述后代。"——《出三藏记集》卷十三安玄传

"安公称，佛调出经，省而不烦，全本巧妙。"——前引书卷十三安玄传

6. 维祇难、竺律炎（吴孙权时人）

"时吴士共请出经（指《法句经》）。难既未善国语，乃共其伴律炎译为汉文。炎亦未善汉言，颇有不尽，志存义本，辞近朴质。"——《高僧传》卷一维祇难传

"维祇难曰……经者当令易晓，勿失厥义，是则为善。"——《法句经序》，载《出三藏记集》卷七

7. 支谦（吴孙权时人）

"越（即支谦）才学深彻，内外备通，以季世尚文，时好简略，故其出经，颇从文丽，然其属辞析理，文而不越，约而义显，真可谓深入者也。"——支愍度《合首楞严经记》载前引书卷七

"曲得圣义，辞旨文雅。"——《高僧传》卷一康僧会传

"恭明（即支谦）前译颇丽其辞，迷其旨，是使宏标乖于谬文，至味淡于华艳。"——僧叡《思益经序》载《出三藏记集》卷八

---

① 望月信亨《佛教经典成立史论》的"支那译经表"中，支娄迦谶在安世高前。

8. 康僧会（东吴、西晋时人）

“译出经法……并妙得经体，文义允正。”——《出三藏记集》卷十三康僧会传

9. 白延（魏正始至甘露时人）[①]

“延博解群籍，内外兼综。……辞旨如本，不加文饰。”——《首楞严后记》，载前引书卷七

10. 竺叔兰（晋惠帝时人）

“既学兼胡汉，故译义精允。”——前引书卷十三竺叔兰传

“言少事约，删削复重，事事显炳，焕然易观也。而从约必有所遗，于天竺辞及（疑为反）腾，每大简焉。”——道安《合放光光赞略解序》，载前引书卷七

11. 竺法护（晋武帝至怀帝时人）

12. 竺佛念（前秦建元时人）

“念迺学通内外，才辩多奇，常疑西域言繁质，谓此土好华，每存莹饰文句，减其繁长，安公赵郎之所深疾。”——《僧伽罗刹集经后记》载上书卷十

“长阿含……凉州沙门佛念为译……恭承法言，敬无差舛，蠲华崇朴，务存圣旨。”——僧肇《长阿含经序》载前引书卷九

佛念自谓:“佛念译音，情义实难，或离文而就义，或正滞而旁通，或取解于诵人，或事略而曲备。”——竺佛念《王子法益坏目因缘经序》，载前引书卷七

上面的材料告诉我们什么呢?

第一，我们看到，法护以前和同时代的多数译家，都是主张“敬顺圣言”、“志存义本”，强调“质”而反对“华”的。这种直译的风格，法护作为自己的主要倾向继承下来了。但初启于佛调，施展于支谦，不同程度地表现在竺叔兰和竺佛念身上和简约和莹饰之风，已经形成为一种势力，也当然地影响了法护的译风，只不过表现形式是前面说过的增饰等等。这就使他在自己的翻译中容纳了意译的成分。

第二，我们看到，主张直译的都是外籍僧人和居士，他们大多不善汉文。比如，安世高是在“游方弘化，遍历诸国”[②]以后，才到达中国的；支谶也是年

① 望月信亨《佛教经典成立史论》的“支那译经表”中，白延位在维祇难前。

② 见《高僧传》卷一本传，载《大正藏》第五十卷，三二三页。

长之后才“游于洛阳”，他们要学好汉文，达到从容翻译的程度，几乎是不可能的（所以才另外需要传言者）。竺朔佛出《道行经》时，情况是“桓、灵之世朔佛赍（佛典）诣京师，译为汉文”。[①]刚刚带来就急于翻译，当时他的汉语是不会好的。结果是“颇有首尾隐者，古贤论之，往往有滞”，致使朱士行不得不再去西域寻找原本重译。[②]维祇难和竺律炎双双“未善汉言”，在译《法句经》时却是一充译主，一充传言，结果由于“颇有不尽”，还需有劳他人重译。[③]这些译家的质直，看来在一定程度上与他们的不谙汉语有关。使用一种不能熟练驾驭的语言，他们通常不敢取便发挥，多所藻饰，也不允许参与译事的其他人这么做。另一方面，如果了解了某些译家的背景，我们便会看到，凡是主意译而重文饰的人，又多是精通汉语的。最早的严佛调是汉人。后来的外国人中，支谦是从祖父时代即已定居汉地的侨民，[④]住在河南。他的汉语达到了“善妙方言”的水平。他在意译的方向上走得太远，丽辞迷旨，以致为后人所诟病，可能与他在江南开展译业，深受六朝文风的影响有关。其他如竺佛念“家世西河（祐录作河西），洞晓方语，华戎音义，莫不兼解”[⑤]；竺叔兰是父亲归晋以后出生于河南的[⑥]。他们都有自幼学习汉语的条件。这些精通汉语的人，都不同程度地有游离原文而取意译的倾向。竺法护作为前代诸译家的继承人，一方面是壮年以后（35岁左右）才到长安，汉语不好，需要通过传言翻译，当会坚持质直的译风；另一方面，十八年后，可能认为自己已经掌握了汉语，他便废弃传言，自行宣译，在坚持直译上或会有所放松。我们没有证据说明一人兼作译主和传言是他开始容纳意译的断然的转折点。但是我们相信，随着他的汉语水平的提高，他是会逐步放弃绝对的直译的。这就是我们在简单地分析了译经史上某些带有规律性的现象以后，为法护译风的形式找到的原因。

评定法护的译风和翻译水平，仅仅靠有限的三品《正法华经》是不全面的。推断他译风的形成，仅仅靠藏经中有关他的前代和同代译家们的相关介绍和零

① 见道安《道行经序》，载《大正藏》第五十五卷，四七页。

② 同上页。

③ 见《高僧传》卷一本传（《大正藏》第五十卷，三二六页）及《出三藏记集》卷七《法句经序》（《大正藏》第五十五卷，五〇页）。

④ “支谦……祖父法度以汉灵帝世率国人数百归化，拜率善中郎将。”（《出三藏记集》卷十三支谦传，载《大正藏》第五十五卷，九七页）

⑤ 见《高僧传》卷一本传，载《大正藏》第五十卷，三二九页。

⑥ 见《出三藏记集》卷十三竺叔兰传，载《大正藏》第五十五卷，九八页。

星评论，所得也只是轮廓性的。对于竺法护译业的认识有待于进一步深入下去。本文的结论充其量只希望在未来的全面研究中聊备一说。

本文是作者1982年12月提交的硕士学位论文，后刊于《法藏文库》，为2003年“中国佛教学术论典”第71种

智顗解经二误

前读智者大师（智顗，538–597）《妙法莲华经文句》，偶然发现两个问题。这两个问题都牵扯到对于原经经文的误解，一个是形式上的，另一个则涉及内容。现分述如下：

一、形式上的误解

《妙法莲华经文句》卷三，智者大师在解释了佛典中何以会出现内容与长行（散文）相同但形式不同的偈颂（类似韵文）后，开始讲解《妙法莲华经·序品》的第一部分韵文。他指出："偈有六十二行，文为两。初五十四行颂上问，后八行请答。……"[①]随后条分缕析，就全部韵文做了精细的注释和敷衍。查梵文原本[②]，该部分韵文仅有五十六行（偈），与智者大师所述不符。迷惑之余，我将《妙法莲华经》译文的这一部分与梵文原本做了仔细比较，发现内容完全相同。问题发生在译者鸠摩罗什的灵活传译和智者大师对于译文的主观分析上。

鸠摩罗什（343？ –413？ ）是中国佛教史上最伟大的译家之一。他的翻译注重曲传原典精义而不计较译文与原文形式上的严格一致，"文虽左右，而旨不违中"[③]。就《法华经》的翻译来说，他努力遵循的主要原则是"曲从方言，而趣不乖本"[④]，"以悟达为先，得佛遗寄之意"[⑤]，求神似而不求形似。这样，他

---

① 《大正藏》第三十四卷，三〇页中。

② 这里用的是印度P. L. Vaidyab编定的*Saddharmapuṇḍarīkasūtra*, Buddhist Sanskrit Text-No.6, Published by The Mithila Institute of Post-Graduate Studies and Research in Sanskrit Learning, Darbhanga, 1960。

③ 见僧叡《大品经序》，载僧佑《出三藏记集》,《大正藏》第五十五卷，五三页中。

④ 慧观《法华宗要序》，载《出三藏记集》，见《大正藏》第五十五卷，五七页中。

⑤ 见《法华传记》卷一，载《大正藏》第五十一卷，五一页上；或参见《翻译名义集》卷一，载《大正藏》第五十四卷，一〇六九页中。

的译文便会在形式上时有与原文出入较大之处。即以《妙法莲华经》的韵文为例，在大部分情况下，每偈他都是以四言或五言四句译出的，如序品开始第一、二偈：

文殊师利 导师何故 眉间白毫 大光普照
雨曼陀罗 曼殊沙华 栴檀香风 悦可众心①

译文两偈与原文两偈整齐对应，且每偈内容亦相对完整。这很容易给人每偈必译四句的印象。然而实际情况却比这要复杂得多。仅在序品的第一部分韵文中，鸠摩罗什就曾将原文一偈分别译过八句、六句、五句、三句，乃至两句。在本品以及以后诸品中，还出现过删削、增益、数偈混译等等现象，因与本文无关，此处不赘。

译作八句的例子我们可以举出第42偈。原文是：

nirīhakā dharma prajānamānā dvayaṃ pravṛttāḥ khagatulyasādṛśāḥ /
anopaliptāḥ sugatasya putrāḥ prajñāya te prasthita agrabodhim // ②

意为：（我又见）善逝之子，离弃二相，看到了法性犹如虚空，自己亦无所著，如行于空中，只是通过智慧，去求无上菩提。

鸠摩罗什译作：

或见菩萨 观诸法性 无有二相 犹如虚空 又见佛子 心无所著 以此妙慧 求无上道③

译文在中间插入了"又见佛子"一句，形式上很像就此另起一偈，难免让人误解原文就是两偈。这一部分韵文中译成八句的还有第3、第7、第46偈等。

译成六句的如原文第14偈：

dadanti dānāni tathaiva keciddhanaṃ hiraṇyaṃ rajataṃ suvarṇam /
muktāmaṇiṃ śaṅkhaśilāpravālaṃ dāsāṃśca dāsī ratha-aśva-eḍakān // ④

意为：也有的布施钱财、金银、真珠、宝石、螺贝、珊瑚、男女奴仆、车、马、羊等。

---

① 《大正藏》第九卷，二页下。
② P. L. Vaidya原本第9页。
③ 《大正藏》第九卷，三页中。
④ P. L. Vaidya原本第5页。

鸠摩罗什译作：

或有行施 金银珊瑚 真珠摩尼 车磲马脑 金刚诸珍 奴婢车乘[①]

译成六句的还有第12、第33偈等。

译作五句的例子可以举出第5偈。原文是：

yāvānavīcī paramaṃ bhavāgraṃ kṣetreṣu yāvanti ca teṣu sattvāḥ /

ṣaṭsū gatīṣū tahi vidyamānā cyavanti ye cāpyupapadyi tatra //[②]

意为：（佛光的照耀使人们看到了）远到阿鼻地狱和世界的最上部，以及各地的众生，他们在六道中有的死亡，有的往生他土。

鸠摩罗什的译文是：

从阿鼻狱 上至有顶 诸世界中 六道众生 生死所趣[③]

奇数句自然不适合唱诵。妙的是鸠摩罗什把紧接着的下面一偈译成了三句：

善恶业缘 受报好丑 于此悉见

且上偈末句“生死所趣”与下偈首句“善恶业缘”正相联对，读经的人很自觉地就会把上偈末句断入下偈。这样，不仅两个奇数句加在一起变成了偶数句，而且意群区分清晰，读来朗朗上口。由于衔接处天衣无缝，后来的注释家几乎不可能不把它们当作两个四句偈来对待。

总之，由于鸠摩罗什译文中有若干偈颂多于四句，致使韵文部分的篇幅有所加长。我统计了一下，序品第一部分韵文中他未按规范译为四句的共有16偈。统计结果为：

偈号	句数
3	8
5	5
6	3

① 《大正藏》第九卷，三页上。

② P. L. Vaidya原本第4页。

③ 《大正藏》第九卷，二页下。

7	8
8	8
12	6
14	6
16	2
20	6
21	2
33	6
42	8
46	8
47	8
52	2
53	2

这里16偈的88句，加上其余40偈（每偈四句）的160句，共248句。智者大师显然认定译文是规范化的，每行（偈）4句，因此他理所当然地算出共有62行。此即前所谓“偈有六十二行”的由来。

这就是前面所说的形式上的误解。不过，这种误解基本上没有影响智者大师对于原本经义的领会。相反，我们倒能看到这样的例子：他在分段讲解佛光普照东方一万八千世界这一内容时说：“今明颂（指序品第一部分韵文）中具问他土六瑞，文为六。初三行问六趣众生，二四行问见彼佛及说法，三三行问他土四众，次一行半结前开后。……”[①]此处所谓“次一行半”系指原经“文殊师利 我住于此 见闻若斯 及千亿事 如是众多 当今略说”六句。[②]这六句在梵文原本中恰是一偈，即第12偈。[③]这种不谋而合说明智者大师的研究十分细密，理解也很准确。

---

① 《大正藏》第三十四卷，三〇页下。

② 《大正藏》第九卷，三页上。

③ 原文为śṛṇomi paśyāmi ca mañjughoṣa iha sthito īdṛśakāni tatra/ anyā viśeṣāṇa sahasrakoṭyaḥ pradeśamātraṃ tatu varṇayiṣye// 见P. L. Vaidya原本第5页。

二、内容上的误解

《妙法莲华经·方便品》韵文第103偈：

是法住法位　世间相常住　于道场知已　导师方便说[①]

这一偈在法华经中地位重要，无论古代僧人，还是后世的研究家，对它都很重视。智者大师对该偈的解释是：

"是法住法位"一行，颂理一也。众生、正觉一如无二，悉不出如，皆如（以？）法为位也。"世间相常住"者，出世正觉以如为位，亦以如为相，位、相常住。世间众生亦以如为位，亦以如为相，岂不常住？世间相既常住，岂非理一？又释世间者，即是阴界入也。常住者即正因也。然此正因不即六法，缘了不离六法。正因常故，缘了亦常，故言"世间相常住"也。"于道场知已"，此举果释成开权显实。道场朗然，斯理久畅，物情障重，方便施三。[②]

这里，智者大师以"如"训"位"，明确其所指为一切万物真实不变的本性，颇合原文之意。然而却也有有两个误解。误解的来源，还要追溯到梁法云所撰《法华经义记》：

"是法住法位"者，是万善法住一乘法位，故法住法位。"世间相常住"者，只是世间取相，诸善亦住一乘佛位。又一种解：修此万善在于世间相；"常住"者，常住大乘中。"导师方便说"者，根本只是一因。昔日方便说言有三。故知只是一因。[③]

在这里，法云把"法住"二字分开，视"住"为动词，把"是法住法位"一句理解为"这法存在于法位（之中）"。此外，他把"世间相常住"中的"相"当作实词（名词），把"世间相"当成了一个概念。

智者大师亦将"法住"分作二字理解，且同样把"世间相"当成了一个完

① 《大正藏》第九卷，九页中。

② 《大正藏》第三十四卷，五八页上。

③ 见该书卷三，载《大正藏》第三十三卷，六〇七页下。

整的概念，[①]更以此为基础，多方譬解，重重发挥，爰成一家之言。

查对原文，发现这一偈是：

dharmasthitiṃ dharmaniyāmatāṃ ca nityasthitāṃ loki imāmakampyām /

buddhāśca bodhiṃ pṛthivīya maṇḍe prakāśayiṣyanti upāyakauśalam // [②]

译出来，意思就是："诸佛将要用方便善巧的方式，在地上的道场演说法住（法的持久性，或称常住不灭性）、那常住世间而又不可动摇的法位（法的稳固性，或称不变性）和菩提"；或贴近鸠摩罗什的理解，译作："诸佛在地上的道场觉悟以后，将要用方便善巧的方式，演说法住和那常住世间而又不可动摇的法位。"

原经"是法住法位"，用今天的话说，就是"这法住和法位"，仅仅罗列了两个概念。将"是法住法位"中的"住"理解为动词，把这五字当成一个完整的句子，便是误解了原意。"法住"两字不应分开。它们联在一起构成一个概念，这从梵文原文可以清楚看到。原本"法住"作dharmasthiti。

至于"世间相常住"，倘就罗什的译文进行解释，不妨视作"是法住法位"的谓语。"世间"loka在原文中用依格loki，意在标明地点。由此可知罗什译文里的"相"不再可能与之结合而成一个概念，即所谓"世间相"。此"相"在这里是虚字，读阴平，不读去声。《说文解字》："相，省视也。"后虚化，即段注所谓："目接物曰相，故凡彼此交接皆曰相。"作为虚字，它表示一方对另一方有所动作，后面多为动词，如相助、相告、相赠、相扰等。"相+动词"这样的结构很常见，且尤常见于诗词，例子所在多有，兹不具举。此处"是法住法位，世间相常住"是鸠摩罗什对于梵本原文的活译。语法上可解释为：通过虚字"相"，"法住法位"对"世间"有所动作——"住"。"世间相住"即"住在世间"。鸠摩罗什译文的意思是"这法住和法位经常住在世间"。

智者大师的误解，直接影响了后世对于《妙法莲华经》这段经文的理解。例如唐澄观《大方广佛华严经随疏演义钞》便说："是法住法位等者，重释前偈。言是法者，即前所知之法。所以常无性者，由住真如正位故。由缘无性，缘起即真。由即真故，故上云无性。言法位者，即真如正位。故智论說，法性

① 同样的理解也可见于他的《妙法莲华经玄义》："文云：是法住法位，世间相常住，唯我知是相，十方佛亦然。……"见《大正藏》第三十三卷，六八二页上。实际上，智者大师四句引文虽然同在原经"方便品"，但前二句与后二句是分属两处的。将它们放在一起，显然是认为两个"相"同为实词。

② P. L. Vaidya原本第38页。

法界法住法位，皆真如异名。世法即如故，皆常住。”[①]

现代佛教研究著作的相关评析，也有很多是以上述误解为基础展开的。

如郭鹏《隋唐佛教》：“这个解释（按指智者大师对于‘是法住法位……’一偈的解释）的意思是清楚的：世间和‘出世间’，‘佛’和众生，同一‘真如’，同‘住’真如‘法位’；‘出世’既是‘常住’的，世间自然也是‘常住’的。……‘是法’，指的是‘本有’的‘妙谛’，也就是‘真如’、‘佛性’等等。‘诸法’本来都具有‘法性’、‘真如’，安‘住’在本来具备的‘法位’上；这也就意味着世界上一切事物（相）的本体，就是‘真如’、‘法性’，因而都是永恒（‘常住’）的。这是对‘十如是’思想的另一种、更加明白的表述。”[②]

又如《中国佛教史》：“当作‘无性’的‘法’，只是作为共性的本质存在于个别的具体现象中，而表现为不同种类的个别现象，就是无性‘法’得以存在的‘法位’。因此，看起来是非常抽象神秘的‘无性’，总是以‘世间相’出现。这样，《妙法莲华经》所讲的‘实相’，就不再单是般若的‘空性’，而是包括借以表现它的各种‘世间相’。由之特别发挥了关于无限差别性的思想。”[③]

再如心皓法师《法华经学修旨要》：“颂中最喜为人乐道的是‘是法住法位，世间相常住’两句。‘是法’，指常无性的实相之法，亦是本经所说的一乘妙法。‘住’是常住不离之意。‘法位’指十法界四圣六凡，情与无情诸法的本位。此一乘妙法，周遍十法界诸法的本位，常住不离。‘世间相’，是指世间上一切诸法现象种种不同的差别相，此等诸法之相，原是变幻莫测，属于无常，唯因此一乘妙法常住于诸法的本位，时刻不离，因此世间诸法现象之相，也常住不灭。”[④]除了上面的解释以外，法师认为“对‘是法住法位’中的两个‘法’字还有另一种解释。‘是法’，即一切色心之法，‘法住’即真如正位。一切色心诸法，皆安住于真如（法位）之中。换言之，一切诸法，皆依真如而得现起，如波依水起。”[⑤]

定广《〈法华经〉四要品解读》的解释则为：“这是颂理一。**是** 指诸法实相——十如是之理，也就是性修不二的一佛乘妙法；**法住** 即‘一佛乘’的别

① 《大正藏》第三十六卷，五五页下。

② 见该书第131页，济南：齐鲁书社，1980年3月第一版。

③ 见该书第二卷，第426页，北京：中国社会科学出版社，1985年11月第一版。

④ 见该书第87–88页，北京：宗教文化出版社，2010年9月第一版。

⑤ 前引书第88页。

称，既言法住，即是不动。何法不动？那就是‘无住’这一法，从不系缚于任何一法，却又无所不住，因此以无住为本建立一切法。…… 世间 有正觉世间、众生世间、器世间。相 即十如是中的‘如是相’。常住 即不动、不变。也就是上述三种世间的相是不动不变、本来如是的。正觉世间悟此实相常住之理，以实相常住为相，也就是以法住法位为相；法住法位是常住故，所以正觉世间之相也是常住。……”[①]这里，法师最初似乎认定“法住”为一概念，且理解与原文颇为接近。然而，后面“法住法位是常住故”等语却又将二字分开解释。何以如此？不知其解。

从以上数例看，智者大师对于“是法住法位”一偈的误解在后世产生了持续的影响，直至今日。经过一千多年历代僧俗研究家的反复引据和喻解铺陈，这样的解释显然已经构成了一种独立的理论系统，内部自洽，充实完整，作为权威，无可置疑。

佛教传入中国几两千年，其间除原典传译外，也有注疏性质的著作不断撰写出来。它们见仁见智，一方面反映了中国人尤其是信仰者对于外来宗教的深刻理解，另一方面也显示出独立发展的倾向，并逐步建立起具有独特理论的传承体系。但是，佛教观念的引入，如上所述，是一个非常复杂困难的过程，而一译一解之间，也难免出现偏差。智者大师于陈祯明元年（587）在金陵光宅寺开讲《妙法莲华经文句》时，上距《法华经》传入中国（406）约180年。他就该经的旨趣和义理做了充分的阐发。后《文句》与《法华经玄义》、《摩诃止观》一起，并称法华三大部，为天台宗的成立，奠定了重要的理论基础。然而，智者大师未谙经典原文，故无从在原本和译本之间进行比勘，以求得译典本义。因此，他的判读偶或乖离原意，是完全可以理解的。不过，佛典关键内容的误读毕竟牵涉到义解问题，影响深远，值得重视。至于这样的发现是否会对中国传统的佛教研究产生影响，产生怎样的影响，因为例子尚少，目前还看不出。

原载《世界宗教研究》1988年第3期，2011年修改

① 见该书第八一～八二页。上海世纪出版股份有限公司，上海辞书出版社，2010年12月第一版。

严译与什译

严复在近代翻译史上是做出了划时代贡献的人物，他的影响至今犹在。他的翻译，在现代译家看来，可以指摘的或非一端；但是，他的译品自有其为诸新译所不可替代之处，亦有独立存在的价值，恐怕也是人人都承认的。

他的翻译经验，数十年来已有不少专家做过研究。这里，我准备请出中国翻译史上另一位同样起过划时代作用的译经大师鸠摩罗什（Kumārajīva，343？–413？），在翻译方法上，谈谈他们的共同特点，并看看能否以此为基础，就中国传统译风取得些认识。这两位译家生活的时代相去超过一千五百年，所习范围，完全不同。那么，我为什么要将他们放在一起，加以比较呢？这还得从严译与佛典的关系说起。

一、严译和佛典

读过严译，也读过一些汉译佛典的人，都会感到，在某些地方，两者的关系颇为亲近。最明显的有两点：

一、严复在译著中，常常表现出对于佛教思想的深刻了解。这些思想他不仅时时引譬，而且津津乐道。《天演论》的案语中，常有他对于佛教概念的阐释。比如，他解释过佛教的根本概念“涅槃”：

> “涅槃者。盖佛以谓三界诸有为相。无论自创创他。皆暂时訢合成观。终于消亡。而人身之有。则以想爱同结。聚幻成身。世界如空华。羯摩如空果。世世生生。相续不绝。人天地狱。各随所修。是以贪欲一捐。诸幻都灭。无生既证。则与生俱生者。随之而尽。此涅槃最浅义谛也。”[①]

① 《天演论》，109页，北京：科学出版社，1971年。下同。

又如，对于“不可思议”一语，他也有深入的见解：

“不可思议四字。乃佛书最为精微之语。中经稗贩妄人。滥用率称。为日已久。致渐失本意。斯可痛也。夫不可思议之云。与云不可名言不可言喻者迥别。亦与云不能思议者大异。假如人言见奇境怪物。此谓不可名言。又如深喜极悲。如当身所觉。如得心应手之巧。此谓不可言喻。……如不知通吸力理人。初闻地员对足底之说。茫然而疑。翻谓世间无此理实。告者妄言。此谓不能思议。至于不可思议之物。则如云世间有圆形之方。有无生而死。有不质之力。一物同时能在两地诸语。方为不可思议。……然而谈理见极时。乃必至不可思议之一境。既不可谓谬。而理又难知。此则真佛书所谓不可思议。”①

显然，严复不仅读过佛书，通晓佛理，而且颇以精义独得自许。

二、严复有些译文的文体酷似佛典。下面是《名学浅说》中的两段，就中可见大概。

一段讲地球引力：

“……最易见者，楼头泻水，雨落空中。因此更思：原来坠地，不论凝流。但是有质，莫不如此。便尔自问：世间万物，有不坠否？举头见云，烟雾尘埃，似非坠者。但更观察，知其亦坠。其暂飘浮，以风阻故。然则天风，真不坠者？研究更密，知亦不然。但遇真空，空气亦坠。且其迟速，同于金石。如是乃知，凡世间物，莫不亲地，无上升者。凝流气三，皆所不论。”

一段讲光的分解：

“……如是他日，见池水上，忽有五彩，及细察观，乃知松油，流泛水面，成极薄者，而受光影，故现此色。……”②

我们看到，这和汉译佛典中的甚为习见的四言句式（不仅使用在偈颂中，而且使用在长行中）无论在结构上，还是风格上，略无二致。而“其暂飘浮，

---

① 同上书，108页。

②《名学浅说》，93、94页，北京：商务印书馆，1981年。

以风阻故"之类，更是典型的佛典语句。《天演论》中也有这类例子。[①]

佛典四言（或五言、七言）偈颂和中国四言（或五言、七言）诗歌的主要区别是：无韵、允许在意群中间点断、表达完整意思的句子长短自由。上述严译同样有这三个特点，所以它们读起来不像散文，不像诗歌，而像佛典。佛典的译法，向无例外，任取一例，都是如此，如《正法华经》解释诵读佛经给人的"舌根"带来的好处，称：

> "其人舌根，则悉柔软，分别诸味，简练好丑，自然甘美，如天饮食，若干种味，次第而生。音声殊妙，语言和雅，听受奇异，意欢喜悦，在众会者，莫不钦敬。又当演出，深奥音响，其有听闻，所说经法，睹察报应，清净亿千，即生欢喜，晓了尊上，供养经卷，不可计量。"[②]

严译和佛典的相似，是严复有意识采取汉译佛典文体的结果。当然，时代已经不同，严复也只能在少数地方模仿佛典。不过，佛典翻译在原则上却始终是他学习的对象。他的古文老师吴汝纶就曾鼓励他这么做。他说："宜如晋、宋名流所译佛书，与中儒著述显分体制，似为入式。"[③]后来的鲁迅先生，更是明确地指出了这点，并且对于更深的具体渊源，亦有所究。他说："……严又陵为要译书，曾经查过汉晋六朝翻译佛经的方法……他的翻译，实在是汉唐译经历史的缩图。中国之译佛经，汉末质直，他没有取法。六朝真是'达'而'雅'了，他的《天演论》的模范就在此。唐则以'信'为主，粗粗一看，简直是不能懂的，这就仿佛他后来的译书。"[④]那么他当初奉为楷模的人物究竟是谁呢？他自己透露过消息。在《天演论·译例言》中，他说："题曰达恉。不云笔译。取便发挥。实非正法。什法师有云。学我者病。来者方多。幸勿以是书为口实也。"[⑤]看来鸠摩罗什正是他所敬佩欣赏，乐于师法的前辈同行。

鸠摩罗什，中国佛教四大译经家之一。陈寅恪先生在谈到他的贡献时指出："鸠摩罗什翻译之功，数千年间，仅玄奘可以与之抗席。今日中土佛经译本，举

---

① 如《天演论》卷下，真幻第九，103页。

② 《大正新修大藏经》(以下简称《大正藏》)，第九卷，一二一页。

③ 《答严幼陵》，载《中国近代文论选》，上册，第二辑，304页，北京：人民文学出版社，1959年。

④ 《鲁迅全集》第4卷，306-307页，北京：人民文学出版社，1959年。

⑤ 《天演论·译例言》，见该书第9页。

世所流行者，如金刚法华之类，莫不出自其手。若言普及，虽慈恩犹不能及。所以致此之故，其文不皆直译，较诸家雅洁，应为一主因。”[①]严复深明此理，故于历史上成百位佛典译家中独取罗什以为同调，在翻译《天演论》时同样采取了达意而不拘守原文的原则；至于行文，则亦重雅洁。[②]事实上，严复的其他译作，包括鲁迅认为像唐译佛典一样“信”的，以及其他研究者认为做到了“义无不达，句无剩义”[③]的几部，都或多或少容纳了意译的成分。因此可以说，就整体看，他和鸠摩罗什的译风有着完全一致的倾向。对此我们可以举些例子来说明。

二、严译和什译的相似特点

这里我准备谈几种严、什翻译的共同特点，即几种虽然习见于他们的译品，却又有悖于今天的翻译原则，或者罕见于现代译著中的手法。严译的例子我取自公认他译得较为质直的《原富》、《群学肄言》和《群己权界论》[④]；什译的则取自他的《妙法莲华经》[⑤]，一般认为这是他最好的译品。由于篇幅有限，且本文的目的主要在说明现象的存在，所以每种特点我只举一例，顺序则是严前什后。

---

① 《金明馆丛稿二编》，二〇九页，上海：上海古籍出版社，1980年。

② 鲁迅先生指出，“最好懂的自然是《天演论》，桐城气息十足，连字的平仄也都留心。摇头晃脑的读起来，真是音调铿锵，使人不自觉其头晕。”（《鲁迅全集》第4卷，306页）吴汝纶说：“自中土翻译西书以来，无此宏制。……自来译手，无似此高文雄笔也。”（《答严幼陵》）蔡元培说：“他的译文，又都是很雅训，给那时候的学者，都很读得下去。”（《五十年来中国之哲学》，见《蔡元培选集》1959年版，216页）贺麟认为：“严复的译文很尔雅，有文学价值，是人人所公认无有异议的。”（《严复的翻译》，见《东方杂志》第22卷，21号，第八一页）。

③ 胡先骕：《评胡适五十年来中国之文学》，载《学衡》第十八期，该文第七页。

④ 中译本皆用1981年商务印书馆版。原本则是：Adam Smith. *An Inquiry into the Nature and Causes of the Wealth of Nations*，Methuen & Co. Ltd.，5th Edition，1930；Herbert Spencer. *The Study of Sociology*，Kegan Paul，Trench，Trübner & Co. Ltd.，22nd Edition，1908；John Stuart Mill. *On Liberty etc.*，Humphrey Milford Oxford University Press.

⑤ 这里用的是《大正藏》，载于该藏第九卷。原本用的是Dutt，Nalinaksha，rev. *Saddharmapuṇḍarīkasūtram* with N. D. Mironov's Readings from Central Asian Mss.，Calcutta：Bibliotheca Indica No. 276，1953.

（一）主语的替换

例1：

原文（《群学肄言》）: The class-bias，like the bias of patriotism，is a reflex egoism，and like it has its uses and abuses.（p. 242）

严译：流梏与国拘同，原于人心之自为，故三者之事，皆有其不可无，亦皆有其不可过。（第183页）

案：原文主语始终是“流梏”（“阶级偏见”），但严复把它换成了“三者之事”，即“流梏”、“国拘”和“人心之自为”。不过我们看到，这一更换并未损害原意。

例2：

原文（《妙法莲华经》，以下简称《妙》）: adyeme saṃśayaprāptā vaśībhūtā anāsravāḥ｜nirvāṇam prasthitā ye ca kimetad bhāṣate jinaḥ‖（p. 27）

可译作：今天，那些求涅槃的无漏的自在者们陷入了疑惑：耆那为什么要说这个？

什译是：无漏诸罗汉。及求涅槃者。今皆坠疑网。佛何故说是。（第六页）

案：这里，“自在者”被译成了“罗汉”（“阿罗汉”的略称）；“耆那”被译成了“佛”。但据上下文看，经典中曾经提到过“自在者”、“阿罗汉”等众，这里用“自在者”来代表他们和用“阿罗汉”来代表他们，并无区别。至于“耆那”和“佛”，它们本来就互为异称，因此可以说鸠摩罗什的翻译亦未脱离原文。

（二）变数

例3：

原文（《群学肄言》）: Over his pipe in the village ale-house，the labourer says very positively what Parliament should do about the “foot and mouth disease”.（p.1）

严译：每岁田功告隙，三五佃佣，衔烟斗，扬酒卮，箕坐山村酒肆间，盛气高谈，言牛疫盛行，议院毫无补救之术。（第1页）

案：严复在这里将原文“佃佣”的单数作复数，但由于原来的单数并非特指，所以变成复数后，原意未受影响。值得注意的是，译笔使场面大大地戏剧化了。

例4：

原文（《妙》）：brahmā ca māṃ yācati tasmi kāle śakraśca catvāri ca lokapālāḥ | maheśvaro īśvara eva cāpi marudgaṇānāñca sahasrakoṭayaḥ ‖（p.42）

可译作：这时，梵天便劝请我（转法轮），还有天帝释、护世四天王、大自在天、自在天和成千上万的诸天众（也劝请我）。

什译：尔时诸梵王。及诸天帝释。护世四天王。及大自在天。并余诸天众。眷属百千万。恭敬合掌礼。请我转法轮。（第九页）

案：原文是单数的"梵天"和"天帝释"在译文里都变成了复数。由于它们是句中的次要成分，所以于原意并无影响。

（三）具体化的译法

这是指将抽象的或不那么具体的事物，译为相当具体的事物。

例5：

原文（《群己权界论》）：Armed not only with all the powers of education，but with the ascendancy which the authority of a received opinion always exercises over the minds who are least fitted to judge for themselves……（p.101）

作者在这里谈的是社会对于人的影响力和支配力。

严译：国中学校林立，师资云屯，先正之格言，前王之法典，此真中材以下之民，不能自用其别识者之所倚恃，而于其心最有率导之权力者也……（第89页）

案：他用具体的"学校"、"师资"代替抽象的"教育"；以较为具体的"格言"、"法典"代替较为抽象的"公认的见解"；而具体的"先正"、"前王"则事实上意味着抽象的"权威"。这种译法的好处，在于可以使读者的感受较为形象而明确。

例6：

原文（《妙》）：uṣṭrātha vā gardabha bhonti bhūyo bhāraṃ vahantaḥ kaśadaṇḍatāḍitāḥ | āhāracintāmanucintayanto ye buddhanetrī kṣipi bālabuddhayaḥ ‖（p.69）

这是佛对于反对佛经的人的诅咒，可译作：这些蠢人诽谤佛道，他们就会变成骆驼，或者驴子，担负重物，受鞭杖的抽打，除了想吃还是想吃。

什译：若作駞驢。或生中驴。身常负重。加诸杖捶。但念水草。余无所知。谤斯经故。获罪如是。（第十五页）

案：他把“除了想吃还是想吃”具体地译成“但念水草，余无所知”，我们也感到比原文更鲜明些。

（四）状语的删除

例7：

原文（《群学肄言》）：That feelings of love and hate make rational judgments impossible in public affairs，as in private affairs，we can clearly enough see in others，though not so clearly in ourselves.（p.153）

严译：爱憎之情大胜，其智必昏，于己则暗，于人则明。（第114页）

案：他删略了状语“在社会事务和在私人事务中一样”。

例8：

原文（《妙》）：te tasmin kāle tasyāṃ virajāyāṃ lokadhātau bahavo bodhisatvā bhaviṣyantyaprameyāsaṃkhyeyācintyātulyāmāpyā gaṇanāṃ samatikrāntā anyatra tathāgatagaṇanayā ｜（p.50）

可译作：那时，在离垢世界上，将会有大量的菩萨出现，其数无限，无法计量，难以想象，既无可比，也无法算，完全超越计算可能，除非如来可以点算。

什译：彼诸菩萨无量无边不可思议。算数譬喻所不能及。非佛智力无能知者。（第十一页）

案：他省掉了“那时，在离垢世界上”这两个时间和地点状语。

（五）状语的增加

增加较删除的现象为少，但也时有发生，比如：

例9：

原文（《群己权界论》）：If society lets any considerable number of its members grow up mere children，incapable of being acted on by rational consideration of distant motives，society has itself to blame for the consequences.（p.101）

严译：察国中丁壮之民，行己制事之间，犹懵然无殊于幼稚，于事前不识所诚求，于事后不知所远虑，此其过谁实任之，夫非陶铸范成之者欤？（第89页）

案：状语“行已制事之间”以及“于事前”、“于事后”是严复在翻译时加上的。

例10：

原文（《妙》）：atha khalu mañjuśrīḥ kumārabhūta etamevārthaṃ bhūyasyā mātrayā pradarśayamānastasyāṃ velāyāmimā gāthā abhāṣata |（p.18）

可译为：这时，文殊师利法王子为了更进一步宣示此义而说这样的偈颂。

什译：尔时文殊师利。于大众中。欲重宣此义而说偈言。（第四页）

案：其中“于大众中”是鸠摩罗什自加的状语。

（六）定语的删除

例11：

原文（《原富》）：Profit is so very fluctuating, that the person who carries on a particular trade cannot always tell you himself what is the average of his annual profit. It is affected, not only by every variation of price in the commodities which he deals in, but by the good or bad fortune both of his rival and of his customers……（p.89）

严译：盖赢得之事，变动不居，即叩之本业之主，彼之赢进，岁率几何，往往不能答也。其所待为变，不仅价之高下而止，同业之盛衰，受货者之舒急……皆能为异。（第82页）

案：在这里，“价之高下（即价格变动）”的定语“他所经营的商品的每一”删去了。

例12：

原文（《妙》）：alaṃ hi dharmeṇiha bhāṣitena sūkṣmaṃ idaṃ jñānamatarkikaṃ ca | abhimānaprāptā bahu santi bālā nirdiṣṭadharmasmi kṣipe ajānakāḥ ‖（p.29）

舍利弗曾经一再要求佛说法，这是佛对舍利弗的回答，可译作：不要再提在这里说法（的事）了。这智慧是微妙的，不可思议的。很多傲慢、愚蠢、无知的人会抵制这被（我）开示的法。

什译：止止不须说。我法妙难思。诸增上慢者。闻必不敬信。（第六页）

案：这里除了其他省略外，也省去了定语“愚蠢”、“无知”、“被开示的（法）”等。

删除定语的现象在严译和什译中均很普遍。

（七）定语从句的假设译法

例13：

原文（《群己权界论》）：He who lets the world，or his own portion of it，choose his plan of life for him，has no need of any other faculty than the ape-like one of imitation.（p.73）

严译：今使人之行己也，行藏取舍，皆取决于他人，而以人之法则为法则乎，则天之生人，不必赋以他才，但能仿效如狙足矣。（第63页）

例14：

原文（《妙》）：dṛṣṭāśca teno purimāstathāgatāḥ satkāru teṣāṃ ca kṛto abhūṣi | śrutaśca dharmo ayamevarūpo ya eta sūtraṃ abhiśraddadheta ‖（p.69）

这是如来佛的话，可以直译为：那信受此经（即《妙法莲华经》）的人，是见过过去诸佛，对他们做了供养，并且听过如是法的人。

什译：若有信受。此经法者。是人已曾。见过去佛。恭敬供養。亦闻是法。（第十五页）

案：定语从句的假设译法也曾为其他的佛经翻译家所采用。直到严复还在使用这种方法，这一点很值得注意。

（八）直接引语和间接引语的互变

严复和鸠摩罗什都不太拘守原文引语的形式。他们常常会根据行文的需要变直接引语为间接引语，或者相反。比如：

例15：

原文（《群学肄言》）：Almost every autumn may be heard the remark that a hard winter is coming，for that the hips and haws are abundant：the implied belief being that God，intending to send much frost and snow，has provided a large store of food for the birds.（p.25）

严译：岁季秋行田野间，辄闻农人指相告曰："岁云暮矣，今冬必奇寒，何处处棘实之多耶？"其意盖谓天心至仁，隆冬洊至，则先为群乌养羞。（第18页）

例16：

原文（《妙》）：teṣāmahaṃ śārisutā upāyaṃ vadāmi duḥkhasya karotha antam |

duḥkhena saṃpīḍita dṛṣṭvā sattvānnirvāṇa tatrāpyupadarśayāmi ‖（p.35）

直译是:（佛说道：）舍利弗，我对他们（众生）讲方便：“结束你们的苦恼吧!”看到（他们）被苦恼折磨着，我给众生开示涅槃。

什译：是故舍利弗。我为设方便。说诸尽苦道。示之以涅槃。（第八页）

案：一般说来，严译变间接引语为直接引语的现象较多，而什译取消直接引语形式的现象较多。

（九）其他增益

除了前面提到的在我们看来并无特殊意义的状语的增益以外，严复和鸠摩罗什还常会对原文做某些有目的的增益。它们用途广泛，难以备举，用于解释和修饰的比较多见。

1. 解释性的

例17：原文（《群己权界论》）: No society in which these liberties are not, on the whole, respected, is free, whatever may be its form of government; and none is completely free in which they do not exist absolute and unqualified.（p. 1 8）

严译：凡以上种种之自由，设不为社会政府所同认者，则其国非自由之国，而其政制之如何，为君主为民主，所不论也；设认矣而其义缺不完，则其民亦未享完全自由之幸福。（第14页）

案：这里增加的“为君主为民主”是对于“政制”的解释。显然，这种解释对当时的读者是很有帮助的。

例18：

原文（《妙》）: tato hyahaṃ śārisutā viditvā vārāṇasīṃ prasthitu tasmi kale ｜ tahi pañcakānāṃ pravadāmi bhikṣunāṃ dharmaṃ upāyena praśāntabhūmim ‖（p.44）

可译作:（佛说道：）于是，舍利弗，我在思考了（前面说的）这些以后，即时就到波罗奈去，运用方便对五比丘说寂灭相之法。

什译：思惟是事已。即趣波罗奈。诸法寂灭相。不可以言宣。以方便力故。为五比丘说。（第一〇页）

案：这里加入的“不可以言宣”是用来说明为什么要运用“方便”（“以方便力故”）这种权且变通之法来讲解“寂灭相”这一教理的。无疑，增加这种解释对于读经者理解原文是有好处的。

2. 修饰性的

例19：

原文（《原富》）：Poverty，though it no doubt discourages，does not always prevent marriage. It seems even to be favourable to generation. A half-starved Highland woman frequently bears more than twenty children，while a pampered fine lady is often incapable of bearing any，and is generally exhausted by two or three.（p.80）

严译：昏嫁之事，因贫而难，然不因贫而绝也。至生子之量，则若因贫贱而转大。尝见苏格兰山部妇人，饥羸困苦，并日而食，连生二十余乳为常。而高门之中，美衣丰食，反辄童然不生，即或有之，至于二三，生意尽矣。（第72页）

案：这里增加了“并日而食”和“高门之中”等作为修饰，意在加强感染力。

例20：

原文（《妙》）：traidhātukaṃ co yatha tanniveśanaṃ subhairavaṃ duḥkhaśatābhikīrṇam ｜ aśeṣataḥ prajvalitaṃ samantājjātījarāvyādhiśatairanekaiḥ ‖（p.68）

可译作：（佛在前面讲了一个故事，用一座朽坏而失火的大宅比喻众生生活的世界——三界，然后说：）三界也如这宅屋一样，是可怕的，充满成百种困苦，它完全地，普遍地被生、老、病等成百种（困苦）所燃烧着。

什译：三界无安。犹如火宅。众苦充满。甚可怖畏。常有生老。病死忧患。如是等火。炽然不息。（第一四页）

案：鸠摩罗什为了更加有效地说明佛教苦谛思想，在译文中加入了“无安”、“火（宅）”等语作为修饰。一千多年以来，“三界无安，犹如火宅”已经成为佛门中的名言，一直受到广泛引用。

三、一些想法

前面我们提出了严复和鸠摩罗什表现在翻译方法上的若干相似之处。那么，这些相似是否意味着前后承袭的渊源关系呢？我以为，尽管严复十分崇尚鸠摩罗什的译笔，他却不曾从鸠摩罗什那里学习过什么具体的翻译经验，因为他没有研究过梵汉转译问题，而非如此则谈不到从古代佛典译家那里获得具体的借鉴。看来，严、什的相似只是巧合。然而巧合既多，我们便不免对这背后是否存在必然的原因有所追问。我相信，必然的原因是有的。这里，我想从以下三方面谈点想法。

第一，严复和鸠摩罗什都是具有强烈的使命感的翻译家，他们是抱着明确的目的从事翻译工作的。严复是近代向西方寻找真理，以求改造腐朽落后中国现状的先进知识分子。他热烈地希望通过引入乃至贯彻西学，来挽救危亡中的中华民族。他急欲振聋发聩，使中国人，尤其是那些能够左右时势，却又对外来事物怀有深刻疑惧的官僚知识阶层幡然醒悟，怵焉知变，进而接受他向西方学习的主张。[①]鸠摩罗什是一位虔诚的宗教家，曾经从他的出生地龟兹（今新疆库车）西行求法，远达罽宾（今克什米尔），后东赴长安，“敷扬至教，广出妙典”，[②]以在中国廓清大、小乘尚不分明的局面，积极弘传他所笃诚信仰的大乘佛教为己任。由于严、什的翻译活动具有明确的传播和倡导目的，时刻不忘的是将一种非固有的思想文化在中国宣示出来，普及开去，为此他们必须做到一说清楚，二吸引人。

我们看到，解释性的增益一般是为了更明白地向读者传达原文，乃至顺带提供有助于理解原文的背景知识。严复作为中国早期主要的资产阶级启蒙思想家，鸠摩罗什作为早期向中国准确传输大乘思想的宗教家，他们在各自的翻译中掺入某些解释是可以理解的。中国古代的大翻译家如竺法护、义净，甚至以极端严谨著称的玄奘，都曾使用过这种方法。[③]修饰性的增益无疑是为了提高译

① 《严侯官文集》载《论世变之亟》：“于乎，观今日之世变，盖自秦以来，未有若斯之亟也。”（第六四页）《救亡决论》：“天下理之最明而势所必至者，如今日中国不变法则必亡是已。”（第七一页）他认为：“一言富国阜民，则前后始终之间，必皆有事于西学，然则其事又曷可须臾缓哉！”（第八五页）应该“指斥当轴之迷谬……从其后而鞭之。”（《原富》第9页）任继愈先生指出：“严复在中国近代思想史上占有比康有为、谭嗣同等人更为特殊的地位，他是中国最早系统地介绍西方资本主义经济、政治理论和学术思想，宣传资本主义‘西学’‘新学’以与封建主义的‘中学’‘旧学’相抗衡的首要代表人物。”（《中国哲学史》第四册，204页，北京：人民出版社，1979年）

② 汤用彤：《汉魏两晋南北朝佛教史》，196页，北京：中华书局，1983年。

③ 《宋高僧传》卷四载释法宝传：“奘初译婆沙论毕，宝有疑情，以非想见惑请益之。奘别以十六字入乎论中，以遮难辞。宝白奘曰：‘此二句四句为梵本有无？’奘曰：“吾以义意酌情作耳。”（中华书局本，1987年版，六八页）印度学者柏乐天和中国学者张建木合撰的《俱舍论识小》认为：“世或谓玄奘直译，恐非谛论也。”（《现代佛学》一卷、第七期、24页）另可参见《翻译通报》一九五一年第五期、第六期《伟大的翻译家玄奘》。

文的文采，增加感染力，以吸引和影响读者。孔夫子“言之无文，行而不远”[①]的教训深刻地影响着古今中国的知识分子，自然也影响着翻译家们。严、什实践的成功似乎又反过来证实了孔夫子的观点。今天，自行增饰已为一切严肃的翻译家所不取，但对于过去具有使命感的译家（他们同样也是严肃的）积极争取读者以扩大思想影响的努力，我们还是可以同情的。

具体化的译法往往也可看作是对于原文的解释。由于译文具体、明确，常能有助于读者的理解，给人以深刻的印象。

删略的目的，一般在于避免原文的繁复，以适应古汉语行文简约的特点。中国的佛典翻译早在西晋就有竺叔兰等采取“言少事约，删削复重”的手法，结果深受道安称赞，谓之“事事显炳，焕然易观”。[②]此风绵延不绝，在鸠摩罗什和严复身上都能看到明显的体现。增也好，删也好，就为文来说，同是为了迎合中国人典雅精练的习惯，目的在求得思想文化的有效传播。

直、间接引语的互变在严、什的翻译中颇为多见，唯前者常将间接引语变为直接引语，甚至原无对话而以对话出之，而后者则相反的倾向更多一些。揣其用意，大约是前者为了使平铺直叙的说理文生动起来，故借人物谈话以活跃气氛，增加趣味，使读者印象深刻；后者则以行文流畅为虑，通过去除直接引语可能给诵读带来的阻隔，以求叙述的简洁明快，而偈颂部分由于受到形式的局限，改动以后，更有避免误解，便于布局的好处。

总之，前述几种手法，看来是严、什在翻译时有意使用的，目的在于以适合读者口味的风格吸引人，把道理明白清楚地讲给人。他们出于相同的动机，使用了相同的方法。[③]

第二，严复和鸠摩罗什对于他们积极引入的思想文化都有广泛的了解和深刻的认识。严复研究过欧洲近代最重要的思想家如哥白尼、牛顿、康德、培根、霍布士、洛克、笛卡儿等，也很了解欧洲古代的思想家如柏拉图、亚里士多德、

---

① 《左传·襄公二十五年》。

② 道安：《合放光光赞随略解序》，载《中国佛教思想资料选编》第一卷，42页，北京：中华书局，1981年。

③ 有些手法我们一时说不出其所以然，但个别的，我们还是能够从中看出译家的良苦用心，如例3。这里以生动的场面代替原文平实的叙述，对于读者的吸引力无疑大大增强。作为全书的首句，其作用是不可忽视的。王佐良先生曾指出过严复的这一倾向，他说：“Stylistically, one notices in Yan’s rendering a certain tendency towards dramatization。”（Two Early Translators Reconsidered，载《外语教学与研究》，1981年第一期，3页）。

德谟克里特。他对于西欧初期资产阶级自由主义的经济和政治观点以及其后的达尔文进化论，哲学中的实证主义、不可知论等，尤为服膺。[①]我们从严译的案语中很容易看出他的西学是何等渊博。鸠摩罗什是学究大、小二乘的宗教思想家。他在龟兹始从大师佛图舌弥学习小乘，后至罽宾，遇"才明博识，独步当时"的槃头达多法师，从之学习《杂藏》和中、长《阿含》；及北还沙勒，又幸遇专以大乘为化的须利耶苏摩，宗而奉之，学得《阿耨达经》，以及《中论》、《百论》、《十二门论》等，从而放弃小乘而改宗大乘。此外，他还旁涉吠陀、五明，乃至阴阳星算，由于学识广博深邃而"道流西域，名被东国"。[②]西域诸国无不服其神俊，衷心崇仰，乃至每逢升座讲经，常有国王跪于座侧，供其蹬踏。

"中学"的情况如何呢？严复少时即从福建宿儒黄少岩读书，治经有法，奠定了旧学根底。自英国游学东归后，他又就当时的桐城派大师吴汝纶学习古文，造诣大大加深，"虽小诗短札皆精美，为世宝贵"[③]。因此，梁启超说他"于西学中学，皆为我国第一流人物"[④]。至于鸠摩罗什，对他的汉文水平，说法不一。有的说他"转能汉言，音译流便"[⑤]，"既尽寰中，又善方言"[⑥]；有的说"法师于秦语（按即汉语）大格，唯识一法（往？），方言殊好犹隔而未通。"[⑦]推测起来，他中年以后来华，学好汉语，确有困难。但是，到达长安以前，他已在凉州居留十七年，对于汉语的了解，当已达到相当水平，因此才能在后来译经时"手执胡本，口宣秦言，两释异音，交辩文旨"[⑧]，表现出大译家的风致。不过，具有关键意义的是鸠摩罗什到长安后，在自己周围吸引了一批极有才华的汉僧，内中以道生、道融、僧叡、僧肇等最为杰出。他们学兼内外，词采富逸，既能深刻领会罗什诵译的经义，又善用恰切典雅的汉语加以表发，襄成译事，颇为得力。因此，即使对于鸠摩罗什操用汉语的水平尚难确切估计，他的译经集体

① 参见王汝丰:《严复思想试探》，载《中国近代思想家研究论文选》，101页，北京：三联书店，1957年。

② 《高僧传》卷二本传，见《大正藏》第五十卷，三三一页。

③ 陈宝琛:《清故资政大夫海军协都统严君墓志铭》，见《学衡》第二十期"文录"，十八页。

④ 见《新民丛报》第一号，"绍介新书"栏，《原富》。

⑤ 见前引《高僧传》本传，三三二页。

⑥ 语出僧肇:《注维摩诘经序》，载前引《中国佛教思想资料选编》第一卷，191页。

⑦ 语出僧叡:《大智释论序》，见《大正藏》第五十五卷，七五页。

⑧ 见僧叡:《大品经序》，载前引《中国佛教思想资料选编》第一卷，132页。

（事实上除玄奘、义净等少数例子以外，大多数佛经译典都是集体成果）的水平之高，是无可怀疑的。

在中国佛教僧传和佛经的序言、经记中，常常载有时人或后人对于译家译风的评述。总结这些评述，我们可以看到一种现象，即凡是只精于出发语言或者归宿语言中的一种，而对另一种还不够熟悉的译家，常倾向于规行矩步的直译。他们以“敬顺圣言，了不加饰”、“志存义本，辞近朴质”①为宗旨，要求“案本而传，不令有损言游字”，②强调“质”而反对“华”。其代表有支娄迦谶、维祇难、释道安等。另一类华梵兼通的译家，则常不免有游离原文，采取意译的倾向。他们以前引所谓“言少事约，删削复重，事事显炳，焕然易观”为目的，要求“曲得圣义，辞旨文雅”③、“文而不越，约而义显”④。其代表有支谦、竺叔兰等。出现这种现象，应该不难理解。前一类译家由于对某种语言（通常是作为归宿语言的汉语）不甚了然，或虽明了但不能熟练驾驭，所以在翻译时便不肯取便处理，修饰增删，唯恐毫厘千里，经旨有失。后一类译家自恃两通，便不免在认为必要时（如为了曲传经义，迎合时尚等）脱离原文，有所变异。

严复和鸠摩罗什——这里我们可以把他视为一个译经集体的代表——都是中西兼通的大师。他们既透彻地研究过自己推崇的理论和有关学问，又富有汉语文学修养，他们的译笔，便很容易走上前面那种意译的路。倘若我们再估计到他们所面临的困难：严复的西学在当时还不为多数的中国人所了解，而统治阶层和知识分子中大量的守旧派又深闭固拒，盲目地抵制它；鸠摩罗什是在大、小乘界限尚不分明，而前代译籍又颇多舛误的情况下宣传大乘的，⑤那么对于他们利用手中游刃有余的笔，灵活地处理原著，以自认为得当的方式加以译介，

① 分别见道安《道行经序》（前引《中国佛教思想资料选编》第一卷，41页）和《高僧传》卷一，维祇难传（《大正藏》第五十卷，三二六页）。

② 道安《鞞婆沙序》，见《大正藏》第五十五卷，七三页。

③ 《大唐内典录》卷二，见《大正藏》第五十五卷，二三〇页。

④ 支慜度:《合首楞严经记》，载《出三藏记集》第七卷，见《大正藏》第五十五卷，四九页。

⑤ 他的弟子僧叡说:“考之旧译，真若荒田之稼，芸过其半，未讵多也。”（《小品经序》，载《大正藏》第五十五卷，五五页）僧叡还在《毗摩罗诘堤经义疏序》中说:“……既蒙究摩罗法师正玄文，摘幽旨，始悟前译之伤本，0谬文之乖趣耳。”（同上书，五八页）《高僧传》鸠摩罗什本传记载的情况是:“……既览旧经，义多纰缪，皆由先度失旨，不与胡本相应。……什持梵本，兴（后秦王姚兴）执旧经，以相雠校。其新文异旧者，义皆圆通，众心惬伏，莫不欣赞。”（《大正藏》第五十卷，三三二页）

我们便可以理解了。

第三、既然严、什摆脱原文而自由传译的倾向都很明显，我们能不能因此就说他们的翻译是不忠实的呢？

问题并不像表面看来那么容易回答。

在今天的翻译家，尤其是严格的翻译家看来，一种不能紧随原文，不加改变地加以传达的译文，就不能算是忠实的译文。因此，从前面的实例看，严译、什译似乎无论怎样都很难说是忠实的翻译。但是，我们又知道，他们对自己的工作，都是无比认真的，认真到了远非今天许多译书的人所能相比的地步，故指其忠实不足，还须谨慎。严复在动手翻译以前，总要将与原书有关的著作涉猎一过。正因为翻译时已经掌握了丰富的有关学识，所以他才能在译文的序、注和案语中旁征博引，详加譬解。鸠摩罗什的态度，亦极持重。他晚年译《十住经》时，由于尚有疑难未除，尽管原本在手，还是推延了一个多月，直到他的老师，罽宾三藏佛陀耶舍来到长安，请教过后，方敢著笔。①他们这种审慎负责的态度，不能说不是为了传译的忠实。在翻译的过程中，严复“一名之立，旬月踟蹰”②，自信“字字由戥子称出”③，可见其煞费苦心，不肯苟且。鸠摩罗什“陶练覆疏，务存论旨”④，“道俗虔虔，一言三复，陶冶精求，务存圣意”⑤，梁启超也称叹“其惨淡经营之苦，可想见耳”⑥。这些都说明了他们兢兢业业，刻意求确求工的认真精神。看来，如果我们请严、什自己来做回答，他们一定会坚称自己的翻译是忠实的。严复在其《天演论·译例言》中第一次提出信、达、雅的翻译标准。不能设想，在以后十分严肃的翻译实践中，他会一次又一次推翻自己手定的标准，尤其是首要的标准——信。鸠摩罗什对自己的翻译极为自信。他曾在临终发誓：“若所传无谬者，当使焚身之后，舌不焦烂。”据说后来

---

① 《高僧传》佛陀耶舍本传，见《大正藏》第五十卷，三二四页。

② 《天演论》，11页。

③ 转引自王栻《严复与严译名著》，见《论严复与严译名著》(论文集)，北京：商务印书馆，1982年，13页。

④ 僧肇:《百论序》，见《中国佛教思想资料选编》第一卷，190页。

⑤ 见前引僧肇:《注维摩诘经序》。

⑥ 《饮冰室专集》之五十九，《翻译文学与佛典》，一八页。以上原注因旧书难觅，不便核实，遂另查新版《饮冰室文集点校》(云南教育出版社，吴松等点校，2001年)。该语见于其第五集，2950页。

果然“薪灭形碎，唯舌不灭”[①]。显然，他自己以及他的同时代人对于他传译的忠实，一定是毫不怀疑的。

如此看来，我们今天的看法和严、什自己的看法，是有距离的。为什么会这样呢？我想，看法的距离，当是来源于时间的距离。这可以从两方面来说。

一方面，时代不同，“信”的标准也会有所不同。鸠摩罗什上距安世高、支娄迦谶的初期尝试，下距玄奘的成熟翻译各二百余年，而其前代以及同代译家，也还处在直译和意译两种倾向的摇摆之中，因此他所处的，无疑还是翻译在技术和理论上都在摸索前进的时代，尽管比起前人和同时代人，他的实践已经远为成熟。严复所处的时代，我们从马建忠1894年的一段评论中不难看出大概：“今之译者，大抵于外国之语言或稍涉其藩篱，而其文字之微辞奥旨与夫各国之所谓古文词者，率茫然而未识其名称；或仅通外国文字言语，而汉文则粗陋鄙俚，未窥门径，使之从事译书，阅者展卷未终，俗恶之气触人欲呕；又或转请西人之稍通华语者为之口述，而旁听者乃为仿佛摹写其词中所欲达之意，其未能达者则又参以己意而武断其间。盖通洋文者不达汉文，通汉文者又不达洋文，亦何怪夫所译之书皆驳杂迂讹，为天下识者所鄙夷而讪笑也。”[②]显然，在这种情况下，不会有普遍成熟的翻译技术，更谈不上翻译标准的广泛探讨了。严复和鸠摩罗什都处在翻译理论尚不完备的时代，然而他们的实践，却又都是那一时代的顶峰。我们相信，当时对于“信”即忠实的要求，一般也不会超过他们树立的典范。这样，他们自信自己并不谨守原文的翻译就是忠实的翻译，也就不奇怪了。

另一方面，时代不同，翻译的难易也会有所不同。翻译不仅是从异邦吸收思想文化和科学技术的重要手段，它对归宿语言本身，也起着改变（一般是改善）作用。只要翻译活动在进行，它就必然会不断地影响归宿语言，改变和丰富它的词汇、语法和文体。翻译过程同时就是归宿语言向出发语言靠拢的过程，尽管这种靠拢十分缓慢微小，远不足以与其差异相比。如果我们今天看严复的翻译与原文常有距离，便自认高明，似乎我们动手定会比他译得正确贴切，那我们就是忘记了横亘在他和我们之间的八九十年。在这八九十年内，翻译事业

① 《高僧传》卷二本传，见《大正藏》第五十卷，三三三页。

② 《拟设翻译书院议》，见《适可斋记言》，91页，北京：中华书局，1960年。

获得了迅速的发展，我们自己的语言和西方语言已经拉近了许多距离。我们所以在今天能够对翻译的“信”提出越来越高的要求，不仅是因为我们在理论上更深地认识到了形式上忠实的必要，不仅是因为一代代翻译家以他们创造性的劳动为我们提供了大量成功的经验，使我们掌握了更多的接近忠实的手段，而且也是因为两种语言的不断靠拢使得达到更高程度的忠实成为可能，并且也越来越容易。如果我们预见到我们今天最完美的译品在八十年后难免会由于不“信”而通不过编辑之手，那么我们便不会对昔日的严复提出过分苛刻的要求了。对于鸠摩罗什当然更是一样。

前面我们就为什么严、什在翻译中会表现出共同的意译特征谈了三点看法，总起来说就是：外在的和内在的条件使他们倾向于意译，而这种意译在他们当时看来是忠实的，因而是理所当然的。

严、什的翻译虽然没有严格地追摹原文，但他们是在深入理解原文的基础上进行翻译的，因此依然能保持对于原文精神的忠实。严复要求“译文取明深义”，“译者将全文神理融会于心，则下笔抒词，自善互备”[①]。鸠摩罗什人称“绝后光前，仰之所不及，故其所译，以悟达为先，得佛遗寄之意也”[②]。现在，严、什的翻译方法对我们已经很少有直接的借鉴价值，但是他们的翻译原则——放松外在形式而直取精神内涵却大有助于形成中国翻译传统的主要倾向：重神似而不重形似[③]。近几十年，中国的翻译事业发展迅速，理论探讨也随之深入。明显的是，尽管人们在某些问题甚至根本原则上或有歧见，但凡是严肃而有能力的翻译家，几乎无一不将原文精神——思想、风格、气质、情调、深层的含义等等——的有效传达悬为重要目标。从马建忠的求“意旨”、“神情”、“语气”[④]，到林语堂

① 《天演论》，第9页。

② 《翻译名义集》卷一，“宗翻译主”篇第十一，见《大正藏》第五十四卷，一〇六九页。

③ 刘靖之先生谈过重神似不重形似是我国近代翻译主要倾向的观点，见香港三联书店《翻译论集·代序》，1981年版。罗新璋编《翻译论集》有刘靖之《重神似不重形似》一文，称：“由此可见，在过去八十年里，我国的翻译理论始终是朝着同一个方向，那就是‘重神似不重形似’……”，见该书866页，北京：商务印书馆，1984年。

④ 同前引《拟设翻译书院议》，见该书九〇页：“……夫如是，则一书到手，经营反复，确知其意旨之所在，而又摹写其神情，仿佛其语气，然后心悟神解，振笔而书，译成之文适如其所译而止，而曾无毫发出入于其间，夫而后能使阅者所得之益与观原文无异，是则为善译也已。”

的求“传神”[①]，傅雷的求“神似”[②]，王以铸的求“境界”、“神韵”[③]，钱锺书的求“化境”[④]，都多少反映着严、什的原则——当然是有所深化，丰富和提高。古人曾视翻译为从背面看的锦绣[⑤]。那只能朦胧地见其呆板形象，自难令人满意。只有努力从一切方面反映原作的精神内容，才能使锦绣重放光彩，而这时的翻译，也就成为不亚于任何创作的艺术创造。

原载于江西人民出版社1991年《季羡林教授八十华诞纪念论文集》

① 《论翻译》:“……译者对于原文有字字了解而无字字译出之责任。译者所应忠实的，不是原文的零字，乃零字所组成的语意。忠实的第二义，就是译者不但须求达意，并且须以传神为目的。译成须忠实于原文之字神句气与言外之意。”见前引罗新璋编《翻译论集》，425页。

② 《高老头》重译本序:“以效果而论，翻译应当像临画一样，所求的不在形似而在神似。”见该书第1页，人民文学出版社，1954年版，1963年印刷。

③ 《论神韵》:“……语言的精细微妙的地方，语言的神韵，或是借王国维先生的话来说，语言的‘境界’……就不会是表面上的东西，而是深藏在语言内部的东西。……由于我们把握住了语言的nuance（法文色调），那么我们才得以体会到语言的感情。到了这个地步，译者才有可能把原文的神韵毫无遗憾地发挥出来。”见1951年《翻译通报》第三卷，第五期，49页。

④ 《林纾的翻译》:“文学翻译的最高标准是‘化’。把作品从一国文字转变成另一国文字，既能不因语文习惯的差异而露出生硬牵强的痕迹，又能保存原有的风味，那就算得入于‘化境’。”见《旧文四篇》，上海古籍出版社，1979年，62页。

⑤ 中外都有此说，如赞宁《宋高僧传》卷三:“翻也者如翻锦绮，背面俱花，但其花有左右不同耳，由是翻译之名行焉。”见《大正藏》第五十卷，七二三页；塞万提斯《堂吉诃德》（杨绛译）:“……不过我对翻译也有个看法。除非原作是希腊、拉丁两种最典雅的文字，一般翻译就好比弗兰德斯的花毯翻到背面来看，图样尽管还看得出，却遮着一层底浅，正面的光彩都不见了。”见该书1978年人民文学出版社版下卷，448页。

曲从方言　趣不乖本

——略谈《妙法莲华经》的灵活译笔

鸠摩罗什（Kumārajīva，343？–413？），意译童寿，汉文佛典四大译家中的第一位。他活动的时代，应属佛典汉译史的早期。但是他的若干译本却能经历一千五百年漫长时间的考验，始终为佛徒所喜爱，成为他们诵习的标准经典和建立宗派的根本依据，不被别译乃至名家的重译所取代。他的译经实践，形成了佛典翻译史，以至中国翻译史上第一个公认的高潮。所以如此，原因是多方面的。后秦政权对于佛教的大力提倡；前此安世高、支娄迦谶、支谦、竺法护等译家勤恳努力，积累了丰富的经验；围绕他，有僧叡、僧肇，道生、道融等一批才华出众的弟子参与工作；他本人对佛学义理的深刻了解和杰出的语言才能[①]，这一切都大有助于他译业的成功。还有一点值得注意，就是他译经手段的灵活。他常能摆脱出发语言梵语的约束，对归宿语言汉语做尽可能合理的安排，翻译出畅达优美，易诵易记的经本。陈寅恪先生对此曾有评论，称："鸠摩罗什翻译之功，数千年间，仅玄奘可以与之抗席。今日中土佛经译本，举世所流行者，如金刚法华之类，莫不出自其手。若言普及，虽慈恩犹不能及。所以致此之故，其文不皆直译，较诸家雅洁，应为一主因。"[②]关于鸠摩罗什译笔的灵活，本文拟就其所译《妙法莲华经》中择例一二，试加说明。

---

① 鸠摩罗什的梵语水平公认很高，但关于他的汉语程度却说法不一。有的说他"转能汉言，音译流便"（《高僧传》本传），"既尽寰中，又善方言"（僧肇:《注维摩诘经序》）；也有的说"法师于秦语（按即汉语）大格，唯识一法（往？），方言殊好犹隔而未通"（僧叡:《大智释论序》）。从公元385年随吕光至凉州，到公元406年应姚嵩之请译《法华》，以他的颖悟，20年间，对汉语的了解当已达到相当水平。他的周围，又多有极具才华的汉僧。他们学兼内外，词采富逸，既能深刻领会鸠摩罗什诵译的经义，又能用恰切典雅的汉语加以表发，因此其译经集体的水平之高，是无可怀疑的。

② 《金明馆丛稿二编》，二〇九页，上海：上海古籍出版社，1980年。

《方便品》第42、43、44偈原文[①]是：

śṛṇohi me śārisutā yathaiṣa saṃbuddha dharma puruṣottamehi /

yathā ca buddhā kathayanti tāyino[②] upāyakauśalyaśatair anekaiḥ //42//

yathāśayaṃ jāniya te cariñ ca nānādhimuktān iha prāṇikoṭiṇām /

citrāṇi karmāṇi viditva teṣāṃ purākṛtāṃ yat kuśalañ ca tehi //43//

nānāniruktīhi ca kāraṇehi samprāpayāmi iti[③] teṣa prāṇinām /

hetūhi dṛṣṭāntaśatehi cāhaṃ tathā tathā toṣayi sarvasattvān //44// [④]

可以译作：

舍利子，听我说这完满的佛法是如何被诸位人中至尊所得到的，以及佛保护者又是如何运用数百的方便来加以讲解的，

他们知道此间千万众生的心中所念、所作所为和种种欲求，知道他们所做的各种业和前世的善行。

我利用种种言词解释和因缘使众生得到这（法），还通过成百的因缘譬喻种种方法让一切众生欢喜。

原经的译文是：

舍利弗善听 诸佛所得法 无量方便力 而为众生说（42）

众生心所念 种种所行道 若干诸欲性 先世善恶业（43）

佛悉知是已 以诸缘譬喻 言词方便力 令一切欢喜（44）[⑤]

罗什将属于43偈的“知道此间千万众生……”移至下偈，译作首句（“句”的概念仅从中国旧诗借用，用此实际未妥）。如此虽打破了原来偈颂的结构，但该句以“已”字作结，说明它在意群上仍属前偈，符合原意。43、44两偈所含信息量大小不同，罗什不得不取便处理。这样处理后前后二偈反而过渡平稳，

① 这里用的梵文原本是蒋忠新先生的《民族文化宫图书馆藏梵文〈妙法莲华经〉写本（拉丁字母转写本）》（中国社会科学出版社，1988年。该本以下简称《蒋本》）。凡表现在写本正文中的错误，都根据蒋先生所列附注中的正读法改正过来，不再另加说明。此外作为参考的还有两个刊本，即：Dutt，Nalinaksha，rev.：*Saddharmapuṇḍarīkasūtram* with N. D. Mironov's Readings from Central Asian Mss.，Calcutta：Bibliotheca Indica No. 276，1953. 和P. L. Vaidya，ed.，*Saddharmapuṇḍarīkasūtram*，Darbhanga：Buddhist Sanskrit Text No.6，1960.

② Vaidya本作nāyakā。见该书，29页。

③ Vaidya本作ima。见该书，30页。

④ 《蒋本》，42页。

⑤ 《大正藏》第九卷，七页。

联系自然，其措施的巧妙很值得我们注意。另外，为保证译文诗体形式的完整，译家取消了意义重复的“人中至尊”、“保护者”，以及44偈的“众生”等字样。实际上，“众生”字样在前42、43偈里曾经两度出现，在44偈中虽被省略，但已经无伤原意。为使意思完整，他又将“各种业”和“善行”代以“善恶业”，同时前加“先世”。行文简洁了，语义却更清晰。其安排之妥，照顾之周，令人叹服。

同样以保证形式完好为目的，罗什有时在内容多寡不同的偈颂间，索性以寡济多，将译文分量重加分配。比如，同品84、85两偈原文为：

ye saptaratnāmaya tatra kecid ye tāmrikā vā tatha kāṃsikā vā /
kārāpayīṣu[①] sugatāna bimbān te sarvi bodhāya[②] abhūṣi lābhinaḥ //84//
sīsasya lohasya ca mṛttikāya vā kārāpayiṃsū sugatāna vigrahān /
ye pustakarmāmaya darśanīyāṃste sarvi bodhāya abhūṣi lābhinaḥ //85//[③]

可以译作：

在那里，那些使由七宝，或铜，或鍮石的善逝之像得以做成的人们，全都成了佛道。

那些用铅、铁或泥土、胶漆布做成善逝的好看的形象的人们，全都成了佛道。

原经的译文是：

或以七宝成 鍮石赤白铜（84）

白镴及铅锡 铁木及与泥 或以胶漆布 严饰作佛像 如是诸人等 皆已成佛道（85）[④]

这里第84偈内容少，第85偈内容多。罗什遂将前偈缩至两句，后偈展至六句译出。结果内容相同，没有增减；形式依旧，仍为二偈八句。两偈共有的字句，悉从前偈撤出，统在后偈交代。前偈所余部分，加入后偈定语从句。语气一贯而下，竟似天成。其间予夺，不对照原典是无法看出来的。第85偈六句过长，遂有额外内容加入。这也是罗什惯有的作风，前例中我们已经看到。

---

① 《蒋本》原文作kārāpayīṃyuḥ，注称“原文如此”。原文似有误，故据Vaidya本（35页）改。

② 《蒋本》此处原无bodhāya，据其注释要求补入。

③ 《蒋本》，47页。

④ 《大正藏》第九卷，八~九页。

考虑行文的方便，把原经格局打乱，重作安排，也是罗什常用的办法。当然，这种混译多半都在相邻的偈颂间进行。例如，同品第113和114偈原文是：

so 'ham vicitvas[①] tahi bodhimaṇḍe saptāha trīṇi paripūrṇṇa[②] saṃsthitaḥ /

arthaṃ vicintemimam evarūpam ullokayan pādapam eva tatra //113//

prekṣāmi taṃ cānimiṣaṃ drumendram tasyaive heṣṭe anucaṅkramāmi /

āścaryajñānaṃ ca idaṃ viśiṣṭaṃ sattvāś ca mohāndha avidvasū ime //114//[③]

可以译作：

我想过这些以后，在菩提道场停留了足足三个七天，考虑诸如此类的事，同时向上看那里的树。

我不眨眼地观看这树王，在它的下面经行，（想着：）这希有的智慧是无比的，可是众生却由于痴愚而盲目，十分无知。

原经的译文是：

我始坐道场 观树亦经行 于三七日中 思惟如是事（113）

我所得智慧 微妙最第一 众生诸根钝 著乐痴所盲（114）[④]

这里将重复的“观树”合并后，又将它和“经行”一同放入113偈提前译出。比较两种译文，显然罗什的在逻辑和语气上都更顺畅。

另如《譬喻品》第81和82偈，原文是：

suvarṇṇapuṣpāṇa kṛtaiś ca dāmair deśeṣu deśeṣu pralambamānaiḥ /

vastrair udāraiḥ parisaṃstṛtāṃś[⑤] ca pratyāstṛtān duṣyavaraiś ca śuklaiḥ //81//

mṛdukāna paṭṭāna tathaiva tatra varatūlikāsaṃstṛta yehi te rathāḥ /

pratyāstṛtāḥ koṭisahasramūlyair varaiś ca koṭaṃbakahaṃsalakṣaṇaiḥ //82//[⑥]

可以译作：

（大车上）有金花和人工做成的缨绳在这里那里垂下，并由极品的织物覆盖着，衬以有光泽的上好白布。

车上还垫着由柔软的缯做成的上好茵蓐，上面铺着饰有鸟类图案的细氎，

---

① Vaidya本此字为viditvā，意思接近。见该书39页。

② Vaidya本此字为paripūrṇa。见该书前页。

③《蒋本》，51页。

④《大正藏》第九卷，九页。

⑤ Dutt本（66页）和Vaidya本（61页）此字都是parisaṃvṛtāś，有“围绕”的意思，与下面罗什译文相合。

⑥《蒋本》，80页。

价值千亿。

原经的译文是：

金华诸瓔 处处垂下 众綵杂饰 周匝围绕（81）

柔软缯纩 以为茵蓐 上妙细氎 价直千亿 鲜白净洁 以覆其上（82）[①]

这里“众綵杂饰”、“鲜白净洁”等都为行文的方便调换了位置。实际上，此处两偈所设，端在极言车乘的华美，赞辞的顺序，本不重要。鸠摩罗什将语序重做调整后，某些部分几近骈体，吟读起来，颇能上口。

在这里以及前面各处，我们都可以看到将原文酌情增删的例子，而偈颂的长短，也常依内容的多寡和表达的需要，加以调整。如此变通的目的，都在于使译笔简洁晓畅，或给文字增加色彩。这样的译风在《法华经》的翻译上表现得十分明显。《法华经》是最重要的大乘经典之一，它的译入和讲习都很早，但是在鸠摩罗什译本出现以前，却始终是“译者昧其虚津，灵关莫之或启。谈者乖其准格，幽踪罕得而履。徒复搜研皓首，并未有窥其门者”[②]。《妙法莲华经》成后，信徒始叹“虽复霄云披翳，阳景俱晖，未足喻也”，[③]领会愉悦，如仰甘霖之情，溢于言表。鸠摩罗什译经，一方面极其执着认真，“道俗虔虔，一言三复，陶冶精求，务存圣意”[④]；另一方面，又能应机取便，“曲从方言，而趣不乖本”[⑤]，“文虽左右，而旨不违中”[⑥]。这些特点，我们都能从《妙法莲华经》的翻译中看出。它们无疑是鸠摩罗什经本具有生命力的重要原因之一。

原载于《东南文化》1994年第2期

---

① 《大正藏》第九卷，一四页。

② 前引书，六二页。

③ 慧观:《法华宗要序》，见《出三藏记集》卷八，载《大正藏》第五十五卷，五七页。

④ 僧肇:《注维摩诘经序》。载《中国佛教思想资料选编》，第一卷，191–192页，北京：中华书局，1981年。

⑤ 同前引《法华宗要序》。

⑥ 僧叡:《大品经序》，见《出三藏记集》卷八，载《大正藏》第五十五卷，五三页。

论《心经》的奘译

玄奘在中国翻译史上是里程碑式的人物。20世纪50年代初期，印度学者柏乐天（P. Pradhan）和中国学者张建木曾就玄奘《俱舍论》和《集伦》的翻译做过对勘研究，总结出他的若干翻译特点。[①]这里我准备就玄奘《心经》的翻译谈谈看法。我将要对比他的译本和梵文原本、唐代梵文汉字对音本以及其他诸汉译本。看法即从这些对比中得出。在此之前，则先谈谈《心经》本身和我选用的各个本子的情况。

一

《心经》全称《般若波罗蜜多心经》，是汉译佛典中最短的一部。尽管如此，它却在短短不到三百言间赅摄了大部般若经的根本论点，从诸法空相出发，提出空中实无蕴、处、界、缘生、智等，相信把握住这一道理就可以断除妄心，显发本性，疾成涅槃乃至菩提果。正因为《心经》具有要言不烦，精义独得的特点，所以它在众多佛经中占据了特殊的地位，很得佛教信仰者的青睐。在现存的7种《心经》汉译本中，玄奘的一种最为流行。玄奘自己与这部经典似乎还有着一段非同寻常的因缘。据《大慈恩寺三藏法师传》记载："……从此已去，即莫贺延碛，长八百余里，古曰沙河，上无飞鸟，下无走兽，复无水草。是时顾影，唯一心但念观音菩萨及《般若心经》。初，法师在蜀，见一病人，身疮臭秽，衣服破污，愍将向寺，施与衣服饮食之直。病者惭愧，乃授法师此经，因常诵习。至沙河间，逢诸恶鬼，奇状异类，绕人前后，虽念观音，不能令

① 见《俱舍论识小》，载《现代佛学》第一卷，第七期;《伟大的翻译家玄奘》，载《翻译通报》第二卷，第五、六期。

去，及诵此经，发声皆散。在危获济，实所凭焉。”[①]想来玄奘对《心经》是很重视的。

我用的玄奘译文是《大正藏》本，载该藏第八卷。《中华大藏经》本与它完全相同。有时涉及的其他几个译本也都在《大正藏》第八卷内，它们是：

《摩诃般若波罗蜜大明咒经》鸠摩罗什译

《普遍智藏般若波罗蜜多心经》法月译

《般若波罗蜜多心经》般若共利言等译

《般若波罗蜜多心经》智慧轮译

《般若波罗蜜多心经》法成译

《佛说圣佛母般若波罗蜜多经》施护译

《心经》原有大、小两种。所谓大、小本的区别主要在于前者多出首尾的序分和流通分，而其核心内容即正宗分则与后者相同。鸠摩罗什和玄奘译的是小本，其余都是大本。由于我们注意的是正宗分，所以无论大、小，皆可用作比较。

《心经》的梵文写本曾发现于中国、尼泊尔和日本等地。英国学者马克斯·缪勒，日本学者铃木大拙和英国学者爱德华·孔泽等先后对它们进行了校订和刊印。这里我用的主要是孔泽发表在1948年英国皇家亚洲学报上的刊本。[②]它的优点是在附注中广泛给出了各个原本的不同异文，使用起来十分方

① 《大正新修大藏经》(下称《大正藏》)，五十卷，二二四页。敦煌写本《唐梵翻对字音般若波罗蜜多心经·序》更称："三藏志游天竺，路次益州，宿空惠寺道场内，遇一僧有疾，询问行止，因话所之，乃难叹法师曰：'为法忘体，甚为希有。然则五天迢递，十万余逞，道涉流沙，波深弱水，胡风起处，动塞草以愁人；山鬼啼时，对荒兵之落叶。……逞途多难，去也如何？我有三世诸佛心要法门，师若受持，可保来往。'遂乃口授与法师讫。至晓，失其僧焉。三藏结束囊装，渐离唐境。或途经厄难，或时有阙斋馐，忆而念之四十九遍，失路即化人指引，思食则辄现珍蔬，但有诚祈，皆获戳佑。至中天竺磨竭陀国那烂陀寺……忽见前僧，而相谓曰：'……我是观音菩萨。'言讫冲空，既显奇祥，为斯经之至验。"见《大正藏》，第八卷，八五一页。

② Edward Conze. Text, Sources, and Bibliography of the Prajñāpāramitā-hṛdaya, *Journal of the Royal Asiatic Society of Great Britain and Ireland*, Published by the Society, London: 56 Queen Anne Street, 1948, pp.33–51.

便。此外也要参考缪勒1884年的编本[①]和铃木大拙1934年的刊本[②]。铃木本的特点是，为了和玄奘汉译本对照的方便，将缪勒所依据的日本梵本做了若干改动，以迎合奘译的内容。前面所说的这三个梵本中除第一个兼有大、小两种本子外，其余的都只有小本。

还有一个原本是《唐梵翻对字音般若波罗蜜多心经》，系敦煌所出。这里用《大正藏》本，亦载该藏第八卷。另参考台湾黄永武博士主编的照相印刷《敦煌宝藏》本，载该书第19卷，因为《大正藏》本在摹写和印刷过程中出了一些错误。这是一个用汉字仿梵音所写的对音小本，自注“观自在菩萨与三藏法师玄奘亲教授梵本，不润色”。国内外学者多未就这个自注提出异议，但陈寅恪先生怀疑它出自晚于玄奘约一百年的不空之手[③]。然而，无论如何这个汉字对音本是出自唐代的，距玄奘很近，即使与他并无直接联系，同他翻译时所用的梵本亦不会相去太远。

二

经过对梵文《心经》和玄奘译本的详细对勘，我发现奘译在若干地方与原文不同。下面我把这些不同点提出来，并且，如果可能，看一看其他汉译本在这些地方是如何处理的。至于结论，即奘译的这些变异意味着什么，相信可以在最后比较自然地获得。所用的原文仅有孔泽的梵文刊本，还有汉字对音本。后者的重要性不能低估。由于地位特殊，它的见证作用或更有过于前者。

例1

梵本: āryāvalokiteśvaro bodhisattvo gambhīrāṃ prajñāpāramitācaryāṃ caramāṇo

① Buddhist Texts from Japan, *Anecdota Oxoniensia*, Aryan Series, vol. 1, part Ⅲ. 在这个编本中，马克斯·缪勒提供了三种梵本。为了便于对照比较，他将它们并列成三行。前两行根据的是一位叫Hôkiô的日本和尚在1744年编定的本子，其中第一行他称之为“古本”，第二行，由于“古本”多有讹夺，是他的改正本。末行根据的是一位叫Kiyen的日本和尚在1807年编定的本子。日本最早的梵本是存于奈良法隆寺的贝叶本，是在公元609年传到该寺的。《心经》在日本一向流行，各寺亦间有梵本保存，但由于辗转传抄，兼之抄写的目的不在理解，而在诵念，所以讹错常常不免。

② 载*Essays in Zen Buddhism*, *Third Series* by Daisetz Teitaro Suzuki, London: Lugac and Company, 190页。

③《金明馆丛稿二编》，一七五页，上海：上海古籍出版社，1980年。不过他并不怀疑玄奘受梵本《心经》于蜀的可能。

vyavalokayati sma. pañca skandhās tāṃśca svabhāva-śūnyān paśyati sma.

对音本：阿哩也嚩噜枳帝湿嚩路冒地娑怛侮[1]俨鼻囕钵啰誐攘播啰弭哆左哩焰左啰麽攼尾也嚩噜迦底娑麽畔左塞建馱娑怛室左娑嚩婆嚩戍儞焰跛失也底娑麽。

奘译：观自在菩萨行深般若波罗蜜多时，照见五蕴皆空。

按：

A. 第一个字ārya（阿哩也），意思是"尊者"、"大德"等，奘译略去。

B. 另一个字caryā（ṃ）（左哩焰）奘译也略去了。它的意思是"行"，是准确译法"行深般若波罗蜜多行时"中的后一个"行"字。在智慧轮的译文中我们可以看到它："行甚深般若波罗蜜多行时"。

C. 在原文"（他）照见五蕴，他看到它们本性为空"的两个动词中，玄奘省掉了后一个，即paśyati sma（跛失也底娑麽），"看到"。

D. 他也把svabhāva（娑嚩婆嚩）即"本性"这个词省掉了。它在法月、智慧轮、法成和施护的译文中都保存着。他们的译文分别是"照见五蕴自性皆空"、"照见五蕴自性皆空"、"观察照见五蕴体性悉皆是空"和"观见（或当观）五蕴自性皆空"。

例2

梵本：rūpaṃ śūnyatā śūnyataiva rūpaṃ rūpān na pṛthak śūnyatā śūnyatāyā na pṛthag rūpaṃ yad rūpaṃ sā śūnyatā yā śūnyatā tad rūpam.

对音本：噜畔戍儞[2]焰戍儞也帶嚩噜畔噜播曩比喋他戍儞也哆戍儞也哆野曩比喋他孽噜畔夜怒噜畔娑戍儞也哆夜戍儞也哆娑噜畔。

奘译：色不异空，空不异色；色即是空，空即是色。

按：原文的意思是"色即是空，空即是色；色不异空，空不异色；色者即空，空者即色"。奘译舍弃了最后两句（yad rūpaṃ sā śūnyatā yā śūnyatā tad rūpam，夜怒噜畔娑戍儞也哆夜戍儞也哆娑[3]噜畔），并把前面四句的位置做了颠倒，或者是索性丢弃了最初两句（rūpaṃ śūnyatā śūnyataiva rūpaṃ，噜畔戍儞

---

① 敦煌原写本作"倭"，下同。见《敦煌宝藏》第19卷，689页上。

② 敦煌原写本作"你"，下同。同前引书，第19卷，689页下。

③ 这里"娑"和它所对的tad两音不同。两者同为指示代词，"娑"（sā）为阴性，tad为中性。它们所指代的rūpa（ṃ）（噜畔）是中性，所以应该取tad。"娑"系来自对音本所据梵本的笔误。

焰[1]戍儞也啭嚩噜畔）。保存全部内容的有法月的译文："色性是空，空性是色；色不异空，空不异色；色即是空，空即是色"和智慧轮的译文："色空（疑为'色性见空'之误），空性见色；色不异空，空不异色；是色即空，是空即色"。

例3

梵本：tasmāc-Chāriputra śūnyatāyāṃ na rūpaṃ na vedanā na saṃjñā na saṃskārāḥ na vijñānaṃ.

对音本：哆娑每捨哩补怛啰戍儞也哆焰曩噜畔曩吠那曩曩散誐攘曩散娑迦啰曩尾誐攘喃。

奘译：是故空中无色，无受想行识。

按：

A. 原文在"是故"后有一呼语"舍利子！"（Chāriputra，即音变后的Śāriputra，舍哩补怛啰）此处未译。这一呼语在法成和施护的本子中均照译不漏。

B. 原文是"无色，无受，无想，无行，无识"[2]，有五个"无"，奘译略除其三。但有的译本是固守原文的，如法成的译本："……空性之中无色，无受，无想，无行，亦无有识"。

例4

梵本：na vidyā na-avidyā na vidyākṣayo na-avidyākṣayo.

对音本：曩尾儞也曩尾儞也曩尾儞也乞叉喻曩尾儞也乞叉喻。

奘译：无无明，亦无无明尽。

按：原文意为"无明，无无明，无明尽，亦无无明尽"。玄奘取消了"无明"和"无明尽"二语。其他译本也都如此。

例5

梵本：na jñānaṃ na prāptir na-aprāptiḥ.

对音本：曩誐攘喃曩钵啰比底曩鼻娑麼。

奘译：无智亦无得。

---

① 此处"戍儞焰"（śūnyaṃ）与所对śūnyatā不同。这里需用抽象名词，所以应取后者。但也有用前者的，如尼泊尔写本，见*Journal of the Royal Asiatic Society of Great Britain and Ireland*，London，1948，p.35。

② 缪勒编本中间有丢弃"无"（na，曩）的，但很可能是抄写时的笔误。见其Buddhist Texts from Japan，载前引书29页，第9行。

按：原文意为“无智，无得，无不得”。奘译缺“无不得”。不过，对音本在“无不得”（na-aprāptiḥ）位置上的是另外一个词组“曩鼻娑麽”，即na-abhisamaya[①]，意为“无智”、“无明解”、“无证得”、“无得”等。但无论如何奘译在这里缺少一语。值得注意的是法成和施护的译本并不缺少。它们的译文分别是“无智、无得，亦无不得”和“无智，无所得，亦无无得”。

例6

梵本：prajñāpāramitām āśritya viharaty 'cittāvaraṇaḥ.

对音本：钵啰誐攘播啰弭哆麼室哩底也尾贺啰底也只哆嚩啰拏。

奘译：依般若波罗蜜多故，心无罣碍。

按：原文的意思是“依般若波罗蜜多故，（他）心无罣碍，安住（于世间）”。奘译这里省去了“安住”，viharati（即经过音变后的viharaty，尾贺啰底也）。

例7

梵本：cittāvaraṇa-nāstitvād atrasto.

对音本：只跢[②]啰拏曩悉底怛嚩那怛[③]哩素都。

奘译：无罣碍故，无有恐怖。

按：原文应是“心无罣碍故，无有恐怖”。奘译舍去了“心”字（citta，只跢）。这个字在智慧轮和法成的译文中还保留着，分别为：“心无障碍故，无有恐怖”和“心无障碍，无有恐怖”。

例8

梵本：viparyāsa-atrikrānto[④] niṣṭha-nirvāṇaḥ.

对音本：尾播哩也娑底伽兰哆宁瑟吒宁哩也嚩喃。

奘译：远离颠倒梦想，究竟涅槃。

按：原文意为“远离颠倒，（得）究竟涅槃”。“梦想”系玄奘自己所加。法

---

① 见*Journal of the Royal Asiatic Society of Great Britain and Ireland*, London, 1948, p.41。另，铃木大拙本在这里直接用了nābhisamaya，见前注引*Essays in Zen Buddhism*, *Third Series*, 190页。

② 敦煌本此处有一“嚩”字，见《敦煌宝藏》第19卷，690页下。《大正藏》抄漏。

③ 敦煌本作“怛”（见前书同页）。《大正藏》抄误。

④ atrikrānto系atikrānto的笔误，原因是：atrikrānto无意义，而atikrānto的意义“超越”、“远离”与译文正合。对音本是“（阿）底伽兰哆”，与atikrānto一致。目前所见其他各本无一是atrikrānto。

成译文质直，仅仅是“超越颠倒”。

例9

梵本：tryadhva-vyavasthitāḥ sarva-buddhāḥ.

对音本：底哩也馱嚩尾也嚩悉体跢娑嚩没馱。

奘译：三世诸佛。

按：原文意为“三世所有（所存在的）一切佛”。奘译舍去了“所有”（vyavasthitāḥ，尾也嚩悉体跢），也没有强调“一切”（sarva，娑嚩）（佛）。法成和施护给出了较为完整的译文：“三世一切诸佛”和“所有三世诸佛”。

例10

梵本：prajñāpāramitāyām ukto mantrah，tadyathā.

对音本：钵啰誐攘播啰弭哆目讫媚满怛啰怛儞也[①]他

奘译：说般若波罗蜜多咒，即说咒曰。

按：原文意思是：“般若波罗蜜多中（有）所说的咒语，其（咒）如下”。玄奘译文与原文相比有所变异。

三

从前面所举的例子看，玄奘的译文与原文的差异带有如下的特征和性质：

例1中

A. 删略：略去的是一个敬称。不过失去这个敬称不会影响对于原文教理内容的传达。

B、删略：删掉一个“行”（caryā）于意义无伤，却避免了同前一个“行”（caramāṇa）字的重复。它们原出于同一字根√car。

C、删略：实际上是从两个意义十分接近的动词中选留一个，舍弃一个。动词 vyavalokayati和paśyati都有“看见”、“发现”等意思。合二而一后，行文变得简洁而明晰。

D、删略：作为实词，svabhāva（本性，自性）有一定的重要性。但它并不是这一句话中的关键词语；关键的是“五蕴”和“空”。因此，省略svabhāva这

① 这一个“也”字《大正藏》抄成了夹注小字，今据《敦煌宝藏》（第19卷，690页下）本改回。敦煌本也是小字，但是是作为补字加在侧面的，不是夹注。《大正藏》误会了，因此抄错。

个词尚不足以破坏原文的基本意义。

例2中

删略："色即是空，空即是色"与"色者即空，空者即色"（或如法月的译文"色性是空，空性是色"与"色即是空，空即是色"；如智慧轮的译文"色性见空，空性见色"与"是色即空，是空即色"）初无重大区别，或说区别微妙。申之一再，意在强调。从原文看，前一句只用了两个实词rūpa和śūnyatā，后一句同样只用了这两个词，只不过句法有所变换：前者用简单句，后者用复合句，而要传达的意思略无二致。两者减除其一，应该说，是有其合理性的。

例3中

A、删略：除去的是一句呼语，无伤原文宏旨。呼语和某些虚词在梵文中有时只是拿来填补音节的，并无实际用途。

B、删略：这里取消的是连续五个否定性词语中的三个。五个全用，在梵文中必要，在汉文中就显得拖沓；适当减少，反而较好。

例4中

删略：删除"无明"和"无明尽"的动机不明，但有一点还是清楚的，即删除后，译文"无无明，亦无无明尽"与"乃至无老死，亦无老死尽"衔接正好，形成完整概念，概括指称"十二缘生"。相反，如果加入"无明"（"不存在明"，不是"十二缘生"中的"无明"）和"无明尽"（"不存在明尽"），反易使义理不清，增加了理解的困难。①

例5中

删略：与上例相似，原文"无不得"除在形式上增加对于"空无"观念的强调以外，似乎并不能清晰地传达出什么有明确意义的新内容。《心经幽赞》

---

① 孔泽认为，包括奘译在内的9世纪中叶以前的早期译本所根据的梵文原本可能没有na vidyā和na vidyākṣayo。它们是后来的宗教作家为了避免误解，才提出来，一同加以否定的。后面文中的na-aprāptiḥ也是一样（见前引*Journal of the Royal Asiatic Society of Great Britain and Ireland*, London，1948，p.38）。但是这里有一个问题，即敦煌所出《心经》唐梵对音本却是有这些字的。这个对音本即使并不就是玄奘翻译时所凭依的本子，它的存在年代也不会晚于不空（705–774年）去世（见前第一部分陈寅恪先生的意见）。尤其令人迷惑的是缪勒编本所提供的几种异文。它们不仅一概没有我们期望会有的na-avidyā和na-avidyākṣayo，即所有汉译都有的"无无明"和"无无明尽"，而且间会重复出现似乎不该有的na vidyā（"无明"）和na vidyākṣayo（无明尽），如第三种Kiyen本。（见前引*Anecdota Oxoniensia*，p.29）错抄是显然三种都有的，但为什么会一致错往与众汉译完全相反的方向去呢？不得而知。

说："能证道名智，所证境名得。有能证智可有所得。证智非有，所得亦空。"[①] 实际上，说到"无得"，"空"的观念已经申论至尽。"无不得"的提出，并不能增加更多实质内容。它的删除是否就是基于这样的原因呢？[②]

例6中

删略：这里省去的尽管是一个主要动词"安住"（viharati），但这句话的关键意义已表达于主语成分"心无罣碍"（acittāvaraṇaḥ）之中，因此动词省去后尚不致影响原文主要内容的传达[③]。

例7中

删略：这里舍弃的"心"字在前句"心无罣碍"中已经出现。省略它可以避免重复，而"无罣碍"系何所指，由于有上文，也是完全清楚的。这种删减不仅可使译文简洁流畅，事实上也更符合汉语的习惯。

例8中

增益："梦想"一词的加入具有说明作用。《般若经》认为现象世界不过由因缘和合而成，虚幻不实。原文"颠倒"即指一般人倒假为真，倒无为有的错误认识。其为虚妄幻觉正如南柯梦境，用"梦想"加以解释适足启发人的理解，达到所谓断妄明真的目的。

例9中

删略：这里的"所有"（所存在的）一词尽管舍弃了，其含义还在"三世诸佛"之中。"一切佛"与"诸佛"的意义也基本相同。因此可以说，删略后的"三世诸佛"未失原意。

例10中

变异：玄奘译文同原文不一致的原因不清楚。有的梵本"所说"不是ukto，而是ukte、ukti，或其他形式[④]，似乎代表着使该字在语法上向前面的prajñāpāramitāyām一字靠拢的努力，但原意并无根本改变。鸠摩罗什《摩诃般若波罗蜜大明咒经》作"说般若波罗蜜咒，即说咒曰"。玄奘因从什译。不过，

---

① 窥基：《般若波罗蜜多心经幽赞》，载《大正藏》第三十三卷，五四〇页。

② 缪勒编本没有"无不得"——既没有na-aprāptiḥ，也没有na-abhisamaya（见前引*Anecdota Oxoniensia*，p.29）。或者玄奘所本乃是这类原文，亦未可知。缪勒本人的英译也没有此语（见Part Ⅱ of *The Sacred Books of the East*，vol.49，Motilal Banarsidass，1978，p.154）。

③ 施护的译文作"依般若波罗蜜多相应行故，心无所著，亦无罣碍"。把viharati译为"无所著"大概是因为这个字也有"断绝"、"远离"的意思。此说放在这里，聊备一格。

④ 见前引*Anecdota Oxoniensia*，p.30。

无论如何，他们译文的意思与原文并无根本出入，亦无增减，确是事实。

总结上述分析，我们看到，在全部14个奘译和原文的不同点中，属于删略的有12个（1. A—D、2、3. A—B、4、5、6、7、9）。其中不影响梵本原旨传达的有10个，而另外两个（4、5）的译文虽较原文有亏，但在保证义理的圆通易解上或能更胜一筹。重要的是，删略后的译文凝练简洁，更加容易记诵。变异的一例（10），译文没有偏离原文。唯一的一例增益（8），是出于譬解原经的需要。

在一篇总共不过260余字的短经中，脱离原文，自由传译的有十几处，其比例不能算小。由此我们知道，玄奘的翻译，不以严格追摹原文为能事，而是依义理传达和行文通畅的需要常对原文加以变异增删，其中尤以删裁最为多见。由于义理原因而做的增删往往使译文条理明白，易于悟解。由于文体原因而做的增删则能使译文更接近当时人的语文好尚，利于他们的阅读和习诵。魏晋以来，骈文盛行，佛典不会不受影响。佛典的翻译虽不可能讲究对仗，但四字句式在译籍中却甚为习见。奘译亦同。为适应这种文体上的需要，更重要的是为了保持汉语一向具有的简约特点，删刈原文便不可避免。尽管如此，从《心经》看，玄奘的译笔不仅充分而且准确地反映了原经的意旨，经过更动（主要是删略）后的译文更有敏快精当，一气呵成之妙。

这里反映的，正是玄奘的翻译忠实观：忠实的目的并不靠紧随在原文之后亦步亦趋去追求，而是设法在谨慎变异后畅达的汉译中去体现。此处的畅达既是内容上的，即义理通解无碍，又是语言上的，即文字精悍流利。这种观点事实上源远流长，已经成为中国翻译历史上的重要传统。这种传统，远可举四、五世纪的鸠摩罗什，他的翻经“质而不野，简而必诣”①，“以悟达为先，得佛遗寄之意”②；近可举本世纪初的严复，他自称“盖吾之为书，取足喻人而已，谨合原文与否，所不论也。”③为此，他的“译文取明深义，故词句之间时有所傎到附益，不斤斤于字比句次，而意义则不倍本文”。④

而就佛典翻译史这个较小范围来说，也有几种倾向值得注意。一种是从约从要，表现为“秦人好简，裁而略之”，“言少事约，删削复重”；一种是用灵

① 僧肇:《百论序》，载《中国佛教思想资料选编》，第一卷，190页，中华书局，1981年。

② 《翻译名义集·宗翻译主篇》，见《大正藏》，第五十四卷，一〇六九页。

③ 《名学浅说》自序。

④ 《天演论·译例言》。

活的方式曲折地译解原旨，表现为“离文而就义，正滞而旁通”，“文虽左右，而旨不违中”；一种是无比的认真严谨，表现为“穷校考定，务存典骨”，“道俗虔虔，一言三复，陶冶精求，务存圣旨”。[①]我们在玄奘《心经》的翻译中，很容易看到这些倾向。

奘译《心经》中还有一点我们不应忽略，就是它在多处与鸠摩罗什的译文完全相同，明白是直接取自后者的。这几处译文信实准确而又简洁明快，的确没有取代的必要。玄奘新译是以“执本陈勘，频开前失”（道宣《续高僧传·本传》）著称的。他也很少放弃指斥旧译错讹的机会。《心经》径用旧译文字而不加改易，说明玄奘并无标新立异之好，一切以经典的准确传译为本，不以蹈袭前人为讳。旧译《摩诃般若波罗蜜大明咒经》，梁僧祐《出三藏记集》卷四和隋法经等《众经目录》卷二等皆归为失译，自唐智升《开元释教录》卷一才开始收在鸠摩罗什名下。[②]其间原因，不甚清楚。或者，玄奘既为一代宗师，他所师用过的旧译，也必应出自大手笔？以后的研究者在材料更为充分的情况下，也许能辨明究竟。

原载《南亚研究》1994年第3期

---

① 六说分别见：僧叡《大智释论序》；道安《合放光光赞随略解序》；竺佛念《阿育王太子法益坏目因缘经序》；僧叡《大品经序》；未详作者《僧伽罗刹集经后记》；僧肇《注维摩诘经序》。

② 分别见《大正藏》第五十五卷，三一页，一二三页，七二四页。

奘译《称赞净土佛摄受经》小议

一

玄奘法师不仅是佛教译经史，而且是整个中国翻译史上的伟大人物。他的翻译实践和理论，无疑是我们后人需要整理研究的重要课题。今人以建立翻译史为目的的佛典翻译研究，方式大分为二。其一是祖述千余年间的前人观点，择其精要，分析归纳，加以综合性的陈述，进而形成较为稳健的结论。其二是根据已有的译本，寻找相应的原典，通过互校，追寻译家的迻译轨迹，从而求其方法，观其得失，明其苦心，察其风致。实际上，翻译史的撰写，总是汇集成说的结果，而后一种方式所做的，既然是具体的个案解剖，则基本上是为前者提供素材的基础建设性工作。玄奘翻译经验的研究一向为内外学界所重视，有关的讨论和评价早自唐代即已出现，直到目前，依然如此。本文拟就奘译《称赞净土佛摄受经》梵、汉两本的比较，对于玄奘法师的翻译方法和翻译特点，做一初步的探求，而目的则在于，如上所说，为玄奘翻译成就的深入研究，提供若干实证基础。

《称赞净土佛摄受经》原名Sukhāvatīvyūha，是其前鸠摩罗什《佛说阿弥陀经》的异译。Sukhāvatīvyūha直译《极乐庄严》，原有大本、小本之分。此二译为小本。大本即康僧铠译《佛说无量寿经》，因与本题无关，故不多论。

奘译《称赞净土佛摄受经》成于唐高宗永徽元年（650）正月。法师时年49岁，住慈恩寺，“专务翻译，无弃寸阴。每日自立程课，若昼日有事不充，必兼夜以续之。遇乙之后方乃停笔。摄经已复礼佛行道，至三更暂眠，五更复起，读诵梵本，朱点次第，拟明旦所翻”。[①]显然，当时的玄奘正处在精力旺盛，

① 慧立、彦悰:《大慈恩寺三藏法师传》，卷第七，158页，北京：中华书局，2000年。

以全副身心投入译经工作的时期。

本文所用译本取自中华电子佛典协会（Chinese Buddhist Electronic Text Association）的《电子佛典集成》2004年版。使用电子版佛典的好处是免去了电脑录入的劳动，但需将所有繁体汉字改为简体，以使全文字体统一。Sukhāvatīvyūha梵本用“无尽灯”网站提供的罗马字电子版[①]，并将它与洛杉矶西来大学（University of The West）提供的天城体电子版[②]做了核对。凡有异文而据天城体本进行修改的，都在注释中一一说明。这两个版本的优点是都比较新。罗马字版录入于2000年，并在2003年9月进行了修订。天城体版录入于2004年。应当说明的是，现存的梵本，无论是古代手抄的，还是近现代校订出版的，都不可能是当初鸠摩罗什或玄奘译经时所依据的版本，因此原、译本之间是存在差别的，有的地方差别还相当大。这就给对比研究带来了困难，也会影响结果的可靠性。所以，面对这样的版本差异，我们只能极尽谨慎的能事，在原文和译文不一致时，用心辨别哪些是版本不同的结果，哪些是译笔特点的表现。对戡的过程是烦琐的，而最后形成的结论，根据经验，则往往十分简单。

二

本文的核心部分是梵文原本Sukhāvatīvyūha和奘译《称赞净土佛摄受经》的对比讨论。方式是将原文和相应的汉译分段罗列在一起，讨论以按语形式放在后面。译文用黑体，以相区别。按语中多有一时所感，故所涉亦不限于翻译。

1. evaṃ mayā śrutaṃ / ekasmin samaye bhagavāñ śrāvastyāṃ viharati sma jetavane 'nāthapiṃḍadasyārāme mahatā bhikṣusaṃghena sārdham ardhatrayodaśabhir bhikṣuśatair

如是我闻：一时薄伽梵在室罗筏，住誓多林给孤独园，与大苾刍众千二百五十人俱。

按：bhagavāñ音译“薄伽梵”在奘译中仅两处。另一处在经末。

① 网址为：http：//mujintou.lib.net/S_Sukh.doc。

② 见其创建的“数字梵文佛典网站”（Digital Sanskrit Buddhist Canon Site）网址为：http：//www.uwest.edu/sanskritcanon/Sutra/devanagari/Sutra32.html。它所据的版本是：Dr. P. L. Vaidya. ed. *Buddhist Sanskrit Tests No. 17 Mahāyāna-sūtra-saṃgrahaḥ*（*part 1*）. Darbhanga：The Mithila Institute，1961。

2. abhijñānābhijñātaiḥ sthavirair mahāśrāvakaiḥ sarvair arhadbhiḥ

一切皆是尊宿声闻，众望所识，大阿罗汉。

按：奘译“尊宿声闻，众望所识”十分准确，较什译“众所知识”更为精细。

3. tadyathā sthavireṇa ca śāriputreṇa mahāmaudgalyāyanena ca mahākāśyapena ca mahākapphiṇena ca mahākātyāyanena ca mahākauṣṭhilena ca

其名曰尊者舍利子、摩诃目犍连、摩诃迦叶、阿泥律陀，

按：奘译仅列4位，无原文的劫宾那、迦栴延、拘絺罗等。其“阿泥律陀”（aniruddha）在下面4中。

4. revatena ca śuddhipaṃthakena cānaṃdena cānaṃdena ca rāhulena ca gavāṃpatinā ca bharadvājena ca kālodayinā ca vakkulena cāniruddhena ca /

按：奘译亦无此处原文的离婆多、周梨盘陀迦、难陀、阿难陀、罗睺罗、憍梵波提、颇罗堕遮、迦留陀夷、薄俱罗，前后共12名。什译与原文皆为16位，仅一位译名不同，即原文为bharadvāja（颇罗堕遮），什译为宾头卢颇罗堕。二者实为一人。奘译在摩诃迦叶和阿泥律陀之间缺12位，应是所据原文不同。

5. etaiś cānyaiś ca saṃbahulair mahāśrāvakaiḥ saṃbahulaiś ca bodhisattvair mahāsattvaiḥ /

如是等诸大声闻而为上首。复与无量菩萨、摩诃萨俱，一切皆住不退转位，无量功德众所庄严。

按：原文无“为上首”和“一切皆住不退转位，无量功德众所庄严”。

6. tadyathā maṃjuśriyā ca kumārabhūtenājitena ca bodhisattvena gaṃdhahastinā ca bodhisattvena nityodyuktena ca bodhisattvenānikṣiptadhureṇa ca bodhisattvena /

其名曰妙吉祥菩萨、无能胜菩萨、常精进菩萨、不休息菩萨，

按：奘译“文殊师利法王子”为“妙吉祥菩萨”，名字是意译，但称号改作了“菩萨”。原因恐系无“妙吉祥法王子”这种称呼方式，更可能是为了用五字译出，以与下面的译法相应。此一改动为典型意译。奘译缺“乾陀诃提菩萨”，什译有。什译无“不休息菩萨”。就原文看，什、奘两译各缺一位。

7. etaiś cānyaiś ca saṃbahulair bodhisattvair mahāsattvaiḥ /

如是等诸大菩萨而为上首。

按：原文无“为上首”。原文为“菩萨、摩诃萨”，奘译为“大菩萨”，有所简化。

8. śakreṇa ca devānām iṃdreṇa brahmaṇā ca sahāṃpatinā /

etaiś cānyaiś ca saṃbahulair dcvaputranayutaśatasahasraiḥ //1//

复有帝释、大梵天王堪忍界主、护世四王，如是上首，百千俱胝那庾多数诸天子众，及余世间无量天人、阿素洛等，为闻法故，俱来会坐。

按：原文无俱胝，而有百、千、那庾多。奘译“俱胝”为自加。另，原文亦无“护世四王，如是上首”、“及余世间无量天人、阿素洛等，为闻法故，俱来会坐”，当是奘译所据原文不同。

9. tatra khalu bhagavān āyuṣmaṃtaṃ śāriputram āmaṃtrayati sma /

尔时世尊告舍利子：

按：奘译“舍利子”前未如原文加敬辞“长者”。奘译所据原本或无此语。此处“薄伽梵”奘译“世尊”，与前1不同，显然可音译、意译，灵活处理。

10. asti śāriputra paścime digbhāga ito buddhakṣetraṃ koṭiśatasahasraṃ buddhakṣetrāṇām atikramya sukhāvatī nāma lokadhātuḥ /

汝今知不，于是西方，去此世界过百千俱胝那庾多佛土，有佛世界，名曰极乐。

按：原文无“汝今知不”。此“汝今知不”应视为对于原文所呼“舍利子”的翻译。这又是一种活译。原文前面刚刚出现一个“舍利子”，不宜重复。原文无“那庾多（十万、千亿）”。这里自加，与前8自加“俱胝”相类。奘译“有佛世界，名曰极乐”，原文无“佛”字，为奘译自加。什译亦无此字，为“有世界，名曰极乐”。两译相较，似乎奘译是为了凑成四字。

11. tatrāmitāyurnāma tathāgato 'rhan samyaksaṃbuddha etarhi tiṣṭhati dhriyate yāpayati dharmaṃ ca deśayati /

其中世尊名无量寿及无量光如来应正等觉，十号圆满，今现在彼安隐住持，为诸有情宣说甚深微妙之法，令得殊胜利益安乐。

按：奘译“无量寿及无量光”，原文仅有“无量寿”而无“无量光”。考虑原文从无两名同时出现的情况，此“无量光”当是译者自加。原文亦无“十号圆满”、“为诸有情”、“甚深微妙”、“令得殊胜利益安乐”各语。这些差别可能源于所据原文不同。

12. tat kiṃ manyase śāriputra kena kāraṇena sā lokadhātuḥ sukhāvatīty ucyate /

又舍利子，何因何缘，彼佛世界名为极乐？

按：原文无“佛”字。自加此字，原因或与前10 相同。此为问句，下面自答。

13. tatra khalu punaḥ śāriputra sukhāvatyāṃ lokadhātau nāsti sattvānāṃ kāyaduḥkhaṃ na cittaduḥkhaṃ apramāṇāny eva sukhakāraṇāni / tena kāraṇena sā lokadhātuḥ sukhāvatīty ucyate //2//

舍利子，由彼界中诸有情类无有一切身心忧苦，唯有无量清净喜乐，是故名为极乐世界。

按：奘译“彼界”原文为“彼极乐世界”，有所省略。注意省略后得四字“由彼界中”。似乎无论增字减字，都受行文节奏的制约。且“极乐”字样前文已有，此处省去，正可避免重复。身、心原文两字，这里放在一起。原文无“清净”，此为奘译自加。直译应为：“在彼极乐世界中诸有情类无有一切身心忧苦，却能被提供无量（清净）喜乐。”前句“世界名为极乐”和此句“名为极乐世界”原文全同，但译文有别，可见译法灵活。本段较什译“其国众生无有众苦，但受诸乐故名极乐”明显接近原文。

14. punar aparaṃ śāriputra sukhāvatī lokadhātuḥ saptabhir vedikābhiḥ saptabhis tālapaṃktibhiḥ kiṃkiṇījālaiś ca samalaṃkṛtā samaṃtato 'nuparikṣiptā citrā darśanīyā caturṇāṃ ratnānāṃ /

又舍利子，极乐世界净佛土中，处处皆有七重行列妙宝栏楯、七重行列宝多罗树，及有七重妙宝罗网，周匝围绕四宝庄严。

按：原文无“净佛土”，为译者自加。“宝多罗树”之“宝”及此前的“妙宝”皆为自加的定语。自加原因，有可能与前10、12相同。“妙宝罗网”实为饰有小铃的网。原文无“妙宝”，亦无“七重”，而有“（饰有）小铃”，奘译丢失后者。“周匝围绕四宝庄严”为字字直译。

15. tadyathā suvarṇasya rūpyasya vaiḍūryasya sphaṭikasya /

金宝银宝、吠琉璃宝、颇胝迦宝、妙饰间绮。

按：“妙饰间绮”为原文所无；或即为前14的citrā darśanīyā？什译无此段。原文与奘译更为接近。

16. evaṃrūpaiḥ śāriputra buddhakṣetraguṇavyūhaiḥ samalaṃkṛtaṃ tadbuddhakṣetraṃ //3//

舍利子，彼佛土中有如是等众妙绮饰功德庄严，甚可爱乐，是故名为极乐世界。

按：此处译evaṃrūpaiḥ为“如是等众妙绮饰”，可视为对于前文的简单复述，方法很好。下面的“甚可爱乐，是故名为极乐世界”为原文所无。

17. punar aparaṃ śāriputra sukhāvatyāṃ lokadhātau saptaratnamayyaḥ puṣkariṇyaḥ /

又舍利子，极乐世界净佛土中，处处皆有七妙宝池，

按：原文无“净佛土”，问题与前14同。“处处皆有”，表面示其复数，更为凑成四字。

18. tadyathā suvarṇasya rūpyasya vaiḍūryasya sphaṭikasya lohita-muktasyāśmagarbhasya musāragalvasya saptamasya ratnasya /

按：原文此处所列七宝与下面23一字不易。奘译此处未译，应考虑所据原文如此。

19. aṣṭāṃgopetavāri-paripūrṇāḥ samatīrthakāḥ kākapeyā suvarṇavālukāsaṃstṛtāḥ /

八功德水弥满其中。何等名为八功德水？一者澄净、二者清冷、三者甘美、四者轻软、五者润泽、六者安和、七者饮时除饥渴等无量过患、八者饮已定能长养诸根四大，增益种种殊胜善根，多福众生常乐受用。是诸宝池底布金沙，

按：原文为“具有八支的水充满其中，池底布金沙”。此处的“八支”应即“八功德（水）”。原文无“八功德水”的具体说明。八种功德水的名称为奘译所加。什译未加，一如原文。奘译应当另有所本。

20. tāsu ca puṣkariṇīṣu samaṃtāc caturdiśaṃ catvāri sopānāni citrāṇi darśanīyāni caturṇāṃ ratnānāṃ /

四面周匝有四阶道，四宝庄严，甚可爱乐。

按：奘译与原文全同。

21. tadyathā suvarṇasya rūpyasya vaiḍūryasya sphaṭikasya /

按：讲四宝具体所指，内容与前第15全同，故玄奘未再译。什译有此四宝，但在前15处未译。总之，原文两处皆有四宝之名，而什、奘两译各择一处译出，同样不泥原文。

22. tāsāṃ ca puṣkariṇīnāṃ samaṃtād ratnavṛkṣā jātāś citrā darśanīyā saptānāṃ ratnānāṃ /

诸池周匝有妙宝树，间饰行列，香气芬馥，七宝庄严，甚可爱乐。

按：原文为“诸池边长满各种各样的宝树，有七宝装饰，非常美丽。”原文无“间饰行列，香气芬馥”。

23. tadyathā suvarṇasya rūpyasya vaiḍūryasya sphaṭikasya lohitamuktasyāśmagarbhasya musāragalvasya saptamasya ratnasya /

言七宝者，一金、二银、三吠琉璃、四颇胝迦、五赤真珠、六阿湿摩揭拉婆宝、七牟娑落揭拉婆宝。

按：此为对七宝的解释。与前18全同。但18玄奘未译。七宝中第四及末二种罗什采取意译。它们所指何物，其实颇为混乱；亦有多义的可能。玄奘采取音译，合乎其“五不翻”原则。注意，这里即使是名称音译，也无不以四字八字出之。

24. tāsu ca puṣkariṇīṣu saṃti padmāni jātāni nīlāni nīlavarṇāni nīlanirbhāsāni nīlanidarśanāni /

是诸池中，常有种种杂色莲华，量如车轮，青形、青显、青光、青影，

按：原文这里无“量如车轮”，而在下面26。提前译出于此并无不可。其余形、显、光、影，所译皆可。

25. pītāni pītavarṇāni pītanirbhāsāni pītanidarśanāni / lohitāni lohitavarṇāni lohitanirbhāsāni lohitanidarśanāni / avadātāny avadātavarṇāny avadātanirbhāsāny avadātanidarśanāni /

黄形、黄显、黄光、黄影，赤形、赤显、赤光、赤影，白形、白显、白光、白影，

26. citrāṇi citravarṇāni citranirbhāsāni citranidarśanāni śakaṭacakrapramāṇapariṇāhāni /

四形、四显、四光、四影。

按：原文应为“杂色形、杂色显、杂色光、杂色影，其径量如车轮”。不知奘译“四形”云云是意译，还是出自另外的原文。此处“其径量如车轮”玄奘已在前面24译出。

27. evaṃrūpaiḥ śāriputra buddhakṣetraguṇavyūhaiḥ samalaṃkṛtaṃ tadbuddhakṣetraṃ //4//

舍利子，彼佛土中，有如是等众妙绮饰功德庄严，甚可爱乐，是故名为极乐世界。

按：原文、译文与前16完全相同。

28. punar aparaṃ śāriputra tatra buddhakṣetre nityapravāditāni divyāni tūryāṇi suvarṇavarṇā ca mahāpṛthivī ramaṇīyā /

又舍利子，极乐世界净佛土中，自然常有无量无边众妙伎乐，音曲和雅，甚可爱乐。诸有情类闻斯妙音，诸恶烦恼悉皆消灭，无量善法渐次增长，速证无上正等菩提。舍利子，彼佛土中，有如是等众妙绮饰功德庄严，甚可爱乐，是故名为极乐世界。又舍利子，极乐世界净佛土中，周遍大地真金合成，其触柔软，香洁光明，无量无边妙宝间饰。舍利子，彼佛土中，有如是等众妙绮饰功德庄严，甚可爱乐，是故名为极乐世界。

按：原文远少于奘译，仅有“又舍利子，佛土之中，常有天乐之声，周遍大地真金合成，甚可爱乐。”译文中“极乐世界”仍为原文所无。“无量无边”亦为增益。“妙伎乐”实为天国伎乐。仅从与原文相应的部分看，奘译似乎文饰较多。

29. tatra ca buddhakṣetre triṣkṛtvo rātrau triṣkṛtvo divasasya puṣpavarṣaṃ pravarṣati divyānāṃ māṃdāravapuṣpāṇāṃ /

又舍利子，极乐世界净佛土中，昼夜六时，常雨种种上妙天华，光泽香洁，细软杂色，虽令见者身心适悦，而不贪着，增长有情无量无数不可思议殊胜功德。

按：此段原文为“在那片佛土里，天国神奇之花的花雨夜降三次，日降三次”。奘译合各三次为“昼夜六时”，为一简化译法。以“上妙天华”译“天国神奇之花的花雨”，亦甚简洁。原文puṣpavarṣa（花雨）的确无须译出，因于汉语习惯不合。什译“雨天曼陀罗华”，字字与原文相扣。奘译亦同。“光泽香洁”以下译文为原文所无。

30. tatra ye sattvā upapannās ta ekena purobhaktena koṭiśatasahasraṃ buddhānāṃ vaṃdaṃtyanyāṃl lokadhātūn gatvā /

彼有情类，昼夜六时，常持供养无量寿佛。每晨朝时，持此天华，于一食顷，飞至他方无量世界，供养百千俱胝诸佛。

按：原文无“昼夜六时，常持供养无量寿佛。每晨朝时，持此天华”，而有“于一食顷。飞至他方无量世界，供养百千俱胝诸佛”。然“于一食顷”原文为“用食之前”，即上午。此或与过午不食有关。原文无“飞”而仅有“去”。不过，既然到达极快，译“飞”并无不可。原文非“无量世界”，而是“诸世界”。奘译似有夸张，不过仍应考虑凑为四字的可能。此句主语“彼有情类”，原文为“已经生于这里的有情”。译文有所简化。

31. ekaikaṃ ca tathāgataṃ koṭiśatasahasrābhiḥ puṣpavṛṣṭibhir abhyavakīrya

punar api tām eva lokadhātum āgacchaṃti divāvihārāya /

于诸佛所，各以百千俱胝树花持散供养，还至本处，游天住等。

按：奘译以“佛”译“如来”。原文为“他们一个一个地用百千俱胝花雨持散供养那如来，然后返回自己的地方，以便进行日休（即午休）”。奘译与之基本相应。玄奘译divāvihāra为“天住”，不知是为什么；或别有所本，亦未可知。

32. evaṃrūpaiḥ śāriputra buddhakṣetraguṇavyūhaiḥ samalaṃkṛtaṃ tadbuddhakṣetraṃ //5//

舍利子，彼佛土中，有如是等众妙绮饰功德庄严，甚可爱乐，是故名为极乐世界。

按：与前16及27完全相同。

33. punar aparaṃ śāriputra tatra buddhakṣetre saṃti haṃsāḥ krauṃcā mayūrāś ca /[①]

又舍利子，极乐世界净佛土中，常有种种奇妙可爱杂色众鸟，所谓鹅、鴈、鹙、鹭、鸿、鹤、孔雀、鹦鹉、羯罗频迦、命命鸟等。

按：如前，原文无“极乐世界净”字样，亦无“种种奇妙可爱杂色众鸟”，而“所谓鹅、鴈、鹙、鹭、鸿、鹤、孔雀、鹦鹉、羯罗频迦、命命鸟等”中，原文仅有鹅、鹤、孔雀三种。什译亦有鸟类多种。此处奘、什所据原本略同，内容皆较此梵本为多。

34. te triṣkṛtvo rātrau triṣkṛtvo divasasya saṃnipatya saṃgītiṃ kurvaṃti sma svakasvakāni ca rutāni pravyāharaṃti /

如是众鸟，昼夜六时，恒共集会，出和雅声，随其类音，宣扬妙法。

按：参前29，“昼夜六时”实为夜三次，昼三次。奘译“进行合唱”为“出和雅声”。“随其类音，宣扬妙法”原文为“按照各自的嗓音歌唱”。“雅声”、“宣扬妙法”等语，于原文皆有修饰、引申。从下文所列歌唱内容看，此句加“宣扬妙法”等也无不可。

35. teṣāṃ pravyāharatām iṃdriyabalabodhyaṃgaśabdo niścarati /

所谓甚深念住正断，神足根、力、觉、道支等，无量妙法。

按：原文可译作“它们所唱的歌中有根、力、觉、支等声。”原文无奘译“所谓甚深念住正断，神足”和“无量妙法”，可能所据原文不同。

---

① krauṃcā 原文为kraiṃcā，据天城体改。

36. tatra teṣāṃ manuṣyāṇāṃ taṃ śabdaṃ śrutvā buddhamanasikāra utpadyate dharmamanasikāra utpadyate saṃghamanasikāra utpadyate //

彼土众生闻是声已，各得念佛，念法，念僧，无量功德熏修其身。

按：原文无“无量功德熏修其身”。什译亦无。

37. tat kiṃ manyase śāriputra tiryagyonigatās te sattvāḥ /

汝舍利子，于意云何，彼土众鸟，岂是傍生恶趣摄耶？

按：可译“你会想，为什么这些有情会生于伏行者的恶趣呢？”tiryag旧译“畜生”，后译“傍生”——傍行之生类，多“负天而行”。奘译以“彼土众鸟”代替“这些有情”，因为后者指的即是前者，实为意译。

38. na punar evaṃ draṣṭavyaṃ / tat kasmād dhetoḥ / nāmāpi śāriputra tatra buddhakṣetre nirayāṇāṃ nāsti tiryagyonīnāṃ yamalokasya nāsti /

勿作是见。所以者何？彼佛净土无三恶道。尚不闻有三恶趣名，何况有实。

按：“勿作是见。所以者何？”为紧贴原文而又深合汉语习惯的译例。原文“舍利子”未译。原文后半为“彼佛土连畜生道、阎摩界、地狱等的名称都没有。”奘译以“三恶趣”译“畜生道、阎摩界和地狱”，是明显的简化。“何况有实”为奘译自加。此意确实已经隐含于原文之中。奘译补入此句，意在将既无其名，何来其实这一点明白讲出，加以强调，于读者理解很有帮助。

39. te punaḥ pakṣisaṃghās tenāmitāyuṣā tathāgatena nirmitā dharmaśabdaṃ niścārayaṃti /

罪业所招傍生众鸟，当知皆是无量寿佛变化所作，令其宣畅无量法音，作诸有情利益安乐。

按：原文无“罪业所招傍生”。此为奘译自加。原文“无量寿如来”奘译“无量寿佛”，为意译，目的在形成四字句。“无量（法音）”亦为奘译自加。此段译文有两处自加的内容。“作诸有情利益安乐”亦为原文所无。

40. evaṃrūpaiḥ śāriputra buddhakṣetraguṇavyūhaiḥ samalaṃkṛtaṃ tadbuddhakṣetraṃ //6//

舍利子。彼佛土中有如是等众妙绮饰功德庄严，甚可爱乐。是故名为极乐世界。

按：与前16、27、32全同。

41. punar aparaṃ śāriputra tatra buddhakṣetre tāsāṃ ca tālapaṃktīnāṃ teṣāṃ ca kiṃkiṇījālānāṃ vāteritānāṃ valgur manojñaḥ śabdo niścarati /

又舍利子，极乐世界净佛土中，常有妙风，吹诸宝树及宝罗网，出微妙音，

按："极乐世界净"为奘译所加。原文是"有被风摇动的树列和铃网"。"妙"、"宝"皆为自加，以合字句要求。奘译无"铃"。

42. tadyathāpi nāma śāriputra koṭiśatasahasrāṃgikasya divyasya tūryasya cāryaiḥ saṃpravāditasya valgur manojñaḥ śabdo niścarati evam eva śāriputra tāsāṃ ca tālapaṃktīnāṃ teṣāṃ ca kiṃkiṇījālānāṃ vāteritānāṃ valgur manojñaḥ śabdo niścarati /

譬如百千俱胝天乐同时俱作，出微妙声，甚可爱玩。如是彼土常有妙风，吹众宝树及宝罗网，击出种种微妙音声，说种种法。

按：本段有两处相同的原文valgur manojñaḥ śabdo niścarati，分别译作"出微妙声，甚可爱玩"和"击出种种微妙音声"；而同样的原文，前41却仅仅应以简单的"出微妙音"。三种译法之中，本段的两种似乎更好。需要注意的是，同一原文而有三种译文，表明玄奘主张对翻译采取灵活态度。śāriputra之后原文与41全同，但奘译多出了原文所无的"说种种法"。

43. tatra teṣāṃ manuṣyāṇāṃ taṃ śabdaṃ śrutvā buddhānusmṛtiḥ kāye saṃtiṣṭhati dharmānusmṛtiḥ kāye saṃtiṣṭhati saṃghānusmṛtiḥ kāye saṃtiṣṭhati /

彼土众生闻是声已，起佛法僧念作意等无量功德。

按：以"众生"译"世人"。原文"(这些众生)使对于佛的不断忆念住于自身，使对于法的不断忆念住于自身，使对于僧的不断忆念住于自身"被译作"起佛法僧念作意等无量功德"，大为简化。

44. evaṃrūpaiḥ śāriputra buddhakṣetraguṇavyūhaiḥ samalaṃkṛtaṃ tadbuddhakṣetraṃ //7//

舍利子，彼佛土中有如是等众妙绮饰功德庄严，甚可爱乐，是故名为极乐世界。

按：与前16、27、32、40全同。

又舍利子，极乐世界净佛土中，有如是等无量无边不可思议甚希有事，假使经于百千俱胝那庾多劫，以其无量百千俱胝那庾多舌，一一舌上出无量声，赞其功德，亦不能尽，是故名为极乐世界。

按：以上奘译无原文。什译则无此段。

45. tat kiṃ manyase śāriputra kena kāraṇena sa tathāgato 'mitāyur nāmocyate /

又舍利子，极乐世界净佛土中，佛有何缘名无量寿？

按：原文无“极乐世界净佛土中”。此处以“佛”译“如来”，可得四字句。

46. tasya khalu punaḥ śāriputra tathāgatasya teṣāṃ ca manuṣyāṇām aparimitam āyuḥpramāṇaṃ / tena kāraṇena sa tathāgato 'mitāyur nāmocyate /

舍利子，由彼如来及诸有情寿命无量无数大劫，由是缘故，彼土如来名无量寿。

按：这里又以“有情”译“世人”。奘译“无数大劫”为自加。这里“如来”按原文译（前45曾译作“佛”）。奘译在原文“如来”的译法上一直比较自由。选择何者，通常依所需字数而定；更有成四字的，如下47。

47. tasya ca śāriputra tathāgatasya daśa kalpā anuttarāṃ samyaksaṃbodhim abhisaṃbuddhasya //8//

舍利子，无量寿佛证得阿耨多罗三藐三菩提已来，经十大劫。

按：“无量寿佛”原文为“彼如来”，这里两者意同，奘译用具体名称代之。“阿耨多罗三藐三菩提”为玄奘依“五不翻”原则而做的音译。

48. tat kiṃ manyase śāriputra kena kāraṇena sa tathāgato 'mitābho nāmocyate /

舍利子，何缘彼佛名无量光？

按：此处又译“如来”为“佛”。这里原文结构与前45完全相同，但译文结构有异。那里是“佛有何缘名无量寿”。译文表现出一定的灵活性。另，此段原文和译文皆无前45的“极乐世界净佛土中”。这样看来，前处译文为奘译自加的可能性更大。

49. tasya khalu punaḥ śāriputra tathāgatasyābhāpratihatā sarvabuddhakṣetreṣu / tena kāraṇena sa tathāgato 'mitābho nāmocyate //

舍利子，由彼如来恒放无量无边妙光，遍照一切十方佛土，施作佛事，无有障碍，由是缘故，彼土如来名无量光。

按：“恒”、“无量无边妙”为自加。“十方”为自加。“施作佛事，无有障碍”亦为原文所无。

舍利子，彼佛净土成就如是功德庄严，甚可爱乐，是故名为极乐世界。

按：此段奘译为原文所无。什译亦无。

50. tasya ca śāriputra tathāgatasyāprameyaḥ śrāvakasaṃgho yeṣāṃ na sukaraṃ pramāṇam ākhyātuṃ śuddhānām arhatāṃ /

又舍利子，极乐世界净佛土中，无量寿佛常有无量声闻弟子，一切皆是大阿罗汉，具足种种微妙功德，其量无边，不可称数。

按："极乐世界净佛土中"原文没有。以"无量寿佛"译"彼如来"，如前47。śuddhānām"清净"未译，应是用来修饰"阿罗汉"的。原文无"具足种种微妙功德"，故应注意"其量无边，不可称数"指的是声闻弟子之数。

51. evaṃrūpaiḥ śāriputra buddhakṣetraguṇavyūhaiḥ samalaṃkṛtaṃ tadbuddhakṣetram //9//

舍利子，彼佛净土成就如是功德庄严，甚可爱乐，是故名为极乐世界。

按：原文与前16、27、32、40、44全同，唯本段奘译略简。两译文不同，说明译法是灵活的。

52. punar aparaṃ śāriputra ye 'mitāyuṣas tathāgatasya buddhakṣetre sattvā upapannāḥ śuddhā bodhisattvā avinivartanīyā ekajātipratibaddhās teṣāṃ śāriputra bodhisattvānāṃ na sukaraṃ pramāṇam ākhyātum anyatrāprameyāsaṃkhyeyā iti saṃkhyāṃ gacchaṃti //

又舍利子，极乐世界净佛土中，无量寿佛常有无量菩萨弟子，一切皆是一生所系，具足种种微妙功德，其量无边，不可称数。假使经于无数量劫，赞其功德，终不能尽。舍利子，彼佛土中，成就如是功德庄严，甚可爱乐，是故名为极乐世界。

按：译文"佛土"前加了"极乐世界净"。以"无量寿佛"译原文"无量寿如来"，为行文需要。"菩萨弟子"原文前没有"无量"，而有upapannāḥ（来到、存在）、śuddhā（清净）、avinivartanīyā（不退转）等，但奘译皆无。后面奘译的"具足种种微妙功德"为原文所无。这样，译文"其量无边，不可称数"所指当与前50相同，即声闻弟子。值得注意的是，这里译文相同，而原文不同。原文，此前的50是yeṣāṃ na sukaraṃ pramāṇam ākhyātuṃ，这里（52）是teṣāṃ na sukaraṃ pramāṇam ākhyātum anyatrāprameyāsaṃkhyeyā iti saṃkhyāṃ gacchaṃti。以"其量无边，不可称数"译50的原文，未尝不可。但是，52的原文较为复杂，意思是"其量不可称数，或者用'无法度量，也数不尽'这样的话来表达，庶几接近其数"，再同样用"其量无边，不可称数"来译，便明显过简。奘译"不可称数"以下所有的译文，都无原文。

53. tatra khalu punaḥ śāriputra buddhakṣetre sattvaiḥ praṇidhānaṃ kartavyaṃ /

按：此句"又舍利子，众生都应怀有生彼佛土的誓愿。"无奘译。

54. tat kasmād dhetoḥ / yatra hi nāma tathārūpaiḥ satpuruṣaiḥ saha samavadhānaṃ bhavati / nāvaramātrakeṇa śāriputra kuśalamūlenāmitāyuṣas

tathāgatasya buddhakṣetre sattvā upapadyaṃte /

按：此段原文亦无奘译。原文前段与什译“所以者何？得与如是诸上善人俱会一处”相应。其后的nāvaramātrakeṇa……意为“舍利子，众生会因为德根下劣而不得往生无量寿如来的佛土”。

又舍利子，若诸有情生彼土者，皆不退转，必不复堕诸险恶趣、边地下贱蔑戾车中，常游诸佛清净国土，殊胜行愿，念念增进，决定当证阿耨多罗三藐三菩提。舍利子，彼佛土中，成就如是功德庄严，甚可爱乐，是故名为极乐世界。

按：此段奘译无原文。仅“皆不退转”与前52中的avinivartanīyā相应。

又舍利子，若诸有情闻彼西方无量寿佛清净佛土无量功德众所庄严，皆应发愿生彼佛土。所以者何？若生彼土，得与如是无量功德众所庄严诸大士等同一集会，受用如是无量功德，众所庄严清净佛土，大乘法乐常无退转，无量行愿念念增进，速证无上正等菩提故。舍利子，生彼佛土诸有情类，成就无量无边功德，非少善根诸有情类当得往生无量寿佛极乐世界清净佛土。

按：此段奘译中仅有部分与前53、54原文相应，即“又舍利子……皆应发愿生彼佛土。所以者何？若生彼土……得与如是……诸大士等同一集会……非少善根诸有情类当得往生无量寿佛极乐世界清净佛土”。看来所据原文颇不相同。本段在翻译上值得注意的是“非少善根诸有情类当得往生无量寿佛极乐世界清净佛土”（对应前54的原文nāvaramātrakeṇa śāriputra kuśalamūlenāmitāyuṣas tathāgatasya buddhakṣetre sattvā upapadyaṃte）一句的译法。此句较为难懂，是因为译文像原文一样，将否定词放在了句首。奘译这样安排，似乎又是出于对行文节奏的考虑。在这里，颠倒汉语习惯语序，成为形成必要的语言节奏的方法之一。

55. yaḥ kaścic chāriputra kulaputro vā kuladuhitā vā tasya bhagavato 'mitāyuṣas tathāgatasya nāmadheyaṃ śroṣyati śrutvā ca manasikariṣyati ekarātraṃ vā dvirātraṃ vā trirātraṃ vā catūrātraṃ vā paṃcarātraṃ vā ṣaḍrātraṃ vā saptarātraṃ vā-vikṣiptacitto manasikariṣyati yadā

又舍利子，若有净信诸善男子，或善女人，得闻如是无量寿佛无量无边不可思议功德名号极乐世界功德庄严；闻已思惟，若一日夜，或二或三，或四或五，或六或七，系念不乱，

按：未译“世尊”。译“无量寿如来”为“无量寿佛”。定语“无量无边不可思议功德”和“极乐世界功德庄严”皆为原文所无。由于印、中语言习惯不同，改译“一夜”为“一日夜”，很有必要。注意这里没有完全按照汉语习惯译作“一日”。这里译avikṣiptacitta为“系念不乱”，比什译“一心不乱”更为优雅。

56. sa kulaputro vā kuladuhitā vā kālaṃ kariṣyati tasya kālaṃ kurvataḥ so 'mitāyus tathāgataḥ śrāvakasaṃghaparivṛto bodhisattvagaṇapuraskṛtaḥ purataḥ sthāsyati so 'viparyastacittaḥ kālaṃ kariṣyati ca /

是善男子，或善女人，临命终时，无量寿佛与其无量声闻弟子菩萨众俱，前后围绕，来住其前，慈悲加佑，令心不乱。

按：原文是“……无量寿如来在众声闻弟子的围绕下，由众菩萨陪同着，来到他的面前……而他也就可以心不颠倒而终”。奘译较为简单，但“无量（声闻）”、“慈悲加佑”是自加的。奘译“令心不乱”，什译“心不颠倒”。后者更合原文。

57. sa kālaṃ kṛtvā tasyaivāmitāyuṣas tathāgatasya buddhakṣetre sukhāvatyāṃ lokadhātāv upapatsyate /[①]

既舍命已，随佛众会，生无量寿极乐世界清净佛土。

按：“随佛众会”为奘译所加，实际是为与前段所说的有声闻弟子、众菩萨等来到他身边的情节相呼应。这里灵活处理，可使译文顺畅。原文“无量寿”后的“如来”未译，亦无“佛”字样出现，还是受词句字数限制的结果。“无量寿”后无“佛”字，显然因为前面已有“生”字，四字已足。

58. asmāt tarhi śāriputra idam arthavaśam saṃpaśyamāna evaṃ vadāmi satkṛtya kulaputreṇa vā kuladuhitrā vā tatra buddhakṣetre cittapraṇidhānaṃ kartavyam //10//

又舍利子，我观如是利益安乐大事因缘，说诚谛语。若有净信诸善男子，或善女人，得闻如是无量寿佛不可思议功德名号极乐世界净佛土者，一切皆应信受发愿，如说修行，生彼佛土。

按：译arthavaśam为“利益安乐大事因缘”，实际仅“大事因缘”已可。译文中的“如说修行”亦为原文所无。

59. tadyathāpi nāma śāriputra aham etarhi tāṃ parikīrtayāmi evam eva śāriputra pūrvasyāṃ diśyakṣobhyo nāma tathāgato merudhvajo nāma tathāgato mahāmerur

① 句中kṛtvā 原文krtvā，为笔误，据天城体改正。

nāma tathāgato meruprabhāso nāma tathāgato maṃjudhvajo nāma tathāgata evaṃpramukhāḥ śāriputra pūrvasyāṃ diśi gaṃgānadīvālukopamā buddhā bhagavaṃtaḥ

又舍利子，如我今者称扬赞叹无量寿佛无量无边不可思议佛土功德，如是东方亦有现在不动如来、山幢如来、大山如来、山光如来、妙幢如来，如是等佛如殑伽沙，住在东方，

按："无量寿佛无量无边不可思议"为原文所无。但"我"所称扬的对象，即tāṃ，确指佛土。"如是等佛"后的"世尊"未译。原文各如来前有的"名为（某某）"未译；下同。本段所有"迷卢meru"都译"山"。注意"现在"一语所放位置不甚合于汉语习惯。所有这些处理方式，显然都出于对译文语句字数的考虑。

60. svakasvakāni buddhakṣetrāṇi jihveṃdriyeṇa saṃcchādayitvā nirveṭhanaṃ kurvaṃti /

自佛净土，各各示现广长舌相，遍覆三千大千世界，周匝围绕，说诚谛言。

按："佛土"奘译作"佛净土"，是为行文考虑。原文"舌"前无"广长"。此为奘译所加；什译相同。"广长舌相"为三十二相之一。下同。奘译"遍覆三千大千世界，周匝围绕"为原文所无。什译亦有"遍覆三千大千世界"。看来两译所据的原文都有这一内容。

61. pratīyatha yūyam idam aciṃtyaguṇaparikīrtanaṃ sarvabuddhaparigrahaṃ nāma dharmaparyāyaṃ //11//

汝等有情，皆应信受如是称赞不可思议佛土功德一切诸佛摄受法门。

按：奘译"汝等"后加了"有情"。罗什亦译"汝等众生"。奘译"不可思议"后加"佛土"，对称赞对象加以解释，确有助于理解。"一切诸佛摄受法门"全照字译。按原文，"一切诸佛摄受"应为法门之名。此法门是称赞不可思议（佛土）功德的。

62. evaṃ dakṣiṇasyāṃ diśi caṃdrasūryapradīpo nāma tathāgato yaśaḥprabho nāma tathāgato mahārciskaṃdho nāma tathāgato merupradīpo nāma tathāgato 'naṃtavīryo nāma tathāgata evaṃpramukhāḥ śāriputra dakṣiṇasyāṃ diśi gaṃgānadīvālukopamā buddhā bhagavaṃtaḥ

又舍利子，如是南方亦有现在日月光如来、名称光如来、大光蕴如来、迷卢光如来、无边精进如来，如是等佛如殑伽沙，住在南方，

按："世尊"未译，如前59。原文"月日光如来"，玄奘改译"日月光如来”，以适应汉语习惯。

63. svakasvakāni buddhakṣetrāṇi jihveṃdriyeṇa saṃcchādayitvā nirveṭhanaṃ kurvaṃti /

自佛净土，各各示现广长舌相，遍覆三千大千世界，周匝围绕，说诚谛言。

按：与前60全同。

64. pratīyatha yūyam idam aciṃtyaguṇaparikīrtanaṃ sarvabuddhaparigrahaṃ nāma dharmaparyāyaṃ //12//

汝等有情，皆应信受如是称赞不可思议佛土功德一切诸佛摄受法门。

按：与前61全同。

65. evaṃ paścimāyāṃ diśy amitāyur nāma tathāgato 'mitaskaṃdho nāma tathāgato 'mitadhvajo nāma tathāgato mahāprabho nāma tathāgato mahāratnaketur nāma tathāgataḥ śuddharaśmiprabho nāma tathāgata evaṃpramukhāḥ śāriputra paścimāyāṃ diśi gaṃgānadīvālukopamā buddhā bhagavaṃtaḥ

又舍利子，如是西方亦有现在无量寿如来、无量蕴如来、无量光如来、无量幢如来、大自在如来、大光如来、光焰如来、大宝幢如来、放光如来，如是等佛如殑伽沙，住在西方，

按：原文无“无量光如来”、“大自在如来”、“光焰如来”。后面原文的“净芒光（śuddharaśmiprabha）如来”奘译“放光如来”。“世尊”未译，如前59。

66. svakasvakāni buddhakṣetrāṇi jihveṃdriyeṇa saṃcchādayitvā nirveṭhanaṃ kurvaṃti /

自佛净土，各各示现广长舌相，遍覆三千大千世界，周匝围绕，说诚谛言。

按：与前60全同。

67. pratīyatha yūyam idam aciṃtyaguṇaparikīrtanaṃ sarvabuddhaparigrahaṃ nāma dharmaparyāyaṃ //13//

汝等有情，皆应信受如是称赞不可思议佛土功德一切诸佛摄受法门。

按：与前61全同。

68. evam uttarāyāṃ diśi mahārciskaṃdho nāma tathāgato vaiśvānaranirghoṣo nāma tathāgato duṃdubhisvaranirghoṣo nāma tathāgato duṣpradharṣo nāma tathāgata ādityasaṃbhavo nāma tathāgato jaleniprabho nāma tathāgataḥ prabhākaro nāma tathāgata evaṃpramukhā śāriputrottarāyāṃ diśi gaṃgānadīvālukopamā buddhā bhagavaṃtaḥ

又舍利子，如是北方亦有现在无量光严通达觉慧如来、无量天鼓震大妙音如来、大蕴如来、光网如来、娑罗帝王如来，如是等佛如殑伽沙，住在北方，

按：奘译没有原文的“大光蕴如来”、“遍在音（vaiśvānaranirghoṣa）如来”、“鼓声音（duṃdubhisvaranirghoṣa）如来”、“难攻击（或难沮）（duṣpradharṣa）如来”、“日光生（或日光因）（ādityasaṃbhava）如来”、“太阳（prabhākara）如来”。而奘译的“无量光严通达觉慧如来、无量天鼓震大妙音如来、大蕴如来、娑罗帝王如来”则为原文所无。“娑罗帝王如来”原文可见于后74。原文和奘译两者皆有的仅“光网如来”。不过“无量天鼓震大妙音如来”或即原文的“鼓声音如来”？“世尊”未译，如前59。应注意“大光蕴如来”前62已有，原文重复，玄奘未再译。

69. svakasvakāni buddhakṣetrāṇi jihveṃdriyeṇa saṃcchādayitvā nirveṭhanaṃ kurvaṃti /

自佛净土，各各示现广长舌相，遍覆三千大千世界，周匝围绕，说诚谛言。

按：与前60全同。

70. pratīyatha yūyam idam aciṃtyaguṇaparikīrtanaṃ sarvabuddhaparigrahaṃ nāma dharmaparyāyaṃ //14//

汝等有情，皆应信受如是称赞不可思议佛土功德一切诸佛摄受法门。

按：与前61全同。

71. evam adhastāyāṃ diśi siṃho nāma tathāgato yaśo nāma tathāgato yaśaḥprabhāso nāma tathāgato dharmo nāma tathāgato dharmadharo nāma tathāgato dharmadhvajo nāma tathāgata evaṃpramukhāḥ śāriputrādhastāyāṃ diśi gaṃgānadīvālukopamā buddhā bhagavaṃtaḥ

又舍利子，如是下方亦有现在示现一切妙法正理常放火王胜德光明如来、师子如来、名称如来、誉光如来、正法如来、妙法如来、法幢如来、功德友如来、功德号如来，如是等佛如殑伽沙，住在下方，

按：玄奘译原文“持法如来”为“妙法如来”。奘译“示现一切妙法正理常放火王胜德光明如来”、“功德友如来、功德号如来”为原文所无；什译亦无此三如来。“世尊”未译，如前59。

72. svakasvakāni buddhakṣetrāṇi jihveṃdriyeṇa saṃcchādayitvā nirveṭhanaṃ kurvaṃti /

自佛净土，各各示现广长舌相，遍覆三千大千世界，周匝围绕，说诚谛言。

按：与前60全同。

73. pratīyatha yūyam idam aciṃtyaguṇaparikīrtanaṃ sarvabuddhaparigrahaṃ nāma dharmaparyāyaṃ //15//

汝等有情，皆应信受如是称赞不可思议佛土功德一切诸佛摄受法门。

按：与前61全同。

74. evam upariṣṭhāyāṃ diśi brahmaghoṣo nāma tathāgato nakṣatrarājo nāma tathāgata iṃdraketudhvajarājo nāma tathāgato gaṃdhottamo nāma tathāgato gaṃdhaprabhāso nāma tathāgato mahārciskaṃdho nāma tathāgato ratnakusuma-saṃpuṣpitagātro nāma tathāgataḥ sāleṃdrarājo nāma tathāgato ratnotpalaśrīr nāma tathāgataḥ sarvārthadarśo nāma tathāgataḥ sumerukalpo nāma tathāgata evaṃpra-mukhāḥ śāriputropariṣṭhāyāṃ diśi gaṃgānadīvālukopamā buddhā bhagavaṃtaḥ

又舍利子，如是上方亦有现在梵音如来、宿王如来、香光如来、如红莲华胜德如来、示现一切义利如来，如是等佛如殑伽沙，住在上方，

按：奘译无原文的“天帝释幢王（iṃdraketudhvajarāja）如来”、“无上香（gaṃdhottama）如来”、“体如宝华盛开（ratnakusumasaṃpuṣpitagātr）如来”、“宝莲吉祥（ratnotpalaśrī）如来”。原文“须弥劫（sumerukalpa）如来”，或称“如须弥山如来”亦无奘译。“大光蕴如来”前62已有，玄奘未再译。“娑罗帝王（sāleṃdrarāja）如来”前68已有奘译，此处不再译。奘译的“如红莲华胜德如来”为原文所无。“世尊”未译，如前59。

75. svakasvakāni buddhakṣetrāṇi jihveṃdriyeṇa saṃcchādayitvā nirveṭhanaṃ kurvaṃti /

自佛净土，各各示现广长舌相，遍覆三千大千世界，周匝围绕，说诚谛言。

按：与前60全同。

76. pratīyatha yūyam idam aciṃtyaguṇaparikīrtanaṃ sarvabuddhaparigrahaṃ nāma dharmaparyāyaṃ //16//

汝等有情，皆应信受如是称赞不可思议佛土功德一切诸佛摄受法门。

按：与前61全同。

又舍利子，如是东南方亦有现在最上广大云雷音王如来，如是等佛如殑伽沙，住东南方，自佛净土，各各示现广长舌相，遍覆三千大千世界，周匝围绕，说诚谛言。汝等有情，皆应信受如是称赞不可思议佛土功德一切诸佛摄受法门。

又舍利子，如是西南方亦有现在最上日光名称功德如来，如是等佛如殑伽

沙，住西南方，自佛净土，各各示现广长舌相，遍覆三千大千世界，周匝围绕，说诚谛言。汝等有情，皆应信受如是称赞不可思议佛土功德一切诸佛摄受法门。

又舍利子，如是西北方亦有现在无量功德火王光明如来，如是等佛如殑伽沙，住西北方，自佛净土，各各示现广长舌相，遍覆三千大千世界，周匝围绕，说诚谛言。汝等有情，皆应信受如是称赞不可思议佛土功德一切诸佛摄受法门。

又舍利子，如是东北方亦有现在无数百千俱胝广慧如来，如是等佛如殑伽沙，住东北方，自佛净土，各各示现广长舌相，遍覆三千大千世界，周匝围绕，说诚谛言。汝等有情，皆应信受如是称赞不可思议佛土功德一切诸佛摄受法门。

按：以上四段为原文所无。可以注意的是每一段如来名号的数量都较前六方的大为减少。

77. tat kiṃ manyase śāriputra kena kāraṇenāyaṃ dharmaparyāyaḥ sarvabuddhaparigraho nāmocyate /

又舍利子，何缘此经名为称赞不可思议佛土功德一切诸佛摄受法门？舍利子，由此经中称扬赞叹无量寿佛极乐世界不可思议佛土功德，及十方面诸佛世尊，为欲方便利益安乐诸有情故，各住本土，现大神变，说诚谛言，劝诸有情信受此法。是故此经名为称赞不可思议佛土功德一切诸佛摄受法门。

按：原文无“称赞不可思议佛土功德”，以及自“舍利子”以下所有文字。原文仅有“又舍利子，何缘此经名为一切诸佛摄受法门？”

78. ye kecic chāriputra kulaputrā vā kuladuhitaro vāsya dharmaparyāyasya nāmadheyaṃ śroṣyaṃti teṣāṃ ca buddhānāṃ bhagavatāṃ nāmadheyaṃ dhārayiṣyaṃti sarve te buddhaparigṛhītā bhaviṣyaṃty avinivartanīyāśca bhaviṣyaṃty anuttarāyāṃ samyaksaṃbodhau /

又舍利子，若善男子，或善女人，或已得闻，或当得闻，或今得闻；闻是经已，深生信解；生信解已，必为如是，住十方面，十殑伽沙诸佛世尊之所摄受。如说行者，一切定于阿耨多罗三藐三菩提得不退转，一切定生无量寿佛极乐世界清净佛土。

按：原文仅有奘译中的“又舍利子，若善男子，或善女人，或当得闻，深生信解，一切定于阿耨多罗三藐三菩提得不退转”。奘译“得闻”的宾语“法门之名”（dharmaparyāyasya nāmadheyaṃ）实即译文中的“是经”。奘译亦无原文的“奉持诸佛世尊之名”；或所谓“深生信解”即是与其相应的译文？原文“得佛护持（摄受）”（buddhaparigṛhītā bhaviṣyaṃti），奘译为“必为如是住十方面，十殑伽沙诸佛世尊之所摄受”，增加了不少解释。其后的“如说行者”亦为自加，但作为再强调，未尝不可。

79. tasmāt tarhi śāriputra śraddadhādhvaṃ pratīyatha mākāṃkṣayatha mama ca teṣāṃ ca buddhānāṃ bhagavatāṃ /

是故舍利子，汝等有情，一切皆应信受领解我及十方佛世尊语，当勤精进，如说修行，勿生疑虑。

按：原文无“语”字，奘译加入，很有必要，否则“信受领解”便无宾语。原文无“十方”，因为前面只说了六方。原文亦无“当勤精进，如说修行”。

80. ye kecic chāriputra kulaputrā vā kuladuhitaro vā tasya bhagavato 'mitāyuṣas tathāgatasya buddhakṣetre cittapraṇidhānaṃ kariṣyaṃti kṛtaṃ vā kurvaṃti vā sarve te 'vinivartanīyā bhaviṣyaṃty anuttarāyāṃ samyaksaṃbodhau tatra ca buddhakṣetra upapatsyaṃty upapannā vopapadyaṃti vā /

又舍利子，若善男子，或善女人，于无量寿极乐世界清净佛土功德庄严，若已发愿，若当发愿，若今发愿，必为如是，住十方面，十殑伽沙诸佛世尊之所摄受。如说行者，一切定于阿耨多罗三藐三菩提得不退转，一切定生无量寿佛极乐世界清净佛土。

按：原文“世尊（无量寿）如来”未译，多译“极乐世界清净（佛土）”两处。奘译多“功德庄严”、“必为如是，住十方面，十殑伽沙诸佛世尊之所摄受”。原文“他们或将要，或已经，或现在生于那一佛土”，奘译为“一切定生无量寿佛极乐世界清净佛土”，未作三种区分，有所简化。什译与原文一致。这是奘译较什译更加灵活的例子之一。

81. tasmāt tarhi śāriputra śrāddhaiḥ kulaputraiḥ kuladuhitṛbhiś ca tatra buddhakṣetre cittapraṇidhir utpādayitavyaḥ //17//

是故，舍利子，若有净信诸善男子，或善女人，一切皆应于无量寿极乐世界清净佛土，深心信解，发愿往生，勿行放逸。

按：原文仅有奘译中的“是故，舍利子，若有净信诸善男子，或善女人，深心信解，皆应发愿往生佛土”。玄奘增加了“无量寿极乐世界清净”、“勿行放逸”。

82. tadyathāpi nāma śāriputrāham etarhi teṣāṃ buddhānāṃ bhagavatām evamaciṃtyaguṇān parikīrtayāmi evam eva śāriputra mamāpi te buddhā bhagavaṃta evamaciṃtyaguṇān parikīrtayaṃti /

又舍利子，如我今者称扬赞叹无量寿佛极乐世界不可思议佛土功德，彼十

方面诸佛世尊亦称赞我不可思议无边功德，

按：原文“诸佛世尊不可思议（的功德）”，奘译为“无量寿佛极乐世界不可思议佛土（的功德）”。注意此处用“佛土”取代了“世尊”。原文“诸佛世尊”，奘译“彼十方面诸佛世尊”，多译四字，原因同前79。最后一“功德”前多加了“无边”。实际上，“我”在前面所称扬的，的确多为佛土功德，故这里加以改译，不再考虑原文中释迦牟尼与其他诸佛互相称赞的关系，也有道理。

83. suduṣkaraṃ bhagavatā śākyamuninā śākyādhirājena kṛtaṃ /

皆作是言：甚奇希有，释迦寂静。

按：原意应为“世尊释迦寂静释迦无上之王能做甚奇希有之事”。“皆作是言”为奘译自加。此一增益很有必要，否则读者未必知道后面是“诸佛世尊”所讲的话。但这里话的内容较原文为少。本段什译作“释迦牟尼佛能为甚难希有之事”。这又是一个奘译较原文为简，也比什译更简，更为灵活的例子。

84. sahāyāṃ lokadhātāv anuttarāṃ samyaksaṃbodhim abhisaṃbudhya sarvalokavipratyayanīyo dharmo deśitaḥ kalpakaṣāye sattvakaṣāye dṛṣṭikaṣāya āyuṣkaṣāye kleśakaṣāye //18//

释迦法王如来应正等觉明行圆满善逝世间解无上丈夫调御士天人师佛世尊，乃能于是堪忍世界，五浊恶时——所谓劫浊、诸有情浊、诸烦恼浊、见浊、命浊，于中证得阿耨多罗三藐三菩提，为欲方便利益安乐诸有情故，说是世间极难信法。

按：这一段还是“诸佛世尊”所讲的话。原文无“释迦法王如来应正等觉明行圆满善逝世间解无上丈夫调御士天人师佛世尊”诸语。但本句缺此即无主语，不可不加，虽然不必有如此长的定语。实际上本段与前面83原属同一句话。其主语，也就是“说一切世间难信之法”（sarvalokavipratyayanīyo dharmo deśitaḥ）的行为者，乃是前面83的释迦牟尼（这里称“释迦法王”）。本段既然独立成句，只能自加主语。“五浊恶时”为奘译自加，作解释用。原文无“为欲方便利益安乐诸有情故”等语。本段有一点可以注意，即末句“说是世间极难信法”中的指代词“是”原文为“一切”（sarva）。这里舍二字而取一字，是奘译弃义而就文的又一例证。

85. tan mamāpi śāriputra paramaduṣkaraṃ yan mayā sahāyāṃ lokadhātāv anuttarāṃ samyaksaṃbodhim abhisaṃbudhya sarvalokavipratyayanīyo dharmo

deśitaḥ sattvakaṣāye dṛṣṭikaṣāye kleśakaṣāya āyuṣkaṣāye kalpakaṣāye //19//

是故，舍利子，当知我今于此杂染堪忍世界五浊恶时，证得阿耨多罗三藐三菩提，为欲方便利益安乐诸有情故，说是世间极难信法，甚为希有，不可思议。

按：原文无“为欲方便利益安乐诸有情故”。原文也无“不可思议”。奘译在“堪忍世界”前加“杂染”。原文有五浊恶时的具体名称，但因前段已经列举，故这里奘译省去未译，仅称“五浊恶时”。这是必要的省略。此段译“一切”为“是”，与前84同。

86. idam avocad bhagavān āttamanāḥ / āyuṣmāñ śāriputras te ca bhikṣavas te ca bodhisattvāḥ sadevamānuṣāsuragaṃdharvaś ca loko bhagavato bhāṣitam abhyanaṃdan //20//①

又舍利子，于此杂染堪忍世界五浊恶时，若有净信诸善男子，或善女人，闻说如是一切世间极难信法，能生信解，受持演说，如教修行，当知是人甚为希有，无量佛所曾种善根。是人命终，定生西方极乐世界，受用种种功德庄严清净佛土大乘法乐，日夜六时，亲近供养无量寿佛，游历十方，供养诸佛，于诸佛所闻法受记，福慧资粮，疾得圆满，速证无上正等菩提。时薄伽梵说是经已，尊者舍利子等、诸大声闻及诸菩萨、摩诃萨众、无量天、人、阿素洛等一切大众闻佛所说，皆大欢喜，信受奉行。

按：译文远较原文为长，仅最后部分“时薄伽梵说是经已，尊者舍利子等、诸大声闻及诸菩萨、摩诃萨众、无量天、人、阿素洛等一切大众闻佛所说，皆大欢喜，信受奉行”与原文相应。原文可译作：“世尊欢喜说此经已，尊者舍利子和诸比丘、诸菩萨、众天、人、阿素洛、乾闼婆及一切大众等闻世尊所说，皆大欢喜。”原文用来修饰“薄伽梵”即释迦牟尼的“欢喜”（āttamanāḥ）未译。原文“比丘”玄奘译作“诸大声闻”。原文无“摩诃萨”。原文的“乾闼婆”玄奘未译。末句“信受奉行”为原文所无。这些区别都可能是原本与译本不同所致。段末的“薄伽梵”玄奘以“佛”代译，明显还是出于行文结构上的需要。但本段原文的第一个bhagavān毕竟译作了“薄伽梵”。我们是否可以私行意会，将此“佛”视作与本经第一句中音译“薄伽梵”的首尾呼应呢？

① bhāṣitam原文bhāsitam，为笔误，据天城体改正。

三

以上我们将《称赞净土佛摄受经》的梵本和它的奘译放在一起，做了对比，目的在通过这种对比，能够就玄奘译经的特点求得一些认识。由于我们的梵本与千余年前玄奘所使用的并不属于同一版本，两者之间在内容上不存在一一对应关系，所以首先要做的，是将缺乏比较价值的内容找出并排除出去。那么，从那些可作比对的部分，也是比重更大的部分，我们能够得出什么结论呢？结论，正如当初所预料的，十分简单，那就是，奘译是有着意译倾向的。这一倾向，我们在对戡的过程中已经可以明显地感觉到，这里再就表现于不同方面的，各取一二例证，做一集中说明。比如：

增益，如38的“何况有实”、57的“随佛众会”；

简化，如7的“诸大菩萨”、38的“三恶趣名”；

替代，如5的“妙吉祥菩萨”、37的“彼土众鸟”；

变化，如同一原文，既可音译为“薄伽梵”，又可意译为“世尊”，见1、9；同样的原文在41和42中分别译作“出微妙音”、“出微妙声，甚可爱玩”和“击出种种微妙音声”；

改易，如将原文“一夜”译为“一日夜”，见55；将原文“月日光如来”译为“日月光如来”，等等。

这些翻译上灵活方式的采取，都是各有道理的，或者可以说很有道理，比方说为了传达义理，展现文采，等等。

本经意译倾向最突出的表现，是内容对于形式的容让迁就。可以举出的例子很多，比如：译“彼极乐世界”为“彼界”，见于13；译“有”为“处处皆有”，见于17；译“诸世界”为“无量世界”，见于30；译“一切”为“是”，见于84。所有这些，都是为了四字句式的形成。我们甚至还能看到为此不辞颠倒语序，致使译文难于悟解的例子，如54否定词位置的安排，59“现在”一语的处理。佛典的语言以易于习诵为好，故有偈颂形式的出现。但即使是汉译长行，也明显地表现出讲求节律的倾向，而当时流行的四言诗句则成为合适的摹仿对象。四言诗是中国古代产生最早的诗体。从诗经，到汉诗、汉赋，乃至魏晋时诗，四言句式始终占有显著地位。这种句式应用于佛典翻译以后，便使译文有了句式整齐，易于读诵的优点，虽无平仄谐声，却也不乏韵致，久之遂为译家所深好，数百年间，几成范式。这种喜好很容易在支谶、支谦、竺法护、鸠摩罗什、法显、昙无谶、达摩笈多等译家的众多译品中看到。玄奘自然也继承了这种译法，并在他的译经实践中运用得十分灵活。玄奘深明“言之无文，行而不远”的道理。因此，他的翻译非常注重形式，而其表现，正如前面数例所证明的，有时会达到舍义而就文的程度。

上面所谈的一切，都在说明一点，即玄奘的翻译带有颇为明显的意译倾向。这同历来对他译风的传统评价不甚一致。当然，我的看法，或说印象，仅仅得自于《称赞净土佛摄受经》这一个译例。至于我的结论能否成立，也还希望得到真正专门家的评断。

论文提交“玄奘研究第三届玄奘国际学术研讨会”（2006年9月，成都）

三

印度古诗翻译

《牧童歌》

一、关于《牧童歌》

（一）作者和创作时间

《牧童歌》（Gītagovinda）是一首赞颂黑天（Kṛṣṇa）和他的情人罗陀（Rādhā）的抒情诗篇，作者胜天（Jayadeva）是公元12世纪中后叶人。他是一个虔诚的毗湿奴派信徒，一个知识广博的梵文学者，精通音律，善于吟诗。胜天的故乡在阿贾雅（Ajaya）河畔的肯杜维尔瓦村（Kenduvilva；即译文第三章第10颂中的紧度毗罗瓦，Kindubilva）。该村今称肯杜利（Kenduli），属西孟加拉邦比尔布姆县。也有说法称他是弥提罗人，或奥里萨地方的人。据传说，他出生在一个婆罗门家庭中，父亲名薄伽提婆，母亲名伐摩提毗（又说为罗摩提毗）。他自幼学习吠陀圣典和其他文学著作，但后来放弃了学问的钻研，专门进行创作，并娶了一个高种姓的寺院舞女钵摩婆底（Padmāvatī）为妻。[①]当时统治孟加拉地区的是犀那王朝。他是该朝国王落讫瑟曼那·犀那（1175–1200）宫廷上的“五宝”（五位大诗人。其他几位是牛增、舍罗那、乌玛波底陀罗和托寅）之一。还有地方说他曾短期在乌陀迦罗国王的宫廷上做过御用诗人。乌陀迦罗在今奥里萨。除上面的基本情况外，后人对他的生平就再无所知了。印度古代和中世纪的圣贤、哲人、诗人、作家大抵身世不详，行迹亦湮没无闻。人们可以欣赏一部伟大的文学作品，或者一件优秀的艺术品，而全然不知它的作者是谁，生在何处，生平如何。胜天也是一样。

《牧童歌》的创作时间亦无准确说法。有人举出证据说它创作于12世纪

① 这里所说的寺院据称就是著名的扎格那特寺，在今印度奥里萨邦首府布巴内斯瓦尔附近的普里。

50–60年代。支持这一说法的证据有：该诗最早的注释是由一个名叫乌陀衍那阇梨（Udayanācārya）的人写的，他与恒伽王朝的国王罗阇·罗阇·提婆第二是同时代人，而后者在位年代是公元1170–1190年。此外，在1205年由师利陀罗陀娑（Śrīdharadāsa）编纂的文选《悦耳妙语甘露》（Saduktikarṇāmṛta）收有他的几首诗。另有人认为《牧童歌》的出现应稍晚于前述时间，在12世纪后半叶。

（二）作品的内容和形式

《牧童歌》讲的是一个寻常的浪漫爱情故事，内容简单到了几乎没有情节：在百花盛开，春情涌动的季节，黑天正在同众多牧女嬉戏游玩。这便惹恼了罗陀。她希望自己独占黑天，于是妒火中烧，悻悻离开，到一边去生闷气。在她的想象中，黑天正与别的牧女共度春风，于是她陷入沮丧，几不欲生。与此同时，黑天也强烈地思念着罗陀。罗陀的女友便在他们之间往返传情。当黑天来到她面前的时候，任性和强烈的嫉妒使她大发脾气。最后，在女友的劝说下，加上黑天的苦苦求情，罗陀回到了黑天身边，一场带来过痛苦思恋的爱情风波就此结束。诗篇开始说到了两者的幽会，但接着便历数大神毗湿奴的种种丰功伟绩，呼唤他的不同名号。由于黑天是毗湿奴的化身已是常识，这就指明了黑天并非常人，而是宇宙之主。值得注意的是，在下面毗湿奴十化身的赞辞中，没有了黑天，而代之以大力罗摩，更使黑天获得了特殊的神圣地位。在以后的叙述中，黑天始终保持着这一地位，而全诗所描述的男女欢爱便成了他的神圣游戏（līlā）。

印度教毗湿奴派认为，《牧童歌》所讲的故事，隐喻着人类灵魂和神的结合。它是通过人间美女罗陀和黑天大神之间的爱情来表达的。他们的爱情经历了热情的冲动、妒忌、分离、愁思、重归于好和重新结合等各个阶段。表面上看，它是一首展示炽烈的人类情爱的诗篇，而实际上，它应被视为极具精神性的虔诚诗。诗歌中的黑天和罗陀是一对神圣的爱侣，但他们的关系不是夫妻，而是情人。这似乎意味着读者可作如下理解，即他们的关系是自由的，可即可离，恰似人、神之间无所限定，无所约束的状态。然而，人天然需要爱情，且其由衷，其炽烈，更无任何其他感情所能比。因此，用它来比附人神之爱的深切，应该说，也是很恰当的。罗陀是一个感情热烈，孤独而又骄傲的女性，而她对于黑天的刻骨铭心的思恋，则反映了信徒对于毗湿奴大神（黑天是其化身之一）的诚心归附和无限向往。说这部诗歌中的宗教感情是通过黑天和罗陀之间强烈的爱情来表达的，道理就在这里。至于黑天与其他牧女的调情，则应该理解为神对于所有人的普遍热爱。黑天接近她们是为了满足她们所有人的要求。牧女罗陀和黑天一样，在诗歌中占据着中心地位，代表着具体的个体灵魂。当黑天对其他牧女示爱的时候，罗陀便感到遭受了遗弃，并责怪黑天不贞。但罗陀终于还是返回黑天身边，与他重新实现了热情的结合。这也是一个人渴望接近神，并在最后与之合一的过程。总之，《牧童歌》所呈现的，是一个人类与最高存在之间的爱的典范。他们的结合，乃是无上崇高的信仰之爱的表达，也意味着人们渴求的极乐状态的实现。在现实中，在实践上，唱诵《牧童歌》，则为的是赞颂大神毗湿奴，崇拜他，向他祈福。

印度教理论家认为，《牧童歌》的内容，可以在不同的水平上加以解读。在日常生活中，爱情、背叛、结合等等各有其人人能懂的意思。然而在神学的，人神灵交的意义上，它们同样各有意义。总而言之，在胜天看来，神明和他的信奉者是彼此需要，彼此相爱的，没有一方可以缺少另外一方。诗人通过歌唱，希望黑天与罗陀能有永远厮守的幸福，实际上是希望神人结合能够长久实现。有学者认为，诗人胜天的成就，在于把供人敬拜的神引回社会，使之转化成了人间神，同时也把仪式化的宗教，转变成了纯粹的虔诚信仰。

《牧童歌》由十二章组成，又可分为二十四“歌”。唱歌的是黑天、罗陀或者罗陀的女友。不同的歌要用不同的“拉格”（rāga）[①]来演唱，以表达不同情境中的不同情绪。每首歌所应采用的拉格都在该歌前面予以注明。另有对于当时情景的叙述，通常比较简短，插在各首歌之间。胜天虽然为诗中各歌规定了不同的拉格，但对于所用拉格的特征却未加说明。有人说13世纪上半叶的沙兰伽提婆（Śārṅgadeva）在他的著作《歌舞宝藏》（Saṅgīta-ratnākara）中讲到了胜天采用的拉格，但手边没有他的论著，故不知其详。总的说来，它们都是适于吟唱浪漫爱情的，则无疑义。

---

① 拉格为印度古典音乐中特有的术语，关于它的定义，迄无统一看法。该词梵语原意为“色彩”“情绪”，来源于字根√raj，意为“被染色”“被愉悦”“被迷住”等。作为名词，拉格除了在视觉上用来表示色彩的斑斓外，更在听觉上用来表示某种音乐的美。依据陈自明先生的意见，它“好像是一种表达特定情感的固定旋律结构，或者可以说与我国戏曲音乐中的曲牌相类似”。它还“被称为印度古典音乐的心脏和灵魂”。（见俞人豪、陈自明:《东方音乐文化》，169–170页，北京：人民音乐出版社，1995年）拉格种类繁多，可以用来表达不同的感情或情绪。《牧童歌》中所用的拉格计有11种。

《牧童歌》虽是诗歌，但通常是要表演的，像戏剧一样。至少在它创作出来以后的五个世纪之内是边唱边舞的，风格取自于奥里萨的舞蹈。有人推断，当初胜天在世的时候，很可能就是由他吟唱自创的《牧童歌》，而他的妻子钵摩婆底则随着他的音调节奏翩翩起舞。因此，如果说我们见到的《牧童歌》，原是一部有机地结合了声乐、器乐、舞蹈和戏剧的文学作品，大概离实际情况并不太远。

（三）《牧童歌》的历史地位

胜天进行创作的时代，地方语已经开始取代梵语，逐渐成为表达宗教信仰的主要语言。所以，《牧童歌》一向被认为是最后的，也是最优秀印度教虔诚派梵语诗歌之一。在所有优雅的梵语文学作品中，它也堪称最为精致的实例。胜天通晓古代梵语文学经典，善于借鉴前人经验。他向蚁垤学习如何布局谋篇，设计情节和表达离苦；向迦梨陀娑学习怎样遣词造句，讲求韵律，选用意蕴丰富的词汇，形成简洁明快的风格。他的著作证明他已经充分吸收了过去年代作品的精华，并且开启了一个新的时代，即所谓“白话文时代”。在印度诗歌史上，他可以称作是古典时代的最后一人和现代的第一人，其地位概无任何中世纪诗人所能比，甚至有人宣称他是毗耶娑[①]再世。

《牧童歌》虽然创作于东印度，但它的影响范围却很快扩大开来。13世纪，在西印度的古吉拉特已有寺庙铭文引用它与毗湿奴十化身有关的诗句。15世纪，曾有一位梅华尔的国王，叫作瓮耳（Kumbhakarṇa）的，为它做注，说明此时它已传到古吉拉特。另有证据说明，尼泊尔在15世纪也已经知道了它。该诗在16世纪传到了喀拉拉。不出几个世纪，它已经在孟加拉、奥里萨和南印度普遍成为宗教音乐和宗教文学的重要组成部分，甚至有两首诗还保存在锡克教的圣典《阿迪·格兰特》（Ādi Granth）中。

《牧童歌》因其高度的文学价值和炽烈的宗教热情而在印度文学史上享有盛名，在印度教毗湿奴派信徒中更是广为流传。诗歌问世后数百年间为它做注的大约有四十家，最著名的注本是瓮耳的《味爱》（Rasikapriyā）、商迦罗·密失罗的《情味花簇》（Rasamañjarī）、帝鲁摩罗·提婆罗耶的《天启喜乐》（Śrutirañjanī）等。还有一部著作，叫作《舞蹈程式集成》（Nṛtyalakṣaṇasmṛhitā），作者是婆薮提婆·沙私陀利，专门讲解与诗歌相配的舞蹈表演。该书对于诗中哪一个词对应的是哪一种姿势、动作、手势，该用什么

① 传说中的大史诗《摩诃婆罗多》的作者。

行套等，均有详尽的交代。这部书几乎成了一本教材，它所讲述的内容对于很多舞蹈流派都能适用。除注本外，后世还有大量仿照其风格创作的作品出现。《牧童歌》也启发了一代又一代艺术家的灵感，为他们提供了创作素材。很多音乐、戏剧、舞蹈、雕塑、绘画、织锦等都以它所讲述的故事为表现主题，尤其是十七、十八世纪的细密画。

胜天诗极其注重形式，说它考究到了语不惊人死不休的地步，似乎亦不为过。金克木先生称《牧童歌》"音韵铿锵，辞藻华丽，情意双关"[①]，吟唱起来应该是非常优美的。然而，巧妙编织的语言，却给翻译带来了莫大的困难。换用了"外语"，原诗的美和妙便很难继续存在，至少我没有能力使它们再现。所以，翻译之始，便未敢将形式上的美悬为目标，而仅以传达出原诗的意旨为满足——如果我还能做到的话。诗体自然是不能用；而即使是译作散文，仍不免冗言赘语杂于其间，那是我竭尽全力仍旧无法以简洁的语言充分转述原意的结果。

《牧童歌》汉译所据的是芭芭拉·斯托勒·米勒（Barbara Stoler Miller）的校订本。书名及版本情况如下：

The Gītagovinda of Jayadeva, Columbia University Press, 1977; First Indian edition, Dehli: Motilal Banarsidass Indological Publishers & Booksellers, 1984.

梵文校订本见该书128–167页。

二、《牧童歌》——吉祥胜天所作

第一章　欢喜的腰系带者[②]

"乌云沉沉，布满天空，陀摩罗树使林间变得更加幽暗。[③]黑夜让他[④]害怕。罗陀啊，赶快把他领回家吧！"罗陀和摩豆族人[⑤]在阎牟那河畔偷偷地嬉戏够

① 《印度古诗选》序，见该书第5页，长沙：湖南人民出版社，1984年。

② 黑天幼小时，他的养母耶索达曾将他系在一块沉重的木臼上，而他却拖着木臼跑来跑去。后他拉倒两棵卡住木臼的大树，带子随之崩断，但还有一截留在腰上，他遂得名腰系带者（Dāmodara）。

③ 陀摩罗树（tamāladruma），树皮黑色，开白花，为热带白花菜科，鱼木属植物。

④ 黑天。

⑤ 原文Mādhava，指黑天。他的世系可以上溯到摩豆王。摩豆的父亲是远古印度月种王朝的早期名王雅度。故黑天有时又称雅度的后裔。

了，听到难陀[①]这样催促，便踏着到处是树木和灌丛的路，往回走去。（1）

诗人胜天是在钵摩婆底[②]足边歌唱的游吟之王，心中保存着善言天女的美妙故事[③]。他把吉祥天女[④]和婆薮提婆之子[⑤]游玩享乐的故事编织起来，写成了这篇诗作。（2）

乌玛波底陀罗讲话啰唆冗长，舍罗那以所说快速难懂而著称，唯有胜天熟悉如何将词语编织得简洁美妙。托寅是诗人之王，以谙熟天启[⑥]而广为人知。至于导师牛增，若论将艳情和更高的善行表达于诗文，则无人能出其右。[⑦]（3）

如果对于诃利[⑧]的追忆能够滋润你的心田，而你对调情游戏[⑨]也很好奇，那么就来听胜天的讲述吧，听他甜美、亲切而又迷人的诗歌。（4）

---

① 难陀（Nanda）是黑天的养父。大神毗湿奴化身为黑天下凡首要的清除对象便是他的堂舅，逐父篡位的刚舍王。然而，刚舍早已听到预言，说他的堂妹（一说堂侄女）提婆吉第八个儿子将杀死他。刚舍将提婆吉的儿子一一扼杀，但黑天降生后，旋即与牧人难陀的女儿相交换，遂得免死。后难陀将黑天抚养成人。

② 钵摩婆底（Padmāvatī）意为“有莲”，为吉祥天女罗奇弥（Lakṣmī）的名号。据说她诞生于众神和阿修罗搅乳海时，因手持莲花出现，故名。罗奇弥为毗湿奴之妻。

③ 善言天女（Vāgdevatā）即语言和知识女神娑罗私婆蒂（Sarasvatī），又译辩才天女。传说她也是梵语的创造者。本句的意思是胜天也和善言女神一样善于讲说。

④ 这里原文是Śrī，意为“幸运”“吉祥”，与前注罗奇弥为同一女神。此处指前面说到的罗陀。印度教毗湿奴派理论家认为，罗陀是吉祥天女的化身。

⑤ 原文Vāsudeva，即黑天，因是婆薮提婆和提婆吉的儿子，故名。

⑥ 这里的“天启”（Śruti）指吠陀经典。

⑦ 本颂提到的乌玛波底陀罗等五人是犀那王朝国王落讫瑟曼那·犀那（1175–1200）宫廷上的所谓“五宝”，即五大诗人。托寅有模仿迦梨陀娑《云使》而作的《风使》（Pavanadūta）。牛增有表达艳情的梵语诗集《阿利耶体诗七百首》（Āryāsaptaśatī）。胜天在这里对他们做了扼要的评论。在他看来，乌玛波底陀罗不够精练，舍罗那难于理解，都是劣等诗人。托寅虽然自称诗王，但也只不过以背诵古典为能事。牛增仅仅善于描写艳情。故两者也同样称不上优秀诗人。

⑧ 诃利（Hari）为毗湿奴和黑天最常用的名号之一。其来源据说是动词字根√hṛ，意为“带走”。经过引申，“诃利”遂有了带走邪恶或罪过的意思。另外，诃利也有骏马、狮子等义。汉译佛典即译诃利为狮子。印度教将它用作名号时，可能也是取其狮子义。它曾在吠陀经典中用来指称火神阿耆尼（Agni）、毗湿奴或因陀罗（Indra）等，以后也指阎魔（Yama）、梵天（Brahmā）、湿波（Śiva）等神。在印度古代史诗和往世书中，除个别例外，都是指毗湿奴和他的化身黑天。

⑨ 指下面诗歌里就要讲述的男女表达情爱的内容。

第一歌，用摩罗婆拉格唱出

在世界解体后的汪洋大海中，是你[①]护持着吠陀，就像一条从容行驶的坚实大船。啊，美发者！取形鱼身者！胜利！世界之主！诃利！[②]（5）

宽广的大地压在你的背上，由于驮负大地而出现的伤疤和凹痕说明了负担何等沉重。啊，美发者！取形乌龟者[③]！胜利！世界之主！诃利！（6）

大地附着在你的齿尖上，就像一点污渍粘在明月表面。啊，美发者！取形野猪者[④]！胜利！世界之主！诃利！（7）

你的莲花手无与伦比，指甲是奇妙的兽角，将金垫那大黑蜂般的身体撕得粉碎。啊，美发者！取形人狮者[⑤]！胜利！世界之主！诃利！（8）

---

① 这里的“你”指化身为黑天的毗湿奴。在旧世界已经毁灭，新世界尚待诞生的时候，毗湿奴安卧在千头蛇神湿舍（Śeṣa）的身上，漂浮于无边的原初之海。一朵莲花自他的脐部生出，上坐四面梵天，而他的妻子吉祥天女则侍坐身旁，为她按摩脚掌。

② “美发者”等皆为毗湿奴的名号。美发者（Keśava）一称来源不很清楚，有说源于黑天生于毗湿奴的一根头发，故事见下面第12颂有关注释；有说源于他曾杀死巨马羯尸（Keśin，其故事详见下面第二章第11颂有关注释）。“取形鱼身者”指他化作长着大角的巨鱼，在洪水来临时拯救众生始祖摩奴的事。其说可见诸往世书。在较早的《百道梵书》洪水故事中，鱼的身份并无说明。在《摩诃婆罗多·森林篇》中，化身为鱼的则是大神梵天。（见该书精校本汉译第二卷364页，中国社会科学出版社，2005年。下同）此外，《薄伽梵往世书》称，当初梵天熟睡时，阿修罗马颈（Hayagrīva）正在身边。马颈偷走了从他口中诵出的吠陀圣诗，然后潜藏海底。为了夺回吠陀，毗湿奴化身为鱼。后他杀死马颈，将吠陀交还梵天。文中“护持着吠陀”云云，可能与这一神话有关。“美发者”等都是呼词。“啊，”为译者所加，原文没有。

③ 毗湿奴曾在创世之初化作乌龟驮负大地。更有名的，则是毗湿奴化身乌龟，抓住曼陀罗山，自己充作基座，好让众神与阿修罗拴起绳索，搅动乳海的故事。故事见《摩诃婆罗多·初篇》第十六章，载于该书汉译第一卷59–61页。

④ 梵天之子摩奴娶妻百相（Śatarūpā）后，希望自己和后代有个住处。当时大地还淹没在洪水底下，于是毗湿奴化身野猪，从梵天的鼻孔钻出。后野猪变得奇大无比，潜入水底，用巨牙将大地举出。故事见《薄伽梵往世书》Ⅲ. 13、15、17、18、19。野猪故事核心早在《夜柔吠陀》中已经形成，称生主（即梵天）曾变作野猪，从汪洋中捞出大地。《百道梵书》中亦有类似故事，主角也是变成野猪的梵天。

⑤ 毗湿奴从水中托出大地时，阿修罗金目前来抢夺，被毗湿奴拿轮宝斩去头颅。金目的兄弟金垫发誓复仇。他修炼严厉的苦行，终于得到梵天的恩惠，做了三界之主，横行无忌。后毗湿奴化身人狮，将他诛杀。

奇妙的侏儒啊，当你以大步哄骗钵利的时候，[①]从你的趾甲上滴下的水净化了众生。啊，美发者！取形侏儒者！胜利！世界之主！诃利！（9）

你在刹帝利的血泊中洗清了世上的罪恶，世间的苦痛也随之解除。啊，美发者！取形婆利古之主者[②]！胜利！世界之主！诃利！（10）

为遂诸方保护者之愿，你在各方的沙场上精神抖擞地战斗，将十首王的头颅抛向空中。啊，美发者！取形罗摩者[③]！胜利！世界之主！诃利！（11）

你清净的身上披着亮如彩云的外衣。阎牟那河为了惧怕你用犁来击打而翻腾不已。啊，美发者！取形持犁者[④]！胜利！世界之主！诃利！（12）

---

① 钵利王率领阿修罗战胜众神之主因陀罗，在举行一百次马祭后，成为三界之主。毗湿奴化身侏儒童子，待他再次举行马祭时，前往参观。钵利对他优礼有加，除以金罐送上敬客的濯足之水外，还愿以厚礼相赠。毗湿奴请赐三步之地，钵利慨然应允。不料毗湿奴立变巨人，两步已将大地和天空量去。一度被钵利僭有的三界遂又重归因陀罗。下文“趾甲上滴下的水”，或者即指钵利敬上的濯足之水。又有说法称，毗湿奴第二步迈到了天上梵天的跟前，梵天便用圣水为他濯洗。后他撤足准备迈出第三步时，水滴向大地，流淌而成恒河。

② 本颂涉及毗湿奴的化身持斧罗摩的故事。婆利古家族（属婆罗门种姓）的仙人食火有一如意神牛，能使人无愿不遂。一次，海诃夜族（属刹帝利种姓）国王作武来访，食火便让神牛为他提供种种他们渴望之物，以为款待。不料作武垂涎该牛，将它偷走。食火仙人的儿子持斧罗摩回来得知此事，遂往作武处追索，经过激战，砍掉了作武的千臂和头颅。作武的一万个儿子决意报仇，趁持斧罗摩外出之机闯入食火的净修地，把他杀死。持斧罗摩返回后见母亲呼天抢地，捶胸二十一次，便发誓二十一次走遍大地，荡除所有的刹帝利。后他果真实践誓愿。他在称作普五的地方开凿了九个大湖，湖中荡漾的尽是刹帝利血。文中的“婆利古之主”即指持斧罗摩。他与刹帝利结怨的故事有多种版本，上述仅为其一。

③ 本颂所说的罗摩是毗湿奴的另一化身。为与其他两位罗摩——持斧罗摩和大力罗摩相区别，又称他为师利罗摩或罗摩旃陀罗。十首王指罗波那。罗波那凭苦行取得梵天好感，许他永远不会被神明、龙蛇、夜叉所杀。此后他有恃无恐，恣意横行，挑战诸神，荼毒生灵。毗湿奴应众神之请，化身罗摩，以人的身份扫除恶患，终于消灭了罗波那。罗摩降魔的曲折故事可见季羡林先生所译《罗摩衍那》。“诸方保护者”一般认为指守护八方的神明，为东方因陀罗（主神）、南方阎摩（死神）、西方伐楼拿（水神）、北方俱比罗（财神）、东南方阿耆尼（火神）、西南方苏利耶（日神）、东北方苏摩或旃陀罗（月神）、西北方帕伐那或伐由（风神）。

④ 这里持犁的是大力罗摩，又称力天、力贤等。他是提婆吉的第七子，黑天之兄，皮肤白色。为避免刚舍王的杀害，他在临盆前由神力移入婆薮提婆的另一个妻子卢醯尼的腹中，而提婆吉则谎称流产。他也是毗湿奴的化身。另有传说称，当毗湿奴被众神要求下凡救世时，他拔下两根头发，一白一黑，让它们分别进入两个雅度族妇女卢醯尼和提婆吉的身体，尔后生出白皮肤的七子大力罗摩和黑皮肤的八子黑天。有神话说，大力罗摩喝了伐楼拿妻子的酒后大醉。他喝令阎牟那河过来，让他沐浴。阎牟那河未从，他遂将犁铧抛进河水，拉着它四处漫游，最后逼使河神求饶。另说大力罗摩为了灌溉之利曾经开凿阎牟那河引水，故令这位河神害怕。

你心怀慈悲却亲见杀牲，对于这种天启经典规定的祭仪痛加谴责。啊，美发者！取形佛陀者！[①]胜利！世界之主！诃利！（13）

为了消灭众弥戾车，你挥舞利剑，犹如可怕的彗星。啊，美发者！取形迦尔吉者[②]！胜利！世界之主！诃利！（14）

请聆听诗人吉祥胜天这精彩的叙述吧！它是世上一切的精华，能给人带来幸福和欢乐。啊，美发者！采取十种形象者[③]！胜利！世界之主！诃利！[④]（15）

是你护持了吠陀圣典，驮负着世界，举起了大地，粉碎了提迭[⑤]，哄骗了钵利，消灭了刹帝利，打败了布罗私提耶的后代[⑥]，携带着犁，普遍传播慈悲，并击溃了弥戾车蛮人。[⑦]你曾经化作十种形象，向你致敬，黑天！（16）

第二歌，用固罗迦利拉格唱出

你戴着耳环和美丽的山野花环，倚靠在莲花女[⑧]滚圆的胸乳上。啊，胜利！胜利之神！诃利！（17）

---

① 佛陀也是毗湿奴的化身之一。有故事说，众阿修罗由于崇奉吠陀经典，恪守种姓职责而逐渐强大，战胜了众神。为了帮助众神，毗湿奴从自己的身体里放出一个秃头裸身的人来，让他混入阿修罗群，宣扬涅槃之道，使他们放弃吠陀，背离正轨，堕入邪路。阿修罗由此而衰落下去，终于因失去信仰铠甲的保护而被天神打败。作为恶的代表，这一佛陀化身的设计，有别于所有赞颂型的化身形象。这种出于攻乎异端的需要而丑化别教教主——一位千年不一出的伟人的做法，在近世受到了严厉批评。

② 迦尔吉（Kalki）是毗湿奴的第十个，也即最后一个化身，但尚未出现。当道德普遍堕落，败象无处不在，所谓"迦利时代"就要结束时，他便会身驾白驹，手舞利剑，以最高惩戒者的身份出现在世上。他将会把堕落者和掠夺者统统消灭，重新建立一个圆满的社会。在古代印度，彗星出现为不吉之兆，在这里则预示着末世的毁灭。蔑戾车（Mleccha），梵语意为"外国人"，引申而为"蛮人"、"恶人"，即风习与印度教制度不同的非雅利安部落民。印度古代神话称其祖先生自邪恶的国王吠那（Veṇa）的左胁。这里提到他们，是把他们当作导致社会堕落的邪恶人类的代表。

③ 指前面所说的毗湿奴采取十种化身。应注意这里的十种化身与各印度教经典所说的并不完全一致。这里多了大力罗摩，而少了黑天。本诗主角为黑天本人，故有所替换，是我们可以想到的原因。这似乎也有利于建立黑天在毗湿奴信仰中特殊的神圣地位。

④ 诗人在此吁求黑天的认可，从而使自己的诗歌获得神圣地位。

⑤ 金垫是迦叶波和提底之子，故又依母系而称提迭。

⑥ 即罗波那。依照印度古代传说，布罗私提耶是"生主"，也即梵天的所谓"心生子"之一，生自他的耳朵。布罗私提耶有儿子毗湿罗婆私。后者娶罗刹女迦依伽悉，生罗波那。

⑦ 这里简要提及了毗湿奴诸化身的各种行迹。下面的黑天也指毗湿奴。黑天崇拜的发展使得他的名字和毗湿奴的名字在印度教经典中经常混用。

⑧ 即毗湿奴的妻子吉祥天女。她常常立于莲座之上，手持待放的莲花，因与莲花关系密切，故有莲花女的称号。

太阳那宝石般的光环装饰着你。你摆脱了现世存在的枷锁，是圣贤心中的天鹅。[①]啊，胜利！胜利之神！诃利！（18）

你战胜了身藏剧毒的蟒蛇迦利耶，使人们欢欣鼓舞。[②]你之于雅度族，犹如太阳之于白昼开放的莲花。啊，胜利！胜利之神！诃利！（19）

你消灭了摩图、穆罗和那罗迦。[③]你以金翅鸟为坐骑。[④]你给众神带来欢乐。啊，胜利！胜利之神！诃利！（20）

你的眼睛闪耀着光芒，像莲花瓣。你把人们从现世的存在中解放出来。你为众生护持着三界居住之地。[⑤]啊，胜利！胜利之神！诃利！（21）

你以遮那竭的女儿为装饰，杀死了突舍那，并且在战斗中消灭了那有十个颈项者。[⑥]啊，胜利！胜利之神！诃利！（22）

---

① 这里把黑天比作喜马拉雅山间圣湖上自由游荡的天鹅。梵语天鹅又可喻指灵魂、宇宙灵魂或者最高精神。圣贤内心之湖上的天鹅有帮助他脱离世间轮回的作用。

② 迦利耶（Kāliya）是一条五头蛇王，和他的部众住在阎牟那河的深水之中。他能够喷烟吐火，使周围的田地尽成焦土。一次少年黑天到阎牟那河沐浴，被众蛇所缠。在大力罗摩的提醒下，他运神力制服蛇众，并足踏迦利耶的中间蛇头，迫使他带领自己的部众远遁大海。看下文可知，这里的“人们”指雅度族人。

③ 摩图（Madhu）为一阿修罗，他和另一阿修罗盖达跋同生于毗湿奴的耳垢，后因崇拜女神提毗而得到她的恩惠，可以不死，除非出于自愿。他们从此胆大妄为，竟至从梵天那里偷走吠陀。毗湿奴应梵天之请，前去讨伐二阿修罗，结果因对手轮流作战而疲惫不堪，无法取胜。后他表示愿给二者以恩惠，而摩图和盖达跋自恃强大，反倒愿出恩惠。毗湿奴遂要求取得他们的性命，终于将他们诛杀，并得到“诛摩图者”（Madhusūdana）的称号。史诗《摩诃婆罗多·和平篇》另有说法，称两阿修罗生于毗湿奴创造的两滴水。情节详见该篇第三三五章。那罗迦（Naraka）亦为一个阿修罗。他曾给三界带来严重骚扰，并偷走了神母阿提底的耳环和因陀罗的白色华盖。因陀罗到多门城向黑天诉苦。黑天遂前往那罗迦的首都东光城，经过一场残酷的厮杀，将他击毙，夺回二物，各付原主。穆罗（Mura）也是一阿修罗。他是那罗迦的盟友，有七千子。为帮助那罗迦守城，他在城周布置了重重陷阱和刀剑利刃，但被黑天（也即毗湿奴）用轮宝“妙见”通通粉碎。七千子如飞蛾般被黑天放火烧死，他自己亦死于轮宝之下。

④ 金翅鸟（Garuḍa）为一人面鹰喙，高速飞行的神鸟，由于浑身金色而汉译金翅鸟。他是众鸟之王，众蛇之敌。

⑤ 在印度教三大神中，梵天司创生，湿婆司毁灭，而毗湿奴则专司维持宇宙存续，保护一切存在，故称作护持之神。

⑥ 这里讲的是毗湿奴的化身罗摩（前面提到过的师利罗摩）的事功。他拉断弥提罗王遮那竭的神弓，娶了他的女儿悉多。“有十个颈项者”指十首魔王罗波那。突舍那是罗波那军队中的一员猛将，在战斗中被罗摩用箭射掉双臂而死。故事见《罗摩衍那·森林篇》第25章。

你年轻英俊，有如雨前之云。你紧紧抓住曼陀罗山。[1]你像是遮古罗，注视着吉祥天女月亮般的面庞。[2]啊，胜利！胜利之神！诃利！（23）

诗人吉祥胜天创作出这首非凡的诗歌，愿它能带来愉快和幸福。啊，胜利！胜利之神！诃利！（24）

诛摩图者[3]倚在莲色身[4]的怀抱里，靠在她凸出的胸乳间，他的胸膛出现了藏红花色的印记，就像泛起了明显的红晕。由无形体者[5]引起的骚动也使他汗如雨下。愿这胸膛能给你们带来快乐。（25）

春天到了，罗陀游荡在大森林里，寻遍黑天常去的各个地方。她的肢体娇嫩，犹如春季的鲜花，而爱神唤起的热情则让她心绪烦乱。一个女伴对陷入苦恼的罗陀热情地唱起浪漫的歌：（26）

第三歌，用伐散陀拉格唱出

来自摩罗耶山[6]的和风轻拂着摇曳的丁香树枝。林间小舍周围飞舞着成群的蜜蜂，杜鹃也在不停地鸣叫。在这迷人的春天，诃利出来散心，还同年轻的女人们一起跳舞。朋友啊，这正是失恋者的伤怀时刻。（27）

由于爱欲涌动，旅人家中的怀春少妇正在悲伤。蜂群飞舞于繁花之间，而含羞草丛里却阒然无声。[7]在这迷人的春天，诃利出来散心，还同年轻的女人们一起跳舞。朋友啊，这正是失恋者的伤怀时刻。（28）

陀摩罗树林中初绽的花蕾散发着浓郁的麝香气味；凤凰木的嫩芽就像爱神那闪亮的指甲，撕扯着年轻人的心。[8]在这迷人的春天，诃利出来散心，还同

---

① 这里指的是毗湿奴化身乌龟的故事，见前第6颂有关注释。

② 这里用遮古罗（Cakora）来形容黑天的眼睛。遮古罗是一种山鹑。据说这种鸟以啜饮月亮的清光为生。诗歌中常用它来形容人的眼睛——盯视着颜面如月的美人的眼睛。此处亦可取双关义，指啜饮月亮清光的遮古罗鸟本身。

③ 指毗湿奴，也即黑天，详见前面第20颂有关注释。

④ 吉祥天女的名号。这里的“诛摩图者”和“莲色身”分别指现实中的黑天和罗陀。

⑤ 原文Anaṅga，即爱神迦摩（Kāma）。他是一携带弓箭的少年，拿箭射人，使之产生爱情。他的弓用甘蔗做成，弓弦是一串蜜蜂，而箭镞则是花朵。一次，因陀罗派迦摩前去燃起大神湿婆对雪山神女的爱情。正在入定的湿婆对他的骚扰非常愤怒，遂睁开第三只眼，将他烧成灰烬，他因此而得名“无形体者”。类似故事多有不同版本，这里所述，只是其一。

⑥ 摩罗耶山（Malaya）即印度西部沿马拉巴尔海的西高止山，山中多檀香树。

⑦ 传说含羞草溅上年轻女子的口唾便会开花。此时怨妇伤春，不愿来游，故草边冷落。繁花和含羞草周围的不同景象无疑也隐喻着欢聚和别离的不同境况。

⑧ 凤凰木红色但无香气的花朵非常美丽，故经常入诗。

年轻的女人们一起跳舞。朋友啊，这正是失恋者的伤怀时刻。（29）

群花绽放，根根花蕊就像爱情之王金光闪闪的权杖[①]；而吸引着蜂群的喇叭花，又宛如爱神的箭囊。在这迷人的春天，诃利出来散心，还同年轻的女人们一起跳舞。朋友啊，这正是失恋者的伤怀时刻。（30）

看到人们摆脱了羞怯拘谨之态[②]，娇嫩的迦卢那花[③]绽开了笑容。不过，在长满盖陀伽树[④]的地方，树叶就会刺伤遭弃的情人，有如尖利的矛枪。在这迷人的春天，诃利出来散心，还同年轻的女人们一起跳舞。朋友啊，这正是失恋者的伤怀时刻。（31）

春藤芬芳迷人，双茉莉也散发着馥郁的香气。这一切让人联想到青春，连隐修人也不免心旌摇曳。在这迷人的春天，诃利出来散心，还同年轻的女人们一起跳舞。朋友啊，这正是失恋者的伤怀时刻。（32）

阿底穆迦陀的蔓藤颤颤悠悠缠上繁花盛开的杧果树，让它欣喜欲狂。[⑤]阎牟那河蜿蜒流过，河水清洗着岸边的弗临陀瓦那树林。[⑥]在这迷人的春天，诃利出来散心，还同年轻的女人们一起跳舞。朋友啊，这正是失恋者的伤怀时刻。（33）

吉祥胜天的唱诵让人想起诃利的情事。男欢女爱的浓情蜜意，把春日清新的树林点染得色彩斑斓。在这迷人的春天，诃利出来散心，还同年轻的女人们一起跳舞。朋友啊，这正是失恋者的伤怀时刻。（34）

初绽的茉莉舞动着枝叶，将花粉抖落，在树林里撒播着香粉。吹拂着盖陀伽树香气的和风[⑦]有如携奇数箭者[⑧]的呼吸，折磨着所有人的心。（35）

---

① 王者手中握有权杖，而爱情之王，也即爱神，手中有的则是箭杆。这里权杖喻指箭杆。

② 指男女大胆表达情爱。

③ 迦卢那为一种柑橘属果树。

④ 盖陀迦为生长在热带的露兜树属乔木，叶片狭长，有长尾尖，叶面亦有锐刺，故被比作矛枪。

⑤ 阿底穆迦陀（atimukta）为一种藤科植物，常用它缠绕杧果树来象征男女之爱。印度古谚："女人、诗歌和蔓藤，没有依托，都无法显扬自我。"

⑥ 罗陀又名弗临陀（Vṛndā），故弗临陀瓦那（Vṛndāvana）的意思就是"罗陀的树林"。它在阎牟那河（今称亚穆纳河）左岸，马土腊城附近，是黑天年轻时同牧童牧女们一起放牧和嬉戏游乐的地方。

⑦ 这里的风原文为"携香而行者"，所以应是香风。

⑧ 原文Asamabāṇa，指爱神。爱神常身携五箭，故名。五箭的箭镞分别用不同的花做成：日莲花、无忧树花、杧果花、茉莉花和蓝莲花。它们在中箭者身上造成的反应亦不同，分别是：狂热、强烈、衰退、消歇和迷恋。

开放的蓓蕾引来追寻甜味的蜜蜂，它们晃动着杧果树的嫩枝。正在游戏的杜鹃发出动听的叫声，使人入耳生情。旅行在外的人只好凭借冥想，对于床笫之欢求得片刻体味，从而获得生命气息，打发时日。（36）

此时穆罗之敌正在众女子的簇拥之下，兴致勃勃，陶醉在销魂的游戏之中，浑身战栗。罗提迦的女友就在近旁，见此情景，便对她说道：[①]（37）

第四歌，用罗摩迦利拉格唱出

他黑色的身体涂满了檀香，穿着黄色的衣服，戴着野花编制的花环。宝石耳坠晃动跳跃，装饰着他盈满笑意的双腮。迷人的少妇们嬉戏调笑，诃利就在她们中间，纵情欢乐。（38）

一个牧女热情地拥抱诃利，她的胸乳丰满壮实，口中哼唱着，用的是响亮的第五拉格[②]。迷人的少妇们嬉戏调笑，诃利就在她们中间，纵情欢乐。（39）

另一个情窦初开的女子强烈地恋念着诛摩图者莲花般的面庞。他那活泼调皮的眼神左顾右盼，直勾得她春心荡漾。迷人的少妇们嬉戏调笑，诃利就在她们中间，纵情欢乐。（40）

还有一个漂亮的美臀女，凑近他的耳边说了些什么爱慕的话，并趁势在他的面颊上亲了一口，好不欢喜。迷人的少妇们嬉戏调笑，诃利就在她们中间，纵情欢乐。（41）

就在阎牟那河畔，又有一个女子急于尝试他玩耍调情的技巧，用手紧拉他的杜固罗衣，[③]向着美丽的苇丛跑去。迷人的少妇们嬉戏调笑，诃利就在她们中间，纵情欢乐。（42）

在戏谑热闹的气氛中，一个年轻的女子陶醉于群舞之中。她手掌的拍击声、手镯的玎玲声，同柔和的笛声互相应和[④]，使得诃利赞不绝口。迷人的少妇们嬉戏调笑，诃利就在她们中间，纵情欢乐。（43）

他拥抱着一个牧女，亲吻着一个牧女，还与另一个黑皮肤的牧女互相调情。他眼瞅着一个面容可爱，笑脸相迎的牧女，同时学着另一个牧女羞怯的样子。

---

① 穆罗之敌（Murāri）指黑天。穆罗为一阿修罗，前第20颂提到了他，详见该颂有关注释。罗提迦（Rādhikā）是罗陀的昵称。

② 第五拉格以表达艳情为特色，特别适于表现青年男女在林中嬉戏调笑的欢乐之情。

③ 杜固罗（dukūla）为一种植物，种属不详。用其树干内皮制出的衣料非常精细。成品衣料也称杜固罗。

④ 笛声是黑天吹出的。黑天的手中常有一支竹笛。他也以笛声迷人著称。

迷人的少妇们嬉戏调笑，诃利就在她们中间，纵情欢乐。（44）

美发者在弗临陀瓦那树林里嬉戏游玩的秘闻美妙绝伦，它就在诗人吉祥胜天唱诵的故事之中。让那著名的场面把欢乐带向四方吧！迷人的少妇们嬉戏调笑，诃利就在她们中间，纵情欢乐。（45）

那众爱所归者能能够给人带来欢乐[①]。这黑色皮肤，肢体柔软有如蓝莲花的人正在召集爱神的欢会。弗栗阇[②]的牧女们将他尽情拥抱，身体紧贴着身体。朋友[③]啊，在这个春日里，年轻的诃利玩乐戏耍，几乎成了情爱的化身。（46）

今天，风从檀香山向众山之主[④]吹去，好像久居蛇腹，不堪煎熬，一心要从它的口中逃出，钻入积雪之中。[⑤]看到杧果树柔软的枝头上嫩芽吐露，杜鹃也乐不可支，鸣叫起来——布谷、布谷，声音悦耳，十分响亮。（47）

以上是吉祥的《牧童歌》中的第一章，称作“欢喜的腰系带者”。

第二章　不知忧苦的美发者

诃利在树林中寻欢，对谁都甜甜蜜蜜，罗陀失去了独享的地位。见此情景，她心怀嫉妒，离群而去。然而，无论在哪个长满蔓藤的灌丛里，都有蜜蜂在丛顶上嗡嗡喧闹，兜着圈子，倒使她愈显孤独。于是她情绪沮丧，向友伴吐露出自己的心声：（1）

第五歌，用固罗迦利拉格唱出

甜蜜的甘露同迷人的笛声一起从他的口唇间流泻而出，眸子在他的眼眶里来回闪动。随着头的摇晃，耳上的珠串也在腮边跳跃。我心中想起诃利在舞会上嬉耍的情景，还有他对我的嘲弄。（2）

头发周围绕着日晕般的孔雀翎毛，毛上的羽眼十分可爱。他就像一片乌云，周围装饰着道道彩虹。我心中想起诃利在舞会上嬉耍的情景，还有他对我的嘲弄。（3）

---

①　尤其指感官的、肉体的享乐。

②　弗栗阇（Vraja）是黑天养父住家所在的地方，黑天青少年时期在这里生活，其位置约在今马土腊至阿格拉一带。

③　指罗陀。

④　檀香山（Śrīkhaṇḍaśaila）也称大地驮负者（Pṛthvīdhara），即今西高止山。众山之主（Īśācala）指喜马拉雅山。

⑤　意思是山风为蟒蛇所吞，在它的腹中受不住热力的煎熬，便从它的口中逃出。钻入积雪则是为了求得凉爽。

这牧童和那么多的美臀女唇吻相接，欲火炽燃。他的嘴边闪动着灿烂的微笑，甜蜜的口唇犹如班度吉婆[①]初开的蓓蕾。我心中想起诃利在舞会上嬉耍的情景，还有他对我的嘲弄。（4）

他粗壮的胳臂像枝条一般搂着成千个年轻的牧女，臂上的汗毛由于兴奋而纷纷竖起。各种宝石缀满他的胸和手脚，光芒四射，足以刺破暗夜。我心中想起诃利在舞会上嬉耍的情景，还有他对我的嘲弄。（5）

他额头上的檀香痣比穿透浓云的月亮还要耀眼。他的胸口像门扇一样，无情地揉搓着牧女们坚实而又鼓胀滚圆的乳房。我心中想起诃利在舞会上嬉耍的情景，还有他对我的嘲弄。（6）

他的耳饰缀满夺目的宝石，做成摩迦罗[②]的样子，垂在高贵的面颊两旁。他那黄色衣服的后摆，很像由圣者、人、神和阿修罗组成的一班漂亮随从，跟在身后。我心中想起诃利在舞会上嬉耍的情景，还有他对我的嘲弄。（7）

就在美丽的迦丹波[③]树下，他来会面，我那种陷于迦利浊世[④]的恐惧顿时消失。他那爱神一样的眼睛波光流转，使我的心中充满欢喜。我心中想起诃利在舞会上嬉耍的情景，还有他对我的嘲弄。（8）

吉祥胜天的唱诵，展示了摩图之敌[⑤]英俊迷人的形象。诃利的行迹也非常适合高尚的人士记忆回味。我心中想起诃利在舞会上嬉耍的情景，还有他对我的嘲弄。（9）

我的心只在意他的众多美德，而不会由于糊涂而陷入愤怒。它只感到满足，而将他的过失抛在脑后。即使在黑天把我甩在一边，贪心不足，扎进别的年轻女人堆里犹自欢乐的时候，我的心还是渴盼着他。不这样，我还能怎样呢？（10）

第六歌，用摩罗婆拉格唱出

趁着黑夜，我来到他的秘密藏身之地，那是人迹罕见丛林深处的一间小屋。我正用惊恐的眼光四处找他，他却笑了起来，笑中带着急于求欢的意味。哎，

---

① 一种热带树，通常午间开花，翌晨日出时凋谢。花色艳红。

② 原文makara，海中巨兽名，有的说是鲨鱼，有的说是鳄鱼。取形摩迦罗的饰物，是爱神的象征。

③ 迦丹波是一种开橙色花的树木，花有香气。

④ 迦利（Kali）时代又称争斗时，长43.2万年，是印度教理论所谓四个“时”中最短，最为腐朽堕落的时代，此时社会黑暗，罪犯横行，人们生活在痛苦和恐惧之中。

⑤ Madhuripu，指毗湿奴，也即黑天。参见前第一章第20颂的有关注释。

朋友啊，爱情的冲动占据着我。让那羁尸的折磨者[①]来同我一起纵情欢乐吧，他高贵典雅，却变了心！（11）[②]

初次相会使我羞怯难当。他用巧妙的言辞百般哄我，使我顺从他意，随后便褪去了我臀部的杜固罗衣。我也一边微笑，一边对他说着缠绵甜蜜的话。哎，朋友啊，爱情的冲动占据着我。让那羁尸的折磨者来同我一起纵情欢乐吧，他高贵典雅，却变了心！（12）

我的身下是嫩芽铺就的眠床，而他则长久地休憩在我的胸脯上。我拥抱他，亲吻他。他也紧紧地抱着我，吮吸我的双唇。哎，朋友啊，爱情的冲动占据着我。让那羁尸的折磨者来同我一起纵情欢乐吧，他高贵典雅，却变了心！（13）

我瘫软无力，闭上双眼。他腮边的肌肉由于快乐而不住地抽动。我浑身汗水冒个不停。他沉浸在极度的欢爱之中，身体使劲地摇来晃去。哎，朋友啊，爱情的冲动占据着我。让那羁尸的折磨者来同我一起纵情欢乐吧，他高贵典雅，却变了心！（14）

我哼着叫着，低声细气，像一只布谷鸟。他精通爱的诀要，知道先行后行。我的头发松散，如同凌乱的花朵。他将他的指甲印深深地留在我的双乳上。哎，朋友啊，爱情的冲动占据着我。让那羁尸的折磨者来同我一起纵情欢乐吧，他高贵典雅，却变了心！（15）

宝石脚镯在我的足踝间玎玲作响。情爱的快意达到高潮，充满他的全身。我的衣带滑落下来，发出一阵声响。他揪住我的头发，给我一阵狂吻。哎，朋友啊，爱情的冲动占据着我。让那羁尸的折磨者来同我一起纵情欢乐吧，他高贵典雅，却变了心！（16）

男女欢会，快活幸福的滋味让我变得慵懒乏力。他莲眼微睁，犹如初开的蓓蕾。我软瘫倒下，就像柔弱的枝条，而诛摩图者的爱意还在不断高涨。哎，朋友啊，爱情的冲动占据着我。让那羁尸的折磨者来同我一起纵情欢乐吧，他高贵典雅，却变了心！（17）

---

① 即黑天。巨马羁尸（Keśi）有踏破大地，吞噬天空的力量。它受刚舍的派遣前去杀害幼年黑天。黑天将左臂伸入它的巨口并不断膨胀，致使羁尸牙齿脱落，呼吸窒息而死，他也因此而获得“羁尸的折磨者”（Keśimathana）这一名号。

② 自本颂至下面第18颂为罗陀在孤独境遇中对于欢乐往事的回忆，而每颂的重复部分则是她在无助状态中对于女友的吁求。

吉祥胜天将摩图之敌那无比销魂的云雨之欢描绘得淋漓尽致。[①]让相思牧女[②]的故事把她在爱情游戏中享受的幸福传播开去。哎，朋友啊，爱情的冲动占据着我。让那羯尸的折磨者来同我一起纵情欢乐吧，他高贵典雅，却变了心！（18）

在树林里，我看到了乔宾陀[③]，围着他的尽是些弗栗阇牧女。他也从眼角瞟见了牧女弗临陀，她蛾眉弯曲，有如卷藤。于是勾人神魂的竹笛从他的手中滑落，汗水涔涔，流下他的面颊，略显迷惑的脸上泛出了自在而又迷人的微笑。他盯着我，我激动得毛发倒竖。[④]（19）

无忧树的新枝上开放着细小的花串，光彩耀眼，在湖畔林间吹来的和风中，摇来摆去。杧果树的蓓蕾也绽放开来，形成座座花山。大黑蜂飞来飞去，高兴地嗡嗡叫着。可是，朋友啊，这一切并不让我开心。（20）

以上是吉祥的《牧童歌》中的第二章，称作“不知忧苦的美发者”。

第三章　慌乱无措的诛摩图者

刚舍之敌[⑤]放弃了弗栗阇牧女们，心中只管思念罗陀，那将人锁在轮回命途的绳索桎梏[⑥]。（1）[⑦]

摩豆族人到处寻找罗提迦，去了这里，又到那里。爱神的箭刺伤了他，此时他已心力交瘁。就这样，在迦林陀之女旁边的树丛中，他陷入悔恨，意气沮丧：[⑧]（2）

---

① 有学者认为，这里如果真正进行深入描写，将会过于露骨，故用了一语带过的省略手法。

② 指罗陀自己。

③ 乔宾陀（Govinda）意为“牧牛人”，是黑天的名号之一。黑天在胜天此诗中为一少年，故Govinda一词在诗题中依传统译作“牧童”。

④ 关于弗临陀和弗栗阇，请参看第一章第33和46颂有关注释。

⑤ 原文Kaṃsāri，指黑天。刚舍是黑天的堂舅，曾经逐父篡位，而毗湿奴化身黑天降世的首要任务就是将他清除，故黑天又有“刚舍之敌”的名号。详见前第一章第1颂有关注释。

⑥ 印度教徒以摆脱轮回，求得解脱为人生的终极目的。然而，诗中罗陀作为世间尤物为黑天所迷，使其唯情色是求，留恋现世生活，情愿陷入轮回而不思得道解脱，故被视为桎梏。

⑦ 前一章描述罗陀对黑天的思恋，这一章则专写黑天对罗陀的想念。

⑧ 迦林陀（Kalindanandinī），山名，为阎牟那河的发源地。“迦林陀之女”即阎牟那河。她的旁边即指岸畔。

第七歌，用固罗迦利拉格唱出

她看见我被那么多女人包围着，便走开了。我有着负罪的感觉，因为心中害怕，便没敢拦她。诃利啊诃利，全怪你冷落她，她生气，她走了。（3）

这么久了，遭到遗弃，她将会怎样待我？她又会说些什么？财富、族人、家宅和生命，此刻这些，还有何用？诃利啊诃利，全怪你冷落她，她生气，她走了。（4）

我想象着她那充满怒气的面庞和她弯曲的蛾眉，一定会像红色的莲花，上面盘旋着蜜蜂。诃利啊诃利，全怪你冷落她，她生气，她走了。（5）

无论日夜，我都可以在自己的心中尽情享受同她的欢会。那么，为什么我还要在树林里到处找她？为什么我还要徒然悲伤？诃利啊诃利，全怪你冷落她，她生气，她走了。（6）

娇柔的女人啊，我想，你的心一定是由于恼怒而抑郁消沉。我不知道你去了哪里，所以也无法安慰你。诃利啊诃利，全怪你冷落她，她生气，她走了。（7）

你让我看到了。你来到我的面前，旋即又没了踪影。为什么你不热烈地拥抱我，像当初那样？[①]诃利啊诃利，全怪你冷落她，她生气，她走了。（8）

原谅我吧！以后无论何时，我再不这样待你。让我见到你吧，美丽的女子，爱神正在折磨我！诃利啊诃利，全怪你冷落她，她生气，她走了。（9）

诃利的境遇在胜天手中获得了生动的描绘。胜天是紧度毗罗瓦海上升起的卢醯尼之夫。[②]诃利啊诃利，全怪你冷落她，她生气，她走了。（10）

戴在我胸前的是莲花，不是蛇做的饰链。围在我颈上的是蓝莲花瓣，不是毒药之光。涂在我这失恋之人身上的是檀香末，而不是火食之余[③]。爱神啊，请不要把我错当作“毁灭者”来打击。你为什么要怒不可遏冲我来呢？[④]（11）

---

①　结合前面第6颂看，本颂讲的似乎是黑天的幻觉，是他在自言自语。类似的表达方式常可见于印度古代文学作品，如《罗摩衍那·森林篇》中悉多被劫后罗摩的呼唤就是一例。

②　据印度古代神话，仙人陀刹将他的27个女儿嫁给了月神，其中最受月神宠爱的是卢醯尼（Rohinī）。卢醯尼之夫当指月亮。海上之月云云是胜天的自喻。一般认为这里点出了胜天的故乡是紧度毗罗瓦。

③　指炭灰。

④“毁灭者”为湿婆名号。湿婆的形象是身涂白灰，颈间盘绕着一条毒蛇。湿婆曾将爱神烧成灰烬，故爱神对他愤怒有加。故事见第一章第25颂有关注释。“毒药之光”当指他青色的脖颈，有关典故为：当初众神和阿修罗为求甘露而搅乳海，搅出了足以毁灭世界的毒药迦罗拘吒（Kālakūṭa）。湿婆为了救世而将毒药吞下。其妻雪山神女掐住他的喉咙，以阻止毒药下注。毗湿奴堵住他的嘴，以避免毒药外泄。结果，留在喉间的毒药将湿婆的脖颈烧成了青色。

请不要在手中摆弄你那杧果花箭，也别把它装到弓上！在爱情的游戏中你无往不胜。不过，和一个软弱无力的人玩赌戏可不是好汉。那鹿眼女的目光饱含爱意，斜视的眼神秋波流转，刺得我遍体鳞伤，犹如利箭。如今我的心已经毫无生趣。（12）

你的眉毛是弯弓，搭着眼神做成的利箭，专门伤人要害。你那天生浓密的黑色发辫弯弯曲曲，足以将人抽打至死。娇柔的女人啊，你那动人的双唇红得像槟菠果[①]，总是让人心旌摇曳。还有你那形状完美的圆乳，又曾经怎样同我的感官[②]相嬉戏？（13）

莲口中的袭人香气，接受抚摸的舒适反应，双眸游移透露的脉脉温情，槟菠果一般甜蜜的双唇，琼浆般流泻却又支吾含混的话语——即使这些不在眼前，我的心还是沉浸在幸福的时刻之中。哎，分离的病苦怎么越来越深？（14）

用爱神来比，她[③]嫩枝般的眉毛就是强弓，耳轮便是弓弦，而眼眶里往来跳动的亮眸则是利箭。这常胜爱神的现世化身[④]，她的身上为何藏着这么多征服世界的兵器？（15）

以上是吉祥的《牧童歌》中的第三章，称作“慌乱无措的诛摩图者”。

第四章　表现温和的诛摩图者

在阎牟那河畔的芦苇丛中，摩豆族人休息下来。他心情抑郁，在爱情的重压下不知所措。这时罗提迦的女友找上前来，对他说道：（1）

第八歌，用迦罗那陀拉格唱出

她[⑤]有气无力，头脑昏乱，便指责起檀香和月光来。[⑥]她自觉遇到了蛇洞，把摩罗耶山[⑦]的和风当成了逸出的毒气。遭到你的遗弃，她可怜巴巴。摩豆族人啊，像是惧怕爱情之箭，她在幻想中偎依着你。（2）

---

① 槟菠为一种葫芦科苦瓜属植物，果实呈椭圆形，红色，常用来形容美貌女子的口唇。

② 这里的“感官”用复数，指眼、耳、口、鼻等。下面一颂同样涉及感官，举出的例子也正好同印度宗教理论所谓“五根”分别相关。

③ 指罗陀。

④ 也指罗陀。

⑤ 罗陀。

⑥ 檀香和月光常与爱情相联系。它们使罗陀感到不堪。

⑦ 参见前第三歌，第27颂有关注释。

爱神的利箭纷纷落下。为了保护你，她用带露的莲瓣做成宽宽的锁子甲，遮挡在自己心田里那最为脆弱之处。[①]遭到你的遗弃，她可怜巴巴。摩豆族人啊，像是惧怕爱情之箭，她在幻想中偎依着你。（3）

她铺就一张花做的眠床，似乎是为操苦行[②]而用，以便求得你那幸福的拥抱。那用花做成的钝头箭床[③]，最适合她施展令人销魂的温存技艺。遭到你的遗弃，她可怜巴巴。摩豆族人啊，像是惧怕爱情之箭，她在幻想中偎依着你。（4）

她抬起美丽的莲花面，满眼泪水，盈眶欲滴，犹如被“伤月者”[④]利齿咬啮的月亮，饱含着就要掉落的甘露。遭到你的遗弃，她可怜巴巴。摩豆族人啊，像是惧怕爱情之箭，她在幻想中偎依着你。（5）

她暗中用麝香把你画成携奇数箭者[⑤]的模样，让你坐在摩迦罗[⑥]的身上，还将初开的杧果花箭放在你的手中，然后对图敬拜。[⑦]遭到你的遗弃，她可怜巴巴。摩豆族人啊，像是惧怕爱情之箭，她在幻想中偎依着你。（6）

---

① 在想象中，她将黑天藏在了自己的内心，故云。

② 在古代印度教中，苦行常被用来当作达到某种目的的手段，最常见的是通过苦行取悦神明，从而获得他的恩惠，实现所怀的愿望。这样的例子，印度教神话里很多。

③ 所谓箭床（śaratalpa），本是箭镞朝上，由真正的利箭做成的床，实为受伤的或已经捐躯沙场的战士所设。《摩诃婆罗多·毗湿摩篇》即有毗湿摩重伤后卧于箭床的描述（见汉译本该篇第115章），意在强调一个真正的刹帝利通过苦行表现的英雄气概。用花做成的箭兼指爱神的箭（参见前第一章第25颂和35颂中的有关注释），此处所用，自然是没有尖头的。这里的“苦行”、“箭床”等当系借用，恐怕是为了表明情场之事的重要不亚于战场之事。

④ “伤月者”（Vidhuntuda）指罗睺（Rāhu）。传说众神和阿修罗搅乳海得到的甘露被阿修罗一方劫去。毗湿奴化作美女，从阿修罗手中诓走甘露，交给诸神。一个名叫罗睺的阿修罗装成天神，饮了甘露，但马上被日神和月神发现并报知了毗湿奴。毗湿奴旋即用轮宝斫下了他的头颅。他的身体顿时委地，但头颅由于已经接触甘露而不死，遂化成了一颗行星。罗睺怀恨在心，常会相机吞咬太阳或月亮，以为报复，这时就会发生日食或月食。天文学上，罗睺为古代印度天文学家设想的两颗隐星之一，另一颗为计都。关于二星的真实含义，说法很多。一种认为计、罗分别是黄、白道相交的升交点和降交点。另说相反。最新研究结果认为，罗睺是白道的升交点，计都是白道的远地点。有关论证见钮卫星发表于《天文学报》1994年第9期的《罗睺、计都天文含义考源》。

⑤ 即爱神，详见前第一章第35颂有关注释。

⑥ 一种巨兽，详见前第二章第7颂有关注释。

⑦ 古代印度被疏远的女子常做这样的事，即所谓“爱神崇拜”（Kāma pūja）。她们会敬神献供，图写心上人的形象，教鹦鹉或其他善于模仿的鸟鸣唱情歌等，以使他们尽早回到自己身边。

她向他[1]不断地倾诉："摩豆族人啊，我匍匐在你的脚边。一旦你转过脸去，即使是月光也会烧伤我的身体。"遭到你的遗弃，她可怜巴巴。摩豆族人啊，像是惧怕爱情之箭，她在幻想中偎依着你。（7）

她凭借冥想在自己眼前复现你那如今已经难以见到的形象。她一会儿伤心，一会儿大笑，一会儿悲痛，一会儿哭泣，一会儿颤抖，一会儿诉说自己的苦恼。遭到你的遗弃，她可怜巴巴。摩豆族人啊，像是惧怕爱情之箭，她在幻想中偎依着你。（8）

如果谁的心想要随着吉祥胜天无比动人的讲述跳舞，那就请他听听罗陀被诃利冷落后失魂落魄的样子，她年轻的牧女朋友是怎样说的。遭到你的遗弃，她可怜巴巴。摩豆族人啊，像是惧怕爱情之箭，她在幻想中偎依着你。（9）

她的住处变成了丛莽，周围可爱的女伴也变成了罗网。[2]她叹出的气息把痛苦之火煽成了森林大火。哎，离开了你，她就变得像头雌鹿。嗨，爱神怎么就变成了死神，凶猛得像只老虎？（10）

第九歌，用提舍佉拉格唱出

精致的项链耷拉在她的胸脯前面，由于身体羸弱，她感觉已经不胜负荷。美发者啊，这就是同你分离后的罗提迦。（11）

檀香油膏滋润而又滑腻，如今敷在身上，她感觉着，仿佛成了可怕的毒药。美发者啊，这就是同你分离后的罗提迦。（12）

她的叹息呼出强烈无比的风，就像熊熊的爱情之火从口里喷出。美发者啊，这就是同你分离后的罗提迦。（13）

无数的泪滴洒向各方，如同那眼莲花[3]折断了莲梗，花上的露珠到处飞溅。美发者啊，这就是同你分离后的罗提迦。（14）

眼前嫩芽铺就的床榻，在她的想象中却布满了火焰。美发者啊，这就是同你分离后的罗提迦。（15）

香腮始终托在她的手掌上面，一动不动，就像夜晚的新月[4]。美发者啊，这就是同你分离后的罗提迦。（16）

"诃利！诃利！"她轻轻地呼喊着，带着感情和渴望，似乎就要因为遭到遗

① 指前述画像。

② 女友们变成罗网是为保护她，担心她有非常之举。

③ 这里同时用莲花喻眼。以莲花比喻人眼之美是常用的修辞方式。

④ 新月不明，喻指罗陀面色暗淡。

弃而死亡。美发者啊，这就是同你分离后的罗提迦。（17）

让那唱诵着吉祥胜天的诗歌，来到美发者足前的人得到幸福吧！[①]美发者啊，这就是同你分离后的罗提迦。（18）

她颤抖，她抽泣，她伤心，她哆嗦，她哽咽，她沉思，她蹒跚，她闭眼，她跌倒，她爬起，接着却又昏倒在地。一个美丽的女子，受着爱的煎熬，唯独你有灵丹[②]可以救她。如果你愿意，就模仿一次天上神医吧，不然死神就不会放过她。（19）

治疗心病的神医啊，你身体的接触就是甘露。爱神使她患病，只有这个良方。因陀罗弟[③]啊！不来解除罗陀的痛苦，你对她就比金刚杵还狠。[④]（20）

爱情的高烧带来疾病，煎熬着她的身体，使她表现异常。她的心耽于对檀香、月光和莲池的幻想，力尽筋疲。她身心枯竭，只有躲在隐秘之处，陷入对你——她唯一爱人那凉爽身体的冥思，才能让她的衰弱之躯获得片刻生机。（21）

当初，你的任何忽视，她都无法忍耐。即使你闭上眼睛仅一刹那，她也会心情沉郁。现在，天各一方，那么长久，看着杧果枝头繁花盛开，她又会怎样地叹息？（22）

以上是吉祥的《牧童歌》中的第四章，称作“表现温和的诛摩图者”。

第五章　心怀渴望的莲花眼[⑤]

“我留在这里，你去找罗陀。拿我的话安慰她，然后把她带到我这儿来。”听到摩图之敌的命令，罗陀的女友便去找她，对她讲了如下的话：（1）

第十歌，用提舍婆罗底拉格唱出

摩罗耶山吹来和风，撩拨着人的感情。到处繁花盛开，撕裂着伤别者的心。朋友啊，戴野花环者[⑥]正因为失去你而心情沮丧。（2）

---

① 有人认为，这里唱诵胜天诗歌的，就是罗陀的女友自己。

② 指黑天的爱。

③ 原文Upendra，毗湿奴也即黑天的名号。因陀罗是迦叶波和阿提底的儿子。毗湿奴为帮助众神从钵利王手里夺回失去的三界，便投胎于阿提底，生为侏儒。他生为侏儒时，因陀罗已诞生于前，故因陀罗为兄，毗湿奴称弟。

④ 金刚杵（vajra）是因陀罗的武器，凶狠无比。

⑤ “莲花眼”（Puṇḍarīkākṣa）指黑天。

⑥ 原文Vanamālin，黑天的名号之一。

月亮的寒光也能烤人，他感觉像要死去。爱神之箭纷纷落下，而他则萎靡不振，悲伤叹息。朋友啊，戴野花环者正因为失去你而心情沮丧。（3）

蜂群嗡嗡地叫个不停，他只好把耳朵堵起。心中满怀离弃之苦，让他夜复一夜，深陷伤痛。朋友啊，戴野花环者正因为失去你而心情沮丧。（4）

他离开华美的住宅，栖身在荒凉的密林。他在地床上辗转反侧，口中喃喃，不断地呼叫着你的名字。朋友啊，戴野花环者正因为失去你而心情沮丧。（5）

诗人胜天唱诵着伤别者[①]的表现。让诃利凭着他曾对你好而出现在你充满热情的心里吧。朋友啊，戴野花环者正因为失去你而心情沮丧。（6）

摩豆族人正等着在丛林[②]——那爱的伟大圣地——里同你再次欢会，就在那儿，爱神曾经屡获成功。[③]他彻夜不眠，思念着你，还把你说过的话编成圣歌轻轻吟唱。他渴望拥抚你鼓胀如罐的胸乳，吮吸那源源流淌的甘露。（7）

第十一歌，用固罗迦利拉格唱出

那深怀爱恋的迷人情种已经到了幽会欢爱的最佳之地。美臀女啊，切莫逡巡耽搁。还是让心来做主。阎牟那河畔风儿吹，戴野花环者就待在岸边的树林里。（8）

他让轻柔的笛声呼唤你的名字，算是赴你之约。他猜想，那么多在和风中飘动的花粉，一定正拂过你的身躯。阎牟那河畔风儿吹，戴野花环者就待在岸边的树林里。（9）

一旦有鸟羽飞落，或者树叶晃动，他就猜你来了，于是便收拾床铺，同时神色不安地望着你可能走来的路。阎牟那河畔风儿吹，戴野花环者就待在岸边的树林里。（10）

摘掉你那靠不住的脚环吧，它们玎玲作响，当你急入爱戏之时，就会出来告密。朋友啊，披上黑色的斗篷[④]，到那幽暗茂密的丛林里去。阎牟那河畔风儿吹，戴野花环者就待在岸边的树林里。（11）

---

① 指黑天。

② 这里所说的“丛林”（nikuñja）往往指那种只有情人们为了谈情说爱才去的隐秘丛林。

③ 使有情人得以结合就是爱神的成功。这里的“成功”为复数，说明有多次；或者兼指其他情侣，亦未可知。

④ 披上黑色斗篷一时未必能够办到，故可能是指利用夜幕。

你的项链垂落在穆罗之敌[①]的胸口，就像云端一只振翅的鹳鸟。在颠倒的爱戏当中，好事臻于佳境。此时的你，宛如一团黄色上面的闪电。[②]阎牟那河畔风儿吹，戴野花环者就待在岸边的树林里。(12)

你把外衣脱了，腰带解了，臀部也不再遮护。莲花眼啊，你是花蕾之床上的财宝，使人癫狂的原因。阎牟那河畔风儿吹，戴野花环者就待在岸边的树林里。(13)

诃利性情高傲。现在黑夜行将过去，还是听我劝告，赶快准备，前去满足摩图之敌的愿望。阎牟那河畔风儿吹，戴野花环者就待在岸边的树林里。(14)

吉祥胜天崇拜诃利，唱着无比欢乐的歌。向诃利致敬，他心中常乐，慈悲为怀，愿行善事。阎牟那河畔风儿吹，戴野花环者就待在岸边的树林里。(15)

此时，他正在不停地叹息，眼睛瞪着前面的空地。他一遍又一遍地钻进丛林，嘴里发出有气无力的声音。他一回回收拾好床铺，又看着它们变得纷乱不堪。那可爱的人正沉浸在对你的渴望之中。他已经被爱神折磨得浑身乏力。(16)

现在，太阳早已落山，你的任性也该彻底消失。黑暗已经十分浓重，乔宾陀的渴望也跟着越发强烈。我向你恳求了这么久，连布谷鸟也模仿着，发出可怜的叫声。傻子啊，耽搁只能徒费光阴，当下可正是相聚求欢的时刻。(17)

相爱的人先是彼此拥抱，随后互相亲吻，接着指甲抓挠。进而爱意觉醒，达于亢奋，爱戏正式开场。另有人在黑暗中摸索着走到一起，相遇之后，通过“谁啊？”“不是！”之类的应答发现竟是夫妻，于是羞惭之情油然而生。(18)

当你将惊恐害怕的目光投向黑暗的道路时；当你在一棵棵大树前驻足，随后又慢慢挪步时；当你摆动着爱情之波一般的肢体，来到隐秘之地的时候，面容姣好的女人啊，你的情人也正注视着你呢。那就让他的愿望实现吧！(19)

以上是吉祥的《牧童歌》中的第五章，称作“等待幽会时心怀渴望的莲花眼”。[③]

---

① 参见第一章，第37颂有关注释。

② 这里暗指男女换位的交欢方式。所谓“善事”，系指情爱。“黄色”(Pīta)指黑天。作为毗湿奴的化身，黑天身着黄衣，故有名号“着黄衣者”(Pītāmbara)。“宛如”原字rāj，也有“掌控局面”之意。

③ 这里重述的章节名与前面标题所用的不完全相同。下面还有这样的情况，不再一一指出。

第六章　麻木的毗恭吒[①]

罗陀待在自己的藤架下面。过了很久，女友见她无力离开，便又回到被爱情折磨得衰弱不堪的乔宾陀那里，向他讲述她的情况：(1)

第十二歌，用那吒拉格唱出

她看见你到处在隐秘的地方吮吸别人唇吻间香甜的蜜汁。[②]诃利啊，保护者！罗陀正待在她栖身的地方，沮丧乏力。(2)

她一心渴望和你相见，刚刚离开，没挪几步，便跌倒在地。诃利啊，保护者！罗陀正待在她栖身的地方，沮丧乏力。(3)

她佩戴着洁净的莲花骨朵做成的手链，能够活着，全靠有过你那示爱的嬉戏。诃利啊，保护者！罗陀正待在她栖身的地方，沮丧乏力。(4)

她有时看着自己盛装的样子，陷入幻想："我就是摩图之敌。"[③]诃利啊，保护者！罗陀正待在她栖身的地方，沮丧乏力。(5)

她反反复复叮问女友："为什么诃利还不快来赴约？"诃利啊，保护者！罗陀正待在她栖身的地方，沮丧乏力。(6)

她拥抱亲吻那乌云般浓重的黑暗，说："诃利已经来到！"[④]诃利啊，保护者！罗陀正待在她栖身的地方，沮丧乏力。(7)

你在这里磨蹭，她已装扮停当[⑤]。她摆脱了羞怯，正在悲叹啜泣。诃利啊，保护者！罗陀正待在她栖身的地方，沮丧乏力。(8)

愿这首诗人吉祥胜天的歌，能给知音者带来无上的快乐。诃利啊，保护者！罗陀正待在她栖身的地方，沮丧乏力。(9)

---

① 毗恭吒（Vaikuṇṭha）是毗湿奴天宫的名称，这里用作他（以及黑天）的名号。该天宫据称在须弥山上；又称在北海。

② 这里所说是罗陀的想象。她认为黑天抛弃了她，正在同别的女子调情。

③ 摩图之敌（即黑天）身上多有贵重饰物，如项链、花环、臂钏、手镯等。罗陀盛饰以待黑天，且一心想念着他，故有顾影自称黑天的可能。原文与"盛装"构成复合词的līlā一词有女子模仿其情人以为玩笑的意思，故这里也有罗陀将自己身上的装饰摆弄成黑天穿戴的模样，然后自称黑天的可能。有印度教理论家认为，该教著名的"你就是它"（Tat tvam asi）这句话，便意味着分别以罗陀和黑天为代表的人、神合一。

④ 意思是她把黑暗当作了黑皮肤的黑天。

⑤ 专指女子穿戴完毕，准备迎见情人。

骗子啊！那瞪羚眼女[①]时常身毛倒竖[②]，大声吸气[③]，一时畏寒战栗，一时抱怨嗔怪，一时惶惑无措。[④]她对你怀着不倦的爱情，正沉浸在充满恋爱情趣的大海之中，专心冥想！（10）

多少次啊，见有树叶晃动，她就以为是你来了，于是忙把周身打扮起来，并且整理好床铺，长时间地出神等待。她常常一面整理装饰华丽的床铺，一面凭着意愿，成百次地回味你们做过的爱情游戏。见不到你，这纤弱的美人儿就活不过今夜了。（11）

以上是吉祥的《牧童歌》中的第六章，称作"听着有关罗陀准备迎接爱侣的描述时麻木的毗恭吒"。

第七章　学坏的那罗延[⑤]

月亮，这底迦孙陀利[⑥]面庞上的檀香痣，污迹明显而又放出光芒。它用射线织成的网，照亮弗临陀瓦那树林的深处，显示出偷情妇们潜行的幽径，而自己似乎也犯了罪。[⑦]（1）

当负兔者[⑧]的光轮冉冉升起，而摩豆族人还显得磨磨蹭蹭的时候，那孤独的人[⑨]正深陷在无尽的悲伤之中，禁不住失声恸哭起来:（2）

第十三歌，用摩罗婆拉格唱出

本来说定会面，诃利却没来林中。唉，这样我的青春和无瑕的容貌便没了用处。现在我到底去哪儿好？女友拿话哄骗了我！（3）

---

① 指罗陀。鹿眼女，或长着瞪羚眼的女郎，是称赞女性眼睛美丽的套语。

② 用来形容处于狂喜或销魂状态的身体反应，亦为常用的套语。

③ 实指快感带来的吸气声。

④ 这里所说的战栗并非来自寒冷，而是来自对于爱情的极度渴望；所说的吸气也是在想象中受到黑天的爱抚而发出的。接下来所说的嗔怪之声等等，是指女子在嬉戏调情时那种假意推拒，佯怨薄怒，又似乎慌乱无措的情态，也是罗陀想象黑天就在身边的结果。

⑤ 那罗延（Nārāyaṇa）意为"原人之子"，是毗湿奴和黑天的名号。

⑥ 原文Diksundarī，天空一个方位的名称，该方位属于童贞女。

⑦ 污迹，原文lāñchana，意为痕迹，斑点，引申而有污点义。这里指月面的阴影。月亮因为暴露了偷情妇们的非行，故自己似乎也犯了罪。污迹云云，也是在这个意义上使用的。

⑧ 原文Śaśadhara，指月亮，因为它有兔影。

⑨ 指罗陀。

当初我在夜间随他深入密林。就在那儿，他拿奇数箭[①]射中了我的心。现在我到底去哪儿好？女友拿话哄骗了我！（4）

我这失去生趣，毫无用处的身子还不如死了好。干吗还要忍受这离弃之火的炙烤？现在我到底去哪儿好？女友拿话哄骗了我！（5）

这甜蜜的早春之夜让我沮丧。唉，一定是哪个骚女积了善德[②]，正在享受诃利的爱怜。现在我到底去哪儿好？女友拿话哄骗了我！（6）

唉，忍受着诃利离弃之火的烧灼，身上的宝石饰物和臂钏这些玩意只能带给我巨大的刺痛。现在我到底去哪儿好？女友拿话哄骗了我！（7）

无形体者[③]的利箭射中了我的心，而扎人的花环又像它一样伤害我那娇嫩如花之身。现在我到底去哪儿好？女友拿话哄骗了我！（8）

我在林间茂密的苇丛中守候，而那诛摩图者的心却根本想不起我。现在我到底去哪儿好？女友拿话哄骗了我！（9）

诗人胜天的叙述在诃利的脚边找到归宿。让它像温柔而又灵巧[④]的少女一样，驻留在你的心中。现在我到底去哪儿好？女友拿话哄骗了我！（10）

此刻，他是不是正同哪个爱他的女人私下幽会？要不就是朋友用什么情爱游戏缠住了他？或者他正在树林附近的黑暗中盲目摸索？也许我爱的人正在路上，只是身心疲惫，挪不动步，无法到达这芦苇和藤条灌木都很漂亮的约会地点。（11）

现在，她看到了回来的女友，见她垂头丧气，不言不语，却没有带回摩豆族人，便心生疑惑，眼前又浮现出那人类折磨者[⑤]同别的女人嬉戏的景象，于是说道：（12）[⑥]

第十四歌，用伐散陀拉格唱出

那女子巧着衣衫，为的是方便爱情之战。她凌乱的头发上散落着缤纷的花朵。同摩图之敌嬉戏调情的，是个年轻出众的女子。（13）

她兴奋地紧紧拥抱着诃利。在她鼓胀如钵的胸乳上，一串项链正在起伏颤

---

① 爱神的箭，共有五支，故称奇数。

② 指前生做了好事，此生因积德而得善报。

③ 这是爱神的名号。参见第一章第25颂有关注释。

④ 指擅长技艺，尤其指娴于恋爱艺术。

⑤ 原文Janārdana，这是毗湿奴也即黑天的名号。

⑥ 第3–11颂为罗陀的诉说。第12颂是作者的叙述。

动。同摩图之敌嬉戏调情的，是个年轻出众的女子。（14）

卷曲的头发在她如月的面庞上愉快地扫拂。她在诃利的唇吻上拼命吮吸，直到浑身瘫软。同摩图之敌嬉戏调情的，是个年轻出众的女子。（15）

耳坠摇晃，撞击着她的面颊。随着臀部的扭动，腰带也在玎玲作响。[①]同摩图之敌嬉戏调情的，是个年轻出众的女子。（16）

情人的注视让她笑中带羞。吐不尽的缠绵细语透露出欢爱的情味。同摩图之敌嬉戏调情的，是个年轻出众的女子。（17）

她毛发直竖，浑身颤抖，扭动不安。爱欲的爆发使她闭起眼睛，频频喘息。同摩图之敌嬉戏调情的，是个年轻出众的女子。（18）

淋漓的汗水布满她美丽的身体，也浸湿了那情战圣手的胸脯。同摩图之敌嬉戏调情的，是个年轻出众的女子。（19）

吉祥胜天描述了诃利的情爱之乐。但愿它能结束那肮脏的迦利时代！[②]同摩图之敌嬉戏调情的，是个年轻出众的女子。（20）

月亮正像穆罗之敌那经受着别离之苦的莲花面一样，泛着苍白的光，足可抚慰我的愁情。但是，唉，作为爱神的朋友，它又拿情爱的伤痛填满了我的心。[③]（21）

第十五歌，用固罗迦利拉格唱出

她的芳唇迎接着亲吻，快活满面，情欲升腾。他在她颤抖的额头印上一颗麝香痣，样子就像月亮上的一头鹿。此刻，在阎牟那河沙岸边的树林里，穆罗之敌正以征服者的姿态纵情享乐。（22）

她那娇嫩的面庞晃动不停。他在她浓密的秀发上插了一朵不凋花[④]，样子就像爱神猎苑上空一道夺目的闪电。[⑤]此刻，在阎牟那河沙岸边的树林里，穆罗之敌正以征服者的姿态纵情享乐。（23）

她鼓胀的双乳涂着明亮的麝香，犹如天穹，上面装饰着指甲划出的月亮图

---

① 腰带上饰有宝石或响铃。

② 关于迦利时代参见前第二章第8颂有关注释。依据往复循环的道理，这个罪恶时代的结束，意味着一个新的美好时代的到来。这里罗陀的话，显然既有愤懑，又有期待的意思。

③ 月亮可以抚慰她，但爱神却只能折磨她。此处的月亮（vidhu）一词原意为孤寂，也正与当前罗陀处境的孤单相呼应。

④ 原文kurabaka，传说中紫红色永不凋谢的花。

⑤ 这里暗指黑天已经成了爱神箭下的猎物，陷入对于其他牧女的爱情。

案。他将晶莹的宝石珠串放在上面，俨然成了密布的繁星。此刻，在阎牟那河沙岸边的树林里，穆罗之敌正以征服者的姿态纵情享乐。（24）

她的手掌好似冰冷的莲瓣，柔弱的双臂胜似莲梗。他为它们套上的翡翠臂钏，样子就像飞集的蜜蜂。此刻，在阎牟那河沙岸边的树林里，穆罗之敌正以征服者的姿态纵情享乐。（25）

她丰满的臀部是爱神的金垫，嬉乐的厅堂。他扯散她缀满宝石的腰带，它是那房舍会发笑声的门扉。[①]此刻，在阎牟那河沙岸边的树林里，穆罗之敌正以征服者的姿态纵情享乐。（26）

她那嫩叶般的双足长着宝石一样的趾甲。他给它们涂上一层紫胶，放在自己的胸口，那属于吉祥天女的地方。[②]此刻，在阎牟那河沙岸边的树林里，穆罗之敌正以征服者的姿态纵情享乐。（27）

持犁者的异母兄弟[③]，那荒唐鬼，正在和哪个热情的美目女郎玩得高兴。女友啊，请告诉我，干吗我还要躲在这灌丛里，没完没了，既无趣味，又无结果？此刻，在阎牟那河沙岸边的树林里，穆罗之敌正以征服者的姿态纵情享乐。（28）

诗王胜天对诃利功德的颂扬饶有情味，他就在摩图之敌的脚边。让那迦利时代的恶行远离他的诗篇吧！此刻，在阎牟那河沙岸边的树林里，穆罗之敌正以征服者的姿态纵情享乐。（29）

女友啊，捎信的人！那个骗子冷酷无情，不来也罢，为什么却让你痛苦？是他放纵自己，同那么多女人亲热玩乐，这事儿里 你有什么错？那可爱的人为有诸般长处才吸引了我。我的心似乎就要因为延颈久望的痛苦负担而破裂，但是你看，它还会犹自去赴情人之约。（30）

---

① 此处“臀部”（jaghana）一词又有女阴义。“厅堂”原意为房屋（gṛha）。“房舍”原意为住处（vāsana）。它的动词词根√vas除居住义外，还有借住义，乃至活引申而有房义。该词前面加上kṛta，成kṛtavāsana，便有了“做成住处”“当作住处”，以至含有“用于同房”的意思。它与前面的厅堂意义相近，彼此呼应。这里用厅堂（房屋）比喻臀部，用门扉比喻腰带，寓意明显。门扉发出的笑声，或者喻指腰带宝石的玎玲声（参见前第16颂，以及后面第十章第6颂和第十一章第7颂）。而此时出现笑声，应也不违常情。

② 吉祥天女是毗湿奴（即黑天）的妻子。这里“胸口”的原文hṛd也有“心”的意思。

③ 指黑天。“持犁者”则指大力罗摩，因为他以犁铧为武器。《摩诃婆罗多·初篇》第一八九章和《毗湿奴往世书》第五部皆有故事称，当众神请求毗湿奴下凡救世时，他拔下两根头发，一黑一白，让它们分别进入婆薮提婆的两个妻子卢醯尼和提婆吉的身体，尔后生出白皮肤的七子大力罗摩和黑皮肤的八子黑天。黑天实为大力罗摩的异母弟。

第十六歌，用提舍佉拉格唱出

他[1]的眼睛闪动着，好像临风的蓝莲花。她身下的花骨朵床也不会刺痛人。朋友啊，戴野花环者给她带来了快乐。（31）

他可爱的口唇有如绽放的莲花。她也没有被爱神的利箭所伤。朋友啊，戴野花环者给她带来了快乐。（32）

他的语调柔和甜美，有如甘露。她也没受到摩罗耶山[2]风的炙烤。朋友啊，戴野花环者给她带来了快乐。（33）

他的双足就像陆地生长的木槿[3]，惹人喜爱。她也没有被月光所袭扰。[4]朋友啊，戴野花环者给她带来了快乐。（34）

他的身体像一团饱含雨水的浓云，闪闪发光。她的心也没有长久的别离来折磨。朋友啊，戴野花环者给她带来了快乐。（35）

他的衣服闪耀着试金石上夺目的金光[5]。她也不必因为周围人的取笑而叹息。朋友啊，戴野花环者给她带来了快乐。（36）

他年纪轻轻，是一切众生中的翘楚。她也无须经受憾事造成的痛苦。朋友啊，戴野花环者给她带来了快乐。（37）

让诃利借助吉祥胜天所唱的诗歌进入内心吧。[6]朋友啊，戴野花环者给她带来了快乐。（38）

携带爱情喜悦的檀香之风啊，请平静下来！当你南行的时候，就来结束我遭受的冷遇吧！世界的生命气息啊[7]，请把摩豆族人带到我的跟前，哪怕只一刹那，为此你可以拿走我的生命。（39）

他[8]那无情的头脑是个折磨人的地方，在那儿，朋友与敌人共存，凉风和

---

① 指黑天。在以下的描述中，他是爱情游戏主动的享受者。

② 参见第一章第27颂有关注释。

③ 木槿，落叶灌木，属锦葵科，花冠呈紫红色。

④ 这里月亮的梵名为himakara，意思是“寒冷制造者”。前一颂和这一颂说的是她处在不冷不热的舒适环境中。

⑤ 这里的试金石（nikaṣa）是黑色而带有金色条纹的。黑天的肤色是黑的，所以有这样的比喻。

⑥ 这里的“内心”系谁所属，原文并未指明，后世研究者的理解亦多不同，有认为是指听者的，也有认为是指罗陀的，或是指所有人（尽管原文是单数）的。

⑦ “世界的生命气息”指风。前面的“檀香之风”的“风”也有“生命气息”的意思。

⑧ 指黑天。

火焰不分，月亮同毒药无异[①]。尽管如此，我的心还是被迫往那里跑。在蓝莲花眼[②]们的眼里，他既狠心又可爱，任意妄为却又无往不利。(40)

摩罗耶山风啊，把苦恼加给我吧。五箭之神[③]啊，剥夺我的阳气吧。即使那样，我也绝不躲回家去。死神的姊妹[④]啊，干吗要好心好意，用你的波浪打湿我的四肢，浇灭我的烧身之火？（41）

以上是吉祥的《牧童歌》中的第七章，称作“失望女子[⑤]口中的学坏的那罗延”。

第八章 羞愧的幸运女神之夫[⑥]

就这样挣扎着过了一夜，在爱神之箭的折磨下，她已经显得筋疲力尽。尽管情人[⑦]站在面前，一面躬身施礼，一面好言抚慰，她还是满怀妒意，对他说道：(1)

第十七歌，用跋耶罗毗拉格唱出

你的眼睛无精打采，带着沉迷爱欲，过分熬夜才有的红色，透露出你对于情色日益强烈的执着追求。诃利啊诃利，你走吧！摩豆族人啊，你走吧！美发者啊，不要再拿谎话来骗我！莲花眼啊，还是跟那个女人走吧，她能为你解除烦闷！（2）

你亲吻她涂有灯黑[⑧]的眼睛。结果，黑天啊，你红色的嘴唇也变黑了，同你的肤色正好相称。诃利啊诃利，你走吧！摩豆族人啊，你走吧！美发者啊，不要再拿谎话来骗我！莲花眼啊，还是跟那个女人走吧，她能为你解除烦闷！(3)

你身上的累累抓痕，仿佛翡翠上面闪闪发光的金纹，真够漂亮。那是爱情

① 这里的月亮原文是sudhāraśmi，意为“以甘露为光线者”，因为月亮被认为是贮藏甘露的地方。原文“月亮”实际是强调其中有“甘露”一词，这样才能与“毒药”对举。

② 指漂亮的女子。

③ 原文Pañcabāṇa，即爱神。

④ 指阎牟那河。太阳神苏利耶与其妻散若生摩奴、阎摩和阎蜜。阎摩为死神，阎蜜为阎牟那河女神，故阎牟那河有死神的姊妹之称。

⑤ 这里说的是男女幽会，由于男子爽约未赴而感到失望的女子。

⑥ 指毗湿奴，也即黑天。

⑦ 黑天。

⑧ 一种拿油烟做成的颜料，用来涂敷眼皮或睫毛。

鏖战之后由尖利的指甲留下的，堪称情场胜者的标志。诃利啊诃利，你走吧！摩豆族人啊，你走吧！美发者啊，不要再拿谎话来骗我！莲花眼啊，还是跟那个女人走吧，她能为你解除烦闷！（4）

红色的紫胶从她的莲足上滴下，浸湿了你高贵的前胸，[①]看上去就像遍布于爱情之树的新生嫩芽。诃利啊诃利，你走吧！摩豆族人啊，你走吧！美发者啊，不要再拿谎话来骗我！莲花眼啊，还是跟那个女人走吧，她能为你解除烦闷！（5）

留在你唇上的齿痕刺伤了我的心。现在怎能倒让它来宣布我和你肌肤重亲？诃利啊诃利，你走吧！摩豆族人啊，你走吧！美发者啊，不要再拿谎话来骗我！莲花眼啊，还是跟那个女人走吧，她能为你解除烦闷！（6）

黑天啊，你的心一定比你的外表还要黑。要不你怎么会欺骗一个饱受火热爱情折磨的追随者？诃利啊诃利，你走吧！摩豆族人啊，你走吧！美发者啊，不要再拿谎话来骗我！莲花眼啊，还是跟那个女人走吧，她能为你解除烦闷！（7）

你在树林里到处游荡，无非是为了搜寻柔弱的女子，当作美餐。卜陀尼迦的命运说明，你自幼就有残杀妇女的行径。[②]诃利啊诃利，你走吧！摩豆族人啊，你走吧！美发者啊，不要再拿谎话来骗我！莲花眼啊，还是跟那个女人走吧，她能为你解除烦闷！（8）

吉祥胜天唱诵了一个年轻女子的悲伤，她在情爱上受骗遭弃。请听吧，智者们！它甜美有如甘露，即使在天国也听不到。诃利啊诃利，你走吧！摩豆族人啊，你走吧！美发者啊，不要再拿谎话来骗我！莲花眼啊，还是跟那个女人走吧，她能为你解除烦闷！（9）

你那可心人的足上涂满紫胶，你的前胸也沾满红色。我看你是要借此公开你的爱。[③]骗子啊，我们之间人所共知的爱情已经破裂。你这模样带给我的羞辱，比带给我的悲伤还要大。（10）

---

① 参见前第七章第27颂内容。

② 卜陀尼迦（Pūtanikā）即卜陀那（Pūtanā）。她是一个女妖，据说能在儿童中传播疾病。《薄伽梵往世书》第十部第六章有故事称，刚舍派她去做婴儿黑天的乳娘，好用毒奶杀死他。不料黑天不仅吮尽毒汁，连卜陀尼迦的生命也一并吸走了。罗陀所说，即是此事。

③ 这里所说的爱原文anurāga，也有红色的意思，故语带双关，可与前述胸前红色之说相联系。

以上是吉祥的《牧童歌》中的第八章，称作“在失望女子的责备下羞愧的幸运女神之夫”。

第九章 可怜的穆衮陀[1]

就这样，她想象着诃利的行为，经受着爱的折磨，情味破坏殆尽，内心充满沮丧。见此，女友便对这由于受到伤害而躲开的女人说道:（1）

第十八歌，用固罗迦利拉格唱出

诃利已经赶来[2]，就在这甜蜜的和风吹拂之时。朋友啊，在这个世界上，正有何等巨大的幸福等着你呢！哎，不要对摩豆族人生闷气了，他也是个骄傲的人。（2）

你的胸乳丰满如钵，比起多罗树[3]的果实，还要壮硕可口。干吗让它们闲着无用呢？哎，不要对摩豆族人生闷气了，他也是个骄傲的人。（3）

这话还要我反复不断说多少遍？别再回避诃利啦，他是那么优秀而又那么可爱。哎，不要对摩豆族人生闷气了，他也是个骄傲的人。（4）

何必这样萎靡不振，悲痛哭泣。年轻的女伴们都在笑你哩！哎，不要对摩豆族人生闷气了，他也是个骄傲的人。（5）

诃利就在那用潮湿的莲花瓣铺就的凉床上。看看他吧，也让你的眼睛有点收获。哎，不要对摩豆族人生闷气了，他也是个骄傲的人。（6）

何苦把沉重的烦恼放在心上。请听我说，他也是不愿意同你分离呀。哎，不要对摩豆族人生闷气了，他也是个骄傲的人。（7）

就让诃利过来吧，让他来对你讲那说不尽的甜蜜话。为什么非要使自己的心陷于孤独呢？哎，不要对摩豆族人生闷气了，他也是个骄傲的人。（8）

吉祥胜天的叙述魅力无穷。愿诃利的故事能给那喜好风月的人带来快乐。哎，不要对摩豆族人生闷气了，他也是个骄傲的人。（9）

现在，他态度温和，你却表现粗暴。他向你躬身行礼，你却对他生硬无情。他对你一往情深，你却对他心怀憎恨。他对你仰视祈求，你却掉过脸去。他向你表达爱慕，你却离他而去。你这样坚持对立，就会把檀香膏变成毒药水，把

---

① 穆衮陀（Mukunda）为黑天的名号之一，意为解救者。

② 此处的动词“来”，原文为abhi-√sṛ，含有情人急匆匆往赴约会之意。

③ 树头榈属乔木，其果实多汁，尤宜于夏日消暑饮用。

月亮变成太阳，[①]把冰雪变成火焰，把嬉戏快乐变成地狱折磨。(10)

以上是吉祥的《牧童歌》中的第九章，称作“女子由于受到伤害而躲开时的虚弱无力的穆衮陀”。

第十章　机灵的四臂[②]

夜幕降临，诃利来到这美貌女子的面前。此时，她气愤的力道已经缓和，由于不断叹息，脸上也出现了倦态。诃利结结巴巴，对她说出如下令人愉快的话，而她则面带羞涩，看着自己女友的脸：(1)

第十九歌，用提舍婆罗底拉格唱出

你的皓齿明亮如月，稍一开口，就能驱逐可怕而令人恐惧的黑暗。让你那团栾如月的脸庞使我的遮古罗眼[③]生出渴望吧——去你那颤抖的双唇间吸食琼浆。亲爱的人啊，举止妩媚的人！此刻，爱情之火正燃烧着我的心。请放弃无端的骄傲，赐我你那莲口中的蜜汁！（2）

皓齿美人啊，倘若果真对我生气，就拿锋利如箭的指甲掐我吧，拿双臂捆我，拿牙齿咬我，或用别的法子，只要你高兴。[④]亲爱的人啊，举止妩媚的人！此刻，爱情之火正燃烧着我的心。请放弃无端的骄傲，赐我你那莲口中的蜜汁！（3）

你是我的装饰，你是我的生命，你是我尘世之海中的珍宝。永远顺从我吧。我也会尽心竭力。亲爱的人啊，举止妩媚的人！此刻，爱情之火正燃烧着我的心。请放弃无端的骄傲，赐我你那莲口中的蜜汁！（4）

苗条的女子啊，你的眼睛虽如青莲，但仍有红莲的色彩。如果中了爱神之箭，你就会把它染成相同的黑色。[⑤]亲爱的人啊，举止妩媚的人！此刻，爱情之火正燃烧着我的心。请放弃无端的骄傲，赐我你那莲口中的蜜汁！（5）

---

①　这里的“月亮”原文用的是代称“放冷光者”(śītāṃśu)，“太阳”用的则是“炙人者”(tapana)。彼此对举，寓意亦在将好变坏。

②　四臂(Caturbhuja)为毗湿奴(也即黑天)的名号。毗湿奴形象为四面(或一面)、四臂。四手各执法螺、轮宝、仙仗、莲花。

③　参见前第一章第23颂有关注释。

④　这里所举，事实上都是爱侣之间的行为。

⑤　眼中“红莲的色彩”是由发怒而来的。染成黑色，似有息怒之意。句中“黑色”和“黑天”是同一个词，故又有暗指黑天的意思。

让珍珠项链在水罐般的双乳上抖动吧，从而唤起你心中的恋情。让腰带在你那坚实的圆臀上玎玲作响吧，就当宣布爱神的命令。亲爱的人啊，举止妩媚的人！此刻，爱情之火正燃烧着我的心。请放弃无端的骄傲，赐我你那莲口中的蜜汁！（6）

请开口吧，声音柔婉的人！你的莲足胜过木槿花，作为情戏舞台上的最佳部位，足以迷住我心。我要用温润明亮的紫胶涂红它们。亲爱的人啊，举止妩媚的人！此刻，爱情之火正燃烧着我的心。请放弃无端的骄傲，赐我你那莲口中的蜜汁！（7）

你那高贵的嫩芽脚[①]能够清除爱的毒药。把它放在我的头上吧，当作一件装饰，同时解除我的燎烤之痛。爱情那炙人的烈日，正在我的体内灼烧。亲爱的人啊，举止妩媚的人！此刻，爱情之火正燃烧着我的心。请放弃无端的骄傲，赐我你那莲口中的蜜汁！（8）

穆罗之敌对罗提迦说的话优美、伶俐、殷勤而又可心，足以动人。诗人胜天为取悦钵摩婆底[②]而唱的诗歌能带来大欢喜。亲爱的人啊，举止妩媚的人！此刻，爱情之火正燃烧着我的心。请放弃无端的骄傲，赐我你那莲口中的蜜汁！（9）

再不要怀疑了，不安的人。只要你坚实的乳房和臀部占据着我的心，那里就永无别人。除了无形体者，谁都不值得进入我的灵魂。请满足我的愿望，拥抱你那壮硕的胸乳！（10）

可爱的傻瓜啊，用你无情的牙齿咬我，用你藤条般的手臂缠我，用你丰满的乳房挤压我吧。旃迪啊，[③]面对享乐，不要逡巡。让那五箭之神残酷的利箭刺穿我吧，把我的生命力释放出来！（11）

苗条的女子啊，你沉默不语，让我白白受罪。妙龄女子啊，唱起第五拉格[④]吧，让你那甜蜜的歌声和眼神来解除我的痛苦！面容姣好的女子啊，别老表示反感，也不要躲避我。可爱的傻瓜啊，现在我，你爱的人，已经柔情满怀，来到你的面前。（12）

---

① 嫩芽喻指脚趾。

② 见第一章第2颂有关注释。

③ 旃迪（Caṇḍī）是难近母（Durgā）的名号之一。她是一位黄皮肤的美丽女神，但形象凶狠，令人生畏。原文Caṇḍī又有惹人喜爱的意思。

④ 参见前第一章第39颂有关注释。

你的唇吻滑腻，泛着般度伽花[1]的光彩。你腮边的皮肤像摩度伽花[2]。旃迪啊，你的眼睛闪着青色莲花的光。你的鼻子像芝麻花。可爱的人啊，你的牙齿带着茉莉花的光泽。正是靠着崇拜你的面容，以花为武器者[3]才征服了所有人。（13）

你的眼光由于迷醉而显得懒散。你的颜面像月亮一样放光。你的步态足以摇人心旌。你的双腿像晃动的大焦树。你行爱的艺术是神秘的迦罗瓦蒂仪式。[4]你的双眉就是美丽的图画。要是走在大地上，呵，苗条的女子啊，你就会显出妙龄天女的步态。（14）

以上是吉祥的《牧童歌》中的第十章，称作"情人嗔怒时表现机灵的四臂"。

第十一章　愉快的腰系带者[5]

经过长时间的抚慰，终于使那瞪羚眼女高兴起来。于是，美发者整理好衣服，去往灌丛深处的卧榻。此时夜幕四合，景物难辨，罗陀也振奋起来，装扮得光彩照人。这时一个女友对她说道：（1）

第二十歌，用伐散陀拉格唱出

他曾经匍匐在你的脚边，为哄劝你用尽好言好语。当下他正在美丽的苇丛旁，用来嬉戏的卧榻上。可爱的傻瓜啊，摩图毁灭者[6]对你忠心不二。罗提迦啊，快快随他而去！（2）

你坚实的臀部和乳房显得很是沉重。你缓缓移步向前，宝石脚镯玎玲作响，样子像只野鹅。可爱的傻瓜啊，摩图毁灭者对你忠心不二。罗提迦啊，快快随他而去！（3）

听听那蜜蜂快乐的嗡鸣吧，它足以让年轻的女子陷入迷茫。还有那么多的杜鹃，像宫廷诗人一样，传达着用弓射花者[7]的命令。那就享受此情此景吧！

---

① 般度伽（bandhūka）为一草本植物，又称午时花，秋季开鲜红色花，午时绽放，翌晨即闭。

② 摩度伽（madhūka）为一山榄科，紫荆木属乔木，花红紫色。

③ 指爱神。参见前第一章第25颂有关注释。

④ 迦罗瓦蒂（Kalāvatī）是密教为入教者举行的秘密仪式。据说在这种仪式中，难近母会化身为新入教者出现。

⑤ "腰系带者"即黑天。出典见第一章题注。

⑥ 原文Madhumathana，黑天的名号之一。

⑦ 原文Kusumaśarāsana，指爱神。

可爱的傻瓜啊，摩图毁灭者对你忠心不二。罗提迦啊，快快随他而去！（4）

茂密的藤条上缀满嫩芽，就像人手。它们在风中抖动，似乎在催促你，让你那象鼻一般的大腿加快脚步。再不要踯躅徘徊！可爱的傻瓜啊，摩图毁灭者对你忠心不二。罗提迦啊，快快随他而去！（5）

你那鼓胀如罐的乳房前，颤动着清溪般漂亮的珍珠项链。问问它们[①]，是不是这爱神掀起的动荡，表明你感到了诃利的拥抱？可爱的傻瓜啊，摩图毁灭者对你忠心不二。罗提迦啊，快快随他而去！（6）

女友们全都知道，你的身体已经为爱情之战做好准备。旃迪啊，[②]你腰带的玎玲声就像战鼓咚咚。那就丢掉羞涩，去迎接那甘美的爱吧！可爱的傻瓜啊，摩图毁灭者对你忠心不二。罗提迦啊，快快随他而去！（7）

像做游戏一样，拉着你的女友，离开这里。你手上漂亮的指甲就是爱神的箭。拿你手镯的声响去唤醒诃利吧，他还在自己的老地方。可爱的傻瓜啊，摩图毁灭者对你忠心不二。罗提迦啊，快快随他而去！（8）

吉祥胜天诗歌的价值胜过珍珠项链，表达从不转弯抹角。谁心中敬仰诃利，就让它经常装饰他们的脖颈吧。[③]可爱的傻瓜啊，摩图毁灭者对你忠心不二。罗提迦啊，快快随他而去！（9）

"她将会看着我，对我讲起爱情的故事。她的身体处处都会因为我的拥抱而感到快活。朋友啊，由于同我会面，她将分外欢喜。"他[④]的脑海里充满这样的想法。在那黑暗笼罩的密林中，你亲爱的人正在心里注视着你。他一时发抖哆嗦，一时毛发倒竖，一时高兴快乐，一时浑身出汗，一时像去迎谁，一时僵立不动。（10）

在丛林中，暗夜像黑色柔软的大氅，将众多美妇全身包住。她们两眼擦着眼圈粉，双耳挂着陀毕恰花串[⑤]，头上戴着蓝莲花环，双乳用麝香涂出叶形的图案。朋友啊，她们那期待偷情的心正在急奔。（11）

夜色浓重，比陀摩罗树叶还要黑。赴约的佳人们浑身藏红花色，在夜幕上划出一道道光，使它看上去就像测试爱情之金的试金石。（12）

---

① 指乳房。

② 参见前第十章第11颂有关注释。

③ 这里的"它"指胜天的诗歌。对于脖颈来说，项链可以通过佩戴装饰外部，诗歌可以通过咏唱装饰内部。

④ 指黑天。

⑤ 陀毕恰树即下一颂提到的陀摩罗树，详见第一章第1颂有关注释。

诃利栖息在丛林深处。他戴着闪光的珍珠项链，系着黄金束带，臂钏和手镯宝光四射。罗陀来到他的门口，一见他就羞涩起来。于是女友说道:（13）

第二十一歌，用伐罗提拉格唱出

美丽的丛林空地正是嬉游的好去处。尽情享受吧，你渴盼情爱，面露笑容。罗陀啊，到摩豆族人的身边去！（14）

新鲜的无忧树花瓣堆成绝佳的床榻。尽情享受吧，你如钵的胸乳上闪耀着珍珠项链。罗陀啊，到摩豆族人的身边去！（15）

洁净的卧房由众多的鲜花搭成。尽情享受吧，你的身体也是娇嫩的花朵。罗陀啊，到摩豆族人的身边去！（16）

摩罗耶山的林风徐徐吹来，带着香气和清凉。① 尽情享受吧，你悠扬的歌声也充满情味。罗陀啊，到摩豆族人的身边去！（17）

嗜蜜的蜂群正在唱歌。尽情享受吧，展现你迷人的恋爱风情。罗陀啊，到摩豆族人的身边去！（18）

空中回荡着鹧鸪鸟悦耳的叫声。尽情享受吧，你的皓齿犹如尸迦罗宝石，闪着明亮的光②。罗陀啊，到摩豆族人的身边去！（19）

浓密的藤蔓上挂满新绽的花蕾精尽情享受吧，你丰满的臀部懒散已久。罗陀啊，到摩豆族人的身边去！（20）

穆罗之敌啊，在你同钵摩婆底成功欢会的美妙时刻，请给她一百种幸运吧。诗王胜天此时也在歌唱。③ 罗陀啊，到摩豆族人的身边去！（21）

他④在心里长久地想你，因而精疲力竭，备受煎熬。你的双唇如槟菠果⑤。在爱情的驱使下，他急欲啜饮汪在那儿的琼浆。他拜倒在你的莲足之下，就像一个奴仆——一个吉祥天女凭借轻蹙蛾眉俘获的奴仆。快去把他的身体装饰起来，就是片刻也好。⑥ 你干吗还逡巡不前？（22）

---

① 摩罗耶山多檀香树，故云。

② 尸迦罗（śikhara）类似红宝石，很像成熟的石榴籽。这里实际上是拿石榴籽比喻牙齿。

③ 本颂前半是转而说给黑天听的。穆罗之敌和钵摩婆底两名号分别见第一章第37颂和第2颂的有关注释。此处两者分别指黑天和罗陀。

④ 指黑天。

⑤ 参见前第三章第13颂有关注释。

⑥ 吉祥天女（Lakṣmī）是毗湿奴（也即黑天）之妻，此处指罗陀。“轻蹙蛾眉”，原文bhrūkṣepa，亦有蹙眉斜视的意思，暗示罗陀秋波灵动，曾以顾盼生怜之姿赢得黑天的爱情。后面的“装饰”云云，是劝罗陀用自己的身体去装饰黑天的身体。

听到这里，她移步进入乔宾陀的住处，那儿动人的脚镯声正在玎玲作响。罗陀流转的眼波落在诃利身上，既含着畏惧，又透着喜悦。[①]（23）

第二十二歌，用伐罗提拉格唱出

一见罗陀露面，诃利郁积的种种感情便爆发出来，就像看到一轮明月，大海便掀起汹涌的波涛。同她嬉戏调情是他怀抱已久的唯一渴望。她也发现他脸上喜色洋溢，浑身充满爱情。（24）

他的手攥着胸前的珍珠项链。它色泽纯净，闪闪发光，从远处看，就像飘浮在阎牟那河上那明亮的泡沫。[②]同她嬉戏调情是他怀抱已久的唯一渴望。她也发现他脸上喜色洋溢，浑身充满爱情。（25）

他黑色柔软的身躯整个包裹在漂亮的杜固罗[③]里，就像一朵黑色莲花，莲根包裹在黄色的花粉中。同她嬉戏调情是他怀抱已久的唯一渴望。她也发现他脸上喜色洋溢，浑身充满爱情。（26）

他那灵活的眼光在迷人的脸上闪烁流转，逗人情动，就像秋季的湖面上，一对鹡鸰在盛开的莲花间往来游弋。同她嬉戏调情是他怀抱已久的唯一渴望。她也发现他脸上喜色洋溢，浑身充满爱情。（27）

明亮的耳环轻抚着他莲花般的脸庞，像太阳一般。甜蜜迷人的笑意在他花蕾般的唇边闪动，勾人求欢之欲。同她嬉戏调情是他怀抱已久的唯一渴望。她也发现他脸上喜色洋溢，浑身充满爱情。（28）

美丽的花朵戴在他的发际，就像月光穿过乌云的缝隙。涂在额间的檀香痣，好似一轮皎洁的明月升起在黑夜。同她嬉戏调情是他怀抱已久的唯一渴望。她也发现他脸上喜色洋溢，浑身充满爱情。（29）

他急于施展爱戏的艺术，激动得浑身汗毛倒竖。他的身段优美，上下饰满了光色灿烂的宝石。同她嬉戏调情是他怀抱已久的唯一渴望。她也发现他脸上喜色洋溢，浑身充满爱情。（30）

在吉祥胜天的描述下，诃利身上的装饰加倍眩目。崇拜他吧，把他最美好的善德长久铭记在心！同她嬉戏调情是他怀抱已久的唯一渴望。她也发现他脸上喜色洋溢，浑身充满爱情。（31）

罗陀的目光越出眼眶，力图达到听力能及的地方，最后落到那闪烁的眼睛

---

① 原文中的脚镯声、惧怕、喜悦等究竟属谁，后世研究者各有不同意见。

② 河水是深色，泡沫是白色，用以比喻黑天的肤色和珍珠的颜色。

③ 参见前第一章第42颂有关注释。

上。最爱的人彼此注视，顷刻间，罗陀喜极而流的眼泪如汗水般倾泻下来。(32)

留在屋外的好心女友适时离去。她走向他的床边，故意做出搔痒的样子，以掩饰自己的笑容。这瞪羚眼女面带羞涩而来，然而，当她看到诃利在爱神之箭的刺激下变得越发动人时，羞涩便消失得无影无踪。(33)

以上是吉祥的《牧童歌》中的第十一章，称作“与罗提迦会面时愉快的腰系带者”。

第十二章　狂喜的着黄衣者[①]

女友们全都走了。罗陀的双唇沐浴在笑容之中。她虽然仍显局促，但热烈的爱情已经牢牢地掌握着她，使她激动不安；而她的眼光，更是不断地扫视那由新鲜花蕾和花朵铺就的床笫。看到自己深爱的罗陀，诃利遂满怀深情，对她说道:(1)

第二十三歌，用毗婆娑拉格唱出

亲爱的人啊，把你的莲足放在我铺满花蕾的床上，让你花骨朵般的脚趾把我那装饰华丽的床铺当作敌人，痛加蹂躏！[②]那罗延是你忠实的追求者。罗提迦啊，此刻你就听他的吧！（2）

你远道而来，就让我用我的莲手来服侍你的脚吧。也让你的脚镯在我的床上休息片刻，它们像我一样，是追随你的英雄。那罗延是你忠实的追求者。罗提迦啊，此刻你就听他的吧！（3）

说些有如甘露的体己话吧，让它像宝贵的琼浆，从你的口中滴滴流出。我要脱掉我的杜固罗衣，它隔在中间，妨碍你的胸乳接触我的胸膛。那罗延是你忠实的追求者。罗提迦啊，此刻你就听他的吧！（4）

拥抱恋人的冲动正在爆发，令人毛发倒竖，但一时难以实现。把你如罐的双乳放在我的胸膛上吧，解除我的爱情之苦。那罗延是你忠实的追求者。罗提迦啊，此刻你就听他的吧！（5）

我一心想你，受着别离苦火的折磨，了无生趣。请赐我你唇间的琼浆玉液，标致的女人啊，它像甘露，能为我这奴隶注入生命。那罗延是你忠实的追求者。

① 毗湿奴的典型衣着是黄色的，故毗湿奴和黑天亦以“着黄衣者”(Pītāmbara)为名号。印度教理论家称，黄色代表他与土地的联系，象征着地上的生命，意味着他会在必要时化身为人，下凡救世，发扬正义，铲除邪恶。

② 美丽的东西和美丽的东西总是互为敌手。这里用花床与莲足互对，让莲足更胜一筹，显然有夸赞的意思。

罗提迦啊，此刻你就听他的吧！（6）

面如朗月的女子啊，让你的宝石腰带响起来吧，好同你的嗓音相应和。杜鹃令人气馁的啼鸣，已经灌满我的双耳。快来把我那郁积已久的沮丧驱除掉！那罗延是你忠实的追求者。罗提迦啊，此刻你就听他的吧！（7）

你闭起眼睛，羞于看到由于无端愤怒而给我造成的巨大伤害。现在就睁开眼吧，把我爱的烦恼解除掉。那罗延是你忠实的追求者。罗提迦啊，此刻你就听他的吧！（8）

吉祥胜天的诗歌，句句讲的都是摩图之敌的欢乐往事。让敏于体味的人们尽享那由销魂情事带来的感情愉悦吧。那罗延是你忠实的追求者。罗提迦啊，此刻你就听他的吧！（9）

激战伊始充满了嬉戏调情，那是热恋的表现。受热情的驱使，为了征服所爱的人，她对他反复发起堪称大胆的攻势。她乳房挺起，双目微闭，隆起的臀部纹丝不动，春藤般的臂膀松弛下垂。女子哪里来的这阳刚之气？[①]（10）

欢爱使他精疲力竭。罗陀见所爱的人已经在自己的掌握之中，便产生了让他装饰自己的愿望。于是她坦率说道:（11）

第二十四歌，用罗摩迦利拉格唱出

雅度族的后裔啊，请拿你那比檀香油膏还要清凉的手，在我的胸乳，那鼓胀如罐的爱情吉祥物上，用麝香画出叶形的图案吧。——她对正在嬉戏，满心欢喜的雅度族后裔这么说。（12）

我的眼睛射出的爱情之箭让人愉快，上面涂着比黑蜂群还黑的眼圈。亲爱的人啊，请用你的双唇亲吻我眼圈上的灯黑，停在那里，将它点燃。——她对正在嬉戏，满心欢喜的雅度族后裔这么说。（13）

我的耳朵曾经让我那闪动的羚羊眼即使大睁也很绝望。[②]美服者啊，给这对诱人的爱情罗网戴上耳坠吧。——她对正在嬉戏，满心欢喜的雅度族后裔这么说。（14）

我的头发像一群闪亮的蜜蜂，调皮地耷拉在胸前已经很长时间。把它盘回去吧，就盘在我那光洁无瑕，赛过莲花的脸庞上面。——她对正在嬉戏，满心欢喜的雅度族后裔这么说。（15）

莲花面啊，我脸上的汗水已干，请用麝香液在我的前额涂上漂亮的吉祥痣。

---

① 此处女子原文为复数。作者的意思或为就常态而言，并就此发为感慨。

② 本句的意思，可以参照前第十一章第32颂内容加以理解。

我的颜面如月，它是月面上的食分[①]。——她对正在嬉戏，满心欢喜的雅度族后裔这么说。（16）

光荣的赐予者啊，我的发髻闪着光亮，如同爱神旗幡上的缨穗，但是在嬉戏中弄散了。给它插上鲜花吧，让它比孔雀翎毛更美丽。——她对正在嬉戏，满心欢喜的雅度族后裔这么说。（17）

我美丽的腰下润泽而丰厚，它是爱神的禁窟。善心的人啊，请拿宝石腰带、衣料和饰物给它穿戴起来。——她对正在嬉戏，满心欢喜的雅度族后裔这么说。（18）

请以同情之心，聆听吉祥胜天这美妙动人的诗歌吧。在这个迦利时代龌龊的世界里，对于诃利行迹的回顾，正是救治热病的甘露。——她对正在嬉戏，满心欢喜的雅度族后裔这么说。（19）

请为我的双乳画上树叶，给我的两腮涂上亮色，在我的腰际系上束带，为我的发辫系上花环，给我的双腕套上手镯，为我的双足系上脚铃。听到这样的交代，她亲爱的着黄衣者便照着要求，一一做去。（20）

诗人胜天学识渊博，服膺黑天，心无旁骛。作为毗湿奴的信徒，他娴于诵唱，善于沉思，所作诗歌，充满欢乐，而对于性爱情感，也能认识入微[②]。那么所说这些，是否真实，就让快乐聪慧之人通过吉祥的牧童歌来判断吧。（21）

吉祥胜天是吉祥薄伽提婆之子，罗摩提毗所生。吉祥的牧童歌展现了他的诗才。愿它能在波罗奢罗和其他朋友的歌喉中传唱起来。（22）

以上是吉祥胜天所作的吉祥的《牧童歌》中的第十二章，称作“狂喜的着黄衣者”。

吉祥的《牧童歌》至此结束。

原为教育部人文社会科学研究项目《古代东方赞美诗研究》(2003年) 所译，未刊。

---

① 食分（kalaṅkakala）作为名词，是用来表示日、月食时，太阳和月亮被食程度的，以日、月直径的十二分之一为单位来计算。这里的食分简单用来指月亮被食变暗的部分。

② 这里的性爱情感指印度古代文学理论中的所谓“味”的一种——情爱。作为美学概念，“味”指的是人在观剧或吟诗时所获得的主观内心感受；用于分析作品时，它也是艺术批评原则。传统认为，“味”有八（或十）种，其中第一种即为情爱。情爱色黑，以毗湿奴（也即黑天）为其保护之神。它又下分两类，一是欢爱，讲男女相悦，爱情成功；一是沮丧，讲由欺骗或其他原因造成的失恋、分离等带来的情绪低落和苦恼。

四

书评序跋纪念

中国人对印度史研究的新贡献

——谈《从佛陀到阿育王》

崔连仲先生所著《从佛陀到阿育王》出版后，我很快就读到了。可能因为是同行，对于它所叙述和讨论的这一段历史也感兴趣，加上在林承节《印度民族独立运动的兴起》（1982年）和刘欣如《印度古代社会史》（1990年）以后，又有一段时间不曾见到印度的断代史了，因此我读这本书时，便不免带着一种欣喜之情。三十多万字一路读下去、在欣喜之外又渐渐萌生了将我的感想形诸文字，使更多人能够了解它的愿望，于是写了下面这些断想。

从佛陀到阿育王，以人物名时代，讲的是古代印度自列国（公元前6至前4世纪）兴起，到孔雀王朝（约公元前321至公元前185年）衰亡的历史。其前后约当中国的春秋到汉初，而就时代特征和历史重要性来说，两者亦十分相似，同是从群雄征战，社会动荡，异说蜂出，争鸣激烈，到干戈暂时敛息，一统帝国建立的大变动，大转折时期；属于这一时期的思想成果和政治实践对于那以后本国以至世界历史的发展，也都产生了深远的影响。西方希腊罗马这一时期的历史也有着多少相似的特点。然而，与东西方主要文明国家不同的是，印度缺乏记载详细的古代历史。受梵我合一、弃世解脱宗教哲学的影响，古代印度的知识分子多鄙弃俗世，不屑以记言记事为务。尽管在吠陀时代曾经有过一类记述故实的官员，职能颇似史官，但公元前6世纪奥义书哲学的诞生，使解脱观念深入人心，终至断送了他们发展成为史家的可能，而其前其后的历史，亦堕入云雾，不复为后世人所确知。因此，不像中国有《春秋》、《史记》，希腊、罗马有《希波战争史》、《伯罗奔尼撒战争史》、《罗马史》等，印度记载那一时期史实的著作，哪怕是十分简括的，却连一部也没有。倒转时针，拨开迷雾，重建历史，无疑是非常困难的。这需要广泛借助考古成就，以及对碑铭石刻、民间传说、宗教经籍、哲学著作和旅行述闻的精细研究。对于前述几百年的历史，近一个多世纪国内外不乏深入的研究者，所获成就亦很可观。崔先生在吸收前人成果的基础上，利用手中掌握的直接和间接材料，从多侧面为我们描绘了这一时代的图景，内容既非常丰富，讨论也心平气和，使得专门家和非专门家都能得到有益的知识和启发。通观全书，我以为它有如下的特点值得注意。

掌握材料充分，立论沉稳　对于形成的每一个见解，作者都要提出大量的资料加以支持，并且广泛罗列有关同一问题的不同观点，分析比较，决定弃取。而不管是批评、赞同或另有新说，一概充分地说明理由，力求使人信服。例如，关于首陀罗的社会地位问题，作者先是列举并比较了麦克林德尔、菲克、达特、沙马、季羡林等学者的种种看法，接着根据《摩奴法典》（即近译《摩奴法论》）、《祭言法典》和考底利耶《政事论》等古代权威著作的论述，着重分析他们在当时社会阶级结构中所处的地位以及不同的谋生手段，最后依据分析的结果，自然地得出结论："从种族的构成，职业的区分以及阶级地位的差别等方面来看，首陀罗是一个十分复杂的社会等级。假如把这个等级不分青红皂白一律看成是奴隶，那就将复杂的问题简单化了。因此，我认为：第一，首陀罗是一个等级概念，即属于被压迫、被奴役的第四等级；第二，在首陀罗中有奴隶首陀罗与非奴隶首陀罗之分，这两者间的本质区别是，前者隶属于特定的主人，后者在人身上是自由的，即没有人身隶属关系；第三，非奴隶的首陀罗，是处于被压迫、被奴役的无权自由人的地位。"（原著第287页。以下只给页数的，均系原著）至于首陀罗的种族结构，作者指出，作为历史演进的结果，雅利安和非雅利安土著两种首陀罗都曾存在，任何认为只有单一来源的说法都失之简单，难免偏颇。（第285页）首陀罗问题在印度社会、历史、经济、文化、宗教研究中是时常争论的，而其焦点亦不外他们的种族和地位。然而所论以执守一词者居多，全面考察的较少。崔先生在本书中为我们提供了一个深入认识这一问题的很好机会。相信他的观点会因为说服力强而具有时效。

将问题放在世界的大环境中去认识　作者在长期的世界历史研究实践中，涉猎广泛，对于西亚和欧洲古代史尤其熟悉。这就有利于他站在较高的地位上，俯视东西，通过比较，求得更为符合实际的结论。在作者看来，"公元前6至公元前4世纪的列国时代……是印度次大陆政治、经济和文化东移，城市和国家再度普遍兴起（按这里所谓'再度'，是相对于公元前三千纪曾经兴盛于印度河流域及西北印度广大地区，尔后又归于灭亡的城市文明而言）的一个时代。在这个时代里，印度次大陆的各个部落大都进入国家阶段，并在其发展过程中逐渐呈现出统一的趋势；在这个时代里，恒河流域出现了第二次城市化高潮……”（第25页）由于当时出现的国家多以一个大城市为中心结合周围村镇而成，且常常以城名国，如舍卫城之于居萨罗国，吠舍厘城之于跋祇国，所以作者称这些国家为城邦，即城市国家。做这样的定义，显然是因为作者看到了印度列国和公元前三千纪出现于两河流域以及公元前一千纪出现于希腊世界的城邦，有着本质上的共同点。如此定义，不仅有助于人们认识古代印度十六国的特征，也说明了世界不同地区的历史发展具有共同性。由于作者对世界历史发展形态具有共性这一点深信不疑，因此他总能敏感地指出诸如《佛本生经》所说“五百离车罗惹”“很可能类似雅典克利斯提尼所建立的500人会议，是一种常设的官职机构”，兼有议事的执行的权利（第44页），以及《大事》所记吠舍厘总人口168 000这一数字恰与公元前341年雅典全国自由民人数相同这类事实。（第43页）联想无疑不是随意而发的。恰恰相反，它们是历史现象内在联系的反映。正因为如此，它们也总又有助于揭示当时历史的某些特点，尽管方式是暗示性的。既为印度古代史专家，又对希腊、罗马史了若指掌，这不仅使崔连仲先生的研究左右逢源，也能使读者开阔眼界，加深对于史实的认识。本书所做的比较研究自然不限于印度和欧洲；更多的是印度和中国的比较，这在下面将会谈到。可以说，比较的方法是这部论著使用的最重要的方法。

将问题放在时代的演进过程中去考察 历史上有些概念，看似简单，却不易一劳永逸地把握住。事实是，时代在发展，历史概念的内涵也会发生改变。只要它们还在使用，而没有被新的概念所取代，就必须对它们加以新的理解，补充新的定义，否则不是方枘圆凿，无法合理解释史实，便是削足适履，使史实的性质受到歪曲。印度古代史上的“罗惹”（或“罗阇”）是一个比较容易引起误解的概念。中国传统上译罗惹为“王”，西方亦往往如此。但是崔先生主张“根据不同时代来理解罗惹的含义”。（第11页）他指出，至少不能把王政时代与国家产生后的罗惹混为一谈。前者是军事民主制时代的部落首领，后者才有通常所谓王者的意义。他说：“在古代印度共和国的会议厅里商议国事的诸长老均自称罗惹（王），这些罗惹实际就是首领，他们都出身于刹帝利种姓。这是一种贵族共和政治。……共和国较之君主国保留有更多的部落传统。”（第29页）“作为主席的罗惹只是各种会议的主持人，没有独断专行的权力。”（第43页）罗惹（rājan）这个词是由一个意思为“领导”、“管理”的动词rāj派生而来的。它最初的意义不会离一般领导者有多远。事实上，在梨俱吠陀时代，罗惹不过是若干氏族的共同首领，和平时主持诉讼，保护民众，并收取自愿献上的贡赋；战争时祀神誓师，领兵上阵。其地位或由选举产生，或由世袭而得，并无定规。为进一步论定罗惹的性质，作者还指出它与拉丁语的“勒克斯（rex）”同源。这样，早期罗惹的地位就十分清楚了。

充分利用佛典资料　印度古代史料的缺乏，使得印度古史研究不得不借重其他材料，其中佛教典籍便是主要的利用对象之一。崔先生在他的研究工作中，在采用巴利文佛经材料的同时，更是大量援引了汉译佛经的内容。汉译佛经广博浩瀚，保存了许多在其故乡已经失传的信息，所以对于印度历史的重建，具有巨大的，几乎可以说怎样估计都不会过高的意义。本书利用佛典的例子不胜枚举。充实的资料，为作者有关印度古代社会性质、政治体制、种姓制度、奴隶作用和意识形态等的分析研究提供了广泛而坚实的基础。科学地运用佛典以恢复印度古代历史，使崔先生的这部著作表现出显著的中国特色。

使它更具有中国特色的另一表现，是注重与中国历史的对比研究。中国和印度近在比邻，然而两者的历史发展，由于文化渊源的深刻不同，曾经采取了相距甚远的轨迹。但是这并不妨碍她们的早期历史具有类似的特点，因而具有可比性。从佛陀到阿育王正是这样一个可与中国进行同期比较的时代，或者说几乎是唯一的由于近似点多而应予比较的时代。崔先生经过多年的资料积累和深入思考，在本书中提出了他的比较结果。这些结果不仅体现于书的正文，更以专论的形式集中在后附的三篇文章之中。作者选择了两个伟大的思想家，佛陀和孔子，两个杰出的政治家，阿育王和汉武帝，以人带事，深入探讨，引出结论。其观点总括说来就是：佛陀和孔子作为所处时代相同的圣哲，其社会思想和伦理道德观颇多相通之处；由于对人类社会同样抱有美好的愿望，他们的政道观也相类似；他们都重人事而轻鬼神，对宇宙本质的探讨则不感兴趣；佛陀的中道主义和孔子的中庸之道作为方法论十分接近。此外，佛教的六方伦常与儒家的五伦、孔子学说积极进取的性质与佛陀教理中倾向相同的一面等也值得比较研究。早期佛教的转轮圣王说与原始儒学的大同世界说同为比现实政道观更高一层的理想。这些理想在后世分别于阿育王和汉武帝时代获得实现——当然是有限的，人间意义上的实现。孔雀帝国和秦汉帝国有着相似的形成过程，即都是从分散的小国（城邦或诸侯国）通过兼并战争形成统一的多民族国家。身处大体相似的历史环境中，阿育王和汉武帝在统治思想和文治武功上相似之处亦多。它们表现在：同样建立了空前庞大的帝国，并且，为了巩固统治，都有条件地选择了一种意识形态（佛教或儒术）作为帝国的精神支柱；而这些意识形态本身，从相反的方面说，也都赖此获得了关键性的转机和生机，大踏步发展起来。他们同样具有雄才大略，不仅为帝国带来繁荣和强盛，而且通过宣教（佛教）、外交或"凿空"开辟了东西交通，进而走向外部世界。在另一方面，作为上升时代的政治家，他们都曾反省前愆，坦诚罪己，其风度又远为后世腐败昏聩者所不及。这里必须提及的是，在广泛比较中国和印度历史及历史人物类似特点的同时，作者也指出了他们的不同之处，其见解也有若干地方非常独到。中印历史比较，原是一个足堪开掘的领域，可惜前人深究者不多。崔先生于此大落浓墨，其所成一家之言，倘我所料不谬，当是他本书的得意之笔。

有一点我们应该知道，即将印度公元前6至公元前4世纪这一时期定义为"列国时代"是崔先生1979年首先提出的。多年的注意和比较研究，使他看到这个时期与中国的春秋战国时期异常相似。印度史学家称之为"共和国及王国"时代（罗米拉·塔帕）或者"帝国统一时代"（拉梅什·钱德拉·马宗达）固然从某些方面说明了它的特点，但是对中国人来说，名之以"列国时代"，比物连类，显然更有助于揭示它的性质。正因为如此，崔先生在他主编《世界上古史纲》时第一次使用了这个概念。

《从佛陀到阿育王》利用丰富的材料，对公元前6世纪至公元前2世纪初三百余年的印度历史从政治、经济、文化、礼俗、律法、宗教等各个方面做了广泛的描述。但是广泛并不妨碍深入。通过对于材料的有效组织，作者还把我们带到他最感兴趣，最想解决的问题面前，然后从不同的侧面对它们详加剖析；而经过全面讨论后得出的结论，由于证据充分，也多顺理成章，令人信服。

在崔连仲先生希望着重讨论并求得解决的问题中，至少有两个是史学界和他本人都长期注意的，即古代印度的奴隶制度和社会分期问题。

崔先生认为，印度无疑早在梨俱吠陀时代已经有奴隶存在。他们的主要来源是战俘，间有因赌博而沦为奴隶者。到后吠陀时期和梵书时代，奴隶的数量显著地增加了，奴隶制开始出现，只不过女奴居多，且主要从事家务劳动，未能形成生产体系，因此作为制度还是不成熟的。（第17页）列国时代奴隶制的发展，主要表现在家庭奴隶的大量存在并向生产奴隶转化，奴隶制开始作为生产关系登上历史舞台。这是划时代的变化。早期的佛教和耆那教文献对于这一时期奴隶的境遇、来源乃至他们的解放都有丰富的记载。（第99–104页）然而，生产奴隶虽曾出现，但由于奴隶价贵而雇工价廉且相差悬殊，所以古代印度盛行的仍是雇佣劳动。奴隶劳动在社会生产中的使用依然有限，不足以构成大规模的奴隶制生产关系。因此，作者的结论是，古代印度虽然有奴隶制——主要表现为家庭奴隶的存在，但没有奴隶社会。（第101、105、357页）既然古代印度、中国以及很多别的文明社会都不存在希腊、罗马那样居统治地位的大规模奴隶生产，那么，作者进一步陈明他的观点："奴隶制不是整个古代世界占支配地位的形态。"（第450页）

关于古代印度的社会分期问题，争论的焦点常集中在封建社会的起始时代上。对于它，作者在别处曾有论述。这里，在佛典及其他资料的支持下，他重申了自己的观点，即佛陀时代尽管有作为"梵分"赐给婆罗门和王国大臣的封邑，但转让的只有原属国家的税收权，农民的土地占有权并未因此而被剥夺。因此说当时已经有封建采邑制，未必妥当；"但如果考虑到中世纪印度封建制的特点，把古代封邑看作是后世封建采邑制的前辈也许是可以的"。（第98页）赐地永久化和"赐地文书"的出现则是公元以后的事。公元2世纪初的纳西克铭文是现知最早的实例。约公元3世纪成书的《祭言法论》及略晚的《布利哈斯帕提法论》中已有关于文书内容的规定。后来法显《佛国记》的记载进一步反映了依附农民和自由佃农的存在。"这样，一方面由于村社内部的分化和土地转让、买卖的发生；一方面由于主要来自于国王的永久赐地的增多，逐渐形成一个新的封建地主阶级。""大约从公元四五世纪开始，即在法显旅印时代的前后，古代各生产形态逐渐解体，而封建制生产关系开始产生。后来，随着封建生产关系的发展，一个一个的村社变成了国王封赐臣属的封建采邑。"（第366–367页）到公元7世纪玄奘访问印度时，宰牧、辅臣、庶官、僚佐等已是"各有分地，自食封邑"了。关于印度封建社会的起始时代问题，史学家们有着多种观点。它们往往建筑在对于材料的不同使用、理解和解释上。这里面，崔先生经过多年思考形成的看法由于具有深度而特别值得重视。

作为断代史，《从佛陀到阿育王》讨论了公元前6至公元前2世纪约四百年印度历史上的所有的重大问题，其中围绕释迦牟尼及其生活时代、早期佛教、孔雀帝国和阿育王所做的论述尤其充分而深入。像任何经营有年的学术著作一样，本书以征引广博，议论深邃，观点谨慎明确，申论沉稳有力为突出特点。它也体现了作者的一贯学风，即尊重客观，实事求是，不削足适履以标新立异，必博观约取以淘求谛解。崔先生十分熟悉前人的成说。他自己的结论亦是在详尽占据已有资料的基础上，将各说仔细简别后得出的。正由于结论总是诞生在对大量资料的客观分析之后，所以往往扎实雄辩，带有服人的力量。印度古代史本是众讼纷纭之地，尚未揭晓的事实和有待辩明的理论正多。中国在佛经、史籍、游记、笔记乃至科技、医学著作中大量保存着涉及古印度情况的珍贵资料。科学地利用它们，如前所说，可以使中国学者在重建印度古代史的工作中别辟蹊径，自成洞天。这一点在季羡林先生等老一辈印度学开拓者的着力强调下，已经成为研究者们的共同认识。然而，尽管如此，多年来大规模实践者依然鲜见。如今，我们终于见到这样一部广泛利用中国资料，充分发挥中国人研究优势的长篇专著。其独特的成果和鲜明的中国特色，将使它成为难以为任何西方乃至印度同类著作所代替的史学著作。

印度古代史是一个很难研究的领域。史料的异常缺乏使得研究者不得不把眼光投向一切非历史然而又可能提供哪怕只是些许历史消息乃至暗示的有形材料，文字的和实物的，以搜求事实和证据。这就使得史实难以核准，结论难以产生；而即使产生了，也不免经历长时间的争论和考验。自然，《从佛陀到阿育王》也会面临同样的命运。穷尽真理并不是人的使命，接近它们才是人类世代辛勤努力的目的。在这个意义上，本书达到了时代要求于它的高度，把古印度断代史的研究推上了一个新的台阶。现在称它为研究佛陀后四百年印度历史的必读物尽管为时尚早，但读过它的研究者，可以因其用材的周备和观点的稳健而获得一块再进步的基石，却是肯定无疑的。

原载《南亚研究》1993年第2期

穷搜百代　不世之功

——读季羡林先生新著《蔗糖史》

季羡林先生为学堂庑之大，他的近著《文化交流的轨迹——中华蔗糖史》又给了我们一个新的例证。

知道季先生写《糖史》是在几年之前，也知道它将是七八十万字的长篇巨制；至于先生为什么要选择糖这样一件平常之物来写它的历史，却直到拜读了它的第一编即中国编后方才明白，那就是，他认为，在这种看来微不足道的东西背后，"隐藏着一部十分复杂的，十分具体生动的文化交流的历史"。关心世界不同地域和种族之间的文化交流，注意人类文明发展的规律和大势，一向是季先生学术活动的重要方面，而在近年，这种关心则表现得尤为殷切，尤为热情。在季先生看来，人类不同的文化之间是非常需要互相借鉴，互相学习的。无论近在邻邦，还是远在殊俗，只要出现了这种交流，那里人们的生活就会出现进步，得到改善。食糖从无到有，到足堪为柴米油盐酱醋茶之外的第八必需，其发展的历史，正是说明这一事实的显著例证。季先生希望，通过糖史的研究，使人们充分地认识到，"文化交流是促进人类社会前进的主要动力之一"，从而鉴往追来，增强同呼吸，共命运，互依互助的意识，共同解决人类面临的重大问题。因此，《糖史》的写作，可以说，是一位严格意义上的知识分子的良知表达和境界体现。

然而，在人类漫长的历史上，文化交流并不总像我们今天看来那样，是一种多少自觉的文明往来。在很多情况下，毋宁说它是一种附带的，或者续发的结果。古代希腊文化的传播，是随着她对邻近地区展开军事和政治上的侵略而实现的。希腊文化传到中东并产生广泛影响，即所谓希腊化，更是亚历山大东征的结果。印度铸币的产生，犍陀罗造像艺术的发展，都是这一远征的附带结果。汤因比说，中印之间佛教文化传播的道路，不是由古代印度人或中国人用和平方式，而是由亚历山大东侵留下的大夏希腊人和后来的贵霜人用武力打开的。前者想攻打印度孔雀王朝，后者想进击中国汉朝。此说不无道理。张骞凿空，丝路大畅，商业和文化交流空前繁荣。然而他出使西域的初衷，却是“厚币赂乌孙，招以益东，居故浑邪之地，与汉结昆弟……断匈奴右臂也”，(《史记·大宛列传》）纯粹出于军事动机。班超北击匈奴，威震西域，“西域与汉绝六十五载，至是乃复通焉”；后又陆续平定莎车、龟兹、焉耆等地的贵族变乱，击退大月氏的入侵，丝绸之路上的文化和商业往来又复昌盛起来。在欧洲，公元前2世纪以后罗马帝国东侵，从希腊带回诗人、哲学家乃至演员和厨师，因而接受了希腊文化的深刻影响。中世纪十字军东征，兵连祸结之后，才有东西方贸易上十倍的增长，东方纺织和金属加工等技术的西传。历史的事实告诉我们，在很长时期内，文化的交流，未必是对文化自身需求的结果，或者说，并不是文明的自觉活动。

近代以来，有所进步，然而不同地域之间的文化往来依然很少，甚至连基本的互相了解都很缺乏，即使在接触已经相当频繁的东西方之间，也是如此。这种缺乏表现在实际上，轻则荒唐可笑，流为谈资，重则岭树遮目，产生隔膜乃至敌视。比较之下，东方人的表现稍好；而这稍好，却也有其不得已处。印度沦为殖民地达数百年，印度人不得不以惊魂面对挑在枪尖上送来的西方文化。中国人则是在西方列强用坚船利炮轰开国门以后，痛感弱国的屈辱，方才认识到万里之外，也有应该学习的知识和真理。自此始有众多的志士仁人踵接于西行“求法”之途。向“非我族类”学习，也只是说来容易。理论上，体用分家从未停止其绊脚索的作用；实践上，渊源殊异，睹面不识，否则不会有严几道“一名之立，旬月踟蹰”之叹。然而，正如季先生多次说过的，中国人是愿意学习，也善于学习的。这种学习精神，集中体现在鲁迅先生对于“拿来主义”的提倡上。比起东方人来，西方人表现颇差。近代以来，他们“昏昏然陶醉于自己的胜利之中”(《东方文化集成》总序），闭上双眼，连了解东方的愿望也沉睡了。这一点即使在今日的欧美也很常见。我曾看到一本世纪初出版的洋书插图，上面奔月的嫦娥赫然垂着一双细弱的金莲，状若燕尾，明白地显示出文化上的误解。如今时至世纪之末，而情形竟无根本的改变，这究竟是东方的悲哀，还是西方的悲哀？不去论究也罢。但情形毕竟是应该改变的。移人不易，责己犹可，于是季羡林先生提出了“送去主义”。“送去主义”的理论，同“拿来主义”一样，体现了时代的要求，只是它的提出，也同样需要有足以领袖群伦而又高瞻远瞩的人物为之呼吁才行。“拿来主义”提出半个多世纪后，我们还在不断地拿来。“送去主义”的卓然成就，恐怕也要经数代人的不懈努力后，始能见到。季先生《糖史》的写成，应该说，也是这一长久事业的真正自觉而有意识的开端。

人是能够从事生产的动物。在人的生产物中，同他们恩怨最深的，倘说是糖，怕不太过。还在襁褓之中，我们便同它“一拍即合”，感情在不知不觉中变得如胶似漆。而到了成年，在很大一部分人中被视为洪水猛兽，避之唯恐不及的，却又是它。请教随便哪一位发福而又希望摩登的女士，同这尤物告别的经验，说不定只有“失恋”二字可以相比况。现代的人“认识”糖比认识盐要早得多，尽管盐实际比糖重要得多。然而认识归认识，人人认识，只是想到去探问它到底何方人氏，身世怎样，并进而追问它的背后是否还会有什么意味隐藏着的人，却是少而又少。在这极少的探求者中，季先生是最为执着，准备打破砂锅问到底的一位。促使先生钻研它的，如前所说，是他看到了它背后的文化，一种万里奔波，最终闪烁出交光互影的文化。促使先生钻研它的，还有一个原因，是他认为中国古典文献浩如烟海，在资料上有着得天独厚的条件。此外，更有一个原因是先生不会说而我们却必须明白的，就是他自身融贯东西，茹古含今，具备罕有其匹的主观研究条件。总之，不仅是兴趣使然，而且是情势使然，责无旁贷。

围绕《糖史》巨大的研究工作以及书中涉及的专业问题，我无力置评。但是季先生写文章喜用第一人称，连写论著也往往如此。坦白、直率、亲切的风格，给了我们一把多少可以一窥堂庑的钥匙。我们也因此至少可以就他的研究方法和研究态度，说说见闻。季先生的研究方法，最基本的，是让材料说话，不尚空言，不想当然，不牵强附会，结论完全来自事实。这就是“于考据中见义理”。（原书第12页）为此必须阅读大量的书籍文章。季先生在《中华蔗糖史》里选来使用的，除一切有关论文外，主要是正史、杂史、辞书、类书、科技书、农书、炼糖专著、本草和医书、包括僧传及音义在内的佛典、敦煌卷子、诗文集、方志、笔记、中外游记、地理著作、私人日记、各种杂著、巴利文以及英、德等西文著作。就类别说，几乎包罗万象；就数量说，尽管不是每一类，但其中大多数又都是汗牛充栋。阅读量之大是我们难以想象的。古今典籍中凡先生认为可资利用的，务必千方百计找来读过。这就是“‘竭泽而渔’的劲头”。（498页）至于方式，用他自己的话说，就是用“最原始，最笨拙，但又非此不可的办法：把想查阅的书，不管多厚多重，一页一页地，一行一行地搜索”。（115页）举个例子，为了彻查历代方书，《四库全书》（文渊阁本，台湾影印）的第738册、739册、741–744册数千页密密麻麻的小字就是这样一行行看过来的。（120页）然而，尽管季先生不乏判断力，但在选择对象上真正做到有的放矢却非易事。即如历代笔记，数不胜数，而内容排列又毫无规律，就中爬罗剔抉，“简直像是大海捞针，苦不堪言”。（438页）一部书翻检过后所获甚少或者了无所获是完全可能的。因此，我们尽可以享受季先生淹雅流泻的文字，咀嚼文字揭示的道理，却切不可忘记他背后无限的劳苦和艰辛。我们可以想象他既会有碧落黄泉，遍寻无着的深刻苦恼，也会有“片言苟会心，掩卷忽而笑”的由衷快乐。然而其中真正的甘苦，还是如季先生自己多次说过的，诚不足与外人道。正因为古今中外，搜采宏富，所以《糖史》书内集中了我们从不知道的有关甘蔗和食糖的种种知识，诸如甘蔗的种类、名称、产地、种植技术及其传播，糖的名称及其演变，糖的典故传说，它的食用和药用，糖的产地分布和贩运，特别是糖的生产发展历史和制造工艺的传播，兼及国外的若干情况如印度的多种糖类和名称（100–101页、179页、350页和以后）等。书中提到的甘蔗种类和异名之多，远过于《古今图书集成》，其捃摭繁博，由此可见。于是我，一个普普通通因而也就好奇心多于研究欲的读者，便从书中知道了：甘蔗中的“甘”字并不是“甘甜”之意；唐太宗遣使自印度取熬糖法使中国的制糖术大进一步；邹和尚传授制糖技术的有趣故事（161页等）；制白糖时黄泥水淋脱色法的运用；隐藏在印度文字śarkarā（汉译“煞割令”、“舍嚟迦罗”等）和cīnī背后的文化交流事实，如此等等，十分有趣。

不过，感觉有趣之余，似乎也还应该对于季先生研究问题的方法做一更加切近的观察。这里我们不妨拿他最重视的问题之一白糖研究来做标本，特别是其中涉及中印文化交流的例子。在这个例子中，他首先为我们罗列了印度古代医籍Suśruta-Saṃhitā（公元4世纪以前）中五种纯度不等的糖的梵名，其中最精的śarkarā已较洁白。到16世纪，另一部医书Bhāvaprakāśa出现了，书中多了两种糖名：puṣpasitā和sitopalā。这里sitā和sito（这里的o原应为a，其后有u音，故变为o）都是“白”的意思。又据印度学者拉伊·巴哈杜尔（Rai Bahadur）的说法，puṣpasitā在孟加拉又称padma-cīnī和phul-cīnī。cīnī即是中国。至于中国，季先生遍搜自唐至清的有关古籍，不但得出白糖至迟到明朝已能生产的结论，而且从《闽书南产志》、《物理小识》、《竹屿山房杂部》、《天工开物》、《广阳杂记》、《兴化府志》《台湾使槎录》等书中钩摭而得黄泥脱色法，并证明此法系由中国所发明。这一重要发现为明代已能大规模制造白糖提供了技术依据，而且证以恰置明中后期（16世纪）成书的Bhāvaprakāśa提到白糖，以及孟加拉白糖名称中有cīnī的事实，进一步说明了白糖及其制法从中国传入了印度。就此我们看到了什么是不尚空言，“于考据中见义理”。这里逻辑清楚，结论简单，而推演轻捷，又似乎左右逢源。戴震说学有三难：淹博，识断，精审。考据以求义理，倘非三者兼备，恐怕是无由进至左右逢源之境的。

季羡林先生以他博洽精深的学识和超过常人的毅力，为我们写出了糖的历史。他的研究成果，尽管他仅借一句“虽不中，不远矣”抵作评价，在我看来，却是充满了不争之理。学林中有好采耳食之言，逞无根游谈的伪劣之作，也有穷原竟委，言必有征的不朽名篇。糖味甘甜，人人皆知；甘甜何来，凭谁而详？“盖有非常之功，必待非常之人。”非观之如是，不足以明《糖史》的成就。

原载《南亚研究》1998年第1期

穷搜百代　以竟厥功

——浅述季羡林先生撰写《蔗糖史》的动机、方法和内容

一、一部研究文化交流的学术著作

《蔗糖史》初版时名《糖史》，由于书中所讨论的糖类以蔗糖为主，故在此次单行本出版时改作今名。

《蔗糖史》和《吐火罗文〈弥勒会见记〉译释》，用季羡林先生自己的话说，是“两部在我一生六十多年的学术生涯中最完整的、其量最大的专著”。若于两者再做比较，则前者的篇幅明显巨大，长80余万字，在后者的三倍以上。《蔗糖史》的撰写经历了漫长的过程，从第一篇论文发表（1981年），到第二卷“国际编”出版（1998年），前后达十七年。十七年间，季先生做了门类不同的各种研究工作，发表文章，出版书籍，难以数计，但《蔗糖史》的写作，对他来说，却是念兹在兹，从未释怀。收集材料，撰写部分章节的工作始终没有停止过，其中1993年和1994年更是完全用于在北大图书馆内查阅典籍，收集资料，除周日外，“风雨无阻，寒暑不辍”。此书用去了他多少精力，我们很难想象。无论如何，如果说《蔗糖史》是他一生中凝聚了最多心血的浩大工程，当不会错。

为什么季羡林先生会拿出如此巨大的精力写一部关于糖的历史呢？事情的开始似乎有些偶然，尽管深想起来，自也有其必然性在。季先生很早就注意到欧洲众多语言中与糖有关的字皆源出于梵字 śarkarā和khaṇḍaka，于是便逐渐产生了一种意识，认为欧美原本无糖，糖最初来自印度。后来，一张写有印度造糖法的敦煌残卷落入他的手中，其中的汉文糖字，竟然也是 śarkarā的音译“煞割令”。残卷的解析，使他进一步看到了以糖为载体的物质文化传播。数十年

专注于世界尤其是中印古代文化研究，对于不同文化间的互动和影响始终保持着敏锐的感受，如今发现糖这种看起来似乎微不足道的东西背后，竟会“隐藏着一部十分复杂的，十分具体生动的文化交流的历史”，季先生对于它的兴趣，自然也就浓厚起来。以后，随着眼界的扩大，他的“兴致更高”，遂于“怦然心动”之余，发愿考究糖史，并最终完成了读者面前这部皇皇巨著。这或者就是注定，就是上面所说的必然吧。事实上，关心世界不同地域和种族之间的文化交流，注意人类文明发展的规律和趋势，一向是季先生学术活动的重要方面，而自二十世纪八十年代以来，这种关心则表现得尤其殷切，尤其热情。在他看来，人类的不同文化之间是非常需要互相借鉴，互相学习的。无论近在邻邦，还是远在殊俗，只要有了这种交流，那里人们的生活就会出现进步，获得改善。食糖从无到有，到成为日常必备，其制作技术在不同地域，不同民族间传播和发展的历史，正是说明这一事实的显著例证。季先生希望，通过糖史的研究，使人们充分地认识到“文化交流是促进人类社会前进的主要动力之一”，从而鉴往追来，增强同呼吸，共命运，互依互助的意识，共同解决人类面临的重大问题。在鲁迅先生提出“拿来主义”半个世纪以后，季羡林先生又提出了“送去主义”。两种“主义”的目的，都在促进不同文化之间的积极往来，以利于人类社会的不断发展，共同繁荣。“拿来主义”提出数十年后，我们还在不断地拿来。“送去主义”的卓然成就，恐怕也要经过数代人的不懈努力之后，才能见到。20世纪末，季先生创议并策划出版“东方文化集成”丛书，是他为实现“送去主义”而迈出的具有实际意义的一步。不久，《蔗糖史》第一编纳入“集成”首批论著出版。这意味着，作为倡导者，尽管已至耄耋之年，他仍然身体力行，坚持站在这一长久事业的起点上，亲为发轫。

阅读任何学术著作都不是轻松的事，《蔗糖史》也不例外。它是一部内容涉及广泛，讨论问题复杂的鸿篇巨制，论证所用的资料异常丰富。季先生自己也曾担忧它是否好读。他把自己的这部著作形容为“原始森林”，担心它“林深枝茂，绿叶蔽天，人迹不见，蹊径无踪，读者钻了进去，如入迷宫，视野不能展开，线索无从寻求……”为了帮助读者顺利阅读此书，出版社同季先生商量，希望在这个第一次以单行本面世的版本中，附一导读。季先生欣然同意，并把事情交给了我。写导读我是没有资格的。《蔗糖史》两卷我虽读过，但绝不敢说已经掌握了它的所有内容，透彻理解了它的种种意旨。读一部广博精深的书，固不必等到自己也具备了同等的学识。但是，学力不逮却强充解人，便难免自以为是而逞无知妄说，结果反会乱人耳目，陷读者于歧途。退一步讲，即使侥幸而无大错，仍不免引导其名，胶柱其实，原著中灵动的才思、潜藏的智慧俱遭埋没，固有的价值也会因而受损。想来想去，比较合适的，还是写一篇读书笔记样的东西，作为一个早读者，简要介绍我的所见，而所写也只局限在季先生的研究动机、方法和本书的主要内容等几个方面。

二、研究和写作方法

用于《蔗糖史》的研究方法，体现着季先生一向坚持的学术理念，即广集材料，严格考证，无征不信，言必有据，最后让事实说话，“于考据中见义理”。季先生为写《蔗糖史》而选来使用的，除一切近人的有关论著外，还有中国古代的正史、杂史、辞书、类书、科技书、农书、炼糖专著、本草和医书、包括僧传及音义在内的佛典、敦煌卷子、诗文集、方志、笔记、报纸、中外游记、地理著作、私人日记、各种杂著、外国药典、古代语文（梵文、巴利文、吐火罗文）以及英、德等西文文献。就类别说，几乎无所不包；就数量说，尽管不是每一类，但其中大多数又都是汗牛充栋。阅读量之大是我们难以想象的。古今典籍中凡他认为可资利用的，务必千方百计找来读过，穷搜极讨，而后心安。至于方式，用他自己的话说，就是用“最原始，最笨拙，但又非此不可的办法：把想查阅的书，不管多厚多重，一页一页地，一行一行地搜索”。他查阅过的图书，总计不下几十万页。然而，尽管季先生在选择访求对象上不乏判断能力，但是真正做到有的放矢却非易事。即如历代笔记，数不胜数，而内容排列又毫无规律，就中爬罗剔抉，“简直像是大海捞针，苦不堪言”。一部书翻检过后所获甚少或者了无所获，是完全可能的。这是一个漫长而又充满艰辛的踏勘过程，甚至还是一个跌宕起伏的情感历程。我们可以想象他既会有碧落黄泉，遍寻无着的深刻苦恼，也会有“片言苟会心，掩卷忽而笑”的由衷快乐。然而其中真正的甘苦，还是如季先生自己多次说过的，诚不足与外人道。正因为古今中外，搜采宏富，所以《蔗糖史》内集中了我们从不知道的有关甘蔗和食糖的种种知识，诸如甘蔗的种类、名称、产地、种植技术及其传播，糖的名称及其演变，糖的典故传说，它的食用和药用，糖的产地分布和贩运，特别是糖的生产发展历史和制造工艺的传播，兼及国外的若干情况如印度的多种糖类和名称等，令人大开眼界。书中提到的甘蔗种类和异名之多，远过于《古今图书集成》，其引据的繁博，由此可见。

应该说明的是，季先生在《蔗糖史》中使用的材料，大部分来自中国古代文献。这有两个原因。第一，季先生撰写糖史的主要目的，是写一部以中国为中心的文化交流史；第二，世界上已有的一德一英两部糖史，由于很少汉文资料的支持，无不存在固有缺欠，而对于糖史研究来说，汉文资料无论在量上，还是在质上，都远胜于其他文字的资料，需要特别重视。

在具体的写法上，本书所有的章节都大体遵行资料先行，阐释、分析、归纳、结论在后的次序安排。资料部分除个别地方转述他人成果外，主要由季先生大量阅读后所得的文献摘录构成，分别罗列，各从其类；间有按语和议论插入，那是作者即时的感受或观点，需要马上提醒读者注意的。由于事实往往已经存在于广征博引的材料之中，所以结论常常简短扼要，只起画龙点睛的作用。典据翔实周备，是季先生讨论问题的特点，因此，最后结论的得出，常能给人以水到渠成的印象。

为使读者对于季先生的研究工作能有具体的了解，我想举个实例，围绕它做一番切近的观察，看个究竟。这里我们拿他最重视的题目之一——白糖研究来做标本，看看他对于其中涉及的中印文化交流问题是怎样论述的。在这个例子中，他首先为我们罗列了印度古代医籍Suśruta Saṃhitā（公元4世纪以前）中五种纯度不等的糖的梵名，其中最为精良的 śarkarā已较洁白。到16世纪，另一部医书Bhāvaprakāśa出现了，书中多了两种糖名：puṣpasitā和sitopalā。这里sitā和sito（此处的o原应为a，但后面同它遇合的字首母是u，故a、u相合，变成了o）都是“白”的意思。又据印度学者Rai Bahadur的说法，puṣpasitā在孟加拉又称padma-cīnī和phul-cīnī。cīnī的意思是“中国的”。至于中国，季先生遍搜自唐至清的有关古籍，不但得出白糖最迟到明季已能生产的结论，并从《闽书南产志》、《物理小识》、《竹屿山房杂部》、《天工开物》、《广阳杂记》、《兴化府志》等书中钩求而得黄泥水淋脱色法，证明此法系由中国所发明。这一重要发明为明代以前已能大规模制造白糖提供了技术依据。至此，再返观恰置明中后期（16世纪）成书的Bhāvaprakāśa提到白糖，以及孟加拉白糖名称中有cīnī的事实，则白糖及其制法早在此前已经从中国传入印度这一论断便获得了完满的证明。季先生怎样做学问，这个例子使我们得见一斑。

三、内容提要

《蔗糖史》“国内编”和“国际编”的章次编排方式不同，前者用断代，后者用论题和国别。如按时代先后安排，而某一问题又有特别重要的意义，需要详加论述，则会为它单辟专章，立于相关章节之后。

这里把《蔗糖史》的内容，就我所能概括的，简述如下。

第一编　国内编

在中国，最早出现的糖并非蔗糖，因此，要讲中国糖的历史，便不能不从“蔗前史”开始。饴、餳、餳、餹是中国糖族的最早成员。《蔗糖史·国内编》第一章首先提出这四个成员，对其含义予以界定，以为古代制糖史的研究提供基础。经过分析比较，季先生用标音的方式总结他的看法，认为先秦时代人工制造的甜品可分两类：yi和tang，多用米（包括糯米）和小麦、大麦等做成。其性湿、软的称饴或餳，其性稠、硬，因而较干的称餳，或写作餹。至于今天普遍使用的糖字，则相对晚出。

关于周代以迄南北朝时期糖的生产历史的讨论，正是在饴、餳、餳、餹诸概念基本厘清的前提下展开的，而所采取的方式，则是通过考察四字所代表的实物演变的情况，求得这一时期制糖技术的发展线索。文献表明，先秦时代出现的，只有一个“饴”字。后来“饴”、“餳”混用，见于汉至南北朝的多种典籍。饴的价值至少在晋时还是很高的，但它的制作原料是米和麦，不是甘蔗。“甘蔗餳”的制作，不会晚于三国。甘蔗作为植物，记载一直不少，唯“蔗”字始见于汉，而先秦所用是“柘”。需要注意的是，“甘蔗”一词另有写法多种，往往音同而字不同，由此可见它是音译，其中的“甘”字也与味觉无关。这种植物最初是从外国引种的，作为名贵品种，长期不见于寻常百姓家。到南北朝时，甘蔗的种植明显普遍起来，但就地域来说，也还仅限于南方。

蔗糖的出现、使用和制作是此部糖史准备重点研究的问题。在进入讨论之前，季先生先设专章（第三章）就汉至南北朝几百年间“石蜜”的含义做了考证。据他统计，那一时代文献中有十一种不同食品都用“石蜜”来称，其中九种与蔗糖有关。它又常称“西极石蜜”，实在已经暗示了它的进口身份，不妨认为就是来自西方的糖。

那么中国本土蔗糖的制造始于何时呢？就此曾有二说：汉代和唐代。季先生在广泛征引农书和各异物志乃至汉译佛经的基础上，指出蔗糖的产生时间当在三国至唐之间的某一时代，其中南北朝时期特别值得注意。“糖”字无论如何在南北朝时已经明确无疑地出现了。

唐代经济文化繁荣昌盛，制糖业也获得了蓬勃发展。季先生在第五章里集中讨论了唐代的糖类应用和制糖问题。检点流传至今的各类典籍，包括正史、医书、佛典、诗文、类书和敦煌遗书等，可知唐代植蔗和用糖均已十分普遍。它们对于糖的来源、性味、食法、药效等都有明确记述。糖的制造，基本方法有二，即曝晒和熬煎。中国虽然早已能够制糖，但是直到唐初水平仍然很低。而印度，据西方学者Noel Deerr称，早在公元4世纪前即已掌握了熬糖的知识。唐太宗了解到印度技术先进后，遂“遣使取熬糖法”，并很快将学来的本领用于实践，使中国的制糖水平迅速提高，以至于产品的色味均能远远超过印度。盛唐时代，中外道路畅通，交流频繁，为中国制糖技术通过学习，求得进步，提供了十分有利的条件。

宋朝是甘蔗种植和蔗糖制造都有显著进步的时代。种植甘蔗的地区扩大了，虽然还是仅限于南方。甘蔗的品种也增多了，基本分为赤、白两类。赤色的有昆仑蔗，白色的有竹蔗、荻蔗等。印度和东南亚甘蔗的分类法也是如此。糖的价值不外两种：食用和药用。从大量笔记的记述中可以看出，糖的食用在宋代已经非常普遍。糖品五花八门，种类繁多，已经远非唐代所能比。在糖里加入不同的香料，做成各种口味的糖果，吸引儿童，看来已是寻常无奇的事。对于名目繁多的糖品名称，季先生做了谨慎的分析和归并，指出何为异名同物，何为一名多指。与此同时，季先生也就印度梵语糖名汉译进行了辨析。《梵语千字文》等佛教经典曾将guḍa译为“糖”，将śarkarā译为“石蜜”。他认为，准确地说，由于前者的根本义为“圆球”，后者的根本义为“砂砾”，故前者应为糖球，后者应为颗粒状的糖。相应地，历来所谓石蜜，其含义之一也应该是白砂糖。至于糖的药用，季先生在查阅了六七千页本草和医书后发现，宋代的记载已经不及唐代丰富，内容则同异互见。宋时最值得注意的是第一部炼糖专著——王灼《糖霜谱》的出现。该书在甘蔗的分类和种植、蔗汁的榨取、制糖的程序、品相的鉴别等方面都有详细的叙述。见载于《糖霜谱》和其他类书中的一则传说——邹和尚的故事，也很值得玩味，因为他的身份透露出了制糖术西来的传播途径。由于宋代大食和南海诸国与中国交往频繁，季先生特别举出《宋史》和《文献通考》中的例子，指明它们在砂糖和制糖技术传入中国方面，曾经起过特别重要的作用。

元代享祚较短，各类著述相对较少，但农书很多。《农桑辑要》即有关于甘蔗种植和蔗糖煎制方法的详细记载。甘蔗种植区域的北扩，是这一时代的重要特点。其原因不是气候变化，而是人工栽培技术的提高。蒙古军西征，远至报达，蒙古帝国巨大的版图使得东西方交通比以往任何时候都更顺畅。随着商贸和文化方面的频繁往来，阿拉伯商贾和其他人大批来华，其中华化甚深，乃至留华入仕的颇不乏人。东来的阿拉伯工匠将他们的制糖技术带到福州等地，使中国的制糖水平大大提高。他们教中国工人在炼糖时加入树灰，从而精炼出纯白的糖。季先生认为元代制糖技术的提高具有划时代的意义。

对于糖史研究来说，明代是一个资料丰富的时代，本草和医书无论在数量上，还是在质量上，都超过了前代。郑和七下西洋的壮举带来了海交的空前发达，地理书和中外游记随之大量出现。此外，伟大的科技著作也相继问世，以总结当时已经极其丰富的生产知识和工艺技术，《本草纲目》、《普济方》、《瀛涯胜览》、《星槎胜览》、《天工开物》、《农政全书》等不过是其荦荦大者。这其中有关医药农工的，多为集大成的著作，它们在糖的分类、特性、制造技术和实际应用上，都有比以往更加精细，更为准确的描述。本草类著作就甘蔗品种所做的区分与前代无大区别，基本为赤、白两类；而对于糖的药性认识，则更加深入和充分。即以《本草纲目》为例，它将蔗与糖的特性明确地区别开来，指出蔗浆甘寒，能泻火热，而一旦煎炼成糖，就变得性甘温而助湿热了。因此蔗浆虽有消渴解酒的功效，而砂糖非但不能，反会助酒为热。李时珍发出告诫，称砂糖性温，不宜多食，人们往往贪图其味，而不知阴受其害。前人说它性寒冷利，其实“皆昧此理”。此外，《本草纲目》对于甘蔗种植、蔗种优劣、食糖类别、品色高下、药性辨析、服用禁忌等，也都有详细的说明。《普济方》广收历代方剂、单方、验方等，为空前绝后的医方巨著。季先生从该书中辑出配伍有糖的医方近150种，足见它的医用到明代已经十分普遍。游记和地理书在明代名篇巨制很多，但是一部较小的著作《闽书南产志》却很值得注意。该书除将甘蔗和糖品做了简要的分类外，还提到了未见于他处的制糖程序，如用蛋清促使渣滓上浮，用覆土法帮助增白等。关于后项技术，书中更讲述了它的发明故事：某糖户黄氏宅墙倒塌，压住糖漏，糖色由是转白，他遂于偶然中得此方法。这些记载的意义，在季先生看来，都是十分重要的。类似的有关制糖技术的记述亦见于各种笔记，如方以智的《物理小识》（用黄土）、宋诩的《竹屿山房杂部》(用山白土)等。在种蔗制糖方面具有划时代意义的著作，是宋应星的《天工开物》。该书将甘蔗明确分为仅供生食的果蔗和用于制糖的糖蔗两类，至于栽培方法，则对行宽、沟深、土厚、灌肥、锄耨等都做了具体规定。关于糖坊设备的制造和使用，书内也有详细叙述。特别应当提到的是，宋应星已将糖色漂白的方法称作“黄泥水淋”法。随着产量的增加和价格的降低，糖在明代已经遍见于民间，成为家家常备，人人必食之物。但有一点必须提到，即在制糖技术的进步上，中国曾经长久接受外来影响——唐代来自印度、波斯，宋代来自大食，元代来自阿拉伯；而言及对外影响，则迄于明末犹未见典籍记录。

由于明代糖的生产有了飞跃性的发展，使得季先生不得不单辟一章，专谈白糖的制作问题。在这里，他广泛征引了古代印度典籍《利论》、《妙闻本集》和16世纪医书Bhāvaprakāśa等有关糖品种类的记载，以及后世学者Rai Bahadur有关其等次优劣的研究结果，指出糖的等级，是以纯度高低来划分的，而炼糖的过程，乃是不断除去杂质的过程。印度古代糖类中品色最优者在孟加拉的异称中多有cīnī字样，而该字的意思又是“中国的”，由此经过一系列论证后，季先生提出：中国曾将白砂糖出口到印度孟加拉地区，同时也传去了制糖术，推测时间，当在公元13世纪后半叶。(详见本书“国际篇”后的附录《cīnī问题》)中国制糖技术的明显提高，端赖于黄泥水淋脱色法的发明。有关的发明故事已如前述，明清典籍中多见因仍，内容则大同小异。在近代化学脱色法出现以前，这一发明在精炼白糖上已属登峰造极。中国明代白糖及其制造技术的输出，正是在此法广泛普及的基础上实现的。

清代有关植蔗制糖的资料很多，无论在医学、科技或地理著作中，还是在中外笔记、类书中，都能大量见到。但它们往往是蹈袭前代的结果，正如季先生在评论方志时所说，“抄录者多，而亲身调查者少”。其著例如邹和尚传授制糖法的传说、黄泥水淋增白法偶然发明的故事等，数百年来，递相传述，直到清代，依然如故。然而清代积存的资料无论如何是极其丰富的。它们表明，随着制糖业的扩大和发展，糖品不仅进入了家家户户，其种类亦与现代相似，常见的糖粒、糖瓜、蓼花、芝麻糖、牛皮糖等，皆已出现。开办糖坊已经成为致富捷径。在广东等产糖地区，糖的运输也成了关税征收的重要来源。按照欧美的报道，在19世纪前叶，中国种植的甘蔗已经可供出口，而输往印度的糖不仅数量巨大，且纯净美观，口碑甚好。不过，直到光绪时代，中国还没有用机器制糖的记载。至于应用，在清代的本草和医书中，隋唐以来蔗和糖的药用价值不断下降的趋势表现得更加明显，即使见诸配伍，亦多居于臣佐地位。季先生对于中国蔗糖史的扼要总结是：甘蔗产于热带和亚热带，在中国则最先出现于南方。其名多有同音异字，故必为音译无疑。中国制糖业起步较晚，但后来居上，到明代已能将优质糖品出口南亚。糖在历史发展中的表现，总的说来，是产量越来越增，价格越来越低，药用越来越少，食用越来越多，终于由边缘而中心，得以厕身于柴米油盐等日常必需之列。制糖技术的发展，体现了文化交流的作用。文化交流是推动社会前进的动力之一，也由此而分明可见。

第二编　国际编

季先生写作蔗糖史，意在探讨体现在植蔗制糖上的文化交流，这在前面已经说过。“国内编”虽然重在描述中国国内两千多年以来自身发展的脉络，但是中外之间的交互影响难免也会涉及。为能承上启下，“国际编”先用第一章简要回顾了前编与此有关的内容。这里特别提到：最早的石蜜得自西方；“甘蔗”之名实为音译；唐代遣使往印度学习熬糖法；“西僧”邹和尚传授制糖法的传说饶有意味；唐宋时代天竺、波斯、大食都是重要的产糖国；元代在制糖术上影响中国的主要地区是埃及和阿拉伯；黄泥水淋脱色法的发明是中国对于世界制糖业的重要贡献。

谈蔗糖的历史，无疑要谈它的制作原料——甘蔗的历史，而首先涉及的，便是它的原生地问题。在这个问题上，几乎每一个专门家都有自己的理论，有根据植物学的，也有根据古代典籍的，结果自然是歧说纷纭。季先生详细介绍了外国——西方和印度——的所有说法。在各种假定中，南太平洋、印度等都在其列。有些语言学上的证据颇为耐人寻味，如孟加拉古称Gauḍa，而派生出该词的guḍa意义为“糖”；印度远古有甘蔗族，其名Ikṣvāku源自ikṣu（甘蔗）。此外，印度种植甘蔗的历史很长，其孟加拉地区也有着适合各种植物生长的地理条件。凡此种种，都使“印度为甘蔗故乡”的观点获得了较多的应和。国内学者也有主张中国为原产地的，季先生对此并未认同。他坚持“甘蔗”一词为外来语的音译，并认为唐慧琳《一切经音义》以“此既西国语，随作无定体也”一语解释甘蔗为何多有异称，非常值得注意。总之，季先生坚信甘蔗的原生地不会是多元的，只不过目前距原生地问题的最终解决，还很遥远。

另一个涉及产地的是石蜜问题。在中国古代典籍中，石蜜几乎和西极石蜜等义，意味着是进口货。正史中最早提到石蜜的是《后汉书》，表明至迟到东汉它已传入；而其传入时间的上限，据季先生推断，则不会早于西汉高祖时代。至于“西极”或“西国”，从历代典籍和诗文中的证据看，应指天竺、南天竺、波斯、罽宾，实即古代印度、波斯（伊朗）；以后还可加入大食（阿拉伯）。唐太宗遣使往摩揭陀取熬糖法所要熬制的，应该就是石蜜。

古代印度的植蔗制糖以及蔗、糖在该国的应用，始终是“国际编”重点关注的问题。原因至少有如下几个，即印度是制造和应用糖品历史最久的国家之一，是在制糖技术上与中国交流最为密切的国家，也是相关的古代文字资料在中国保存得最为丰富的国家。谈到资料，汉译佛经当然是最重要的一种，而其中尤其需要注意的，是律藏。佛经的利用无疑也包括巴利文和梵文原典。经检阅，在最古的《法句经》和《上座僧伽他》等经典中有蜜而无糖。由此似可断定，在佛教初兴时人们尚不知以蔗制糖。在较晚的《方广大庄严经》中，石蜜一词开始出现。《本生经》中甘蔗、砂糖、石蜜等词频见，而糖更有糖粒、压碎的糖、糖浆等不同类别，可见它在本生故事诞生时代印度人的生活中，已经占有重要地位。汉译律藏的内容更其丰富。这里有着关于蔗和糖的各种记载，如它们的药用（甘蔗的体、汁、糖、灰等服法各异，石蜜、黑石蜜、砂糖等药效不同）、食用（包括制浆、酿酒）、甘蔗种植（地分田间、园内，方法又有根种、节种、子种等五种），以及糖的制造（加入填料，如乳、油、米粉、面粉等）等等。佛教经典中的丰富资料，在很大程度上深化了我们对于印度糖类应用和制糖技术发展情况的认识，对于我们考虑中国可能在哪些方面受到过影响，也有帮助。

中印两国近为邻邦，彼此间的交往源远流长。“唐太宗与摩揭陀”一章专谈中国向印度学习制糖技术的问题。这种学习的前提是一有主观需要，二有客观条件。从印度古代经典的记载看，其蔗糖制造的历史远长于中国，且技术发达。印度典籍有关糖的分类多达五种，而中国仅有两种，在一定意义上说明了中国制糖术比较简单，相对落后，确有学习的必要。在客观上，中印文化交流赖以实现的孔道，无论西域、南海，都很畅通。此外还有尼泊尔路和川滇缅印路可以利用。季先生用一份初唐九十年内的中印交通年表证明，当时两国人员的往来确实极其频繁，且多为实际需要，而非礼仪虚设，所涉方面，则政治、经济、宗教、语言、文学、艺术、科技，几乎无所不包。学习制糖法的使者就是在这种背景下被唐太宗派往印度摩揭陀的。此事在正史中的记载始见于《新唐书·西域列传》，后各类史书、类书、本草、笔记等迭相传述，除《续高僧传·玄奘传》记载稍异外，已经得到普遍的承认。但是，更为具体的问题，比如唐人到印度所学的究竟是制造哪一种糖的技术，因受资料限制，目前尚无法断定。

在中国糖史上与唐太宗遣使摩揭陀同样值得注意的，是大历年间邹和尚在遂宁教民造糖的传说。据称，邹和尚传授制糖法后，中国的糖产便有了“遂宁专美”的说法。这个故事，无论是神话，还是历史事实，都说明遂宁的制糖技术是从外国传来的，而且是通过“西僧”，传自西方。季先生根据唐代本草和其他著作的记载，通过考证，认为这一“西方”，当指波斯。他的论据来自以下五个方面。一是按照中国资料，波斯开始制造石蜜和砂糖的时间不晚于5世纪末，而不是Lippmann所说的7世纪。另一是有关年表说明波斯人来华频繁，而从本草等典籍看，波斯方物传入中国的种类也非常多。第三是从正史、方志、诗文、佛书等资料看，当时中波之间陆海交通方便，尤其是川滇缅印波道十分通畅。第四是唐代流寓蜀地的波斯人很多，僧俗皆有，且往往华化很深。第五是孟诜《食疗本草》有“石蜜，自蜀中、波斯来者良”这样的具体记载。第六章最后的推论是：四川的制糖技术（至少有部分）来自波斯，而其最可能的传入途径，则是川滇缅印波道。

关于欧、非、美诸洲的制糖历史，西方人Lippmann和Deerr在他们的大部头糖史著作中已有详细叙述。季先生在第七章中利用欧美学者不可能找到的汉文材料，特别是魏源的《海国图志》和王锡祺的《小方壶斋舆地丛钞》等，对已有的考证做了重要补充。通过中国典籍得到的结论是：法国是最早制糖的欧洲国家之一，所用原料为莱菔；英国是从中国进口糖的国家；非洲很多地方都曾植蔗产糖；埃及在传播制糖技术方面曾有贡献；马达加斯加和毛里求斯曾是非洲产糖最多的国家；美国的甘蔗移自欧洲；美国的制糖技术高超，可在输入粗糖后加工成细白糖出口；美国用枫树制糖；中、南美洲产糖普遍，古巴、秘鲁皆是其例；中国在世界制糖技术的传播和提高上起过重要作用，特别是在亚洲地区。

亚洲，季先生首先关注的是南洋。这或者与他的如下认识有关，即他认为这里非常可能是甘蔗的原生地。从第八章征引的大量资料看，在历史上，南洋曾经是重要的产蔗制糖地区之一，当无疑问。泰国、越南、缅甸、柬埔寨、老挝、槟榔屿、苏门答腊、爪哇、吕宋、夏威夷等都是这样的地方。值得注意的是，无论种蔗还是制糖，都有大量的华人参与其生产活动，并起关键作用，婆罗洲、爪哇、槟榔屿、菲律宾、夏威夷等地无不如此。“中国人在南洋蔗糖业方面做出了巨大的贡献”，季先生的这一结论应该说并无夸张。另外需要提到的，是阿富汗产糖的有关记载。这一记载在植蔗造糖技术从印度传往波斯、阿拉伯以及世界其他地方的路线上，补足了一个中间环节。

日本植蔗制糖的历史相对较短，然而其发展道路却令人深思，尤其值得中国人反省。日本古代无糖，据黄遵宪《日本国志》称，到16世纪末方始有人从中国带去蔗种，并初学制糖，无奈并不得法。而大约与此同时，中国商船携黑、白糖航抵日本已见于日方记录。直到19世纪七八十年代，日本本国所产糖量仍然“足供半额”，其余全靠进口，且什九输自中国。日本政府自不甘心这种状况继续下去，遂制定政策，一方面加重进口关税，另方面鼓励国民自行生产，以图改变。他们终于成功，不再在糖的消费上仰给于他国，特别是中国。中国明末清初以来在制糖业上明显优于日本的形势亦随之彻底逆转。

琉球即今冲绳，由于产蔗产糖，故本书单列专章予以讨论。在清人的见闻实录中，可以看到当地有以甘蔗的成长来说明月令的习俗，以及当地人向中国派驻人员供应甘蔗的事，可见这里有种植甘蔗的传统。明嘉靖年间陈侃出使琉球，曾撰《使琉球录》一书，书中引有不少他人对于当地风物的记述。细读这些记述，可以得到一个有趣的发现，即关于花木的部分有甘蔗，而关于饮食的部分却无糖。《四夷广记》亦有类似记载。由此可以推断，琉球的甘蔗仅供生食，而迄于明代仍未用来造糖。到清乾隆年间，在使臣周煌《琉球国志略》对于该地物产的记录中，已见有糖。不过据清代档案，自1767年至1875年百余年内，琉球多次从中国进口大量白糖和冰糖，有时达三万斤以上，可见其自产不敷食用。所以如此，当地所产甘蔗含糖量低可能是一原因。

波斯和阿拉伯为植蔗造糖技术在世界范围内传播交流的重要环节，已如前述。马可·波罗在他的游记中谈到蒙古大汗曾派来自巴比伦的人到福建去传授制糖新技术，可见巴比伦所指的埃及或伊拉克在这方面已经达到了很高水平。后他约七十年来华的伊本·白图泰则称中国的蔗糖比起埃及所产的有过之而无不及。看来中国的制糖技术在此期间已经有了很大提高。阿拉伯地区在早期，至少在穆罕默德创立伊斯兰教之前，并没有关于蔗和糖的记载。二者最初是作为商品或药品从印度运去的。到8世纪中叶，糖的享用在宫廷中变得越来越普遍，相关的贸易也发达起来。在巴格达的阿里发宫廷御医Al-Razi的论著中，糖的应用已经十分习见，糖和糖制品的种类也增加了。后于他的阿维森纳

（980–1037）在其著作中也有相同叙述。此时（9–10世纪）阿拉伯地区的炼糖技术显然已经达到了很高水平。阿拉伯人用糖的实践进一步突显出这样一个事实，即在印度、波斯和阿拉伯，甘蔗和糖最初只作药用，后来才药、食并用；而中国不同，似乎开始即以食用为主，后药用最盛时亦不及阿拉伯广泛，再后则更是大大减少。埃及引种甘蔗在公元710年左右，尔后尼罗河畔蔗田遍布，大规模的糖厂也纷纷建立起来。其所产糖量大质优，除供国内几近奢侈的需求外，仍能出口，成为政府税收的重要来源。伊本·白图泰有穷人进入糖厂，可随意用面包蘸食糖浆的记载。埃及糖业的发达，由此可见。

《蔗糖史》第二编的最后一章，即第十二章，是季先生阅读《东印度公司对华贸易编年史》中译本的札记，属资料性质。《编年史》反映的是1635至1834年该公司在华贸易状况，其中也包括从中国购糖。这里值得注意的是，中国出口的只有糖和冰糖两个品种，在近二百年的糖类交易中，价格上升的幅度并不算大。

"国际编"所附的《新疆的甘蔗种植和沙糖应用》是对于三部新疆出土的于阗文、梵文和吐火罗文残卷的研究。统计分析结果表明，糖的应用在这些医籍方书中甚为普遍，间接反映出印度、波斯和阿拉伯医学的用药风格。这些残卷对于若干植物所具药性的理解和在具体方剂中的选择使用，与中国传统医学颇多相似之处，胡椒、蒜、莲、藕等都是这样的例子。季先生认为，所有这些，以及多元配伍的用药方式等，都是东方医学的共同特点。

作为《蔗糖史》全书的总结，季先生在"国际编"后面增加了一个不长的第三编——"结束语"。在这里，他特别提醒读者注意他已经强调再三的写书意图，即他的目的首先不是写一部科技史，而是写一部以中国为中心的文化交流史。他认为，"推动人类社会进步的力量是多方面的，文化交流是其中比较重要的一个方面"。而就在糖这种司空见惯的日常食品背后，在他看来，便正好"隐藏着一部遍及五大洲几乎所有国家的文化交流的历史"，尽管它曲折复杂，时隐时彰。季先生要做的，便是从各种典籍，特别是浩如烟海的古代汉文典籍中，挖掘出有用的史料，分门别类，予以整理，进而把"表现在甘蔗和蔗糖上的文化交流史"勾绘出来。结果证明，在糖的发展史上，中国占有自己独特的地位。中国尽管不可能是甘蔗的原生地，而用蔗制糖也起步较晚，但后来居上，终于在白砂糖的制造上取得了一定时期内的世界领先地位。明代黄泥水淋脱色法的发明对于中国率先制出精纯白糖贡献莫大。由于中国糖工在东亚、南洋、美洲等地的勤苦劳作，中国在甘蔗种植和砂糖制造技术的传播上，也曾起过重要作用。

《蔗糖史》附录所收的三篇论文中，第一篇《一张有关印度制糖法传入中国的敦煌残卷》最长，也最重要。这篇论文的主要论点是：甘蔗一词，写法很多，唐僧慧琳早已指出“此既西国语，随作无定体也”，故说它是外来语的音译，不会有错。无论在印度还是在中国，甘蔗都有多种，然而粗分起来，不过仅供生食和足资造糖两类。至于成糖，则依品色高下而有多层区分，只是这种区分中国比印度简单得多，仅有砂糖、石蜜而已。石蜜当来自梵文śarkarā，残卷中的“煞割令”即其音译，为最值得注意的高质糖品之一。不过，汉译佛典也曾不止一次将梵文phāṇita译作石蜜，何以如此，却迄无的解。至于制造“煞割令”的具体方法，原件在“小（少）许”一语前有所脱漏。季先生据印、中古代文献内多处对于造糖所需填料的具体描述，补以“灰”字，遂使原文语义贯通，意旨明了。文末的“后记”和更后的“补充”虽然在形式上游离于论文主体，但在内容上却仍可视为其有机部分。“后记”300字，解决了一个“挍”字的合理解释问题。“补充”纠正了前者的一句误判，而就自己对于“挍”字的解释，则又提出了大量例证以为拥护，卒使论文更加完善。论文所研究的残卷是20世纪初伯希和从敦煌带走的，数十年辗转于众多中外学者之手，却始终虽可观而不可玩。难以排除的主要障碍在于不知“煞割令”是何所指。季先生经过苦思后揭破了它的意义。症结由此化除，残卷的全部内容亦随之通解无碍。

另外两篇论文谈cīnī问题。在印度，cīnī这个字有“中国的”的意思，同时也用来称白砂糖。季先生在研究文献资料后指出，这是中国曾经向印度出口白糖的证明，其时间当在13世纪后叶。国外学者有关中国糖不曾输入印度的观点应该纠正。

《蔗糖史》的主要内容简述如上，不可能全面，也不可能深刻。至于季先生书中烛幽发覆的精彩论述，只有请读者自己去体认了。我仅有的希望是没有在“原始森林”中乱施斧斤，最后传达了歪曲的信息。

学生葛维钧 谨识

2006年7月初稿

2009年4月改定

原载《蔗糖史》，中国海关出版社，2009年

《南亚大辞典》前言

南亚地区各国与中国有着悠久而深刻的关系，时至今日也还是我们关注和研究的重要对象。编写一本南亚辞典，帮助人们了解这一地区人民的过去和现在，是国内很多南亚问题研究者怀抱已久的愿望。事实上，这件事早在10余年前就已经提出，并且着手工作了。当时曾由中国社会科学院、北京大学南亚研究所出面邀集各地有关学者共同规划，拟具词目，并于1984年夏将它们详加审定，提出了具体的工作步骤。但是事情此后几度搁浅。1991年8月，中国社会科学院南亚文化研究中心延请各地学者再次考虑共同工作，获得了热情的支持。随后大家一鼓作气，完成了全部词条的写作。

我们十分希望这部辞典能够广泛适应从研究者到一般读者的不同要求，通过集中在这里的词条，为了解的对象提出准确、深入、全面、简明的界说和解释，而释文本身，也具有足够的权威性和可读性。尽管这原是题中应有之义，然而，衡以我们的水平，求之可以掌握的材料，我们明白这在目前仍然只是一个目标，一种理想。所以，当此全书告竣之际，我们只能说终于做了应该做的事，虽有释负之感，却无满足之喜。此外若有什么尚可自慰的，那就是我们在词条的撰写和审读上，尽可能倚仗了国内有资格的人选，以至各个领域的专家；而大家也的确做到了精诚合作，全力以赴。具体说到这本辞典的缺点，内容繁简不够平衡，行文风格不能一致，译名当否还可斟酌，检索困难未能尽除等，恐怕还只是其荦荦大者。即使是条目本身，亦难免求全不精，失慎遗漏。今日我们诚恳地寄望于读者的，就是将辞典的失误坦率地指陈出来，以待他日补正。

作为综合性辞书，南亚地区的历史情况无疑是一定要反映的。遗憾的是，直至近代以前，这里始终缺乏记载详细的历史；至于古代，则连内容简括的史乘也很难找到。以印度为例，凭借考古、碑铭、游记、传说以及文学、哲学、宗教著作重建历史，不过是近两个世纪的事。因此，年代不明或者估算不一，事实模糊或者互相矛盾，成了这里历史的常见现象。中国在佛经、史籍、笔记乃至科技、医学著作中大量保存着涉及古代南亚情况的珍贵资料，使我们在研究南亚历史上得天独厚。但是，即使加上中国学者的研究成果，前述现象还是明显地存在着。这种情况读者在检阅这本辞典时不难发现。

还要一提的是译名问题。这个问题的由来几乎和中国与南亚关系的历史一样悠久。反映在古代史书、佛经和其他典籍中的译名，音译意译都有，不统一的情况很多。加上有的是从梵文翻译的，有的是从某些中亚语言转译的，情况就更复杂。意见的抵牾至少在唐代就有了。近现代的译名又有一些转自西方语言，尤其是英语；再加上古今语音的区别，问题就更多。我们的处理方式是，古代的，选取较为典型的；典型多则列参见条。近现代基本以约定俗成为原则。人名以姓氏列条，但在个别地方亦迁就习惯。如奥罗宾多·高士虽姓高士，但历来以奥罗宾多知名，所以仍用后者。

另外需要谈一下的是原文问题。较为规范的南亚文字拉丁字母转写法要在字母上下增加若干符号。受印刷条件的限制，我们未能使用这种写法。我们选择了比较简单，然而同样为国内外学术著作和辞书所使用的一种。它的缺点是少数相近的不同读音只用同一个字母来表示，不易辨识。以梵语为例，表现为长、短元音不加区分；顶音和齿音不加区分；唇鼻音和anusvara不分；颚、顶、齿三处咝音用同一个s；喉、颚、顶、齿四种鼻音用同一个n等。此外，在原文转写问题上我们也同样遇到了习惯问题。比如，按这本辞典的体例，颚音的不送气清音应该是c，但是在某些专有名词，特别是近现代的人名里，习惯用ch。大量的出版物都是如此。这里，一如译名上的处理，我们仍然只能迁就习惯。这本辞典在原文问题上处理得不够完满，我们总觉得是件憾事。

本辞典的编纂经历了几上几下的过程，拟具词目和撰写词条的人员亦多有所改变，最初参与其事的人有些很可惜因客观原因在中途退出了。但是他们为这本辞典所做的贡献却是不可埋没的。这里我们特别要提出感谢的是崔连仲、刘家和、耿引曾、张锡麟、薛克翘、刘兴武等诸位先生。崔连仲教授除参与过辞典的策划和组织工作外，也撰写了词条。耿引曾教授曾为本辞典提供了全部的中国和南亚关系词目。陈峰君教授在百忙中审读了大量词条。他们对我们的帮助尤其大。四川大学南亚研究所邱永辉副教授为辞典清样的校改做了大量的工作，提出了很多宝贵的意见。四川大学图书馆副馆长陈力教授拨冗为辞典目录微机排序做了难度很大的技术处理工作。对他们我们表示由衷的感谢。

我们还要感谢四川人民出版社百科室的同志们，特别是责任编辑徐志诚同志。从辞典的组织编写到它的审读出版，他都付了艰苦的劳动。

辞典中无疑会有缺点错误。我们极其欢迎热心读者的批评。

南亚大辞典编辑委员会

原载《南亚大辞典》1998年第一版

“穷人的经济学家”阿马蒂亚·森

——《惯于争鸣的印度人》译本序

阿马蒂亚·森，印度人，在西方和印度早负盛名，但是中国人——首先是学术界——熟悉他，当在他荣获1998年诺贝尔经济学奖之后。进入新世纪这几年，他的著作被陆续介绍到中国来，接二连三，看来有一些热。热是好事，好在他似乎比别的经济学家更能给我们带来有益的启发。不过，已经迻译的作品多与经济学专业有关，且往往横跨多个领域，如经济、政治、数学、哲学、伦理、社会学等，外行像我这样的，总不免望而生畏，因为不具备相应的专业知识，到底难窥门径。现在好了，我们有了一本不那么专业的著作翻译出来，凡是对文化有兴趣的人，都可以拿来读。它就是眼前这部《惯于争鸣的印度人》。书是讲文化的不错，但不是讲述，而是讨论，讨论的目的在于申述作者自己的见解，一些很少能在别处读到的见解。森既熟悉印度，又了解东西方，作为视野开阔，目光深邃的思想家，论事常能察人所难察之隅，发人所未发之覆。这部书的价值就在这里——它促使人思考。这样说来，阅读此书，难免还需正襟危坐，循着作者缜密的思路，慎加踏寻。相信读者这样做了，必能有丰富的收获。

译者刘建先生是我多年的老友，无论人品学问，都是我一向敬服的，故常乐于追随其后。阿马蒂亚·森是一位富有道德精神的经济学家，坚持主张经济学应与伦理学相结合，以服务于人类正义。刘建先生将此书翻译出来，想必是对于阿马蒂亚·森高尚的济世情怀由衷感佩，认为有必要把他的思想介绍给中国人。他嘱我为他的译作作序一篇。我受命惶恐，但也暗自欢喜，因为久想附骥攀鸿，终于有了机会。

一、阿马蒂亚·森生平简介

1933年3月，阿马蒂亚·森出生在印度孟加拉的圣蒂尼克坦，地点在罗宾德罗纳特·泰戈尔创立的国际大学校园内。他的外祖父是研究中世纪印度文学的著名学者，也是一位印度教哲学权威，与泰戈尔过从甚密。阿马蒂亚这个名字就是诗翁泰戈尔为他取的，意为“永生”。他的父亲在达卡大学（在今孟加拉国）教授化学。浸染在周围浓厚的学术氛围当中，据他后来回顾，未来的人生道路似乎除了矢志向学，教书为文，辗转于世界各地的大小校园之间，想不出还会是别的什么样子。

森幼承家学，发蒙很早，而后来的初等和中等教育，则主要完成于泰戈尔建立的学校。这里课程设置丰富，充分反映了泰戈尔在文化上兼收并蓄的思想。学校的教育理念也很先进，那就是着重启发和培养学生的好奇心和求知欲，而对于在考试成绩上争强好胜，希望因此而出人头地的表现，则从不鼓励。这种教育理念对他影响至深，使他毕生受用。他在青少年时期爱好广泛，17岁以前志趣几变，曾游移在梵语、数学、物理等不同专业之间，最后终于被经济学所吸引，不再旁骛。不过，毕生从事教学和研究的意愿，则从未变过。离开圣蒂尼克坦后，1951年，他进入加尔各答管区学院，专修经济；1953年离印赴英，进剑桥大学三一学院继续深造，并于1959年获得博士学位。此后，他相继在印度德里大学经济学院、伦敦经济学院、牛津大学万灵学院、哈佛大学等高等学府任教，教授经济学和哲学等。1998年，他被三一学院选为院长，复回剑桥，主持学政。2003年以后，他又返回哈佛工作。他担任过一些重要的学术组织，如美国经济学会、经济计量学学会和国际经济学会的主席，也曾在国际事务中起过重要作用，如担任联合国前秘书长安南的经济顾问，以及帮助联合国开发计划署设计和制订人类发展报告等。

1952年18岁的时候，他曾罹患口腔癌，在加尔各答进行了大剂量的放射治疗。当时距广岛和长崎的原子弹爆炸不过7年，对于这一疗法的长期效果依然认识不足。大剂量放射虽然消灭了口内的癌细胞，但也破坏了他的硬腭骨骼。在后来的近20年内，他一直面临着癌症复发和骨骼坏死的潜在威胁。1971年他赴伦敦经济学院工作。在伦敦他要做的第一件事，便是住进医院，进行彻底诊治。医生为他做了近7个小时的整形手术，当他从麻醉状态中醒来时，已是凌晨4点。他急于知道自己的癌症是不是复发了。但是值班护士告诉他，结果得等到9点大夫查房时，才能宣布。他变得紧张起来。护士感到了他的惶惑不安，似乎想说些什么，但欲言又止。最后还是同情心起了作用，她对他说："他们夸你好呢。"他知道这样的话意味着什么，于是如释重负，安然睡去。此后，每当他在研究工作中，打算通过人民的健康水准，来判断一个社会的优劣时，他总会想起那位善良的护士小姐，把她对待病者的仁爱态度视为基准。

阿马蒂亚·森有过三次婚姻经历。他的第一个妻子纳巴尼塔·黛乌是一位诗人、小说家和文学批评家，是当代最受欢迎的孟加拉语作家之一，常有诗人带着自己的作品当面给她朗读，征求她的意见。早年她还同森一起研究过《罗摩衍那》等梵语史诗的风格和创作特点等问题。他们的婚姻在1971年去伦敦后结束。1973年森同爱娃·科洛尔尼结婚，她的双亲都是犹太人。科洛尔尼学法律、哲学和经济学，为人深具道义精神，善于理性思考。她在1985年因胃癌溘然去世。他的第三个妻子埃玛·乔治娜·罗思柴尔德是一位经济史专家，做过剑桥大学国王学院历史和经济学中心主任。

森研究经济学的重要动机之一，是帮助他的祖国印度摆脱经济贫困，走向繁荣。为此，他曾经选择经济发展问题作为他的主攻方向之一。他在1971年离开印度，辗转于欧美各著名学府，但始终和国内的大学保持着紧密的联系，尤其是他曾经工作过的德里大学。他一直是该大学的荣誉教授。为了学术活动，也出于自己的爱好，他始终过着带有游历性质的生活。剑桥毕业以后，他便常回印度，从来没有半年不归的情况。他也一直保持着印度国籍。这样的好处之一是保证了他对于国内公众事务的发言权。

阿马蒂亚·森研究范围广泛，除经济发展外，在福利经济学、社会选择理论等方面亦多所着力，且成就斐然。他已经出版了十几部专著，如《贫困与饥荒：论权利与剥夺》、《理性与自由》、《以自由看待发展》、《身份认同与暴力》、《经济发展与自由》、《论经济的不平等》、《不平等之再考察》、《印度：经济发展与社会机会》、《饥饿与公共行为》、《伦理学与经济学》、《集体选择和社会福利》、《自由、合理性与社会抉择》等，其中前十部已经或即将出版汉译本。

为了表彰他在福利经济学和社会选择理论研究上的突出贡献，以及他对于社会最贫穷成员所面临问题的关心，瑞典皇家科学院将1998年的诺贝尔经济学奖授予他。福利经济学试图解决的问题，是如何根据社会公众的生活状况来评估政府的经济政策是否得当。阿马蒂亚·森在该项研究上倾注了巨大精力，并因此而被称作"经济学界的良心"。他在1970年出版的专著《集体选择和社会福利》影响深远。该书就个人权利、多数裁定原则、有关个体状况资料的有效性等做了着重论述，意在促使研究者将注意力集中在社会基本福利问题上。他设计了若干方法，用以测算贫穷的程度，算后所得的数据，可以为改进穷人的经济状况提供有效的帮助。他关于饥荒原因的著作尤负盛名。他的研究成果具有很大的现实意义，为有效地防止或减轻食物短缺带来的后果提供了实际的解决方法。

二、两大研究课题：饥荒和民主

阿马蒂亚·森对于饥荒问题所做研究的成果，集中体现在他出版于1981年的《贫困与饥荒：论权利与剥夺》一书中。在这部书里，他向从未遭到质疑的传统观点提出了挑战，这种观点认为造成饥荒最重要的原因无非是食物短缺，故往往发生在旱灾或洪涝灾害之后。通过对1940年以来发生在印度、孟加拉和非洲撒哈拉等贫穷国家和地区数起灾荒的实证研究，他发现事实并非如此简单。例如1974年孟加拉国饥荒，就是由于当年该国发生水灾引起食物价格飞涨，农业工人的就业机会急剧减少，收入大幅降低，使得他们无力购买粮食，从而陷入饥饿境地造成的。他认为，要想彻底弄清饥荒的形成机制，必须仔细分析不同的社会经济因素如何影响不同的社会经济群体，进而导致了灾难性的后果，致使某些群体连果腹这样应得的基本社会福利都无法获得。

森对于饥荒问题的兴趣源于他的个人经验。他在九岁时亲身经历了1943年孟加拉大饥荒，这次饥荒造成了三百万人死亡。如此巨大的人口损失，经他后来研究，是完全可以避免的。他指出，当时的印度有着充分的粮食供应，只是由于大量的农工失去工作，贫穷如洗，从而失去了购买能力，粮食的分配途径遂被阻断。通过审慎考察近年发生的重大饥荒的环境条件和形成机制，阿马蒂亚·森指出，在许多饥荒的实例中，食物的供应能力实际上并未显著减少。相反，正是另外的社会和经济因素，如工资降低、失业、食物价格腾贵、食物分配系统崩溃等，造成了社会中某些群体的人们陷于饥饿。换句话说，饥荒的形成并不是没有粮食，而是饥饿的人有需求而无消费——这些人的粮食消费权利被废止了！这样的饥饿群体，总是无钱无权的底层民众。森用他少时的经验告诉人们，灾荒年代受苦最深，乃至大量死亡的，永远是在社会阶梯上处于低端地位的人，特别是那些根本无阶梯可上的农业劳动者。他们处于完全无法采取行动的状态——既无从获得食物，也无力逃避灾祸。一个国家的阶级特征在灾荒年代表现得就是这样突出！森的结论是：饥荒不仅源于食物的缺乏，更源于食物分配机制上的不平等。

饥荒既然多属人祸，那么它就不是不可通过尽人事以求避免的。饥荒出现的时候，也正是需要政府积极发挥职能的时候。由于饥荒的主要受害者是穷人，政府便可通过适当的就业方案，如实施某些公共工程等，提高穷人的收入，使他们有能力购买食物，同时严格平抑物价，使之保持稳定，从而防止饥民产生乃至死亡。即使是最贫穷的国家，只要政府采取了得当的干预措施，也能顺利渡过严重的水旱灾荒，1973年的印度，20世纪80年代初期的津巴布韦和博茨瓦纳，都是例子。政府对人民遭受灾难的反应，取决于它受到的压力。投票选举、批评、抗议等行使政治权利的方法，都是施加压力的手段。只要政府认真努力，饥荒实际上不难预防。面对选举、反对党和独立报纸，一个民主政府除了竭尽全力，采取合理的救灾手段以外，别无选择。相反，非民主国家易于发生灾难，致使哀鸿遍野，就在于受难者没有地方发出他们的声音。印度的最后一次饥荒发生在1943年，而自1947年独立，有了多党制和新闻自由之后，便和其他民主国家一样，再也没有出现过某些专制社会、殖民地、一党制或军事独裁国家一再出现的大饥荒。森是一位坚定的政治自由的捍卫者。他相信在运转正常的民主制度下面，饥荒是不会发生的，因为那里的国家领导者必会更为负责地听取公民的要求。总之，森的结论是明确的。他绝不相信灾荒和饥馑是不可化除的天谴。如下这一在经济学界广为人知的名言，就是他的观点的总结："事实是显著的：在骇人听闻的世界饥荒史上，从来没有一个独立、民主而又保障新闻自由的国家发生过真正的饥荒。无论找到哪里，我们都找不到这一规律的例外。"

森也曾分析过中国的"三年自然灾害"，结论并无两样。1960年前后饥荒的死亡人数迄未公布，但其原因和教训却值记取。近年有关研究文章除承认当时确有粮食减产外，也指出了若干重大的决策错误。以饥荒最为严重的四川为例，原因即有：粮产大幅下滑、由浮夸风虚报造成的大幅粮食外调、受极"左"路线危害比他省为烈、为保京、津、沪而向三城调粮等。于是世代衣食无忧的天府之国村有饿殍，成为全国死亡人口最多的省份。当此之时，主政西南的方面大员却出语惊人："中国这么大，哪朝哪代不饿死人！"千百年来，历朝天子，但遇凶岁，犹知下诏罪己，以为因应。这样的冷漠，莫不正好为森的理论做了注脚。

阿马蒂亚·森深切关注的另一个问题是民主。

"民主究竟是什么？"他在他的长文《作为普世价值的民主》中自己设问，并力图做出尽可能圆满的回答。民主作为一种制度，自然是和社会政治生活密切相关的。但是，他指出，"我们不可把民主等同于多数人统治"，当然更不能等同于少数人包打天下，多数人集体失声的伪"多数统治"。在他看来，"民主有着必须满足的复杂要求，其中当然包括投票选举和尊重选举结果，但同时也应该保障独立自主和个人自由，尊重法律赋予的权利，容许自由讨论，撤销针对新闻传播和公正评论的政府检查。如果不同的政治派别不能得到充分的机会以表达各自的立场，或者选民不能享有获得消息以及考虑竞选领袖观点的自由，选举即使举行了，也不免存在重大缺陷。民主是一种需要满足多种要求的制度，而不仅仅是在隔绝状态下运作的机械性规定（如多数人统治）"。森认为民主政治的优越性至少表现在三个方面：第一，人民获得了行使公民权和参政权的保障，它们是作为社会存在的所有个体为寻求良好生活所必需的固有权利。第二，在效用上，它能够促使政府倾听人民的声音，注意他们的政治要求。第三，民主的实施，使公民获得了彼此沟通和互相理解的机会，从而有助于社会形成其价值观念，确定其不同时期所应优先处理的不同问题。这三个方面分别体现了民主内在性的、工具性的和建设性的价值。森的观点很容易使我们想起他伟大的先人释迦牟尼。释迦牟尼，以及印度最受尊崇的主神之一湿婆，在他们的形象中，都曾摆出两种著名的手势，按照传统的佛教称谓，一为"与愿式"，一为"施无畏式"。"与愿"意味着给予人凭意愿自由选择的权利，"施无畏"意味着给予人摆脱恐惧，享受安定生活的权利。毫无疑问，在印度人眼中，这应享的一切都是天赋的。显然，在森这位印度人看来，现代民主制度的设计，正好能为这样的人类天赋权利的实现提供保障。

种种原因使得阿马蒂亚·森坚定地认为，民主具有普世价值，应为人类社会的任何成员所天生享有。1997年夏天，一家日本大报问他：在20世纪发生的大事之中，哪一桩最重要？他后来写道："过去的一百年间的确不乏重大事件。但是比较之下，在20世纪出现的种种伟大成就中，我还是毫无困难地选择了最了不起的一桩：民主的兴起。这并不意味着我想否认其他事情的重要性。不过，我坚持认为，在遥远的未来，当人们返观这一世纪都发生了什么事情的时候，他们定会发现，不把头把交椅交给民主制度兴起并成为最受欢迎的统治方式这件事，是不可能的。”任何人，只要他对20世纪的大势稍有认识，都会承认森的选择是正确的。在这一百年内，尽管经历了两次世界大战和不亚于战争的其他灾难，人类之中还是有相当大的一部分，在艰难而又曲折的跋涉后，走上了人人有口讲话，不劳权势包揽的民主发展道路。这在欧洲、亚洲、非洲、美洲，都有成功的例子。不能不说，这是人类解放自身的伟大成就，而其他任何科学技术的发达与巨大财富的积累，都无法与之相提并论。

“发端于欧洲和美国的民主拥有越来越多的信奉者，而不是越来越少。它不断传播，作为制度，已经扩展到世上最远的各个角落，而那里的人们，也无不衷心接受，自愿参与，”森说。然而，揆之20世纪的经验，尽管民主已在兴起发展，并为绝大多数人类所认同，却不意味着它能够畅行无阻，不受抵制。森显然十分清醒地看到了这一点。他看出，那些反对民主，否认它的普世价值的人，经常拿来当作借口的，倒不是国民缺乏要求——因为这不合事实。他们百般推诿，借以搪塞的最后理由，几乎总是国情不同，不可强求。所谓国情不同，又常托词民穷，说穷人向来只关心面包，不关心民主。森对于这种已成老生常谈的借口给予了有力的驳斥，指出它至少在两点上，分明荒谬不经。第一，民主的保护作用恰恰对于穷人特别重要。这在前面有关饥荒的例子中已能看到。没有民主制度，他们之中有很多人就会死亡。在金融危机时期，从经济阶梯上跌落下来的，也总是赤贫阶层。任何巨大灾难发生，其后果绝不是由社会全体成员平均分担的。通过转嫁，它们几乎总是全部落到了最贫穷、最无助的那一个群体身上。正是这些有着经济需求的人，最需要，也最渴望在政治上发出声音，以摆脱动辄辗转沟壑的命运。第二，没有任何证据表明，在可以选择的情况下，穷人会拒绝民主。实际上，穷人不关心民主的话，完全是从统治者及其依附者口中说出的，他们早已捂住了穷人的嘴巴。他们意图用生存之权充抵民主之权。而事实是，抱持此论不肯放松的统治者，很少有谁真心实意，为其底层民众提供过最起码的，合乎人道的生存权。阿马蒂亚·森熟悉印度的历史经验。他指出，这一经验完全否定了穷人不关心民主的说法：“印度的选民可算是世界上最穷的穷人之一，但是，如果一边是基本的自由和权利被否定，一边是经济利益受损失，两相权衡，他们一定会选择抗议前者，而放弃抱怨后者。”针对国情论者的观点，森的态度坚定而明确：“民主绝不是奢侈品，非得等到普遍富裕了才需要它！”到了现代，到了今天，地不分东西南北，人无谓男女老幼，民主已是生民生而必备之物，它已如空气和水一样，为任何个人所不可缺，为任何权势所不可夺。

三、印度人的论争传统——几个先例

《惯于争鸣的印度人》是阿马蒂亚·森的一部论文集，讨论的问题广泛涉及印度的社会、文化、历史、哲学、宗教、政治、教育、文学等很多方面。这部书的专业性虽然不那么强，但仍旧不乏作者撰写学术著作所一贯具有的文雅之风和雄辩之气。全书分作四编，各有四篇文章，书名所用的，便是第一编第一篇的篇名。如此冠题书名，显然表明森对于印度人"争鸣"传统的重视非同一般。而这种重视，当然自有缘由：在他看来，争鸣的存在，固为民主政治的特征之一；若问源流，则争鸣也是民主政治的滥觞。依照印度人的经验，他为我们展示出这样的社会发展逻辑：争鸣——宽容——民主政治。

如前所述，阿马蒂亚·森深切关注民主问题。《惯于争鸣的印度人》这篇文章，可以看作是长文《作为普世价值的民主》中有关印度部分的延展，内容自然也大为丰富。他在文中提到的史实，以及他所提出的观点，都值得我们认真思索。森将印度人喜好并且长于辩论的传统追溯到公元前8世纪开始的奥义书时代，乃至更早的吠陀时代。诸奥义书可称婆罗门教的哲学性论著。它们讨论祭祀仪式、物质、灵魂和人生奥秘等问题，意在寻求终极真理以及可以使人获得解脱的知识，实际上是对于当时婆罗门祭司擅权腐化，祭仪繁缛现状的反动。此后思考之风转盛，沙门思潮兴起。沙门是当时出现的自由思想家的统称，他们的观点多与占统治地位的婆罗门思想相对立。公元前7–前4世纪的印度，是一个列国纷争，攻伐不休的时代，思想上和宗教上也是异说蜂出，宗派林立，争鸣激烈。丧失人心的正统婆罗门教陷于危机，佛教和耆那教等顺应时代的需要，以各种革新面貌出现于历史舞台。森有一个观点，即"对于宗教正统观念的挑战往往来自社会弱势群体的代言人"。佛教，举例来说，就是这样的"代言人"。它由于摒弃种姓制度而代表了众多较低种姓的利益，从而吸引了他们，壮大了自己。释迦牟尼的说教带来了佛教的成功和思想的解放。

然而，森的理论要点，尚不在论辩的成功，而在体现于论辩之中的宽容，乃至不同观点之间的理解、体谅和尊重。他提出印度历史上四个赫赫有名的伟大人物——阿育王、阿克巴、泰戈尔和甘地，以他们为例，指出在这个国家中，自由表达与充分宽容的精神源远流长而又深入人心，并对近现代的印度政治，产生了正面的影响。

阿育王（公元前272年–前242年在位）是孔雀王朝的第三位国君，曾经建立起古代印度最大的帝国，版图几近南亚次大陆的全部。《阿育王经》等数部汉译佛典中载有大量关于他的生动故事。他是通过激烈的争权之战弑兄而得王位的，后又于公元前260（262?）年发动了残酷的征服羯陵伽国的战争，造成了数十万人伤亡。巨大的灾难带给他沉重的精神负担，终于使他幡然悔悟，决定改行和平国策，宣扬“正法”。“正法”以少行不义，多做善事，慈悲、慷慨、真诚、纯洁为要旨，集中体现了当时优良的宗教道德。执政中期，他皈依了佛教。不过，他并未固守一己的信仰之私，而是以国事为重，倾全力消弭当时已经发展得十分严重的教派冲突，并以诏书的形式提出要求：①宣传构成一切宗教本质的共同东西，作为大家的对话语言与调和基础。②通过克制对别派宗教的批评并进而学会互相尊重，培养各教派之间的团结意识。③召开宗教会议，使不同宗派的代表人物经常会面，通过教义上的争论和切磋，缩小他们的距离，消除彼此的对立。④提倡学习异己派别的经典，使自己成为多知多闻的人，以利于摆脱狭隘的宗派观念。阿育王自己亦身体力行，广泛会见不同派别的宗教领袖，并向他们布施。他甚至为被佛教斥作“邪命外道”的正命派开凿洞窟，供其使用。他的正法政策为经历了数百年动荡的印度社会带来了三十年和平，阶级矛盾和宗教矛盾明显减少，百姓得以休养生息，生活在稳定中有所提高。阿育王具有明确的宗教信仰，但是他却以世俗君主自期。森所赞赏的，正是他这一点。他特别提出阿育王鼓励不同宗派的人公开表达自己观点的做法，认为这种宽容的开明政策正是印度政治家民主意识的表现。历史事实证明，正法政策的实施，的确给阿育王时代的人民带来了安定和幸福。

阿克巴（1556–1605年在位）是莫卧儿王朝的第三代君主。该王朝在他的统治下趋于鼎盛。若论文治武功，自13世纪初德里苏丹国建立，至19世纪中叶莫卧儿王朝彻底覆亡，六百余年，穆斯林统治者中能出其右的，没有一人。他的成功在很大程度上是他实行开明政策的结果。他主动放弃了个人信仰的偏见，诚恳邀请各派宗教学者到他的宫廷上来，倾听他们的说教。他还常将不同教派的领袖人物召集在一起，辩论和研究各种宗教和社会问题，以辨明同异，消除误解，进而摆脱宗教矛盾，求得社会生活的和谐。无论伊斯兰教、印度教，还是佛教、耆那教、祆教或基督教，乃至无神论者，他都一视同仁。作为具体措施，他废除了非穆斯林的人头税和香客税，允许各宗教建立寺院，自由传教，对于被迫改宗伊斯兰教的人亦听任其恢复原来信仰，不加干涉。政府的职位向一切人开放，不问所宗。每遇重大的非伊斯兰教节日，皇宫也和民间一样，举行隆重的庆典。1579年6月22日，阿克巴宣布自己拥有对伊斯兰教所有问题的最高裁决权，进一步集帝王与教宗于一身。1582年，他创立了一个新的组织，名为“圣教”。它是一种具有泛神色彩的一神教，力图冶印度当时的所有信仰于一炉。他的这一尝试终因信众寥寥而失败，但是他内容广泛的宗教宽容政策还是取得了巨大的成功，从而给印度社会带来了普遍的和谐与繁荣。

在阿育王和阿克巴的时代，显然，宗教宽容在很大程度上就意味着政治宽容。事实上，在印度历代统治者中，允许不同宗教发出声音，对于它们的宗教活动采取宽和态度的并不乏人。笈多王朝的三摩答剌·笈多、7世纪北印度的戒日王、14–15世纪的毗阇耶那伽罗王朝诸王等，都曾以善待异教信徒而著称。重要的是，他们的态度是名副其实的宽容，从不以效忠本朝本教为异教存在的前提，把它们变成自己的附庸。

泰戈尔和圣雄甘地同为举世景仰的近代印度杰出人物。他们一为文学巨匠，一为政治伟人，又都是见解独到的思想家。不过，森在这里，在他的《泰戈尔与他的世界》一文中提出讨论的，不是他们的共性，而是他们的差异。出身、教育，以及献身事业的不同，使他们在思想理念上存在着深刻的分歧。比如，对于甘地在民族解放运动中提倡的手纺手织，泰戈尔不仅不赞一词，而且苛评有加。甘地相信它意味着印度的自我实现，也有助于推倒贫富之间的藩篱，达到民族团结的目的。泰戈尔则认为纺车在经济上没有意义，在促使人们思考上，也无帮助。甘地后来喜欢独身生活，泰戈尔则相对率性。甘地相信偶像在启发民智上有其效用，泰戈尔则认为人民任何时候都不应被当作孺子来对待。在认识论上，泰戈尔相信事物真伪的裁定，必以观察结果为根据，因而偏重理性，而甘地则有时会倾向于某种宗教性的臆断，似乎并不排除天人感应的存在。对于民族主义、殖民主义、爱国主义、经济与社会发展等问题，他们也各有看法，且直率发表。然而，泰戈尔虽然对甘地的观点多有批评，无所忌讳，但是对于他的品格却极为钦佩。他从未从个人角度批评过甘地，相反，对于他为祖国所做的一切，却一向不吝赞辞。他们之间难免会有误解。对此他们未必不知，但这却绝不妨碍他们彼此直言，亦不担心直言会带来伤害，从而危及他们的友谊。分歧和对立，无伤于敬慕和尊崇。我们从他们的友谊中看到了什么是伟大情怀。这样的情怀，在森看来，正好反映了印度源远流长的发言、论辩、存异、宽容这一传统的优点。

印度人喜好争鸣，意味着论辩环境的存在。这种环境的特点，就是宽容和忍让，或者更准确地说，是强势宗教对于异己教派的宽容和忍让。以强凌弱，非不能也，不为也。如此形成的，必是多元社会。多元社会存在的长远意义，即在保证了通向近现代世俗主义政体的道路可以畅通。如前所述，对于强势正统观念的挑战，往往来自弱势无权的群体。允许他们表达诉求，乃是民主政治得以建立的基础。印度今天奉行的世俗主义的现代民主体制，就是这样建立起来的。这是森的逻辑。这也是印度社会发展实际走过的道路。对于印度当前存在的弊端，阿马蒂亚·森在批评时毫不容情，但是谈到自己祖国的民主制度，他却颇为自豪："政党在赢得选举之后执政，在输掉选举之后走人。媒体一直大体自由，新闻界一直持续报道、审视并抗议。公民权利一直被认真对待，法院在追究违法行为方面一直相当积极。军队一直安稳地驻扎在兵营之内。"(《与命运之神的幽会》)这里他所说的，正是民主制度的要件。凡是宣称已经实现民主的，都须一一检点。缺一不办，即是欺诳。

"民主制度是与公众议事和互动说理密切相关的。""民主就是让公众讲道理。"(《惯于争鸣的印度人》)"沉默是社会公正的强大敌人。"(《不平等、不稳定与不平之鸣》)"政治——与教会相对——意义上的世俗主义，要求国家与任何特定宗教团体分离。"(《世俗主义与不满因素》)这些就是森通过他的文章传达给我们的思考结果。结果简单，但不乏启示，只要我们认真想想，终究能学到不少道理。

四、"穷人的经济学家"

阿马蒂亚·森所以受到人们的由衷敬仰，还在于他享有另一个传遍世界的称呼："穷人的经济学家"。有了这个称呼，倒好像经济学家站起队来，有了穷富归属。果有其事吗？试看中国经济学界占据要津的名家都在做些什么：有主张福利制度和最低工资规定纯属多余的；有主张血汗工场能提供就业机会，有利于社会稳定的；有主张改革中损失最大的是领导干部，故应重点补偿的；有主张黑窑存在是社会主义初级阶段的必然现象，社会发展必得有人（当然包括被骗农民、童工、智障者）付出代价（当然包括血和生命），故有促进社会发展之功的。这些人，倘予归类，恐怕的确非"富人的经济学家"莫属。所有他们的说法，无一不以无情的经济有其自身规律为立论基础，要求将客观分析与情感表达划分开来。这个说法，我们一直相信。但是，自有阿马蒂亚·森出来说话，我们才知道，事情原非如此。他所研究的福利经济学致力于把道德评价标准应用于经济制度，主张经济学与伦理学相结合，发挥经世济民的作用。在他那里，经济学并不是冷冰冰的"铁则"，而是可以有人文关怀的。他认为，恰恰是现代经济学狭隘地理解了亚当·斯密关于人类行为由"一只看不见的手"主宰的话，致使伦理学的重要性被大大淡化，进而导致了自身理论上的缺陷。因此，"经济学的贫困化主要是由经济学与伦理学互相脱离造成的"。他呼吁"关注真实的人"。作为最基本的社会评价标准，"森将自由摆在了极端重要的地位上"(《理性与自由》中译本前言)。从福利的角度出发，对于一个合理制度提出的起码要求是：个人选择的最大自由、公平的收入分配，以及每个人都能达到最适宜的生活水平。只要注重了人，他相信，"甚至极其贫穷的国家也能够提高其最贫苦人民的福利"。实际上，将发展视为目的并无意义；"经济发展就其本质而论，在于自由的增进"(1972年诺贝尔经济学奖获得者肯尼思·阿罗有关森的理论介绍)。

作为普通人，门外汉，经济学的深奥理论我们无法弄懂。不过，有个实事我们清楚：我们不研究经济学，但经济学研究我们。于是，我们便很想明白掌握这门理论的学问家是怎样看待我们的，进而把我们的权益置于何处。自从知道了阿马蒂亚·森和他所代表的有良知的经济学家，便更想回过头来，仔细看看这厢的情形。结果如前所述，而约略看清的也只有两点。其一，经济学倾向不同，往往南辕北辙：有向善的经济学，也有附势的经济学；有独立的经济学，也有定做的经济学；有俯恤民瘼的经济学，也有仰承鼻息的经济学。正邪美丑，毕现于其公开言论之中。其二，本地经济学家，那些长袖善舞以入主流，故能立于不败之地的，颇有人于媚权圈钱之余，力主继续视平民如土芥，否则为富不仁者游狎无度，朱门客散后，无人埋单。

情形如此，我们再把目光投向阿马蒂亚·森，这才更深地体会到，为什么有中国学者称他"最亲切的经济学家"。我们也想起了瑞典皇家科学院1998年诺贝尔经济学奖公告中的言词："阿马蒂亚·森就福利经济学中若干基本问题做出了一系列关键性的贡献。通过对于经济学和哲学手段的综合运用，他把伦理因素重新纳入了至关重要的经济学问题讨论之中。"于是我们知道了我们在哪里滞后，如果仅属滞后，而非其他的话：在某些"主流"那里，只有不加掩饰的权力金钱，而没有合乎人性的伦理道德。

森的经济学是切于实用的，世界上很多政府和国际组织都在处理粮食危机等问题上接受了他的理论。他的理论可以使一个社会中“最大多数人的福利得到最大限度的提高”，因此对于中国来说，它的借鉴意义同样值得重视。

前联合国秘书长科菲·安南在谈到森的《以自由看待发展》一书时，曾经对他做过如下评价：“世界上的穷人和被剥夺者，在经济学家之中不可能找到比阿马蒂亚·森更旗帜鲜明也更有见地的斗士。通过表明我们的生活质量不应以我们的财富而应以我们的自由为标准来衡量，他的著述已使发展理论及实践发生了革命性剧变。”这个评价无疑十分中肯。森的著作和学术思想被源源不断地介绍到中国来，说明他的价值已经被中国的有识之士认识到。

《惯于争鸣的印度人》是一本为基本了解印度，而又希望深入认识它的读者准备的书。由于作者融贯印欧，积学深厚，而写作风格又异常严谨，遣言务求精当，立论必使有征，所以它也是一部内容丰富的学术著作。译者刘建先生于印度历史、文化、社会、文学等研究领域浸淫经年，著述颇丰且卓有识见。此外，他精通英语，长于译事，曾有多种哲学、经济、文学等方面的译作问世，著笔每求雅驯，从不以朴示人。此书沿袭了他的一贯译风，译文考究，不辱原作。

阿马蒂亚·森是一个充满情趣的人。问及他怎样消闲，他说：“多览群书，乐与人辩。”那么，就让我们听听这位好辩的印度人是如何议论他那好辩的印度同胞的吧。

原载《惯于争鸣的印度人》，上海三联书店，2007年

《社会科学论坛（学术评论卷）》2008年第1期转载

《剑与镰》后记

M. R. 安纳德的《剑与镰》终于付梓，至此，作者的“拉卢三部曲”在中国总算出齐。汉译《剑与镰》脱稿于1985年，到今天已逾寒暑二十，译者王槐挺先生没有等及出版，先此而去了，那是2007年9月。槐挺先生长我十岁有余，虽与我凡事无不推心置腹几三十年，常所谓谊兼师友，而我则于心于礼，一向以师事之。值此漫长的三部曲工程终告完竣之际，我想就我所知，谈谈作者、作品，以及译者槐挺先生的译作和他的翻译事业，算是迟到的纪念吧。

印度作家安纳德用英语写作。他与拉贾·拉奥（1908–2006）、R. K. 纳拉扬（1906–2001）同称印度英语小说的“奠基之父”。他们的作品对于印度英语文学的成长和发展产生了长期而又广泛的影响，而其中发表重要作品最早的，则是安纳德。因此，研究印度英语小说史，不妨视他为起点；更有他的推崇者称，20世纪30年代到80年代，就是“从安纳德时代发展到安纳德时代”。

安纳德出身于高等的刹帝利种姓，但是他的眼光却始终关注着印度穷苦人民的处境。他的作品以描写20世纪上半叶印度社会底层民众的生活为主，其主人公多为贱民和苦力，他们地位低下，备受歧视，缺乏生计，生活困苦。他认为印度文明自古以来就以人道主义为最大特点，作家的首要任务，即在弘扬这种传统主张，积极鼓吹，使之遍及人间。因此，他的小说始终对社会中最为贫穷、肮脏、潦倒、无助的人群寄予深切的同情，通过揭示他们的痛苦和不幸，抨击社会不公，呼喊人类正义。安纳德早年曾经生活在仆役、鞋匠、清道夫、洗衣工的孩子中间，十分了解他们艰难而屈辱的家庭境遇，这就使得他日后能够在描写他们的生存状况时得心应手。由于作品贴近大众，安纳德一直是印度国内最受欢迎的作家之一。他的著作曾于1972年获得印度文学院奖。1998年，英国文化委员会将他的小说《黑水洋彼岸》改编为剧本上演，以纪念第一次世界大战结束80周年。一般认为，在沟通印度文学和世界文学上，安纳德功不可没。

他的第一部小说《不可接触者》(1935年)讲述的是贱民少年巴卡一天的生活。他的工作是为富人和有权势的人打扫垃圾，清除粪便。贱民备受轻蔑、践踏和凌辱的处境集中体现在巴卡一天的生活之中。作为污浊的人，连他的影子都会玷污他人。为免殃及有种姓者，他必须不时发出声音，提醒人们回避，那情形与当初晋僧法显游印归来所记的笈多王朝情形一般无二："……名为恶人，与人别居，若入城市，则击木以自异，人则识而避之，不相唐突。"《不可接触者》出版后立即在国际上引起巨大反响。这首先得益于它的主题，即它是第一部以印度最下层人民为主人公的文学作品。

安纳德也是一位爱国者。1919年在阿姆利则上学的时候，他曾亲眼目睹英国殖民者屠杀手无寸铁印度民众的贾利安瓦拉惨案，遂奋起参加了圣雄甘地领导的不合作运动，后被捕入狱，惨遭鞭刑。1929年，安纳德在英国获得博士学位，返印后即前往阿默达巴德侍奉于甘地左右，同时做着清扫厕所等被视为污秽不洁，足以玷污种姓身份的工作，以体验贱民生活。为底层民众呼吁人权和为印度民族争取独立，是安纳德文学创作的重要主题，且往往在同一作品中互相交织。

在继续出版《苦力》和《两叶一芽》两部反映底层生活的小说之后，安纳德为世界贡献出他著名的三部曲:《村庄》、《黑水洋彼岸》和《剑与镰》。作品通过旁遮普青年农民拉卢的生活经历，用广阔的生活画卷，反映了第一次世界大战前后印度北方农民的生活状况，以及他们的觉醒和斗争。关于这三部小说，槐挺先生在各译本的"前记"中皆有详细的介绍和深入的分析，不待我来赘言。我在这里只是想报告一下小说在中国曲折的命途。《村庄》和《黑水洋彼岸》译成后，很快即于1983年和1985年由上海译文出版社出版。但是,《剑与镰》虽然交稿不迟(1985年)，却在出版上遇到了困难。这无疑与当时的大气候有关，即东方文学的译介遭到冷落。译文社热情的责任编辑高宗文先生当年的书信我见到过，其遗憾与无奈之情，溢于言表。槐挺先生也尽了最大的努力，他甚至想动用自己养老看病的积蓄以为贴补。事情讨论到1995年，终于计穷搁浅。出版问题再次提起，已是槐挺先生去世以后。2007年9月中旬，中国社会科学院亚太研究所副所长韩锋等到槐挺先生家慰问，负责退休职工工作的高慧女士主动提出，愿为先生遗译申请社科院出版补贴做出努力。副所长孙士海先生闻后，作为印度问题研究权威，对此亦鼎力支持。2008年夏，申请获得批准，《剑与镰》的出版破例由出版基金支付全部费用。受槐挺先生的夫人周产娣女士的委托，我在这里代她对关心出版工作的韩锋先生和高慧女士，以及积极推动此事的社科院老干部局，表示衷心的感谢。

“拉卢三部曲”是槐挺先生最重要的译作之一。作为严谨的翻译家，他自1982年起即与作者安纳德通信，讨论疑难问题。1986年，槐挺先生赴印，专诚拜访了安纳德先生。安纳德先生以上宾待之，对他将自己的作品介绍到中国深表谢忱。按照后者的安排，两人分别在新德里安纳德宅、槐挺先生下榻的印度国际中心、新德里郊区安氏旧居、安氏孟买住宅、安氏在坎达拉的草屋做了长短不一的会晤和谈话，其中两次长谈还做了录音记录。谈话广泛涉及种姓、妇女、农民、甘地和印度独立运动、中印文学以及世界政治等。安纳德特别详细介绍了自己的生平和工作、三部曲写作的背景、过程、意图，以及其他相关情况。他还在孟买将自己的全部14部小说赠给了中国朋友。1992年9月，安纳德应中国政府文化部邀请，到北京访问。12日，他与私人秘书多尔莉·萨希尔女士到槐挺先生家看望。老友见面，分外高兴。安纳德再次表示，无论过去或将来，他都不会因自己著作在中国的出版索取版权费，为此他可以随时开具证明。印度作家和他的中国译者的亲密友谊，为我们展示出一段值得纪念的文学佳话。

槐挺先生是成就卓著的翻译家。他的翻译不仅数量巨大，而且门类繁多，举凡政治、经济、哲学、文化、艺术、传记，皆在其列，而尤以文学翻译最擅胜场。为表彰他在翻译方面的杰出贡献，2002年10月中国翻译工作者协会授予他“资深翻译家”称号。

在具体的工作实践中，槐挺先生笃守以信为本的翻译原则。这里的信，既包括原作思想意趣的忠实传达，也包括原作风格韵致的谨慎追摹，孜孜以求的形神俱似，或即钱锺书先生所说的译学“化境”。即以“拉卢三部曲”为例，他的译文不仅准确复述了原作故事，而且客观反映了原作真淳朴实，不尚藻饰的语言风格。安纳德作品翻译的难点之一，在于作者使用了很多由印地、旁遮普、乌尔都等地方语派生而来的词语和表达方式，以生动反映印度不同民族、阶层、身份和职业人物的真实性格，将读者带入典型的印度社会环境。此固为远古印度文学传统的赓续——公元四世纪大戏剧家迦梨陀娑即已按人物身份设计语言，但由此带来的翻译难度则可想而知。每遇此类难题，槐挺先生除运用他对于印度文化的了解苦心推敲以外，亦常常不避繁难，向各有关的语言专家请教，甚至直接拜访印度和巴基斯坦朋友，必待通解无碍而后心安。槐挺先生译作经营的认真刻意由此可见，而原作的风致也由此而获得了尽可能完满的传达。

槐挺先生的翻译成就也表现在他的汉英翻译上。其实，在20世纪90年代及那以后的数年之中，汉英翻译乃是他的主要工作。与此同时，他又腾出大量工夫帮助朋友做嫁，而虽昧平生，却辗转循迹，慕名而来的，亦不乏人。他们或携论文，或带讲稿，槐挺先生则总是放下手头事务，殷勤接待，急其所急。求者踵至，意味着人们对于他卓越翻译能力的信赖。不过，真正反映他的翻译水平的，还是内容艰深的译作，比如张岱年先生的哲学论著。中国哲学雅邃奥邈，倘无相应修养，已自悟解无门，拿来翻译，更是谈何容易。东西方文化的差异在哲学上表现得异常突出，否则严复不会有“词理本深，难于共喻”之叹。每遇此类译事，槐挺先生总会阅读众多的相关资料，斟酌再三，方才下笔；至于理趣悬隔，难于譬解之处，则往往与作者反复函商，乃至就教于国外学者，以期正滞旁通，曲传要义。

《剑与镰》译稿积压经年，终于面世，“拉卢三部曲”遂得以完整面目出见读者。我相信，这对于未能亲睹其事的作家安纳德和译者王槐挺先生来说，应该是最好的慰藉和礼敬了；而对中印文化交流而言，同样也是盛举。今借该书出版之机，谨以如上文字，附于槐挺先生遗译之后，既为纪事，亦以托怀。

2009年5月

原载于《剑与镰》，中国社会科学出版社，2011年4月

琐忆与断想

——我心目中的任继愈先生

任先生的女公子任远教授是我的老同学。她每年两次从加拿大回来省亲，我们如果一时不能见面，通个电话互致问候总是不可免的。今年有些不同。6月以来，打电话对我来说，成了发怵的事。我知道任先生此次住院前病情已经很重，且发展很快。由于心中忐忑，不仅电话，连上“百度”也不敢求问任先生的情况。7月2日的一则新闻使我的心一下抽紧，虽然事后证明是谎报，但我的心却再也没有放松。时间就这样过着，到7月11日早上10点，我拿起给任远学长的电话，此时有事必须报告的已经是我。我先问任先生的情况，她回答说：“今天早上四点半。”我说了几句徒具形式的安慰话——失去亲人的人难道是安慰得了的吗，然后告诉她：“季先生也是今天。”她似乎一下子没有反应过来，但很快就明白了。我补充了一句：“早上九点。”那是当时得到的并不准确的时间。前面我说“老同学”，是因为她是季先生的学生；我也是，晚一年。我一日而失二师，而她，则失去的比我更多得多。

第一次见任先生，是前去呈送我的硕士毕业论文，时间在1982年秋。请任先生主持我的论文答辩，是当时我所在的南亚研究所决定的；或者就是季先生自己的决定，也未可知。套用东汉以来的说法，在主考官任先生面前，我从此就算是门生了。我的论文讨论的是晋僧竺法护的翻译风格，方法是利用初学的梵文就《正法华经》做了三章梵汉校勘，就中摘出几十个句子，据以提出我的粗浅想法。答辩会在北大外文楼会议室举行。会上任先生提出的问题是关于佛教理论方面的。我佛教知识很浅，未能很好回答。但论文的通过并未因此而受到影响。我想任先生知道我出道晚，对我的态度还是以鼓励为主。

我始终没有礼节性地拜访过任先生，所以见先生面只有三种机会：开会、到任府拜望任远学长、任先生找我有事。任先生要我做的事通常不太复杂，就中我想举一远一近举两个例子。

一个是要我去社科院世界宗教研究所教梵文，时间在1986年夏末。那是一个已经办了几个月的业余班。我的“前任”是该所的马鹏云先生。他要到比利时访问，于是任先生便指定我来替班。虽说是业余兼初级，我毕竟不敢掉以轻心，于是何谓“教学相长”，我也就体会到了。很可能，通过教学，我的收获更大，比学生。不过，学生也是幸运的，因为到年底，即12月末，我所在的南亚东南亚研究所派我往英国进修，教课的就改为郭良鋆老师了。郭老师梵、巴俱娴，功底扎实，又曾于20世纪80年代中期在北大执掌教席，经验丰富，教学效果自然比我就好多了。

另一件事任先生交给我的，是以较为特殊的形式，参与《中华大藏经·续编》的编纂工作。2008年元旦刚过，1月2日清晨，任先生打电话给我，要我前去见他。下午4时我如约前往，发现先生身体很好，除略有耳背，需要我提高一点嗓音外，并无生病迹象。他向我简单介绍了《中华大藏经·续编》编纂工作启动后的情况，着重说明国内已经译介的外道典籍也在收载之列。佛教大藏经收纳外道典籍的做法古已有之，此次续藏也准备援例行事。任先生认为，所用典籍必须是直接译自梵文或巴利文原典的，因此找我来了解已经出版的译籍情况，并讨论必要的取舍原则。任先生问我能收的有多少，我就自己当时记忆所及做了汇报。至于收载原则，任先生认为只能取用宗教意味浓厚，富有宗教理念和宗教哲学的那些。准此，同为印度古代史诗，《罗摩衍那》因为文学性强考虑放弃，而《摩诃婆罗多》则以宗教特征明显而可收入。当月22日晨10时，部分在京的梵文学者应任先生要求，到他的国家图书馆办公室开会，再次讨论译本入藏问题，主要就版本情况，电子版获得，版权问题等进行了讨论。由于北京大学有老师翻译了梵文医学典籍，收不收，需要考虑。当时没有结果。两天以后，24日，任先生给我打电话，说可以收；其他典籍，已经出版了片段译文的，只要内容适合要求，也可以收。再见任先生，已是7月5日续藏编委会的全体会上。当时任先生术后出院不久，但仍坚持与会。大家起立欢迎，场面令人感动。任先生苍白虚弱，讲话声低，但人人屏息恭听，我坐在最远处仍能听清。他居于会议室的一端，但似乎仍处在众星拱卫之中。此时我隐约感到，人群中是有灵魂人物的。今年2月23日，任先生再次召我到他的国图办公室谈话，内容仍旧是续藏收载新译梵典的事。此前我已就版权和电子版使用问题同所有能够找到的译者和出版单位取得联系，反应不一。任先生知道事情并不如预期顺利，遂将他的名片交给我十余张，以为我办事开路。这次见先生，我感觉他虽然走动照常，但健康状况与一年以前已大不同。去年的手术未能回天。这是我最后一次见任先生，尽管我离开时绝想不到这会是最后一次。

任先生的学术，我无力置评，虽然先生的《中国哲学史》四册我在大约三十年前读过，而且做了详细的笔记。尽管如此，对于先生的睿智和判断，我仍是一向敬服。这里我也想举一大一小两个例子。

前者是大家都知道的，即任先生近二十余年把大部精力放在了中国古典文献的整理和出版上。《中华大藏经》及其续编、《中华大典》等为其荦荦大者。为什么任先生会这样做？有报道称，“他坦言在二三十年内，中国不会出现真正的文化大家，但是三十年后，中国真正的文化勃兴时代将会到来”。因此，他选择了铺路和基础建设工作。依我理解，两个原因中，前者更为根本，即他并不认为当代，乃至可以看到的将来，会有足以超迈前人，启迪后世的文化巨人及其学术成就出现。他是站立在学术顶端的人。他的眼光和地位使他最有资格就当今学术做出评判。显然，以他的标准来衡量，现实就是如此。我相信，任先生用他的标准严苛地审视过所有人，包括他自己。然而，任先生是具有历史感和使命感的人。于是，他选择了在这个时代中对他，对社会来说最有意义，对未来也最有价值的工作。《中华大藏经》和《中华大典》这样的宏伟大业，自然不是通常意义的书斋里的学者所能完成的。这里需要足以领袖群伦者主其事。远大的眼光，非凡的魄力；百折不挠，坚持不懈的意志力；中军一呼，士无不起的感召力，以及八方宗仰的崇高威望和周密规划，统摄全局的驾驭能力，凡此种种，缺一则此事不办。有了任先生，这样的大事业便有的已经成功，有的正走在成功的道路上。有些命题是不能假设的。这里我们不能假设的，就是如果没有任先生出来主导，局面会是个什么样。

后者我指的是任先生在季羡林先生八十寿诞庆祝会上的讲话，时间为1991年8月，地点在北京大学。任先生讲话不长，开宗明义即称：季羡林先生是语言学家。他的外语好，是因为他的中文好。……他的这一观点给了我很深的印象，因为此前我也萌发过类似的想法，即一个人母语的水准在很大程度上影响着他外语的水准。自从听了任先生的讲话以后，我便坚信这个看法是正确的，再无犹豫。季羡林先生的汉语驾驭能力有目共睹，这一点仅仅从他情致幽远，文采焕然的散文创作就可看到，无待多论。至于他的外语，比如英语，读过或听过的人都知道，那是准确、优雅和学者型的，还不仅是地道。中文修养对于一个外语专门家的重要性，很多文章都谈论过，但几乎无一例外都是从翻译，特别是汉译角度来谈的。这自然应该。优秀的译作一定是由好的，体现了常所谓信达雅准则的中文来完成的，道理简单，且基本已成共识。但是，强调作为母语的中文对于一人外语程度具有重要意义的，除任先生外，我还没有见到第二人。任先生选择在一个庄严的场合郑重地讲论它，问题就不那么简单，就值得我们思考了。对此，我的理解是：世界上的语言虽然千差万别，但是比较起来，仍旧多有共性，尤其是在那些发展程度较高，而又在千百年的文化交流中互相发生过影响的语言之间。语言的为用，无非表达和领会，而语言能力的高低，则更以前者为标志。说到表达，也即运用，不同的语言之间，即使在若干看似颇具个性化的方面，比如内在的修辞炼句，申论描摹，乃至外在的节律色彩，情调神韵，同样也有一致的规律可循，虽然那些规律的把握，有时要借感悟。因此，优良的母语理解和驾驭能力，能够为一个人外语水准的提高，提供很大的空间。反之，在母语上缺乏认识和训练，也会制约一个人外语的学习和进步。所谓有人外语比中文还好的话，多为未察究里，虚诞不实之言。我以为，任先生的讲话，目的在于鼓励学习外语的人，希望他们注重母语的钻研、训练和提高。如果我们进一步相信母语的修养对于外语水平的提高既是一个推动因素，又是一个制约因素的话，那么，任先生的话对于那些立志学好外语的人来说，就更加重要了。

我直接受教于任先生的机会很少。我得益于先生的，多属于不言之教，来自间接的观察和体会。不过，我也不是没有追随左右，以求亲炙的机会，但是我放弃了。1986年，方广锠学兄曾向我传达任先生的意思，问我是不是愿意做他的佛教研究博士生。我经过考虑后，表示不行。原因有两个。一个是我在中国佛教方面所知甚少，底子太薄。另一个是我对于中国佛教的研究还说不上兴趣浓厚。我不能以凑合的态度去接近先生，而对于所学却缺乏应有的资格和真诚。任先生知道我的决定后，不以为忤，对我继续关怀如旧。去年春天，我写了一篇文章，就学界出现的人品文品问题，进行批评。任先生读后，特别请任重兄转告我他的鼓励，希望我多写这样的东西。但是，该文出言甚重，任先生亦担心我会惹怒某些人士，倘有意外，以我的愚钝，无计应付。为此，他曾数次以各种方式关照我。任远学长告诉我，他对我的关心，一直延续到他去世前。

像前面所说的那样，任先生去世，我是有思想准备的。但是，到了追悼会上，我竟不能自持，反要任远学长劝我“别难过”。诚然，我于先生心怀感戴，但这似乎不是使我如此的原因。我最后一次见先生，他以九十三岁高龄仍在“蹲办公室”。他执拗地在他的字典里不写“息肩”二字。在我的心目中，任先生永远是站立的，衣饰整饬，手执拐杖。我所掩面无法正视的，是他也会倒下。

原载于《我们心中的任继愈》，中华书局，2010年

季先生谈天

从夏到冬，季先生去世已有半年。时间确实有疗治之效，夏天的哀伤已经慢慢淡去。然而，时间毕竟不能抹去一切。在杂事纷扰的生活中，任何事情都会很快成为过去。可是，当契机来临，记忆打开的时候，似乎淡去的情事，仍会历历再现。这就是我此刻拿起笔来，想写一点纪念文字时候的情形。再次体会接到不幸消息时的愕然，竟是感受如初。现在，我想把记忆之门开得更大，让所有过往的时光都回来。这时候，主导着我的感受的，已是晴朗、温暖、充实和快乐。应该承认，我更乐于生活在这样的记忆中。事实正是，同季先生相处的日子里，快事居多。下面这篇简短的记述写于2008年8月。当时季先生的生日刚刚过去，将会给他带来新的愉悦的教师节就要到来，周围的人们，包括学生，都很高兴。

去看季先生，多是有事要办。正事办过，难免谈天。每谈必及文化、学术，是话题不变的特点，即使到了今天，到了将近百岁的时候，依然如故。举一个最近的例子。今年3月初，为了新版《蔗糖史》书名变更的事我去看他。谈过正事，照例“闲扯”，扯的内容，便有鲁迅论海、京两派文化的不同，刘文典的古文水平和他何以多讲恨、别两赋，吴可读的英文水准，李森科和斯大林时代的学术腐败，朝鲜金凤汉1962年“发现经络实体”的伪科学，以及对于某些当代学人的学术评价，题目遍及古今中外，而所论都不乏具体的引据和坦率的评骘。谈得较细的是他的论文《一张有关印度制糖法传入中国的敦煌残卷》。这是季先生最重要的论文之一，研究的残卷是20世纪初伯希和从敦煌带走的。这张卷子数十年辗转于众多中外学者之手，却由于其中存在关键概念无从破解，始终可观而不可玩。难以排除的主要障碍，在于不知文中的“煞割令”一词是何所指。季先生经过苦思后明确了它的意义，指出它是梵文śarkarā的汉文音译，而śarkarā之为物，乃是古代印度生产的高质糖品。症结由此化除，残卷的内容遂告通解无碍。在参考了印度和中国古代文献内多处对于造糖流程的具体描述，经过慎重考虑，季先生又补足了文中出现的脱漏，残卷的原文便全部语义贯通，意旨明了了。这里我要谈的，也是给我印象最深的，倒不在他解读残卷的学术意义本身——读通的事我已经知道，而在他对这件事的态度。他说，每当想及读懂残卷的事，他便十分快活，以至兴奋莫名，竟会“飘飘然起来”。我想，每一个人，当他经过艰苦的努力，获得了某种成功，尤其是达到了别人无法企及的成就时，都不免心怀喜悦，犹自得意。难得的是像季先生这样对自己的快乐毫不掩饰，反而向人公开地表达出来，不以“失身份”为虑。这样的性格，除非童心、率性，是无从解释的。季先生虽以非凡的成就赢得了崇高的声望，却从无骄人之意，故作之态，这才是世人徒然瞩望，而谁也学不来的人生境界。

在季先生最爱谈论的话题中，有一种是翻译。他根据自己翻译梵文史诗《罗摩衍那》的经验认为，原文是诗，便该用诗体文字来翻译。他在《学海泛槎》中曾经对于用散文译诗的做法颇不以为然，说：“我有一个主张：原文是诗体，译文也只能是诗体，否则就是对不起原作者。……我激烈反对有些人把原文的诗体译成散文，那不能称作翻译，只能说是‘释义’。”我曾经加入黄宝生先生主持的团队，参与了另一梵文史诗《摩诃婆罗多》的翻译。而我们的翻译，由于种种不得已的原因，采取了散文体译法。谈到这事，季先生问我所用何体，我据实以告。他自然还是坚持自己的主张。我解释了我们的理由，如原文太长、义理过多等等。他渐渐表示理解，或说容让。我也慢慢感到，他虽然属文决绝，情无可商，但对于后辈，对于自己的学生，还是宽容的。面对这样的宽容，我反倒觉得应该想想，他毕竟做到了以诗译诗，而他究竟是怎样坚持并实现了自己原则的，却正是具体的，需要我们认真研究的课题。

季先生喜谈文化、学术，往往从人物出发，渐及其学。胡适、陈寅恪、于道泉、朱光潜、郭沫若、岑仲勉，无不近在手边，随时可论，对于他们的造诣得失亦能从容臧否，不涂饰，也不讳言。应该说，多少人事、学问，季先生都可以应机道来，是同他广泛的知识、兴趣和他绝佳的记忆能力紧密相关的。例子很容易举。2003年除夕我去看他，为了给他送一些他喜欢的音乐。当播放《伏尔加船夫曲》时，他忽然提到夏里亚宾，说他30年代到过中国，去了哈尔滨、北京和上海。夏里亚宾是20世纪初蜚声世界的俄罗斯男低音歌唱家，对该曲的天才处理一直为人称道。他的技巧至今无人能匹。我翻制的版本中正好有夏氏的录音，这自然使他非常高兴。在谈到德国音乐时，季先生又立刻用德文提起Furtwängler（汉译富特文格勒）。富氏是20世纪30年代以后欧洲最负盛名的指挥大师，他曾经因为在希特勒时代留在德国继续指挥乐团演出而引起普遍的争议，但后来所谓与纳粹合作的问题获得澄清。两事虽小，但季先生兴趣的广泛和记忆力的可靠，却因此而能见一斑。夏、富两位主要活动在20世纪上半叶，一般说来，在中国知道他们的只有古典音乐发烧友。

然而，季先生的学术研究却绝不以先天的优势为倚仗。他所依靠的，一向是勤勉艰苦而又谨慎踏实的工作。这方面的例子同样俯拾即是，《糖史》（后更名《蔗糖史》）的写作可作典型。《糖史》为80万字巨构，从第一篇论文发表（1981年），到第二卷“国际编”出版（1998年），所用时间前后达17年。其中1993年和1994年更是完全用于在北大图书馆内查阅典籍，收集资料，除周日外，“风雨无阻，寒暑不辍”。他深信，为了在学术上开辟新的领域，“必须自找新材料，偷懒是万万不容许的”。（《学海泛槎·总结·糖史》）古今典籍中凡他认为可资利用的，务必千方百计找来读过，穷搜极讨，而后心安。至于方式，用他自己的话说，就是用“最原始，最笨拙，但又非此不可的办法：把想查阅的书，不管多厚多重，一页一页地，一行一行地搜索”。（《糖史·国内篇》第六章）经他翻检的图书，总计不下几十万页，每有所得，“便欣喜如获至宝”；而枯坐半日，沙里淘金，直看得书中的字在他“昏花的老眼”前跳起舞了，然后终无所获，则同样可能。每遇此时，便只好“嗒然拖着疲惫的双腿，走回家来”。若问季先生的学术道路，此番景象，就是写照。

季先生的思、写、甘、苦，无一不与学术相联系。即使谈天，也是一样。学术于他，就是生命。在天赋、机遇、勤奋中，他把生命交给了勤奋。事皆昭然，有机会侍学于侧者，敢无所悟！

2008年8月初稿
2010年1月修改

《季羡林文丛·图文珍藏版》序

过去几十年里，在中国最为杰出学人当中，如果说季羡林先生知名度最高，或不为过。然而，大多数人知道他，敬仰他，不是通过他的学术论著，而是通过他的散文、回忆和传记类文字，也是共知的事实。原因很简单，那就是，季先生的学问属于小众，且其中若干，又是名副其实的绝学，连小众之中也几乎无人能窥端绪。不过，先生终其一生都以学术研究为职志，探微发覆，从无倦时。他的具有永久意义的成就，无疑也在学术范围之内。因此，可以说，要想真正了解季先生，最好还是尽量接近他的学问，否则终究是雾中看花，难得真切。应该承认，接近他的学问本身是困难的。但是，倘若能够明白季先生的学问到底是怎样做成的，对于深入了解和认识他，却也不失为现实的门径。现在好了，摆在读者面前的这一套《季羡林文丛·图文珍藏版》就为我们提供了这样的门径。它用季先生自己的文字，讲述他的求学道路，追溯他的学术传承，概括他的研究范围，阐释他的治学方法。对于深入了解作为学者的季先生，进而认识他的学术，这套文丛会有很大帮助。

书成值得祝贺，编订者梁志刚和胡光利其功莫大。不料两位学兄却以我曾受学于季羡林先生为由，为之索序一篇，使我一时惶恐莫名。写序我没有资格，原不待言。然而梁、胡二位，一曾久仰，一为故交，执意固辞，拂其美意，毕竟非我所敢为。因此虽曾数萌退意，还是渐渐明白，除去应命，别无选择。实际上，对季先生的学问，我始终徘徊在门外，尽管有一窥堂庑之愿，但苦无学力支撑，到底难知究竟。这样，我能做的，便只有在学问之外，就他的治学态度中我所见到的，谈些感受了。

季先生的研究范围非常广泛，但他的爱好和倾向也很明显。在学问所谓义理、考据、辞章之中，季先生特重考据而不好义理。这是他明确表示了的。他认为哲学最能代表义理，曾说有一百个哲学家，就有一百种理论，言辞之间，颇有敬而远之之意。他“喜欢实打实，摸得着，看得见的东西”，而对于坐论玄谈，不感兴趣。他的这一倾向，或与他最佩服的老师陈寅恪有关。陈先生为学偏好考据而不喜玄学，对此俞大维先生在他纪念陈先生的讲演中，曾经多次提及。季先生的另一位老师汤用彤也是考据大师。只要读过他的《汉魏两晋南北朝佛教史》、《隋唐佛教史稿》等，都会有此印象。此外，季先生在德国的老师，如E.西克、E.瓦尔德施密特，也都是举世闻名的考据大家。所有这些大学问家，季先生皆感佩其人而服膺其学，自己则“一生小心翼翼地跟在他们后面行走”。

考据所务，在求实证。而在作为实证的材料中，季先生又以选择和利用语言材料最擅胜场。这无疑与他精晓多种东西古今语言，对语言现象特别敏感，因而也特别关注有关。他认为，语言材料能够为科学推论提供坚实可靠的基础，其有效性无可怀疑，只要运用恰当，在结论的判定上，常可收一锤定音之效。借助对于语言材料的辨析考证，季先生确定了纸和造纸技术从中国传入印度的途径和时间、蚕丝从中国传入印度的时间，以及唐代中国人向印度学习制糖技术的具体情况。至于季先生如何让不同语言的语词告诉我们上述结论，有兴趣的读者可以阅读他的《浮屠与佛》、《中国纸及造纸法传入印度的时间和地点问题》、《中国蚕丝输入印度问题的初步研究》和《蔗糖史》所附的论文《一张有关印度制糖法传入中国的敦煌残卷》等。后文所指的残卷曾在数十年间辗转于多位学者之手，但格于关键难词，始终无人读通。季先生冥思苦想后悟出卷中“煞割令”一词乃古代文献屡屡提及的西极石蜜——一种高品质糖——的梵字音译。症结遂告化除，残卷所述制糖流程的全部内容也便通解无碍。这份残卷的解读，是季先生利用语言知识解决学术问题的典型实例。

典据翔实，考订详赡，是季先生论著的明显特点。在季先生尊为恩师的学者中，胡适先生是十分重要的一位。他对于胡适无征不信，有一分证据说一分话的主张，无疑是完全接受的。而他自己，则似乎犹嫌不足，乃至不辞就三分证据求一分话说。季先生在搜求证据上所下的功夫有时是我们难以想象的。即以《蔗糖史》的撰写为例，该书前后断续用去了季先生17年，其中1993年和1994年更是完全用于在北大图书馆内查阅典籍，收集资料，除周日外，“风雨无阻，寒暑不辍”。他所使用的资料，除一切近人的有关论著以外，还有中国古代的正史、杂史、辞书、类书、科技书、农书、炼糖专著、本草和医书、包括僧传及音义在内的佛典、敦煌卷子、诗文集、方志、笔记、报纸、中外游记、地理著作、私人日记、各种杂著、外国药典、古代语文（梵文、巴利文、吐火罗文）以及英、德等西语文献。类别几乎无所不包，数量可称汗牛充栋。古今典籍中凡他认为可资利用的，务必千方百计找来读过，穷搜极讨，而后心安。经他翻检的图书，总计不下几十万页，每有所得，“便欣喜如获至宝”；而枯坐半日，终无所获，则同样可能。每遇此时，便只好“嗒然拖着疲惫的双腿，走回家来”。这就是季先生的研究方法和研究态度，以及他在研究过程中的情感历程。若问季先生的学术道路，此番景象，就是写照。

正因为掌握资料周备，准备工作充足，而论列遣词谋篇，亦已思考成熟，所以论著无论长短，一旦命笔，常能一气呵成。我读过他的《蔗糖史·国际篇》手稿。稿面极其整洁，40万字不见任何涂改痕迹，且逻辑、文字，均极畅达，可见写时已经成竹在胸，故才思泉涌，连绵不绝，一路演绎敷陈，得如行云流水。

季先生给我们留下了大量珍贵的学术遗产。他的学术活动对我们的启发也是多方面的。面对《吐火罗文〈弥勒会见记〉译释》和《蔗糖史》这样的不朽之作，仰望之余，浮现脑际的常常是汉武所谓“盖有非常之功，必待非常之人”。在我看来，季先生是非常的，在很多方面非常。而在这些非常之中，最为突出，对于我们最有启发意义的，是非常勤奋；或者还应加上超乎常人的毅力和献身精神。因此，读先生的论著，我们尽可以享受他淹雅流泻的文字，咀嚼文字揭示的道理，却切不可忘记那背后隐藏着的无限劳苦和艰辛。季先生的学问，虽然只有识者能够研究，但是他对待学问的态度，却是我们常人能够了解，可以学习的。季羡林先生天资卓异，且命途亦属平坦，不乏机遇，但他仍然毫不犹豫地把自己的事业交给了勤奋。唯勤苦坚韧者可得天酬，我想这就是季先生以他不倦的学术实践向我们启示的人生真理。

葛维钧

2015年6月

主要参考书目

A. L. 巴沙姆主编，闵光沛、陶笑虹、庄万友、周柏青等译，涂厚善校：《印度文化史》，北京：商务印书馆，1997年。

[印]阿马蒂亚·森著，刘建译：《惯于争鸣的印度人》，上海：上海三联书店，2007年。

保罗·蒂利希著，陈新权、王平译：《文化神学》，北京：工人出版社，1988年。

[英]查尔斯·埃利奥特著，李荣熙译：《印度教与佛教史纲》，北京：商务印书馆，1982年。

陈寅恪：《寒柳堂集》，上海：上海古籍出版社，1980年。

陈寅恪：《金明馆丛稿初编》，上海：上海古籍出版社，1980年。

陈寅恪：《金明馆丛稿二编》，上海：上海古籍出版社，1980年。

程毅中：《宋元小说研究》，南京：江苏古籍出版社，1998年。

崔连仲：《从佛陀到阿育王》，沈阳：辽宁大学出版社，1991年。

[印]恩·克·辛哈、阿·克·班纳吉著，张若达、冯金辛等译：《印度通史》，北京：商务印书馆，1963年。

[德]恩斯特·卡西尔著，甘阳译：《人论》，上海：上海译文出版社，1985年。

高楠顺次郎等辑：《大正新修大藏经》，东京：大正一切经刊行会，1934年。

耿引曾：《汉文南亚史料学》，北京：北京大学出版社，1990年。

郭良鋆、黄宝生译：《佛本生故事选》，北京：人民文学出版社，1985年。

郭良鋆译：《经集》，北京：中国社会科学出版社，1990年。

何新等译：《美国历史协会主席演说集1949—1960》，北京：商务印书馆，1964年。

[英]赫胥黎著，严复译:《天演论》，北京：科学出版社，1971年。

[德]黑格尔著，王造时译:《历史哲学》，北京：三联书店，1956年。

胡适:《中国章回小说考证》，合肥：安徽教育出版社，1999年。

黄宝生:《梵语文学读本》，北京：中国社会科学出版社，2010年。

黄心川:《印度哲学史》，北京：商务印书馆，1989年。

慧皎撰，汤用彤校注:《高僧传》，北京：中华书局，1992年。

慧立、彦悰著，孙毓棠、谢方点校:《大慈恩寺三藏法师传》，北京：中华书局，2000年。

季羡林:《罗摩衍那初探》，北京：外国文学出版社，1979年。

季羡林:《学海泛槎》，太原：山西人民出版社，2000年。

季羡林:《原始佛教的语言问题》，北京：中国社会科学出版社，1985年。

季羡林:《蔗糖史》，北京：中国海关出版社，2009年。

季羡林:《中印文化关系史论文集》，北京：三联书店，1982年。

季羡林等:《大唐西域记校注》，北京：中华书局，1985年。

季羡林主编:《印度古代文学史》，北京：北京大学出版社，1991年。

蒋忠新:《梵本〈妙法莲华经〉写本（拉丁字母转写本）》，北京：中国社会科学出版社，1988年。

蒋忠新译:《摩奴法论》，北京：中国社会科学出版社，1986年。

金克木:《比较文化论集》，北京：三联书店，1984年。

金克木:《梵语文学史》，北京：人民文学出版社，1980年。

金克木:《旧学新知集》，北京：三联书店，1991年。

金克木:《印度古诗选》，长沙：湖南人民出版社，1984年。

李昉:《太平广记》，上海：上海古籍出版社，1990年。

梁启超:《梁启超史学论著四种》，长沙：岳麓书社，1985年。

林承节:《印度古代史纲》，北京：光明日报出版社，2000年。

鲁迅:《鲁迅全集》，北京：人民文学出版社，1959年。

罗新璋编:《翻译论集》，北京：商务印书馆，1984年。

吕澂:《印度佛教源流略讲》，上海：上海人民出版社，1979年。

吕澂:《中国佛教源流略讲》，北京：中华书局，1979年。

马祖毅:《中国翻译简史——五四以前部分》，北京：中国对外翻译出版公司，1984年。

[印]毗耶娑著，黄宝生等译:《摩诃婆罗多》，北京：中国社会科学出版社，2005年。

钱钟书:《旧文四篇》，上海：上海古籍出版社，1979年。

钱钟书:《谈艺录》，北京：中华书局，1984年。

任继愈主编:《中国佛教史》1—3卷，北京：中国社会科学出版社，1981年、1985年、1988年。

任继愈主编:《中国哲学史》1—4册，北京：人民出版社，1979年。

商务印书馆编辑部编:《论严复与严译名著》，北京：商务印书馆，1982年。

舒芜、陈迩冬、周绍良、王利器编选:《中国近代文论选》，北京：人民文学出版社，1959年。

汤用彤:《汉魏两晋南北朝佛教史》上、下册，北京：中华书局，1983年。

汤用彤:《汉文佛经中的印度哲学史料》，北京：商务印书馆，1994年。

汤用彤:《隋唐佛教史稿》，北京：中华书局，1982年。

[英]渥德尔著，王世安译《印度佛教史》，北京：商务印书馆，1987年。

吴泽主编，袁英光编选:《中国史学史论集》，上海：上海人民出版社，1980年。

薛克翘:《中国印度文化交流史》，北京：昆仑出版社，2008年。

杨廷福:《玄奘论集》，济南：齐鲁书社，1986年。

蚁垤著，季羡林译:《罗摩衍那·阿逾陀篇》，北京：人民文学出版社，1981年。

义净著，王邦维校注:《南海寄归内法传校注》，北京：中华书局，1995年。

永瑢等撰:《四库全书总目》上、下册，北京：中华书局，1983年。

[美]詹姆斯·哈威·鲁滨孙著，齐思和等译:《新史学》，北京：商务印书馆，1964年。

章巽:《法显传校注》，上海：上海古籍出版社，1985年。

中国古典文学出版社:《大唐三藏取经诗话》，上海：中国古典文学出版社，1954年。

A. Mitchell, *Hindu* Gods and *Goddesses*, New Delhi: UBS Publishers' Distributors Ltd., 1995.

A. Kumar Mazumdar, *Early Hindu India*, A *Dynastic Study*, New Delhi: Cosmo Publications, 1981.

Amaury de Riencourt, *The Soul of India*, Honeyglen Publishing Limited, 1986.

B. V. V. S. R. Sharma, *The Study of Cow in Sanskrit Literature*, Delhi: GDK Publications, 1980.

Balbir Singh, *The Conceptual Framework of Indian Philosophy*, Delhi: The Macmillan Company of India Limited, 1976.

Betty Heimann, *Facets of Indian Thought*, London: George Allen & Unwin Ltd., 1964.

Charles F. Keyes and E. Valentine Daniel, ed., *Karma, An Anthropological Inquiry*, Berkeley: University of California Press, 1983.

Devi Chand, *The Sāmaveda, Sanskrit Text with English Translation*, New Delhi: Munshiram Manoharlal Publishers Pvt. Ltd., 1981.

Dutt, Nalinaksha, rev., *Saddharmapuṇndarīkasūtram*, with N. D. Mironov's Readings from Central Asian Mss., Calcutta: Bibliotheca Indica No.276, 1953.

E. Röer, *The Twelve Principal Upanisads, Text in Devanagari and Translation with Notes in English*, Delhi: Nag Publishers, 1979.

G. C. Pande, *Foundations of Indian Culture*, Delhi: Motilal Banarsidass Publishers Pvt. Ltd., 1990.

G. L. Possehl, *Harappan Civilization*, New Delhi: Oxford & IBH Publishing Co., 1982.

H. H. Wilson, *Viṣṇu Purāṇa, Text in Devanagari, English Translation, Notes and Appendices, etc.*, Delhi: Nag Publishers, 1980.

H. Kern and B. Nanjio, ed., *Saddhannapuṇdarīka*. St-pétersbourg: Bibliotheca Buddhica X, 1908-1912.

H. V. Glasenapp, *Doctrine of Karman in Jain Philosophy*, Varanasi: P. V. Research Institute, 1991.

Heinrich Zimmer, *Myths and symbols in Indian Art and Civilization*, Princeton: Princeton University Press, New Jersey, 1974.

J. L. Shastri, ed., *Ancient Indian Tradition and Mythology*, Delhi: Motilal Banarsidass Publishers Pvt. Ltd., 1980.

Jan Knappert, *Indian Mythology*, New Delhi: HarperCollins Publishers India Pvt. Ltd., 1993.

John S. Strong, *The Legend of King Asoka, A Study and Translation of the Aśokāvadāna*, Delhi: Motilal Banarsidass Publishers Pvt. Ltd., 1989.

John M. Koller, *The Indian Way*, Macmillan Publishing Co., Inc., New York: 1982.

Joshi K. L. Shastri, ed. & rev., *Agnimahdpurdṇam*, Delhi: Parimal Publications, 2001.

K. C. Jain, *Prehistory and Protohistory of India*, New Delhi: Agam Kala Prakashan, 1979.

K. M. Sen, *Hinduism*, England: Penguin Books, 1982.

K. W. Morgan, ed., *The Religion of the Hindus*, Delhi: Motilal Banarsidass Publishers Pvt. Ltd., 1987.

Kireet Joshi, *The Veda and Indian Culture*, Delhi: Motilal Banarsidass Publishers Pvt. Ltd., 1994.

M. M. Agrawal, *The Philosophy of Non-attachment*, Delhi: Motilal Banarsidass Publishers Pvt. Ltd., 1982.

M. N. Dutta, *The Dharma Shastm, English Tmnslation and Text*, New Delhi: Cosmo Publications, 1978.

Nitya Chaitanya Yati, *The Bṛhadāraṇyaka Upaniṣad with Commentary*, New Delhi: D. K. Printworld (P) Ltd., 1996.

P. L. Vaidya, ed., *Saddharmapuṇḍarīkasūtram*, Darbhanga: Buddhist Sanskrit Text No.6, 1960.

R. C. Majumdar, *An Advanced History of India*, London: MacMillan and Co. Limited, 1951.

R. K. Sanyal, *The Hindu in Search of God*, New Delhi: Wiley Eastern Limited, 1994.

R. N. Dandekar, *Insights into Hinduism*, Delhi: Ajanta Publications, 1979.

R. Thapar, *A History of India*, London: Penguin Books, 1987.

R. Thapar, *Aśoka and the Decline of the Mauryas*, New Delhi: Oxford University Press, 1977.

Ralph T. H. Griffith, tr., *Hymns of the Ṛgveda*, New Delhi: Munshiram Manoharlal Publishers Pvt. Ltd., 1987.

Roderick Hindery, *Comparative Ethics in Hindu and Buddhist Traditions*, Delhi: Motilal Banarsidass Publishers Pvt. Ltd., 1996.

Roy C. Craven, *Indian Art*, London: Thames and Hudson Ltd., 1986.

S. Bhattacharjee, *The Hindu Theory of Cosmology*, Calcutta: Bani Prakashani, 1978.

S. C. Raychoudhary, *Social, Cultural and Economic History of India*, Delhi: Suijeet Publications, 1981.

S. S. Gupta, *The Gods and Goddesses of India*, New Delhi: Rupa & Co., 2001.

Surama Dasgupta, *Development of Moral Philosophy in India*, New York: Frederick Ungar Publishing Co., 1965.

Surendranath Dasgupta, *Yoga as Philosophy and Religion*, Delhi: Motilal Banarsidass Publishers Pvt. Ltd., 1995.

Thakur Harendra Dayal, *Ancient Culture of India*, Delhi: Sundeep Prakashan, 1981.

Vijay Nath, *Dāna*: *Gift System in Ancient India (c. 600 BC.- c. AD. 300)*, New Delhi: Munshiram Manoharlal Publishers Pvt. Ltd., 1987.

W. J. Wilkins, *Hindu Mythology*, New Delhi: Rupa & Co. , 1994.

Wendy Doniger O'Haherty, ed., *Karma and Rebirth in Classical Indian Traditions*, Berkeley: University of California Press, 1980.

索　引

A

B

C

D

E

F

G

H

J

K

L

M

N

P

Q

R

S

T

W

X

Y

Z